Geschichte Tag für Tag

Was war wann?

Dr. Joachim Gartz

Dr. Christa Kordt

Isabel Liebers

Paulina Palomino

Christa Pöppelmann

Mark Schubert

Jörg Werremeyer

Trautwein Lexikon-Edition

2004 Trautwein Lexikon-Edition
© Compact Verlag München

Alle Rechte vorbehalten. Nachdruck, auch auszugsweise,
nur mit ausdrücklicher Genehmigung des Verlages gestattet.

Text: Isabel Liebers (Januar, Februar), Jörg Werremeyer (März, April),
Christa Pöppelmann (Mai, Juni), Dr. Joachim Gartz (Juli, August),
Mark Schubert (September, Oktober), Paulina Palomino (November),
Dr. Christa Kordt (Dezember)
Chefredaktion: Evelyn Boos
Redaktion: Dr. Matthias Feldbaum
Produktion: Wolfram Friedrich
Abbildungen: Gruppo Editoriale Fabbri, Mailand;
Lidman Production, Stockholm; dpa Picture-Alliance, Frankfurt
Titelabbildungen: akg-images, Berlin (6); IFA-Bilderteam, München (2);
Lidman Production, Stockholm (2)
Gestaltung: Axel Ganguin
Umschlaggestaltung: Inga Koch

ISBN 3-8174-5653-0
5456531

Mehr Infos im Internet unter www.compactverlag.de

Vorwort

Dieses Buch präsentiert die Weltgeschichte in kalendarischer Form und stellt die wichtigsten Ereignisse und Personen der letzten Jahrtausende in den Mittelpunkt eines jeden Tages. Es bietet wissenswerte und kuriose geschichtliche Details, informiert über zahlreiche Ereignisse aus den Bereichen Politik, Wirtschaft, Technik, Kultur und Sport und stellt die bedeutendsten Geburtstagskinder vor.

Auf jeweils einer Seite kann sich der Leser einen umfassenden Überblick über die chronologisch geordneten, historischen Ereignisse der 366 Tage des Jahres verschaffen. Daneben findet er kurze Biografien wichtiger Persönlichkeiten und zahlreiche Infokästen mit Informationen zu weiteren Highlights des Tages.

So kann sich der Leser mit diesem Buch Tag für Tag auf eine neue Zeitreise begeben. Geburtstagskinder können nachschlagen, wer am selben Tag geboren wurde bzw. welche Ereignisse an diesem Tag stattgefunden haben. Zahlreiche Abbildungen und ein umfangreiches Personenregister machen diesen Band zu einer informativen Geschichtschronik und gleichzeitig zu einem unterhaltsamen Lesebuch.

1 Januar

Schneller, höher, weiter.

Pierre Coubertin

Pierre Baron de Coubertin   Ulrich Zwingli

22.12–20.1.

Basilius, Maria, Wilke, Wim

Am 1. Januar geboren:

Ulrich Zwingli (1484 in Wildhaus/St. Gallen), Schweizer Reformator. Der Gegner des Papsttums entwickelt nach Martin Luther eine neue theologische Lehre, die die christlichen Gedanken mit den rationalistischen Elementen des Humanismus verbindet. († 11.10.1531 bei Kappel am Albis)

Christian Thomasius (1655 in Leipzig), deutscher Jurist und Philosoph. Sein Wirken gilt als Wegbereitung der Aufklärung in Deutschland. Mit seinem Einsatz für eine mildere Strafprozessordnung beendet er das Zeitalter der Hexenprozesse und der kirchlichen Folter. († 23.9.1728 in Halle/Saale)

Pierre Baron de Coubertin (1863 in Paris), französischer Pädagoge und Sportfunktionär. Er gilt als der Begründer der modernen Olympischen Spiele, die 1896 erstmals stattfanden. Auf ihn geht auch die Idee zurück, antike Disziplinen in die Spiele mit aufzunehmen. († 2.9.1937 in Genf)

Jerome David Salinger (1919 in New York), amerikanischer Schriftsteller. Im Mittelpunkt seiner Werke, in denen die rebellische Haltung der Jugend der 1940er-Jahre thematisiert wird, steht der Generationenkonflikt. Sein Roman Der *Fänger im Roggen* (1951) avanciert zum Bestseller.

1863
Ende der Sklaverei
Unter der Regierung von US-Präsident Abraham Lincoln tritt die sog. Emanzipationsakte in Kraft. Danach erhalten alle Schwarzen eine verfassungsmäßig begründete Garantie auf die Abschaffung der Sklaverei und werden für frei erklärt. Die Kampagne der Sklavereigegner bildet einen wesentlichen Faktor des von 1861–65 währenden Bürgerkriegs zwischen den Nordstaaten (Union) und den Südstaaten (Konföderierten).

1900
Bürgerliches Gesetzbuch
Mit In-Kraft-Treten des Bürgerlichen Gesetzbuches (BGB) wird das Privatrecht in Deutschland systematisch erfasst. Unter Berücksichtigung des gesellschaftlichen

Triumphaler Einzug Fidel Castros in Havanna.

Wandels, insbesondere unter Berücksichtigung der Gleichberechtigung von Mann und Frau, gilt von nun an gleiches Recht für alle Bürger.

1901
Geburt Australiens
Nach dem Vorbild der US-amerikanischen Verfassung schließen sich die Kolonien Neusüdwales, Victoria, Queensland, Südaustralien, Westaustralien und Tasmanien zu einem Staat zusammen. Aus der ehemaligen Sträflingskolonie Australien wird damit ein Bundesstaat (Commonwealth of Australia) mit dem Status eines Dominion. Das Bundesparlament wird am 9.1. 1901 feierlich eröffnet.

1995
Erweiterung der EU
Mit dem Beitritt von Finnland, Österreich und Schweden steigt die Mitgliederzahl der Europäischen Union (EU) von zwölf auf 15 Mitgliedsstaaten. Auf dem Weg zur europäischen Einigung ist damit ein weiteres wichtiges Etappenziel erreicht.

Auch das geschah an diesem Tag

153 v. Chr. Der 1. Januar bildet erstmals den Jahresbeginn im römischen Konsulatsjahr. Bis dahin war der 1. März der erste Tag des Jahres. **1804** Haiti erreicht nach zweijährigen Kämpfen gegen die französischen Invasoren Unabhängigkeit. **1959** Fidel Castro übernimmt die Macht in Havanna/Kuba. **1975** Das Volljährigkeitsalter in Deutschland sinkt von 21 auf 18 Jahre. **1998** Mit dem Ende des Telekom-Monopols können in Deutschland nun auch Privatunternehmen ihre Leitungen zur Datenübermittlung anbieten.

22.12–20.1.
Adalhard, Dietmar, Gregor, Thiemo

Skulptur von Ernst Barlach

Konstanze Vernon

Ein Weg braucht kein Wohin, es genügt ein Woher.

Ernst Barlach

2
Januar

1843
Uraufführung *Der fliegende Holländer*

An der Dresdner Hofoper findet die Uraufführung der Oper *Der fliegende Holländer* von Richard Wagner statt. Die Oper ist ein Gesamtkunstwerk aus Musik, Dichtung und Theater. Der Erfolg ist zunächst nur mäßig, da die Geschichte des ruhelosen Seefahrers auf den Weltmeeren von der Gesellschaft als zu negativ und beunruhigend aufgefasst wird.

Auch das geschah an diesem Tag

1861 Der erste Gasmotor des Ingenieurs N. A. Otto wird vom Patentamt abgelehnt, erst 15 Jahre später wird der Otto-Motor patentiert. **1956** Die ersten 800 Freiwilligen der Bundeswehr rücken in die Kaserne ein. **1958** Beim Kraftfahrbundesamt in Flensburg wird eine Zentralkartei für Verkehrssünder angelegt.

1882
Monopol Rockefeller

Der Industriemagnat John D. Rockefeller gründet durch den Zusammenschluss von 40 Ölraffinerien den Standard Oil Trust und beherrscht damit zu 95 % den Raffineriemarkt der USA. Erst die Gegenkampagne unter Präsident Roosevelt führt zur Auflösung seines Trusts.

1959
Asterix und Obelix

In der französischen Zeitschrift *Pilote* veröffentlichen der Autor

Asterix und Obelix

René Goscinny und der Zeichner Albert Uderzo die Comicserie *Asterix und Obelix*. Die Helden der Geschichte sind die ungleichen Freunde Asterix und Obelix, die sich wort- und ideenreich gegen die römische Besatzung von Gallien zur Wehr setzen. Die Comics werden in viele Sprachen übersetzt und ernten weltweit Erfolg.

1968
Fortschritt der Herzchirurgie

In einem Kapstadter Krankenhaus transplantiert der südafrikanische Chirurg Dr. Christian Barnard zum zweiten Mal in der Geschichte der Medizin ein Herz. Die Operation verläuft erfolgreich. Der 58-jährige Empfänger des Herzens überlebt den riskanten Eingriff. Damit ist ein Meilenstein in der Herzchirurgie gesetzt.

Am 2. Januar geboren:

Christian Daniel Rauch (1777 in Arolsen), deutscher Bildhauer. Der Künstler gilt nach Johann Gottfried Schadow als Hauptvertreter des Berliner Klassizismus. Zu seinen Werken zählen zahlreiche Porträtbüsten aus Marmor und Bronze. Einen Namen macht er sich v. a. mit der Erschaffung des Reiterdenkmals zu Ehren Friedrich des Großen, das sich in Berlin befindet. († 3.12.1857 in Dresden)

Rudolf Clausius (1822 in Köslin/Pommern), deutscher Physiker. Der Begründer der mechanischen Wärmetheorie erbringt als Erster den Beweis, dass Wärme eine Energieform ist, die sich bei Verminderung der Temperatur in Arbeit umwandeln lässt. Er formulierte zudem den zweiten Hauptsatz der Thermodynamik, den sog. Entropiesatz. († 24.8.1888 in Bonn)

Anna Sacher (1859 in Wien), österreichische Hotelbesitzerin. In ihrem Hotel wurde die Sachertorte erfunden. Die weltberühmte Sachertorte ist ein Schokoladenkuchen, der mit einem Überzug aus Aprikosenmarmelade und Schokolade versehen wird. († 25.2.1930 in Wien)

Konstanze Vernon (1939 in Berlin), deutsche Ballettänzerin. Von 1962–80 erlangt sie als Primaballerina sowohl im klassischen wie auch im modernen Tanz Weltruhm. 1989 gründet sie das Bayerische Staatsballett in München.

Joseph Kainz (1858 in Moson/Ungarn), österreichischer Schauspieler und Schöpfer der modernen Schauspielkunst. († 20.9.1910 in Wien);

Ernst Barlach (1870 in Wedel/Holstein), deutscher Bildhauer und Meister der expressionistischen Plastik. († 24.10.1938 in Rostock); **Michael Tippett** (1905 in London), britischer Komponist. († 8.1.1998 in London)

3 Januar

Die Sinne sind uns Brücke vom Unfassbaren zum Fassbaren.

August Macke

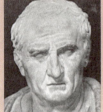
Marcus Tullius Cicero

Carl Gustav Carus

22.12.–20.1.

Adele, Genoveva, Irma, Odilo

Am 3. Januar geboren:

Marcus Tullius Cicero (106 v. Chr. Arpinum/Latium), römischer Staatsmann und Philosoph. Er gilt als Vermittler der griechischen Philosophie und als der eigentliche Schöpfer der lateinischen Prosa. Seine Schriften und Reden prägten das abendländische Denken und haben bis heute nicht an Ausdruckskraft verloren. Die politische Karriere Ciceros endet mit seiner Ermordung. († 7.12.43 v. Chr. Bei Caieta)

Carl Gustav Carus (1789 in Leipzig), deutscher Mediziner, Maler und Philosoph. Seine wissenschaftlichen Forschungen sind maßgebend für die weitere Entwicklung der modernen Psychologie. 1853 führt er den Begriff des „Un-Bewusstseins" in die Psychologie ein. Einer ganzheitlichen philosophischen Auffassung von Mensch und Kosmos zufolge müssen Krankheiten seiner Meinung nach auf einer Störung von Körper und Seele beruhen. († 28.7.1869 in Dresden)

Konrad Duden (1829 bei Wesel), deutscher Sprachwissenschaftler. Sein Engagement gilt der Vereinheitlichung der deutschen Rechtschreibung. 1880 erscheint sein *Vollständiges orthographisches Wörterbuch der deutschen Sprache*. Nach mehreren Überarbeitungen gibt dieses Werk, der Duden, bis heute die Richtlinien zur deutschen Rechtschreibung vor. († 1.8.1911 in Sonneberg/Wiesbaden)

August Macke (1887 in Meschede/Sauerland), deutscher Maler. Beeinflusst von den französischen Malern des Kubismus und Fauvismus schließt sich Macke 1911 dem „Blauen Reiter" an. Leuchtende Farben und rhythmisch gegliederte Flächen kennzeichnen seine stark vereinfachten Bilder. Mit dem befreundeten Maler Paul Klee (1879–1940) lässt er sich auf einer Tunisreise zu künstlerischen Höhepunkten inspirieren, in denen er v. a. dem Licht eine besondere Stellung einräumt. († 26.9.1914 in Perthes-les-Hurlus/Frankreich).

John Ronald Reuel Tolkien (1892 in Bloemfontein/Südafrika), britischer Schriftsteller und Philologe, Autor der Romantrilogie *Der Herr der Ringe*. († 2.9.1973 in Bournemouth); **Sergio Leone** (1929 in Rom), italienischer Filmregisseur. († 30.4.1989 in Rom); **Mel Gibson** (1956 in New York), amerikanischer Filmschauspieler und Regisseur; **Michael Schumacher** (1969 in Hürth), mehrfacher deutscher Formel-1-Weltmeister.

1521
Verbannung Martin Luthers
Nach langen Auseinandersetzungen zwischen der katholischen Kirche in Rom und der Glaubenslehre des Theologen Martin Luther verhängt Papst Leo X. den Bann über Luther. Damit wird Luther aus der katholischen Kirchengemeinde ausgeschlossen.

1868
Japan im Wandel
Der japanische Kaiser Mutsuhito kommt an die Macht und beendet auf dem sog. Chrysanthementhron die fast 700-jährige Herrschaft der Shogune. Er führt die Meijireformen durch und führt Japan zur Großmacht. Unter seiner Herrschaft beginnt das moderne Japan, das sich auch westlichen Einflüssen nicht verschließt.

1980
Börsen-Crash
Der US-amerikanische Dollar erreicht einen folgenschweren Tiefstand. An den deutschen Devisenbörsen wird der Dollar nur noch mit 1,7062 DM gehandelt. Erst 1987 wird dieser Negativ-Rekord beim Börsenkrach an der New Yorker Wall Street noch überboten.

1993
Abrüstung der Supermächte
Ein Abkommen, der sog. START-II-Vertrag, zwischen US-Präsident George Bush und dem russischen Präsidenten Boris Jelzin, verpflichtet die beiden Staaten zur Abrüstung von zwei Dritteln ihrer strategischen Waffen bis zum Jahre 2003.

Auch das geschah an diesem Tag

1926 In einer Welle der Begeisterung bahnt sich der lebhafte Modetanz Charleston seinen Weg über England und Frankreich nach Deutschland und erobert die Berliner Tanzsäle.

Charleston

22.12.–20.1.

Angela, Christiane, Marius, Roger

Jakob Grimm

Isaac Newton

Etwas besseres als den Tod findest du überall.

Gebrüder Grimm

4 Januar

1880
Erstbesteigung der Anden
Dem englischen Bergsteiger Edward Whymper gelingt es erstmals, den 6310 m hohen Andengipfel Chimborazo in Ecuador zu bezwingen. Die Erstbesteigung des legendären Matterhorns (4478 m) in den Schweizer Alpen geht ebenfalls auf das Konto des ambitionierten Sportlers.

Matterhorn

1947
Erstausgabe *Der Spiegel*
Aus dem von britischen Besatzungsoffizieren gegründeten Nachrichtenmagazin *Diese Woche* entsteht das neue politische Magazin *Der Spiegel*. Herausgeber ist Rudolf Augstein. Er orientiert sich an der amerikanischen Version *Time* und dem *Social Review* aus Großbritannien. Erscheinungsort ist zunächst Hannover, bis der Sitz im Jahre 1952 nach Hamburg verlegt wird.

1964
Ökumenischer Schritt
Das erste Treffen nach ca. 500 Jahren zwischen den obersten Vertretern der römisch-katholischen und der griechisch-orthodoxen Kirche verbessert das heikle Verhältnis zwischen den Konfessionen nachhaltig. Papst Paul VI. begegnet auf seiner Pilgerfahrt Athenagoras, dem Patriarchen Konstantinopels. Ein wesentlicher Schritt in Richtung Ökumene ist getan.

1990
Pränataler Erfolg
Die Geburt eines Jungen in London, der bereits vor der Geburt im Mutterleib operiert wurde, ist eine medizinische Sensation. Bei dem Fötus war während der Schwangerschaft ein Herzfehler entdeckt worden. Der Eingriff mithilfe eines ballonartigen Katheters war die einzige Überlebenschance für das Ungeborene. Seine vorgeburtliche Rettung setzt in der Medizin neue Maßstäbe.

Auch das geschah an diesem Tag
1968 Mit der Erstausstrahlung des deutschen Films *Zur Sache, Schätzchen* wird die Hauptdarstellerin Uschi Glas über Nacht berühmt. Die Geschichte erzählt vom unkonventionellen Leben im Schwabinger Künstlerviertel und erreicht Kultstatus.

Am 4. Januar geboren:

Isaac Newton (1643 in Woolthorpe/Lincoln), englischer Mathematiker, Physiker und Astronom. Newton gilt als der Begründer der klassischen Physik. Insbesondere mit seinen wissenschaftlichen Erkenntnissen zur Schwerkraft und mit der Formulierung des Gravitationsgesetzes leistet er einen wesentlichen Beitrag zur Forschung. Zudem beschäftigt er sich mit der Erforschung des Lichts und der Optik und entwickelt eine neue Technik für astronomische Teleskope. († 31.3.1727 in Kensington/London)

Jakob Grimm (1785 in Hanau/Main), deutscher Sprach- und Literaturwissenschaftler. In Zusammenarbeit mit seinem Bruder Wilhelm erstellt er von 1812–15 die berühmte *Grimms Märchensammlung*. Die Brüder sind außerdem Vorreiter der germanischen Altertumswissenschaft und der deutschen Philologie. Zudem konzipieren sie das umfassende *Wörterbuch der deutschen Sprache,* in dem jedes eingetragene Wort mit seiner Herkunft und seinem Gebrauch erwähnt wird. († 20.9.1863 in Berlin)

Hellmuth Karasek (1934 in Brünn), deutscher Kulturkritiker und Schriftsteller. Bekannt wird Karasek als Mitwirkender der Fernsehsendung *Das literarische Quartett*. Von 1974–91 arbeitet er Leiter des Kulturressorts beim Nachrichtenmagazin *Der Spiegel*, er hat aber auch eigene Bühnenstücke veröffentlicht.

Floyd Patterson (1935 in Waco), amerikanischer Boxer. Er bricht als Erster das ungeschriebene Gesetz „They never come back" der Boxweltmeister. Nachdem er 1959 seinen Titel an den schwedischen Boxer Ingemar Johansson verloren hatte, holt er ihn sich im darauf folgenden Jahr in einem spektakulären Kampf zurück.

5 Januar

Man darf niemals „zu spät" sagen. Es ist immer Zeit für einen neuen Anfang.

Konrad Adenauer

Konrad Adenauer

Friedrich Dürrenmatt

22.12.–20.1.

Ämilia, Simeon

Am 5. Januar geboren:

Konrad Adenauer (1876 in Köln), deutscher Politiker. Als erster Kanzler der Bundesrepublik (1949–63) und als Außenminister setzt er in der Nachkriegszeit wesentliche Impulse für Westdeutschland. Als Gegner des Kommunismus beschleunigt er die Westintegration, er sorgt für die Wiederbewaffnung und bringt eine erste Aussöhnung zwischen den verfeindeten Ländern Israel und Frankreich zustande. († 19.4.1967 in Rhöndorf)

Friedrich Dürrenmatt (1921 in Konolfingen bei Bern), Schweizer Schriftsteller. Mit seinen Welterfolgen *Der Besuch der alten Dame* und *Die Physiker* gehört Dürrenmatt zu den bedeutendsten Schweizer Schriftstellern der Nachkriegsliteratur. In seinen Werken schafft der Literat mithilfe grotesker Elemente und unter Verwendung des Stilmittels der Verfremdung eine neue Form der Tragikomödie. († 14.12.1990 in Neuenburg)

Umberto Eco (1932 in Alessandria/Piemont), italienischer Schriftsteller und Philosoph. Als Autor verfasst er zahlreiche espritvolle Essays, bevor er 1982 mit dem Bestseller *Der Name der Rose* Weltruhm erlangt. 1985 wird das Buch verfilmt. Sein zweites großes Werk *Das foucaultsche Pendel* (1988) ist weniger erfolgreich.

Juan Carlos I. (1938 in Rom), König von Spanien. Sein ganzer Name lautet J. C. Victor Maria de Borbón y Borbón. Als Nachfolger Francos besteigt er nach fast 40-jähriger Diktatur 1975 den Thron und wirkt entscheidend am Aufbau eines demokratischen spanischen Staates mit. Er ermöglicht die Zulassung von Parteien, sodass die erste Parlamentswahl im Jahre 1977 stattfinden kann.

1875
Oper für Paris

Nach 13-jähriger Bauzeit eröffnet in Paris die *Grand Opéra*, ein Prachtexemplar eines Musikhauses. Das Meisterwerk von Charles Garnier, auch *Palais Garnier* genannt, ist im neubarocken Stil erbaut und zeugt mit seinen insgesamt 11.000 m² vom Selbstbewusstsein des französischen Bürgertums in der zweiten Hälfte des 19. Jh. Der Zuschauerraum fasst 2100 Personen und gilt damit als größtes Opernhaus der Welt.

1902
Später Ruhm

Erst 70 Jahre nach Vollendung des Werks *Dantons Tod* von Georg Büchner wird das Revolutionsdrama im Berliner *Belle-Alliance-Theater* uraufgeführt. Das Hauptwerk Büchners wurde von den Zensurbehörden immer wieder verboten und die Aufführung verhindert, sodass das Werk erst mit einer zeitlichen Verzögerung den Weg auf die Bühne finden konnte.

1919
Spartakusaufstand

Das Berliner Zeitungsviertel wird von radikalen Vertretern der Unabhängigen Sozialdemokratischen Partei (USPD), Kommunisten und anderen revolutionären Anführern besetzt. Der Aufstand, dessen Ziel der Sturz der sozialdemokratischen Regierung ist, geht als „Spartakusaufstand" in die Geschichte ein.

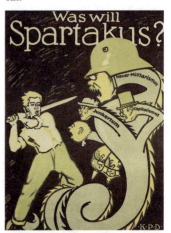
Plakat des Spartakusbundes

1998
New Beetle

Der Nachfolger des legendären VW Käfer wird auf der Detroit Motor Show erstmals präsentiert. Das äußere Erscheinungsbild orientiert sich bewusst am Vorbild des Kultautos, seine „inneren Werte" zeugen jedoch von einem ganz eigenen Produkt. Das Fahrwerk basiert auf dem Modell eines Golfs und der Motor ist nicht mehr hinten, sondern vorne eingebaut. Das neue Auto ist als Benziner und Diesel erhältlich. Während der New Beetle in den USA großen Anklang findet, fällt das Interesse in Deutschland zurückhaltender aus.

22.12.–20.1.
Balthasar, Kaspar, Melchior, Pia, Raimund

Emil Steinberger

Jens Weißflog

Jacobo Timmermann

Alles was einmal geschehen ist, kann wieder geschehen.

6 Januar

Heilige Drei Könige
Kaspar, Melchior und Balthasar sind christliche Heilige und gelten als Beschützer der Reisenden. Der Bibel zufolge sollen am 6. Januar drei Weise aus dem Morgenland nach Bethlehem gekommen sein, um dem Jesuskind ihre Ehre zu erweisen. Erst im 9. Jh. werden sie zu Königen erhoben. Der 6. Januar, gilt in der christlichen Zeitrechnung lange Zeit als Abschluss des alten Jahres.

Joseph Heinemann: *Die Anbetung der Weisen*

1389
Universität für Köln
Mit einem feierlichen Gottesdienst im Dom wird die bereits 1389 von Papst Urban VI. gebilligte Universität der Stadt Köln eröffnet. Die Universität mit den vier klassischen Disziplinen Theologie, Medizin, Jurisprudenz und Artes ist damit die erste Hochschule in Deutschland, die auf Betreiben der Stadtherren gegründet wird.

1884
Fernsehpatent
Die Erfindung des Studenten Paul Nipkow wird beim Patentamt gemeldet und zugelassen. Die sog. Nipkowscheibe, die in den Anfängen der Fernsehgeschichte ihren Einsatz fand, ist eine drehbare Scheibe mit spiralförmig angeordneten Löchern, durch die ein Bild abgetastet und in einzelne Lichtimpulse zerlegt werden kann. Diese Technik ermöglicht erstmals eine Übertragung von Bilddaten und ebnet den Weg in die mediale Welt.

1907
Montessori-Gründung
Maria Montessori, die als erste Frau in Italien den medizinischen Doktorgrad erwarb, gründet in Rom ein Kinderhaus. Mit ihrer Idee der „Selbsttätigen Erziehung" möchte die Medizinerin eine neue Form der vorschulischen Pädagogik fördern, bei der der spielerische Aspekt eine entscheidende Rolle einnimmt.

Am 6. Januar geboren:

Richard II. (1367 in Bordeaux), englischer König. 1396 schließt Richard einen Waffenstillstand mit Frankreich und beendet damit den Hundertjährigen Krieg. Zur Festigung der politischen Beziehungen mit Frankreich heiratet er Isabella, die Tochter des französischen Königs. Sein diplomatisches Geschick stärkt die Monarchie in vielerlei Hinsicht. Durch Heinrich IV. vom Thron verdrängt, stirbt er unter ungeklärten Umständen. († 14.12.1400 in Pontefract Castle/ Leeds)
Max Bruch (1838 in Köln), deutscher Komponist. Von der Schule F. Mendelssohn Bartholdys ausgehend komponiert er melodiebetonte Chorwerke, in denen er verschiedene Elemente der Folklore verarbeitet. Mit seinen Sinfonien, Kammerspielen, Opern und Klavierliedern gilt Bruch zu seiner Zeit als der berühmteste Komponist.
(† 2.10.1920 in Berlin-Friedenau)
Victor Horta (1861 in Gent), belgischer Architekt. Der Pionier der modernen Baukunst überzeugt durch eine freie Grundrissgestaltung. Zu seinen Markenzeichen gehören freigestellte Konstruktionselemente im Jugendstil, wie sie im *Hotel Solvay* (1900) ihre Formvollendung finden. Der *Palais des Beaux Arts* in Brüssel ist sein letztes Großprojekt.
(† 8.9.1947 in Brüssel)
Emil Steinberger (1933 in Luzern), Schweizer Kabarettist. Der ehemalige Postbeamte wurde als „Emil" in bissigen One-Man-Shows bekannt, in denen er die gesellschaftlichen Schwächen und Vorurteile verspottet. Als Schauspieler wirkt er auch in diversen Filmen mit *(Der Schweizermacher)*.
Eduard Bernstein (1850 in Berlin), deutscher Politiker. († 18.12.1932 in Berlin); **Jacobo Timmermann** (1923 in Bar/UdSSR), argentinischer Schriftsteller und Journalist.

Auch das geschah an diesem Tag
1996 Der deutsche Skispringer Jens Weißflog gewinnt zum vierten Mal die deutsch-österreichische Vierschanzentournee in Bischofshofen. Im selben Jahr beendet er seine Sportlerkarriere, in der er dreimal olympisches Gold und zweimal den Weltmeistertitel errang.

7 Januar

Für mich gibt es keine Kunst, in der man nicht das Herz schlagen hört.

Henny Porten

Henny Porten

Nicolas Cage

22.12.–20.1.

Knud, Reinhold, Sigrid, Valentin

Am 7. Januar geboren:

Eilhard Mitscherlich (1794 in Neuende), deutscher Chemiker. Mitscherlich gilt als der Begründer der chemischen Katalyse. 1819 entdeckt er bei seinen Forschungen über die Struktur von Kristallen die *Isomorphie* (gleiche Kristallstruktur unterschiedlicher Kristalle). Wenig später kann er auch die *Polymorphie* (verschiedene Kristallstruktur einer einzelnen Verbindung) nachweisen und entwickelt den ersten Polarisationsapparat. († 28.8.1863 in Schöneberg)

Henny Porten (1890 in Magdeburg), deutsche Schauspielerin. 1906 spielt Porten in ihrem ersten Film *Meißner Porzellan* und ist ab 1911 in verschiedenen Hauptrollen zu sehen. Sie avanciert zum ersten deutschen Filmstar. Vom Bauernmädchen bis zur Kaiserin mimt sie in ca. 200 Filmen die unterschiedlichsten Typen. Zu ihren wichtigsten Rollen zählen die Frau Heinrichs VIII. in *Anna Boleyn* (1920) und die Doppelrolle der Geschwister in *Kohlhiesels Töchter* (1920 und 1930). († 15.10.1960 in West-Berlin)

Albrecht Haushofer (1903 in München), deutscher Schriftsteller und Professor für Geographie. Aufgrund seiner politisch kritischen Haltung wird er während der NS-Regierung aus dem Staatsdienst entlassen. Nach dem gescheiterten Attentat auf Adolf Hitler (1889–1945) wird Haushofer verhaftet. Im Gefängnis entsteht sein bedeutendstes schriftstellerisches Werk, die *Moabiter Sonette,* ein wichtiges Zeugnis des deutschen Widerstandes und der Inneren Emigration. († 23.4.1945 in Mochoit erschossen)

Nicolas Cage (1964 in Long Beach), amerikanischer Schauspieler. Der als N. Coppola geborene Künstler macht sich v. a. mit der Darstellung von tiefsinnig-gewalttätigen Charakteren einen Namen. Der Film *Wild at Heart* macht ihn 1990 berühmt, das Drama *Leaving Las Vegas* bringt ihm 1996 den Oscar ein.

....

1905
Arbeitskampf

Schlechte Arbeitsbedingungen und sinkende Löhne steigern das soziale Elend der Bergarbeiter. Mit einer Verlängerung der Schichtzeit tritt die Belegschaft in Bochum in den Streik. 200.000 Arbeiter beteiligen sich daran: Der bis dahin größte Arbeitskampf im Ruhrgebiet beginnt. Im Ergebnis wird eine Neuauflage des Berggesetzes erreicht und die Achteinhalbstundenschicht eingeführt.

1937
Deutscher Prinz

Die Vermählung zwischen Prinzessin Juliana, der Thronfolgerin der Niederlande, und Prinz Bernhard von Lippe-Biesterfeld, einem Deutschen, ruft zunächst große Vorbehalte im niederländischen Volk hervor. Es wird befürchtet, dass so die nationalsozialistische Gewaltherrschaft in Deutschland entsprechende Einflüsse auf die Niederlande hat. Die Befürchtungen bewahrheiten sich nicht. 1948 wird Juliana Königin.

1966
Einheitlicher Schulbeginn

Die deutschen Kultusminister entscheiden, dass das neue Schuljahr in der Bundesrepublik ab 1967 einheitlich im Herbst beginnen soll. In einigen Bundesländern fand die Einschulung bis dahin zu Ostern statt. Für die Übergangsphase richtet man Kurzschuljahre ein.

1995
Erzbistum

In Hamburg wird erstmals seit 845 ein Erzbistum errichtet. Voraussetzung dafür ist ein Vertrag zwischen der katholischen Kirche und den Ländern Hamburg, Schleswig-Holstein und Mecklenburg-Vorpommern.

Auch das geschah an diesem Tag

1993 Der Norweger Erling Kagge erreicht als erster Mensch im Alleingang den Südpol. Seine rekordverdächtige Expedition dauert 50 Tage und umfasst 1300 km.

Trauung von Juliana und Prinz Bernhard

22.12.–20.1.

Gudrun, Erhard,
Heinrich, Severin

Stephen Hawking

Elvis Presley

Ich verstehe nichts von Musik. In meinem Fach ist das nicht nötig.

Elvis Presley

8
Januar

1889
Ausgezählt
Der US-amerikanische Ingenieur Hermann Hollerith meldet seine Idee einer Sortier- und Zählmaschine beim Patentamt an. Die Maschine liest Pappkarten mit gestanzten Löchern und ersetzt damit das umfangreiche manuelle Auswerten, das bei Volkszählungen bislang nötig war. Wo die Karte ein Loch hat, schließt sich ein Stromkreis, der ein Zählwerk betätigt. Der erste Schritt zur maschinellen Datenverarbeitung ist getan.

1911
Eingeschränkte Monarchie
Mit In-Kraft-Treten der ersten Verfassung im Fürstentum Monaco endet in Europa die Zeit der absoluten Monarchien. Monaco wird seit 1454 von der Fürstenfamilie der Grimaldis regiert. Der Verzicht auf die unumschränkte Herrschaft durch Albert I. ermöglicht zukünftige Parlamentswahlen.

1947
Exilliteratur
Der Roman *Unruhe um einen Friedfertigen* des deutschen Autors Oskar Maria Graf erscheint in New York. Darin beschreibt Graf die Auswirkungen der Weimarer Republik auf die Menschen in einem bayerischen Dorf. Die Geschichte weist autobiografische Züge auf. Graf musste 1938 vor den Nationalsozialisten in die USA emigrieren.

1959
Fünfte Republik
Der französische General Charles de Gaulle tritt in einem feierlichen Akt im Pariser Elysées-Palast das Amt des Präsidenten an. Damit beginnt das Zeitalter der Fünften Republik. Infolge der Algerienkrise im Jahre 1958 brach die Vierte Republik zusammen. Als damaliger Ministerpräsident hatte de Gaulle den Auftrag zur Regierungsbildung erhalten. Sein Wirken erreicht außerdem eine Verbesserung der deutsch-französischen Beziehungen.

Elyséepalast in Paris

Am 8. Januar geboren:

Helmut Horten (1909 in Bonn), deutscher Unternehmer. Der erfolgreiche Kaufmann ist bereits im Alter von 30 Jahren im Besitz von acht Kaufhäusern. Nach dem Zweiten Weltkrieg vergrößert er die Horten GmbH weiter und macht sie zum viertgrößten Warenhauskonzern in der Bundesrepublik. († 30.11.1987 in Madonna del Piano/Schweiz)

Jacques Anquetil (1934 in Mont St. Aignan bei Rouen), französischer Radrennfahrer. Als fünffacher Sieger der Tour de France war er bis 2004 der erfolgreichste Radrennfahrer der Radsportgeschichte. 1956 bricht er den Stundenweltrekord des Italieners Fausto Coppi, der 14 Jahre lang Bestand hatte. Sein erster Sieg bei der Tour de France gelingt ihm bei seiner ersten Teilnahme 1957. († 18.11.1987 in Rouen)

Elvis Presley (1935 in Missouri), amerikanischer Sänger. Der King of Rock 'n' Roll löst mit seinem markanten Hüftschwung eine an Hysterie grenzende Begeisterung beim Publikum aus. In der Mitte der 1950er-Jahre ist er einer der erfolgreichsten amerikanischen Stars. Weltweit verkauft er rund 500 Mio. Platten und erlangt mit Songs wie *Jailhouse Rock*, *Love me tender* und *In the Ghetto* Weltruhm. († 16.8.1977 in Memphis/Tennessee)

Stephen Hawking (1942 in Oxford), englischer Mathematiker und Astrophysiker. Der Professor in Cambridge verschafft sich mit seinen Theorien zur Entstehung des Kosmos und mit seinen Arbeiten zu den schwarzen Löchern Weltruhm. Hawking, der aufgrund einer seltenen Nervenkrankheit nur mithilfe des Computers kommunizieren kann, veröffentlicht 1988 den Bestseller *Eine kurze Geschichte der Zeit*, in welchem er die Entstehung des Universums beschreibt.

Auch das geschah an diesem Tag

1954 In einem Tonstudio in Memphis nimmt Elvis Presley seine erste Schallplatte auf. Die Kosten trägt er selbst. Der Präsident der Schallplattengesellschaft hört ihn zufällig und bietet ihm sofort einen Vertrag an. Das ist der Beginn einer einmaligen Weltkarriere.

9 Januar

Wenn wir einmal nicht grausam sind, dann glauben wir gleich, wir seien gut.

Kurt Tucholsky

Simone de Beauvoir

Richard Nixon

22.12.–20.1.

Adrian, Baslissa, Eberhard, Julian

Am 9. Januar geboren:

John B. Watson (1878 in Greenville/South Carolina), amerikanischer Psychologe. Der Begründer des Behaviorismus, einer amerikanischen Form der Verhaltensforschung, verwirft Begriffe wie Bewusstsein und Seele. Seiner Ansicht nach ist der Mensch ein vollständig erziehbares Individuum, das seine Prägung in erster Linie durch das soziale Umfeld erfährt. († 25.9.1958 in New York)

Kurt Tucholsky (1890 in Berlin), deutscher Schriftsteller. Der vielseitige Künstler betätigt sich als Satiriker, Kabarettist und Romancier. Wandlungsfähigkeit beweist er auch durch seine Pseudonyme Kaspar Hauser, Peter Panter, Theobald Tiger und Ignaz Wrobel. Außerdem fertigt er zahlreiche Essays, stets mit zeitkritischem bis radikal aufklärerischem Blick. Zu seinen bekanntesten Werken gehören *Rheinsberg* (1912) und *Schloss Gripsholm* (1931). Sein Leben endet im Freitod. († 21.12.1935 in Hindås/Schweden)

Simone de Beauvoir (1908 in Paris), französische Schriftstellerin. Sie setzt ihr erzählerisches Können als fulminantes Mittel der Frauenbewegung ein. Der Essay *Das andere Geschlecht* wird 1949 von der katholischen Kirche verboten. Die Dramatik in all ihren Werken zeugt von der Suche nach der Moral jenseits der Gesellschaft. († 14.4.1986 in Paris)

Richard M. Nixon (1913 in Yorba Linda/Kalifornien), amerikanischer Politiker. In seiner Amtszeit als US-Präsident (1969–74) trägt er durch zahlreiche Besuche in China und der UdSSR zu einer wesentlichen Verbesserung der Beziehung zwischen den USA und den kommunistischen Ländern bei. Nach einem Einbruch in das Büro des oppositionellen Gegners, der als „Watergate-Skandal" in die Geschichte eingeht, muss Nixon zurücktreten. († 22.4.1994 in New York)

1908
Wilhelm Busch
Mit dem Tod des deutschen Schriftstellers und Zeichners Wilhelm Busch geht das vielseitige Schaffen eines scharfsinnigen Zeitkritikers zu Ende. Der Vater von *Max und Moritz* prangert in seinen satirischen Bildergeschichten v. a. die Scheinmoral und Spießbürgerlichkeit der Gesellschaft an und erlangt damit Weltruhm. Weniger bekannt sind seine Versuche als Autor antiromantischer Lyrik und als Maler von kleineren Ölgemälden.

Wilhelm Busch: Szene aus *Max und Moritz*

1939
Neue Reichskanzlei
In Berlin weiht Adolf Hitler die *Neue Reichskanzlei* ein und möchte damit ein Zeichen für Berlin als Welthauptstadt setzen. Das Bauwerk wurde nach den Plänen Albert Speers errichtet und gehört zum architektonischen Programm des Führers, dessen Ziel es ist, Berlin auf eine Stufe mit den Städten Babylon und Rom zu stellen.

1960
Assuan-Staudamm
In Ägypten beginnen die von der Sowjetunion technisch und finanziell unterstützten Bauarbeiten zum gigantischen *Assuan-Staudamm*. Das Prestigeobjekt von Staatschef Gamal Abd an-Nasser wird von deutschen Ingenieuren entworfen und soll Hochwasserschutz für das Nildelta bieten. Der Bau dauert zehn Jahre und misst im Ergebnis 111 m Höhe und 3800 m Länge.

1989
Japans Kaiser
Der neue japanische Kaiser Akihito, dessen Frau, Michiko Shoda, die erste Bürgerliche auf dem Chrysanthementhron wird, übernimmt nach dem Tod seines Vaters Hirohito mit einer feierlichen Zeremonie den Thron. Akihito bereist 1992 China und erklärt sein Bedauern über die Opfer im Krieg zwischen Japan und China (1933–45). Damit werden die ersten Weichen für eine Annäherung der beiden Länder gestellt.

22.12.–20.1.
Gregor, Paul, Wilhelm

Annette v. Droste-Hülshoff

Coco Chanel

Alter schützt vor Liebe nicht, aber Liebe vor dem Altern.

Coco Chanel

10 Januar

49 v. Chr.
Ende der Römischen Republik
Der römische Feldherr Gaius Julius Caesar setzt sich über die Forderung des Senats, sein Heer aufzulösen, hinweg. Mit Überschreitung des Grenzflusses Rubikon löst er einen blutigen Bürgerkrieg aus, der zum Untergang des römischen Reiches führt.

Caesar

1356
Goldene Bulle
Auf dem Reichstag von Nürnberg wird die Goldene Bulle verkündet. Sie regelt u. a. die Stellung der sieben Kurfürsten und das Repräsentationszeremoniell für das Reich. Sie ist bis 1806 das wichtigste Grundgesetz des Heiligen Römischen Reiches Deutscher Nation.

1863
London goes Underground
Um die überfüllten Straßen der britischen Hauptstadt zu entlasten, wird die Stadteisenbahn von London unter die Erde verlegt. Die dampfgetriebenen Züge fahren dicht unter der Straße und den Wohnhäusern. Die Luftschächte sind mit starkem Rauch erfüllt und in den Tunneln herrscht Smog. Aber die Millionenmetropole besitzt damit die erste Untergrundbahn der Welt.

1920
Vertrag von Versailles
Der Friedensvertrag zwischen dem Deutschen Reich und den Alliierten tritt in Kraft. Mit dem Vertrag werden den Deutschen Gebietsabtretungen, militärische Entwaffnung und Reparationszahlungen auferlegt. Außerdem stellt er die deutsche Alleinschuld am Ersten Weltkrieg fest.

1971
Tod Coco Chanels
Die französische Modeschöpferin Coco Chanel, die eine Schlüsselrolle bei der Gestaltung moderner Frauenkleidung spielt, stirbt in Paris. Mit der Kreation des legendären Parfums *No. 5* schaffte sie 1920 einen exklusiven Duft, der bis heute nicht an Beliebtheit verloren hat. Ihre klassischen Modeschöpfungen basieren auf einfachen Herrenmodellen. Das kleine Schwarze wird durch Chanel zum obligatorischen Bestandteil jeder Damengarderobe.

Auch das geschah an diesem Tag
1927 Der Film *Metropolis* unter der Regie von Fritz Lang wird im Berliner Ufa-Palast uraufgeführt. Das erste deutsche Science-Fiction-Werk zeigt die imaginäre Zukunft einer Großstadt, in denen von Maschinen beherrscht werden. Das filmische Großprojekt sprengt bezüglich des technischen Aufwands und der Kosten den Rahmen sämtlicher bisheriger Ufa-Produktionen.

Am 10. Januar geboren:

Annette Freiin von Droste-Hülshoff (1797 in Münster), deutsche Dichterin. Ihre Gedichte und Erzählungen sind von einer hohen Sensibilität sowie von einer bedrohlichen Metaphorik und Symbolik gekennzeichnet. Ihre Kriminalnovelle *Die Judenbuche* (1842) gehört heute zur Weltliteratur und macht die Künstlerin zur bedeutendsten Vertreterin der deutschen Lyrik des 19. Jh. Zu Lebzeiten wird ihren Werken allerdings wenig Beachtung geschenkt. († 24.5.1848 in Meersburg)

Heinrich Zille (1858 in Radeburg bei Dresden), deutscher Maler, Grafiker und Fotograf. Zille etabliert in Deutschland die Sozialdokumentation. Schauplatz seiner Studien sind die Berliner Hinterhöfe. Von 1890–1910 fotografiert er die Unterprivilegierten der Gesellschaft und ihr soziales Umfeld. Bekannt wird er v. a. durch seine satirischen Karikaturen *Mein Milljöh. Neue Bilder aus dem Berliner Leben* von 1914. († 9.8.1929 in Berlin)

Roderick David „Rod" Stewart (1945 in London), englischer Rocksänger. Der Sänger mit der unverkennbar rauchigen Stimme ist seit Ende der 1960er-Jahre konsequent erfolgreich und in den internationalen Hitparaden vertreten. Zu seinen bekanntesten Schlagern gehören *Sailing* (1975) und *Baby Jane* (1983).

11 Januar

Vertrauen wird dadurch erschöpft, das es in Anspruch genommen wird.

Bertolt Brecht

Robert Schuman

Bertolt Brecht

22.12.–20.1.

Paulus, Theo, Johannes

Am 11. Januar geboren:

Theodosius I. der Große (347 in Cauca/Spanien), römischer Kaiser. Der letzte gesamtrömische Kaiser beendet mit dem „Ersten Konzil von Konstantinopel" den Streit zwischen Ost- und Westkirche. Er erklärt das Christentum zur Staatsreligion, verbietet alle heidnischen Kulte und formuliert das erste christliche Glaubensbekenntnis. († 17.1.395 in Mailand)

Charlotte Buff (1753 in Wetzlar), Freundin und Muse von Johann Wolfgang von Goethe. Mit 19 Jahren lernt Charlotte Buff den Dichter Goethe kennen, der sich in sie verliebt. Tragischerweise heiratet sie wenig später J. G. C. Kestner. Die Begegnung mit Charlotte inspiriert Goethe zu dem Stück *Die Leiden des jungen Werther* (1774). Ein späteres Wiedersehen bildet die Vorlage für Thomas Manns *Lotte in Weimar*. († 16.1.1828 in Hannover)

Otto von Gierke (1841 in Stettin), deutscher Jurist und Rechtshistoriker. Mit seiner Kritik an den ersten Entwürfen des BGB und seinen Schriften zur Entwicklung des Sozialrechts bildet er die wesentlichen Grundlagen des Arbeitsrechts in seiner heutigen Form. († 10.10.1921 in Berlin)

Ernst Nolte (1923 in Witten/Ruhr), deutscher Historiker und Politikwissenschaftler. Der Historiker forscht zur Entstehung des Faschismus und zu totalitären Ideologien. Mit seinem Ansatz, der Klassenmord der Bolschewiki sei die Voraussetzung für den Rassenmord der Nationalsozialisten, löst er im sog. Historikerstreit heftige Diskussionen in der Öffentlichkeit aus.

1942
Deutscher U-Bootkrieg
Nachdem die USA Ende 1941 in den Krieg eingetreten sind, erfolgt unter dem Decknamen „Paukenschlag" die Erweiterung des deutschen Kriegsplans. Der Name bezeichnet das Vordringen der deutschen U-Boote im Atlantik an die amerikanische Ostküste. Sind die deutschen Militärs zunächst erfolgreich, so verhindern die strategischen Maßnahmen der USA größere Verluste der US-Marine.

1949
Berliner Ensemble
Im Deutschen Theater in Ost-Berlin wird das Stück *Mutter Courage und ihre Kinder* von Bertolt Brecht uraufgeführt. Aufgeführt wird das Stück von einer Theatergruppe, die Brecht zusammen mit seiner Frau Helene Weigel gegründet hat. Die Gruppe, die sich als „Brecht-Bühne" v. a. in Inszenierungen von „Brecht-Stücken" einen Namen macht, etabliert das epische Theater.

1952
Montanunion
Der deutsche Bundestag verabschiedet den Vertrag über die Gründung der Europäischen Gemeinschaft für Kohle und Stahl. Die sog. Montanunion, der auch Frankreich, Italien und die drei Benelux-Staaten beitreten, geht auf die Initiative des französischen Außenministers R. Schuman zurück und strebt einen gemeinsamen europäischen Markt für Kohle und Stahl an. Sie ist damit ein erster Schritt in Richtung europäische Integration nach 1945.

1959
Traumpaar auf dem Eis
Die 15-jährige Frankfurterin Marika Kilius und der 16-jährige Hans-Jürgen Bäumler aus Garmisch-Partenkirchen siegen bei den deutschen Meisterschaften im Eiskunstlaufen in Berlin. Die beiden Sportler avancieren zum Traumpaar im deutschen Paarlauf und holen sich 1964 den Europameister- und schließlich den Weltmeistertitel.

1991
Gesamtberliner Parlament
Zum ersten Mal seit der Teilung Berlins wird in der Berliner Nikolaikirche das Gesamtberliner Parlament einberufen. Es ist aus den freien Wahlen in ganz Berlin im Dezember 1990 hervorgegangen. Die große Koalition soll den Weg zur Einheit Berlins auf politischer Ebene sichern.

Nikolaikirche in Berlin

22.12.–20.1.

Ernst, Tatjana, Hilde, Erna

Hermann Göring

Johann Heinrich Pestlozzi

Hundert Unglückliche gehen verloren, weil sie niemand zum Gefühl dessen, was sie noch sind, emporhebt.

J. H. Pestalozzi

12
Januar

1816
Generalamnestie
27 Jahre nach dem Sturm auf die Bastille (1789) und dem Beginn der Französischen Revolution erlässt das Pariser Parlament eine Generalamnestie für alle Teilnehmer des Kampfes um Freiheit, Gleichheit und Brüderlichkeit. Der Straferlass gilt allerdings nicht für Häftlinge, die 1815 während der napoleonischen Interimsherrschaft ein politisches Amt ausübten.

1945
Rote Armee
Die Rote Armee startet eine groß angelegte Offensive gegen die deutsche Ostfront. Der Angriff wird für die Bewohner der deutschen Ostgebiete zum Verhängnis. Alle Flüchtlinge, die nicht rechtzeitig einen der Ostseebrückenköpfe erreichen, fallen dem radikalen Vernichtungsfeldzug der Roten Armee zum Opfer.

Auch das geschah an diesem Tag
1982 In der Bundesrepublik übersteigt erstmals der Anteil der Katholiken (44 %) den der Protestanten (43 %). Ursache ist eine niedrige Geburtenrate sowie ein vermehrter Kirchenaustritt bei den Protestanten.

1954
Massive Vergeltung
Der US-Amerikanische Außenminister John Foster Dulles treibt den atomaren Vergeltungsschlag voran. Er fordert die Vergeltung eines jeden Angriffes auf einen NATO-Staat durch einen atomaren Gegenangriff. Diese aggressive Strategie verschärft den Kalten Krieg erheblich.

1954: J. F. Dulles

1976
Ende des Kolonialismus
Die im Nordwesten Afrikas gelegene Spanische Sahara wird nach 91 Jahren spanischer Kolonialherrschaft von den letzten spanischen Truppen verlassen. Am 28. Februar wird die Westsahara zwischen der islamischen Republik Mauretanien und Marokko aufgeteilt, die das Gebiet bis zu einer Volksabstimmung verwalten sollen.

Am 12. Januar geboren:

Johann Heinrich Pestalozzi (1746 in Zürich), Schweizer Pädagoge. Pestalozzi setzt sich für eine Erziehung im Zuge der Aufklärung ein. In seinen Schriften beschäftigten ihn v. a. die Entwürdigung und Verwilderung des Menschen, der er mit seiner fortschrittlichen Erziehungsmethode begegnen will. Er propagiert die Überwindung der Standesunterschiede, die Unantastbarkeit der Menschenwürde sowie eine Verbesserung der Volksbildung. Unter seiner Leitung entsteht in Yverdon die erste Schule, deren Erziehungsmodell Vorbild für viele andere wird. († 17.12.1829 in Brugg)
Jack London (1876 in San Francisco), amerikanischer Schriftsteller. Der als John Griffith geborene Lebenskünstler lebt ein abenteuerliches Leben als Arbeiter, Goldgräber, Landstreicher, Seemann und Journalist und verarbeitet es in seinen Abenteuerromanen wie *Der Seewolf* (1904) und *Wolfsblut* (1905). Er wählt den Freitod. († 22.11.1916 in Glen Ellen)
Herrmann Göring (1893 in Rosenheim), deutscher Politiker. Göring, der „zweite Mann" im NS-Regime, war preußischer Ministerpräsident (1933–45) und Innenminister (1933/34). Er gilt als Urheber der Gestapo als Terrororganisation und ist für die Errichtung der ersten KZs verantwortlich. Außerdem baut er als Reichsluftfahrtminister die Luftwaffe auf. Er begeht Selbstmord. († 15.10.1946 in Nürnberg)
Jean Delannoy (1908 in Noisy-le-Sec bei Paris), französischer Filmregisseur. Der Regisseur wird durch die Verfilmungen der Maigret-Romane von Georges Simenon mit Jean Gabin in der Rolle des Kommissars berühmt. Bekannt ist auch das 1956 entstandene Monumentalwerk *Der Glöckner von Notre Dame* mit Gina Lollobrigida und Anthony Quinn in den Hauptrollen.

13 Januar

Die Weltgeschichte ist das Weltgericht.

Friedrich Schiller

James Joyce

Paul Gavarni (Zeichnung)

22.12.–20.1.

Gottfried, Jutta, Veronika, Yvonne

Am 13. Januar geboren:

Paul Gavarni (1804 in Paris), französischer Zeichner und Grafiker. Gavarnis schildert geistreich und ironisch das Leben der Pariser Gesellschaft und die Welt des Theaters. Seine Illustrationen werden in den Zeitschriften *Le Figaro* und im *Charivari* veröffentlicht. Ab 1847 entstehen auch viele Zeichnungen, die das soziale Elend zum Thema haben. († 24.11.1866 in Anteuil)

Friedrich Ferdinand Graf von Beulst (1809 in Dresden) österreichisch-ungarischer Politiker. Im Jahre 1849 schließt er mit Preußen und Hannover das „Dreikönigsbündnis". Nach 1850 wendet er sich aber von der preußischen Politik ab und wechselt auf die österreichische Seite. Im Oktober 1866 wird er österreichischer Außenminister und schließlich 1867 Ministerpräsident. Als Reichskanzler (1867–71) ist er an der Ausarbeitung eines Österreichisch-Ungarischen Ausgleichs beteiligt. († 24.10.1886 Schloss Altenberg bei Greifenstein/Niederösterreich)

Wilhelm Wien (1846 in Gaffken/Samland), deutscher Physiker. 1911 erhält der Professor für Physik für seine physikalischen Arbeiten zur Temperaturstrahlung des schwarzen Körpers den Nobelpreis. Er entdeckt den Zusammenhang zwischen der Intensität der Wärmestrahlung und deren Wellenlänge und legt damit den Grundstein für die im Jahr 1900 von Max Planck begründete Quantentheorie. († 30.8.1928 in München)

1782
Schillers Räuber
In Mannheim wird das erste Schauspiel des jungen Dichters Friedrich Schiller uraufgeführt. Das 1977 unter dem Einfluss der Aufklärung begonnene Drama *Die Räuber* begeistert das Publikum. Das Stück thematisiert die Ablehnung jeglicher Autorität und verherrlicht die irrationalen Kräfte des Gefühls und der Fantasie. Im Mittelpunkt des Werkes steht der Konflikt des Einzelnen, der nach Freiheit dürstet und den Zwängen der Obrigkeit trotzt. Das Theaterstück der Sturm- und Drang-Zeit trifft damit den Kern der gesellschaftlichen Stimmung am Vorabend der französischen Revolution.

1898
Zolas Anklage
Die Kampfschrift *J'accuse* (Ich klage an) des naturalistischen Schriftstellers Emil Zola erscheint als offener Brief an den französischen Präsidenten. Der Autor greift mit seiner leidenschaftlichen Stellungnahme zur „Dreyfusaffäre" offensiv in das öffentliche Leben ein und fordert die Wiederaufnahme des Dreyfus-Prozesses von 1894.

Zolas Kampfschrift „J'accuse"

Der Offizier Alfred Dreyfus war in einem antisemitisch geprägten Strafprozess wegen angeblicher Spionage zu lebenslanger Haft verurteilt worden.

1935
Wechsel im Saargebiet
Nach 15-jähriger Verwaltung durch die Völkerbundsregierung und wirtschaftlicher Anbindung an Frankreich gemäß dem Versailler Vertrag kommt das Saargebiet an das Deutsche Reich zurück.

1980
Die Grünen
Als Alternative zu den bisherigen Parteien formieren sich auf dem Bundeskongress in Karlsruhe erstmals „Die Grünen" als Bundespartei, um im Herbst desselben Jahres bei der Bundestagswahl antreten zu können. Ihre politischen Ziele heißen Ökologie und Umweltschutz, Basisdemokratie und Gewaltfreiheit.

Auch das geschah an diesem Tag

1908 Der englische Flugpionier Henri Farman ist der erste Europäer, dem es gelingt, ein voll steuerbares Flugzeug zu fliegen. **1941** James Joyce, der einflussreiche anglo-irische Schriftsteller und Autor von *Ulysses* (1922) stirbt in Zürich. **1985** Der erste offiziell bekannt gewordene Fall einer Leihschwangerschaft wird gerichtlich zugelassen. **1993** Der ehemalige Staats- und Parteichef Erich Honecker wird aufgrund seines schlechten Gesundheitszustandes aus der Haft entlassen.

22.12.–20.1.

Bruno, Felix, Helga, Reiner

Albert Schweitzer

Humphrey Bogart

Kein kluger Mann widerspricht seiner Frau. Er wartet, bis sie es selbst tut.

Humphrey Bogart

14
Januar

1943
Geheime Pläne
Bei einem geheimen Treffen in der marokkanischen Hauptstadt Casablanca, der sog. Konferenz von Casablanca, treffen sich der US-Präsident Franklin D. Roosevelt und der britische Premierminister Winston Churchill. Ziel der Konferenz ist die Festlegung einer gemeinsamen Strategie gegen Deutschland und Italien im Zweiten Weltkrieg. Die beiden Politiker einigen sich schließlich darauf, zuerst den Afrikafeldzug zu vollenden, dann in Sizilien und erst 1944 in Frankreich zu landen.

Giacomo Puccini: *Tosca* (Plakat)

1946
Wiedergutmachung
In Paris wird ein Abkommen zwischen Vertretern von 18 Staaten geschlossen, das Deutschland zu Reparationszahlungen an die Siegermächte des Zweiten Weltkrieges verpflichtet. Infolgedessen beginnt Deutschland damit, ganze Industriebetriebe an das Ausland zu verschicken.

1965
Kunst gegen Durst
Das Wuppertaler Landgericht verurteilt die Stadt Leverkusen zur Zahlung von 165.000 DM an den Düsseldorfer Künstler Joseph Beuys. Den Grund für diese Strafe lieferte die Feier des SPD-Ortsvereins. Während der Feier musste eine Badewanne, die sich in einem Nebenraum der Stadtverwaltung befand, als Bierkühlung herhalten. Ungünstigerweise erwies sich die Wanne als Kunstobjekt. Beuys hatte das Gebrauchsmobiliar mit Pflaster, Mull und Vaseline zum Kunstprojekt erhoben und nur vorübergehend in dem Abstellraum platziert.

Auch das geschah an diesem Tag

1900 Uraufführung der Musiktragödie *Tosca* von Giacomo Puccini in Rom. **1926** In Berlin gastiert eine Truppe schwarzer Jazzmusiker, deren Tänzerin Josephine Baker beim Publikum eine Welle der Begeisterung ausruft. **1957** Der charismatische Schauspieler und Frauenschwarm Humphrey Bogart stirbt in Hollywood. **1965** In den bundesdeutschen Kinos läuft der englische Spielfilm *Goldfinger* mit Gert Fröbe als legendärer Bösewicht und Sean Connery als Geheimagent James Bond an.

Am 14. Januar geboren:

Albert Schweitzer (1875 in Kaysersberg bei Colmar), elsässischer Theologe, Mediziner, Musiker und Philosoph. Der vielseitige Wissenschaftler gründet 1913 in Lambaréné/Gabun sein bekanntes Tropenhospital, in dem er als Missionsarzt tätig ist. Die finanziellen Mittel für das Projekt gewinnt er durch seine Konzerte und Vortragsreisen zum Thema Nächstenliebe. Für seinen konsequenten Einsatz um die Würde des Menschen und seine tatkräftig umgesetzte Christlichkeit wird ihm 1952 der Friedensnobelpreis verliehen. († 4.9.1965 in Lambaréné/Gabun)

Caterina Valente (1931 in Paris), deutsche Schlagersängerin und Entertainerin. Die Sängerin und Schauspielerin italienisch-spanischer Herkunft ist in den 1950er-Jahren eine bekannte Größe im internationalen Showgeschäft. In dieser Zeit veröffentlicht sie ca. 1500 Titel in zwölf Sprachen und wirkt in diversen Filmen (*Boujour Kathrin*, 1956), TV-Shows und Revuen mit.

Faye Dunaway (1941 in Bascom/Florida), amerikanische Schauspielerin. In der weiblichen Hauptrolle des legendären Filmpaares *Bonnie und Clyde* macht sich Dunaway an der Seite von Warren Beatty 1967 einen Namen. Große Erfolge sind der wandlungsfähigen Darstellerin auch an der Seite von Jack Nicholson in dem Thriller *Chinatown* (1974) beschert. Für die Darstellung einer TV-Managerin in *Network* wird sie 1976 mit dem Oscar für die beste Hauptrolle ausgezeichnet.

17

15 Januar

Je mehr wir einen Menschen lieben, desto weniger sollten wir ihm schmeicheln.

22.12.–20.1.

Anton, Arnold, Gabriel, Kuno

Molière — Martin Luther King — Molière

Am 15. Januar geboren:

Molière (1622 in Paris), französischer Komödiendichter und Schauspieler. Der als Jean Baptiste Poquelin geborene Künstler kritisiert in seinen Werken die sozialen Missstände seiner Zeit und die menschlichen Schwächen im Allgemeinen, indem er sie als Sonderformen menschlicher Defekte zeigt. Mit seinen berühmten Komödien *Tartuffe* (1664), *Don Juan* (1665) und *Der eingebildete Kranke* (1673) beeinflusste er die Entwicklung des bürgerlichen Dramas in der Aufklärung. Seine Stücke sind bis in die heutige Zeit aktuell und haben nicht an Unterhaltungswert verloren. († 17.2.1673 in Paris)

Aristoteles Onassis (1906 in Smyrna, heute Izmir/Türkei), griechischer Multimillionär. Der geschickte Unternehmer wurde durch seine geschäftstüchtige Idee, im Zweiten Weltkrieg Frachtschiffe und Tanker, die er billig erstanden hatte, an die Alliierten zu verpachten, zu einem der reichsten Männer seiner Zeit. Bekannt wurde er als Schiffseigentümer, Immobilienunternehmer und Besitzer von zahlreichen Spielbanken und v. a. durch seine spektakuläre Heirat mit Jackie Kennedy, der Witwe des 1963 ermordeten US-Präsidenten John F. Kennedy. († 15.3.1975 in Paris)

Martin Luther King (1929 in Atlanta/Georgia), amerikanischer Politiker, Baptistenpfarrer und Bürgerrechtler. Der Anführer der schwarzen Bürgerrechtsbewegung setzt sich für den gewaltlosen Widerstand gegen Rassendiskriminierung und Benachteiligung der Schwarzen in den USA ein und fordert unter dem Leitsatz „I have a dream" (Ich habe einen Traum) eine freie und gleichberechtigte Gesellschaft. 1964 erhält er den Friedensnobelpreis. Vier Jahre später wird er von dem weißen entflohenen Häftling James Earl Ray erschossen. († 4.4.1968 in Memphis/Tennessee)

1559
Inthronisation Elisabeth I.
Nach dem Tod ihrer Schwester Maria Tudor wird die 25-jährige Elisabeth I. nicht ohne Protest in der Bevölkerung zur Königin gekrönt. Ihre Amtszeit währt 45 Jahre und läutet eine neue Ära der Weltpolitik ein. Sie betreibt eine gemäßigte Katholikenpolitik, festigt durch Sozialgesetzgebung den inneren Frieden und fördert die Renaissancekultur in England.

1896
Erste Leihwagen
In Paris bietet der erste Automobilklub eine neue Form des Fahrgenusses an. Die erste Autovermietung wird mit sechs Fahrzeugen ins Leben gerufen, die inklusive Fahrer stunden- oder tageweise ausgeliehen werden können. Eine Stunde kostet 3 Franc, ein Tag 30 Franc. Die Idee basiert auf der Hoffnung, auf diese Weise vermehrt Interessenten für das Autofahren zu gewinnen.

1919
Spartakistenführer ermordet
Nach der Verhaftung von Rosa Luxemburg und Karl Liebknecht in Moabit werden die beiden sozialistischen Kriegsgegner von Freikorpsoffizieren ermordet. Trotz einer ausgeschriebenen Belohnung von 10.000 DM für Aussagen über den genauen Tathergang kommen die Täter fast ungeschoren davon. Der Prozess endet mit sechs Freisprüchen und drei Verurteilungen zu kurzen Gefängnisstrafen.

Die Rote Fahne: Blatt des Spartakusbundes von Karl Liebknecht und Rosa Luxemburg, 1918 in Berlin gegründet.

Auch das geschah an diesem Tag

1920 Mit einer Version von Nick la Roccas *Tiger Rag* kommt die erste deutsche Jazzplatte auf den Markt. Im selben Jahr tritt in Berlin die erste Jazzband auf, die Wohnzimmer verwandeln sich allerorts zu heißen Tanzclubs.

22.12.–20.1.

Marcellus, Tasso, Ulrich, Tilo

Vittorio Alfieri

Sean Connery

Es wünscht das Volk, nur immer den zum Herrn, den es verloren.

16 Januar

1547
Iwan der Schreckliche
Iwan der Schreckliche nimmt als Erster Moskauer Herrscher den Zarentitel an. Der Großfürst setzt sich während seiner Regierung in erster Linie dafür ein, den russischen Hochadel zu eliminieren. Seine brutalen Strafgerichte und sein maßloser Jähzorn, der ihn auch seinen ältesten Sohn erschlagen ließ, tragen ihm bei seinen Zeitgenossen den Beinamen „der Schreckliche" ein.

Iwan der Schreckliche

1895
Omnibus
Auf der Strecke Siegen–Netphen–Neutz wird der erste Omnibus in Deutschland eingeweiht. Das neue Vehikel geht auf die Erfindung des Automobilherstellers Carl Benz zurück und verdrängt die Pferdekutsche von deutschen Straßen.

1920
Prohibition
Auf Drängen puritanischer-protestantischer Parteien im Süden der USA wird das Verbot von Alkohol in die amerikanische Verfassung aufgenommen. Der Erlass betrifft Herstellung, Vertrieb und Konsum von Getränken mit mehr als 0,5 % Alkoholgehalt. Ziel ist es, den angeblich unmoralischen Lebenswandel der Großstädter zu zügeln.

1962
James Bond
Die Dreharbeiten zum ersten James-Bond-Film mit Sean Connery in der Hauptrolle des Geheimagenten „007" beginnen. Der erste Film der erfolgreichen Reihe lautet *James Bond jagt Dr. No* und handelt von einem skrupellosen Großverbrecher, der die Weltherrschaft anstrebt. Die Bond-Filme, die nach der literarischen Vorlage von Ian Fleming entstanden, werden bis heute fortgesetzt.

Sean Connery in dem Film *James Bond jagt Dr. No*

Auch das geschah an diesem Tag
1893 In New York tritt die erste Rolltreppe der Welt in Funktion. Nach den Plänen des Industriellen Jesse W. Reno wird der Cortland-Street-Bahnhof mit einem Personenaufzug in Form eines Transportbandes ausgestattet. Das Förderband ist eine Aneinanderreihung von Platten, die sich auf und ab bewegen.

Am 16. Januar geboren:

Vittorio Alfieri (1749 in Asti), italienischer Schriftsteller. Die Thematik seiner Tragödien kreist um die Gegenüberstellung der absolutistischen Herrschaft und der persönlichen Freiheit des Einzelnen. Sein von Freiheitsliebe durchdrungenes Gesamtwerk mit Tragödien wie *Cleopatra* oder *Saul* oder mit der 1789 verfassten Abhandlung *Über die Tyran-nei* verhilft dem italienischen Risorgimento zu seinem Aufschwung. († 8.10.1803 in Florenz)

Johannes Rau (1931 in Wuppertal), deutscher Politiker. Rau ist Mitbegründer der Gesamtdeutschen Volkspartei und trat 1958 der SPD bei. Von 1978–98 ist er Ministerpräsident des Landes Nordrhein-Westfalen. Von 1982 bis 1990 ist er stellvertreter Parteivorsitzender der SPD, verliert aber bei der Bundestagswahl 1987 gegen Helmut Kohl (CDU) als Kanzlerkandidat. 1998 wird er zum achten deutschen Bundespräsidenten gewählt. Seine Amtszeit endete am 30.6.2004. Zum Nachfolger Raus wurde der Finanzpolitiker Horst Köhler gewählt.

Udo Lattek (1935 in Bosemb/Ostpreußen), deutscher Fußballtrainer. Der erfolgreiche deutsche Trainer gewinnt mit den Vereinen Bayern München und Borussia Mönchengladbach insgesamt achtmal die deutsche Meisterschaft. In seiner Laufbahn gewinnt er außerdem dreimal den DFB-Pokal, er führt die Bayern-Mannschaft 1974 zum Gewinn des Europapokals der Landesmeister und er gewinnt 1982 mit dem FC Barcelona den Europacup der Pokalsieger.

17 Januar

Es gab nie einen guten Krieg oder einen schlechten Frieden.

Benjamin Franklin

Al Capone

Benjamin Franklin

22.12.–20.1.
Anton, Beatrix, Leonie, Rosalie

Am 17. Januar geboren:

Benjamin Franklin (1706 in Boston), amerikanischer Politiker und Forscher. Der Politiker setzte sich für die Unabhängigkeit der Kolonien ein und unterzeichnete 1776 die Unabhängigkeitserklärung. Als Gesandter in Frankreich erreicht er 1778 den entscheidenden Eintritt Frankreichs in den Unabhängigkeitskrieg und handelt den Friedensvertrag mit Großbritannien aus. Er engagiert sich gegen die Sklaverei und macht sich in Europa v. a. mit seinen wissenschaftlichen Erfindungen wie dem Blitzableiter einen Namen. († 17.4.1790 in Philadelphia).

Konstantin Sergejewitsch Stanislawski (1863 in Moskau), russischer Schauspieler, Regisseur und Theaterpädagoge. Als Mitbegründer und Direktor des Moskauer Künstlertheaters inszeniert er Werke von Maxim Gorki, Henrik Ibsen und Anton Tschechow und zieht damit das russische Theater zur schauspielerischen Elite heran. Seine leidenschaftlichen Ideen und Ausführungen zur Schauspieltechnik, wie die sog. Stanislawski-Methode, gelten bis heute als Grundlagen der professionellen Schauspielkunst. († 7.8.1938 in Moskau)

Alphonse „Al" Capone (1899 in Neapel), amerikanischer Gangster. Der legendäre Verbrecher von Chicago in den 1920er-Jahren verdient sein Geld mit Glücksspiel, Alkoholhandel und Prostitution. Vorbild für zahlreiche Filme wird er durch seine raffinierte Vorgehensweise, weil ihm seine Taten nie nachgewiesen werden können. 1931 wird er wegen Steuerhinterziehung verurteilt. († 25.1.1947 in Miami/Florida)

Muhammad Ali (1942 in Louisville), amerikanischer Boxer. Der als Cassius Clay geborene Sportler gewinnt 1960 Olympia-Gold im Halbschwergewicht. Der mehrfache Weltmeister gehört zu den erfolgreichsten Schwergewichtsboxern aller Zeiten.

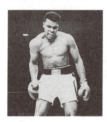
Muhammed Ali

1867
Dynamo entsteht

Vor den Toren der Berliner Akademie der Wissenschaften präsentiert Gustav Magnus das erfinderische Ergebnis von Werner Siemens Arbeit *Über die Umwandlung von Arbeitskraft in elektrischen Strom ohne permanente Magnete*, den Dynamo, einen selbsterregenden Gleichstromgenerator. Damit beginnt das Zeitalter der wirtschaftlich genutzten Starkstromtechnik.

1939
Einschränkung der Juden

Die Zwangsmaßnahmen gegen Juden engen deren Arbeits- und Lebensumstände immer weiter ein. Nach der Reichspogromnacht 1938 verlieren Ärzte und Apotheker ihre Zulassung. Zukünftig sind Juden von den gesetzlichen Prüfungen bei Handwerks-, Industrie- und Handelskammern ausgeschlossen. Die Zentrale zur Förderung der jüdischen Auswanderung organisiert die massenhafte Emigration der Juden.

1991
Operation Wüstensturm

Nach dem Ablaufen des Ultimatums an den Irak, seine Truppen aus dem Kuwait zurückzuziehen, beginnen die alliierten Truppen aus 31 Staaten unter US-amerikanischer Führung die militärische Offensive gegen den Irak. Die Bodenoffensive erfolgt nach wochenlangen Luftangriffen und endet am 28. Februar desselben Jahres mit der vernichtenden Niederlage der Iraker.

1995
Japan bebt

Das japanische Ballungszentrum um Osaka und Kobe in Japan wird von den schwersten Erdstößen seit über 70 Jahren heimgesucht. Bei einer Stärke von 7,2 auf der nach oben offenen Richterskala werden 56.000 Gebäude beschädigt. 5200 Menschen kommen dabei ums Leben, 27.000 werden schwer verletzt. Die Regierung erklärt die Region zum Katastrophengebiet.

Auch das geschah an diesem Tag

1977 Im Staatsgefängnis von Utah/USA wird der 36jährige Gary Gilmore wegen zweifachem Raubmordes hingerichtet. Es ist die erste Vollstreckung des Todesurteils in den USA seit 10 Jahren.

22.12.–20.1.

Regina, Susanne, Priska, Ursula

Charles de Montesquieu

Cary Grant

Glücklich das Volk, dessen Geschichte sich langweilig liest.

Charles de Montesquieu

18
Januar

1919
Friedenskonferenz
In Versailles treffen sich die Siegermächte des Ersten Weltkrieges unter Ausschluss der deutschen Vertretung. Abgeordnete von 27 alliierten Mächten formulieren einen Friedensvertrag, der die Vorgehensweise in der Nachkriegszeit regelt. Der Vertrag wird der Weimarer Nationalversammlung schriftlich mitgeteilt und deren Annahme binnen fünf Tagen gefordert.

1985
Smogalarm
In der Bundesrepublik wird erstmals in der Geschichte Smogalarm der Stufe III ausgerufen. Insbesondere im Ruhrgebiet nimmt die Schadstoffkonzentration bedrohliche Werte an. Die Maßnahmen lauten: absolutes Fahrverbot aller motorisierten Fahrzeuge und eine verminderte Produktion der Industriebetriebe.

1992
JFK
Bei der Golden-Globe-Verleihung wird der amerikanische Regisseur Oliver Stone für seinen Film *JFK* ausgezeichnet und erhält damit den wichtigsten Filmpreis nach dem Oscar in den USA. Der Thriller rollt erneut den nie eindeutig geklärten Tatvorgang des Attentats auf US-Präsident John F. Kennedy im Jahre 1963 in Dallas auf und löst erneut Spekulationen über die politischen Hintergründe der Tat aus.

1995
Höhlenmalerei
Nach der Entdeckung intakter steinzeitlicher Höhlenmalerei im Vorjahr durch Amateurforscher, erklärt der französische Kulturminister die Zeichnungen in Combe d'arc zu den bedeutendsten Zeugnissen der menschlichen Frühgeschichte in Europa. Die über 300 Tierdarstellungen, die sich einer Höhle in der südfranzösischen Region Combe d'Arc befinden, sollen über 30.000 Jahre alt sein und stehen in ihrer künstlerischen Ausdruckskraft den Höhlenzeichnungen der anderen großen Fundorte Lascaux und Altamira in nichts nach.

Malereien in der Höhle von Altamira

Auch das geschah an diesem Tag
1993 Nach 46jähriger Monopolstellung des Politmagazins *Der Spiegel* erscheint erstmals das Konkurrenzblatt *Focus* auf dem Markt. Herausgeber ist der Burda-Verlag, das Nachrichtenheft kann sich erfolgreich etablieren.

Am 18. Januar geboren:

Charles de Montesquieu (1689 in Bordeaux), französischer Schriftsteller und Staatstheoretiker. Der ideologische Wegbereiter der Französischen Revolution prägt mit seinen Schriften das Zeitalter der Aufklärung. Sein Werk *De l'esprit des lois* wirkt wesentlich auf die Verfassung der französischen Revolution und auf die Lehre der Gewaltenteilung in Gesetzgebung, Vollziehung und Rechtsprechung. († 10.12.1755 in Paris)
Oliver Hardy (1892 in Atlanta/Georgia), amerikanischer Schauspieler. Zusammen mit Stan Laurel bildet er das berühmteste Komikerduo der Filmgeschichte. Als eine Hälfte des Paares *Dick und Doof* verkörpert Hardy immer den dicken, vermeintlich Klügeren, während Laurel den naiven, weinerlichen Dummkopf spielt. Für den Film *The Music-Box* erhalten beide 1932 den Oscar. († 7.8.1957 in Los Angeles)
Cary Grant (1904 in Bristol), englischer Schauspieler. Der als Alexander Archibald Leach geborene Künstler startet mit *Leoparden küsst man nicht* (1931) seine Karriere im internationalen Filmgeschäft. An der Seite der großen Schauspielerinnen des 20. Jh., wie z. B. Ingrid Bergmann, Katherine Hepburn, Grace Kelly, Doris Day oder Sophia Loren glänzt er v. a. in der Rolle des Frauenhelden und heiratsscheuen Gentleman. 1970 erhält er für sein Lebenswerk den Ehren-Oscar. († 30.11.1986 in Davensport)
Kevin Costner (1955 in Los Angeles), amerikanischer Schauspieler und Regisseur. Mit dem Film *The Untouchables – Die Unbestechlichen* gelingt Costner 1987 der internationale Durchbruch. Für sein Regiedebüt *Der mit dem Wolf tanzt* erhält er 1991 sieben Oscars.

19 Januar

Die Bescheidenheit ist eine Eigenschaft, die vom Bewusstsein der eigenen Macht herrührt.

Paul Cézanne

Edgar Allen Poe · Janis Joplin

22.12.–20.1.

Adelheid, Heinrich, Marius, Martha

Am 19. Januar geboren:

Edgar Allen Poe (1809 in Boston), amerikanischer Schriftsteller. Der Vater aller Kriminalromane gilt als Wegbereiter der modernen Literatur. Berühmt wird er für seinen groteskunheimlichen Erzählstil in Detektivgeschichten wie *Doppelmord in der Rue Morgue* (1840) oder *Der entwendete Brief* (1844). Als Gedichtschreiber (*Der Rabe*, 1845) beeinflusst er mit seiner lautmalerischen Sprache insbesondere die französische Literaturszene. († 7.10.1849 in Baltimore)

Paul Cézanne (1839 in Aix-en-Provence), französischer Maler. Einer der wichtigsten Künstler des Postimpressionismus möchte „aus dem Impressionismus etwas so Festes und Dauerhaftes wie die Kunst in den Museen machen". Er beschäftigt sich v. a. mit der Form und Struktur von Gegenständen und beeinflusst damit entscheidend den Kubismus. († 22.10.1906 in Aix-en-Provence)

Paul Cézanne: *Die Kartenspieler*

Patricia Highsmith (1921 in Fort Worth/Texas), amerikanische Schriftstellerin. Die Autorin zahlreicher Psychothriller und Kriminalromane stellt in ihren Werken die menschlichen Beweggründe eines Verbrechens in den Mittelpunkt. Die spannungsgeladenen Geschichten bilden für viele Filmemacher geeigneten Stoff. 1950 entsteht *Zwei Fremde im Zug,* 1962 *Der Schrei der Eule*. († 4.2.1995 in Locarno/Schweiz)

Janis Joplin (1943 in Port Arthur/Texas), amerikanische Rocksängerin. Die emotionsgeladene Künstlerin steigt mit ihrem ekstatischen Gesangsstil zur Ikone der Beatnik-Generation auf. Mit der Interpretation ihrer Lieder wie *Peace of My Heart* und *Me and Bobby McGhee* setzt sie in der Geschichte des Rock und Blues neue Maßstäbe. Sie stirbt an einer Überdosis Heroin. († 4.10.1970 in Los Angeles)

1915
Zeppelin

Mit einer ungewöhnlichen Militäroffensive starten deutsche Zeppeline einen Luftangriff auf die englische Hauptstadt London. Die Luftschiffe werden nur bei Nacht eingesetzt und können so vom Boden nur schwer erkannt werden. Der Nachteil ist jedoch die Unbeweglichkeit aufgrund ihrer Größe, was sie für eine militärische Zukunft als ungeeignet statuiert.

1919
Frauenwahlrecht

Die Wahl zum ersten deutschen Nachkriegsparlament steht unter neuen Vorzeichen. Zum ersten Mal in der deutschen Geschichte sind Frauen bei Wahlen auf Reichsebene zugelassen. Im Gegensatz zu Frankreich, Portugal und der Schweiz, wo die Frauen zu dem Zeitpunkt noch keine politischen Rechte besitzen, ist das weibliche Geschlecht in Deutschland nun mit einem aktiven und passiven Wahlrecht ausgestattet.

1978
Käfer

Im Automobilwerk Emden läuft nach 40 Jahren der letzte VW Käfer vom Band. Für alle Liebhaber des legendären Modells gibt es einen letzten Trost: Volkswagen bietet als Huldigung eine Sonderserie mit 2400 Restexemplaren an. Danach wird der Käfer nur noch im mexikanischen Volkswagenwerk gebaut. Der offizielle Nachfolger aus deutschen Produktionsstätten heißt „Golf".

Der letzte VW Käfer läuft in Emden vom Band

Auch das geschah an diesem Tag

1829 *Faust I* von Johann Wolfgang von Goethe (1749–1832) wird am Hoftheater von Braunschweig uraufgeführt, 21 Jahre nach dem Erscheinen des Monumentalwerkes. **1984** Der italienische Radrennfahrer Francesco Moser stellt in Mexiko-City einen neuen Stundenweltrekord auf. Mit 50,809 km/h schlägt er den bis dahin von dem Belgier Eddy Merckx gehaltenen Rekord von 49,431 km/h.

22.12.–20.1.
Elisabeth, Fabian, Jakob, Sebastian

Franklin D. Roosevelt

Federico Fellini

Ein Radikaler ist ein Mensch, der mit beiden Beinen fest in der Luft steht.

Franklin D. Roosevelt

20
Januar

1942
Endlösung
Auf einer Konferenz am Berliner Wannsee tagen NS-Politiker unter dem Vorsitz von Reinhard Heydrich, dem Leiter des Reichssicherheitsamtes, mit dem Ziel, eine „Endlösung der Judenfrage" zu finden. Im Mittelpunkt steht dabei der Befehl, alle nicht arbeitsfähigen Häftlinge in eigens dafür eingerichtete Vernichtungslager zu deportieren. Diesem Todesurteil fallen zwei Drittel aller europäischen Juden zum Opfer.

1945
Roosevelt
Der Politiker Franklin D. Roosevelt beginnt seine vierte Amtszeit in Folge als Staatsoberhaupt der USA und stellt damit einen amerikanischen Rekord auf. Jeder US-Präsident regierte bislang höchstens zwei Amtszeiten, sein Wahlsieg im Herbst des Vorjahres bildet die einzige Ausnahme in der Geschichte der Vereinigten Staaten.

1955
Le Corbusier
Mit der Wallfahrtskirche *Notre-Dame-du-Haut* in Ronchamps/Elsass ist das Hauptwerk des französisch-schweizerischen Stararchitekten Le Corbusier nach drei Jahren Bauzeit vollendet. Le Corbusier gilt als Hauptvertreter des so genannten Internationalen Stils, bei dem asymmetrische Kompositionen unter Verzicht auf Ornamente und historische Bezüge vorherrschen.

1981
Geiseldrama
Nach 444 Tagen Gefangenschaft in der besetzten US-Botschaft in Teheran/Iran werden die 51 US-amerikanischen Bürger, die als Geiseln genommen wurden, freigelassen und in die USA zurückgebracht. Der Befreiung waren langwierige Verhandlungen vorausgegangen, die mit dem Entgegenkommen von Seiten der US-Regierung eine Lösung fanden. Die USA hebt Wirtschaftssanktionen gegen den Iran auf und zahlt Gelder an die iranische Revolutionsmacht.

Auch das geschah an diesem Tag
1992 In Berlin fällt das erste Urteil der sog. Mauerschützenprozesse. Angeklagt ist ein ehemaliger DDR-Grenzsoldat wegen vorsätzlicher Tötung des Flüchtigen Chris Geoffrey im Jahre 1989. Der Prozess statuiert ein politisch wichtiges Exempel auf dem Weg zur Deutschen Einheit. Das Urteil lautet dreieinhalb Jahre Freiheitsstrafe.

Am 20. Januar geboren:

C. W. Ceram (1915 in Berlin), deutscher Schriftsteller. Der als Kurt W. Marek geborene Künstler gilt als Begründer des modernen Sachbuchs in Deutschland. Im Jahre 1949 schreibt er die archäologisch fundierte Geschichte *Götter, Gräber und Gelehrte*, die sich auf Platz eins der internationalen Bestsellerlisten katapultiert.
(† 12.4.1972 in Berlin)

Federico Fellini (1920 in Rimini), italienischer Filmregisseur und Drehbuchautor. Fellini, der maßgeblich an der Entwicklung des italienischen Neorealismo beteiligt ist, gelingt mit *La Strada* 1954 der internationale Durchbruch. In den 1960er-Jahren entwickelt er ein eigenes Filmgenre, bei der sich phantasievolle Traumbilder zu einzelnen Episoden aneinander reihen. Sein berühmtester Film *La dolce vita* (1959) schreibt mit den legendären Bildern der deutschen Schauspielerin Anita Ekberg im Fontana di Trevi Filmgeschichte.
(† 31.10.1993 in Rom)

Anita Ekberg in *La dolce vita*

David Lynch (1946 in Missoula/Washington), amerikanischer Regisseur. Charakteristisch für seine Filme ist die exaltierte Darstellung von Gewalt und Sex. Im Mittelpunkt seiner Szenerien steht die intellektuell anspruchsvolle Darstellung von Obszönität, Voyeurismus und Gewalt. Zu seinen berühmtesten Filmen gehören *Blue Velvet* (1986) und *Wild at Heart* (1990). Erfolgreich setzt er auch Fernsehserien wie *Twin Peaks* um.

21 Januar

Vertrauen ist gut, Kontrolle ist besser.

Wladimir I. Lenin

Placido Domingo

Rudolf Augstein

21.1.–19.2.
Agnes, Meinrad, Valerian

Am 21. Januar geboren:

Moritz von Schwind (1804 in Wien), österreichisch-deutscher Maler. Als bedeutender Vertreter der Romantik prägt er mit seinen märchenhaften Wandfresken und mittelalterlichen Motiven das eindrucksvolle Erscheinungsbild öffentlicher Gebäude wie der Wartburg (1853–55) und der Wiener Hofoper (1863–67). († 8.2.1871 in München)

Ludwig Thoma (1867 in Oberammergau/Oberbayern), deutscher Schriftsteller. Als Verfasser bayerischer Lustspiele gewinnt er mit seinen *Lausbubengeschichten* (1905) ein Millionenpublikum. Die komödienhaften Dorfgeschichten, die ihren Ursprung in seiner bayerischen Heimat haben, versprühen neben dem Charme der leichten Unterhaltung auch dezent eingesetzte Gesellschaftskritik und einen Anstoß nehmenden Fingerzeig auf das deutsche Spießertum. († 26.8.1921 in Rottach-Egern)

Christian Dior (1905 in Granville/Frankreich), französischer Modeschöpfer. Der Mitbegründer der Haute Couture gilt tonangebend in der Modewelt der 1950er-Jahre. 1947 eröffnet er sein erstes eigenes Modehaus und stellt seine erste Kollektion, den sog. New Look, vor, der ein großer Erfolg wird. Seine kreative Wandlungsfähigkeit setzt immer wieder neue Modetrends, und so steht sein Name bis heute als Inbegriff für feminine Eleganz. Dior entwirft aber auch Herrenmode, Accessoires und Parfums. († 24.10.1957 in Montecani/Italien)

Placido Domingo (1941 in Madrid), spanischer Sänger. Zusammen mit seinen Künstlerkollegen José Carreras und Luciano Pavarotti erlangt Domingo als Mitglied des professionellen Gesangstrios „Die drei Tenöre" Weltruhm. Sein Repertoire umfasst Opern von Verdi, Puccini, Bizet und Wagner, bis hin zu französischen Opern und Werken des Verismus. Auch in Opernverfilmungen wirkte er mit. Seit 1996 ist er künstlerischer Leiter der Oper von Washington und seit 2000 auch Leiter der Oper von Los Angeles.

1924
Tod Lenins
Mit dem Tod des russischen Politikers und Vorsitzenden des Rates der Volkskommissare Wladimir I. Lenin bricht der Machtkampf in der Sowjetunion erneut aus. Während Josef W. Stalin den Sozialismus für sein Land fordert, strebt der politische Gegenspieler Leo D. Trotzki eine sozialistische Weltrevolution an. Stalin setzt sich als zukünftiger Diktator durch.

1957
Radarfalle
Mit einer technischen Neuerung müssen sich zukünftig alle Verkehrssünder der deutschen Autostraßen auf eine erschwerte Beweisführung gefasst machen. Das vom nordrhein-westfälischen Innenministerium eingesetzte Radargerät dokumentiert Temposünden mit einem Foto. Damit soll der Hauptunfallursache des zu schnellen Fahrens ein weiterer Riegel vorgeschoben werden.

1965
Prozess Augstein
Gegen den Herausgeber des Politmagazins *Der Spiegel* Rudolf Augstein wird von der Bundesanwaltschaft in Karlsruhe ein Ermittlungsverfahren wegen Landesverrats eingeleitet. Darin wird der Publizist beschuldigt, geheime Informationen über Pläne der Bundeswehr veröffentlicht zu haben, die eine Verminung der innerdeutschen Grenze vorsehen.

1974
Der Exorzist
Unter der Regie von William Friedkin läuft in den USA der Horrorthriller *Der Exorzist* an. Der Film handelt von einer Teufelsaustreibung eines besessenen Mädchens und wird mit seinen gruselig inszenierten Schockbildern nicht nur zum internationalen Kassenschlager, sondern auch zum Kultfilm der neuen Kinogeneration.

Auch das geschah an diesem Tag

1793 Der abgesetzte französische König Ludwig XVI. wird in Paris öffentlich hingerichtet. Der Tod des Monarchen veranlasst zahlreiche europäische Länder gemeinsam gegen das revolutionäre Frankreich vorzugehen.

21.1.–19.2.

Helena, Irene, Walter, Vinzenz

Francis Bacon

Lord Byron

Lesen macht vielseitig, Verhandeln geistesgegenwärtig und Schreiben genau.

Francis Bacon

22
Januar

1901
Queen Viktoria stirbt
Mit dem Tod der Königin Viktoria von Großbritannien, die im Alter von 81 Jahren auf der Isle of Wight verstirbt, endet das sog. Viktorianische Zeitalter. Unter Viktoria erlebte England eine Zeit wirtschaftlicher Blüte und imperialer Machtausbreitung. Die Regierungszeit der Königin begann 1837, währte mehr als zwei Generationen und gab dieser Epoche ihren Namen.

Königin Viktioria

1905
Blutsonntag
In St. Petersburg endet eine friedlich gesinnte Demonstration von 30.000 Arbeitern mit dem blutigen Eingriff durch Soldaten des Zaren. Ursprüngliches Ziel der Demonstration ist eine soziale wie politische Petition an den Zaren Nikolaus II. Nach dem Tod von 1000 Demonstranten wird aus der gewaltlosen Streikbewegung ein revolutionäres Aufbegehren.

1909
Der Blaue Reiter
In München formiert sich eine neue avantgardistische Künstlervereinigung. Zu ihren Gründungsmitgliedern der Gruppe aus Musikern, Schriftstellern, Tänzern und Malern gehören bekannte Maler wie Wassily Kandinsky, Alexej von Jawlensky, Marianne von Werefkin und Gabriele Münther. Die Künstlervereinigung ist eine Vorstufe des „Blauen Reiters", der 1911 von Wassily Kandinsky und Franz Marc initiiert wird.

1963
Elysée-Vertrag
Im Elysée-Palast von Paris treffen sich der französische Staatspräsident Charles de Gaulle und der deutsche Bundeskanzler Konrad Adenauer. Ziel ist der Abschluss des deutsch-französische Freundschaftsvertrags, der 18 Jahre nach dem Ende des Zweiten Weltkrieges die beiden Staaten wieder annähern soll.

Am 22. Januar geboren:

Francis Bacon (1561 in London), englischer Staatsmann, Philosoph und Schriftsteller. Bacon gilt neben René Descartes als Begründer des Empirismus und als Wegbereiter der neuzeitlichen Wissenschaft. In seinem Haupt-

Auch das geschah an diesem Tag
1970 In New York hebt der erste Jumbo-Jet vom Typ Boeing 747 zu seinem Jungfernflug nach London ab.

werk *Novum organum scientiarum* im Jahr 1620 steht die Aussage „Wissen ist Macht" im Zentrum seiner fortschrittlichen und nach geistiger Freiheit strebenden Gedanken. Im selben Jahr erhält er den Adelstitel Lord Verulam, Viscount of St. Albans. († 9.4.1626 in London)

Gotthold Ephraim Lessing (1729 in Kamenz/Oberlausitz), deutscher Dramatiker und Kritiker. Lessing gilt als Hauptvertreter der deutschen Aufklärung mit Bekenntnissen zu Toleranz und Glaubensfreiheit. Sein geistiges Ideal ist die Vernunft als Quelle aller Erkenntnisse. Sein Ziel, die Menschen zu belehren, setzt er in Form des von ihm entwickelten Erzählgenres des bürgerlichen Trauerspiels um. Zu seinen berühmtesten Werken gehören *Minna von Barnhelm*, *Emilia Galotti* und *Nathan der Weise*. († 15.1.1781 in Braunschweig)

George Gordon Noël Lord Byron (1788 in London), englischer Schriftsteller. Die Werke des exzentrisch veranlagten Künstlers aus adeligem Hause sind geprägt von Leidenschaft und Melancholie. Den schönen Dingen des Lebens zugetan, beschreibt er Sinnliches mit satirischer Feder. Seine vom sog. Byronischen Weltschmerz gekennzeichneten Briefe und Gedichte sowie sein Epos *Don Juan* finden in der internationalen Literaturszene große Beachtung. († 19.4.1824 in Missolunghi/Griechenland)

23 Januar

Die Schönheit ist nichts als das Versprechen des Glücks.

Stendahl

Joseph von Görres

21.1.–19.2.
Eugen, Guido, Hartmut, Nikolaus

Am 23. Januar geboren:

Stendhal (1783 in Grenoble), französischer Schriftsteller. Der als Marie Henri Beyle geborene Literat zählt neben Honoré de Balzac als Hauptvertreter des Realismus in Frankreich. Charakteristisch für seine Werke ist die getreue Wiedergabe der Wirklichkeit mit einfachen sprachlichen Mitteln. Thematisch greift er bis dahin literarisch gemiedene Bereiche wie soziale Themen und körperliche Bedürfnisse auf. Seinen größten Erfolg erntet Stendhal mit *Rot und Schwarz* (1830). († 23.3.1842 in Paris)

Edouard Manet (1832 in Paris), französischer Maler und Grafiker. Einer der einflussreichsten Maler des 19. Jh. mit breiter Schulwirkung. Als zentrale Figur des Impressionismus prägt er mit leuchtenden Farben und lockerem Pinselstrich das neue Zeitalter der Malerei. Im Gegensatz zu seinen zeitgenössischen Künstlerkollegen, stehen bei Manet weniger Landschaften als Personen im Mittelpunkt der Bilder. († 30.4.1883 in Paris)

1814
Rheinischer Merkur
In Koblenz erscheint die erste Ausgabe des *Rheinischen Merkurs*. Herausgeber ist der Journalist und Schriftsteller Joseph von Görres. Das Blatt darf aufgrund eines Erlasses des preußischen Generalgouverneurs unzensiert in den Druck gehen. Diese Begünstigung ergeht nicht ohne Hintergedanken, denn damit sollen sich die unter französischer Verwaltung stehenden Rheinlande für Preußen erwärmen.

1874
Gesetz über Einführung der Zivilehe
Mit dem preußischen Gesetzeserlass über die Einführung der Zivilehe ist das Heiraten zukünftig mit weitreichenden rechtlichen Konsequenzen verbunden. Die Regelung umfasst sowohl Rechte als auch Pflichten der ehelichen Gemeinschaft, einschließlich die Möglichkeit der Scheidung. Die Frau nimmt nun Namen, sozialen Status und Gerichtsstand des Mannes an und kann Unterhalt fordern. Im folgenden Jahr führt Otto von Bismarck diese Gesetzmäßigkeit auch für das Deutsche Reich ein.

1903
Panamakanal-Vertrag
Zwischen Kolumbien und den USA wird ein Vertrag ausgehandelt, in welchem Kolumbien ein Stück Land an die Vereinigten Staaten abtritt. Damit wird die Voraussetzung geschaffen, zwischen dem Atlantik und dem Stillen Ozean einen monumentalen Kanal anzulegen.

1960
Tauchgang
Mit einem sensationellen Tauchmanöver bringt der Schweizer Tiefseetaucher Jaques Piccard neue Erkenntnisse zutage. Zusammen mit dem amerikanischen Marineleutnant Don Walsh erreichen die beiden Forscher im Pazifik die Rekordmarke von 10.916 m unter dem Meer. Damit setzen sie nicht nur neue Maßstäbe bezüglich des Tauchens, sondern liefern auch neue wissenschaftliche Entdeckungen zum Strömungsverlauf der Meere und zur Bodenbeschaffenheit des Ozeans.

Auch das geschah an diesem Tag
1962 Der französische Regisseur François Truffaut präsentiert seinen neuen Film *Jules und Jim*. Die Geschichte erzählt eine ungewöhnliche „Menage a Trois". Die Hauptpersonen – zwei Männer und eine Frau – sind auf leidenschaftliche Weise miteinander verbunden. Der Film wird Skandal und Triumph gleichermaßen.

Edouard Manet: *Im Boot*

21.1.–19.2.
Eberhard, Franz, Vera

E.T.A. Hoffmann

Winston Churchill

Die besten Reisen, das steht fest, sind die oft, die man unterlässt.

Eugen Roth

24 Januar

1848
Goldrausch
Eine Nachricht verbreitet sich wie ein Lauffeuer: Am Sacramento River in Kalifornien wurde das erste Gold gefunden. Die Konsequenz dieser Meldung macht Geschichte. Es beginnt eine Völkerwanderung in das hoffnungsgeweihte Gebiet. In den folgenden Jahren machen sich Tausende auf den Weg, um das große Glück mit dem glänzenden Metall zu machen.

1917
Fett weg
In Berlin wird im vorletzten Kriegsjahr die Lebensmittelzuteilung erneut reduziert. Unter anderem wird die wöchentliche Menge an Butter auf 50 g und an Margarine auf 30 g pro Person beschränkt. Grund für die Sparmaßnahme ist die zunehmend schlechte Versorgungslage im Deutschen Reich.

1952
Mutterschutz
In der Bundesrepublik wird ein neues Gesetz zum Thema Mütter und Arbeit erlassen, das die rechtlichen Verhältnisse von Schwangeren und jungen Müttern im Berufsalltag klärt. Das Mutterschaftsgesetz regelt Kündigungsschutz, Schutz vor Verdienstausfall und weiterführende Bestimmungen am Arbeitsplatz. Mit dem Erlass macht Deutschland einen weiteren großen Schritt in Richtung Sozialstaat.

1965
Churchills Tod
Der britische Politiker Sir Winston Leonard Spencer Churchill stirbt in London im Alter von 90 Jahren. Der kompromisslose Gegner der Deutschen im Zweiten Weltkrieg besetzte in seiner politischen Laufbahn die Ämter des Kriegsministers, Schatzkanzlers, Premier- und Verteidigungsministers. Im Jahre 1953 erhielt er den Literaturnobelpreis für seine historischen Veröffentlichungen.

Am 24. Januar geboren:

Friedrich II. der Große (1712 in Berlin), preußischer König. Der Staatsmann annektiert 1740 Schlesien von Österreich, mit dem er infolge drei Kriege führt. 1778–79 verhindert er mit dem bayerischen Erbfolgekrieg die Expansion Österreichs und versetzt Preußen in den Rang einer europäischen Großmacht. († 17.8.1786 in Potsdam)

Ernst Theodor Amadeus Hoffmann (1776 in Königsberg), deutscher Schriftsteller, Maler und Musiker. Als E.T.A. Hoffmann macht sich der vielseitige Künstler einen internationalen Namen. Als Hauptvertreter der Romantik setzt er in seinen Geschichten gezielt die mystischen und gefühlsbetonten Ereignisse gegen die Realität. Die Grenzen zwischen Traum, Fantasie und Wirklichkeit sind aufgehoben. Zu seinen bekanntesten Werken gehören *Die Elixiere des Teufels* (1815) und *Die Serapionsbrüder* (1819–21). († 25.6.1822 in Berlin)

Eugen Roth (1895 in München), deutscher Schriftsteller und Dichter. In seinen humorvollen Gedichten nimmt er mit Esprit und Charme die menschlichen Eigenarten und Lebensgewohnheiten aufs Korn. Bekannt wird er v. a. mit seinen Versbänden *Ein Mensch* (1935), *Mensch und Unmensch* (1948) und *Der letzte Mensch* (1964). († 28.4.1976 in München)

Joseph Vilsmaier (1939 in München), deutscher Regisseur und Kameramann. Berühmt wird er mit seinem Regiedebüt *Herbstmilch* (1988), der autobiographischen Verfilmung der niederbayerischen Bäuerin Anna Wimschneider. Für seine Verfilmung *Comedian Harmonists* (1998) erhält er den Bundesfilmpreis.

Auch das geschah an diesem Tag

1935 In Richmond/USA wird das erste Dosenbier verkauft. Hersteller ist die amerikanische Krueger-Brauerei aus New Jersey. Das Getränk mit der neuen Verpackung wird von den Kunden begeistert angenommen und stellt damit eine ernst zu nehmende Konkurrenz zum bisherigen Flaschenbier dar.

Joseph Vilsmaier (vorne Mitte) während der Dreharbeiten zu *Comedian Harmonists*

25 Januar

Aufrichtigkeit ist wahrscheinlich die verwegenste Form von Tapferkeit,

William Somerset Maugham   Wilhelm Furtwängler   William Somerset Maugham

21.1.–19.2.

Armin, Eduard, Wolfram

Am 25. Januar geboren:

William Somerset Maugham (1874 in Paris), britischer Schriftsteller und Dichter. Beeinflusst durch die literarischen Stilvorgaben des Realismus und Naturalismus greift Maugham in seinen Romanen und Essays Erlebnisse aus dem Alltag auf und analysiert darin die menschlichen Unzulänglichkeiten. Mit einer gehörigen Portion an Humor berichtet er bevorzugt von existenziellen Irrwegen und vom Scheitern, was durch den distanzierten Erzählstil besondere Betonung findet. († 16.12.1965 in Nizza)

Virginia Woolf (1882 in London), englische Schriftstellerin. Die Wegbereiterin der modernen Literatur sucht mithilfe des inneren Monologs die Komplexität des Psychischen aufzufangen. In ihren Erzählungen und Essays thematisiert sie insbesondere die Stellung der Frau in der Gesellschaft des 20. Jh. und etabliert damit den Feminismus. Zu ihren bekanntesten Werken gehören *Mrs. Dalloway*, *Orlando* und *Die Wellen*. Sie wählt den Freitod. († 28.3.1941 in River Ouse/Sussex)

Wilhelm Furtwängler (1886 in Berlin), deutscher Dirigent und Komponist. Als Orchesterleiter der Berliner Philharmoniker macht er sich einen internationalen Namen. Dabei gibt er jeder Aufführung seine ganz persönliche Note und hält sich weniger an die Vorgaben des Urhebers als an seine eigenen Inspirationen. († 30.11.1954 in Eberssteinburg)

Eduard Schewardnadse (1928 in Mamati), georgischer Politiker. Seine politische Karriere startet er 1971 als KP-Chef in der Georgianischen SSR, ab 1985 setzt er sich als sowjetischer Außenminister für eine Konfliktlösung mit den NATO-Staaten und für die Einheit Deutschlands ein. Nach der Auflösung der UdSSR wird er 1992 zum Staatsoberhaupt Georgiens gewählt.

1885
Fahrrad
Der erste große Durchbruch in der Entwicklung des Landverkehrs ist die Erfindung des Fahrrads. Mit dem Modell des Engländers John Kemp Starley macht das mit eigener Körperkraft betriebene Verkehrsmittel einen wesentlichen Fortschritt. Mit zwei gleich großen Rädern, einem rautenförmigen Rahmen und einem Kettenantrieb kommt dieser Prototyp dem Vehikel in seiner heutigen Form schon sehr nahe.

1909
Elektra
In der Dresdner Hofoper wird die Oper *Elektra* uraufgeführt und erhält vom Publikum tosenden Beifall. Die Musik zu dem Drama von Hugo von Hofmannsthal stammt von Richard Strauß und betont gelungen die düster-tragischen Elemente der Geschichte aus der Antike. Strauß gilt als Meister der sinfonischen Dichtung.

1925
Tutanchamun
Drei Jahre nach der Entdeckung des fast vollständig erhaltenen Grabes des ägyptischen Pharaos

Tutanchamun

Tutanchamun wird das Grab in Luxor erneut geöffnet. Der britische Archäologe Howard Carter, der den Fund machte, war mit der ägyptischen Regierung über die Rechte daran in Streit geraten, sodass der Mumie eine weitere Ruhezeit vergönnt war. Das Grab gilt als eine der archäologisch bedeutsamsten und kostbarsten Zeugnisse der Vergangenheit.

1924
Olympische Winterspiele
Im französischen Chamonix finden die ersten Olympischen Winterspiele unter der Schirmherrschaft des IOC statt. 281 Männer und 13 Frauen aus insgesamt 16 Ländern üben sich in fünf verschiedenen Disziplinen. In den Jahren davor waren einzelne Wintersportarten wie Eislaufen oder Eishockey nur als Bestandteil der Olympischen Sommerspiele ausgetragen worden. Das erste Olympische Sommerspiel wurde noch unter Ausschluss von Frauen in Athen im Jahre 1896 organisiert.

21.1.–19.2.

Albert, Edith, Paula, Titus

Paul Newman

Robert Baden-Powell

Für mich sind die Männer die schönsten und gefährlichsten Raubtiere der Welt.

Eartha Kitt

26
Januar

1908
Pfadfinder
In Glasgow/England wird eine neue Vereinsform ins Leben gerufen. In den von Sir Robert Baden-Powell initiierten Pfadfindergruppen sollen Jungen wie Mädchen ihre Freizeitaktivitäten unter die Schirmherrschaft spezieller Tugenden stellen. Auf dem Programm stehen Tapferkeit, Hilfsbereitschaft, Verantwortungsbewusstsein und Völkerverständigung.

1911
Rosenkavalier
Im Dresdner Opernhaus wird die Oper *Der Rosenkavalier* von Richard Strauß uraufgeführt. Das Publikum ist begeistert. Die mitreißende und zugleich feinfühlig inszenierte Musik macht das Stück bis heute zu einem der populärsten Werke des talentierten Komponisten.

1934
Nichtangriffspakt
Um die Konflikte zwischen Polen und dem Deutschen Reich weitgehend mit einer friedlichen Lösung zu beenden, schließen die beiden verfeindeten Staaten in Berlin einen Vertrag, den sog. Nichtangriffspakt, ab. Die Regelung dient in erster Linie der Frage, wie die politische Zukunft der Territorien aussieht, die Deutschland aufgrund des Versailler Friedensvertrages an Polen abtreten musste.

Jubelnder Toni Sailer bei den Olympischen Winterspielen 1956

1956
Goldjunge
Der österreichische Skirennläufer Toni Sailer gewinnt bei den VII. Olympischen Winterspielen die drei Skidisziplinen Abfahrt, Slalom und Riesenslalom und sichert sich damit dreimal die Goldmedaille. Nach diesem glanzvollen Auftakt seiner Sportlerkarriere wird Sailer noch mehrfach Weltmeister, bis er schließlich auf die Trainerseite wechselt.

Am 26. Januar geboren:

Claude Adrien Helvéticus (1715 in Paris), französischer Philosoph. Mit seinen kühnen Ideen und der kritischen Auseinandersetzung mit dem Menschen in der Gesellschaft des 18. Jh. gilt er als Mitbegründer des Materialismus. Mit seinen Romanen stößt er in seiner Zeit auf großen Widerstand. Sein Hauptwerk *De l'Esprit* (1758) wird verboten und öffentlich verbrannt. († 26.12.1771 in Paris)

Nicolae Ceaușescu (1918 in Scornicești), rumänischer Politiker. Seit 1967 bestimmt er zunächst als Staatsratsvorsitzender, ab 1974 als Staatspräsident, mit seinem diktatorischen Machtanspruch die Politik Rumäniens. Mit kompromisslosen Maßnahmen wie Zwangsumsiedlung und gewaltsame Industrialisierung treibt er seinen Staat in den finanziellen und sozialen Ruin. 1989 wird der Staats- und Parteichef von der politischen Gegenseite gestürzt und hingerichtet. († 25.12.1989)

Paul Newman (1925 in Cleveland/Ohio), amerikanischer Schauspieler. An der Seite von Elisabeth Taylor gelingt ihm 1958 mit dem Film *Die Katze auf dem heißen Blechdach* der Start in die Hollywood-Karriere. Newman repräsentiert in seinen Rollen den charismatischen Einzelgängertyp mit der Feinsinnigkeit eines Gentlemans. 1987 erhält er als Hauptdarsteller in *Die Farbe des Geldes* die begehrteste Filmtrophäe, den Oscar.

Eartha Kitt (1928 in North/South Carolina), amerikanische Sängerin und Schauspielerin. In den 1940er-Jahren avanciert Kitt zur „Königin der Pariser Nachtclubs". Später wechselt sie die Bühne und macht sich am Broadway einen Namen als Künstlerlegende. Sie singt auf Englisch, Deutsch und Französisch. Ihre bekanntesten Lieder sind *C'est si bon* und *Johnny, wenn du Geburtstag hast*.

Auch das geschah an diesem Tag

1936 Aufgrund einer extremen Kältewelle mit Temperaturen von bis zu −49 °C gefrieren die Niagarafälle zu Eis.

27 Januar

Die Vernunft ist das Prinzip der allgemeinen Gleichheit, der Verstand ist das Prinzip der Ungleichheit unter den Menschen.

F. W. J. von Schelling

F. W. J. von Schelling

Wolfgang Amadeus Mozart

21.1.–19.2.
Angela, Gerhard, Julia

Am 27. Januar geboren:

Wolfgang Amadeus Mozart (1756 in Salzburg), österreichischer Komponist. Bereits im zarten Alter von elf Jahren komponiert Mozart seine erste Oper *Apollo und Hyacinthus*. Seine letzte Oper *Die Zauberflöte* entsteht im Jahr seines Todes. Dazwischen liegen zahlreiche andere Opern wie *Cosi van tutte* oder *Die Hochzeit des Figaro* sowie 27 Klavierkonzerte, ein Genre, das er besonders liebt. Trotz seines Ruhmes zu Lebzeiten stirbt Mozart verarmt in Wien. Sein unvollendetes Requiem bildet den Abschluss seines unvergleichlichen Lebenswerkes. († 5.12.1791 in Wien)

Friedrich Wilhem Joseph von Schelling (1775 in Leonberg), deutscher Philosoph. Nach seiner Auffassung liegt die wahre Kunst der Philosophie in der Verschmelzung von Natur und Geist. Der Mensch erhält seine Bewusstheit aus der Natur. Damit steht von Schelling als Vertreter des Idealismus in einer Reihe mit den großen Literaten Fichte und Hegel. († 20.8.1854 in Ragaz/Schweiz)

Wilhelm II. (1859 in Berlin), deutscher Kaiser und König von Preußen. Zwei Jahre nach seinem Amtsantritt als preußischer König entlässt er den Reichskanzler Bismarck mit dem Plan, ein „persönliches Regiment" zu führen. Aufgrund mangelnder Ausdauer und Sachkenntnis misslingt dieses Herrscherkonzept. Im Ersten Weltkrieg fügt er sich dem Diktat der Obersten Heeresleitung und beendet seine politische Karriere mit dem Thronverzicht 1918. († 4.6.1941 in Utrecht/Niederlande)

1945
Auschwitz
Die sowjetische Armee dringt in das deutsche Vernichtungslager Auschwitz ein und kann 7600 lebende Häftlinge befreien. Die Verfolgung ethnischer Minderheiten durch die Nationalsozialisten erreichte in den Konzentrationslagern ihren Höhepunkt. Die Deportation aus dem Reichsgebiet und aus allen besetzten Ländern endete für drei bis vier Mio. Juden in Auschwitz tödlich. Der Tag der Be-

Konzentrationslager Auschwitz

freiung durch die Rote Armee gilt seit 1996 als landesweiter Gedenktag für die Ermordung der Juden.

1967
Technische Katastrophe
Bei einem Probedurchlauf für den bevorstehenden Start der amerikanischen Apollo-Raumfähre kommt es aufgrund eines Kurzschlusses zu einem Brand mit verheerenden Folgen. Die Rettungsmannschaften schaffen es nicht rechtzeitig, das Feuer zu löschen bzw. die Mannschaft aus der Kapsel zu befreien. Die drei am Test beteiligten amerikanischen Astronauten Grissom, White und Chaffee sterben.

1973
Waffenstillstand
Neun Jahre nach dem Beginn des Vietnamkrieges beschließen die beteiligten Staaten USA, Nord- und Südvietnam in einer Pariser Friedenskonferenz den endgültigen Waffenstillstand. Anfangs ein Bürgerkrieg, weitete sich der Vietnamkrieg durch das Eingreifen der USA zugunsten Südvietnams und durch die Unterstützung Nordvietnams durch China und die UdSSR zu einem südostasiatischen Großkonflikt aus. Die anhaltende Erfolglosigkeit und der wachsende Druck durch eine kritische Weltöffentlichkeit bewegte die Amerikaner schließlich zur Friedensbereitschaft.

Boris Becker

1991
Tennis
Bei den Australian Open gewinnt der deutsche Tennisprofi Boris Becker gegen den US-amerikanischen Gegner Ivan Lendl im Finale. Damit wird Becker Erster in der Weltrangliste, ein Erfolg, den Lendl zuvor 270 Wochen lang für sich beanspruchen konnte. Becker zählt mit insgesamt drei Wimbledon-Siegen und zahlreichen anderen Pokalen zu den erfolgreichsten und berühmtesten deutschen Tennisspielern.

21.1.–19.2.
Karl, Manfred, Thomas

Arthur Rubinstein

Henry Morton Stanley

Sorgen ertrinken nicht in Alkohol. Sie können schwimmen.

Heinz Rühmann

28 Januar

1077
Gang nach Canossa
Nach dem sog. Investiturrecht setzt der König die Bischöfe ein, die deshalb von ihm abhängig sind. Dieses Recht beansprucht allerdings auch der Papst für sich. Ausgehend von diesem Disput verhängt Papst Gregor VII. den Kirchenbann über Heinrich IV., aus dem sich dieser nur durch den Bußgang nach Canossa im Jahr 1077 lösen kann. Dann erkennt er die päpstliche Strafgewalt über das königliche Amt an. Der Streit findet aber seine Fortsetzung, bis sich Heinrich IV. im Jahr 1084 vom Gegenpapst Klemens zum Kaiser krönen lässt.

1933
Von Schleicher tritt zurück
Der Reichskanzler Kurt von Schleicher tritt von seinem Amt zurück, das er erst im Jahr davor übernommen hatte. Der Rücktritt vollzieht sich auf Wirken des Reichspräsidenten Hindenburg hin. Zwei Tage später ernennt Hindenburg Adolf Hitler zum Reichskanzler. Nach dem Tod Hindenburgs am 2.8.1934 führt Hitler sein diktato-

Auch das geschah an diesem Tag
1938 Der 28 Jahre alte deutsche Autorennfahrer Bernd Rosemeyer verunglückt bei einer Testfahrt auf der Autobahn Frankfurt–Darmstadt tödlich. Sein Wagen prallt bei Tempo 400 km/h gegen einen Brückenpfeiler. Rosemeyer war zwei Jahre vorher Europameister beim Großen Preis von Deutschland und Italien geworden.

risches Regiment als „Führer und Reichskanzler".

1944
Feuerzangenbowle
Der Film *Die Feuerzangenbowle* nach dem gleichnamigen Roman von Heinrich Spoerl kommt in die deutschen Kinos. In der Rolle des Schülers Pfeiffer „mit drei f" kann Heinz Rühmann sein komödiantisches Talent unter Beweis stellen. Der Film wird vom Publikum begeistert aufgenommen und zählt bis heute zu den unvergleichlichen Klassikern des deutschen Films.

1986
Challenger
Kurz nach dem Start vom Raumfahrtzentrum Cape Canaveral in Florida explodiert das amerikanische Raumschiff „Challenger". Bei dem tragischen Unglück sterben sieben Astronauten. Entsetzt verfolgen Millionen Zuschauer vor dem Fernseher die folgenschwere Explosion am Himmel. Später ein-

Explosion der Challenger

geleitete Ermittlungen ergeben eine Materialschwäche als Ursache. Die Katastrophe gilt als schwerster Unfall in der Raumfahrtgeschichte.

Am 28. Januar geboren:

Henry Morton Stanley (1841 in Wales), englischer Journalist. Der als John Rowlands geborene Korrespondent für den *New York Herald* macht sich mit seinen Reiseberichten über Afrika einen Namen. In dem Bestseller *Wie ich Livingstone fand* (1872) erzählt er von seinem ein Jahr zuvor erlebten Unternehmen, den als vermisst gemeldeten Wissenschaftler David Livingstone in Afrika wieder zu finden. († 10.5.1904 in London)

Otto Braun (1872 in Königsberg/Preußen), deutscher Politiker. 30 Jahre lang ist Braun Ministerpräsident der SPD. Erst der Staatsstreich im Jahre 1932 beendet seine politische Karriere und er wird durch den Reichskanzler Franz von Papen abgesetzt. († 15.12.1955 Locarno/Schweiz)

Arthur Rubinstein (1887 in Łódź/Polen), amerikanischer Pianist. Die virtuosen Darbietungen des emigrierten Künstlers gelten in der Musikszene als beispiellos. Insbesondere mit Stücken von Chopin und der Wiener Klassik macht er sich einen internationalen Namen. Im Zusammenspiel mit dem Guarneri-Quartett feiert er seine größten Erfolge. († 20.12.1982 in Genf/Schweiz)

Kurt Biedenkopf (1930 in Ludwigshafen), deutscher Politiker. Der CDU-Generalsekretär wird 1990 Ministerpräsident in Sachsen.

29 Januar

Wer die Einsamkeit fürchtet, sollte nicht heiraten.
Anton Tschechow

Anton Tschechow

Friedrich Dürrenmatt

21.1.–19.2.
Arnulf, Gerhard, Radegund

Am 29. Januar geboren:

William Mc Kinley (1843 in Niles/Ohio), amerikanischer Politiker. Als Präsident der Vereinigten Staaten von 1897 bis 1901 forciert er den spanisch-amerikanischen Krieg mit imperialistischem Machtstreben. Im Ausgang des Krieges 1898 unterliegen die Spanier und Puerto Rico, Guam und die Philippinen gehen an die USA. Zum Ende seiner Amtszeit stirbt er an den Folgen eines Attentats. († 14.9.1901 in New York)

Anton Pawlowitsch Tschechow (1860 in Taganok), russischer Dramatiker und Theaterautor. Tschechow gehört zu der künstlerischen Opposition zum Ende des 19. Jh. und legt moralische und wirtschaftliche Missstände des gründerzeitlichen Kapitalismus offen. Als Vertreter des sog. Bühnennaturalismus erreicht Tschechow im Jahre 1898 mit der Aufführung *Die Möwe* am Moskauer Künstlertheater seinen Durchbruch. († 2.7.1904 in Badenweiler)

Peter von Zahn (1913 in Chemnitz), deutscher Journalist und Fernsehproduzent. Von Zahn gilt als Mitbegründer des deutschen Fernsehens. Begünstigt durch die allgemeine Kinoflaute in den 1960er-Jahren finden die Filmemacher dieser Zeit einen attraktiven Absatzmarkt für ihre Produkte. Neben kleinen und großen Fernsehspielen kreiert von Zahn v. a. Dokumentarfilme.

1938
Perlon
Der deutsche Chemiker Paul Schlack macht eine sensationelle Entdeckung, die für die Textilindustrie von großer Bedeutung ist. Die von ihm entdeckte chemische Formel setzt den Grundstein für die Weiterentwicklung zur Kunstfaser Perlon. Die Amerikaner hatten vorher bereits das Nylon entwickelt. Beide Fasern werden zunächst v. a. für Strümpfe verwendet, später wird das robuste Material auch für Sportbekleidung genutzt.

1955
Deutsches Manifest
In der Frankfurter Paulskirche wird ein Vertrag unterzeichnet, der die Wiedervereinigung Deutschlands in den Mittelpunkt der politischen Ziele stellt. Die Regelung gilt als Antwort auf die deutsche Schicksalsfrage der Gegenwart, nach dem Eintritt der Bundesrepublik in die NATO. Es wird vehement vor der Aufstellung deutscher Streitkräfte in der Bundesrepublik und in der Sowjetunion gewarnt.

1956
Dürrenmatt
Im Züricher Schauspielhaus wird das Stück *Der Besuch der alten Dame* von Friedrich Dürrenmatt uraufgeführt. Der Schweizer Dramatiker mischt mit Vorliebe das Komische mit dem Tragischen, um gesellschaftliche und moralische Widersprüche aufzudecken. In dieser Geschichte thematisiert Dürrenmatt die Käuflichkeit der Menschen und die fatalen Konsequenzen, wenn Geld für immaterielle Dinge eingesetzt wird. Das Stück hat bis in die heutige Zeit nicht an Bedeutung verloren.

1994
Tödlicher Unfall
Beim Abfahrtslauf in Garmisch-Partenkirchen kommt die Skirennläuferin Ulrike Maier ums Leben. Nach einem Sturz in hoher Geschwindigkeit prallt sie gegen einen Begrenzungspfosten. Der Vorfall löst heftige Diskussionen um die Sicherheitsmaßnahmen der Skirennveranstaltungen aus. Ulrike Maier ist das erste Todesopfer im Frauen-Skisport.

Auch das geschah an diesem Tag

1814 Der deutsche Philosoph und Mitbegründer des Idealismus Johann Gottlieb Fichte stirbt in Berlin. Fichte erhob mit seinem Literaturkollegen Hegel die Philosophie zur Hervorbringung des bewussten Ichs aus der Natur. Das angestrebte Ideal ist die Vereinigung von Körper und Geist. Fichte war ein anerkannter Schützling Immannuel Kants.

Johann Gottlieb Fichte

21.1.–19.2.

Diethild, Martina, Serena

Gene Hackman

Olof Palme

Das Gebet ist der Schlüssel für den Morgen und der Türriegel für den Abend.

Mahatma Gandhi

30 Januar

1649
König Karl I.
Der britische König Karl I. wird auf Wirken des Parlamentsheeres des Puritaners Oliver Cromwell hingerichtet. In diesem Akt gipfelt der englische Bürgerkrieg, der zwischen den Herrschern und Beherrschten seit 1642 wütet. Der Versuch Karl I., ohne Parlament zu regieren, scheiterte daran, dass das Parlament die Steuern kontrolliert und Karl Geld brauchte. Als er die Parlamentarier disziplinieren will, kommt es zum Krieg. Karl flieht nach Schottland, wird aber ausgeliefert.

Karl I.

1933
Hitlers Machtergreifung
Zwei Tage nach dem Rücktritt des Reichskanzlers Kurt von Schleicher wird Adolf Hitler zum Kanzler berufen. Unter seinem radikalen Regime verfolgt er die Ausschaltung aller selbstständigen Parteien und Organisationen. Er betreibt den Genozid von Juden, Sinti und Roma und löst mit seiner Expansionspolitik den Zweiten Weltkrieg aus. Seine politische Herrschaft endet mit seinem Selbstmord im Jahre 1945.

1948
Gandhis Tod
Der indische Politiker und Freiheitskämpfer Mahatma Gandhi

Mahatma Gandhi

wird von einem hinduistischen Fanatiker erschossen. Gandhi lebte 21 Jahre in Südafrika, wo er sich als Rechtsanwalt für die Gleichstellung der Inder einsetzte. Seit 1914 regierte er in Indien nach dem Prinzip des gewaltlosen Widerstandes für die Befreiung von der britischen Herrschaft. Nach Abzug der Engländer bemühte er sich erfolglos darum, Moslems mit Hindus zu versöhnen.

1995
Hochwasser
Die Flüsse Rhein und Maas erreichen nach sintflutartigen Regenfällen und Schneeschmelze den Höchststand seit 1926. Rund 100.000 Niederländer müssen ihre Häuser verlassen und das gesamte Gebiet um Lek, Waal und Maas wird zum Katastrophenschutzgebiet erklärt. Das Übertreten der Flüsse hat auch Ursachen, für die der Mensch verantwortlich ist. Eingriffe in die Natur wie Flussbegradigung und Befestigung der Böden rächen sich auf diese Weise.

Am 30. Januar geboren:

Franklin Delano Roosevelt (1882 in New York), amerikanischer Politiker. Als erstes Staatsoberhaupt der USA wird Roosevelt vier Mal in Folge zum Präsidenten gewählt. In seiner Amtszeit von 1933 bis 1945 bekämpft er erfolgreich die Wirtschaftsdepression und beendet die Neutralität der USA im Zweiten Weltkrieg zugunsten der Westmächte. Auf Konferenzen in Casablanca (1943) oder Teheran (1943) versucht er durch Abkommen mit dem sowjetischen Diktator Stalin eine neue Weltordnung zu schaffen.
(† 12.4.1945 in Warm Springs)

Rudolf Caracciola (1901 in Remagen), deutscher Autorennfahrer. Caracciola gehört zu den erfolgreichsten deutschen Autorennfahrern vor dem Zweiten Weltkrieg. Während seiner Sportlerkarriere gewinnt er insgesamt 27 Grand-Prix-Rennen und stellt mit Mercedes-Benz 17 Weltrekorde auf.
(† 28.9.1959 in Kassel)

Olof Palme (1927 in Stockholm), Schwedischer Politiker. Der Vorsitzende der Sozialdemokratischen Arbeiterpartei (SAP) und Ministerpräsident (1969–76 und 1982–86) verfolgt einen neutralistischen Kurs, der ihn in Frontstellung zur Vietnampolitik der USA bringt. Sein Ziel ist es außerdem, eine atomwaffenfreie Zone in Europa zu schaffen. Er fällt einem Attentat zum Opfer, dessen Hintergründe ungeklärt bleiben. († 28.2.1986 in Stockholm)

Gene Hackman (1930 in San Bernardino/Kalifornien), amerikanischer Schauspieler. Hackmans Leinwandpräsenz hat viele Gesichter. Er überzeugt als Polizist und Soldat genauso wie als Gangster. Für seine herausragende Darstellung in *French Connection – Brennpunkt Brooklyn* erhält der Schauspieler 1971 den Oscar.

31 Januar

Die äußere Freiheit der Vielen leitet sich ab aus der inneren Freiheit des Einzelnen.

Theodor Heuss

Franz Schubert

Beatrix

21.1.–19.2.

Luise, Hemma, Johannes, Marcella

Am 31. Januar geboren:

Franz Schubert (1797 in Wien), österreichischer Komponist. Schubert gehört zu den wichtigsten Vertretern der klassischen Musik. Zum Ende des 18. Jh. verlagert sich der Schwerpunkt des Musikschaffens von Italien nach Mitteleuropa, insbesondere Wien entwickelt sich zum Zentrum. Das Lebenswerk Schuberts umfasst über 600 selbst verfasste Kompositionen. Darunter *Die schöne Müllerin* (1823), *Die Winterreise* (1827) und *Die Unvollendete* (1822). († 19.11.1828 in Wien)

Irving Langmuir (1881 in New York), amerikanischer Physiker und Biochemiker. Langmuir gilt als Wegbereiter der Oberflächenchemie. Im Jahr 1932 erhält er für seine wissenschaftlichen Entdeckungen den Nobelpreis. Seine Erkenntnisse haben insbesondere für die gasgefüllte Wolframlampe praktische Bedeutung. († 18.8.1957 in New York)

Theodor Heuss (1884 in Brackenheim), deutscher Politiker. Der Reichstagsabgeordnete der deutschen Demokratischen Partei (1924–28) und der Deutschen Staatspartei (1930–33) wird von den Nationalsozialisten aus den politischen Ämtern gedrängt. Ab 1945 betätigt er sich wieder aktiv und wird am 12.9.1949 zum ersten Bundespräsidenten der BR Dtl. gewählt. Heuss gewinnt bei vielen Staaten das Vertrauen des Auslands in Deutschland zurück. († 12.12.1963 in Stuttgart).

Beatrix (1938 in Baarn), Königin der Niederlande. Beatrix heiratet 1966 den Deutschen Claus von Amsberg.

Thronfolger ist ihr ältester Sohn Willem-Alexander. Ihr politisches Engagement gilt vor allen Dingen der Abrüstung und dem Umweltschutz.

1929
Im Westen nichts Neues
Der Antikriegsroman *Im Westen nichts Neues* von Erich Maria Remarque kommt auf den Markt. Die Geschichte erzählt mit ungeschöntem Realismus die Erlebnisse dreier Soldaten im Ersten Weltkrieg. Das Buch wird ein Bestseller und gehört bis heute zu den berühmtesten Werken der Antikriegsliteratur.

1934
Tödlicher Rekord
Bei der Landung eines Heißluftballons südlich von Moskau kommen alle drei Insassen ums Leben. Der Ballon mit sowjetischen Piloten hatte zuvor die Rekordhöhe von 20.600 m erreicht. Durch den Aufprall bei der Landung explodierte eine der Gasflaschen und der Ballon ging in Flammen auf.

1937
Große Säuberung
Mit der Hinrichtung von 13 Häftlingen in der Sowjetunion erreicht die sog. Große Säuberung, deren Drahtzieher Stalin ist, ihren blutigen Höhepunkt. Die Verurteilten werden beschuldigt, die Sowjetunion ans Ausland verraten zu haben. Ein Prozess findet nicht statt. Im Rahmen seines diktatorischen Terrorregimes vernichtet Stalin in den 1930er-Jahren alle potenziellen Gegner sowie Hunderttausende treuer Anhänger.

Auch das geschah an diesem Tag

1958 Der erste amerikanische Satellit Explorer I. wird in den Weltraum entlassen. Damit holen die USA die Sowjets ein, die bereits im Jahr zuvor ihren ersten Satelliten Sputnik I. auf die Umlaufbahn geschickt hatten. Für die Weltraumfahrt beginnt ein neues Zeitalter.

1977
Centre Pompidou
In Paris wird das *Centre National d'Art et de Culture Georges Pompidou* eröffnet. Das neue Kulturzentrum entstand nach Plänen der Architekten Renzo Piano und Richard Rogers und ist vom High-Tech-Stil geprägt. Seit den 1970er-Jahren verbreitet sich diese Form, bei dem die technischen Aspekte des Gebäudes betont werden. Charakteristisch dafür ist, dass einzelne Bauteile wie Röhren und Belüftungsschächte, die gewöhnlich nicht sichtbar sind, als optische Elemente eingesetzt werden.

Centre Pompidou in Paris

21.1.–19.2.

Brigitte, Guido, Sabine, Sigisbert

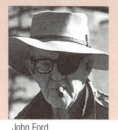
John Ford

Clark Gable

Das Schöne, auch in der Kunst, ist ohne Scham nicht denkbar.

Hugo von Hoffmannsthal

Februar

1932
Weltwirtschaftskrise
Die Zahl der Arbeitslosen erreicht ihren Höchststand von 6,128 Mio. Die Krise beginnt mit dem Zusammenbruch der Effektenbörse an der Wall Street in New York am 24.10.1929 („schwarzer Donnerstag"). Die Krise führte zum Bankrott vieler Industriebtriebe sowie zu Arbeitslosigkeit, Hungersnot und zum Nachlassen des weltwirtschaftlichen Handels.

1977
Emma
Das feministische Frauenmagazin *Emma. Eine Zeitschrift für Frauen von Frauen* kommt auf den deutschen Markt. Herausgeberin ist die bekannte Journalistin Alice Schwarzer, die seit Anfang der 1970er-Jahre für die Gleichstellung der Frau in der Gesellschaft des 20. Jh. kämpft.

Ruholla Musawi Khomeini

1979
Khomeini kehrt zurück
Der prowestlich gesinnte Schah Mohammed Raza Pahlewi geht ins Exil und der iranische Religionsführer Ruholla Musawi Khomeini kehrt zurück. Khomeini war es gelungen, auch vom Ausland aus die iranische Revolution zu schüren und proklamiert nach deren Sieg die Islamische Republik Iran. Khomeini ernennt sich selbst zum „herrschenden Gottesgelehrten" und stellt sich bei der Geiselnahme in der amerikanischen Botschaft 1979–81 hinter die Forderungen der Geiselnehmer.

1991
Apartheid
Der südafrikanische Präsident Willem de Klerk erklärt für sein Land offiziell das Ende der Rassentrennung. Südafrika war die letzte Bastion imperialistischer weißer Minderheitsherrschaft. Bereits die Freilassung des schwarzen Freiheitskämpfers Nelson Mandela im Jahre 1990 aus dem Gefängnis signalisiert ihr Ende. 27 Jahre war er inhaftiert. 1994 wird Mandela nach freien Wahlen Staatspräsident seines Landes.

Apartheid

Am 1. Februar geboren:

Hugo von Hoffmannsthal (1874 in Wien), österreichischer Schriftsteller. Der Dichter und Vertreter des Impressionismus und Symbolismus widmet sein Schaffen in erster Linie den sog. Mysterienspielen, die durch Personifizierung von Tugenden und Lastern eine lehrhafte Wirkung haben. In seinem Hauptwerk *Jedermann* geht es um das Sterben eines reichen Mannes und die Nichtigkeit irdischer Schätze. Das bekannte Stück um die Moralitäten der Menschheit dient seither jährlich der Eröffnung der Salzburger Festspiele. († 15.7.1929 in Wien)

John Ford (1895 Cape Elizabeth/Maine), amerikanischer Filmregisseur. Ford gehört zu den erfolgreichsten Hollywood-Regisseuren des 20. Jh. Insbesondere im Genre des Westernfilms macht er sich einen Namen. Seine bekanntesten Filme sind *Höllenfahrt nach Santa Fé* und *Ringo* (1939) mit John Wayne in der Hauptrolle. († 31.8.1973 in PalmSprings/Kalifornien)

Clark Gable (1901 in Cadiz/Ohio), amerikanischer Schauspieler. Gable verkörpert die charismatische Mischung aus Gentleman und raffiniertem Einzelgänger und gewinnt damit vornehmlich die Herzen des weiblichen Publikums. Unvergessliche Filmgeschichte schreibt er mit der Hauptrolle des Kriegsgegners Rhett Butler an der Seite von Vivien Leigh in dem Südstaaten-Drama *Vom Winde verweht* (1939). († 16.11.1960 in Hollywood)

Boris Nikolajewitsch Jelzin (1931 in Butka/Sowjetunion), russischer Politiker. Von 1985–87 ist Jelzin Erster Sekretär des Moskauer Stadtkomitees der KPdSU. 1991 wird er erster frei gewählter Präsident Russlands. Jelzin ist maßgeblich an der Gründung der GUS beteiligt und unterdrückt seit 1994 die Autonomiebestrebungen Tschetscheniens mit Waffengewalt.

2 Februar

Kein Abschied auf der Welt fällt schwerer, als der Abschied von der Macht.

Charles M. de Talleyrand

James Joyce

Charles M. de Talleyrand

21.1.–19.2.

Bodo, Burkhard, Dietrich

Am 2. Februar geboren:

Charles Maurice de Talleyrand (1754 in Paris), französischer Politiker. Als Bischof von Autun (1788) schließt er sich der französischen Revolution an. Unter Napoleon ist er von 1797–1807 Außenminister, lehnt aber dessen Eroberungspolitik ab. Von 1814–15 betreibt er, erneut als Außenminister, auf dem Wiener Kongress erfolgreich die Rehabilitierung Frankreichs. († 17.5.1838 in Paris)

Alfred Edmund Brehm (1829 in Renthendorf), deutscher Zoologe. *Brehms Tierleben* ist ein zehnbändiges Lexikon und gehört bis heute zu den klassischen Nachschlagewerken der Zoologie. Brehm gilt als Vorkämpfer einer veränderten Naturwissenschaft. Er vertritt parallel zu den Forschungen von Darwin und Haeckel die Gleichwertigkeit aller Geschöpfe, speziell der Tiere mit dem Menschen. Bis dahin galt das christlich-kirchliche Dogma, wonach der Mensch die Krone aller Schöpfung ist. († 11.11.1884 in Renthendorf)

James Joyce (1882 in Dublin), irischer Schriftsteller. Joyce revolutioniert insbesondere das Genre des Romans durch sprachliche und gestalterische Neuerungen. Es gibt kein chronologisches Erzählen mehr, keinen Erzähler im traditionellen Sinn. Stattdessen wird eine romanimmanente Wirklichkeit geschaffen. Seine Werke wie z. B. *Ulysses* (1922) sind von höchstem literarischen Rang. († 13.1.1941 in Zürich)

Stan Getz (1927 in Philadelphia), amerikanischer Jazzmusiker. Der Saxophonist macht sich Anfang der

Stan Getz

1960er-Jahre mit seinen Bossanova-Interpretationen wie *The girl from Ipanema* einen Namen. Elf Grammys gehen auf sein Konto. († 6.6.1991 in Malibu/Kalifornien)

962
Otto der Große
Der seit 936 herrschende König Otto I. wird in Rom zum deutschen Kaiser gekrönt. In der Tradition Karl des Großen tritt er als Schutzherr des Papsttums auf. Sein Engagement festigt die Zentralgewalt nach Machtkämpfen mit den Herzögen durch die Bindung der Reichskirche an die Krone. Er fördert energisch die Slawenmission und besiegt 955 die Ungarn auf dem Lechfeld endgültig.

1932
Grand Central Station
In New York wird der größte Bahnhof der Welt eröffnet. Die Grand Central Station ist in zwei Stockwerke aufgeteilt, die obere Etage ist für den Fernverkehr vorgesehen, die untere ist den örtlichen Regionalzügen vorbehalten. Unabhängig von den Gleisen existieren große Wartesäle für die Reisenden.

1952
Westfalenhalle
In Dortmund wird das größte Sport- und Veranstaltungszentrum Europas eröffnet. Die Haupthalle misst 100 m x 80 m und bietet für

Dortmunder Westfalenhalle

23.000 Zuschauer Raum. Die innovative Architektur ermöglicht eine freie Sicht von allen Plätzen. Die sonst üblichen, stützenden Säulen zwischen Boden und Decke wurden durch eine freitragende Konstruktion ersetzt.

1995
Bioethik-Konvention
Das Parlament des Europarats verabschiedet die sog. Bioethik-Konvention. Mit der Vereinbarung werden für die 39 Mitgliedstaaten erste verbindliche Regelungen zur Gentechnik getroffen. Thematische Bestandteile sind u. a. die Embryonenforschung, Eingriffe in das Erbgut, die Forschung am Menschen sowie die Organspende.

Auch das geschah an diesem Tag

1852 In London wird am Bahnhof Fleet Street die erste öffentliche Toilette aufgestellt. Die Bedürfnisanstalt ist zunächst nur für Männer. Eine Woche später entsteht auch ein öffentliches WC für Frauen.

21.1.–19.2.

Alois, Blasius, Marion, Oskar

Alvar Aalto

Felix Mendelssohn-Bartholdy

Das Leben ist eine Schule ...! Wohl dem, der die Prüfung besteht ...

3 Februar

Rudolf Steiner

Johannes Gutenberg

1468
Gutenberg
Der deutsche Buchdrucker und Begründer des modernen Druckverfahrens Johannes Gutenberg stirbt in Mainz. Seine entscheidende Erfindung bestand in dem Drucken mit gegossenen, beweglichen Einzelbuchstaben (Metall-Lettern), was eine schnelle und sorgfältige Vervielfältigung von Büchern und Schriften ermöglichte. Bis dahin wurde ein Bild oder eine Schriftseite spiegelverkehrt und in erhabener Form in einen ganzen Holzblock geschnitzt, mit Farbe getränkt und mit einer Presse zu Papier gebracht.

1913
Rudolf Steiner
Der österreichische Philosoph Rudolf Steiner gründet die seinen Gedankenmodellen entsprechende „Anthroposophische Gesellschaft". Seine Theorien basieren auf der Idee, dass jeder Mensch das Potenzial zu überdurchschnittlichen Fähigkeiten und Erkenntnissen besitzt. Das Streben solle daher darauf abzielen, dieses Potenzial weitgehend auszuschöpfen. Steiners Thesen haben v. a. im pädagogischen Bereich großen Einfluss.

1958
Benelux-Staaten öffnen Grenzen
Die Staaten Belgien, Luxemburg und die Niederlande begründen ihre Zollunion mit dem sog. Benelux-Vertrag. Ziel der Regelung ist die Aufhebung von Einschränkungen im internationalen Handel. Die freiheitlich gesinnte Bestimmung betrifft im Einzelnen den Waren-, Kapital- und Arbeitsverkehr sowie die Landwirtschafts- und Außenhandelspolitik.

1969
Arafat wird PLO-Chef
Der arabische Gründer und Führer der palästinensischen Untergrundorganisation „Al fatah" Jasir Arafat wird Vorsitzender des Exekutivkomitees der Palästinensischen Befreiungsorganisation (PLO). Ziel der Vereinigung ist die Beseitigung Israels, das nach dem Sechstagekrieg (1967) die eroberten Gebiete Westjordanland und Gazastreifen unter Militärverwaltung stellte. Die Teilung Palästinas in einen jüdischen und einen arabischen Staat geht ursprünglich auf einen UN-Beschluss von 1947 zurück, den die arabischen Staaten nicht anerkannten.

Am 3. Februar geboren:

Felix Mendelssohn Bartholdy (1809 in Hamburg), deutscher Komponist und Musiker. Bereits im zarten Alter von 17 Jahren schreibt Bartholdy die Ouvertüre zu Shakespeares *Sommernachtstraum*, was ihm den ersten großen Erfolg beschert. Als Dirigent des Leipziger Orchesters (1835–47) schreibt er zahlreiche Sinfonien, Oratorien und Konzerte. Außerdem lässt er die *Matthäus-Passion* von Johann Sebastian Bach (1685–1750) neu aufleben. († 4.11.1847 in Leipzig)

Annette Kolb (1870 in München), deutsche Schriftstellerin. Der Schwerpunkt ihrer schriftstellerischen Tätigkeiten liegt in Biographien. Die größten Erfolge feiert Kolb mit ihren sensibel aufbereiteten Lebensstudien in Romanform. Das Leben und Schaffen prominenter Künstler dient ihr dabei als Vorlage. Zu ihren bedeutendsten Werken gehören *Mozart*, *Franz Schubert* oder auch *König Ludwig II*. († 3.12.1967 München)

Alvar Aalto (1898 in Kuortane), finnischer Architekt und Designer. Aalto gehört zu den führenden Vertretern des sog. organischen Baustils. Dabei werden die einzelnen Elemente so weit wie möglich in ihrer ursprünglichen Form verwendet. Aalto entwickelt die „Artek-Möbel" aus gebogenem Sperrholz und schafft damit einen Stil, der das Künstlerische mit technischen Aspekten vereint. († 11.5.1976 in Helsinki)

Alvar Aalto (Gebäude)

Hans-Jochen Vogel (1926 in Göttingen), deutscher Politiker. Vogel engagiert sich von 1983–91 als Oppositionsführer an der Spitze der SPD-Bundestagsfraktion. Er führt die innerdeutsche Entspannungspolitik von Willy Brandt fort. Bei seinem politischen Handeln steht der wirtschaftliche und technische Fortschritt des Landes im Vordergrund.

4 Februar

Nicht nur die Tat, auch das Leiden ist ein Weg zur Freiheit.

Dietrich Bonhoeffer

Friedrich Ebert

Charles Lindbergh

21.1.–19.2.

Christian, Gilbert, Veronika

Am 4. Februar geboren:

Friedrich Ebert (1871 in Heidelberg), deutscher Politiker. Ebert verfolgt als einflussreichster sozialdemokratischer Parteivorsitzender während des Ersten Weltkrieges den Kurs des sog. Burgfriedens und nimmt dabei die Abspaltung des linken Flügels (spätere USPD) in Kauf. 1919 wird er von der Weimarer Nationalversammlung zum Reichspräsidenten gewählt. († 18.2.1925 in Berlin)

Charles Lindbergh (1902 in Detroit), amerikanischer Pilot. Bis zum Jahr 1909 ist die Überquerung des Ärmelkanals die weiteste Strecke, die in einem motorisierten Flugzeug zurückgelegt wurde. Lindbergh gelingt es im Jahr 1927, diesen Rekord zu brechen. Mit einer erfolgreichen Atlantiküberquerung setzt Lindbergh neue Maßstäbe im Luftverkehr. († 26.8.1974 in Maui/Hawaii)

Dietrich Bonhoeffer (1906 in Breslau), deutscher Theologe. Der evangelische Theologe Bonhoeffer vertritt vehement die Gegnerseite des Nazi-Regimes. Trotz mehrfacher Verbote durch Hitler, sein Amt weiter auszuüben, setzt er den Gläubigen sein Wirken fort und bezahlt seinen Einsatz mit dem Leben. Er stirbt im KZ Flossenbürg. († 9.4.1945 in Flossenbürg)

Alfred Andersch (1914 in München), deutscher Schriftsteller. Andersch schreibt Aufsätze, Erzählungen, Essays und Romane und beeinflusst auf diese Weise die Geschichte der Literatur in der Bundesrepublik sehr vielseitig. Seine authentischen, herausfordernd formulierten Geschichten sagen dem Leser etwas über sich selbst und über die jüngste deutsche Geschichte. († 21.2.1980 in Berzona/Schweiz)

1194
Löwenherz

Der englische König Richard Löwenherz wird aus seiner zweijährigen Haft auf der Festung Triburg entlassen. Löwenherz war von 1189–92 an dem Dritten Kreuzzug zur Befreiung des Heiligen Landes von den Moslems beteiligt. Der Kreuzzug endet mit einem Waffenstillstand. Auf der Rückkehr von Palästina gerät Löwenherz in die Gefangenschaft seines Feindes Heinrich VI. und kann sich erst durch einen Lehenseid befreien.

1945
Gipfeltreffen

Die „Großen Drei" der Anti-Hitler-Koalition, Roosevelt, Stalin und Churchill, setzen ihre Konferenzen in Jalta fort. Die erste Konferenz fand bereits 1943 in Teheran statt. Gemeinsam mit ihren Außenministern wollen die Staatsmänner die alliierte Nachkriegspolitik koordinieren. Es geht um die Schaffung eines „gerechten und dauerhaften Friedens". Für Deutschland bedeutet das zunächst die Aufteilung in vier Besatzungszonen unter alliierter Kontrolle.

1974
Terrorismus

Patricia Hearst, die Tochter des amerikanischen Medienmoguls Randolph Hearst, wird entführt. Nach umfangreichen Ermittlungen stellt sich heraus, dass es sich nicht um eine bloße Lösegeldforderung, sondern um eine politisch motivierte Tat handelt. Als Entführer gibt sich die „Symbionese Liberation Army" (SLA) aus, die in der Vergangenheit mehrfach für terroristische Aktionen verantwortlich war. Zwei Monate nach der Entführung gibt sich das Opfer selbst als Mitglied der Terrorgruppe zu erkennen.

Auch das geschah an diesem Tag

1976 Bei den 14. Olympischen Winterspielen in Innsbruck gewinnt die deutsche Skirennläuferin Rosi Mittermaier zweimal Gold und einmal Silber.

Rosi Mittermaier bei den Olympischen Winterspielen 1976 in Innsbruck

Konferenz von Jalta

21.1.–19.2.

Agatha, Adelheid, Paul

Bob Marley

Charlie Chaplin

Ab einem gewissen Alter tut auch die Freude weh.

Charlie Chaplin

Februar

1852
St. Petersburger Eremitage
Für die adelige Gesellschaft öffnet sich die kaiserliche Schatzkammer der russischen Zarin Katharina II. die Große. Ihre Leidenschaft galt nicht nur der Expansionspolitik und der Verschärfung der Leibeigenschaft, sondern auch dem Sammeln kostbarer Kunstwerke, in erster Linie Gemälde.

1916
Dadaismus
In Zürich eröffnet ein neues Künstlerlokal namens „Cabaret Voltaire". Unter der Schirmherrschaft des französischen Führers der Aufklärung Voltaire, entsteht damit eine Begegnungsstätte der Dadaisten. Die Stilrichtung, die sowohl die Kunst als auch die Literatur erfasst, ist eine Reaktion auf die allgemeine Verzweiflung und Desillusionierung nach dem Ersten Weltkrieg. Dada-Künstler versuchen die Öffentlichkeit mit radikal provokantem Verhalten aufzurütteln,

wobei es um die Zerstörung traditioneller Werte geht.

Golden Gate Bridge

1933
Golden Gate Bridge
Die Bauarbeiten zur legendären Golden Gate Bridge in San Francisco beginnen. Vier Jahre später ist das monumentale Verbindungswerk fertig. Die Hängebrücke mit einer Konstruktion aus Stahlseilen und einer Fahrbahn aus Beton misst eine Spannweite von 1280 m und steht damit auf der Liste der längsten Brücken der Welt an achter Stelle.

1936
Charlie Chaplin
Der amerikanische Regisseur und Schauspieler Charlie Chaplin präsentiert seinen Film *Moderne Zeiten*, in dem er Regie führt und zugleich die Hauptrolle mimt. Die Geschichte handelt vom „kleinen Mann", der im Zeitalter der Industrialisierung in einer von Technik und Fortschritt dominierten Welt untergeht. Chaplin gilt als der erste Filmkomiker und schafft mit dem Filmerfolg den Sprung vom Varieté- zum Leinwandhelden.

Am 5. Februar geboren:

Carl Spitzweg (1808 in München), deutscher Maler. Spitzweg verdient sein Geld zunächst als Apotheker, bis er 1933 während eines Kuraufenthalts beschließt, seine Leidenschaft, das Malen, zum Beruf zu machen. In seinem Leben wie in seiner Kunst wird die Spannung zwischen Enge und Weite, Selbstgenügsamkeit und Sehnsucht, bürgerlicher Spießigkeit und nonchalanter Weltläufigkeit ausgetragen. († 23.9.1885 in München)
John Dunlop (1840 in Dreghorn/Großbritannien), schottischer Erfinder. Dunlop ist als Tierarzt tätig, bis er 1888 den luftgefüllten Reifen für Fahrräder erfindet. Im darauf folgenden Jahr gründet er die Dunlop Rubber Company. Bis heute steht sein Name für qualitativ hochwertige Reifen. († 23.10.1921 in Dublin)
Joris-Karl Huysmans (1848 in Paris), französischer Schriftsteller. Huysmans gilt als Vertreter des Naturalismus. Die gegen Ende des 19. Jh. entstehende literarische Strömung setzt das Ziel, die Wirklichkeit fotografisch genau sichtbar zu machen. Huysmans bevorzugt die bisher tabuisierten dunklen Seiten der Realität wie Verelendung, Krankheit und Glaubensabtrünnigkeit. († 12.5.1907 in Paris)
Bob Marley (1945 in St. Ann/Jamaika), jamaikanischer Rockmusiker. Der Sänger, Songschreiber und Gitarrist beginnt seine Musikkarriere mit der Gruppe „The Wailers". In den 1970er-Jahren trägt er mit seinen Liedern *Get up stand up* oder *No Woman no Cry* den Reggae in die Welt hinaus. Die Mischung aus afrikanischen Rhythmen und amerikanischem Soul kommt ursprünglich aus den Gettos von Jamaika. († 11.5.1981 in Miami)

Auch das geschah an diesem Tag

1887 In Mailand wird die Oper *Othello* mit der Musik von Giuseppe Verdi (1813–1901) uraufgeführt und gefeiert. Das Stück selbst stammt von dem britischen Dramatiker William Shakespeare. **1978** Die deutsche Handball-Mannschaft wird Weltmeister.

Othello (Opernszene)

6 Februar

Man kann niemanden überholen, wenn man in seine Fußstapfen tritt.

François Truffaut

Ronald Reagan

Maximilian I. (Medaille)

21.1.–19.2.

Dorothea, Paul, Reinhild

Am 6. Februar geboren:

Ronald Reagan (1911 in Tampico/Illinois), amerikanischer Schauspieler und Präsident der Vereinigten Staaten. 1981 wird er zum 40. Präsident der USA gewählt und schlägt einen konservativen Kurs ein. Sein Programm der Wirtschaftsgesundung bei steigenden Rüstungsausgaben finanziert er mit Kürzungen im sozialen Bereich. Außerdem erwirkt er mit der UdSSR die Beseitigung nuklearer Mittelstreckenraketen in Europa.

Lothar Günther Buchheim (1918 in Weimar), deutscher Schriftsteller und Verleger. Buchheim verarbeitet seine Berichte als Kriegsberichterstatter im Zweiten Weltkrieg in zahlreichen Reportagen und Erzählungen. Zu seinen bekanntesten Werken gehört *Das Boot*, das 1981 verfilmt wird. Der Antikriegsfilm zeigt eine kritische Sichtweise des Kriegs, indem Grausamkeit, Sinnlosigkeit und Ungerechtigkeit drastisch in Szene gesetzt wird. Die Kriegswirklichkeit gewinnt damit erstmals in Deutschland eine reelle Dokumentation auf der Leinwand.

François Truffaut (1932 in Paris), französischer Filmregisseur und Schauspieler. Eine kurze, aber einflussreiche Epoche des französischen Films wird in den frühen 1960er-Jahren unter dem Namen „Nouvelle Vague" (Neue Welle) bekannt. Truffauts Film *Sie küssten und sie schlugen ihn* (1959) gehört zu den Gründungsfilmen dieser Zeit. Das Neue daran ist die Abkehr vom Drama mit neuen visuellen Mitteln und weniger linearen Erzählformen. († 21.10.1984 in Neuilly-sur-Seine)

1508
Maximilian I.
Der Sohn Kaiser Friedrichs III., Maximilian I., nimmt den Titel „Erwählter Römischer Kaiser" an und beendet damit die Abhängigkeit der Kaiserwürde vom Papsttum. In den Jahren davor sicherte Maximilian I. durch geschickte Heiratspolitik die böhmische und ungarische Krone für das Haus Habsburg, musste jedoch im Frieden von Basel den Hoheitsanspruch auf die Schweiz abgeben. Der römisch-deutsche Kaiser gilt als Förderer der Künste und Wissenschaften.

1840
Waitangi-Vertrag
Großbritannien erwirbt mit dem sog. Waitangi-Vertrag das Besitzrecht der Maori, der Eingeborenen Neuseelands. Bereits mit der Entdeckung des Inselstaates im südwestlichen Pazifik im Jahre 1769 durch James Cook, beanspruchte England die Herrschaft für sich. 1841 wird Neuseeland britische Kronkolonie.

Neuseeland – Land der großen weißen Wolken. Der Landesname lautet in der Sprache der Maori Aotzaroa, das übersetzt „Land der großen weißen Wolken" bedeutet.

1850
Preußische Verfassung
Zwei Jahre nach der Märzrevolution, nach der in den meisten deutschen Staaten konstitutionelle Verfassungen eingeführt wurden, tritt in Preußen die Verfassung in Kraft. Bereits 1818 gab es unter König Friedrich Wilhelm III. von Preußen Auseinandersetzungen zum Thema Verfassung. Mit dem Gesetz wird gleichzeitig das Dreiklassenwahlrecht begründet. Danach werden die Bürger nach ihren Steuerpflichten in drei Klassen eingeteilt.

1888
Wehrpflicht
Unter der Führung des ersten deutschen Reichskanzlers Otto von Bismarck ergeht der Beschluss, die Wehrpflicht um sieben Jahre zu verlängern. Nach dem Sieg im deutsch-französischen Krieg (1870–71) wurde das Deutsche Reich gegründet, König Wilhelm I. zum deutschen Kaiser und Bismarck zum Reichskanzler proklamiert. Bismarcks Engagement zielt bis zu seiner Entlassung 1890 darauf ab, ein ausgedehntes Vertrags- und Bündnissystem zu schaffen, das der Absicherung der neu erworbenen deutschen Reichsmacht dienen sollte.

Auch das geschah an diesem Tag

1952 Elisabeth von England besteigt nach dem Tod Georg VI. den Thron von England. **1958** Eine kleine Passagiermaschine stürzt über München ab. Sieben britische Fußballspieler kommen dabei ums Leben.

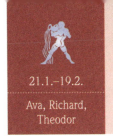
21.1.–19.2.

Ava, Richard, Theodor

Alfred Adler

Charles Dickens

Die größte Gefahr im Leben ist, dass man zu vorsichtig wird.

7 Februar

Alfred Adler

1613
Russischer Zar
Michail Romanow wird zum russischen Zaren gewählt. Damit beginnt die Herrschaft einer Dynastie, die bis zur russischen Revolution 1917 und der Abdankung Nikolaus' II. währt. Das Zarentum in Russland geht auf das Jahr 1380 zurück. Nach dem Sieg über die Mongolen erhob sich Moskau zur Großmacht. Seit 1472 nannte sich Iwan III. Zar, gekrönter Zar war jedoch erst Iwan IV. im Jahr 1547, der als „Iwan der Schreckliche" in die Geschichte einging.

1799
Napoleon als Erster Konsul
Zum Höhepunkt der „Französischen Revolution" stürzt der aus Korsika stammende Feldherr Napoleon Bonaparte das Direktorium in Paris. In Folge erhält er aufgrund der von ihm geschaffenen Verfassung als „Erster Konsul" die Alleinherrschaft. 1804 krönt er sich selbst zum Kaiser der Franzosen und gründet den sog. Code Napoleon und erobert bis 1810 große Teile Mittel- und Südeuropas. Erst der Russlandfeldzug 1812 leitet seinen Niedergang ein.

Auch das geschah an diesem Tag
1991 Ein Mordanschlag auf den britischen Premierminister in London versetzt die Welt in Schrecken. Für die Tat zeigt sich die terroristische Minderheitengruppe der katholischen Nordiren (IRA) verantwortlich. Bei dem Attentat gibt es Verletzte, aber keine Toten.

1929
Weltliteratur
Im Fischer Verlag erscheint der Roman *Berlin Alexanderplatz. Die Geschichte vom Franz Biberkopf*. Der Verfasser Alfred Döblin gilt als deutscher Hauptvertreter des Expressionismus. Ähnlich wie der Dadaismus entsteht er als Gegenbewegung zum traditionellen Wirklichkeitsverständnis. Die Autoren dieser neuen Romanform zweifeln an der Erfassbarkeit von Individuum und Gesellschaft mit Mitteln des realistischen Erzählstils und bedienen sich neuer Mittel.

1964
Beatlemania
Am New Yorker Flughafen fiebern tausende Fans der Landung der englischen Popgruppe „The Beatles" entgegen. Die Band hatte 1963 in Großbritannien die Musikbühne betreten und damit die musikalische Revolution der 1960er-Jahre eingeleitet. Ihre Songschreiber, John Lennon und Paul Mc Cartney, bringen zusammen mit dem Gitarristen George Harrison und dem Drummer Ringo Starr zahlreiche Hits heraus. Bis heute zählen Titel wie *Help, Love me do* oder *Yellow Submarine* zu den Klassikern des Pop.

The Beatles

Am 7. Februar geboren:
Charles Dickens (1812 in Landport), englischer Schriftsteller. Dickens gilt als Begründer des sozialen Romans und als Meister des Humors. In seinen zahlreichen Geschichten entwickelt er eine Vorliebe für skurrile Charaktere. Zu seinen bekanntesten Werken gehören *Oliver Twist* (1838), *Eine Weihnachtsgeschichte* (1843) und *David Copperfield* (1850). († 9.6.1870 in Landport)

Alfred Adler (1870 in Penzing bei Wien), österreichischer Psychiater. Adler gehört zu der Psychoanalytischen Vereinigung, die sich 1900 in Wien um Siegmund Freud bildet. Allerdings gelangt Adler aufgrund von Untersuchungen, speziell der Minderwertigkeitsgefühle, zu einer eigenen Form der Psychoanalyse, der sog. Individualpsychologie. († 28.5.1937 in Aberdeen/Schottland)

Puyi (1906 in Peking), Kaiser von China. Puyi ist der letzte Kaiser von China. Seine Herrschaft wird durch die chinesische Revolution (1911–12) beendet. Obwohl die Revolutionstheorie von Marx eine Industriegesellschaft voraussetzt, bricht die chinesische Revolution in einer eher vorindustriellen Gesellschaft aus. Der kommunistische Führer Mao Tse-tung ist für den Sturz der Mandschu-Dynastie, zu der Puyi gehört, verantwortlich.

8 Februar

Alle Reisen haben eine heimliche Bestimmung, die der Reisende nicht ahnt.

Martin Buber

James Dean

21.1.–19.2.

Elfriede, Hieronymus, Philipp

Am 8. Februar geboren:

Jules Verne (1828 in Nantes), französischer Schriftsteller. Als Verfasser phantastischer Abenteuerromane setzt er den Grundstein für den modernen Science-Fiction-Roman. Seine bekanntesten Werke sind *Fünf Wochen im Ballon* und *Reise zum Mittelpunkt der Erde*. († 24.3.1905 in Amiens)

Martin Buber (1878 in Wien), österreichisch-israelischer Philosoph. Buber entwickelt jüdisches Gedankengut weiter, mit dem Ziel, eine geistig-moralische Erneuerung zu erreichen. Sein Lebenswerk ist der Übersetzung des Alten Testaments ins Deutsche gewidmet. († 13.6.1965 in Jerusalem)

Franz Marc (1880 in München), deutscher Maler und Grafiker. Marc gilt als wichtigster Vertreter des Expressionismus. Zusammen mit seinen Künstlerkollegen Kandinsky, Klee und Macke gründet er 1911 in München die Gruppe „Der Blaue Reiter". Inhaltlich hat diese Vereinigung das Ziel, das Geistige in der Kunst hervorzuheben. Marc wird v. a. durch seine Tierdarstellungen berühmt. Er fällt in der Schlacht von Verdun. († 4.3.1916 in Verdun)

James Dean (1931 in Fairmont/Indiana), amerikanischer Schauspieler. James Dean ist eine der größten Kultfiguren der zweiten Hälfte des 20. Jh. Als Hollywoods Shooting-Star dreht er 1955 drei Filme: *Jenseits von Eden* macht ihn über Nacht berühmt. Es folgen *Giganten* und *Denn sie wissen nicht was sie tun*. Er stirbt im Alter von 24 Jahren bei einem Autounfall. († 30.9.1955 Salinas/Kalifornien)

Maria Stuart

1587
Maria Stuart
Die ehemalige schottische Königin Maria Stuart wird wegen angeblicher Verschwörung gegen Elisabeth I. hingerichtet. Stuart versuchte vergeblich, die Rekatholisierung Schottlands durchzuführen. Sie heiratet ihren Vetter Henry Stuart Darnley, der ermordet wird. 1568 wird Stuart von dem aufständischen calvinistischen Adel abgesetzt. Sie flieht nach England, wo sie 16 Jahre in Haft verbringt, bis sie auf Drängen des Parlaments enthauptet wird.

Elisabeth I.

1861
Amerikanischer Bürgerkrieg
South Carolina und sechs weitere Südstaaten bilden die sog. Konföderierten, die den Nordstaaten (Union) den Bürgerkrieg erklären. Gründe für die Spaltung Amerikas sind lokale Rivalitäten, die Kampagne der Sklavereigegner und nicht zuletzt der Streit um die staatliche Kontrolle einerseits und um staatlich garantierte Rechte andererseits. Der Mangel an Geld, Soldaten, Lebensmitteln und Waffen zwingt die Konföderierten im April 1865 schließlich zur Kapitulation.

1950
Stasi
Mit Beschluss der Volkskammer ergeht in der DDR ein Gesetz, das die innen- und außenpolitische Sicherheit der Republik gewährleisten soll. Unter dem offiziellen Titel „Ministerium für Staatssicherheit" (Stasi) werden die Bürger der DDR auf etwaige staatsfeindliche Gesinnungen überwacht. Ein Jahr zuvor hatte sich die Teilung Deutschlands in ein westliches und ein östliches Wirtschaftsgebiet vollzogen. Für den Osten hatte damit die Sowjetunion Leitbildfunktion.

Auch das geschah an diesem Tag

1902 Auf der französischen Antilleninsel Martinique bricht der Vulkan Montagne Peleé aus. Die Lavamassen reißen 26.000 Menschen in den Tod. **1907** In Rumänien beginnen die Bauernunruhen. Bei der Niederschlagung des Aufstandes sterben etwa 11.000 Menschen.

21.1.–19.2.
Anna, Julien,
Katharina, Lambert

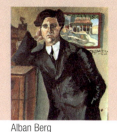

Alban Berg

John Coetzee

Wer die Gewalt hat, doch ihr Wirken hemmt, der ist des Himmels Liebling.

William Shakespeare

Februar

Rembrandt: *Selbstbildnis mit Saskia*

642
Rembrandt
Der niederländische Maler Harmensz van Rijn Rembrandt vollendet sein großes Werk *Die Nachtwache*. Das Gruppenporträt der Amsterdamer Bürgerwehr zeugt wie seine übrigen Bilder von unermesslich tiefsinniger und differenzierter Beobachtungsgabe. Rund 600 Gemälde, 300 Radierungen und 1500 Zeichnungen gehen auf das künstlerische Konto des begabten Holländers.

1893
Verdi
In Mailand wird das Stück *Die lustigen Weiber von Windsor* von William Shakespeare als Oper uraufgeführt. Unter dem Titel *Falstaff* komponierte Giuseppe Verdi die Musik dazu. Das Stück vereinigt aus-

drucksstarke Bilder, eine meisterhafte Darstellung der Charaktere und eine vollendet musikalische Untermalung.

1904
Krieg in Fernost
Mit der japanischen Offensive auf ein russisches Militärschiff nimmt der russisch-japanische Krieg seinen Anfang. Durch Siege bei Shenyang und der Inselgruppe Tsushima endet der Krieg 1905 mit einem Sieg Japans. Damit kann das Land seinen Einfluss in Ostasien wesentlich ausbauen. Die Niederlage auf russischer Seite leitet wiederum die russische Revolution ein. Der Zar Nikolaus II. wird zu Zugeständnissen wie der Einsetzung eines Parlaments veranlasst.

1991
Cholera
Nach fast 100 Jahren treten in Südamerika erneut Fälle der lebensgefährlichen Infektionskrankheit Cholera auf. Ursache und Überträger sind verunreinigtes Wasser und bakteriell belastete Lebensmittel. Die Regierung ruft den nationalen Notstand aus und evakuiert große Teile des mittleren und südlichen Kontinents, um die bedrohlich schnelle Ansteckung so weit wie möglich einzudämmen.

Auch das geschah an diesem Tag

1961 Der Zwanzigmarkschein erhält in der Bundesrepublik Deutschland ein neues Erscheinungsbild. Ein von Dürer erstelltes Portrait der Nürnberger Kaufmannsfrau Elisabeth Tucher ziert nun das Zahlungsmittel.

Am 9. Februar geboren:

Wilhelm Maybach (1846 in Heilbronn), deutscher Ingenieur und Automobilhersteller. Im Jahr 1884 baut Maybach in Zusammenarbeit mit Gottlieb Daimler das erste vierrädrige Automobil mit Verbrennungsmotor. Als Treibstoff wird nicht mehr Gas, sondern erstmals Benzin verwendet. Aus der Leidenschaft für Autos geht später das Interesse für die Luftfahrt hervor. 1909 gründet Maybach mit dem Grafen Zeppelin ein Unternehmen zur Produzierung von Luftschiffen. († 29.12.1929 in Stuttgart)
Erich von Drygalski (1865 in Königsberg), deutscher Geograph und Polarforscher. Drygalski liefert wesentliche Beiträge auf dem Gebiet der Polar- und Meeresforschung. Im Jahr 1901 führt er als erster Deutscher erfolgreich eine Expedition in die Antarktis durch. († 10.1.1949 in München)
Wsewolod Emiljewitsch Meyerhold (1874 in Pensa/Russland), russischer Schauspieler und Theaterregisseur. Meyerhold gilt als Wegbereiter des modernen Theaters. Seine Inszenierungen am Moskauer Theater Ende des 19. Jh. etablieren Improvisationen und naturalistisch eingefärbte Choreographien. Nach der Oktoberrevolution 1917 wird in der Sowjetunion das Theater unter dem Schlagwort „Proletarische Kultur" revolutioniert. († 2.2.1940 in Moskau)
Franz Xaver Gabelsberger (1789 in München), deutscher Stenograph und Erfinder der Kurzschrift. († 4.1.1849 in München); **Felix Dahn** (1834 in Hamburg), deutscher Jurist und Schriftsteller. († 3.1.1912 in Breslau); **Alban Berg** (1885 in Wien), österreichischer Komponist. († 24.12.1935 in Wien); **John Coetzee** (1940 in Kapstadt), südafrikanischer Schriftsteller; **Mia Farrow** (1945 in Los Angeles), amerikanische Schauspielerin.

10 Februar

Wer auf großem Fuße lebt, dem bezahlen sie auch den größten Stiefel.
Bertolt Brecht

Bertolt Brecht

Harold Macmillan

21.1.–19.2.
Sigrid, Silvana, Wilhelm

Am 10. Februar geboren:

Boris Pasternak

Boris Leonidowitsch Pasternak (1890 in Moskau), russischer Schriftsteller. Das russische Kriegsdrama *Doktor Schiwago* (1957) erscheint 1957 in Italien und tritt ein Jahr später mit der englischen Übersetzung seinen weltweiten Siegeszug an. In der Sowjetunion bleibt sein Hauptwerk bis Mitte der 1980er-Jahre verboten. Aus diesem Grund muss Pasternak auch den Literaturnobelpreis 1958 ablehnen. († 30.5.1960 in Moskau)
Harold Macmillan (1894 in London), britischer Politiker. Der Earl of Stockton vertritt die Konservativen in England und macht sich als Verfechter einer stärkeren Wirtschaftskontrolle einen Namen. Während seiner politischen Laufbahn bekleidet er das Amt des Außenministers (1955), Schatzkanzlers (1955–57) und Premierministers (1957–1639). († 29.12.1986 in Chelwood/Sussex)
Bertolt Brecht (1898 in Augsburg), deutscher Schriftsteller und Theaterautor. Als marxistisch eingefärbter Gesellschaftskritiker macht sich Brecht in der deutschen Nachkriegsliteratur einen Namen. Politisch wie literarisch setzt sich Brecht mit der jüngsten Vergangenheit auseinander. Charakteristisch für diese Zeit formuliert er in seinen Werken die Forderung nach Reinigung der durch die NS-Ideologie korrumpierten Welt. Sein bekanntestes Stück ist *Mutter Courage und ihre Kinder*. († 14.8.1956 in Berlin)
Mark Spitz (1950 in Modesto/Kalifornien), amerikanischer Schwimmer. Spitz holt bei den Olympischen Spielen in München 1972 sieben Goldmedaillen (100 m und 200 m Freistil, 100 m und 200 m Delfin und in allen drei Staffeln). Diese Siegerbilanz macht ihn zum erfolgreichsten Olympioniken.

1763
Kriegsende
Der Frieden von Hubertusburg und von Paris beendet den sog. Siebenjährigen Krieg. 1756 begründeten koloniale Rivalitäten zwischen Großbritannien und Frankreich diesen im Kampf ausgetragenen Konflikt. Dabei stand insbesondere der Streit um Schlesien zwischen dem mit Frankreich verbündeten Österreich und dem mit England verbündeten Preußen im Mittelpunkt. 1762 war auch Spanien in den Krieg um die koloniale Vorherrschaft eingetreten.

1837
Tod Puschkins
Der russische Dichter und Begründer der modernen russischen Literatur Alexander Sergejewitsch Puschkin stirbt bei einem Duell zur Rettung seiner Familienehre. Neben Dostojewskij gilt Puschkin als wichtigster Wegbereiter des Realismus. Wichtige Themen sind in seinen Werken die soziale Frage und der Gemeinschaftsgedanke, insbesondere die Einordnung des Individuums in die Gesellschaft. Seine größten Erfolge *Onegin* und *Boris Godunow* gehören bis heute zur bedeutenden Literatur- und Opernszene.

1860
Bismarcks Wegbereiter
Während Otto von Bismarck sich noch als preußischer Gesandter in St. Petersburg engagiert, kommt es in Preußen selbst zu Unstimmigkeiten im Parlament. Der Kriegsminister Albrecht von Roon verlangt eine Heeresreform, die von der liberalen Mehrheit im Abgeordnetenhaus abgelehnt wird. Zwei Jahre später setzt Bismarck als preußischer Ministerpräsident die Neuregelung durch.

1927
Tod Conrad Röntgens
Der deutsche Physiker Wilhelm Conrad Röntgen stirbt im Alter von 77 Jahren. Im Jahr 1895 machte er die für die medizinische Diagnostik revolutionierende Entdeckung der so genannten X-Strahlen, die nach ihm Röntgenstrahlen benannt wurden. 1901 erhält Röntgen dafür den ersten Nobelpreis, der in der Physik vergeben wurde.

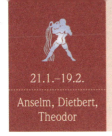

21.1.–19.2.

Anselm, Dietbert, Theodor

Thomas Alva Edison

Margaret Thatcher

Nicht die Gewehrkugeln und Generäle machen Geschichte, sondern die Massen.

Nelson Mandela

11 Februar

1858
Lourdes
Bernadette Soubirous hat im französischen Lourdes eine Reihe von Visionen der Jungfrau Maria. Der Vorfall macht Lourdes zum berühmtesten Wunderheilungsort der Christenheit. Nach ihrem Tod wird Bernadette für ihr außergewöhnliches religiöses Wirken heilig gesprochen, d. h., sie wird von der christlichen Kirche offiziell als heilig anerkannt. Erst das endgültige Urteil des Papstes über die Heiligkeit der Verstorbenen erlaubt deren Verehrung.

1975
Thatcher
Die britische Politikerin Margaret Thatcher wird zur Parteivorsitzende der Konservativen gewählt. Im Jahr 1979 wird sie Premierministerin. Thatcher erreicht mit einer konsequenten monetaristischen Wirtschaftspolitik eine Steigerung

Auch das geschah an diesem Tag
1990 Nach 37 ungeschlagenen Kämpfen erliegt der amerikanische Boxer und Weltmeister im Schwergewicht Mike Tyson dem Boxer James Douglas.

Mike Tyson geht 1990 in Tokio k.o.

der Produktion und eine Stabilisierung des Geldwertes. 1982 gerät sie mit ihrer kompromisslosen Haltung zum britisch-argentinischen Falkland-Konflikt in die politische Kontroverse.

1990
Mandela
Der südafrikanische Politiker Nelson Mandela wird aus 27-jähriger Haft auf Robben Island entlassen. Der Staatsmann aus dem Volk der Xosa trat 1944 dem Afrikanischen Nationalkongress (ANC) bei und kämpfte gegen die Apartheid. Im Jahr 1964 wird Mandela zu lebenslänglich Zuchthaus verurteilt. Seine Haftentlassung signalisiert zugleich die politische Wende für Südafrika.

Nelson Mandela nach seiner Freilassung

Am 11. Februar geboren:

Karl Gottlieb Bretschneider (1776 in Gersdorf), deutscher Theologe und Reformator. Bretschneider vertritt Ende des 18. Jh., im Zeitalter der Aufklärung, die These, dass Glück und Erfüllung nicht durch rationales Denken, sondern allein durch Glauben zu erreichen sind. Während Wissenschaftler und Philosophen dieser Zeit den Prozess der Vernunft in den Vordergrund stellen, proklamiert Bretschneider die Religion als Zentrum freien Lebens. († 22.1.1848 in Gotha)
Fox Talbot (1800 in Melbury House), britischer Physiker und Chemiker. Talbot gilt als Pionier auf dem Gebiet der Fotografie. Im Jahr 1839 gibt er seine Erfindung des Silberchloridpapiers bekannt und stellt als erster Papiernegative und -abzüge her. 1841 erhält er für diese sog. Kalotypien das Patent. Außerdem entwickelt er das Fotografieren mit Blitzlicht. († 17.9.1877 in Lacock Abbey)
Thomas Alva Edison (1847 in Milan/Ohio), amerikanischer Erfinder. Die meisten seiner frühen Erfindungen stammen aus dem Bereich der Telegrafie. Im Jahr 1877 entwickelt Edison das erste Kohlekontaktmikrofon und legt damit den Grundstein für das Telefon in seiner heutigen Form. Außerdem gehen die elektrische Kohlefadenglühlampe, ein Kinetoskop zur Betrachtung von Filmen und der Phonograph als Vorläufer des Grammofons auf sein erfinderisches Konto. († 18.10.1931 in New Jersey)
Bernhard le Bovier de Fontenelle (1657 in Rouen), französischer Schriftsteller und Philosoph. († 9.1.1757 in Paris); **Karoline von Günderode** (1780 in Karlsruhe), deutsche Schriftstellerin. († 26.7.1806 in Rheingau); **Else Lasker-Schüler** (1869 in Wuppertal), deutsche Schriftstellerin. († 22.1.1945 in Jerusalem); **Paul Bocuse** (1926 in Collonges-au-mont d'Or), französischer Meisterkoch; **Burt Reynolds** (1936 in Waycross /Georgia), amerikanischer Schauspieler.

12 Februar

Staatsmännische Kunst ist der weise Einsatz individueller Unzulänglichkeiten für das Gemeinwohl.

Abraham Lincoln

Charles Darwin

Immanuel Kant

21.1.–19.2.

Benedikt, Gregor, Valentin

Am 12. Februar geboren:

Charles Darwin (1809 in Shrewsbury/England), britischer Naturforscher. Mit seinem Schiff „Beagle" reist er fünf Jahre um die Welt. Seine Beobachtungen fasst er später in seinen Schriften über die Entstehung der Arten zusammen. Zusammen mit Alfred Wallace begründet Darwin 1859 die Theorie der Evolution durch natürliche Auslese. Mit seiner Anschauung stellt er den Glauben als göttliche Ordnung infrage, was auf Seiten der Kirche Ent-setzen hervorruft.
(† 19.4.1882 in London)

Abraham Lincoln (1809 in Hodgenville/Kentucky), amerikanischer Politiker. Lincoln stammte aus einfachsten Verhältnissen und hatte aus eigener Kraft den Aufstieg zum Rechtsanwalt geschafft. Er wird 1860 als Kandidat der neu gegründeten Republikanischen Partei zum 16. Präsident der USA gewählt. Nachdem sich im Sezessionskrieg die Überlegenheit der Nordstaaten herausstellt, proklamiert er die Sklavenbefreiung. Er fällt einem Attentat zum Opfer. († 15.4.1865 in Washington)

Lou Andreas-Salomé (1861 in St. Petersburg), deutsche Schriftstellerin. Die lebensinteressierte Künstlerin gilt als Muse zahlreicher berühmter Dichter und Philosophen wie Rainer Maria Rilke oder Herrmann Hesse. Sie beeinflusst durch ihr nach Freiheit strebendes Gedankengut die Lyrik Ende des 19. Jh. Aber auch die wissenschaftliche Seite des menschlichen Daseins wie die Psychoanalyse inspiriert sie zu ihren Werken. († 5.2.1937 in Göttingen)

1804
Tod Immanuel Kants
Der deutsche Philosoph Immanuel Kant stirbt in seiner Heimatstadt Königsberg. Kant war einer der bedeutendsten Persönlichkeiten in der Geschichte des abendländischen Denkens. Er beeinflusst v. a. Fichte, Hegel und Schelling. In den Mittelpunkt seiner transzendentalen Lehre stellt er als höchstes Prinzip die Moral als kategorischen Imperativ: „Handle so, dass die Maxime deines Wollens jederzeit zugleich als Prinzip einer allgemeinen Gesetzgebung gelten könnte."

1938
Hitler baut seine Macht aus
Der „Führer und Reichskanzler" Adolf Hitler trifft den österreichischen Bundeskanzler Kurt von Schuschnigg in Berchtesgaden. Hitler erzwingt von dem österreichischen Staatsmann einen Straferlass für inhaftierte Nationalsozialisten und die Berufung seines österreichischen Vertrauensmannes Arthur Seyß-Inquart zum Innenminister. Der Erfolg dieser Verhandlung ermöglicht Hitler eine weitere Ausdehnung seiner Macht auf das Nachbarland.

1947
Dior eröffnet Modehaus
Der französische Modeschöpfer Christian Dior eröffnet seinen Pariser Salon mit der Kollektion „New Look". Die Kreation aus engem Oberteil, schmaler Taille und wadenlangem, glockig weitem Rock wird über Nacht zur Sensation. In den 1960er-Jahren prägt Dior die Mode mit den sog. A-Linien-Kleidern, die die Beine als Blickfang freigeben. Nach dem Tod Diors im Jahr 1958 führt der Couturier Yves Saint Laurent die Dior-Kollektion fort.

Modell aus dem Modehaus Dior

Auch das geschah an diesem Tag

1924 In New York wird die *Rhapsody in Blue* des amerikanischen Komponisten George Gershwin uraufgeführt. **1941** Der Oberbefehlshaber Erwin Rommel trifft zur Unterstützung der italienischen Truppen in Afrika ein. **1951** Im Iran heiratet der Schah Mohammed Resa Pahlawi die Tochter eines persischen Fürsten Soraya Isfandiary. **1987** Der Kultschocker *Blue Velvet* von David Lynch kommt in die deutschen Kinos. **1994** In Lillehammer/Norwegen beginnen die XVII. Olympischen Winterspiele.

21.1.–19.2.

Gisela, Gosbert, Reinhild

Jakob II.

Heinrich VIII.

Sex ist sehr unkompliziert, wenn man von keinem Komplex, sondern von einem Bedürfnis geleitet wird.

13
Februar

Georges Simenon

1542
Heinrich VIII.
Der englische König Heinrich VIII. entledigt sich erneut auf seine Weise von den ehelichen Pflichten. Die fünfte Ehefrau Heinrichs, Catherine Howard, wird auf Befehl ihres Mannes wegen angeblicher Untreue hingerichtet. Bereits im Jahr 1534 trennte er England von Rom, als der Papst seine Ehe mit Katharina von Aragón nicht scheiden wollte. Daraufhin errichtete er die anglikanische Staatskirche und säkularisierte die Klöster.

1689
Thronfolge durch „Glorious Revolution"
Mit der sog. glorreichen Revolution vertreibt Wilhelm III. seinen Schwiegervater Jakob II. vom englischen Thron und akzeptiert die konstitutionelle Grundlage der Krone „Declaration of Rights". Seine politische Karriere begann als Statthalter der Niederlande. 1677 heiratete er Maria, die Tochter Jakob II. von England. Wilhelm III. verfolgt als König eine Gleichgewichtspolitik, was zur Einkreisung Frankreichs im Spanischen Erbfolgekrieg führt.

1919
Weimarer Verfassung
Friedrich Ebert, der von der Weimarer Nationalversammlung gewählte Reichspräsident, proklamiert die erste parlamentarische Regierung der deutschen Geschichte. Das Kabinett der sog. Weimarer Koalition besteht neben

Friedrich Ebert

der sozialdemokratischen Führung aus dem katholischen Zentrum und der DDP, der Deutschen Demokratischen Partei.

1985
Rekonstruktion der *Semperoper*
40 Jahre nach der völligen Zerstörung im Zweiten Weltkrieg wird die *Semperoper* in Dresden wieder eröffnet. Ein Luftangriff der Alliierten hatte 1945 die Innenstadt Dresdens in ein einziges Trümmerfeld verwandelt. In sechs Jahren Bauzeit richtete man die Oper dem Original entsprechend wieder auf. Die Eröffnung wird mit dem *Freischütz* von Carl Maria von Weber gefeiert.

Am 13. Februar geboren:

Hartmann Schedel (1440 in Nürnberg), deutscher Chronist. Als einer der ersten trägt Schedel die geschichtlich relevanten Ereignisse aus allen Ländern zusammen und veröffentlicht im Jahr 1493 sein Hauptwerk, die *Schedelsche Weltchronik*. Eine Sammlung zeitgenössischer Musik, das *Schedelsche Liederbuch*, geht auf ihn zurück. († 28.11.1514 in Nürnberg)

Georges Simenon

Georges Simenon (1903 in Lüttich), belgischer Schriftsteller. Simenon gilt als Meister der psychologischen Kriminalromane, sein Lebenswerk umfasst an die 400 Geschichten. Berühmt macht ihn v. a. sein Titelheld *Maigret*, ein Kommissar, der aus jedem Mordfall eine tiefsinnig wie raffinierte Analyse des menschlichen Handelns entwickelt. Die Maigret-Bände gehören zu den Klassikern der Detektivgeschichten. († 4.9.1989 in Lausanne/Schweiz)

Sigmar Polke (1941 in Oels/Niedersachsen), deutscher Maler. Polke führt den aus den USA bzw. Großbritannien stammenden Kunststil der Pop-Art in Deutschland ein. Als Antwort auf die Moderne, in der klassische und geometrisch reine Formen vorherrschen, mischt der postmoderne Künstler verschiedene Stile und stellt kulturelle Bezüge zu anderen Bereichen her.

Friedrich Christian Delius (1943 in Rom), deutscher Schriftsteller. Delius verbindet aktuelle Zeitgeschichte mit lyrischen Elementen und mit Kritik an der Gesellschaft. Themen wie Machtmissbrauch, unlautere Unternehmenspolitik oder rücksichtsloser Umgang mit Natur- und Umweltressourcen stehen in seinen Werken mit satirischer Note im Vordergrund.

14 Februar

Der Patriotismus ist in Deutschland so furchtbar, weil er grundlos ist.

Max Horkheimer

Leon Battista Alberti

Alexander Graham Bell

21.1.–19.2.

Cyrill, Methodius, Valentin

Am 14. Februar geboren:

Alberti: *San Andrea* in Mantua

Leon Battista Alberti (1404 in Genua), italienischer Architekt und Kunsttheoretiker. Im Zeitalter der Renaissance prägt Alberti die Baukunst sowohl im praktischen als auch im theoretischen Bereich. In Italien, dem Zentrum dieser Stilrichtung, verfasst Alberti Schriften zu Architektur, Malerei und Skulptur. Sein handwerkliches Geschick setzt er u. a. in *Santa Maria Novella* in Florenz und *San Andrea* in Mantua ein. († 25.4.1472 in Rom)

Willem Johan Kolff (1911 in Leiden), niederländischer Arzt. Kolff entwickelt das erste Dialysegerät, mit der er 1943 die erste Patientin behandelt. 1950 emigriert er in die USA und setzt dort seine Studien fort und ebnet damit den Weg zur Dialysetechnik in ihrer heutigen Form.

Heide Rosendahl (1947 in Hückeswagen), deutsche Sportlerin. Die Leichtathletin gewinnt bei den Olympischen Spielen 1972 in München die Goldmedaillen im Weitsprung und mit der 4 x 100 m-Staffel, was ihr den Titel „Sportlerin des Jahres" einbringt.

Franz Baur (1887 in München), deutscher Meteorologe und Begründer der langfristigen Wettervorhersage. († 20.11.1977 in Bad Homburg);

Erich Engel (1891 in Hamburg), deutscher Regisseur und Dramaturg des epischen Theaters. († 10.6.1966 in Berlin); **Max Horkheimer** (1895 in Stuttgart), deutscher Philosoph und Soziologe entwickelt die Dialektik der Aufklärung. († 7.7.1973 in Nürnberg);

Georg Thomalla (1915 in Kattowitz), deutscher Schauspieler und Komiker. († 25.8.1999 Starnberg); **Alexander Kluge** (1932 in Halberstadt), deutscher Filmregisseur und Schriftsteller, Begründer des „Neuen deutschen Films".

1876
Erfindung des Telefons

Die Erfindung des Telefons ist ein Kapitel voller Zufälligkeiten. Im Jahr 1876 reichen der schottische Professor Alexander Graham Bell aus Hartford/Connecticut und Elisha Gray aus Chicago am selben Tag ein Patent für das elektrische Telefon ein. Bell schlägt Gray um ein paar Stunden und erhält das Patent im darauf folgenden Jahr. Die ersten Telefonvermittlungsstellen eröffnen in den USA und in Großbritannien 1878.

1950
Kommunismus

Der chinesische Politiker Mao Tse-tung und der sowjetische Staatsmann Stalin schließen einen auf Kommunismus basierenden Freundschaftsvertrag zwischen

Mao Tse-tung und Stalin

ihren Staaten China und Russland. Mao Tse-tung vertrieb im Zweiten Weltkrieg die Nationalisten vom Festland und rief im Jahr 1949 die Volksrepublik China aus. Unter seiner Leitung vollzieht sich in China die sozialistische Umgestaltung. 1958 führt Tse-tung die Volkskommunen ein.

1924
Die Nibelungen in deutschen Kinos

Der österreichisch-amerikanische Regisseur Fritz Lang präsentiert sein Monumentalwerk *Die Nibelungen* in den deutschen Kinos. Die Filmgeschichte basiert auf dem mittelhochdeutschen Heldenepos, das die Siegfried-Sage mit dem historischen Untergang der Burgunder durch die Hunnen verknüpft. Grundlage des Heldenepos bilden mündlich überlieferte, geschichtliche Ereignisse, die der Verfasser in zahlreichen Versen frei weiter entwickelt.

1989
Satanische Verse

Der iranische Politiker und Religionsführer Ruhollah Musawi Khomeini setzt 10 Mio. Dollar Kopfgeld auf den englischen Schriftsteller Salman Rushdie aus. Stein des Anstoßes ist das im Jahr zuvor erschienene Werk *Die satanischen Verse*. Rushdie verbindet darin Geschichts- und Gesellschaftsdarstellung mit mythologisch-fantastischen Elementen. Islamische Fundamentalisten sehen darin eine Verletzung des heiligen Buches des Islam, dem Koran.

21.1.–19.2.
Maurus, Siegfried, Sigurd

Jeremy Bentham

Galileo Galilei

Zwei Wahrheiten können sich nie widersprechen.

Galileo Galilei

15 Februar

1689
Kriegserklärung an Frankreich
Das Heilige Römische Reich erklärt Frankreich den Krieg, ausgelöst durch den absolutistischen Herrschaftsanspruch des regierenden französischen Königs Ludwig XIV., der unter dem Namen „Sonnenkönig" Geschichte macht. Ludwig führt im Laufe seiner Regierungszeit eine Reihe von Kriegen, u. a. gegen Spanien, Deutschland und die Niederlande, hauptsächlich um die Habsburger zu schwächen. Die Schlachten verlaufen für Frankreich wenig erfolgreich und schwächen den Staatshaushalt beträchtlich.

1894
Fernsehen
Der deutsche Physiker Karl Ferdinand Braun präsentiert seine Kathodenstrahlröhre zur Übertragung von Bildern, die als Braun'sche Röhre und frühes Modell der Fernsehbildröhre in die Geschichte eingeht. Damit können empfangene Bildsignale in Form von elektrischen Schwingungen demoduliert und als neue Signale wiedergegeben werden. Braun erhält für seine technischen Errungenschaften zusammen mit dem italienischen Erfinder Guglielmo Marconi 1909 den Physiknobelpreis.

1989
Abzug aus Afghanistan
Der sowjetische Abzug aus Afghanistan ist mit dem Auszug der letzten Truppen abgeschlossen, der Bürgerkrieg geht ungeachtet dessen weiter. Im Jahr 1978 hatten linke Militärs in Afghanistan die Macht übernommen, im Jahr darauf hatten sich sowjetische Einheiten zur Unterstützung des sozialistischen Regimes im Land positioniert. Auf den Einsatz reagierten die islamischen Glaubensvertreter mit einem blutigen Guerillakrieg gegen die Besatzer, der auf beiden Seiten Tausende von Opfern abverlangte.

Abzug sowjetischer Truppen aus Afghanistan

Am 15. Februar geboren:

Galileo Galilei (1564 in Pisa), italienischer Mathematiker, Physiker und Philosoph. Der vielseitige Wissenschaftler beschäftigt sich u. a. mit der Schwingungsperiode von Pendeln für die Zeitmessung und der Bewegung fallender Körper. Er entwickelt auf dem Gebiet der Optik das Teleskop, entdeckt die Jupitermonde und vertritt die kopernikanische Lehre, dass die Sonne und nicht die Erde der Mittelpunkt des Sonnensystems ist. († 8.1.1642 in Florenz)
Jeremy Bentham (1748 in London), britischer Jurist und Philosoph. Bentham gilt als Moralphilosoph und Vater des Utilitarismus. Er erhebt die Nützlichkeit zum Prinzip des Lebens und der Lebensführung. Ihm zufolge soll sich das Handeln nach dem Kriterium des „größtmöglichen Glücks für die größtmögliche Zahl von Menschen" richten. († 6.6.1832 in London)
Alfred North Whitehead (1861 in Kent/England), britischer Mathematiker und Philosoph. Whitehead versucht sich in der Synthese von zeitgenössischer Metaphysik und Wissenschaft. Seine aus der Mathematik entwickelte philosophische Lehre beruht auf den Gesetzmäßigkeiten der Wirklichkeit hinter den Erlebnissen des Individuums. († 30.12.1947 in Cambridge)
Sigismund (1368 in Nürnberg), deutscher König, römisch-deutscher Kaiser, letzter Vertreter der Luxemburger Dynastie. († 9.12.1437 in Znaim);
Michael Praetorius (1571 in Creuzburg), deutscher Komponist und Musiktheoretiker. († 15.2.1621 in Wolfenbüttel);
Charles Edouard Guillaume (1861 in Fleuvier/Schweiz), französischer Physiker und Nobelpreisträger. († 13.6.1938 bei Paris);
Helmut Andreas Paul (HAP) Grieshaber (1909 in Rot), deutscher Maler und Bildhauer. († 12.5.1981 in Reutlingen);
Herman Kahn (1922 in New Jersey), amerikanischer Kybernetiker, Zukunftsforscher und Militärwissenschaftler. († 7.7.1983 in New York).

Herman Kahn

16 Februar

Die Muttersprache zugleich reinigen und bereichern ist das Geschäft der besten Köpfe.

Johann Wolfgang Goethe

Ernst Haeckel

Philipp Melanchthon

21.1.–19.2.
Gottfried, Juliana, Philippa

Am 16. Februar geboren:

Philipp Melanchthon (1497 in Bretten), deutscher Theologe und Reformator. Melanchthons geistige Haltung ist auf die Würde des menschlichen Individuums ausgerichtet. Er gilt als Wegbereiter der durch Martin Luther initiierten großen religiösen Reformation des 16. Jh. 1530 fasst er die protestantische Lehre in der *confessio augustana* zusammen. († 19.4.1560 in Wittenberg)

Friedrich Wilhelm, der Große Kurfürst (1620 in Berlin), Kurfürst von Brandenburg. Mit fortschrittlichen Neustrukturierungen der Wirtschafts- und Finanzorgane, der Verstärkung des Heeres und geschickter Kriegsführung führt der Staatsmann Brandenburg an die Spitze des Heiligen Römischen Reiches. 1660 erhält Brandenburg Preußen (das heutige Ostpreußen) von Polen. († 9.5.1688 in Potsdam)

Ernst Heinrich Philipp August Haeckel (1834 in Potsdam), deutscher Zoologe und Naturforscher. Haeckel arbeitet v. a. auf dem Gebiet der wirbellosen Meerestiere und der genetischen Veränderung von Lebewesen im Lauf einer Generation. Außerdem vertritt er die Abstammungslehre und verteidigt den Darwinismus. († 9.8. 1919 in Jena)

John Mc Enroe (1959 in Wiesbaden), amerikanischer Tennisspieler. Der brillante Tennisprofi gewinnt als Linkshänder dreimal das Wimbledon-Turnier und mit dem US-Team den Davis-Cup. Mc Enroe wird mehrfach WCT-Weltmeister und belegt von 1981 bis 1984 Platz 1 der Weltrangliste.

1807
Uraufführung von *Torquato Tasso*
In seinem Geburtsort Weimar wird das Drama *Torquato Tasso* von Johann Wolfgang Goethe uraufgeführt. Das lyrische Meisterwerk entstand 1789 und begründet die sog. Weimarer Klassik. Als geistige Grundlage dient der Idealismus, verbunden mit dem aus der Antike übernommenen Schönheitsideal, das Ruhe, Ebenmaß und sittliche Ordnung als Sieg über die dionysischen Mächte des Abgrunds interpretiert.

1937
Nylon
Die von dem amerikanischen Chemiekonzern DuPont produzierte Kunstfaser Nylon wird zum Patent angemeldet. Kunststoffe sind künstliche Mehrfachverbindungen, sog. Polymere, die auf der Nachahmung von natürlichen Polymeren beruhen. Nylon gehört zu der Gruppe Kunststoffe, die während der Bildung geformt werden, dann hart werden und nicht mehr aufgeschmolzen werden können. Im Gegensatz dazu steht die andere Hauptgruppe der Kunststoffe, die wiederholt geschmolzen und verändert werden kann.

> **Auch das geschah an diesem Tag**
>
> **1963** Die britische Popgruppe „The Beatles" landet ihren ersten Hit mit *Please please me*. Damit nimmt die musikalische Revolution der Pop-Kultur in den 1960er-Jahren ihren Anfang.

1959
Kuba

Fidel Castro

Der kubanische Politiker Fidel Castro stürzt im Zuge der kubanischen Revolution den seit 1933 diktatorisch herrschenden General Fulgenico Batista und wird Ministerpräsident. Bereits in den Jahren 1953 und 1956 hatte Castro Putschversuche unternommen, die jedoch misslangen. Mit der Machtübernahme Castros beginnt für das Land eine Zeit der wirtschaftlichen und sozialen Reformen. 1961 bekennt sich Castro in Anlehnung an die UdSSR zum Kommunismus.

1963
Willy Brandt wird SPD-Chef

Willy Brandt

Der deutsche Politiker und Regierende Bürgermeister von Westberlin (1957–66) Willy Brandt wird zum Parteivorsitzenden der Sozialdemokraten gewählt. Brandt war 1933 als Nazigegner emigriert und kehrte erst nach Kriegsende in die BR Dtl. zurück. 1966–69 ist er als Außenminister und Vizekanzler in der Großen Koalition aus SPD und CDU tätig, bis er 1969 zum Bundeskanzler gewählt wird.

21.1.–19.2.

Benignus, Konstantin, Lukas

Giordano Bruno

Thomas Jefferson

Der Gerechte lebt durch den Glauben, aber es ist gut, wenn er das Gewissen hinzufügt.

Romano Guardini

17 Februar

1600
Ketzerei
Der italienische Philosoph, Theologe und ehemalige Dominikanermönch Giordano Bruno wird wegen Häresie und Verteidigung der kopernikanischen Theorien auf dem Scheiterhaufen verbrannt. Bruno vertrat die pantheistische Philosophie von der „Weltseele", dem Glauben, dass Gott und Universum eins sind. Im Jahr 1584 erschien sein Werk *Vom unendlichen All und den Welten*, aufgrund dessen er von der päpstlichen Inquisition verhaftet wurde.

1801
US-Präsidentenwahl
Der amerikanische Politiker und Begründer der Demokratisch-Republikanischen Partei Thomas Jefferson wird zum dritten Präsident der Vereinigten Staaten gewählt und in das Amt der neuen US-Hauptstadt Washington D. C. eingeführt. Jefferson verfasste als Delegierter des revolutionären Kontinentalkongresses die Unabhängigkeitserklärung der USA. Von 1789 bis 1793 ist er als Außenminister tätig. Im Jahr 1803 betreibt er den Ankauf von Louisiana.

Giacomo Puccini

1904
Madame Butterfly
Die melodische Oper *Madame Butterfly* des italienischen Komponisten Giacomo Puccini wird in Mailand uraufgeführt. Die Oper hat bei ihrer ersten Aufführung nur mäßigen Erfolg und wird von Publikum und Kritik abgelehnt. Erst später zählt sie zu einem der erfolgreichsten Bühnenwerken der Operngeschichte. Weitere Klassiker von Puccini sind *Tosca* (1900) und *La Bohème* (1896). Das letzte Stück des Musikers *Turandot* erscheint im Jahr seines Todes 1924.

Am 17. Februar geboren:

Georg Wenzeslaus von Knobelsdorff (1699 in Crossen/Oder), deutscher Architekt. Knobelsdorff gilt als Meister des Rokoko und als wichtigster Baumeister des preußischen Königs Friedrich II. Seine Werke sind durch eine überschwänglich schmuckreiche und verspielte Formensprache gekennzeichnet. Zu seinen bautechnischen Glanzleistungen zählen die Schlösser Rheinsberg, Charlottenburg und Sanssoucis in Potsdam sowie der Berliner Tiergarten und das Opernhaus. († 16.9.1753 in Berlin)

Friedrich Maximilian von Klinger (1752 in Frankfurt/Main), deutscher Schriftsteller. Von Klinger gilt als Begründer des Sturm und Drangs. Sein Drama *Sturm und Drang*, im Jahr 1776 veröffentlicht, verleiht der deutschen Literatur-Epoche ihren Namen. Von Klinger gehört zu jener jungen Dichtergeneration, die sich gegen die verstandesbetonte Aufklärung auflehnt und in seinen Werken irrationale Kräfte und Leidenschaften verherrlicht und jegliche Autorität ablehnt. *Die Zwillinge* erscheint im selben Jahr. († 25.2.1831 in Dorpat)

Romano Guardini (1885 in Verona/Italien), deutscher Religionsphilosoph und katholischer Theologe. Guardini übt sich in der Erklärung und Auslegung zahlreicher Schriften von ersten christlichen Theologen. Er verbindet seinen Glauben an die römisch-katholische Kirche mit philosophischen und humanistischen Gedanken und trägt auf diese Weise wesentlich zur Entwicklung und Etablierung des Katholizismus in Europa bei. († 1.10.1968 in München)

Otto Stern (1888 in Sohrau bei Kattowitz), amerikanischer Physiker. Sterns Forschungen gelten v. a. der Bestimmung des Gewichts von Atomen. Durch seine Beobachtungen des Verhaltens subatomarer Teilchen auf dem Magnetfeld, ist er maßgeblich an der Entwicklung der bis heute gültigen Unterscheidung in Elektronen, Protonen und Neutronen beteiligt. 1943 erhält er für seine Arbeiten den Physiknobelpreis. († 18.8.1969 in Berkeley/Kalifornien)

Amerikanische Unabhängigkeitserklärung

18 Februar

Man lernt am besten und am schnellsten, indem man andere lehrt.

Rosa Luxemburg

Alexander Graf von Volta

Milos Forman

21.1.–19.2.
Bernadette, Priska, Simon

Am 18. Februar geboren:

Alessandro Graf Volta (1745 in Como), italienischer Physiker. Volta erfindet um 1800 die erste elektrische Batterie. Die Volta'sche Säule, wie sie später bezeichnet wird, stellt für elektrische Experimente über Jahre die Standardquelle für Gleichstrom dar. Außerdem elektrolysiert er als Erster das Wasser. Auch die Einheit der elektrischen Spannung ist nach ihm benannt. († 5.3.1827 in Como)

Ernst Mach (1838 in Turas/Mähren), österreichischer Physiker. Mach experimentiert mit Geschossen und Gasströmungen und entwickelt ein System zur Quantifizierung von Überschallgeschwindigkeiten, deren Maßeinheit als sog. Mach-Zahl in die Physik eingeht. († 19.2.1916 Haar bei München)

Nikos Kasandsakis (1887 auf Kreta), griechischer Schriftsteller. Kasandsakis landet mit seinem Titel *Alexis Sorbas* (1946) einen Volltreffer, und sein Name steigt nicht zuletzt durch die Verfilmung der Geschichte mit Anthony Quinn 1964 in die Liste der weltberühmten Literaten auf. Aber auch Reiseberichte, lyrische Verse und andere Heldenromane gehören in sein Repertoire. († 26.10.1957 in Freiburg/Breisgau)

Max Klinger (1857 in Leipzig), deutscher Bildhauer, Maler und Grafiker. († 5.7.1920 in Naumburg/Saale);

Hedwig Courths-Mahler (1867 in Nebra/Thüringen), deutsche Schriftstellerin mit zahlreichen Bestsellern. († 26.11.1950 in Rottach-Egern);

Henri Laurens (1885 in Paris), französischer Bildhauer und Pionier des

Hedwig Courths-Mahler

Kubismus. († 5.5.1954 in Paris);

Heinz Kühn (1912 in Köln), deutscher Politiker und Ministerpräsident von Nordrhein-Westfalen. († 12.3.1992 in Köln); **Milos Forman** (1932 in Caslaw/Tschechoslowakei), amerikanischer Regisseur der großen Kinofilme wie der Mozartbiographie *Amadeus*.

1913
Chemische Verbindung
Der britische Chemiker Frederick Soddy leistet Pionierarbeit auf dem Gebiet der Radioaktivität und führt den Begriff „Isotop" ein. Gemeint sind Atome des gleichen chemischen Elements, die sich nur in der Anzahl von Neutronen in ihrem Atomkern unterscheiden. 1921 erhält Soddy für seine Errungenschaften den Nobelpreis für Chemie.

1918
Rosa Luxemburg
Die deutsche Sozialistin Rosa Luxemburg wird aus dem Gefängnis entlassen. Seit 1898 agierte Luxemburg in Deutschland für den linken Flügel der SPD. Im Zuge ihres kriegsgegnerischen Engagements während des Ersten Weltkriegs war sie im Jahr 1916 inhaftiert worden. 1918 gründet sie zusammen mit Karl Liebknecht die KPD. 1919 wird sie beim Spartakusaufstand von Freikorpsoffizieren ermordet.

1933
Dieselmotor
Mit der Einführung des luftgekühlten Dieselmotors gelingt den Ingenieuren der Krupp AG ein bedeutender Durchbruch auf dem Gebiet der Verbrennungsmotoren. Der Motor funktioniert mit einem Viertaktzyklus und benötigt keinen Vergaser. Dieselmotoren finden bevorzugt in Bussen, Lastwagen und Traktoren Verwendung.

1943
Totaler Krieg
Ein Jahr vor Kriegsende hält der Reichsminister Joseph Goebbels im Berliner Sportpalast die geschichtsträchtige Rede, um die letzten Reserven Deutschlands zu mobilisieren. Goebbels appelliert an den „Endsieg" und stellt die markant-fanatische Frage „Wollt ihr den totalen Krieg?" Der Zweite Weltkrieg wird in jeder Hinsicht ein „totaler Krieg". Allein die Zivilpersonen, die ihm zusammen mit den KZ-Häftlingen zum Opfer fallen, bilden eine Zahl um die 40 Mio.

Auch das geschah an diesem Tag

1919 Ein Sonderausschuss der deutschen Nationalversammlung der Weimarer Republik beschließt die Festlegung der Farben für die Nationalflagge: Schwarz, Rot, Gold.

21.1.–19.2.
Bonifatius, Hedwig, Irmgard

Nikolaus Kopernikus

Georg Büchner

Geschichte ist die Lüge, auf die man sich geeinigt hat.

Napoleon

19 Februar

1803
Napoleon übergibt Schweizer Verfassung
Ein Jahr bevor er sich selbst zum Kaiser krönt, proklamiert der Erste Konsul zu Frankreich, Napoleon Bonaparte, die sog. Mediationsakte als Schweizer Verfassung. Damit stellt der Staatsmann die Schweiz unter französische Schutzherrschaft, was einer Abhängigkeit gleichkommt. 1798 hatten die Franzosen die Schweiz besetzt und die „Helvetische Republik" ausgerufen.

1861
Gewerkschaftsvorläufer
In Leipzig wird der erste deutsche Arbeiterbildungsverein gegründet. Inhalte und Ziele sind u. a. die Verbesserung der Arbeitsbedingungen und der Berufsbildung sowie die Einführung von Renten- und Krankenkassen und die Einrichtung von Arbeiter-Produktionsgenossenschaften.

1837
Tod Georg Büchners
In Zürich stirbt der deutsche Schriftsteller Georg Büchner im Alter von 23 Jahren an den Folgen einer Typhus-Infektion. Welche Hoffnungen mit diesem jung verstorbenen Dichter begraben werden, zeigt das Drama *Dantons Tod* sowie das Lustspiel *Leonce und Lena* und das Fragment *Woyzeck*. Die drei Stücke zeugen sowohl von der literarischen Spannweite Büchners, gespickt mit Satire und Ironie, aber auch von seinen sozialrevolutionären Tendenzen.

Bertolt Brecht

1931
Dreigroschenoper
Das Werk des marxistischen Gesellschaftskritikers Bertolt Brecht *Die Dreigroschenoper* kommt drei Jahre nach seiner Entstehung in die deutschen Kinos. Brecht gehört zu den bedeutendsten Schriftstellern der Nachkriegsliteratur. Das Rebellenstück gegen bürgerliche Konventionen wird in seiner bildlichen Umsetzung begeistert vom Publikum aufgenommen.

....

Auch das geschah an diesem Tag
1984 Der deutsche Biathlet Peter Angerer holt bei den Olympischen Winterspielen in Sarajevo drei Medaillen. Die Kombination aus Skilanglauf und Gewehrschießen gewinnt er über 10 km und 20 km und mit der 4 x 7,5 km-Staffel. Biathlon ist seit 1960 eine olympische Männerdisziplin, Frauen sind erst seit 1992 zugelassen.

Am 19. Februar geboren:

Nikolaus Kopernikus (1473 in Thorn), deutscher Astronom und Philosoph. Mit seinen Forschungen hinsichtlich der Planeten kommt Kopernikus u. a. zu der Erkenntnis, dass die Sonne und nicht die Erde der Mittelpunkt des „Sonnensystems" ist. Seine These wird v. a. von der katholischen Kirche scharf missbilligt. († 24.5.1543 in Frauenburg/Ostpreußen)

Skulptur von Constantin Brancusi

Constantin Brancusi (1876 in Peştişani), rumänischer Bildhauer. Ab dem Jahr 1904 ist Brancusi als einflussreicher Künstler in Paris tätig. Brancusi gilt als Mitbegründer der abstrakten Kunst, die sich in Europa ab 1910 etabliert. Charakteristisch für seine Werke sind die radikal vereinfachten Formen. († 16.3.1957 in Paris)

Gabriele Münter (1877 in Berlin), deutsche Malerin. Münter gehört zu der bedeutenden Künstlergruppe des Expressionismus „Der Blaue Reiter". Die Motive und Ziele innerhalb der Gruppe sind unterschiedlich ausgerichtet. Münter bevorzugt Landschaften und Stillleben, die charakteristisch für sie mit leuchtender Farbkraft dargestellt sind. († 19.5.1962 in Murnau)

Carson McCullers (1917 in Columbus/Georgia), amerikanische Schriftstellerin. Mit 23 Jahren schreibt Mc Cullers ihren ersten Roman *Das Herz ist ein einsamer Jäger* und wird von renommierten Kritikern des englischen Sprachgebiets gepriesen. Mc Cullers Romane und Kurzgeschichten sind erlesene Literatur, aber auch ein Stück Privates. Einsamkeit und Außenseitertum sind ihre Domäne, die sie in die Kulisse verschlafener Provinznester Georgias setzt. († 29.9.1967 in New York)

20 Februar

Nicht die Diktatoren schaffen Diktaturen, sondern die Herden.

Georges Bernanos

Enzo Ferrari

Robert Altman

20.2.–20.3.

Amata, Falko, Jordan, Leo

Am 20. Februar geboren:

Ludwig Eduard Boltzmann (1844 in Wien), österreichischer Physiker. Boltzmann gilt als Begründer der kinetischen Gastheorie. Er analysiert das Verteilungsprinzip der Molekularenergie von Gasen. Seine Thesen werden als sog. Boltzmann-Theorem nach ihm benannt. Er wählt den Freitod. († 5.9.1906 in Duino bei Görz)
Heinz Erhardt (1909 in Riga), deutscher Schauspieler und Versschreiber. Erhardt gehört zu den beliebtesten Komödianten im deutschen Fernsehen der 1950er- und 1960er-Jahre. Vordergründig mimt er den ungeschickten und liebenswert chaotischen Bürger, hintersinnig karikiert er genau diesen Typ Mensch mit beißendem Humor. Mit derselben sprachlichen Ironie verfasst Erhardt auch Gedichte und Verse. († 5.6.1979 in Hamburg)
Robert Altman (1925 in Kansas City/Missouri), amerikanischer Filmregisseur. Altman leitet in den 1960er-Jahren eine neue Ära des amerikanischen Films ein. Seine Filme sind ungeschönte Lebens- und Gesellschaftsstudien, verpackt als Persiflage und bittersüße Satire. Für den Antikriegsfilm *M.A.S.H.* erhält Altman 1969 den Oscar für das beste Drehbuch. Weitere große Werke sind *Nashville* (1975), *The Player* (1992), *Short Cuts* (1993) und *Cookies Fortune* (1998).
Johann Heinrich Voß (1751 in Sommerstorf), deutscher Schriftsteller. († 29.3.1826 in Heidelberg); **Carl Czerny** (1791 in Wien), österreichischer Klavierpädagoge und Kompo-

Georges Bernanos

nist. († 15.7. 1857 in Wien); **Georges Bernanos** (1888 in Paris), französischer Schriftsteller. († 5.7. 1948 in Neuilly-sur-Seine); **Enzo Ferrari** (1898 in Modena), italienischer Automobilhersteller und Formel-1-Wagenfabrikant. († 14.8.1988 in Modena); **Sidney Poitier** (1924 in Miami), amerikanischer Schauspieler.

1810
Andreas Hofer
Der Tiroler Landwirt und Freiheitskämpfer Andreas Hofer wird auf Befehl des französischen Kaisers Napoleon I. erschossen. Hofer trat für die Unabhängigkeit Tirols ein und war der Anführer im Kampf gegen Bayern und Frankreich. Ziel war unter anderem, Österreich zurückzuerobern, das im Zuge der napoleonischen Kriege an Bayern abgetreten werden musste.

1827
Deutsche Klassik
Der deutsche Komponist klassischer Musik Felix Mendelssohn-Bartholdy dirigiert seine erste Ouvertüre zu William Shakespeares Werk *Ein Sommernachtstraum*. Nicht nur die Stücke des englischen Schriftstellers dienen den großen Komponisten Anfang des 19. Jh. als Vorlage. Mendelssohn-Bartholdy gilt als exemplarischer Vertreter der romantischen Epoche und als Bewunderer von Shakespeare, Hugo, Dumas und Balzac. Seine Musik wird vornehmlich von historischen und literarischen Themen getragen.

1857
Fährtransport
In Bremen eröffnet die deutsche Linienschifffahrtsgesellschaft Norddeutscher Lloyd mit einer Jungfernfahrt des Passagierschiffes „Bremen" ihre Reiseroute nach Nord- und Südamerika, Asien und Australien. Das Schiff wird mittels Dampfmaschine über Schiffsschrauben angetrieben, hat aber noch einige Segel als zusätzliche Antriebskraft. Der Luftverkehr verdrängt gegen Mitte dieses Jh. die Luxuspassagierschiffe. Das Unternehmen Lloyd geht mit der Zeit in das Unternehmen Hapag-Lloyd ein.

Auch das geschah an diesem Tag
1952 In den Vereinigten Staaten kommt der Abenteuerstreifen *African Queen* mit Humphrey Bogart und Katherine Hepburn in die Kinos. Für die Darstellung des Kapitäns im Ersten Weltkrieg erhält Bogart den Oscar.

Filmszene aus dem Film *African Queen* mit Humphrey Bogart und Katherine Hepburn

20.2–20.3

Eleonore, Gunthild, Irene

Friedrich Carl von Sauvigny

Henry Kissinger

Was dich die Liebe nicht lehrt, das sollst du nicht wissen.

Waldemar Bonsels

Februar

1916
Schlacht bei Verdun
Mit einer Großoffensive der Deutschen auf die französische Stadt Verdun beginnt eine der verheerendsten Schlachten des Ersten Weltkriegs. Die Kämpfe, in denen 350.000 französische und 335.000 deutsche Soldaten fallen, dauern bis Dezember desselben Jahres an. Hochmotiviert ziehen die Soldaten in den Krieg, der in sechs Wochen beendet sein sollte. Was folgt ist ein bitterer Material- und Grabenkrieg, von Seiten der Franzosen u. a mit dem Ziel forciert, Elsass-Lothringen wieder zurückzugewinnen und die Schmach von 1871 zu tilgen.

1919
Politischer Mord
Im Zuge der in Deutschland und Österreich anhaltenden Demonstrationen und Unruhen wird der bayerische Ministerpräsident Kurt Eisner in München von einem Studenten erschossen. Eisner führte als Unabhängiger Sozialdemokrat die aus USPD und SPD gebildete Regierung an. Die Tat hat nationalistische Motive.

1972
Nixon
Der 37. Präsident der Vereinigten Staaten Richard M. Nixon tritt seine Reise nach China an, um den kommunistischen Regierungschef Mao Tse-tung zu treffen. Nixon leitet zusammen mit seinem Sicherheitsberater und Außenpolitiker Henry Alfred Kissinger die Normalisierung der Beziehungen zu China ein. Der Besuch signalisiert den erfolgreichen Höhepunkt der Bemühungen.

Richard Nixon besucht als erster US-Präsident die Volksrepublik China

Am 21. Februar geboren:

Friedrich Carl von Savigny (1779 in Frankfurt/Main), deutscher Rechtswissenschaftler. Savigny arbeitet als Hochschullehrer an der Juristischen Fakultät in Berlin und verfasst neben seiner praktizierenden Lehrtätigkeit zahlreiche Schriften zur deutschen und römischen Rechtsgeschichte. Von 1842–48 ist er außerdem als preußischer Minister in der Politik vertreten. († 25.10.1861 in Berlin)

Waldemar Bonsels (1881 in Ahrensburg/Holstein), deutscher Schriftsteller. Bonsels schafft mit seinem weltberühmten Werk *Biene Maja und ihre Abenteuer* den internationalen Durchbruch. Auch die übrigen Geschichten des Autors verbinden naturmystische Elemente mit fantasievollen bis märchenhaften Ausschweifungen. († 31.7.1952 in Ambach/Starnberger See)

Biene Maja

Anaïs Nin (1903 in Neuilly-sur-Seine), amerikanische Schriftstellerin. Nin leitet durch ihre autobiographisch angelegten Werke in Tagebuchform eine neue Generation der Frauenliteratur ein. Die Bekanntschaft mit dem österreichischen Begründer der Psychoanalyse Siegmund Freud inspiriert sie, in ihren Geschichten die Bedeutung des Unterbewussten und Traumanalysen sowie frühkindliche Erfahrungen zu verarbeiten. († 14.1.1977 in Los Angeles)

Margarethe von Trotta (1942 in Berlin), deutsche Schauspielerin und Filmregisseurin. Die Hauptrollen in von Trottas Filmen sind überwiegend mit Frauen besetzt, deren Schicksal und politische wie soziale Stellung in der Gesellschaft aufgezeigt wird. Zu den größten Filmerfolgen zählen *Die bleierne Zeit* (1981), *Heller Wahn!* (1983), *Rosa Luxemburg* (1985) sowie *Fürchten und Lieben* (1988)

Auch das geschah an diesem Tag

1946 Mit einer Auflage von 25.000 Exemplaren erscheint erstmals die Wochenzeitung die *Zeit*. Das ursprünglich konservativ gehaltene Nachrichtenblatt erhält in den 1950er-Jahren eine linksliberale Tendenz. 1962 Das Drama *Die Physiker* von Friedrich Dürrenmatt wird in Zürich uraufgeführt. 1968 Das erste deutsche Übersee-Passagierschiff der Nachkriegszeit „Hamburg" begibt sich auf Jungfernfahrt.

22 Februar

Um das Gute lesen zu können, ist es Bedingung, dass man das Schlechte nicht lese.

Arthur Schopenhauer

George Washington

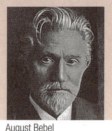
August Bebel

20.2.–20.3.

Isabella, Margareta, Vinzenz

Am 22. Februar geboren:

George Washington (1732 in Wakefield/Virginia), amerikanischer Politiker. Seine politische Karriere beginnt 1775 als Oberbefehlshaber der Truppen im Unabhängigkeitskrieg der aufständischen Kolonien gegen England. Sein Sieg 1777 bei Princeton leitet die erzwungene Kapitulation der Engländer ein. 1787 ist Washington Präsident des Verfassungskonvents und 1789–96 amtiert er als erster Präsident der Vereinigten Staaten. († 14.12.1799 Mount Vernon/Virginia)
Arthur Schopenhauer (1788 in Danzig), deutscher Philosoph. Schopenhauer betont in seinen Weltanschauungen die aktive Rolle des Willens als kreative, aber verborgene und irrationale Kraft des Menschen, als Antrieb allen Lebens. Seine Erkenntnisse üben großen Einfluss auf das Schaffen des deutschen Philosophen Friedrich Nietzsche und des österreichischen Psychoanalytikers Sigmund Freud aus. († 21.9.1860 in Frankfurt/Main)
August Bebel (1840 in Deutz/Köln), deutscher Politiker. Bebel gehört 1869 zu den Gründern der Sozialdemokratischen Arbeiterpartei in Eisenach, von 1867–81 und 1883–1913 ist er Mitglied des Reichstags. 1875 setzt Bebel die Vereinigung seiner Partei mit dem Allgemeinen Deutschen Arbeiterverein zur Sozialistischen Arbeiterpartei (spätere SPD) durch, deren anerkannter Führer er bis zu seinem Tod ist.
(† 13.8.1913 in Passugg/Schweiz)
Adolf Kussmaul (1822 in Karlsruhe), deutscher Mediziner und Schriftsteller, Begründer der Biedermeier-Zeit. († 28.5.1902 in Heidelberg); **Heinrich Hertz** (1857 in Hamburg), deutscher Physiker, nach dem die Maßeinheit elektromagnetischer Schwingungen benannt wurde. († 1.1.1894 in Bonn); **Luis Bunuel** (1900 in Calanda), spanischer Regisseur des Surrealismus. († 29.7.1983 in Mexiko-City); **Niki Lauda** (1949 in Wien), österreichischer Automobilrennfahrer und Unternehmer.

1558
Jena eröffnet Universität

Der römisch-deutsche Kaiser Ferdinand I. eröffnet offiziell die Universität zu Jena. Das Bildungsinstitut wird im 18. und 19. Jh. eines der fruchtbarsten Zentren philosophischen Denkens. Die großen Gelehrten der deutschen Literatur wie Friedrich Schiller, Wilhelm von Humboldt, Johann Gottlieb Fichte, Georg Wilhelm Hegel sowie Friedrich Schlegel sind einige der dort wirkenden Hochschullehrer.

Ferdinand I.

1828
Organische Revolution

Der deutsche Chemiker Friedrich Wöhler stellt als Erster auf synthetische Weise eine organische Verbindung (Harnstoff) aus anorganischen Stoffen (Ammoniumcyanat) her. Bis dahin glaubte man, organische Kohlenstoffverbindungen nur aus lebenden Organismen herstellen zu können. Die Entdeckung Wöhlers revolutionierte das Denken über die organische Chemie. Wöhler entwickelt außerdem Methoden zur Gewinnung von Metallen aus Erz.

1943
Weiße Rose

Die Begründer der studentischen Widerstandsgruppe „Weiße Rose" Sophie und Hans Scholl und Christoph Probst werden in München verhaftet und zum Tode verurteilt. Die Vereinigung richtete sich gegen das nationalsozialistische Regime Hitlers und bestand aus Studenten, Künstlern, Hochschullehrern und Philosophen. Bis zum Kriegsende werden weitere 13 Vertreter der Revoltengruppe durch die Wehrmacht der Nationalsozialisten hingerichtet.

Auch das geschah an diesem Tag

1965 Der italienische Bergsteiger Walter Bonatti erklimmt das 4478 m hohe Matterhorn über die Nordseite. Die sog. Direttissima gilt im Gegensatz zu dem südlichen Aufstiegsweg, der genau 100 Jahre vorher bezwungen wurde, als besonders sportliche Herausforderung.

20.2–20.3.
Otto, Romana, Willigis

Friedrich Händel

Karl Jaspers

Es gibt nichts Gutes außer: man tut es.
Erich Kästner

23 Februar

1891
Verfassung für Brasilien
Brasilien, der flächenmäßig größte Staat Südamerikas, nimmt seine erste Verfassung an. 1888 war die Sklaverei abgeschafft, und im Jahr darauf war das Kaisertum unter Kaiser Pedro II. gestürzt und die Republik ausgerufen worden. Durch das Exportprodukt Kaffee beginnt für Brasilien eine Zeit wirtschaftlichen und politischen Aufschwungs, bis sich das Land 1917 am Ersten Weltkrieg gegen Deutschland beteiligt und die Auswirkungen der Weltwirtschaftskrise auch Südamerika erfassen.

Rudolf Diesel

1892
Patent auf Dieselmotor
Der deutsche Ingenieur Rudolf Diesel erfindet den sog. Selbstzünder, der als Dieselmotor in die Geschichte der Technik eingeht. Diesels Forschungen ergeben, dass bestimmte Kraftstoffe, die weniger flüchtig sind als Benzin, sich ohne Zündkerze allein durch hohen Druck entzünden. Mit dem Viertaktzyklus wird zunächst Luft in den Zylinder gesaugt, die sich dann erhitzt, verdichtet und den Kraftstoff entzündet.

1918
Rote Armee
Der russische Sozialdemokrat und das Mitglied der Bolschewiki Leo Dawidowitsch Trotzkij gründet als Volkskommissar für Militärwesen die Rote Armee. Der folgende Bürgerkrieg zwischen der Roten Armee und der gegenrevolutionären Weißen Armee führt zu blutigen Schlachten. Der Krieg endet mit dem Sieg der Roten Armee und der Errichtung der Union der Sozialistischen Sowjetrepublik (UdSSR) unter bolschewistischer Diktatur.

Am 23. Februar geboren:

Georg Friedrich Händel (1685 in Halle), deutscher Komponist. Händel erblickt im selben Jahr wie sein Künstlerkollege Johann Sebastian Bach das Licht der Welt. Beide gehören zu den einflussreichsten deutschen Komponisten des Barock,

Auch das geschah an diesem Tag

1997 Wissenschaftler geben in England die Entstehung des ersten offiziellen Klons bekannt. Das Schaf „Dolly" ist die erste künstlich hergestellte, gentechnische Kopie eines lebenden Originals.

Schaf „Dolly"

sie begegnen sich faktisch aber nie, denn Händel lässt sich als Hofkomponist in England nieder. Seine größten Erfolge feiert er mit den Opern *Acis und Galathea* (1731), *Wassermusik* (1717) und *Der Messias* (1741). († 14.4.1759 in London)

Franz von Stuck (1863 in Tettenweis/Niederbayern), deutscher Architekt und Bildhauer. Stuck verleiht einem bedeutenden Teil der Münchner Architekturlandschaft sein Aussehen. Insbesondere trägt er den Jugendstil in die bayrische Metropole. Mit geschwungenen Formen, verziert durch Pflanzen- und Symbolmotive, wendet sich der Künstler gegen das bis dahin vorherrschende industrialisierte Design. († 30.8.1928 in München)

Karl Jaspers (1883 in Oldenburg), deutscher Philosoph und Psychiater. Der in Deutschland geborene Schweizer Philosoph gilt als Mitbegründer der Existenzphilosophie. Im Mittelpunkt seiner Arbeiten steht die Frage nach dem Sinn des menschlichen Daseins sowie nach der Verantwortung des Einzelnen bei der Wahl der eigenen Existenz. († 26.2.1969 in Basel)

Erich Kästner (1899 in Dresden), deutscher Schriftsteller. Kästner gehört zu den bekanntesten wie beliebtesten deutschen Schriftstellern des 20. Jh. Insbesondere seine Kinderbücher wie *Emil und die Detektive* oder *Das fliegende Klassenzimmer* zählen bis heute zu den Klassikern der Jugendliteratur. Daneben verfasst er aber auch zahlreiche Romane wie *Fabian* (1931), Kurzgeschichten mit autobiographischen Elementen und gesellschaftskritische Gedichte. († 29.7.1974 in München)

24 Februar

In meinem Reich geht die Sonne nicht unter.

Karl V.

Karl V.

20.2.–20.3.

Ida, Irma, Matthias

Juan Peron

Am 24. Februar geboren:

Karl V. (1500 in Gent), erster spanischer König (1515–55), Herr der habsburgischen Erblande (1506–21) und römisch-deutscher Kaiser (1530–56). Karl V. vereinigt das seit Karl dem Großen größte Reich, indem er das Heidentum zu bekämpfen und die mittelalterliche Glaubenseinheit wiederherzustellen sucht. Außerdem tritt er als Förderer der Konquistadoren auf und bekämpft vehement die Reformation. († 21.9.1558 in San Jerónimo de Yuste)

Charles Le Brun (1619 in Paris), französischer Maler. Le Bruns Schaffen ist dem Hof des französischen Sonnenkönigs Ludwig XIV. gewidmet. Le Brun verbindet in höchster Vollkommenheit das Überschwängliche der katholisch angelegten Barockkunst mit der weltlichen Kunst. Im Schloss von Versailles trägt die prachtvolle Gestaltung nicht unbedeutend zum Ruhm des Königtums bei. († 12.2.1690 in Paris)

Wilhelm Grimm (1786 in Hanau), deutscher Sprach- und Literaturwissenschaftler. Zusammen mit seinem Bruder Jakob beginnen die Gebrüder Grimm 1854 die umfangreiche Arbeit zum ersten umfassenden *Deutschen Wörterbuch*. Außerdem verfassen sie die klassische Sammlung deutscher Märchen, die *Kinder- und Hausmärchen*. († 16.2.1859 in Berlin)

Alain Prost (1955 in Lorette), französischer Automobilrennfahrer. Der viermalige Formel-I-Weltmeister gewinnt in seiner Sportskarriere in 199 Rennen die Rekordzahl von 51 Großen Preisen. Die einzige ernst zu nehmende Konkurrent war für Prost der bei einem Rennen in Imola 1994 verstorbene Ayrton Senna.

....

1530
Kaiserkrönung

In Bologna krönt der Papst Karl V. zum Kaiser. Sein Titel lautet Kaiser des Heiligen Römischen Reiches. Als spanischer König hatte Karl erstmals die Kronen Aragóns und Kastiliens in einer Person vereint. Mit Karl V. geht die Ära der großen Kurfürsten zu Ende. 1556 tritt der einflussreiche Herrscher zurück und das Habsburger Imperium zerfällt in die österreichische und spanische Linie. Nachfolger wird Karls Bruder Ferdinand I.

1896
Entdeckung der Radioaktivität

Der französische Physiker Antoine Henri Becquerel erklärt offiziell seine Forschungsberichte zur Entdeckung der Radioaktivität. Er definiert den Prozess als Zerfall bestimmter schwerer Elemente unter Emission von Alpha-, Beta- oder Gammastrahlen. Die Ergebnisse bilden die Grundlage für die Forschungen des französischen Chemiker-Ehepaars Marie und Pierre Curie bzgl. radioaktiver Elemente wie Radium und Polonium. 1903 erhalten die drei Forscher den Nobelpreis für Physik.

Marie und Pierre Curie

1946
Argentinien

Der argentinische Politiker Juan Domingo Perón wird zum Staatspräsidenten gewählt. Seine Regierungszeit, die zunächst bis 1955 währt, ist von einem vom italienischen Faschismus beeinflussten Führungsstil geprägt und geht als sog. Peronismus in die Geschichte ein. Perón wird von Industrie- und Landarbeitern gestützt, aber schließlich vom Militär gestürzt. 1945 heiratet er Eva Duarte, die sich unter dem Namen „Evita" für die sozial Schwachen des Landes einsetzt.

Evita Peron

Auch das geschah an diesem Tag

1985 Der Pilotfilm zur sechsteiligen Serie *Das Boot* nach dem Roman von Lothar-Günther Buchheim wird im deutschen Fernsehen gesendet. Der Film zeigt die kritische Sichtweise des Zweiten Weltkriegs und gehört zu den Klassikerwerken der Antikriegsfilme. 1981 kommt er in gekürzter Form in die Kinos.

20.2–20.3.
Adelhelm, Edeltraud, Walburga

John Foster Dulles · Carlo Goldini

Von der Zunge hängen des Menschen Würde und Glück ab.

Erasmus von Rotterdam

25 Februar

1516
Bibelübersetzung vollendet
Der holländische Humanist und Gelehrte Erasmus von Rotterdam vollendet seine bedeutende Bibelübersetzung, die von Martin Luther wiederum für seine Übersetzung ins Deutsche verwendet wird. Rotterdam tritt auch als Reformer der Kirche auf und kritisiert den Klerus, glaubt aber an die Einheit des Christentums. Berühmt ist Rotterdam für seine „Philosophia Christi", die christliche Weltanschauung, geprägt durch ein zeitgenössisch außergewöhnliches Maß an Toleranz.

1572
Bartholomäusnacht
Anlässlich der Hochzeit des französischen Königs Heinrich IV. mit Margarete von Valois lässt die Königinmutter Katharina von Medici ein Massaker unter den Hugenotten anrichten, das als „Bartholomäusnacht" in die Geschichte eingeht. 15.000 französische Soldaten sterben. Der erste König aus dem Hause Bourbon war zunächst als Hugenottenführer engagiert, konnte als Protestant aber seine Thronfolge nicht durchsetzen, bis er 1593 konvertierte.

1634
Wallenstein
Der böhmische Politiker Albrecht Wenzel Eusebius Wallenstein wird vom Kaiser des Verrats bezichtigt und von kaiserlichen Offizieren ermordet. Wallenstein diente als Feldherr unter Ferdinand II. im Dreißigjährigen Krieg, den er teilweise auf eigene Kosten führte. 1630 wird er entlassen, aber nach dem Siegeszug Gustav Adolfs von Schweden 1632 zurückberufen. In der Schlacht bei Lützen schlägt er den schwedischen Widersacher und versucht den Krieg durch Verhandlungen eigenmächtig zu beenden.

Am 25 Februar geboren:

A. Renoir: *Le Moulin de la Galette*

Pierre Auguste Renoir (1841 in Limoges), französischer Maler und Bildhauer. Renoir gehört neben Cézanne, Manet und Degas zu den populärsten Vertretern des Impressionismus. Inspiration für seine Motive ist das zeitgenössische Leben. Der Gesamteindruck hat in seinen Bildern Vorrang vor minutiösen Details. Renoir ist der Meister der gefälligen Darstellungen, insbesondere von hübschen jungen Frauen und Kindern. († 3.12.1919 in Cagnes-sur Mer)

Karl May (1842 in Hohenstein-Ernstthal/Sachsen), deutscher Schriftsteller. Ab dem Jahr 1892 hat May seine größte Schaffenszeit, in der seine berühmtesten Werke *Durch die Wüste*, *Winnetou* (1892–1910), *Old Surehand* und *Der Schatz im Silbersee* (1894) entstehen. May gilt als wichtigster Autor der klassischen Abenteuerromane im 20. Jh., der nicht zuletzt durch die mehrteiligen Verfilmungen seines Abenteuerromans *Winnetou* ein hohes Maß an Berühmtheit erlangt. († 30.3.1912 in Radebeul).
John Foster Dulles (1888 in Washington), amerikanischer Politiker. Dulles betreibt als Außenminister unter Präsident Eisenhower von 1953–59 eine rigide antikommunistische Aufrüstungs- und Bündnispolitik. Er bereitet den atomaren Vergeltungsschlag vor und begegnet der Koexistenzpolitik des sowjetischen Stalin-Nachfolgers Chruschtschows mit Argwohn. Sein Betreiben führt zur Wiederbewaffnung Deutschlands und zur Aufnahme der Bundesrepublik in die NATO. († 24.5.1959 in Washington)
Carlo Goldoni (1707 in Venedig), italienischer Dramatiker und Bühnenautor. († 6.2.1793 in Paris); **Friedrich Harkort** (1793 in Hagen), deutscher Unternehmer und Politiker. († 6.3.1880 in Hombruch/Dortmund); **Benedetto Croce** (1866 in Pescasseroli), italienischer Philosoph, Historiker und Literaturkritiker. († 20.11.1952 in Neapel); **Gert Fröbe** (1913 in Zwickau), deutscher Schauspieler als legendärer Bösewicht. († 5.9.1988 in München)

Auch das geschah an diesem Tag

1994 Der Deutsche Bundestag stimmt über eine außergewöhnliche Streitfrage ab. Der bulgarische, nach Amerika emigrierte Künstler Christo hatte für seine künstlerische Aktion die Genehmigung zur Verhüllung des Berliner Reichstagsgebäudes beantragt. Die Entscheidung fällt mit knapper Mehrheit positiv aus und das spektakuläre Projekt nimmt seinen Anfang.

26 Februar

Der Dichter ist eine Welt, eingeschlossen in einen Menschen.
Victor Hugo

Buffalo Bill

Victor Hugo

20.2–20.3.
Alexander, Mechthild, Ulrich

Am 26. Februar geboren:

Victor Hugo (1802 in Besançon), französischer Schriftsteller und Maler. Hugo gilt als literarischer Führer der jungen französischen Romantik. Seine größten Erfolge feiert er mit *Der Glöckner von Notre Dame* (1831) und *Die Elenden* (1862). Letzteres entsteht auf der Kanalinsel Guernesey, wo der Dichter zehn Jahre im Exil lebt. Grund ist die republikanische Gesinnung und der persönliche Widerwillen gegen Napoleon III. († 22.5.1885 in Paris)

Buffalo Bill (1846 in Scott Country/Iowa), amerikanischer Offizier und Nationalheld. Der als William Frederick Cody geborene Soldat erhält seinen Spitznamen Buffalo Bill durch sein Geschick, das er als Bisonjäger unter Beweis stellt. Was zunächst als militärische Notwendigkeit beginnt, baut der gewiefte Pionier später zum Unterhaltungsprogramm aus. Seine Wildwestshows werden über die Grenzen der USA hinaus berühmt. († 10.1.1917 in Denver/Colorado)

Antoine „Fats" Domino (1928 in New Orleans), amerikanischer Rockinterpret. Domino prägt mit seinen legendären Hits die Rhythm-and-Blues-Bewegung der 1960er-Jahre. Die markant rauchige Stimme wird von seinem eigenen Musikstil aus Rock und Country begleitet. Seine Lieder *I'm walking*, *Blueberry Hill* und *My Girl Josephine* werden zu Evergreens. Als Pianist feiert er in den 1980er-Jahren sein Comeback mit *Fats is back*.

Johnny Cash (1932 in Kingsland/Arkansas), amerikanischer Countrysänger und Songschreiber. Mit seinen legendären Liedern macht Cash in den 1960er-Jahren die Country- und Westernmusik international populär. Songs wie *A Boy named Sue* (1969) oder *Folsom Prison Blues* (1968) prägen die vom Rock'n Roll unabhängige Musikszene. († 12.9.2003 in Nashville)

Bismarck

1871
Kriegsende

Der deutsch-französische Krieg endet nach der Belagerung von Paris mit dem Sieg der deutschen Staaten. Nach dem „Frieden von Frankfurt" verliert Frankreich Elsass-Lothringen. Das Deutsche Reich wird gegründet und König Wilhelm I. von Preußen wird in Versailles zum deutschen Kaiser proklamiert. Unter seiner Herrschaft amtiert Bismarck als Reichskanzler.

1893
Uraufführung der *Weber*

In dem Berliner Theater „Freie Bühne" wird das im Jahr zuvor erschienen Stück *Die Weber* des deutschen Schriftstellers Gerhardt Hauptmann uraufgeführt. Hauptmann gilt als bedeutender Dramatiker des Naturalismus. Seine Werke schildern den Menschen in seiner Abhängigkeit von Milieu und Erbanlage. Mit fast naturwissenschaftlicher Methode werden die Figuren, überwiegend aus dem sozialen Elend und Proletariat, samt ihren Lebensbedingungen beschrieben.

1901
Buddenbrooks

In Berlin erscheint der Roman *Buddenbrooks* des bedeutendsten deutschen Schriftstellers des 20 Jh. Thomas Mann. In dem Roman werden der Aufstieg und Verfall einer Lübecker Kaufmannsfamilie geschildert. Thomas Mann stammt aus der großen Literatenfamilie Mann. Während sich sein Bruder Heinrich Mann vorwiegend mit dem Imperialismus der wilhelminischen Zeit auseinander setzt, wie z. B. in *Der Untertan*, gilt Thomas Mann als Vertreter des großen psychologischen Gesellschaftsporträts.

Thomas Mann: *Buddenbrooks* (Titelseite)

Auch das geschah an diesem Tag

1993 Auf das New Yorker World Trade Center wird ein erster terroristischer Anschlag durchgeführt. Bei der Explosion sterben sechs Menschen, um die 300 werden schwer verletzt. Für das Attentat zeigen sich islamistische Extremisten unter dem Anführer Omar Abd el Rahmann verantwortlich.

20.2–20.3.
Gabriel, Leander, Markward

Elizabeth Taylor

John Steinbeck

Wenn einem Autor der Atem ausgeht, werden seine Sätze nicht kürzer, sondern länger.
John Steinbeck

27
Februar

1932
Neutron
Der englische Physiker James Chadwick entdeckt das Neutron und bestimmt seine Masse. Bereits zur Jahrhundertwende begann der Physikerkollege Ernest Rutherford sich mit Radioaktivität zu beschäftigen. Er fand dabei zwei Haupttypen von Strahlung, die positiv geladenen Alphateilchen (Proton) und die negativ geladenen Betateilchen (Elektron). Chadwick wurde

Auch das geschah an diesem Tag
1933 Der Berliner Reichstag fängt Feuer. Der Mittelteil des Gebäudes wird komplett zerstört. Im Zuge der nationalsozialistischen Politik werden Mitglieder der KPD für den Brand verantwortlich gemacht. Die wahre Ursache wird nie geklärt.

Reichstagsbrand in Berlin

Konstantin der Große

also zum Begründer des dritten grundlegenden subatomaren Teilchens, das ebenfalls im Atomkern enthalten ist, dem Neutron.

1973
Sioux-Indianer
Indianer vom Stamm der Sioux demonstrieren im Reservat von South Dakota „Wounded Knee" gegen die Unterdrückung der Ureinwohner der Vereinigten Staaten. Die sog. Schlacht von Wounded Knee im Jahr 1890 war in Wirklichkeit ein Massaker an wehrlosen Sioux durch die US-Kavallerie. Bei den Widerständen der Indianer gegen die zunehmende Bevölkerung durch Siedler unterlagen fast immer die Indianer. Sie verloren Land und zahlreiche Menschenleben.

Am 27. Februar geboren:

Konstantin I. der Große (280 in Naissus/Bulgarien), römischer Kaiser. Im Jahr 306 wird Konstantin vom Heer zum Kaiser ausgerufen. Er setzt sich mit seiner geschickten Machtpolitik zunächst im Westreich (312) und dann im Ostreich (324) durch. Mit dem Mailänder Edikt verhilft er dem Christentum zur Anerkennung. 330 macht der römische Herrscher Byzanz unter dem Namen Konstantinopel zur Hauptstadt des Reiches. († 22.5.337 in Nikomedia)

Rudolf Steiner (1861 in Kraljevica/Kroatien), österreichischer Wissenschaftler und Philosoph. Steiner gilt als Begründer der Anthroposophie. Seine Erkenntnisse über die Wissenschaft von der Entwicklung des Menschen als biologisches und soziales Wesen bilden den Leitfaden für eine neue Weltanschauung. Er verbindet christliches, indisches und kabbalistisches Gedankengut mit der Lehre Goethes und formt auf diese Weise pädagogische Konzepte für Schulen (Waldorf-Schule) und Krankenhäuser. († 30.3.1925 in Dornach)

John Steinbeck (1902 in Salinas/Kalifornien), amerikanischer Schriftsteller. Der Autor macht sich mit seiner sozialkritischen Prosa einen internationalen Namen. Im Mittelpunkt seiner Werke stehen Antihelden und Außenseiter, die als Spiegel der Missstände der Gesellschaft dienen. Viele Titel Steinbecks werden große Filmerfolge. Werke des Autors sind *Von Menschen und Mäusen*, *Früchte des Zorns* sowie *Jenseits von Eden*. († 20.12.1968 in New York)

Elisabeth Taylor (1932 in London), amerikanische Schauspielerin. Ihre Karriere als Hollywood-Star beginnt bereits in ihrer Kindheit, u. a. in den *Lassie*-Filmen. Mit ihrem Filmpartner James Dean gelingt ihr mit *Giganten* (1955) der internationale Durchbruch. Für *Cleopatra* (1963) und *Wer hat Angst vor Virginia Woolf* (1965) wird sie mit dem Oscar ausgezeichnet. Mit Schauspielkollege Richard Burton verbinden sie nicht nur zahlreiche Filme, sondern auch einer ihrer sieben geschlossenen Ehen.

28 Februar

Wer weder widerstehen will noch fliehen – wie ist dem zu helfen?

Michel de Montaigne

Sepp Maier

20.2–20.3

Hermine, Roman, Veronika

Am 28. Februar geboren :

Michel Eyquem de Montaigne (1533 in Château de Montaigne/Dordogne), französischer Schriftsteller und Philosoph. Montaigne gilt als Begründer des Literaturgenre „Essay". In seinen kurzen Abhandlungen verbindet er antikes Gedankengut großer griechischer Philosophen wie Sokrates, Seneca oder Lukrez mit zeitgenössischen Gesellschaftsstudien. († 13.9.1592 in Château de Montaigne)

Linus Pauling (1901 in Portland/Oregon), amerikanischer Chemiker. Pauling entdeckt die Helixstruktur der Proteine und erarbeitet grundlegende Erkenntnisse über chemische Bindungen. Im Jahr 1954 erhält er für seine Arbeiten den Nobelpreis der Chemie. Davon unabhängig erhält er 1962 den Friedensnobelpreis für sein Engagement gegen Atombomben.
(† 19.8.1994 in Big Sur/Kalifornien)

Peter Bryan Medawar (1915 in Rio de Janeiro/Brasilien), britischer Biologe und Naturforscher. Medawars Untersuchungsergebnisse leisten einen wesentlichen Beitrag auf dem Gebiet der Allergieforschung. 1960 erhält er den Nobelpreis für Medizin.
(† 2.10.1987 in London)

Sepp Maier (1944 in München), deutscher Fußballer. Als Torwart von Bayern München (1958–79) und der deutschen Nationalmannschaft (1966–79) wird Maier viermal deutscher Meister, dreimal Europapokalsieger sowie mit der Nationalelf Europameister und 1974 Weltmeister. Seit 1987 ist Maier Torwarttrainer (u. a. bei der deutschen Nationalmannschaft und bei Bayern München).

1958
Elementarteilchen
Der deutsche Physiker Werner Heisenberg erklärt seine Theorie zur Quantenmechanik und die sog. Heisenberg'sche Unschärferelation. Sie besagt, dass es eine grundsätzliche Grenze für die Genauigkeit gibt, mit der gleichzeitig zwei zueinander komplementäre Größen wie z. B. Ort und Impuls eines Teilchens bestimmt werden können. 1932 hatte Heisenberg den Nobelpreis für Physik erhalten.

1986
Olof Palme
Der schwedische Politiker der Sozialdemokraten wird auf offener Straße in Stockholm erschossen. Täter und Motiv werden nie geklärt. Palme war seit 1969 Vorsitzender der Sozialdemokratischen Arbeiterpartei (SAP) und Ministerpräsident. Er verfolgte einen neutralistischen Kurs, der ihn in Frontstellung zur Vietnampolitik der USA brachte. Sein Engagement galt außerdem einer atomwaffenfreie Zone in Europa.

Trauerbekundungen nach dem Attentat auf Olof Palme

1991
Golfkrieg
Ein multinationaler Streitkräfteverband unter Führung der USA befreit das 1990 vom Irak annektierte Kuwait. Die Staaten Ägypten, Frankreich, Großbritannien, Saudi-Arabien und Syrien schlagen damit die irakische Armee Saddam Husseins. Der Golfkrieg dauerte nur sechs Wochen. Trotz der Niederlage kann der irakische Diktator sein Regime weiter aufrechterhalten.

Kuwait-Irak-Krieg 1991: US-Streitkräfte in Saudi-Arabien

Auch das geschah an diesem Tag
1963 Das deutsche Traumpaar auf dem Eis, Marika Kilius und Hans-Jürgen Bäumler, gewinnen zum fünften Mal die Weltmeisterschaft im Eiskunstlauf. Im darauf folgenden Jahr ist den beiden Top-Sportlern ein weiterer und letzter Sieg vergönnt.

20.2–20.3.
August, Oswald

Ludwig I. von Bayern

Michèle Morgan

Eine Frau kann jederzeit hundert Männer täuschen, aber nicht eine einzige Frau.
Michèle Morgan

29 Februar

1868
Ludwig I.
Im Alter von 81 Jahren stirbt der ehemalige König von Bayern, Ludwig I. Mithilfe seines Hofarchitekten Franz Karl Leo von Klenze übt sich der Monarch während seiner Regierungszeit als Kunstmäzen und bereichert die bayerische Hauptstadt München mit architektonischen Prachtbauten. Den Rest seines Königsbudgets setzt er mit ähnlicher Leidenschaft für Wissenschaft und Forschung. Alles in allem kostet ihn das seinen Herrschertitel, den er 1848 an seinen Sohn Maximilian I. abtreten muss.

1920
Selbstständigkeit verankert
Die Provisorische Nationalversammlung der Tschechoslowakei verabschiedet den Entwurf für eine eigene Verfassung und begründet damit die Selbstständigkeit des Landes. Die Autonomie ist die Konsequenz des „Friedens von Versailles" (1919), nach dem Deutschland industrielle Kerngebiete abgeben musste. Im Zuge dessen entstehen neue Staaten und Mandatsgebiete, u. a.: Finnland, Litauen, Estland, Lettland, Jugoslawien, Syrien, Libanon, Irak, Transjordanien, Palästina und die Tschechoslowakei.

.....

Am 29. Februar geboren:

Franz Karl Leo von Klenze (1784 in Hildesheim), deutscher Architekt und Baumeister. Seit 1815 arbeitet Klenze als Hofbaumeister König Ludwigs I. von Bayern. Mit zahlreichen klassizistischen Bauten im monumentalen Stil prägt er das Stadtbild von München entscheidend. Zu seinen berühmtesten Bauwerken zählen Glyptothek, Alte Pinakothek, Ruhmeshalle und Propyläen. († 27.1.1864 in München)
Herrmann Hollerith (1860 in New York), amerikanischer Ingenieur und Unternehmer. Im Jahr 1890 entwickelt Hollerith ein elektrisch betriebenes Lochkartensystem und setzt damit den Grundstein für die moderne Datenverarbeitung. Die technische Errungenschaft der Maschine besteht in der Einsparung von Arbeitszeit und Vermeidung von Ungenauigkeiten. Bereits sechs Jahre später gründet er eine Firma, aus der später IBM wird. († 17.11.1929 in Washington)
Ernst Lubitsch (1892 in Berlin), deutsch-amerikanischer Filmregisseur. Lubitsch gehört zu den international bedeutenden Regisseuren. Sein Metier sind locker amüsante Unterhaltungskomödien, die dem Ernst des Lebens mit Humor begegnen und dennoch nie an Niveau und Glaubwürdigkeit verlieren. Er beginnt seine Karriere in Deutschland mit Filmen wie *Ärger im Paradies* (1932) und setzt sein Schaffen in den USA fort. († 30.11.1947 in Los Angeles)
Michèle Morgan (1920 in Neuilly-sur-Seine), französische Schauspielerin. Morgan gilt als Meisterin des „Film noir" (Schwarze Serie). Ihre Schauplätze sind meist das düstere, zwielichtige Milieu der Großstadt und Morgans Rollen identifizieren sie mit dem Filmgenre, das in ihrer Heimat Frankreich seinen Ursprung hat. In *Der Hafen im Nebel* spielt sie 1938 das undurchschaubare Mädchen, das von dem Schauspielkollegen Jean Gabin gerettet wird.

Auch das geschah an diesem Tag
1960 Ein schweres Erdbeben erschüttert die marokkanische Hafenstadt Agadir. Die Naturgewalt zerstört den Großteil der Bauwerke. 10.000 Menschen fallen der Katastrophe zum Opfer.

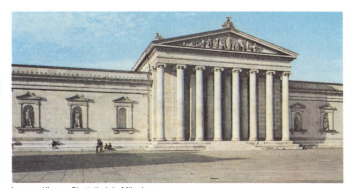
Leo von Klenze: Glyptothek in München

1 März

Das Leben ist Zeichnen ohne die Korrekturmöglichkeiten des Radiergummis.

Yitzhak Rabin

Glenn Miller

Oskar Kokoschka

20.2.–20.3.
Albin, David, Leontina, Roger

Am 1. März geboren:

Frédéric Chopin (1810 in Zelazowa-Wola bei Warschau), polnischer Komponist und Pianist. Seine romantisch-poetische Klavierkunst, die starke Anklänge an die polnische Nationalmusik aufweist, beeinflusst die Klaviermusik bis ins 20. Jh. hinein. († 17.10.1849 in Paris)

Oskar Kokoschka

Oskar Kokoschka (1886 in Pöchlarn), österreichischer Maler, Grafiker und Dichter. Während seine Kunst von den Nazis als „entartet" diffamiert wurde, gilt Kokoschka heute als bedeutender Vertreter des Expressionismus und zählt zu den bekanntesten Malern des 20. Jh. († 22.2.1980 in Villeneuve/Schweiz)

Glenn Miller (1904 in Clarinda/Iowa, USA), amerikanischer Jazzmusiker. Gründet 1937 die Glenn-Miller-Band und macht den Swing zur populären Unterhaltungsmusik – Stil prägend für eine ganze Generation. Melodien wie *Moonlightserenade*, *Tuxedo Junction* und *In the mood* werden zu weltweiten Erfolgen. († 15.12.1944 bei einem Flugzeugabsturz über dem Ärmelkanal)

Yitzhak Rabin (1922 in Jerusalem), israelischer Politiker. Wird zweimal zum Ministerpräsidenten gewählt (1974, 1992), erhält den Friedensnobelpreis (1994), weil er das Gaza-Jericho-Abkommen über eine palästinensische Autonomie unterzeichnet (1994) und fällt einem Mordanschlag zum Opfer. († 4.11.1995 in Tel Aviv)

David Niven (1910 in Kirriemuir/Schottland), britischer Schauspieler. († 29.7.1983 in Chateaux-d'Oex/Schweiz); **Dinah Shore** (1917 in Winchester/Tennessee, USA), eigentlich Frances Rose Shore, US-amerikanische Sängerin und Schauspielerin. († 24.2.1994); **Harry Belafonte** (1927 in New York), eigentlich Harold George Belafonte, US-amerikanischer Musiker und Schauspieler.

1562
Ausbruch der Hugenottenkriege
François I. von Lothringen, der Herzog von Guise, richtet unter den Hugenotten in Vassy bei Paris ein Blutbad an, um deren Ringen um Anerkennung ihres Glaubens sowie um bürgerliche und politische Rechte zu unterdrücken. Es kommt zum Krieg zwischen Katholiken und Hugenotten. Bis zum Edikt von Nantes (1598) werden in acht Religionskriegen Zehntausende von Hugenotten sterben.

1815
Rückkehr Napoleons
Der verbannte französische Ex-Kaiser Napoleon Bonaparte verlässt illegal sein Exil auf der Mittelmeerinsel Elba, um sein Kaiserreich zurückzuerobern. Er versucht, sein Vorhaben in 100 Tagen zu realisieren, scheitert aber in der Schlacht von Belle Alliance (Waterloo) am 18.6.1815 kläglich.

1876
Patent für Eismaschine
Carl Linde erhält das Patent für die erste Ammoniak-Kältemaschine und begründet den weltweiten Triumphzug der Kühltechnik. Das Prinzip beruht auf einem Kompressionsverfahren, bei dem ein Kältemittel beim Übergang in den gasförmigen Zustand seiner Umgebung Wärme entzieht.

1935
Saargebiet wird deutsch
Nach 15 Jahren Verwaltung durch den Völkerbund und wirtschaftlicher Vereinigung mit Frankreich wird das Saargebiet gemäß dem deutsch-französischen Saarabkommen von 1925 wieder in das Deutsche Reich eingegliedert. 90,7 % der Wähler entscheiden sich für den Anschluss an das im wirtschaftlichen Aufschwung befindliche Deutschland und damit auch für Hitler.

Auch das geschah an diesem Tag

1814 In der sog. Quadrupelallianz von Chaumont schließen sich Großbritannien, Österreich, Russland und Preußen gegen Frankreich zusammen. **1901** Die Stadt Elberfeld (heute Wuppertal) eröffnet das erste 4,5 km lange Teilstück eines neuen Transportsystems, bei dem die Wagen an einer von Pfeilern getragenen Schiene hängen. **1948** In Frankfurt wird die Bank deutscher Länder gegründet, die Vorläuferin der Deutschen Bundesbank. **1952** Großbritannien gibt die Insel Helgoland an die Bundesrepublik Deutschland zurück.

20.2.–20.3.
Agnes, Karl, Volker

Bedrich Smetana

Michail Gorbatschow

Musik sagt das Unsagbare.
Bedrich Smetana

2 März

1919
Dritte Internationale
In Moskau beginnt der Gründungskongress der Kommunistischen Internationale. Die sog. Komintern wurde von der Vereinigung der kommunistischen Parteien aller Länder unter sowjetrussischer Führung gegründet, um für die kommunistische Weltrevolution und die Diktatur des Proletariats zu kämpfen. Bis 1935 wird auf insgesamt sieben Kongressen die Generallinie der kommunistischen Politik festgelegt.

1921
Kronstädter Aufstand
In der russischen Stadt Kronstadt rebellieren ca. 16.000 Matrosen und Soldaten gegen die Einparteienherrschaft der Sowjets. Ein Provisorisches Revolutionskomitee, das sich als Verteidiger der russischen Revolution versteht, übernimmt die Herrschaft. Lenin und Trotzki betrachten den Widerstand als Konterrevolution und lassen den Aufstand am 17. und 18.3.1921 blutig niederschlagen.

1965
Apartheid in Simbabwe
Gegen den Willen der Kolonialmacht Großbritannien ruft die weiße Minderheit in Salisbury die Republik Rhodesien (heute Simbabwe) aus und weigert sich, die schwarze Bevölkerung an der Regierung zu beteiligen. Großbritannien verhängt daraufhin ein Embargo und Sanktionen, die aber immer wieder umgangen werden. 1980 erreicht das Land seine Unabhängigkeit.

1969
Jungfernflug der Concorde
Das von Briten und Franzosen entwickelte Überschall-Passagierflugzeug Concorde fliegt mit Mach 2 oder 2200 km/h von Europa über den Nordatlantik, die Flugzeit von Paris nach New York verkürzt sich von sechs auf drei Stunden und 45 Minuten.

Am 2. März geboren:

Bedrich (Friedrich) Smetana (1824 in Leitomischl), tschechischer Komponist. Wird weltweit populär, weil er Elemente der böhmischen Volksmusik in seine Kompositionen aufnimmt. Seine bekanntesten Werke sind die sinfonische Dichtung *Mein Vaterland* und die Oper *Die verkaufte Braut*. († 12.5.1884 in Prag)

Kurt Weill (1900 in Dessau), deutscher Komponist. Wendet sich dem zeitkritischen Musiktheater zu und komponiert die Musik zu Brechts sozialkritischen Stücken. Weltbekannt wird *Und der Haifisch, der hat Zähne* aus der *Dreigroschenoper* von Bertolt Brecht. († 3.4.1950 in New York)

Michail Gorbatschow (1931 in Priwolnoje/Gebiet Stawropol im Kaukasus), russischer Politiker. Er begründet unter den Begriffen „Perestrojka" und „Glasnost" eine offene Reformpolitik, tritt gegenüber den USA für eine Entspannungspolitik ein, stimmt der Wiedervereinigung Deutschlands zu und erhält 1990 den Friedensnobelpreis.

Lou Reed (1942 in Freeport/Long Island bei New York), US-amerikanischer Sänger; **Falk Harnack** (1913 in Stuttgart), deutscher Schauspieler, Dramatiker und Regisseur. († 3.9.1991 in Berlin); **Tom Wolfe** (1931 in Richmond/Virginia, USA), eigentlich Thomas Kennerly Wolfe, US-amerikanischer Schriftsteller; **Lothar De Maizière** (1940 in Nordhausen/Harz), deutscher Politiker.

Auch das geschah an diesem Tag

1808 Die Uraufführung des Stückes *Der zerbrochene Krug* von Heinrich von Kleist in Weimar ist ein Misserfolg, das Stück wird abgesetzt. 1933 In der New Yorker Radio City Music Hall hat einer der erfolgreichsten Horrorfilme Premiere: *King Kong*. 1949 Ein US-amerikanischer Bomber vom Typ B50 landet nach dem ersten erfolgreichen Nonstop-Flug um die Erde wieder in Fort Worth/Texas, USA.

King Kong

Concorde

3 März

Die Berühmtheit mancher Zeitgenossen hängt mit der Blödheit der Bewunderer zusammen.

Heiner Geißler

Alexander Graham Bell Georg F. Cantor

20.2.–20.3.

Camilla, Friedrich, Kunigunde, Leif

Am 3. März geboren:

Georg Ferdinand Cantor (1845 in St. Petersburg), deutscher Mathematiker. Formuliert wichtige Grundsätze der Mengenlehre und entdeckt Paradoxa, die der Mathematik zunächst als Gerüst dienen, die sie aber zu Beginn des 20. Jh. in eine Grundlagen-Krise führt. († 6.1.1918 in Halle/Saale)

Alexander Graham Bell (1847 in Edinburgh), US-amerikanischer Erfinder. Dem Professor für Sprechtechnik gelingt es 1876, Schallschwingungen in elektrische Schwingungen umzuwandeln und diese über Telegrafenleitungen zu übertragen. († 2.8.1922 in Baddeck/Kanada)

Gudrun Pausewang (1928 in Wichstadtl/Mladkov, Böhmen/Tschechische Republik), deutsche Schriftstellerin. Verfasst Romane und preisgekrönte Kinderbücher wie z. B. *Hinterm Haus der Wassermann* (1972) oder *Die Wolke* (1987), in denen sie sich mit gesellschaftlichen Problemen auseinandersetzt.

Jean Harlow (1911 in Kansas City/Missouri, USA), US-amerikanische Schauspielerin († 7.6.1937 in Hollywood); **Fritz Thiedemann** (1918 in Weddinghusen), deutscher Springreiter († 8.1.2000 in Heide/Holstein); **Heiner Geißler** (1930 in Oberndorf/Neckar), deutscher Politiker; **Jutta Hoffmann** (1941 in Halle/Saale), deutsche Schauspielerin.

1861
Leibeigenschaft beendet
Die letzten Leibeigenen Europas werden mit dem Gesetz über die Aufhebung der Leibeigenschaft durch Zar Alexander II. frei. Das Land bleibt jedoch weitgehend Eigentum der Großgrundbesitzer, weil die ca. 23 Mio. russischen Bauern die Ablösezahlungen und Steuern nicht aufbringen können.

Alexander II.

1904
Politisches Tondokument:
Kaiser Wilhelm II. bespricht eine Edison-Tonwalze, die heute als das älteste erhaltene politische Tondokument gilt. Das Gerät zur Tonaufzeichnung wurde 1877 von Thomas Alva Edison erfunden.

1918
Friede von Brest-Litowsk
Russland und die Mittelmächte Deutschland, Österreich-Ungarn, Bulgarien und die Türkei unterzeichnen einen Friedensvertrag. Dieser Vertrag kommt unter Druck zu Stande, nachdem deutsche Truppen nach Verzögerungen Russlands und nach Ablauf eines Waffenstillstandes am 18.2.1918 eine militärische Offensive begonnen und westliche Gebiete des russischen Reiches besetzt hatten. Russland verliert Polen, Litauen, Kurland, die Ukraine sowie Gebiete im Süden Armeniens.

1933
Verhaftung von Ernst Thälmann
Bei der Verfolgung der Kommunisten verhaften die Nationalsozialisten deren führenden Kopf Ernst Thälmann. Dieser ist seit 1925 Parteivorsitzender der KPD. Nach 11 Jahren Einzelhaft wird er 1944 ohne Prozess im Konzentrationslager Buchenwald erschossen.

Auch das geschah an diesem Tag

1875 Nach der Uraufführung der Oper *Carmen* von Georges Bizet in Paris fällen die Theaterkritiker ein vernichtendes Urteil. **1960** Laurean Rugambwa aus Bukongo/Tansania wird als erster Schwarzafrikaner zum Kardinal ernannt: eine kirchengeschichtliche Sensation. **1995** US-Forscher entdecken den letzten und wahrscheinlich kleinsten Bestandteil der Materie: das Top-Quark.

George Bizet: *Carmen* (Titelbild)

20.2.–20.3.

Edwin, Kasimir, Humbert

Antonio Vivaldi

Barbarossa

Das Einzige, was wir zu fürchten haben, ist die Furcht selbst.

Franklin Delano Roosevelt

4 März

1152
Neuer König
In Frankfurt kommen die deutschen Fürsten zusammen, um über die Nachfolge des verstorbenen Konrad III. abzustimmen. Schon am folgenden Tag wählen sie Friedrich I. Barbarossa einstimmig zum König des Heiligen Römischen Reiches. Drei Jahre später wird er Römischer Kaiser.

1813
Russen vertreiben Napoleon
Die Franzosen ziehen sich angesichts einer russisch-preußischen Übermacht endgültig aus Berlin zurück. Nachdem russische Truppen überraschend die französische Garnison angegriffen und mithilfe der Berliner Bevölkerung in die Stadt gelangt waren, muss die Armee Napoleons ihre Besatzung aufgeben.

Auch das geschah an diesem Tag
1774 Der Deutsche Friedrich Wilhelm Herschel beobachtet zum ersten Mal den Orion-Nebel. 1925 Die SPD gründet die Friedrich-Ebert-Stiftung mit dem Ziel, demokratisches Bewusstsein und internationale Verständigung zu fördern. 1973 Mit *Je später der Abend* geht nach anfänglichem Zweifeln an der Akzeptanz des TV-Formats die erste Talkshow der Bundesrepublik Deutschland auf Sendung. 1979 Die Raumsonde „Voyager 1" erreicht Jupiter, den größten Planeten unseres Sonnensystems, und funkt bald bestechend scharfe Aufnahmen zur Erde.

1933
New Deal
Franklin Delano Roosevelt wird als 32. Präsident der USA vereidigt. Mit seinem „New Deal", einem umfangreichen Reformpaket, will er die Wirtschaftskrise überwinden und die hohe Arbeitslosigkeit im Land bekämpfen. Unter der Prämisse „Chancengleichheit für alle" fördern seine Reformen zudem das Prinzip des modernen Sozialstaats.

1947
Pakt von Dünkirchen
Frankreich und England gewähren sich gegenseitigen Schutz vor einer Wiederaufnahme deutscher Angriffspolitik und unterzeichnen den Pakt von Dünkirchen. Das Abkommen legt den Grundstein für die spätere Westeuropäische Union, die per Brüsseler Vertrag von 1954 über wirtschaftliche, soziale und kulturelle Zusammenarbeit und über kollektive Selbstverteidigung entsteht.

Szene aus der Talkshow *Je später der Abend*

Am 4. März geboren:

Heinrich der Seefahrer (1394 in Porto/Portugal), eigentlich Don Henrique, Prinz von Portugal. Er veranlasst Forschungsreisen längs der afrikanischen Westküste, um einen Seeweg nach Indien zu finden. († 13.11.1460 in Sagres bei Lagos/Portugal)
Antonio Vivaldi (1678 in Venedig), italienischer Geiger und Komponist. Gilt als einer der bedeutendsten Komponisten und Violinvirtuosen des Barock. Von seinen ca. 46 Opern und 344 Solokonzerten ist der Konzertzyklus *Die vier Jahreszeiten* (1725) am bekanntesten. († 28.7.1741 in Wien)
Nikolai Dmitrijewitsch Kondratjew (1892 in Galujewskaja), russischer Wirtschaftswissenschaftler. Ist maßgeblich an der Erstellung des ersten sowjetischen Fünfjahresplanes beteiligt und entwickelt die sog. Wellen-Theorie, wonach alle konjunkturellen Entwicklungen 50 Jahre dauernden Zyklen unterworfen sind. († 17.9.1938, hingerichtet, Ort unbekannt)
Iring Fetscher (1922 in Marbach/Neckar), deutscher Politologe; **Miriam Makeba** (1932 in Prospect/Johannesburg), südafrikanische Sängerin; **Alan Sillitoe** (1928 in Nottingham/Großbritannien), britischer Schriftsteller.

5 März

Zu sagen, was ist, ist und bleibt die revolutionärste Tat.
— Rosa Luxemburg

Pier Paolo Pasolini

Rosa Luxemburg

20.2.–20.3.
Dietmar, Gerda, Olivia

Am 5. März geboren:

Gerhard Mercator (1512 in Rupelmonde bei Antwerpen), niederländischer Geograf und Kartograf. Fasst als erster Karten zu einem sog. Atlas zusammen und entwickelt später eine nach ihm benannte Abbildung der Erde als Zylinderprojektion, die sog. Mercator-Projektion. († 2.12.1594 in Duisburg)

Giovanni Battista Tiepolo (1696 in Venedig), italienischer Freskenmaler des 18. Jh. Er schafft neben einer Reihe von Altarbildern und profanen Gemälden vor allem bedeutende Decken- und Wandmalereien in Kirchen und Palästen. Er wirkt in Norditalien, Spanien und Deutschland, z. B. im Kaisersaal in Würzburg. († 27.3.1770 in Madrid)

Pier Paolo Pasolini (1922 in Bologna), italienischer Regisseur, Schriftsteller und Maler. Seine sozialkritischen und oft provokanten Werke, wie z. B. der Roman *Ragazzi di vita* oder der Film *Salò oder die 120 Tage von Sodom*, legen gesellschaftliche Strukturen schonungslos bloß und werden immer wieder zum Anlass von Skandalen. († 2.11.1975 in Ostia bei Rom, ermordet)

Rosa Luxemburg (1870 in Zamosc bei Lublin), polnisch-deutsche Politikerin. Wendet sich gegen die politische Praxis der Bolschewiki nach der Oktoberrevolution, Mitbegründerin des Spartakusbundes und der KPD. († 15.1.1919 in Berlin, ermordet)

Michael von Faulhaber (1869 in Heidenfeld bei Schweinfurt), deutscher katholischer Theologe und Kardinal. († 12.6.1952 in München);

Lotte Eisner (1896 in Berlin), deutsche Filmkritikerin und -historikerin. († 25.11.1983 in Paris/Frankreich);

Ossip Kurt Flechtheim (1909 in Nikolajew bei Odessa/Russland), russisch-deutscher Politologe und Zukunftsforscher. († 4.3.1998 in Kleinmachnow bei Berlin)

1460
Schleswig und Holstein vereint

Vertreter der Herzogtümer Schleswig und Holstein wählen den dänischen König Christian I. zum gemeinsamen Oberhaupt. Als Gegenleistung sagt er zu, dass die beiden Landesteile auf „ewich tosamende ungedelt" bleiben. Obwohl es schon 1490 zur Landesteilung kommt, wird es für ca. 400 Jahre bei der dänischen Herrschaft bleiben.

1903
Eisenbahn Konstantinopel–Bagdad

Die Anatolische Eisenbahn-Gesellschaft, mehrheitlich in Besitz der Deutschen Bank, erhält den Zuschlag für den Bau der sog. Bagdad-Bahn. Sie soll helfen, den Osten des Osmanischen Reiches wirtschaftlich und militärisch zu erschließen. Die Bahnlinie wird nie fertig gestellt, weil ca. 650 km vor Bagdad der Erste Weltkrieg ausbricht.

1946
Eiserner Vorhang

Bei seiner Rede zur Verleihung der Ehrendoktor-Würde durch die Universität von Fulton/Missouri (USA) prägt der ehemalige britische Außenminister Winston Churchill das Wort „Eiserner Vorhang". Es ist fortan ein Bild für die Abgrenzung der Ostblockstaaten vom Westen.

1970
Atomwaffensperrvertrag

Der sog. Atomwaffensperrvertrag, der 1968 von den USA, der UdSSR und Großbritannien unterzeichnet wurde, tritt in Kraft. Er hat die Nicht-Weiterverbreitung von Atomwaffen zum Gegenstand: Der Besitz von Atomwaffen ist auf diese sog. Atommächte beschränkt, die ihr atomwaffenfähiges Material nicht an andere Länder weitergeben dürfen. 1992 werden auch die Volksrepublik China und Frankreich dem Vertrag beitreten.

Auch das geschah an diesem Tag

Wilhelm II.

1906 In Berlin eröffnet Kaiser Wilhelm II. das Königliche Museum für Meereskunde mit Exponaten aus den Bereichen Meeresfauna und zur Geschichte der deutschen Seefahrt. **1922** Der expressionistische Stummfilm *Nosferatu – eine Symphonie des Grauens* von Friedrich Wilhelm Murnau wird in Berlin uraufgeführt: Grundlage für alle nachfolgenden Filme zum Mythos Graf Dracula. **1969** Gustav Heinemann (SPD) wird in Berlin zum dritten Bundespräsidenten der Bundesrepublik Deutschland gewählt.

20.2.–20.3.

Fridolin, Nicola, Rosa

Gabriel García Márquez

Michelangelo

Ich lerne noch.

Michelangelo

6 März

1629
Restitutionsedikt
Kaiser Ferdinand II. ordnet die Rückgabe aller katholischen Kirchengüter an, die von den Protestanten seit dem Passauer Vertrag von 1552 eingezogen wurden. Zudem wird es den Reichsständen gestattet, ihre Untertanen zu rekatholisieren. Geistliche Fürsten sollen beim Übertritt zum Protestantismus ihre weltliche Macht verlieren. Zur Durchführung des Edikts kommt es jedoch nicht, es wird spätestens durch den Westfälischen Frieden außer Kraft gesetzt.

1899
„Aspirin" ist Warenzeichen
Mit einem Eintrag in die Warenzeichenrolle des kaiserlichen Patentamts in Berlin wird „Aspirin" zum Warenzeichen. Bald wird man den Wirkstoff Acetylsalicylsäure mit Stärke vermengen, zu Tabletten pressen und damit das erste Medikament in dieser Form auf den Markt bringen. Der Bayer-Chemiker Felix Hoffmann hatte den Wirkstoff 1897 in reiner Form hergestellt.

> **Auch das geschah an diesem Tag**
>
> **1987** Als die Autofähre *Herald of Free Enterprise* den Hafen von Zeebrugge/Belgien mit offenem Bugtor verlässt und Fahrt aufnimmt, bringt einströmendes Wasser das Schiff innerhalb kurzer Zeit zum Kentern. Obwohl sofort Helfer eintreffen, kommen ca. 200 Menschen in den eiskalten Kanalfluten ums Leben.

1983
Öko-Partei im Parlament
Zum ersten Mal ziehen Vertreter der „Grünen" als Abgeordnete in den Bundestag ein und erregen wegen ihres unkonventionellen Erscheinens einiges Aufsehen. Die jungen Parlamentarier in Jeans und Sportschuhen vertreten die stärkste Kraft der ökologischen Bewegung, die sich gegen Atomenergie und für Abrüstung engagiert. Die Partei der „Grünen" war aus einem Zusammenschluss regionaler Gruppen hervorgegangen.

Am 6. März geboren:

Michelangelo (1475 in Caprese), italienischer Bildhauer, Maler, Baumeister und Dichter. Der größte Künstler der Hochrenaissance arbeitet u. a. für die Päpste seiner Zeit, die Medici und die Stadt Florenz. Bedeutende Werke des Künstlers sind *Das jüngste Gericht* in der Sixtinischen Kapelle und der Petersdom im Vatikan. († 18.2.1564 in Rom)
Therese Giehse (1898 in München), deutsche Schauspielerin. Sie macht sich u. a. mit den Rollen der Mutter Courage (*Mutter Courage und ihre Kinder*, Bertolt Brecht) und der Mutter Wolfen (*Der Biberpelz*, Gerhart Hauptmann) einen Namen und gilt als große Charakterdarstellerin des 20. Jh. († 3.3.1975 in München)
Gabriel José García Márquez (1927 in Aracataca/Kolumbien), kolumbianischer Schriftsteller und Verfechter eines demokratischen Sozialismus. Er entwickelt den literarischen Stil des „magischen Realismus" und

Michelangelo: *David*

erhält 1982 den Nobelpreis für Literatur. Bedeutende Werke sind u. a. *Hundert Jahre Einsamkeit* (1967) und *Die Liebe in den Zeiten der Cholera* (1985).
Friedrich von Bodelschwingh (1831 in Tecklenburg/Kreis Steinfurt), evangelischer Theologe und Mitbegründer der modernen kirchlichen Seelsorge. († 2.4.1910 in Bethel);
Alan Greenspan (1926 in New York), US-amerikanischer Wirtschaftsfachmann und Präsident der US-Notenbank; **Lorin Maazel** (1930 in Neuilly-sur-Seine/Frankreich), eigentlich Lorin Varencove Maazel, US-amerikanischer Dirigent.

7. März

Der moderne Technokrat verbindet in der Liebe die Gefühlswärme eines Computers mit der Behutsamkeit eines Jumbo-Jets.

Anna Magnani

Tomás Masaryk

Maurice Ravel

20.2.–20.3.

Felicitas, Reinhard, Volker

Am 7. März geboren:

Piet Mondrian (1872 in Amersfoort), niederländischer Maler. Er gelangt vom traditionellen Stil der Landschaftsmalerei über eine Vereinfachung gegenständlicher Motive zu einer abstrakten und reduzierten Darstellungsform und beeinflusst die Kunst des 20. Jh. wesentlich.
(† 1.2.1944 in New York)

Gemälde von Mondrian

Maurice Ravel (1875 in Ciboure/Frankreich), französischer Komponist. Er zählt neben Claude Debussy zu den Hauptvertretern des musikalischen Impressionismus. Seine populärsten Werke sind das Orchesterstück *Boléro* (1928) und das Ballett *Daphnis et Chloe* (1912).
(† 28.12.1937 in Paris)

Anna Magnani (1908 in Rom), italienische Schauspielerin. In Filmen von Rossellini, Visconti, Pasolini u. a. verkörpert sie meist einfache Frauen aus der Unterschicht, die mit den Widrigkeiten des Lebens kämpfen. 1955 erhält sie einen Oscar als Darstellerin in *The Rose Tattoo*. († 26.9.1973 in Rom)

Rudolf Dutschke (1940 in Schönfeld/Brandenburg), deutscher Studentenführer und Soziologe. Als führender Kopf der deutschen Studentenproteste und der Außerparlamentarischen Opposition (APO) will er in den 1960er-Jahren die innenpolitischen Verhältnisse der BR Dtl. verändern.
(† 24.12.1979 in Arhus/Dänemark)

Tomás Masaryk (1850 in Göding/Mähren), tschechischer Soziologe und Politiker. († 14.9.1937 auf Schloss Lany bei Prag); **Heinrich Wilhelm „Heinz" Rühmann** (1902 in Essen), deutscher Schauspieler und Sänger.
(† 3.10.1994 in Berg am Starnberger See)

1793
Bau des Capitols
In Washington wird der Grundstein für den Sitz des amerikanischen Kongresses und des Senats gelegt. Der klassizistische Bau des United States Capitols soll die republikanischen Ideale des jungen Landes verkörpern. Das Gebäude wird erst 1863 mit dem Aufsetzen einer Freiheitsstatue des Bildhauers Thomas Crawford auf die Kuppel fertig gestellt.

Capitol in Washington

1936
Wehrmacht im Rheinland
Entgegen den Bestimmungen des Versailler Vertrages (1919) und des Locarno-Abkommens (1925) lässt Reichskanzler Adolf Hitler das entmilitarisierte Rheinland durch Truppen der deutschen Wehrmacht besetzen. Die Alliierten protestieren nur auf diplomatischem Wege. Hitler nutzt deren Zurückhaltung und verkündet die Auflösung des Reichstages sowie die Ansetzung von Neuwahlen für den 29.3.1936.

1945
Brücke von Remagen erobert
An der Westfront erobern US-amerikanische Truppen die einzige intakt gebliebene Rheinbrücke, die Ludendorff-Eisenbahnbrücke bei Remagen. Den deutschen Verteidigern waren zwei Sprengversuche fehlgeschlagen. Über die weitgehend unzerstörte Brücke beschleunigt sich das Eindringen der Alliierten in das Deutsche Reich. Nach Bombenangriffen durch die deutsche Wehrmacht stürzt die Brücke aber am 17. März ein.

Auch das geschah an diesem Tag

1914 James Joyce veröffentlicht mit den *Dubliners* eine Sammlung von leicht lesbaren Einzelgeschichten, die seine irische Heimatstadt vorstellen sollen. **1933** Unter dem Druck der Nationalsozialisten stellt Karl von Ossietzky die von ihm herausgegebene *Weltbühne* ein. **1986** Berliner Chirurg Emil Bücherl setzt einem Patienten zum ersten Mal in Deutschland ein künstliches Herz ein.

20.2.–20.3.

Gerhard, Johannes, Julian, Michael

Carl Philipp Emanuel Bach

Otto Hahn

Fernsehen wurde nicht für Idioten erschaffen, es erzeugt sie.

Neil Postman

8 März

1917
Russische Februarrevolution
In der russischen Hauptstadt Petrograd schließen sich Tausende von Frauen am „Frauentag" den Massen streikender Arbeiter an. Sie fordern die Abdankung des Zaren, ein Ende des Krieges sowie eine bessere Versorgung mit Lebensmitteln. Am nächsten Tag kommt es zum Generalstreik und die Ereignisse leiten die Oktoberrevolution und den Sturz von Zar Nikolaus II. ein. Nach dem in Russland gültigen julianischen Kalender fallen die Ereignisse in den Februar.

1921
Russische Marktwirtschaft
Auf ihrem zehnten Parteikongress beschließt die Kommunistische Partei unter Lenin die Einführung der Marktwirtschaft, um auf Fehlschläge der kommunistischen Abgabepolitik zu reagieren. Im Rahmen der sog. Neuen Ökonomischen Politik (NEP) sollen kleine und mittelständische Betriebe sowie die Agrarwirtschaft fortan den Gesetzen des freien Marktes unterliegen, allein die Großindustrie soll in staatlicher Hand verbleiben. Die NEP beseitigt den Versorgungsnotstand im Land.

1991
Aufschwung Ost
Um nach der Wiedervereinigung die Lebensverhältnisse in Ost- und Westdeutschland anzugleichen, beschließt die CDU-geführte Bundesregierung unter Helmut Kohl das „Gemeinschaftswerk Aufschwung Ost". Zwecks Verbesserung der Infrastruktur werden in den Jahren 1991 und 1992 je 12 Mrd. DM in den Osten transferiert.

Am 8. März geboren:

Carl Philipp Emanuel Bach (1714 in Weimar), deutscher Komponist. Seine Klavierkonzerte, Sinfonien und Kantaten machen den zweiten Sohn Johann Sebastian Bachs zu einem bedeutenden Vertreter der Frühklassik. Ab 1768 ist er Kirchenmusikdirektor in Hamburg. († 14.12.1788 in Hamburg)

Otto Hahn (1879 in Frankfurt/Main), deutscher Chemiker. Für die Entdeckung der Kernspaltung erhält er 1944 den Chemie-Nobelpreis. Wegen seiner Atomforschung wird er während des Nationalsozialismus von den Alliierten inhaftiert und setzt sich fortan für eine friedliche Nutzung der Kernenergie ein. († 28.7.1968 in Göttingen)

Walter Jens (1923 in Hamburg), deutscher Literaturwissenschaftler und Schriftsteller. Er engagiert sich in der Friedensbewegung der 1980er. Er ist u. a. Präsident des PEN-Zentrums der BR Dtl. und der Berliner Akademie der Künste und veröffentlicht wissenschaftliche sowie essayistische Werke zur Rhetorik, klassischen Philologie, Germanistik und Theologie.

Neil Postman (1931 in New York) US-amerikanischer Medienwissenschaftler und Schriftsteller. Als Kritiker der modernen Medienkultur beklagt er den Wandel von einer inhalts- zu einer unterhaltungsorientierten Gesellschaft. Werke Postmans sind u. a. *Das Verschwinden der Kindheit* (1984) sowie *Wir amüsieren uns zu Tode* (1985). († 5.10.2003 in New York)

Auch das geschah an diesem Tag

Theodor Adorno

1473 Kurfürst Albrecht III. Achilles von Brandenburg bestätigt die Stadtrechte von Berlin und Cölln. **1947** Die deutschen Soziologen und Philosophen Theodor Adorno und Max Horkheimer veröffentlichen ihr gesellschaftskritisches Werk *Dialektik der Aufklärung*. **1971** Etwa 300 Mio. Fernsehzuschauer verfolgen, wie der Boxer Joe Frazier seinen Herausforderer Muhammad Ali nach Punkten besiegt.

9 März

Kein weiser oder tapferer Mann legt sich auf die Schienen der Geschichte und wartet, dass der Zug der Zukunft ihn überfährt.

Juri Gagarin

Molotow

20.2.–20.3.
Bruno, Barbara, Dominik, Franziska

Dwight D. Eisenhower

Am 9. März geboren:

Amerigo Vespucci (1451 in Florenz), italienischer Seefahrer und Entdecker. Er unternimmt in portugiesischen und spanischen Diensten Entdeckungsfahrten und stößt dabei auf eine Neue Welt, die nach ihm „America" genannt wird. († 22.2.1512 in Sevilla)

Agnes Miegel (1879 in Königsberg/Ostpreußen), deutsche Dichterin. Beschreibt in ihren oft schwermütigen Balladen und Erzählungen die preußische Geschichte sowie die Wesensart ihrer Heimat. († 26.10.1964 in Bad Salzuflen)

Molotow (1890 in Nolinsk, heute Sowjetsk/Gebiet Kirow), Deckname von Wjatscheslaw Michailowitsch Skrjabin (aus russisch molot, „Hammer"), sowjetischer Politiker. Arbeitet sich vor allem unter Stalin in den inneren Führungskreis der KPdSU vor. Er ist Ministerpräsident (1930–41) und Außenminister (1939–49, 1953–56). Nach Stalins Tod unterliegt er im Machtkampf mit Chruschtschow. († 8.11.1986 in Moskau)

Juri Alexejewitsch Gagarin (1934 in Kluschino bei Gschatsk, heute Gagarin/Gebiet Smolensk), sowjetischer Kosmonaut. Am 12.4.1961 umrundet er mit dem Raumschiff Wostok 1 die Erde und ist für knapp zwei Stunden der erste Mensch im All.
(† 27.3.1968, Flugzeugabsturz bei Nowosjolowo/Gebiet Wladimir)

1839
Verbot der Kinderarbeit
In Preußen verbietet das „Regulativ über die Beschäftigung jugendlicher Arbeiter" eine regelmäßige Beschäftigung von Kindern unter neun Jahren in Fabriken und Bergwerken. Jugendliche zwischen neun und 16 Jahren dürfen maximal 10 Stunden pro Tag arbeiten, wenn sie vorher drei Jahre lang die Schule besucht haben. Das Verbot ist die erste Arbeitsschutzregelung in Preußen.

1842
Nabucco in der Scala
Mit der Mailänder Premiere der Oper *Nabucco* erlebt der Komponist Giuseppe Verdi seinen ersten großen Erfolg. Wegen ihrer Thematik um Fremdherrschaft und Befreiung wird die Oper zum Inbegriff der Hoffnung der Italiener auf die Befreiung von der österreichischen Herrschaft und auf die Vereinigung zum Königreich Italien. Der Gefangenenchor aus der Oper avanciert zur heimlichen Nationalhymne des sich langsam formenden Staates. Verdi wird zum „Maestro di Rivoluzione" (Meister der Revolution). Sein Name steht fortan als Abkürzung für „Vittorio Emanuele Re d'Italia" (Vittorio Emanuele, König von Italien). Viktor Emanuel II. wird am 17.3.1861 König von Italien.

1848
Offizielle deutsche Fahne
Die Nationalversammlung des Deutschen Bundes übernimmt die Farben Schwarz, Rot und Gold als Bundesfarben. Unter den Farben hatten schon die Versammelten des Hambacher Festes im Jahr 1832 ein einiges und freies Deutschland als föderative Republik gefordert. Das Tragen der Farben stand bislang unter Strafe, galten sie doch als Oppositionssymbol.

Dwight D. Eisenhower

1957
Schutzgarantie für die Nahost-Staaten
Um einer Expansion der Sowjetunion entgegenzutreten, billigt der US-amerikanische Kongress die sog. Eisenhower-Doktrin. Im Rahmen ihres machtpolitischen Konzeptes erklären sich die USA bereit, die Staaten des Nahen Ostens gegen kommunistische Angriffe aus Moskau durch wirtschaftliche und militärische Hilfe, notfalls auch durch Entsendung von Truppen, zu unterstützen.

Auch das geschah an diesem Tag

1152 In Aachen wird Friedrich I. Barbarossa zum deutschen König gekrönt. **1916** Deutschland erklärt Portugal wegen völkerrechtswidrig beschlagnahmter Schiffe den Krieg. **1956** Britische Behörden deportieren den zyprischen Erzbischof Makarios, der als Anführer einer Widerstandsbewegung für die Unabhängigkeit von der Kronkolonie kämpft. **1984** In Stuttgart wird die nach den Plänen von James Stirling erbaute *Neue Staatsgalerie* eröffnet.

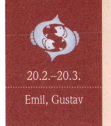
20.2.–20.3.
Emil, Gustav

Friedrich Schlegel

Jean-Baptist Colbert

Tugend ist zur Energie gewordene Vernunft.

Friedrich Schlegel

10 März

1661
Französischer Alleinherrscher
Nachdem sein Erster Minister, Kardinal Mazarin, am Vortag verstorben ist, nimmt der französische König Ludwig XIV. die Staats- und Regierungsgeschäfte – abgesehen vom für die Wirtschaftspolitik zuständigen Jean Baptiste Colbert – selbst in die Hand. Bisher hatte der Kardinal die eigentliche Macht im Lande innegehabt. Zukünftig regiert Ludwig XIV. als absoluter Monarch und alleiniger Herrscher.

1813
Lohn der Tapferkeit
Anlässlich des Todestages seiner Ehefrau, Luise von Preußen, stiftet König Friedrich Wilhelm III. das nach ihren Entwürfen gestaltete „Eiserne Kreuz" im Vorfeld der Befreiungskriege als Tapferkeitsmedaille. Eine Woche später ruft er zur Mobilmachung und zum Widerstand gegen Napoleon auf.

1952
Stalin-Note
Unter der Bedingung, dass Deutschland sich nicht der NATO anschließt, bietet Stalin der deutschen Regierung überraschend einen Friedensvertrag und die Wiedervereinigung zu einem neutralen Staat an. Weder die Regierung Adenauer noch die Westmächte nehmen den Vorschlag ernst, vermuten sie doch lediglich ein Störmanöver bei der Westintegration Deutschlands.

1959
Widerstand in Tibet
Bei Feiern zum tibetischen Neujahrsfest kommt es in der tibetischen Hauptstadt Lhasa zu Demonstrationen für die Unabhängigkeit des Landes, das seit 1950 von China besetzt ist. Die Proteste weiten sich auf das ganze Land aus und werden von den Chinesen mühsam niedergekämpft. Am 17.3. flieht der Dalai Lama nach Indien und erhält politisches Asyl.

Am 10. März geboren:

Friedrich Schlegel (1772 in Hannover), deutscher Kulturphilosoph. Als geistiger Mittelpunkt der Frühromantik begründet er eine Theorie der romantischen Dichtung und setzt den Beginn der wissenschaftlichen Literaturgeschichtsschreibung und der vergleichenden Sprachwissenschaft. († 12.1.1829 in Dresden)

Joseph Freiherr von Eichendorff (1788 auf Schloss Lubowitz bei Ratibor/Oberschlesien), deutscher Lyriker und Novellist. Nachdem er im Freikorps gegen Napoleon kämpft und im preußischen Staatsdienst arbeitet, widmet er sich ganz dem Schreiben und schafft u. a. das Hauptwerk der deutschen romantischen Literatur *Aus dem Leben eines Taugenichts* (1826). († 26.11.1857 in Neisse/Schlesien)

Luise Königin von Preußen (1776 in Hannover). Die in der Bevölkerung beliebte Ehefrau Friedrich Wilhelm III. wird zur Symbolfigur des Widerstandes gegen Napoleon Bonaparte. 1807 setzt sie sich in einer Unterredung mit dem Eroberer Preußens für mildere Friedensbedingungen ein und wird nach ihrem Tod zum Inbegriff weiblicher Tugend und Vaterlandsliebe. († 19.7.1810 in Hohenzieritz bei Neustrelitz)

Hector Guimard (1867 in Paris), französischer Architekt und „Art Nouveau"-Künstler. († 2.6.1942 in New York); **Arthur Honegger** (1892 in Le Havre), französisch-schweizerischer Komponist. († 27.11.1955 in Paris); **Paul Wunderlich** (1927 in Eberswalde/Mark Brandenburg), deutscher Maler, Bildhauer und Grafiker.

Auch das geschah an diesem Tag

1814 Joseph Fraunhofer entdeckt die Absorptionslinien im Spektrum des Sonnenlichts und entdeckt damit die Grundlage für die Spektralanalyse. **1910** Nach einer Entscheidung des Kaiserhauses ist der Kauf und Verkauf von Menschen in China zukünftig untersagt. **1950** Im deutschen Bundestag kommt es zu einer Prügelei, weil Wolfgang Hedler (ehemals NSDAP) den Nazi-Gegnern die Schuld an der deutschen Niederlage 1945 gibt und die Judenvernichtung verteidigt. **1992** Der ehemalige sowjetische Außenminister Schewardnadse kehrt nach Georgien zurück und übernimmt die Macht im Land

Hector Guimard: U-Bahn-Eingang in Paris

11 März

Gefahren warten nur auf jene, die nicht auf das Leben reagieren.

Michail S. Gorbatschow

Helmuth J. Graf von Moltke

Torquato Tasso

20.2.–20.3.

Heinrich, Rosina, Ulrich

Am 11. März geboren:

Torquato Tasso (1544 in Sorrent), italienischer Dichter. Epen und Gedichte im Stile Petrarcas machen ihn zu einem bedeutenden Vertreter der Renaissance. Seine Hauptwerke sind das Schäferspiel *Aminta* (1573) und das Kreuzzugsepos *Das befreite Jerusalem* (1575). († 25.4.1595 im Kloster San Onofrio bei Rom)

Otto Grotewohl (1894 in Braunschweig), deutscher Politiker. Das ehemalige SPD-Mitglied ist ab 1946 Vorsitzender der Sozialistischen Einheitspartei Deutschlands (SED) und von 1949–64 Ministerpräsident der DDR. († 21.9.1964 in Ost-Berlin)

Helmuth James Graf von Moltke (1907 auf Gut Kreisau/Schlesien), deutscher Jurist. Gehört zu den Führern der Widerstandsgruppe „Kreisauer Kreis" und wird wegen Kenntnis der Planungen zum Attentat auf Hitler (20.7.1944) zum Tode verurteilt. († 23.1.1945, hingerichtet in Berlin-Plötzensee).

Robert Havemann (1910 in München), deutscher Chemiker und Regimekritiker. Obwohl er Mitglied der SED und Abgeordneter in der Volkskammer ist, setzt er sich zunehmend kritisch mit Partei und DDR-Staat auseinander. († 9.4.1982 in Grünheide)

1812
Gleichstellung preußischer Juden
König Friedrich Wilhelm III. gesteht den ca. 30.000 Juden im Land die bürgerliche Gleichberechtigung zur übrigen Bevölkerung zu. Das Edikt gewährt ihnen die Gewerbefreiheit, und auch die Ausübung akademischer und kommunaler Ämter ist ihnen fortan erlaubt. Richter, Staatsanwälte oder Offiziere dürfen sie jedoch nur werden, wenn sie zum Christentum übertreten.

1985
Neuer Chef der KPdSU
Die Kommunistische Partei der Sowjetunion wählt den 54-jährigen Michail Sergejewitsch Gorbatschow auf den Posten ihres Generalsekretärs. Nachdem Gorbatschow seine Machtposition durch personelle Umstrukturierungen gestärkt hat, schlägt er unter den Schlagworten „Glasnost" (Offenheit) und „Perestroika" (Umbau) einen Reformkurs ein, der zum Ende des „Kalten Krieges" führt.

Michail Gorbatschow nach seinem Amtsantritt 1985

1999
Rücktritt
Bundesfinanzminister Oskar Lafontaine tritt von allen politischen Ämtern zurück und legt auch sein Bundestagsmandat nieder. Obwohl sein politischer Kurs auf wachsenden Widerstand stieß und er auch in der eigenen Partei zunehmend an Unterstützung verlor, kommt der Rückzug völlig überraschend.

Oskar Lafontaine

2004
Bomben in Madrid
Bei Anschlägen auf vier Vorortzüge werden in der spanischen Hauptstadt 191 Menschen getötet und 1500 verletzt. Obwohl die spanische Regierung unter Ministerpräsident José María Aznar augenblicklich vorgibt, es handle sich um einen Anschlag der baskischen Untergrundorganisation ETA, zeigt sich bereits am Folgetag, dass eine dem Terrornetzwerk Al Kaida nahe stehende Gruppe das Land für die Teilnahme am Irak-Krieg abstrafen will.

Auch das geschah an diesem Tag

1874 Carl Hagenbeck beginnt in Hamburg mit der Veranstaltung von Völkerschauen, bei denen neben exotischen Tieren auch Menschen fremder Völker zu sehen sind. **1990** Als erste der baltischen Republiken gibt sich Litauen eine neue Verfassung und sagt sich von der Sowjetunion los. **1994** Der Deutsche Bundestag billigt die Einführung der Pflegeversicherung.

20.2.–20.3.
Almut, Beatrix, Gregor, Maximilian

Mustafa Kemal Atatürk

Gabriele d'Annunzio

Etwas „so weit wie möglich" tun heißt, der ersten Versuchung zu erliegen.

12 März

Mahatma Gandhi

1930
Salzmarsch
In Indien löst Mahatma Gandhi eine Kampagne des zivilen Ungehorsams gegen die britischen Besatzer aus. Um gegen das Salzmonopol der britisch-indischen Regierung zu protestieren, führt er hunderttausende von Menschen in einem gewaltlosen „Feldzug der Gehorsamsverweigerung" zum Meer.

Mahatma Gandhi auf seinem Marsch zum Meer

1938
Österreich wird „Ostmark"
Mit der Begründung, die österreichische Regierung habe ein Hilfeersuchen an Berlin gerichtet, lässt Hitler deutsche Truppen in Österreich einmarschieren, um den Anschluss Österreichs an das deutsche Reich zu vollziehen. Nach dem unter Druck Hitlers erfolgten Rücktritt des österreichischen Kanzlers Schuschnigg am Vortag bildet der mit den Nationalsozialisten sympathisierende Innenminister Seyß-Inquardt eine neue Regierung.

1947
Truman-Doktrin beschlossen
Nachdem ab Ende des Zweiten Weltkrieges die Interessengegensätze zwischen UdSSR und USA aufbrechen, zielt die neue Außenpolitik des US-amerikanischen Präsidenten Harry S. Truman auf eine Eindämmung des sowjetischen Einflussbereiches. Gemäß der Truman-Doktrin soll jenen Ländern, die vom Kommunismus bedroht werden, die militärische und wirtschaftliche Unterstützung der USA zuteil werden.

2000
Päpstliche Entschuldigung
In einem Gottesdienst im Petersdom in Rom entschuldigt sich Papst Johannes Paul II. für die Sünden der katholischen Kirche und bittet um Vergebung für die Gewalt, die einige Christen „im Dienste der Wahrheit" anwendeten und für die mitunter feindliche Haltung gegenüber Angehörigen anderer Religionen.

Auch das geschah an diesem Tag
1933 Chemikern der britischen „Imperial Chemical Industries" gelingt die Herstellung von Polyethylen, einem der vielseitigsten Kunststoffe. **1999** Im Rahmen der ersten Stufe der NATO-Osterweiterung treten Polen, Tschechien und Ungarn dem Bündnis bei. **2003** Als ehemalige Milosevic-Getreue den serbischen Ministerpräsidenten Zoran Djindjic erschießen, wird in Serbien der Ausnahmezustand ausgerufen.

Am 12. März geboren:

Karl Joseph Wilhelm Luitpold (1821 in Würzburg), Prinzregent von Bayern. Übernimmt 1886 die Regentschaft, nachdem sein Neffe König Ludwig II. und dessen Bruder und Nachfolger Otto I. die Amtsgeschäfte wegen psychischer Störungen aufgeben müssen. († 12.12.1912 in München)

Gabriele d'Annunzio (1863 in Pescara), eigentlich Antonio Rapagnetta, italienischer Schriftsteller und Politiker. Der Faschist verfasst Gedichte und Novellen, ist als Abgeordneter im italienischen Parlament aktiv und errichtet 1919 in Fiume bei Triest eine 15 Monate währende Diktatur. († 1.3.1938 in Cargnacio/Gardasee)

Mustafa Kemal Atatürk (1881 in Saloniki), türkischer Offizier und Politiker. Setzt sich als Begründer der modernen Türkei u. a. für eine Trennung von Staat und Religion und die Ausrichtung des Landes nach Europa ein. († 10.11.1938 in Istanbul)

Giovanni Agnelli

Giovanni Agnelli (1921 in Turin), italienischer Großindustrieller. Unter seiner Leitung entwickelt sich das Automobilwerk, das sein Großvater 1899 gegründet hatte und aus dem 1906 FIAT hervorging, zum Technologiekonzern. († 24.1.2003 in Turin)

13 März

Kirchenglocken sind die Artillerie der Geistlichkeit.

Joseph II.

Hugo Wolf

20.2.–20.3.

Judith, Leander, Oswin, Paulina

Am 13. März geboren:

Joseph II. (1741 in Wien), deutscher König (1764–90) und Kaiser (1765–90). Während seiner Regierungszeit im aufgeklärten Absolutismus schafft er die Folter ab, fördert die Industrie und den Handel und setzt sich für den Bau von Schulen und Krankenhäusern ein. Beim Adel sind die innenpolitischen Reformen als „Josephinismus" verpönt und werden nach seinem Tod größtenteils rückgängig gemacht. († 20.2.1790 in Wien)

Karl Friedrich Schinkel (1781 in Neuruppin), deutscher Baumeister und Architekt. In einer Mischung aus antikem Schönheitsideal, nationaler Tradition und Zweckmäßigkeit entwickelt er einen klassizistischen Stil, mit dem er weit über Preußen hinaus Bedeutung erlangt. Bekannte Bauwerke sind u. a. die *Neue Wache* in Berlin (1817–18) und die *Nikolaikirche* in Potsdam (1830–37). († 9.10.1841 in Berlin)

Hugo Wolf (1860 in Windischgrätz/heute Slovenj Gradec, Slowenien), österreichischer Komponist. Schafft neben Chorwerken, Kammermusik und der Oper *Der Corregidor* (1896) vor allem ca. 300 Lieder, die auf Gedichten von Mörike und Goethe basieren und in denen er die musikalischen Konzeptionen Wagners auf das Klavierlied überträgt. († 22.2.1903 in Wien)

1920
Putschversuch

Wolfgang Kapp, der ehemalige Leiter der extrem rechten Vaterlandspartei, unternimmt mit Unterstützung der Brigade Ehrhardt, die mit 6000 Männern der Reichswehr das Berliner Regierungsviertel besetzt, einen Putschversuch und ernennt sich selbst zum Kanzler des Deutschen Reiches. Er scheitert jedoch an einem Generalstreik, zu dem Sozialdemokraten und KPD aufrufen, und flieht am 17.3. nach Schweden.

Indira Gandhi

1966
Gandhi übernimmt Regierung

In Indien wird Indira Gandhi, die Tochter des verstorbenen Präsidenten Jawaharlal Nehru, als Premierministerin vereidigt. Weil sie sich sozialistischen Ideen verpflichtet sieht, kommt es mit der UdSSR zu einem Freundschaftsvertrag (1971) und einem Vertrag über wirtschaftliche Zusammenarbeit (1973).

Jawaharlal Nehru

1979
Einführung des ECU

Die zwölf EG-Staaten beschließen die Einführung einer europäischen Währungseinheit als Rechen- und Bezugsgröße innerhalb der Gemeinschaft. Der ECU (European Currency Unit) soll helfen, die Wechselkurse ihrer Währungen zu stabilisieren. Eine in den einzelnen Ländern unterschiedliche Wirtschaftspolitik bringt den ECU jedoch immer wieder in Bedrängnis. Der Euro löst den ECU zunächst als Rechengröße (ab 1.1.1999), dann als tatsächliche Währung (ab 1.1.2002) ab.

1991
Honecker nach Moskau

Der ehemalige Staats- und Parteichef der DDR flieht vor einem deutschen Haftbefehl aus dem russischen Militärkrankenhaus in Beelitz. In einer nächtlichen Aktion fliegt das russische Militär den angeblich Erkrankten von Berlin nach Moskau aus. Am 29.7.1992 schiebt Russland ihn auf Drängen der Bundesrepublik nach Deutschland ab.

Auch das geschah an diesem Tag

1974 Nach einem Beschluss des US-Senates darf bei Kapitalverbrechen wie Hochverrat, Spionage, Entführung und Geiselnahme mit Todesfolge zukünftig wieder die Todesstrafe verhängt und ausgeführt werden. Sie gilt gegebenenfalls auch für jugendliche und geistig behinderte Menschen.

20.2.–20.3.
Eva, Konrad, Mathilde

Paul Ehrlich

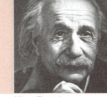
Albert Einstein

Welche triste Epoche, in der es leichter ist, ein Atom zu zertrümmern als ein Vorurteil.

Albert Einstein

14 März

1739
„Bauernlegen" strafbar
Mithilfe eines Gesetzes versucht der preußische König Friedrich Wilhelm I. zu unterbinden, dass adelige Großgrundbesitzer die Ländereien anliegender Bauern mit Gewalt in Besitz nehmen und sie anschließend vertreiben. Auch die Androhung von Strafe reicht jedoch nicht aus, diese Methode der Landnahme zu verhindern.

1903
Panama-Kanal
Für 40 Mio. Dollar kaufen die USA die Rechte am Bau eines Kanals in der Landenge von Panama, der 1914 fertig gestellt wird. Bis zum Ende des Jahres 1999 steht er unter US-amerikanischer Hoheit und teilt das mittelamerikanische Land faktisch in zwei Teile.

1937
Mit brennender Sorge
Mit der gleichnamigen, auf Deutsch verfassten Enzyklika verurteilt Papst Pius XI. die Kirchen- und Rassenpolitik der Nationalsozialisten, nachdem selbst Protestschreiben an die Regierung des Deutschen Reiches eine Verfolgung der Kirchen- und Amtsträger nicht verhindern konnte.

1960
Deutsch-israelische Beziehungen
Bundeskanzler Konrad Adenauer und der israelische Ministerpräsident David Ben Gurion kommen in New York zu einem ersten deutsch-israelischen Gipfel zusammen. Ziel des Treffens ist es, eine Grundlage für geregelte Beziehungen zwischen beiden Staaten zu schaffen.

David Ben Gurion

Auch das geschah an diesem Tag
1892 Auf dem ersten deutschen Gewerkschaftskongress in Halberstadt schließen sich die freien Gewerkschaften zu einer einheitlichen Bewegung zusammen. **1909** In New York unterliegen zukünftig alle Filme zwecks „Wahrung der öffentlichen Sittlichkeit" der Zensur. **1970** Unter dem Motto „Fortschritt und Harmonie für die Menschheit" eröffnet in Osaka die erste Weltausstellung in Asien: Die Aussteller zeigen vorwiegend neueste Entwicklungen der drahtlosen Kommunikation.

Am 14. März geboren:

Georg Philipp Telemann (1681 in Magdeburg), deutscher Komponist. Neben dem Amt als Musikdirektor der Hamburger Hauptkirchen und als Leiter der Oper schafft er zahlreiche Passionen, Kantaten, Opern und Orchestersuiten. († 25.6.1767 in Hamburg)
Johann Strauß, Vater (1804 in Wien), österreichischer Komponist. Der wichtige Vertreter des Biedermeier komponiert nicht nur höfische Musik, Quadrillen, Polkas und Märsche, sondern schafft auch eine neue Form des Walzers, den Wiener Walzer, der zum beliebten Gesellschaftstanz avanciert. († 25.9.1849 in Wien)
Paul Ehrlich (1854 in Strehlen/Schlesien), deutscher Mediziner und Serologe. Der Begründer der experimentellen Chemotherapie erhält für seine Arbeiten zur Immunität 1908 den Nobelpreis für Medizin. († 10.8.1915 in Bad Homburg)
Albert Einstein (1879 in Ulm), deutsch-amerikanischer Physiker. Er entwickelt die Relativitätstheorie und erhält 1921 den Physik-Nobelpreis. Wegen Anfeindungen aufgrund seiner jüdischen Herkunft muss er 1933 in die USA übersiedeln. († 18.4.1955 in Princeton/New Jersey, USA)
Ferdinand Hodler (1853 in Bern), schweizerischer Maler. († vermutlich 19.5.1918 in Bern); **Raymond Aron** (1905 in Paris), französischer Soziologe, Philosoph und Publizist. († 17.10.1983 in Paris)

F. Hodler: *Nacht*

15 März

Lieber der Erste hier als der Zweite in Rom.
Gaius Julius Caesar

Emil von Behring

Andrew Jackson

20.2.–20.3.
Klemens, Louise, Zacharias

Am 15. März geboren:

Andrew Jackson (1767 in Waxhaw/North Carolina), US-amerikanischer General und Politiker. Als 7. Präsident der USA (1829–37) verfolgt er eine liberale Politik und lehnt jegliche Machtkonzentration ab. († 8.6.1845 in Nashville/Tennessee, USA)

Friedrich Christian Dietz (1794 in Gießen), deutscher Philologe. Weist nach, dass das umgangssprachliche Latein die Grundlage aller romanischen Sprachen ist und begründet die romanischen Sprachwissenschaften. († 29.5.1876 in Bonn)

Emil Adolf von Behring (1854 in Hansdorf/Ostpreußen), deutscher Bakteriologe. Entdeckt, dass Organismen Antikörper zur Bekämpfung von Viren entwickeln. 1901 erhält er den Nobelpreis für Medizin und gründet 1904 die Behring-Werke, die in Großproduktion Impfstoffe gegen Diphterie und Tetanus herstellen. († 31.3.1917 in Marburg)

Paul von Heyse (1830 in Berlin), deutscher Schriftsteller. († 2.4.1914 in München); **Zarah Leander** (1907 in Karlstad/Schweden), schwedische Sängerin und Schauspielerin. († 23.6.1981 in Stockholm); **Hans-Joachim Friedrichs** (1927 in Hamm/Westfalen), deutscher Fernsehjournalist. († 28.3.1995 in Hamburg)

44 v. Chr.
Caesar ermordet
In Rom kostet seine unermessliche Machtfülle dem Feldherrn und Diktator Gaius Julius Caesar das Leben. Er wird von 60 Mitgliedern des Senats ermordet. Mit dem Attentat findet die römische Republik ihr Ende.

1907
Frauen im Parlament
Nachdem Finnland als erstes Land in Europa das allgemeine Wahlrecht einführte, ziehen erstmals Frauen in den Reichstag ein. Die 19 weiblichen Abgeordneten gehören überwiegend der Sozialdemokratischen Partei an.

1917
Letzter Zar
Angesichts der Februarrevolution, bei der in Petrograd Arbeiter- und Soldatenräte die Macht übernommen haben, dankt Zar Nikolaus II. ab. Er und seine Familie werden in Zarskoje Selo interniert. Damit geht die seit 1613 dauernde Herrschaft der Romanows zu Ende. Nachdem Bemühungen um ein Asyl in Großbritannien scheitern, bringen Bolschewiki die Zarenfamilie zunächst nach Tobolsk (Sibirien) und ermorden sie 1918 in Jekaterinburg.

Nikolaus II. nach seiner Abdankung unter Hausarrest

1960
10-Mächte-Konferenz
Zur ersten Ost-West-Abrüstungskonferenz kommen in Genf Vertreter der zehn Mächte Bulgarien, CSSR, Frankreich, Großbritannien, Italien, Kanada, Polen, Rumänien, UdSSR und USA zusammen. Die bis Juni andauernde Konferenz scheitert jedoch an den unterschiedlichen Vorstellungen von Ost und West. Der Abschuss eines US-amerikanischen Aufklärungsflugzeuges im Luftraum der UdSSR am 1.5. belastet die Verhandlungen zusätzlich.

Auch das geschah an diesem Tag

Enrico Caruso

1895 Im Teatro Nuovo in Neapel debütiert – vor geladenen Gästen – Enrico Caruso in der Oper *L'amico Francesco* des eher erfolglosen Domenico Morelli. Caruso muss sich noch einige Jahre mühsam durch die kleinsten Opernhäuser Süditaliens singen, bevor er 1898/99 seinen Durchbruch schafft.

20.2.–20.3.

Gunnar, Herbert, Rüdiger

Georg S. Ohm

Bernardo Bertolucci

Der letzte Tango!
nach Bernardo Bertolucci

16 März

Caligula

37
Caligula wird römischer Kaiser
Der 24-jährige Gaius Julius Caesar Germanicus, genannt Caligula, übernimmt nach dem Tod des „Friedenskaisers" Tiberius die Herrschaft. Der neue Kaiser, der sich u. a. wegen einer Generalamnestie zunächst bejubeln lässt, strebt bald ein despotisches und grausames Gottkaisertum an. Am 24.1.41 fällt er einem Anschlag zum Opfer.

1978
Ölpest
Nahe der französischen Hafenstadt Brest gerät der Riesentanker „Amoco Cadiz" in einen Sturm, läuft auf Grund und bricht auseinander. Die gesamte Ladung von über 200.000 Tonnen Roh-Öl ergießt sich in den Atlantik und bildet einen Ölteppich in der Größe des Saarlandes. 400 km bretonischer Strand werden verseucht.

Havarie der „Amoco Cadiz"

1978
Aldo Moro entführt
Mitglieder der italienischen Terroristengruppe „Rote Brigaden" entführen den italienischen christdemokratischen Politiker Aldo Moro. Weil die Regierung unter Giulio Andreotti nach langen öffentlichen Diskussionen nicht auf die Forderungen der Entführer eingeht, 13 Gesinnungsgenossen freizulassen, findet man die Leiche des Politikers am 9.5.1978 in einem Auto im Zentrum von Rom.

1986
UN-Beitritt abgelehnt
Die Bürger der Schweiz lehnen einen Beitritt zu den Vereinten Nationen ab. Sie befürchten, mit einer Mitgliedschaft in der UNO eine Einschränkung ihrer Unabhängigkeit hinnehmen zu müssen.

Am 16. März geboren:

Johannes Geiler von Kaysersberg (1445 in Schaffhausen), deutscher Theologe. Der bedeutendste Prediger des Spät-Mittelalters wirkte vor allem im Straßburger Münster.
(† 10.3.1510 in Straßburg)

Georg Simon Ohm (1789 in Erlangen), deutscher Physiker. Entdeckt 1821 den Zusammenhang zwischen Spannung, Stromstärke und Widerstand und formuliert das nach ihm benannte Ohm´sche Gesetz.
(† 6.7.1854 in München)

Clemens August Graf von Galen (1878 in Dinklage), deutscher Kardinal. Protestiert öffentlich gegen Kirchenfeindlichkeit und Rassenpolitik der Nationalsozialisten sowie gegen deren Ermordung geistig und körperlich Behinderter. († 22.3.1946 in Münster)

Bernardo Bertolucci (1940 in Parma), italienischer Regisseur und Schriftsteller. Der Oscar-Preisträger inszeniert Geschichten aus der Emilia Romagna und nationale Epen. Bekannte Filme Bertoluccis sind u. a. *Der letzte Tango in Paris* (1972), *Der letzte Kaiser* (1987) sowie *Little Buddha* (1993).

Teresa Berganza (1935 in Madrid), eigentlich Teresa Vargas, spanische Opernsängerin; **Isabelle Huppert** (1953 in Paris), französische Schauspielerin.

Auch das geschah an diesem Tag

1521 Ferdinand Magellan entdeckt die Philippinen und nimmt sie für die spanische Krone in Besitz. **1926** Der US-Amerikaner Robert Hutchins Goddard startet die erste funktionierende Rakete mit Flüssigtreibstoff-Antrieb (Benzin und flüssiger Sauerstoff). **1968** Als die Soldaten einer US-Kampfgruppe entgegen ihrer Annahme in vietnamesischem Bauerndorf My Lai keine Vietcong-Kämpfer entdecken, beginnen sie mit der systematischen Ermordung der Zivilbevölkerung.

17 März

Vielleicht ist die Hoffnung die letzte Weisheit der Narren.

Siegfried Lenz

Nat „King" Cole

Rudolf Nurejew

20.2.–20.3.

Gertraud, Konrad, Patrick

Am 17. März geboren:

Hans Jacob Christoffel von Grimmelshausen (vermutlich 1621 in Gelnhausen), deutscher Dichter. In seinem Hauptwerk, dem Roman *Der abentheuerliche Simplicissimus Teutsch* (1669), gibt er einen realistischen Einblick in die Sittengeschichte seiner Zeit. († 17.8.1676 in Renchen bei Kehl)

Gottlieb Wilhelm Daimler (1834 in Schorndorf), deutscher Ingenieur und Erfinder. Entwickelt den Otto-Viertaktmotor und schafft 1886 die erste fahrtüchtige Konstruktion eines Motorwagens. († 6.3.1900 in Bad Cannstadt)

Auto von Gottlieb Daimler

Siegfried Lenz (1926 in Lyck/Ostpreußen), deutscher Schriftsteller. Der neben Grass und Böll in Deutschland meistgelesene Autor hat seinen größten Erfolg mit dem Roman *Die Deutschstunde* (1968). Weitere Werke sind *So zärtlich war Suleyken* (1955) und *Einstein überquert die Elbe bei Hamburg* (1975).

Rudolf Hametowitsch Nurejew (1938 nahe Irkutsk), österreichischer Tänzer und Choreograf sowjetischer Abstammung. Insbesondere durch die Rekonstruktion klassischer Choreografien übt er großen Einfluss auf das Ballett des 20. Jh. aus. († 6.1.1993 in Paris)

Helene Weber (1881 in Elberfeld/Wuppertal), deutsche Politikerin und Frauenrechtlerin. († 25.7. 1962 in Bonn); **Nat „King" Cole** (1917 in Montgomery/Alabama, USA), eigentlich Nathaniel Adams Cole, US-amerikanischer Jazz-Musiker. († 15.2.1965 in Santa Monica/Kalifornien)

1229
Kreuzfahrer in Jerusalem
Unter Führung des römisch-deutschen Kaisers Friedrich II. gelangen die Kreuzfahrer nach Verhandlungen kampflos in die Stadt. Sogleich krönt sich Friedrich II., gegen den Widerstand des Patriarchen von Jerusalem, der Johanniter und der Templer selbst zum König von Jerusalem, um seine Unabhängigkeit von Papst Gregor IX. deutlich zu machen. Der hatte ihn wegen des mehrfach verschobenen Kreuzzuges mit dem Kirchenbann belegt.

1861
Königreich Italien
Viktor Emanuel II., ehemals König von Sardinien, wird zum König von Italien ausgerufen. Damit ist die Loslösung von Österreich und die Vereinigung des Landes, bis auf Venetien und den Kirchenstaat, vollzogen. Nach Volksabstimmungen wird die sardische Verfassungsordnung schrittweise auf das neue Italien übertragen.

Dalai Lama

1959
Flucht des Dalai Lama
Der XIV. Dalai Lama, das als gottgleich verehrte tibetische Staatsoberhaupt, erhält in Indien politisches Asyl. Er muss fliehen, weil die Volksrepublik China einen Aufstand in Tibet niederkämpft.

1992
Ende der Apartheid
In Südafrika stimmen 68,7 % der Weißen für eine Abschaffung der Rassentrennung. Im Rahmen seiner Reformpolitik hatte Präsident Frederik Willem de Klerk schon 1990 die Freilassung des Oppositionsführers Nelson Mandela angeordnet und 1991 alle wesentlichen Apartheidsgesetze aufgehoben. 1993 beendet eine Übergangsverfassung die Alleinherrschaft der weißen Bevölkerung.

Auch das geschah an diesem Tag
1948 Großbritannien, Frankreich und die Benelux-Staaten beschließen mit dem „Brüsseler Pakt" eine Zusammenarbeit in Verteidigungs-, Wirtschafts- und Kulturfragen. 1969 Golda Meir wird israelische Ministerpräsidentin.

20.2.–20.3.
Cyrill, Eduard, Sibylle

Christian Friedrich Hebbel

Arthur Neville Chamberlain

Verstand ohne Gefühl ist unmenschlich, Gefühl ohne Verstand ist Dummheit.

Egon Bahr

18 März

1848
Berliner Barrikadenkämpfe
König Friedrich Wilhelm IV. schickt Truppen auf den Berliner Schlossplatz, um eine Demonstration für demokratische Freiheiten gewaltsam zu beenden. Anschließend bauen die Demonstranten in den Straßen Barrikaden auf und liefern sich mit den Truppen blutige Kämpfe.

1946
Weltbank
Die Internationale Bank für Wiederaufbau und Entwicklung, kurz Weltbank, nimmt ihre Geschäfte auf. 44 Nationen hatten am 1.7.1944 auf einer Konferenz in Bretton Woods (New Hampshire) beschlossen, eine Weltbank und einen Internationalen Währungsfonds (IWF) zu errichten, um absehbaren Schwierigkeiten in der Übergangsphase von der Kriegs- zur Friedenswirtschaft entgegenzutreten.

Auch das geschah an diesem Tag
1839 Der Kaiser von China untersagt ausländischen Handelsgesellschaften die Einfuhr von Opium: Es kommt zum Opiumkrieg zwischen Großbritannien und China. **1940** Bei ihrem ersten Treffen seit Beginn des Zweiten Weltkrieges sagt Benito Mussolini dem deutschen Reichskanzler Adolf Hitler den italienischen Kriegsbeitritt zu. **1965** Mit dem Weltraumspaziergang des Kosmonauten Alexej Archipowitsch Leonow unterstreicht die Sowjetunion ihren Vorsprung in der bemannten Raumfahrt vor den USA.

1990
Volkskammerwahl
Bei den ersten freien und demokratischen Wahlen zur Volkskammer der DDR wird die CDU, die im konservativen Wahlbündnis „Allianz für Deutschland" zusammen mit dem Demokratischem Aufbruch (DA) und der Deutschen Sozialen Union (DSU) antritt, stärkste Partei. Die SPD erhält 21% der Stimmen, die Wahlbeteiligung liegt bei 93 %.

Wahlplakate zur Volkskammer der DDR

1999
Friedensplan für den Kosovo
Die Kosovo-Albaner unterzeichnen einseitig den mühsam in Rambouillet/Frankreich ausgehandelten internationalen Friedensplan, der eine Stationierung von NATO-Truppen im Kosovo vorsieht. Weil die serbische Führung den Plan strikt ablehnt, setzt ihn die NATO schließlich mit Gewalt durch.

Am 18. März geboren:

Christian Friedrich Hebbel (1813 in Wesselburen), deutscher Dichter. Der Begründer der realistischen Tragödie beschreibt in seinen Dramen wie z. B. *Maria Magdalene* (1844) den Konflikt zwischen Individuum und bürgerlicher Weltordnung. († 13.12.1863 in Wien)

Arthur Neville Chamberlain (1869 in Edgbaston bei Birmingham), britischer Premierminister (1937–40). Hofft zunächst, mit Diplomatie Einvernehmen mit den faschistischen Regierungen Europas herstellen zu können. Er muss diesen Kurs jedoch schnell aufgeben. († 9.11.1940 in Heckfield bei Reading)

Egon Karl-Heinz Bahr (1922 in Treffurt/Wartburgkreis), deutscher Politiker. Prägt als Abrüstungsexperte insbesondere die Ostpolitik unter Willy Brandt und wird zum Vordenker der Beendigung des „Kalten Krieges".

Christa Wolf (1929 in Landsberg), deutsche Schriftstellerin. Bei grundsätzlicher Bejahung des Kommunismus kritisiert sie in ihren Romanen den sozialistischen Alltag anhand individueller Schicksale. Sie schrieb Werke wie *Der geteilte Himmel* (1963), *Kassandra* (1983) und *Medea – Stimmen* (1996).

Rudolf Diesel (1858 in Paris), Ingenieur. († 29.9.1930, ertrunken im Ärmelkanal); **Frederik Willem De Klerk** (1936 in Johannesburg), südafrikanischer Politiker und Nobelpreisträger.

De Klerk

19 März

Lebensstandard ist kein Ersatz für Lebenssinn.

Hans Küng

Adolf Eichmann

Max Reger

20.2.–20.3.
Josef, Josefine

Am 19. März geboren:

Max Reger (1873 in Brand), eigentlich Johann Baptist Joseph Maximilian Reger, deutscher Komponist. Er leitet die musikalische Moderne ein und erlangt neben Orchester-, Kammer- und Chormusik vor allem durch Orgelwerke an Bedeutung. († 11.5.1916 in Leipzig)

Albert Speer (1905 in Mannheim), deutscher Architekt und Politiker. Er errichtet als Architekt für die Nationalsozialisten klassizistische Repräsentationsbauten in Berlin, München und Nürnberg und gehört später als Reichsminister zum engsten Führungskader Hitlers. Als Kriegsverbrecher wird er zu 20 Jahren Haft verurteilt. († 1.9.1981 in Berlin)

Albert Speer: Mosaiksaal der Reichskanzlei in Berlin

Adolf Eichmann (1906 in Solingen), deutscher Parteifunktionär. Als Leiter des sog. Judenreferats im Reichssicherheitshauptamt mitverantwortlich für den Transport jüdischer Menschen in Massenvernichtungslager. († 31.5.1962, hingerichtet in Ramla/Israel)

Hans Mayer (1907 in Köln), deutscher Literaturwissenschaftler. († 19.5.2001 in Tübingen); **Hans Küng** (1928 in Sursee/Kanton Luzern), schweizerischer katholischer Theologe; **Egon Krenz** (1937 in Kolberg/Pommern), deutscher Politiker.

1911
Internationaler Frauentag
Auf Initiative von Clara Zetkin, Protagonistin der sozialistischen Frauenbewegung, findet der erste Internationale Frauentag statt. Im Deutschen Reich, in Dänemark, Österreich, der Schweiz und den USA demonstrieren Frauen und einige Männer gegen die Unterdrückung der Frauen und für das Frauenwahlrecht, Demokratie und Frieden.

1933
Estado Novo
Der portugiesische Ministerpräsident António de Oliveira Salazar erlässt, mit Unterstützung der Einheitspartei Nationale Union, eine neue Verfassung. Sie verleiht ihm diktatorische Vollmachten und soll Portugal in einen national ständisch-korporativ orientierten „Neuen Staat" nach faschistischem Muster umwandeln. Nach Salazars Tod im Jahr 1970 besteht die portugiesische Diktatur noch einige Jahre weiter, bevor sie in der Nelkenrevolution von 1974 ihr größtenteils friedliches Ende findet.

1945
Befehl „Verbrannte Erde"
Reichskanzler Adolf Hitler ordnet an, dass „... alle militärischen, Verkehrs-, Nachrichten-, Industrie- und Versorgungsanlagen sowie Sachwerte innerhalb des Reichsgebiets, die sich der Feind für die Fortsetzung seines Kampfes irgendwie sofort oder in absehbarer Zeit nutzbar machen kann" zu zerstören sind. Angesichts der bevorstehenden Kriegsniederlage sollen sie nicht den Alliierten in die Hände fallen. Großindustrielle und Rüstungsminister Albert Speer widersetzen sich dem wahnwitzigen Befehl.

1970
Deutsch-deutsches Gipfeltreffen
Bundeskanzler Willy Brandt reist in die DDR und trifft sich in Erfurt mit Willi Stoph, dem Staatsratsvorsitzenden der DDR. Es ist das erste Treffen zweier deutscher Regierungschefs.

Auch das geschah an diesem Tag

1953 Auf der Internationalen Automobil-Ausstellung in Frankfurt wird der Messerschmitt-Kabinenroller vorgestellt. **1964** Der 5,8 km lange St.-Bernhard-Tunnel zwischen Italien und der Schweiz wird für den Verkehr freigegeben.

Messerschmitt-Kabinenroller, Werbeplakat

20.2.–20.3.
Claudia, Irmgard, Wolfram

Ovid

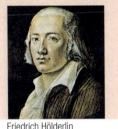
Friedrich Hölderlin

Wir sind nichts. Was wir suchen ist alles.
Friedrich Hölderlin

20 März

1890
Rücktritt des „Eisernen Kanzlers"
Kaiser Wilhelm II. nimmt das Rücktrittsgesuch von Reichskanzler Otto von Bismarck an. Nach 19 Jahren Regierungszeit bittet Bismarck um seine Entlassung, weil die persönlichen und sachlichen Gegensätze zwischen Kaiser und Kanzler insbesondere in Fragen sozialer Reformen unüberbrückbar geworden sind. Bismarck zieht sich nach Schloss Friedrichsruh (Sachsenwald) bei Hamburg zurück.

Chiang Kai-shek

1925
Chiang Kai-shek an der Macht
In China setzt sich General Chiang Kai-shek an die Spitze der revolutionären Nationalpartei Kuomintang, um das Land unter Ausschluss der Kommunisten zu einigen. Von Nanking aus regiert er China bald als Oberbefehlshaber der Armee und als Staatschef. 1949 flieht er mit Partei und Armee vor den siegreichen kommunistischen Truppen nach Taiwan und ist dort bis zu seinem Tod 1975 Präsident der Republik China.

1933
Erstes KZ
Adolf Hitler lässt das Konzentrationslager Dachau in Betrieb nehmen, mit dessen Organisation er den Polizeipräsidenten von München und späteren Reichsführer der SS Heinrich Himmler betraut hat. Als erste Gefangene sind Mitglieder der KPD, SPD und der Gewerkschaften der SS-Willkür ausgeliefert.

2003
Irak-Krieg beginnt
Der US-amerikanische Präsident George W. Bush erklärt, dass nach Ablauf des Ultimatums an den irakischen Machthaber Saddam Hussein, das Land zu verlassen, erste „ausgewählte Ziele" in Bagdad bombardiert werden und US-Streitkräfte an die irakische Grenze vorgerückt sind. Die Reaktionen auf den Beginn des Irak-Krieges sind unterschiedlich: Russland, Frankreich und Deutschland bedauern, dass die friedliche Lösung des Konflikts gescheitert ist, Großbritannien und Japan unterstützen den Angriff. Weltweit kommt es zu Demonstrationen und Streiks gegen den Krieg.

Am 20. März geboren:

Ovid (43 v. Chr. in Sulmo/heute Sulmona, Italien), eigentlich Publius Ovidius Naso, römischer Dichter. Stellt in seinen Elegien vorwiegend die vornehme stadt-römische Gesellschaft dar. Sein Hauptwerk sind die *Metamorphosen*. († ca. 18 n. Chr. in Tomis/heute Konstanza, Rumänien)

Johann Christian Friedrich Hölderlin (1770 in Lauffen am Neckar), deutscher Lyriker. Er verfolgt eine Idee des Ganzen und eine allgemeine Versöhnung. Nach einem psychischen Zusammenbruch wird er in eine Heilanstalt eingewiesen und 1807 als unheilbar entlassen. Sein bekanntestes Werk ist der Roman *Hyperion oder der Eremit in Griechenland*, 1797–99. († 7.6.1843 in Tübingen)

Henrik Ibsen (1828 in Skien), norwegischer Dramatiker. In seinen gesellschaftskritischen Dramen wie z. B. in *Peer Gynt* (1867) oder in *Nora oder Ein Puppenheim* (1879) thematisiert er die Brüchigkeit menschlicher Beziehungen. Er gilt als der Mitbegründer des modernen Dramas.
(† 23.5.1906 in Christiania/heute Oslo)

Ralph Giordano (1923 in Hamburg), deutscher Schriftsteller und Journalist. Erhält für seine publizistische Arbeit 2003 den Leo-Baeck-Preis des Zentralrats der Juden in Deutschland. Sein bekanntester Roman ist *Die Bertinis*, der 1988 verfilmt wurde.

Auch das geschah an diesem Tag

1848 König Ludwig I. von Bayern dankt wegen seiner Liaison mit der Tänzerin Lola Montez ab. **1965** Der US-amerikanische Jazztrompeter Louis Armstrong begeistert das Publikum im ausverkauften Friedrichstadt-Palast in Ostberlin. **1993** Der deutsche Boxer Henry Maske wird neuer Weltmeister im Halbschwergewicht.

Louis Armstrong

21 März

Wer die Laterne trägt, stolpert leichter als wer ihr folgt.

Jean Paul · Johann Sebastian Bach

Hans Dietrich Genscher

21.3.–20.4..
Axel, Benedikt, Christian, Emilia

Am 21. März geboren:

Johann Sebastian Bach (1685 in Eisenach), deutscher Komponist. Bach entwickelt traditionelle Kompositionstechniken, u. a. die Kontrapunktik, weiter und ist Vorbild vieler zeitgenössischer Interpreten und Komponisten. Toccata, Konzert, Suite, Orgelchoral, Kantate und Passion stellt er meist in den Dienst protestantischer Theologie. († 28.7.1750 in Leipzig)
Jean Paul (1763 in Wunsiedel), deutscher Schriftsteller. Mithilfe grotesker Fantasie und Humor gibt der als Johann Paul Friedrich Richter geborene Autor eine realistische Schilderung sozialer Milieus. († 14.11.1825 in Bayreuth)
Modest Petrowitsch Mussorgski (1839 in Karewo/Gebiet Pskow), russischer Komponist. Zahlreiche seiner Werke blieben Fragment und wurden von Rimski-Korsakow ergänzt, so z. B. die Oper *Chowanschtschina* (1872–80). († 28.3.1881 in Petersburg)
Hans-Dietrich Genscher (1927 in Reideburg bei Halle/Saale), deutscher Politiker. Der FDP-Politiker entwickelt im Ost-West-Konflikt eine Linie des Ausgleichs und hat als Außenminister maßgeblichen Anteil an der deutschen Wiedervereinigung.
Heinrich Seuse (1295, vermutlich in Konstanz oder Überlingen), deutscher Mystiker († 25.1.1366 in Konstanz);
Erich Mendelsohn (1887 in Allenstein), deutscher Architekt. († 15.9.1953 in San Francisco); **Werner Höfer** (1913 in Kaisersesch), deutscher Journalist.(† 26.11.1997 in Köln); **Ayrton Senna** (1960 in São Paulo), brasilianischer Rennfahrer. († 1.5.1994 in Imola)

1804
Code Civil
Napoleon Bonaparte verabschiedet mit dem „Code Napoléon" (auch „Code Civil") das französische Zivilgesetzbuch. Auf den Prinzipien der französischen Revolution (Freiheit, Gleichheit, Brüderlichkeit) basierend, entstand ein Gesetzeswerk, das abstrakte in allgemein praktikable Regelungen umwandelte. Als erstes demokratisches Gesetzbuch der Neuzeit übt es einen starken Einfluss auf die gesamte europäische Rechtsentwicklung aus.

1919
„Bauhaus" in Weimar
Mit dem Ziel, in einer Hochschule für Gestaltung die Grenze zwischen Handwerk und Kunst zu überwinden, wird das von Walter Gropius gegründete *Bauhaus* eingeweiht. Nach Auffassung des „Bauhaus" bedingen Funktionalität und Materialgerechtigkeit die Schönheit und den Stil eines Produktes. Ab den 1930er-Jahren setzt sich die Richtung international durch und wird zur Grundlage moderner Architektur und modernen Designs.

Bauhaus

1990
Deng Xiaoping tritt zurück
Der führende Politiker der Volksrepublik China tritt von seiner letzten offiziellen Position zurück und gibt sein Amt als Vorsitzender der staatlichen Militärkommission ab. Xiaoping, der in den 1980er-Jahren umfangreiche wirtschaftliche Reformen einleitete und als Hauptverantwortlicher für das Massaker auf dem Platz des himmlischen Friedens vom 3.6.1989 gilt, bleibt aber der einflussreichste Politiker Chinas.

Deng Xiaoping (r.) und V. Giscard d'Esting

1990
Südwestafrika wird Namibia
Als letzte Kolonie Afrikas erhält Südwestafrika die Unabhängigkeit. Die ehemalige deutsche Kolonie stand seit dem Ersten Weltkrieg unter südafrikanischer Verwaltung.

Auch das geschah an diesem Tag
1913 Der Theologe und Arzt Albert Schweitzer bricht von seinem Heimatort im Elsass nach Gabun auf. Dort gründet er das Tropenhospital Lambaréné und wirkt als Missionsarzt. 1952 erhält er den Friedensnobelpreis.

21.3.–20.4..

Elmar, Lea, Reinhilde

Marcel Marceau

Nicolae Ceaușescu

Ich habe jetzt keine Zeit, müde zu sein.
Wilhelm I.

22 März

1312
Orden der Tempelritter aufgelöst
Papst Klemens V. verfügt auf dem Konzil von Vienne die Auflösung des Templerordens. Er gibt dem Druck des französischen Königs Philipp IV. nach, der, wohl um sich das Vermögen der Ritter anzueignen, bei der Inquisition ein Verfahren wegen Blasphemie und Unzucht eingeleitet hat. Der Orden war 1118 in Jerusalem zum Schutz der Pilger gegründet worden.

1965
Machtübernahme Ceaușescus
In Rumänien übernimmt Nicolae Ceaușescu das Amt des Ersten Sekretärs seiner kommunistischen Partei. Nach seiner Wahl zum Staatsoberhaupt (1967) und zum Vorsitzenden des Verteidigungsrates (1969) hält er alle politische und militärische Macht in Händen. Außenpolitisch strebt er die Unabhängigkeit gegenüber der UdSSR an, innenpolitisch eine diktatorische Herrschaft, gestützt auf die Geheimpolizei „Securitate". Nach dem Zusammenbruch seines Systems wird er der Diktator am 25.12.1989 auf der Flucht verhaftet und erschossen.

1974
Volljährigkeit mit 18
Der Deutsche Bundestag beschließt, das Alter der Volljährigkeit von 21 auf 18 Jahre herabzusetzen. Neben dem Recht, ohne Zustimmung der Eltern heiraten zu dürfen, erwerben junge Menschen zukünftig auch drei Jahre früher das aktive Wahlrecht.

1994
Auszeichnungen für *Schindlers Liste*
Der Film *Schindlers Liste* von Steven Spielberg erhält sieben Oscars. Er porträtiert den Geschäftsmann Oscar Schindler, der im Zweiten Weltkrieg mehr als 1000 Juden vor der Ermordung durch die Nationalsozialisten rettete.

Filmplakat von *Schindlers Liste*

Am 22. März geboren:

Anthonis van Dyck (1599 in Antwerpen), flämischer Maler. Der Schüler von Rubens gilt als wichtigster Portraitmaler des Barock, u. a. war er Hofmaler des englischen Königs Karl I. († 9.12.1641 in London)
August Hermann Francke (1663 in Lübeck), evangelischer Theologe. Der Hauptvertreter des Pietismus gründet in Halle/Saale die Francke'schen Stiftungen. († 8.6.1727 in Halle/Saale)
Wilhelm I. (1797 in Berlin), preußischer König (1861–88) und deutscher Kaiser (1871–88). Er beruft Otto von Bismarck zum Ministerpräsidenten

Anthonis van Dyck: *Die Dornenkrönung*

und lässt ihn gewähren, obwohl er politisch oft nicht mit ihm übereinstimmt. († 9.3.1888 in Berlin)
Marcel Marceau (1923 in Straßburg), französischer Pantomime. Der Altmeister der Pantomime beginnt seine Karriere mit der Rolle des Harlekin in Michel Carnés Film *Kinder des Olymp* (1945). Populär wird er u. a. mit der Figur des traurigen Clowns Bip.
Bruno Ganz (1941 in Zürich), schweizerischer Schauspieler; **André Heller** (1947 in Wien), österreichischer Aktionskünstler; **Andrew Lloyd Webber** (1948 in London), britischer Komponist.

Auch das geschah an diesem Tag

1935 Zukünftig werden in Deutschland regelmäßig Fernsehsendungen ausgestrahlt. Dreimal pro Woche sendet der „Fernsehsender Paul Nipkow" je anderthalb Stunden Programm mit Filmen und Wochenschau-Ausschnitten, die man sich in ca. 200 öffentlichen Fernsehstuben ansehen kann.

23 März

Nicht wer viel besitzt, ist reich, sondern wer viel gibt.

Erich Fromm

Wernher von Braun

Arthur Evans

21.3.–20.4.
Otto, Rebekka

Am 23. März geboren:

Roger Martin du Gard (1881 in Neuilly-sur-Seine/Frankreich), französischer Schriftsteller. Dem Realismus verpflichtet, beschreibt er das Verhältnis zwischen individueller Wirklichkeit und sozialer Realität. 1937 erhält er für seinen Novellen-Zyklus *Les Thibault* den Literatur-Nobelpreis. († 22.8.1958 in Bellême/Frankreich)

Erich Fromm (1900 in Frankfurt/Main), deutsch-amerikanischer Psychoanalytiker. Er sieht die psychische Entwicklung weniger durch die Triebhaftigkeit, sondern durch soziale und umweltbezogene Faktoren bestimmt. Seine bekanntesten Werke sind *Die Kunst des Liebens* (1956) und *Haben oder Sein* (1976). († 18.3.1980 in Muralto/Schweiz)

Akira Kurosawa (1910 in Omori bei Tokio), japanischer Regisseur. In seinen Filmen zeigt er fast immer gewaltige, geradezu übermenschliche Konflikte um Themen wie Selbstaufopferung, Wertvorstellungen des japanischen Kriegers und humanistische Ideale. Der internationale Durchbruch gelingt ihm 1951 mit *Rashomon*. († 6.9.1998 in Tokio)

Wernher Freiherr von Braun (1912 in Wirsitz/Polen), deutsch-amerikanischer Physiker und Raketenkonstrukteur. Entwickelt für Hitler die V2-Rakete. Später arbeitet er bei der NASA für das US-amerikanische Weltraumprogramm. († 6.6.1977 in Alexandria/Virginia); **Daniel Bovet** (1907 in Neuchâtel, Schweiz), italienischer Pharmakologe († 8.4.1992 in Rom); **Robert Gallo** (1937 in Waterbury), amerikanischer Mikrobiologe.

1900
Ausgrabung von Knossos
Der Archäologe Arthur Evans beginnt mit seinen Ausgrabungen der an der Nordküste Kretas gelegenen minoischen Stadt Knossos. Nach 40-jähriger Arbeit zeigt sich: Die Stadt des König Minos, die der Sage nach das Labyrinth des Menschen fressenden Ungeheuers Minotaurus beherbergte, hatte ihre Blütezeit von ca. 1700–1500 v. Chr. und verfügte bereits über eine Warmwasserheizung und Toiletten mit Wasserspülung.

Palast von Knossos

1919
Faschismus in Italien
Benito Mussolini gründet mit Gesinnungsgenossen die „Fasci di combattimento", einen rechtsgerichteten Kampfbund aus ehemaligen Frontsoldaten, der sich gegen den revolutionären Sozialismus stellt. Mit der Umformung der Bewegung zur „Partito Nazionale Fascista" (PNF) im Jahr 1921 gewinnt sie auch in der Bürokratie, der Armee und sogar in der katholischen Kirche Rückhalt.

Benito Mussolini

1933
Ermächtigungsgesetz
Gegen die Stimmen der Sozialdemokraten und bei Abwesenheit rechtswidrig verhafteter Parlamentsmitglieder nimmt der Deutsche Reichstag mit großer Mehrheit das Ermächtigungsgesetz an. Es durchbricht den Grundsatz der Gewaltenteilung und erlaubt der Regierung Adolf Hitlers, ohne Zustimmung des Parlamentes, Gesetze zu beschließen und Verträge mit anderen Staaten abzuschließen. Das Gesetz stellt den wesentlichen Schritt zur Machtergreifung der Nationalsozialisten dar.

1964
Erste Welthandelskonferenz
In Genf beginnt die erste Welthandels- und bis dahin größte Wirtschaftskonferenz der UNO. 1500 Vertreter aus 122 Staaten beraten, wie die reichen Länder der Welt die ärmeren Staaten unterstützen können.

Auch das geschah an diesem Tag

1997 Auf seinem Lauf durch das Sonnensystem erreicht der Komet Hale-Bopp den erdnächsten Punkt. Obwohl er für die Durchquerung insgesamt ca. 4,4 Jahre benötigt, ist er für nur etwa vier Wochen mit bloßem Auge von der Erde aus zu sehen.

21.3.–20.4..
Elias, Heidelinde, Katharina

Georgius Agricola

Dario Fo

Ich bin bestürzt!
Dario Fo

24 März

Robert Koch

1882
Tuberkelbazillus entdeckt
Der Berliner Arzt Robert Koch gibt die Entdeckung des Tuberkulose-Erregers bekannt. Die Tuberkulose, auch Schwindsucht oder „Weiße Pest" genannt, ist in Europa die häufigste Todesursache. Schließlich gelingt es Koch, die Krankheit mithilfe von Antibiotika erfolgreich zu bekämpfen. Erst rund 40 Jahre später steht ein Impfstoff zur Verfügung.

1976
Militärputsch in Argentinien
Eine Militärjunta unter der Führung von Jorge Rafael Videla stürzt die argentinische Präsidentin Isabel Perón nach nur zweijähriger Amtszeit durch einen unblutigen Putsch. Der General wird neuer Präsident des Landes, stellt seine Vorgängerin unter Hausarrest, löst das Parlament und die Länderkammern auf und erlässt ein Betätigungsverbot für Parteien und Gewerkschaften.

1980
Erzbischof Romero ermordet
Während eines Gottesdienstes wird Oscar Arnulfo Romero, der Erzbischof von San Salvador, von rechtsgerichteten Tätern erschossen. Der Geistliche hatte sich rigoros gegen die fünfköpfige Regierungsjunta gestellt und als Kämpfer für die Armen den Zusammenschluss linksgerichteter Oppositionsgruppen vorangetrieben. 1980 sterben bei Kämpfen zwischen Regierungstruppen und Opposition ca. 10.000 Menschen. Erst 1992 kommt es zu einem Ende des Bürgerkrieges.

1999
Bombardierung Jugoslawiens
In der Hoffnung, Jugoslawien von Gewaltaktionen gegen die albanische Bevölkerung des Kosovo abzubringen, beginnen die NATO-Staaten unter Beteiligung der BR Dtl. einen Angriffs-Luftkrieg. Am Boden verstärken die Serben jedoch die Terrorisierung und die Vertreibung der Albaner. Für die NATO ist es der erste Krieg in ihrer 50-jährigen Geschichte.

Am 24. März geboren:

Georgius Agricola (1494 in Glauchau), deutscher Arzt und Naturforscher. Der als Georg Bauer geborene Forscher gilt als Begründer der wissenschaftlichen Mineralogie und verfasst 1556 sein Werk zur Bergbau und Hüttenkunde *De Re Metallica*.
(† 21.11.1555 in Chemnitz)
Wilhelm Reich (1897 in Dobzau/heute Dobrzcynica, Galizien), österreichisch-amerikanischer Psychoanalytiker. Reich arbeitet meist über den Zusammenhang zwischen sexueller und gesellschaftlicher Unterdrückung. Wegen seiner Ansätze und therapeutischen Praktiken ist er umstritten. († 3.11.1957 in Lewisburg/Pennsylvania, USA)
Dario Fo (1926 in Sangiano), italienischer Dramatiker und Regisseur. Wegen seines provokanten Agitationstheaters bekommt er häufig Schwierigkeiten. Für sein Werk wird er 1997 mit dem Literaturnobelpreis ausgezeichnet. Er schrieb Stücke wie *Zufälliger Tod eines Anarchisten* (1970) oder *Bezahlt wird nicht!* (1975).
Martin Walser (1927 in Wasserburg/Bodensee), deutscher Schriftsteller. Walser setzt sich meist anhand der Darstellung von Anti-Helden mit der deutschen Geschichte und Gesellschaft auseinander. Zwei seiner bekanntesten Werke sind *Ein fliehendes Pferd* (1978) und *Die Verteidigung der Kindheit* (1991).
Alexandre Edmond Becquerel (1820 in Paris), französischer Physiker. († 11.5.1891 in Le Croisic bei Saint-Nazaire); **Peter Bichsel** (1935 in Luzern), schweizerischer Schriftsteller; **Roland Koch** (1958 in Frankfurt/Main), deutscher Politiker.

Auch das geschah an diesem Tag

1969 Der Beatle John Lennon und seine Frau Yoko Ono laden zu öffentlichen Flitterwochen in ein Amsterdamer Hotel. Mit dem einwöchigen „Bed-in" wollen sie für den Weltfrieden demonstrieren.

John Lennon und Yoko Ono bei ihrem „Bed-in"

25 März

Jeder Esel kann den Takt schlagen, aber Musik machen – das ist schwierig.

Arturo Toscanini

Béla Bartók

Arturo Toscanini

21.3.–20.4..
Jutta, Lucia

Am 25. März geboren:

Konradin von Schwaben (1252 auf Burg Wolfstein bei Landshut), eigentlich Konrad der Jüngere. Der letzte Staufer wurde beim Versuch, sein süditalienisches Erbe zurückzuerobern, gefangen und seinem Gegner Karl von Anjou ausgeliefert.
(† 29.10.1268, hingerichtet in Neapel)

Adolph Heinrich Gotthilf Wagner (1835 in Erlangen), deutscher Sozialökonom. Der Begründer der systematischen Darstellung der Volkswirtschaftslehre setzt sich insbesondere für eine starke Rolle des Staates in der Wirtschaft ein. († 8.11.1917 in Berlin)

Arturo Toscanini (1867 in Parma), italienischer Dirigent. Toscanini gilt insbesondere wegen seiner werkgetreuen Interpretationen der Opern von Verdi und der Sinfonien von Beethoven als bedeutendster Dirigent der ersten Hälfte des 20. Jh.
(† 16.1.1957 in New York)

Béla Bartók (1881 in Nagyszentmiklós/Rumänien), ungarischer Komponist. Das Multitalent verbindet Elemente ungarischer Volksmusik mit der Klassik und widmet sich einer wissenschaftlichen Untersuchung der Volksmusik. Er schrieb u. a. die Oper *Herzog Blaubarts Burg* (1911).
(† 26.9.1945 in New York)

1409
Erstes Konzil von Pisa
Um das Abendländische Schisma, die Kirchenspaltung mit der Regierung zweier Päpste, zu beenden, rufen die Kardinäle und Anhänger

Avignon: Papstpalast

von Papst Gregor XII. aus Rom und die Anhänger des Gegenpapstes Benedikt XIII. aus Avignon – gegen den Willen der beiden – ein Konzil ein. Die Versammlung setzt kurzerhand beide Päpste ab und wählt Alexander V. zum neuen Papst. Weil die beiden anderen aber nicht abtreten wollen, hat die katholische Kirche nun drei Päpste.

1954
SBZ wird DDR
Die UdSSR erkennt die Sowjetische Besatzungszone (SBZ) als souveränen deutschen Staat an, der als Deutsche Demokratische Republik in Zukunft selbst über innere und äußere Angelegenheiten entscheiden darf. Die sowjetische Kontrollkommission wird durch einen Hochkommissar ersetzt. Im Rahmen einer schrittweisen Aufwertung durch die Sowjetunion gewinnt die DDR unter den Ostblockstaaten an Gewicht.

1957
„Römische Verträge" unterzeichnet
Belgien, Deutschland, Frankreich, Italien, Luxemburg und die Niederlande unterzeichnen die Gründungsverträge für die Europäische Wirtschaftsgemeinschaft (EWG) und für die Europäische Atomgemeinschaft (EURATOM). Die Verträge treten zum 1.1.1958 in Kraft.

1998
Elf Staaten werden Euro-Länder
Gemäß den Richtlinien des „Maastrichter Vertrages" von 1992 prüft die Europäische Kommission, welche Länder die Rahmenbedingungen für die Einführung der Gemeinschaftswährung erfüllen. Luxemburg, Finnland, Irland, Belgien, Deutschland, die Niederlande, Frankreich, Österreich, Italien, Spanien und Portugal werden den Euro demnach am 1.1.1999 zunächst als Wirtschaftswährung einführen.

Auch das geschah an diesem Tag

1843 In London wird der erste, mittels Schildvortrieb erbaute Unterwasser-Tunnel eröffnet. **1939** Durch die Verordnung der Jugenddienstpflicht wird die Mitgliedschaft in der Hitler-Jugend obligatorisch. **1999** Wegen Bombardierungen durch die NATO-Staaten bricht Belgrad alle diplomatischen Beziehungen zur NATO ab.

21.3.–20.4..

Larissa, Ludger, Manuel

Tennessee Williams

Pierre Boulez

Niemand lernt jemals jemanden kennen. Wir sind alle zu lebenslänglicher Einzelhaft in unserer Haut verurteilt.

Tennessee Williams

März

1970
Verhandlungen über Berlin-Status
Die Westmächte USA, Großbritannien und Frankreich sowie die Sowjetunion nehmen in Berlin Verhandlungen über den Status der Stadt auf. Nachdem sich die Verhandlungen insbesondere wegen unterschiedlicher Rechtsauffassungen hinziehen, wird 1971 das sog. Viermächte-Abkommen unterzeichnet, das die politischen Bindungen und verkehrstechnischen Anbindungen von Berlin (West) zur BR Dtl. regelt.

1971
Unabhängigkeit von Bangladesch
Bengalische Nationalisten rufen in Ostpakistan die souveräne Republik Bangladesh aus. Der pakistanische Präsident Aga Muhammad Yahya Khan verhängt das Kriegsrecht über die Region und lässt Mujibur Rahman, den Führer der Unabhängigkeitsbewegung, verhaften. Als Indien im Dezember auf Seiten Bandgladeshs eingreift, besiegelt es die Unabhängigkeit des Landes.

1979
Friedensvertrag von Camp David
Nach mehr als 30 Jahren Kriegszustand unterzeichnen Israel und Ägypten ein Friedensabkommen, das u. a. die Räumung der Sinaihalbinsel durch Israel bis 1982 und die autonome Verwaltung von Westjordanland und Gazastreifen vorsieht. US-Präsident Carter hatte auf seinem Landsitz Camp David zwischen beiden Ländern vermit-

Friedensvertrag von Camp David

telt und am 17.9.1978 die Zustimmung von Anwar as-Sadat und Menachem Begin für einen Friedensplan erhalten.

1995
Wegfall europäischer Grenzen
Das Schengener Abkommen vom 14.6.1985 über die Abschaffung von Personen- und Warenkontrollen an den Binnengrenzen der EU tritt in Kraft. Danach fallen die Grenzen zwischen Frankreich, Deutschland und den Benelux-Staaten. Später kommen Portugal und Spanien dazu, ab dem 28.4.1995 Griechenland, Italien und Österreich. Am 19.12.1996 unterzeichnen Dänemark, Finnland, Schweden und sogar die Nicht-Mitglieder Island und Norwegen das Abkommen.

Auch das geschah an diesem Tag
1959 Ein „Hovercraft"-Luftkissenboot überquert erstmals den Ärmelkanal. **1991** Das Epos *Der mit dem Wolf tanzt* von und mit Kevin Costner gewinnt sieben Oscars.

Am 26. März geboren:

Conrad Gesner (1516 in Zürich), schweizerischer Historiker, Natur- und Sprach-Forscher. Der Universalgelehrte fasst das zoologische Wissen aus Altertum und Mittelalter in seiner *Historia Animalium* (erschienen 1551–87) zusammen.
(† 13.12.1565, in Zürich)
Tennessee Williams (1911 in Columbus/Mississippi), US-amerikanischer Schriftsteller. Der als Thomas Lanier Williams geborene Autor verfasst pessimistische Dramen wie *Die Glasmenagerie* (1944) oder *Die Katze auf dem heißen Blechdach* (1955), in denen er die Einsamkeit der Menschen zwischen Illusion und Wirklichkeit behandelt. († 25.2.1983 in New York)
Pierre Boulez (1925 in Montbrison), französischer Komponist und Dirigent. Der Musiker erlangt neben seinen Kompositionen v. a. durch die Interpretation und Bewahrung moderner Werke des 20. Jh. Bedeutung.
Patrick Süskind (1949 in Ambach), deutscher Schriftsteller und Drehbuchautor. Der Autor hat seinen ersten Erfolg mit dem Ein-Akter *Der Kontrabass* (1981). Ein Welterfolg wird sein Debütroman *Das Parfüm* (veröffentlicht 1985).
Elsa Brandström (1888 in St. Petersburg), schwedische Philantropin und Krankenschwester. († 4.3.1948 in Cambridge/Massachusetts); **Jens Reich** (1939 Göttingen), deutscher Molekularbiologe und Mitbegründer des „Neuen Forums"; **Erica Jong** (1942 in New York), amerikanische Schriftstellerin.

27 März

Wer die Vergangenheit nicht kennt, wird die Zukunft nicht in den Griff bekommen.

Golo Mann

Silvio Berlusconi

Ludwig Mies van der Rohe

21.3.–20.4..

Augusta, Ernst, Heimo, Rupert

Am 27. März geboren:

Wilhelm Conrad Röntgen (1845 in Lennep bei Remscheid), deutscher Physiker. Röntgen entdeckt 1895 die später nach ihm benannte kurzwellige Strahlung, wofür er 1901 den ersten Physik-Nobelpreis erhält. († 10.2. 1923 in München)

Heinrich Mann (1871 in Lübeck), deutscher Schriftsteller. In seinen Romanen, Novellen und Essays vertritt Mann gesellschaftskritische Ideen und richtet sich v. a. gegen blindes Untertanendenken. Seine Romane *Professor Unrat* (1905) und *Der Untertan* (1914) sind bis heute viel gelesen. († 12.3.1950 in Santa Monica).

Ludwig Mies van der Rohe (27.3.1886 in Aachen), deutsch-amerikanischer Architekt und Designer. Der Mitbegründer der modernen funktionalen Architektur ist zunächst Leiter des Dessauer Bauhauses, emigriert jedoch während der NS-Zeit in die USA. Bekannteste Arbeiten van der Rohes sind das *Seagram-Gebäude* in New York und die *Neue Nationalgalerie* in Berlin. († 17.8.1969 in Chicago)

Golo Mann (1909 in München), eigentlich Gottfried Angelo Mann, deutscher Historiker und Publizist. Der Sohn Thomas Manns veröffentlicht u. a. eine *Deutsche Geschichte des 19. und 20. Jahrhunderts* (1959) und eine *Wallenstein-Biografie* (1971). († 7.4.1994 in Leverkusen)

1813
Krieg gegen Frankreich

Die Schwäche der französischen Armee nach dem Russlandfeldzug nimmt der preußische König Friedrich Wilhelm III. zum Anlass, Napoleon den Krieg zu erklären. Der deutsche König hatte bereits am 17.3. mit dem Aufruf *An mein Volk* den Aufbau von Volkssturm und Freiwilligenkorps eingeleitet. Zunächst schließt sich Bayern, dann auch Österreich und Preußen an, um Napoleon im Oktober in der „Völkerschlacht bei Leipzig" endgültig zu besiegen.

1977
Flugzeugunglück auf Teneriffa

Nachdem eine Bombendrohung für den Flughafen auf Gran Canaria eingeht, wird dieser geschlossen und alle Maschinen nach Teneriffa umgeleitet. Als im dichten Flugverkehr eine Maschine der KLM auf das Flugfeld rollt und in einen startenden PanAm-Jumbo prallt, fangen beide Maschinen Feuer. Über 500 Menschen kommen beim bis dahin schwersten Flugzeugunglück ums Leben.

1994
Wahlsieg Berlusconis

Bei den italienischen Parlamentswahlen gewinnt das Rechtsbündnis „Forza Italia" unter der Führung des Medien-Unternehmers Silvio Berlusconi die absolute Mehrheit. Er war erst im Januar in die Politik eingetreten und hatte den Wahlkampf insbesondere mit Unterstützung seiner drei Fernsehsender geführt.

1996
Export-Verbot für britisches Rindfleisch

Weil die BSE-Krise in Großbritannien immer größere Ausmaße annimmt, verhängt die EU-Kommission ein Export-Verbot für britisches Rindfleisch, Rinderprodukte und Tiermehl. Der britische Gesundheitsminister Stephen Dorrel hatte einen Zusammenhang zwischen Rinderseuche und der tödlichen Creutzfeldt-Jakob-Krankheit nicht ausgeschlossen.

Auch das geschah an diesem Tag

1940 *Rebecca*, Alfred Hitchcocks erster Hollywood-Film, kommt in die amerikanischen Kinos. 1968 Die deutsche Hochschuldirektorenkonferenz beschließt für bestimmte Fächer die Einführung eines Numerus clausus.

Ludwig Mies van der Rohe: Neue Nationalgalerie in Berlin

21.3.–20.4..
Gundelind, Guntram, Ingbert

Johann Amos Comenius

Aristide Briand

Wir alle hungern nach Menschenliebe, und wenn man hungert, schmeckt auch schlecht gebackenes Brot.

Maxim Gorki

28 März

1849
Erste deutsche Reichsverfassung
Die Abgeordneten der Nationalversammlung verabschieden in der Frankfurter Paulskirche die erste deutsche Verfassung und wählen König Friedrich Wilhelm IV. von Preußen zum Kaiser: Er erhält 290 Stimmen bei 248 Enthaltungen. Der König lehnt jedoch ab, weil er kein Bürgerkaiser sein mag und das „freie Einverständnis der gekrönten Häupter, Fürsten und Städte" vermisst. Die Verfassung scheitert.

1935
Propagandafilm
Der NS-Propagandafilm *Triumph des Willens* wird in Berlin in Anwesenheit Adolf Hitlers uraufgeführt. Leni Riefenstahl dokumentiert den Reichsparteitag der Nationalsozialistischen Deutschen Arbeiterpartei (NSDAP) von 1934 und untermauert deren Macht. Mit großem technischen Aufwand setzt sie die oft choreographierten Aufmärsche und Paraden in Szene.

Reichsparteitag der NSDAP

General Franco

1939
Bürgerkrieg beendet
In Spanien nimmt der faschistische General Francisco Franco die Hauptstadt Madrid ohne jede Gegenwehr ein. Damit ist die republikanisch-sozialistische Regierung gestürzt und ein grausamer Bürgerkrieg zwischen Konservativen auf der einen und Sozialisten auf der anderen Seite beendet. Franco errichtet ein diktatorisches Regierungssystem und gibt die Macht bis zu seinem Tod 1975 nicht mehr ab.

1979
Beinahe-GAU
Im US-amerikanischen Harrisburg/Pennsylvania kommt es fast zu einer nuklearen Katastrophe. Nach dem Zusammenbruch des Kühlsystems wird das Ersatzsystem abgeschaltet, durch ausweichenden Dampf treten bereits erhebliche Mengen an Radioaktivität aus. Der Reaktor wird jedoch rechtzeitig stillgelegt und ein GAU, der „Größte Anzunehmende Unfall", verhindert.

Auch das geschah an diesem Tag
1842 Hofkapellmeister Otto Nicolai und das Wiener Hofopernorchester gründen die Wiener Philharmoniker.
1961 Zum ersten Konzert der Beatles kommen nur wenige Zuhörer in den „Jazz Cavern Club" in Liverpool.

Am 28. März geboren:

Johann Amos Comenius (1592 in Nivnice/Mähren), eigentlich Jan Amos Komenský, tschechischer Pädagoge und Theologe. Der Wegbereiter der Aufklärung fordert eine anschauliche Bildung und die allgemeine Schulpflicht auch für Mädchen. 1623 verfasst er seine Schrift *Das Labyrinth der Welt und das Paradies des Herzens*. († 15.11.1670 in Amsterdam)
Aristide Briand (1862 in Nantes), französischer Politiker. Der u. a. als Außenminister und Ministerpräsident einflussreiche Sozialist erhält 1932 für seine Verdienste um den europäischen Frieden zusammen mit Gustav Stresemann den Friedensnobelpreis. († 7.3.1932 in Paris)
Maxim Gorki (1868 in Nischni Nowgorod/heute Gorki), eigentlich Aleksej Maksimowitsch Peschkow, russischer Schriftsteller. Der Mitbegründer und erste Klassiker des sozialistischen Realismus hat 1902 seinen ersten Erfolg mit dem Drama *Nachtasyl*, außerdem bedeutend ist der Roman *Die Mutter* (1907). († 18.6.1936 in Moskau)
Theresia von Avila (1515 in Àvila/Spanien), Patronin Spaniens und heilig gesprochene Karmeliterin. († 4.10.1582 in Alba de Tormes); **Peter Suhrkamp** (1891 in Kirchhatten), deutscher Verleger. († 31.3.1959 in Frankfurt/Main); **Joseph „Sepp" Herberger** (1897 in Mannheim), deutscher Fußballtrainer. († 28.4.1977 in Mannheim)

29 März

Nostalgie ist die Sehnsucht nach einer Zeit, von der man absolut keine Ahnung hat.

Lore Lorentz

Ernst Jünger

John Major

21.3.–20.4..
Berthold, Claudia, Helmut, Ludolf

Am 29. März geboren:

Wilhelm Liebknecht (1826 in Gießen), deutscher Theologe, Philosoph, Journalist und Politiker. Der orthodoxe Marxist prägt die Frühzeit der deutschen Sozialdemokratie und gründet 1869 mit August Bebel die Sozialdemokratische Arbeiterpartei (SDAP). († 7.8.1900 in Charlottenburg)

Ernst Jünger (1895 in Heidelberg), deutscher Schriftsteller. Sein Werk spiegelt die politische Entwicklung konservativ-bürgerlicher Intellektueller seit dem Ersten Weltkrieg. Zudem ist er Herausgeber nationalistischer Schriften. († 17.2.1998 in Riedlingen)

Lawrenti Pawlowitsch Berija (1899 in Mercheuli/Georgien), sowjetischer Politiker. Der Staatsterrorist steigt unter Stalin zum Chef des gesamten Polizei- und Überwachungsapparates auf. Bei von ihm organisierten „Säuberungsaktionen" werden Mio. Menschen ermordet. († 23.12.1953, in Moskau, hingerichtet)

John Major (1943 in Wimbledon), britischer Politiker. Der Konservative Politiker wird 1990 britischer Premierminister und Nachfolger von Margret Thatcher. Nach der Wahlniederlage gegen die Labour Party 1997 legt er auch den Parteivorsitz nieder.

Joseph Hooton Taylor (1941 in Philadelphia), US-amerikanischer Astrophysiker, Meteorologe und Weltraumforscher; **Lennart Meri** (1929 in Tallin), estnischer Politiker.

1894
Bund Deutscher Frauenvereine
Durch den Zusammenschluss von über 30 Frauenorganisationen entsteht mit dem „Bund Deutscher Frauenvereine" (BdF) die erste zentrale Einrichtung für die Anliegen der Frauen. In einer ersten Aktion sammelt der BdF 1896 Unterschriften für eine Verbesserung der zivilrechtlichen Stellung der Frau im neuen *Bürgerlichen Gesetzbuch* (BGB).

1925
Wahl des Reichspräsidenten
Im Deutschland der Weimarer Republik sind 40 Mio. Menschen zur ersten Wahl des Reichspräsidenten aufgerufen. Die Wahlbeteiligung liegt bei 69 %, doch keiner der sieben Kandidaten erhält die erforderliche absolute Mehrheit. Erst nach dem zweiten Wahlgang am 26.4.1925 steht Paul von Hindenburg, der Kandidat des konservativen Reichsblocks, als Wahlsieger fest. Er setzt sich gegen Wilhelm Marx, den von der SPD unterstützten Kandidaten des Zentrums, durch. Der kommunistische Kandidat Ernst Thälmann stellt mit 6,4 % keine ernsthafte Konkurrenz dar.

1967
Lesefreiheit für Katholiken
Nach Beschluss des Vatikans vom 14.6.1966 tritt die Aufhebung des *Index librorum prohibitorum* in Kraft. Die Liste der von der katholischen Kirche verbotenen Bücher bestand seit 1559 und umfasste nach der letzten Aktualisierung im Jahr 1948 ca. 500 Seiten. Katholiken durften die verzeichneten Werke bisher nicht herausgeben, lesen, aufbewahren oder verkaufen.

2004
NATO-Osterweiterung
In einer zweiten Phase der NATO-Osterweiterung treten Bulgarien, Estland, Lettland, Litauen, Rumänien, die Slowakei und Slowenien dem Bündnis bei. Die Haltung Russlands zum Beitritt der ehemaligen Warschauer-Pakt-Staaten bleibt kritisch, zumal die meisten der Staaten in wenigen Wochen der EU beitreten und sich diese bis an die russische Grenze ausdehnt.

Auch das geschah an diesem Tag

Szene aus *Manche mögen's heiß*

1947 Kay und Lore Lorentz gründen in einer Düsseldorfer Kneipe das Kabarett „Kom(m)ödchen". **1959** Billy Wilders Filmkomödie *Manche mögen's heiß* hat in New York Premiere. **1982** Für seinen Film *Mephisto* erhält der ungarisches Regisseur István Szábo einen Oscar.

István Szábo vor dem Plakat seines Filmes *Mephisto*

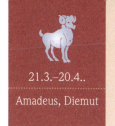

21.3.–20.4..
Amadeus, Diemut

Vincent van Gogh

Paul Cezanne

Nichts tut der Seele besser, als jemandem seine Traurigkeit abzunehmen.

Paul Verlaine

30
März

1282
Sizilianische Vesper
Am Ostermontag kommt es zur Vesperzeit zu einem Aufstand der Bürger Palermos gegen die französische Fremdherrschaft Karls I. von Anjou. Der Aufstand greift schließlich auf ganz Sizilien über und führt zu blutigen Massakern: Alle auf der Insel lebenden Franzosen werden ermordet.

1867
Alaska an USA
Für eine Summe von 7,2 Mio. Dollar kaufen die USA das 1,3 Mio. km^2 große Alaska von Russland. Der US-Präsident Andrew Johnson beabsichtigt, das von Großbritannien dominierte Kanada auch von Westen her zu bedrängen.

1936
Hindenburg nach Südamerika
Das größte Luftschiff der Welt, der deutsche Zeppelin LZ 129 „Hindenburg", fliegt nach Südamerika. Eine Reise von Europa nach Rio kostet etwa das Zehnfache eines Arbeiter-Monatslohnes. Mit der Explosion der „Hindenburg" am 6.5.1937 bei der Landung in Lakehurst/New Jersey findet die Zeppelin-Ära ihr Ende.

1987
Teure Sonnenblumen
Im Auktionshaus Christie's in London erzielt das Bild *Sonnenblumen* von Vincent van Gogh die Rekordsumme von umgerechnet 72,5 Mio. DM. Die *Schwertlilien* des Malers werden das Ergebnis im November noch übertreffen und für 90 Mio. DM den Besitzer wechseln. Van Gogh selbst litt zeitlebens an Armut, weil er nur wenige seiner Bilder verkaufen konnte, da sie dem Kunstgeschmack seiner Zeit widersprachen.

Am 30. März geboren:

Francisco José de Goya y Lucientes (1746 in Fuendetodos bei Saragossa), spanischer Maler und Grafiker. Als menschliche Teilnahme am Elend des Volkes schafft er die Bilder *Los Caprichos* (1793–99) und *Desastres de la Guerra* (1810–14). Als Hofmaler portraitiert er die königliche Familie und legt ihre Eitelkeiten bloß. Später schließt er sich einer liberalen Bewegung an und muss Spanien verlassen. († 16.4.1828 in Bordeaux)

Robert Wilhelm Bunsen (1811 in Göttingen), deutscher Chemiker. Bunsen ist der Erfinder des nach ihm benannten Brenners und der Zink-Kohle-Batterie. Zudem gilt er als der Entdecker der Spektralanalyse und als Pionier der Aluminium- und Magnesium-Herstellung. († 16.8.1899 in Heidelberg)

Paul Verlaine (1844 in Metz), französischer Dichter. Der Poet gilt als der Wegbereiter des Symbolismus, der vieldeutige Zeichen und den Rhythmus der Sprache nutzt, um Irrationales sprachlich zu verdichten. Wichtige Werke Verlaines sind *Saturn. Gedichte* (1866), *Galante Feste* (1869) sowie *Lieder ohne Worte* (1895). († 8.1.1896 in Paris)

Vincent van Gogh (1853 in Groot-Zundert), niederländischer Maler. Van Gogh entwickelt einen Malstil, der mit leuchtenden, ausdrucksstarken Farben Stimmungen ausdrückt. Zusammen mit Paul Cezanne und Paul Gauguin wird er zum Wegbereiter der Moderne. († 29.7.1890, Freitod in Auvers-sur-Oise)

Auch das geschah an diesem Tag
1814 Nach dem Sieg über Napoleon ziehen die alliierten Sieger Großbritannien, Österreich, Preußen und Russland in Paris ein. **1981** Der geistig verwirrte John Hinckley schießt auf den US-amerikanischen Präsidenten Ronald Reagan. **1992** In Deutschland werden neue, angeblich fälschungssichere 20-DM-Scheine eingeführt.

Goya: *Die nackte Maya*

Vincent van Gogh: *Nachtcafé*

93

31 März

Grundsätze sind dazu da, hochgehalten zu werden, damit man drunter durchschlüpfen kann.

Hermann Höcherl

René Descartes

Joseph Haydn

21.3.–20.4..

Benjamin, Guido, Clemens, Cornelia

1398
Seeräuber vertrieben
Der deutsche Orden zerstört die im Hafen von Gotland liegenden Schiffe der sog. Vitalienbrüder und vertreibt sie von ihrem Stützpunkt. Die Freibeuter hatten zwar das 1389 eingeschlossene Stockholm (König Albrecht von Schweden kämpfte gegen Margarete I. von Dänemark und Norwegen) mit Lebensmitteln (Vitalien) versorgt, inzwischen aber durch ihr seeräuberisches Treiben den Handel der Hanse empfindlich gestört. Klaus Störtebeker und Gode Michels entkommen und verlegen ihr Treiben zwischen Elbemündung und Helgoland.

Eiffelturm in Paris

1889
Eiffelturm fertig gestellt
In Paris wird der Bau des 300,5 m (heute mit Antenne 320,8 m) hohen Eiffelturms abgeschlossen. Der französische Ingenieur Alexandre Gustave Eiffel hatte die Eisenkonstruktion anlässlich der Weltausstellung 1889 errichtet. Es ist bereits die vierte Weltausstellung in Paris und die 16. überhaupt. Seit der ersten Ausstellung 1851 in London findet sie in unregelmäßigen Abständen statt.

1939
Westeuropäische Garantie
Nachdem das Deutsche Reich den Nichtangriffspakt mit Polen am 26.3. aufgekündigt hat, geben Großbritannien und Frankreich nach zahlreichen deutschen Aggressionen Garantieerklärungen für Polen ab. Am 13.4. folgen ebensolche für Rumänien und Griechenland.

1991
Warschauer Pakt aufgelöst
Die sechs verbliebenen Mitgliedsstaaten des Warschauer Pakts (Bulgarien, Polen, Rumänien, UdSSR, Ungarn und Tschechoslowakei) lösen ihr Militärbündnis auf. Damit geht die Ost-West-Konfrontation offiziell zu Ende. Der Warschauer Pakt war 1955 insbesondere als Reaktion auf den Beitritt der BR Dtl. zur NATO gegründet worden.

Auch das geschah an diesem Tag
1901 Die Uraufführung der Oper *Rusalka* von Antonin Dvorak begeistert das Prager Publikum. **1943** Am New Yorker Broadway hat das Musical *Oklahoma!* Premiere. **1964** Songs der Beatles belegen die ersten fünf Plätze in den US-Hitlisten.

Am 31. März geboren:

René Descartes (1596 in La Haye), französischer Naturwissenschaftler und Philosoph. Als Begründer des sog. modernen Rationalismus und als Mitentdecker des Brechungsgesetzes in der Optik leistet er bedeutende wissenschaftliche Beiträge. († 11.2.1650 in Stockholm)
Joseph Haydn (1732 in Rohrau), österreichischer Komponist und Musiktheoretiker. Der Zeitgenosse Händels schafft mit Werken wie *Die Schöpfung* (1798) und *Die Jahreszeiten* (1801) Sinfonien und Streichquartette als wichtige Gattungen der sog. Wiener Klassik. († 31.5.1809 in Wien)
Octavio Paz (1914 in Mexiko-Stadt), mexikanischer Schriftsteller. Lyrik, Prosatexte und Essays des sozialphilosophischen Denkers wirken auf die Poesie ganz Lateinamerikas. 1990 erhält er den Literaturnobelpreis. († 26.4.1998 in Mexiko-Stadt)
Volker Schlöndorff (1939 in Wiesbaden), deutscher Filmregisseur. Für seine historischen und zeitkritischen Filme erhält er zahlreiche internationale Auszeichnungen. Bedeutend sind seine Verfilmungen von *Die verlorene Ehre der Katharina Blum* (1975), *Die Blechtrommel* (1978) sowie von *Homo Faber* (1990).
Alexandra Michailowna Kollontaj (1872 in St. Petersburg), russische Schriftstellerin, Politikerin und Diplomatin. († 9.3.1952 in Moskau); **Hermann Höcherl** (1912 in Brennberg bei Regensburg), deutscher Politiker. († 18.5.1989 in Regensburg)

21.3.–20.4.

Agape, Chiona, Hugo, Irene

Otto Fürst von Bismarck

Nikolaj Gogol

In der Fraktion verliert der Volksvertreter den Blick für das Allgemeine.

Otto Fürst von Bismarck

1 April

1924
Hitler in Haft
Der Hochverrat Hitlers, der im November 1923 im Rahmen eines Putsch-Versuches im Münchener Bürgerbräukeller die „nationale Revolution" verkündet und die bayerische Regierung sowie die des Deutschen Reiches für abgesetzt erklärt hatte, wird verhandelt. Der Prozess verkommt zur Propaganda-Schau des Angeklagten und endet mit einer Verurteilung zu 5 Jahren Festungshaft. Bis zur Strafaussetzung am 20.12. entstehen wesentliche Teile von *Mein Kampf*.

Sergej Rachmaninow

1933
Boykott jüdischer Geschäfte
Unter dem Vorwand, ausländische oder emigrierte deutsche Juden agitierten gegen das Deutsche Reich, rufen NSDAP und deren uniformierte bewaffnete Kampftruppe (SA) zu Boykottmaßnahmen gegen jüdische Geschäftsleute, Ärzte und Rechtsanwälte auf. Obwohl nur die Kennzeichnung von Personen und Geschäften vorgesehen ist, kommt es vielerorts zu Übergriffen auf jüdische Bürger.

1969
Kulturrevolution beendet
Der IX. Parteitag der Kommunistischen Partei Chinas beschließt das offizielle Ende der Kulturrevolution, die um 1966 von Mao Tsetung ausgelöst worden war. Sie bestand letztendlich in innenpolitischen Macht- sowie Richtungskämpfen, zielte auf die Festigung seiner Machtposition und richtete sich gegen kapitalistische und traditionelle chinesische Lebensweisen. Mio. von jungen Schülern und

Chinesisches Propagandaplakat aus der Zeit der Kulturrevolution

Studenten hatten sich in sog. Roten Garden organisiert, um in groß angelegten „Säuberungsaktionen" die Kritiker Maos auszuschalten. Am Ende ist zwar der chinesische Parteien- und Staatsapparat zerschlagen, die Machtkämpfe innerhalb der Kommunistischen Partei Chinas dauern jedoch bis ca. 1976. Ein chinesisches Propagandaplakat aus dem Jahr 1969 aus der Zeit der Kulturrevolution zeigt den chinesischen Staatschef Mao Tse-tung, dem Chinesen mit roten Mao-Bibeln in Händen zujubeln. Die Bildunterschrift lautet „Mao ist die rote Sonne in unserem Herzen".

Auch das geschah an diesem Tag
1991 Karsten Detlev Rohwedder, Präsident der Treuhandanstalt und damit der nach der deutschen Wiedervereinigung offizielle Sanierer der ostdeutschen Industrie, wird in seinem Haus in Düsseldorf ermordet. Zu dem Attentat bekennt sich die Rote-Armee-Fraktion (RAF).

Am 1. April geboren:

Nikolaj Wassiljewitsch Gogol (1809 in Bolschije Sorotschinzy), russischer Schriftsteller. Der Hauptvertreter der russischen Romantik verfasst Novellen, Komödien und skurrile Geschichten, von denen v. a. *Tote Seelen* (1842) und *Der Mantel* (1842) bedeutend sind. († 4.3.1852 in Moskau)

Otto Fürst von Bismarck (1815 in Schönhausen), preußisch-deutscher Politiker. Der „Eiserne Kanzler" festigt die preußische Vorherrschaft in Deutschland und schafft ein europäisches Bündnissystem. Obwohl er z. B. die Sozialversicherung einführt, wendet er sich gegen die „gemeingefährlichen Bestrebungen der Sozialdemokratie". († 30.7.1898 in Friedrichsruh bei Hamburg)

Sergej Wassiljwitsch Rachmaninow (1873 auf Gut Onega bei Nowgorod), russischer Komponist und Pianist. Macht sich als Interpret der Klavierwerke von Liszt und Chopin einen Namen und erschafft zahlreiche Opern, Orchesterwerke, Chorwerke und Lieder. († 28.3.1943 in Beverly Hills/Kalifornien)

Rolf Hochhuth (1931 in Eschwege), deutscher Schriftsteller. Außer in seinen Erzählungen und Essays fragt er vor allem in seinen Dramen nach der moralischen Verantwortung politisch Handelnder, so z. B. in *Der Stellvertreter. Ein christliches Trauerspiel* (1963).

2 April

Das Leben eines jeden Menschen ist ein von Gotteshand geschriebenes Märchen.

Hans Christian Andersen

Giacomo Casanova

21.3.–20.4.

Franz, Maria, Sandrina

Am 2. April geboren:

Karl I. „der Große" (747 vermutlich in Aachen), König der Franken (ab 768) und Langobarden (ab 774). Der erste nicht-römische Kaiser des weströmischen Reiches (ab 800) fördert in seinem bis weit nach Italien und Spanien wachsenden Reich die

Karl der Große (Goldstatue)

Wissenschaft und baut eine effiziente Verwaltung und Gerichtsbarkeit auf. Er geht aber massiv gegen Widersacher wie den Sachsenkönig Widukind vor. († 28.1.814 in Aachen)
Maria Sybille Merian (1647 in Frankfurt/Main), deutsche Malerin und Kupferstecherin. Sie widmet sich der Erforschung von Insekten, v. a. von Schmetterlingen u. a. in Surinam/Niederländisch-Guyana. († 13.1.1717 in Amsterdam)
Hans Christian Andersen (1805 in Odense), dänischer Schriftsteller. Durch seine von der deutschen Romantik beeinflussten Kunstmärchen, meist gekennzeichnet durch subtilen Humor und Selbstironie, erlangt er Weltruhm. Er schrieb u. a. die *Märchen und Erzählungen für Kinder*. († 4.8.1875 in Kopenhagen)

Max Ernst (1891 in Brühl bei Köln), deutsch-französischer Maler und Objektkünstler. Gründet 1919 mit Hans Arp in Köln die Gruppe „Dada" und gehört ab 1924 in Paris zu den Begründern und wichtigsten Künstlern des Surrealismus. († 1.4.1976 in Paris)
Giacomo Girolamo Casanova (1725 in Venedig), italienischer Abenteurer und Schriftsteller. († 4.6.1798 auf Schloss Dux/Böhmen); **August Heinrich Hoffmann von Fallersleben** (1798 in Fallersleben), deutscher Germanist und Lyriker. († 19.1.1874 auf Schloss Corvey)

1792
Dollar-Einführung
Der US-amerikanische Kongress verabschiedet ein Münzgesetz, das den „United States Dollar" zur gesetzlichen Münze erklärt. Eine Dollar-Münze muss 412,5 Grains (ca. 26,7 g) Standardsilber enthalten, Münzen mit geringerem Wert (50-, 25-, und 10-Cent-Münzen) entsprechend weniger. Das Wort „Dollar" entstand in Anlehnung an den damals weltweit stabilen niederländischen Gulden oder Daler.

1979
Friedensbesuch
Zum ersten Mal reist ein israelischer Regierungschef nach Ägypten. Menachim Begin, Führer des israelischen konservativen Likud-Blocks, und der ägyptische Präsident Anwar as-Sadat wollen an einer weiteren Normalisierung der Beziehungen zwischen beiden Staaten arbeiten. 1978 hatten sie sich auf das Abkommen von Camp David geeinigt und dafür den Friedensnobelpreis erhalten.

1982
Falklandkrieg
Die argentinische Regierung lässt – um von innenpolitischen Schwierigkeiten abzulenken – die seit

Falklandkrieg

1833 zum britischen Hoheitsgebiet gehörenden, fast menschenleeren Falkland-Inseln besetzen. Margaret Thatcher, die britische Premierministerin, befiehlt einen Flottenverband in den Südpazifik, um die Inseln zurückzuerobern. Der Krieg wird am 14.6. mit der Kapitulation Argentiniens beendet. Er kostet ca. 1000 Menschen das Leben und leitet das Ende der Militärdiktatur in Argentinien ein.

Auch das geschah an diesem Tag
1976 In Toronto (Kanada) wird der vom kanadischen Unternehmen Canadian National erbaute CN-Tower fertig gestellt. Die 55.000 t schwere Stahlbeton-Konstruktion misst bis zur Spitze ca. 555 m. Das höchste Gebäude der Welt soll die Stärke der kanadischen Industrie symbolisieren.

21.3.–20.4.
Lisa, Richard

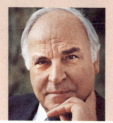
Helmut Kohl

Washington Irving

Eine spitze Zunge ist der einzige Gegenstand, der durch ständigen Gebrauch noch spitzer wird.

Washington Irving

3 April

1833
Missglückte Revolution
Eine Gruppe von Handwerksgesellen, Studenten und Offizieren stürmt die Frankfurter Konstablerwache, den Sitz des Bundestages. Sie wollen das Zeichen für eine deutsche Revolution geben. Weil die Bevölkerung aber nur geringfügig Anteil nimmt, scheitert der Aufstand innerhalb kurzer Zeit. Die Aufständischen werden verhaftet, ihre schwarz-rot-goldenen Erkennungszeichen sichergestellt.

1860
Pony-Express beschleunigt Postweg
Die US-amerikanischen Transportunternehmer William H. Russel, Alexander Majors und William Waddel richten eine direkte und ganzjährige Postroute Missouri–Sacramento (Kalifornien) ein. Weil schnelle Reiter den Transport der Briefe über die ca. 3200 km lange Strecke besorgen, verkürzt sich die Zustelldauer der Post von ca. einem Monat auf ca. 12 Tage. Das Projekt gerät jedoch zum finanziellen Fiasko und wird im Folgejahr eingestellt.

1948
Marshallplan verabschiedet
Der US-amerikanische Präsident Harry S. Truman unterzeichnet ein Gesetz, das ein Hilfsprogramm zum Wiederaufbau Europas nach dem Zweiten Weltkrieg vorsieht. Es entstand auf Initiative des US-Außenministers George Marshall. Die Länder Westeuropas erhalten

Plakat von 1947

bis 1952 Lebensmittel, Rohstoffe, Medikamente und Treibstoffe im Wert von insgesamt ca. 13 Mrd. Dollar.

Am 3. April geboren:

Reinhard Gehlen (1902 in Erfurt), deutscher General. Er baut in der BR Dtl. nach dem Zweiten Weltkrieg die sog. Organisation Gehlen zur Spionageabwehr auf, aus der sich der Bundesnachrichtendienst (BND) als Geheimdienst entwickelt. Bis 1968 ist er

Auch das geschah an diesem Tag

1922 Stalin wird Generalsekretär der Kommunistischen Partei der Sowjetunion (KPdSU). **1961** In Deutschland treten die ersten 340 Zivildienstleistenden ihren Dienst an. **1968** Radikale Anhänger der sog. außerparlamentarischen Opposition (APO), u. a. Gudrun Ensslin und Andreas Baader, die späteren Führer der terroristischen Rote-Armee-Fraktion (RAF), verüben Brandanschläge auf Frankfurter Kaufhäuser.

Chef des BND. († 8.6.1979 in Berg/Oberbayern)
Peter Huchel (1903 in Berlin), eigentlich Hellmut Huchel, deutscher Lyriker und Hörspielautor. 1951 erhält er den Nationalpreis der DDR. Wegen Konflikten mit der SED reist er 1971 über Rom in die BR Dtl. aus. Er verfasste mehrere Gedichtbände wie *Unbewohnbarkeit der Trauer* (1977) und *Die neunte Stunde* (1979).
(† 1.5.1981 in Staufen/Breisgau)
Valentin Michailowitsch Falin (1926 in Leningrad), russischer Journalist und Politiker. Falin ist unter Gorbatschow als Leiter der Presseagentur „Nowosti" an der Verbreitung reformpolitischer Ideen beteiligt und wird dessen Berater sowie sowjetischer Botschafter in der BR Dtl. (1971–78).
Helmut Kohl (1930 in Ludwigshafen), deutscher Politiker. Nach einem Misstrauensvotum gegen Helmut Schmidt wird Kohl Bundeskanzler (1982–1998). In seine Regierungszeit fällt die Wiedervereinigung Deutschlands (1990). Seit 1999 steht er im Mittelpunkt der sog. Parteispendenaffäre.
Washington Irving (1783 in New York), US-amerikanischer Schriftsteller. († 28.11.1859 in Tarrytown/New York);
Marlon Brando (1924 in Omaha/Nebraska), US-amerikanischer Schauspieler († 1.7.2004 in Los Angeles).

Marlon Brando

4 April

Ich will geliebt sein oder ich will begriffen sein. Das ist eins.

Bettina von Arnim

Bettina von Arnim

Marguerite Duras

21.3.–20.4.

Isidor, Konrad

Am 4. April geboren:

Caracalla (186 in Lugdunum/Lyon), eigentlich Bastianus, später Marcus Aurelius Antonius, römischer Kaiser (211–217). Durch die Hinrichtung tausender Kritiker macht er sich beim Volk verhasst. Er sichert aber im Gegenzug den Freigeborenen mit der *Constitutio Antoniania* römisches Bürgerrecht zu und schafft Standesprivilegien ab. († 8.4.217, ermordet bei Carrhae/Mesopotamien)

Bettina von Arnim (1785 in Frankfurt/Main), eigentlich Anna Elisabeth von Arnim, deutsche Schriftstellerin. Sie veröffentlicht den Briefwechsel mit ihrem Bruder Clemens Brentano sowie den überarbeiteten Briefwechsel mit Goethe und nutzt ihr publizistisches Gewicht zu sozialpolitischem Engagement. († 20.1.1859 in Berlin)

Marguerite Duras (1914 in Gia Dhin/Vietnam) eigentlich Marguerite Donnadieu, französische Schriftstellerin und Filmautorin. Ihre Romane sind meist autobiografisch geprägt und kreisen um das existenziell empfundene Gefühl der Liebe mit ihren Ängsten, Schmerzen und Begierden. Neben Dramen verfasst sie auch Drehbücher wie *Hiroshima, mon amour* (1959). († 3.3.1996 in Paris)

Andrej Arsenjewitsch Tarkowskij (1932 in Sawraschje/Gebiet Iwanowo), russischer Regisseur und Autor. Bedeutend sind seine Werke *Iwans Kindheit* (1962), *Solaris* (1972) sowie *Stalker* (1980). († 29.12.1986 in Paris)

1949
NATO-Gründung
In Washington unterzeichnen Vertreter aus Belgien, Dänemark, Frankreich, Großbritannien, Island, Italien, Kanada, Luxemburg, den Niederlanden, Norwegen, Portugal und den USA einen Vertrag, der im Rahmen eines Nordatlantikpaktes gegenseitige Hilfe vorsieht, falls eines der Länder militärisch angegriffen wird. 1952 treten Griechenland und die Türkei, 1955 die BR Dtl. und 1982 Spanien dem westlichen Verteidigungsbündnis bei, ab 1999 auch Länder des früheren Ostblocks.

1967
Zwischenlagerung von Atom-Müll
Im ehemaligen Salzbergwerk Asse im Landkreis Wolfenbüttel wird erstmals in Deutschland radioaktiver Müll eingelagert. Er stammt aus dem Kernforschungszentrum Karlsruhe. Das Problem der Endlagerung ist jedoch noch nicht gelöst.

1968
Martin Luther King erschossen
Während einer Demonstration in Memphis (Tennessee, USA) fällt der US-Bürgerrechtler und Friedensnobelpreisträger Martin Luther King dem Anschlag eines weißen Attentäters zum Opfer. King trat als führender Vertreter eines gewaltlosen Widerstandes gegen die US-amerikanische Apartheidpolitik ein und kämpfte für uneingeschränkte Bürgerrechte für schwarze US-Bürger. Sein Tod löst schwere Unruhen aus.

Martin Luther King

1976
Machtergreifung von Pol Pot
Mit Unterstützung der radikal kommunistischen Roten Khmer wird in Kambodscha Prinz Norodom Sihanuk durch eine Regierung um Pol Pot abgelöst. Nach seiner Machtergreifung errichtet der neue Ministerpräsident (1976–79) ein kommunistisches Terrorregime. Seiner radikalen Umgestaltung von Staat und Gesellschaft fallen ca. 2 Mio. Menschen zum Opfer.

Auch das geschah an diesem Tag

1865 Wilhelm Busch veröffentlicht eine Bubengeschichte in sieben Streichen: *Max und Moritz*. **1992** In Hamburg wird Maria Jepsen zur ersten evangelisch-lutherischen Bischöfin gewählt.

Wilhelm Busch: *Max und Moritz*

21.3.–20.4.
Crescentia, Juliane, Vinzenz

Herbert von Karajan

Roman Herzog

Beredsamkeit ist Macht, denn sie ist anscheinende Klugheit.

Thomas Hobbes

5 April

1242
Stopp für Deutschen Orden
Nachdem der Deutsche Orden im Jahr 1237 bis nach Livland und Kurland vorgedrungen war, findet die Expansion nach Osten ihr Ende. Ein Heer unter Führung des russischen Fürsten Alexander Newskij von Nowgorod schlägt die Ordensritter auf dem zugefrorenen Peipus-See zwischen Estland und Russland. Eine Eroberung und Katholisierung Russlands ist verhindert. Weil später dennoch Pomerellen mit Danzig, Gotland, Estland und die Neumark dazukommen, erreicht das Gebiet des Deutschen Ordens um 1398 seine größte Ausdehnung.

1722
Osterinsel entdeckt
Als der holländische Seefahrer Jakob Roggeveen mit seiner Expedition am Ostertag die Vulkaninsel Rapa Nui im Südpazifik entdeckt, tauft er sie auf den Namen Paaschen (Osterinsel). Unter anderem findet er gigantische Steinbüsten aus Tuffstein, die sog. Moai, und ein hieroglyphenähnliches Schriftsystem vor. Als James Cook ca. 50 Jahre später die Insel besucht, trifft er nur noch auf wenige Menschen. Mit ihren Bewohnern wurde auch die Kultur der Osterinseln ausgelöscht, vermutlich durch Sklavenhändler.

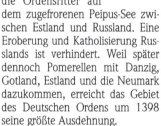
Osterinsel

1794
Dantons Tod
Georges Jacques Danton und 13 seiner Anhänger werden durch die Guillotine hingerichtet. Er war mit seiner zunehmend gemäßigten Politik immer mehr in Gegensatz zu Robespierre geraten. Mit der Hinrichtung Dantons erringt Robespierre zunächst die führende Machtposition im revolutionären Frankreich. Aber nachdem die gemäßigten Republikaner Widerstand leisten, wird er gestürzt und am 28.7. in Paris selbst guillotiniert.

Auch das geschah an diesem Tag
1877 Hermann Blohm und Ernst Voss gründen in Hamburg die erste deutsche Schiffswerft Blohm & Voss. **1908** Die deutsche Fußball-Nationalmannschaft bestreitet ihr erstes Länderspiel und unterliegt der Schweiz mit 3:5. **1955** Der britische Premierminister Winston Churchill gibt seinen Rücktritt bekannt.

Am 5. April geboren:

Thomas Hobbes (1588 in Malmesbury), englischer Philosoph, Mathematiker und Staatstheoretiker. Hobbes versucht, eine auf den Fundamenten der Mathematik aufbauende Philosophie zu entwickeln. Bedeutend ist auch sein staatspolitisches Werk *Der Leviathan* (1651). († 4.12.1679 in Hardwick Hall bei Chesterfield)
Herbert von Karajan (1908 in Salzburg), österreichischer Dirigent. Übernimmt leitende Stellungen bei den Salzburger Festspielen, an der Mailänder Scala oder den Bayreuther Festspielen. Ab 1955 ist er Leiter der Berliner Philharmoniker und Nachfolger Furtwänglers auf Lebenszeit. († 16.7.1989 in Anif bei Salzburg)
Roman Herzog (1934 in Landshut), deutscher Jurist und Politiker. Der Jura-Professor wird nach seiner Lehrtätigkeit an verschiedenen deutschen Hochschulen zunächst Minister in Baden-Württemberg, später Präsident des Bundesverfassungsgerichts (1987–94) und schließlich Bundespräsident (1994–99).
Colin Powell (1937 in New York), amerikanischer General und Politiker. Powell ist Generalstabschef im sog. Golfkrieg (1991) und ab 2001 Nachfolger von Madeleine Albright im Amt des US-Außenministers.
Joseph Lister (1827 in Upton/Essex), britischer Mediziner. († 10.2.1912 in Walmer/Kent); **Spencer Tracy** (1900 in Milwaukee/Wisconsin), US-amerikanischer Schauspieler. († 10.6.1967 in Beverly Hills/Kalifornien); **Gloria Macapagal Arroyo** (1947 in Manila), philippinische Politikerin.

6 April

Man schwimmt mit dem Strom, auch wenn man gegen ihn schwimmt.

Kurt Georg Kiesinger

Hans Richter

21.3.–20.4.

Michael, Notker, Sixtus, Wilhelm

Am 6. April geboren:

Raffael (1483 in Urbino), eigentlich Raffaello Santi, italienischer Maler und Baumeister. Der neben Leonardo da Vinci und Michelangelo bedeutendste Künstler der Renaissance schuf insbesondere Madonnenbilder, Fresken und Bauten für den Vatikan. Ab 1515 hat er die Bauleitung des Petersdoms inne. († 6.4.1520 in Rom)

Raffael: *Sixtinische Madonna*

Erich Mühsam (1878 in Berlin), deutscher Schriftsteller. In seinen satirisch-revolutionären Balladen, Gedichten, Essays und Dramen kritisiert er Staat, Parteien und Militär. († 10.7.1934, ermordet im KZ Oranienburg)

Hans Richter (1888 in Berlin), deutsch-amerikanischer Maler und Filmkünstler. Richter wendet sich dem sog. Dadaismus zu, um bestehende Kunststandards infrage zu stellen. Für seine abstrakten, surrealen Filme erhält er später zahlreiche Preise. († 1.2.1976 in Muralto/Schweiz)

Kurt Georg Kiesinger (1904 in Ebingen bei Albstadt), deutscher Politiker. Er ist u. a. Ministerpräsident von Baden-Württemberg (1958–66) und der bisher einzige Bundeskanzler einer Großen Koalition aus CDU, CSU und SPD (1966–69). († 9.3.1988 in Tübingen)

Anthony Herman Gerard Fokker (1890 in Kediri/Java), niederländischer Flugzeugkonstrukteur. († 23.12.1939 in New York); **Helmut Griem** (1938 Hamburg), deutscher Schauspieler.

1652
Siedler in der Tafelbucht
Eine niederländische Expedition trifft am südafrikanischen Kap der Guten Hoffnung ein und gründet in der Tafelbucht eine Kapkolonie (heute Kapstadt). Die „Niederländische Ostindische Kompanie" hatte den Kaufmann und Schiffsarzt Jan van Riebeeck damit beauftragt, dort als Sicherung des Seeweges nach Batavia (heute Jakarta/Indonesien) einen Stützpunkt zu errichten.

1789
Erster US-Präsident
Das Wahlmännerkollegium der Vereinigten Staaten wählt George Washington einstimmig zum ersten Präsidenten der USA. Er tritt sein Amt am 30.4. an. Washington hatte sich bereits als Präsident des Verfassungskonvents einen Namen gemacht, als sich mit der Ausarbeitung (1787) und Ratifizierung (1788) einer gemeinsamen Verfassung die Umwandlung von einem lockeren Staatenbund in einen Bundesstaat vollzog.

1896
Olympische Spiele
In Athen beginnen die ersten olympischen Spiele der Neuzeit. In 43 Disziplinen erhalten die besten Athleten eine Silbermedaille und einen Ölzweig. Die Wiederbelebung des olympischen Gedankens geht auf eine Initiative des französischen Barons Pierre de Coubertin zurück.

1994
Auftakt zum Massaker
Beim Landeanflug auf die ruandische Hauptstadt Kigali wird das Flugzeug mit dem ruandischen Präsidenten Habyarimana, der zur Volksgruppe der Hutu gehört, abgeschossen. Das Attentat ist der Auftakt zu einem bereits organisierten Völkermord der Hutu-Mehrheit an der Tutsi-Minderheit. Beim hundert Tage dauernden Massaker sterben mehr als 1 Mio. Menschen.

Auch das geschah an diesem Tag

1865 In Ludwigshafen wird die „Badische Anilin und Sodafabrik" (BASF) gegründet. **1917** Die USA erklären dem Deutschen Reich den Krieg. **1980** In der BR Dtl. stellen die Menschen ihre Uhr zum ersten Mal auf die mitteleuropäische Sommerzeit um. **1992** Die EU erkennt Bosnien-Herzegowina als unabhängigen Staat an.

21.3.–20.4.
Burkhard, Johann Baptist, Hermann

Charles Fourier

Gerhard Schröder

Nur wer mit Unbekanntem rechnet, rechnet richtig.

7 April

Gustav Landauer

1348
Prager Universität gegründet
Karl IV., König des Heiligen Römischen Reiches und König von Böhmen, gründet in Prag die erste Universität Mitteleuropas. Er lässt seine Residenzstadt zum geistigen Mittelpunkt des Reiches ausbauen und beruft bedeutende Künstler und Gelehrte nach Prag. Die Hochschule umfasst eine philosophische, medizinische, juristische und theologische Fakultät.

1795
Kg und m definiert
In der Absicht, den technischen Aufschwung zu fördern und eine Vereinfachung verschiedener Maße herbeizuführen, beschließt der französische Nationalkonvent, feste Maße für Masse und Länge einzuführen. Er bestimmt ein Ur-Kilogramm und legt die Länge eines Meters als den zehnmillionsten Teil des Erdmeridianquadranten fest.

1919
Münchener Räterepublik
Nach der Ermordung des bayerischen Ministerpräsidenten Kurt Eisner am 21.2. – er wollte in ei-

Auch das geschah an diesem Tag
1948 In Genf wird die „World Health Organisation" (WHO) gegründet. Die Einrichtung der UNO soll weltweit Seuchen und Epidemien bekämpfen, nationale Gesundheitsdienste aufbauen und die Gesundheitsaufklärung fördern.

Kranz und Foto des Opfers an der Stelle, an der Kurt Eisner erschossen wurde

nem republikanischen Freistaat Bayern einen humanistischen Sozialismus begründen – kommt es zum Höhepunkt revolutionärer Aktionen. Der Zentralrat der Arbeiter-, Bauern- und Soldatenräte ruft die Räterepublik aus und bildet eine Rote Armee. Am 2.5. schlagen Regierungstruppen und rechtskonservative Freikorps die Revolution nieder.

1933
Gleichschaltung der Länder
Im Zuge der sog. Gleichschaltung, bei der die Nationalsozialisten das öffentliche Leben im Deutschen Reich in ihrem Sinne umgestalten, beschließt die Regierung Hitler das zweite Gleichschaltungsgesetz. Es zerschlägt die föderative Struktur der Weimarer Republik. So können die in allen Ländern eingesetzten Reichsstatthalter Ministerpräsidenten und Minister ernennen, entlassen sowie Landesparlamente auflösen.

Am 7. April geboren:

Charles Fourier (1772 in Besançon), französischer Sozialphilosoph. Der Philosoph übt massive Kritik an der bürgerlichen Gesellschaft und verwirft alle Moralbegriffe seiner Zeit. Er propagiert Luxus und Triebbefriedigung als Ziel menschlicher Gesellschaft. († 10.10.1837 in Paris)
Gustav Landauer (1870 in Karlsruhe), deutscher Schriftsteller und Sozialphilosoph. Der Vertreter eines radikalen Sozialismus und gewaltfreien Anarchismus gibt politische Zeitschriften heraus. Als Mitglied der Münchener Räteregierung wird er ermordet. († 2.5.1919 in München)
Johannes Mario Simmel (1924 in Wien), österreichischer Schriftsteller, Journalist und Drehbuchautor. Seine Romane sind Bestseller und werden verfilmt. Die Literaturkritik betrachtet sie jedoch lange Zeit skeptisch als Trivialliteratur.

Johannes Mario Simmel

Gerhard Schröder (1944 in Mossenberg), deutscher Politiker. Der Jurist widmet sich als Ministerpräsident von Niedersachsen (1990–98) und als Bundeskanzler (ab 1998) insbesondere Wirtschaftsfragen und bemüht sich um eine Modernisierung Deutschlands.
Bronislaw Kaspar Malinowski (1884 in Krakau), polnisch-britischer Sozialanthropologe. († 16.5.1942 in New Haven/Connecticut); **Wolfgang Mattheuer** (1927 in Reichenbach/Vogtland), deutscher Maler und Grafiker. († 7.4.2004 in Leipzig)

8 April

Was im Leben zählt, ist die Intensität eines Lebens und nicht dessen Länge.

Edmund Husserl

Leo Kirch

Jacques Brel

21.3.–20.4.
Beate, Benn, Rose-Marie, Walter

Am 8. April geboren:

Johann Christian Günther (1695 in Striegau/Schlesien), deutscher Dichter. Sein Werk, geprägt von persönlichem Erleben und Leiden, gilt als der Höhepunkt deutscher Barocklyrik. († 15.3.1723 in Jena)

Edmund Husserl (1859 in Proßnitz/Mähren), deutscher Philosoph. Weil er sich mit den Erscheinungen, den Phänomenen, befasste und den bloßen Schein von der Wahrheit zu trennen suchte, gilt er als Begründer der Denkrichtung der Phänomenologie. († 27.4.1938 in Freiburg/Breisgau)

Kofi Annan (1938 in Kumasi/Ghana), ghanaischer Politiker und Diplomat. Der Wirtschaftswissenschaftler arbeitet ab 1962 zunächst für die WHO, ist ab 1997 UN-Generalsekretär und erhält 2001 den Friedensnobelpreis.

Überreichung des Friedensnobelpreises an Kofi Annan

Christoph Hein (1944 in Heinzendorf/Schlesien), deutscher Schriftsteller und Präsident des deutschen PEN-Clubs. Mit den in dem Stück *Die Ritter der Tafelrunde* (1989) enthaltenen Anspielungen auf die greise Führungsriege der DDR leistet er einen künstlerischen Beitrag zu den revolutionären Umwälzungen im Land.

Richard Josef Neutra (1892 in Wien), österreichisch-amerikanischer Architekt. († 16.4.1970 in Wuppertal);
Jacques Brel (1929 in Brüssel), französischer Chansonsänger. († 9.10.1978 in Bobigny); **Avi Primor** (1935 in Tel Aviv), israelischer Diplomat, Botschafter Israels in der BR Dtl. (1993–99).

1378
Doppelter Papst

Bartolomeo Prignano wird zum Papst gewählt, nennt sich Urban VI. und scheint zunächst anerkannt. Als er aber beginnt, eine italienische Mehrheit im Kardinalskollegium zu etablieren, erklären die französischen Kardinäle die Papstwahl für nichtig und geben vor, sie sei unter Druck zustande gekommen. Mit deren Wahl von Klemens VII. als Gegenpapst beginnt das sog. Abendländische Schisma, die Spaltung der katholischen Kirche.

Die Krönung Klemens' VII. (Buchmalerei)

1904
Entente Cordiale

Mit dem Abschluss eines Vertrages, in dem die Kolonialmächte Frankreich und Großbritannien ihre internationalen Beziehungen regeln, nehmen die beiden Länder eine bündnisähnliche Beziehung auf. So hat z. B. Frankreich freie Hand in Marokko und Tunesien und verzichtet im Gegenzug auf Ansprüche in Ägypten. Zudem enthält der Vertrag Absprachen für den Fall eines Krieges gegen das Deutsche Reich.

1949
Besatzungsstatut

In Washington D. C. unterzeichnen die Außenminister der USA, Großbritanniens und Frankreichs das Besatzungsstatut für Westdeutschland. Es räumt der BR Dtl. eine gesetzgebende, vollziehende und Recht sprechende Gewalt ein.

1968
Neue DDR-Verfassung

Durch Volksentscheid nimmt die DDR eine neue Verfassung an und wird „sozialistischer Staat deutscher Nation". Die Verfassung bekräftigt die Führungsrolle der Sozialistischen Einheitspartei Deutschlands (SED) sowie die Rolle der Volkskammer als oberstes staatliches Machtorgan und schreibt sozialistische Produktions- und Eigentumsverhältnisse fest.

Auch das geschah an diesem Tag

2002 Der Medienunternehmer Leo Kirch stellt Insolvenz-Antrag. Die Pleite ist von großem öffentlichem Interesse, weil damit die Existenz eines Teils der deutschen Fernsehlandschaft gefährdet ist.

21.3.–20.4.

Hugo, Kasilda, Konrad, Mirjam

Charles Baudelaire

Ulysses S. Grant

Das Leben ist ein Hospital, in dem jeder sein Bett wechseln möchte.

Charles Baudelaire

9 April

1865
Kapitulation der Südstaaten
General Ulysses S. Grant, Befehlshaber der Nordstaaten-Armee, nimmt in Appomattox (Virginia) von General Robert E. Lee, Befehlshaber der geschwächten Südstaaten-Armee, die Kapitulation entgegen. Der amerikanische Bürgerkrieg ist zu Ende. Im sog. Sezessionskrieg verloren über 600.000 Menschen ihr Leben. Die 4 Mio. Schusswaffen der Soldaten gelten fortan als persönliches Eigentum ihrer Besitzer und werden nicht abgegeben.

1906
Vulkanausbruch
Der Großausbruch des Vesuvs lässt die Erde bei Neapel erbeben. Etwa 700 Menschen kommen ums Leben, als flüssiges Gestein die umliegenden Ortschaften unter sich begräbt. Der letzte größere Ausbruch hatte sich 79 n. Chr. ereignet und die Städte Pompeji und Herculaneum ausgelöscht.

1945
Hinrichtung von Bonhoeffer
Auf Befehl Hitlers wird der evangelische Theologe Dietrich Bonhoeffer mit anderen Widerstandskämpfern im KZ Flossenburg gehängt. Bonhoeffer hatte sich der politischen Widerstandsbewegung um den ehemaligen Chef der deutschen Abwehr, Wilhelm Canaris, angeschlossen. Auch Canaris wurde hingerichtet.

2003
Einmarsch in Bagdad
US-amerikanische Panzer ziehen in das Zentrum der irakischen Hauptstadt Bagdad ein, ohne auf Widerstand zu stoßen. Damit haben die US-Truppen alle wichtigen Großstädte eingenommen. Die USA erklären, bereits in der Folgewoche mit kommunalen Vertretern und Exil-Irakern über eine Übergangsregierung verhandeln zu wollen.

Bagdad

Auch das geschah an diesem Tag

1870 Mit dem Ziel, die Handelsbeziehungen zwischen Deutschland und dem Ausland zu fördern und zu erleichtern, wird in Berlin die Deutsche Bank gegründet. **1916** In London kommt es bei einer Kundgebung der sog. Suffragetten, die sich für die Gleichberechtigung von Mann und Frau einsetzen, zu Ausschreitungen.

Wilhelm Canaris

Am 9. April geboren:

Charles Baudelaire (1821 in Paris), französischer Schriftsteller. Mit seinem Gedichtband *Die Blumen des Bösen* (1857) begründet Baudelaire den Symbolismus. Er verfasst surrealistische Lyrik, wobei seine Themen immer wieder um die Faszination des Abnormen, Bizarren und Unheimlichen kreisen. († 31.8.1867 in Paris)

Helene Lange (1848 in Oldenburg), deutsche Sozialreformerin. Die Reformerin setzt sich für eine Verbesserung der Mädchenausbildung in Preußen ein, gerät aber wegen einer Überbetonung der Mutterrolle in die Kritik der zweiten Frauenbewegung.
(† 13.5.1930 in Berlin)

Lew Sinowjewitsch Kopelew (1912 in Kiew), russischer Schriftsteller und Germanist. In der UdSSR hat der Autor Schreibverbot. 1980 reist er in die BR Dtl. aus und erhält 1981 für seine Bemühungen um die deutsch-russische Verständigung den Friedenspreis des Deutschen Buchhandels. († 18.6.1997 in Köln)

Viktor Stepanowitsch Tschernomyrdin (1938 in Tschonij Otrog), russischer Politiker. Auf Druck der Reformgegner ernennt Präsident Jelzin den KPdSU-Funktionär und früheren Minister zum Ministerpräsidenten (1992–98).

Erich von Ludendorff (1865 auf Gut Kruszewnia bei Posen/Polen), deutscher General und Politiker. († 20.12. 1937 in Tutzing); **Victor Vasarely** (1908 in Fünfkirchen/Ungarn), ungarisch-französischer Maler. († 15.3.1997 in Paris); **Carl Amery** (1922 in München), deutscher Schriftsteller.

10 April

Es gehört zu den vielen Merkwürdigkeiten des Lebens, dass der Mensch umso bissiger wird, je weniger Zähne er hat.

Stefan Heym

Hugo Grotius

Paul von Hindenburg

21.3.–20.4.

Ezechiel, Gernot, Hulda, Magdalene

Am 10. April geboren:

Hugo Grotius (1583 in Delft), eigentlich Huigh de Groot, niederländischer Rechtsgelehrter. Grotius begründet in seinem Werk den Grundsatz von der Freiheit der Weltmeere und legt mit *Vom Recht des Krieges und des Friedens* (1625) den Grundstein für das spätere Völkerrecht. († 28.8.1645 in Rostock)

Joseph Pulitzer (1847 in Makó/Ungarn), US-amerikanischer Journalist und Medienunternehmer. Nachdem der ehemalige Reporter wichtige Zeitungsverlage der USA erworben hat, gründet er die Pulitzer-Stiftung, die seither jährlich einen Preis in den Kategorien Journalismus, Literatur und Musik vergibt. († 29.10.1911 in Charleston)

Alfred Kubin (1877 in Leitmeritz, Böhmen), österreichischer Maler, Grafiker und Schriftsteller. Der eigenwillige Künstler stellt bevorzugt eine fantastische, spukhaft-unheimliche Irrealität dar. Für die Nationalsozialisten gilt seine Kunst als entartet. († 20.8.1959 in Zwickledt/Oberösterreich)

Stefan Heym (1913 in Chemnitz), deutscher Schriftsteller. Der als Helmut Flieg geborene Sozialist äußert beharrlich Kritik an der DDR-Führung. 1994 zieht er für die Partei des Demokratischen Sozialismus (PDS) in den Bundestag ein. Er verfasst meist politisch orientierte historische Romane wie z. B. *Ahasver* (1981). († 16.12.2001 bei Jerusalem)

William Booth (1829 in Nottingham), britischer Prediger. († 20.8.1912 in London)

1241
Mongolen in Europa
Das Heer des ungarischen Königs Belá wird von mongolischen Truppen vernichtend geschlagen. Damit steht ihnen der Weg in das zwischen Papst und Kaiser zerstrittene und daher geschwächte Europa offen. Nur der Tod des mongolischen Großkhans Ugedai verhindert ein weiteres Vordringen. Weil an der Wahl seines Nachfolgers alle Untertanen teilzunehmen haben, zieht sich das Mongolenheer unerwartet und vollständig zurück.

1932
Wiederwahl Hindenburgs
Mit Unterstützung der SPD und des Zentrums wird der 84-jährige Generalfeldmarschall Paul von Hindenburg im Amt des Präsidenten bestätigt. Er hatte sich im zweiten Wahlgang mit 53 % der Stimmen gegen die Mitbewerber Adolf Hitler (36,8 %) von der NSDAP und Ernst Thälmann (10,2 %) von der KPD durchgesetzt.

Reichspräsidentenwahl im Jahr 1932

1946
Frauenwahlrecht in Japan
Unter Aufsicht der USA finden in Japan Parlamentswahlen statt, bei der erstmals in der Geschichte des Landes auch Frauen ihre Stimme abgeben dürfen. Andere Länder erfüllten die Forderung der frühen Frauenbewegung, das Wahlrecht für Frauen einzuführen, zu verschiedenen Zeitpunkten, z. B.: Finnland 1906, Russland 1917, Deutschland 1918, USA 1920, Großbritannien 1928, Frankreich 1944, Schweiz 1971, Kuwait 1999.

1961
Invasion in der Schweinebucht
In Kuba beginnt eine vom US-amerikanischen Geheimdienst CIA geplante und vornehmlich von Exil-Kubanern durchgeführte Invasion. Die kommunistische und moskaufreundliche Regierung Fidel Castros soll gestürzt werden. Weil ein Überlaufen der Regierungstruppen Fidel Castros ausbleibt, scheitert das Unternehmen am 17.4.

Auch das geschah an diesem Tag

1970 Paul McCartney, Bassgitarrist und Sänger, trennt sich von den Beatles. Es ist das Ende für eine Band, die das Lebensgefühl einer ganzen Generation prägt.

21.3.–20.4.
Hildebrand, Rainer, Stanislaus

Idi Amin

Rudi Dutschke

Alle Kunst praktischer Erfolge besteht darin, alle Kraft zu jeder Zeit auf einen Punkt – auf den wichtigsten Punkt – zu konzentrieren.

Ferdinand Lassalle

11 April

1945
KZ Buchenwald befreit
US-Truppen erreichen das Konzentrationslager Buchenwald bei Weimar, in dem sich nach der Evakuierung noch 21.000 Häftlinge befinden. Weil ein Großteil der SS-Wachen geflohen ist, konnten die Häftlinge ihre Bewacher überwältigen und das Lager am 13.4. selbst an die US-Armee übergeben.

Alliierte Soldaten bei der Ankunft im Konzentrationslager Buchenwald

1961
Eichmann-Prozess
In Jerusalem beginnt der Prozess gegen Adolf Eichmann, der im Rahmen einer Verschärfung der Judenverfolgung die systematische Vernichtung von Millionen von Menschen organisiert hatte. Israelische Agenten hatten ihn in Argentinien aufgespürt und nach Israel gebracht. Am 31.5.1962 wird er hingerichtet.

1979
Idi Amin entmachtet
Truppen der „Uganda Liberation Front" (UNLF) marschieren mit Unterstützung tansanischer Einheiten in Uganda ein und entmachten Idi Amin Dada. Der Diktator kann einer Liquidierung entgehen und flieht nach Saudi-Arabien. In den sechs Jahren seiner Herrschaft wurden über 300.000 Menschen ermordet.

1968
Attentat auf Rudi Dutschke
Rudi Dutschke, der Führer der sog. außerparlamentarischen Opposition (APO) wird von einem Jugendlichen mit einem Kopfschuss lebensgefährlich verletzt. In Folge kommt es zu heftigen bundesweiten Demonstrationen. Sie gelten im Wesentlichen der rechts orientierten Springer-Presse, die man wegen ihrer Kritik an der APO für den Anschlag mitverantwortlich macht. Dutschke stirbt 1979 an den Spätfolgen des Attentats.

Auch das geschah an diesem Tag
1970 Mit Apollo 13 schickt die NASA das dritte Mal Astronauten auf den Weg zum Mond, um dessen Oberfläche zu untersuchen. Als sie sich später im Mondorbit befinden, ereignet sich eine Explosion. In einer dramatischen Aktion können sie nur mit Hilfe der Mondlandefähre am 17.4. zur Erde zurückkehren.

Rückkehr der Mondlandefähre von Apollo 13

Am 11. April geboren:

Margarethe von Navarra (1492 in Angoulême), französische Königin und Dichterin. Die Gattin des Königs von Navarra protegiert Literaten, Philosophen und Theologen, setzt sich für Kirchenreformer ein und verfasst das satirische *Heptaméron* in Anlehnung an Boccaccios *Decamerone*. († 21.12.1549 in Odos/Hautes-Pyrénées)

James Parkinson (1755 in London), britischer Mediziner. Formuliert als erster die Symptome einer später nach ihm benannten Nervenkrankheit. Behandlungsversuche mit Quecksilber bleiben erfolglos. († 21.12.1824 in London)

Ferdinand Lassalle (1825 in Breslau), deutscher Sozialdemokrat. Sein Streben nach einem demokratischen Staat mit einer solidarischen Gemeinschaft übt wesentlichen Einfluss auf die deutsche Sozialdemokratie aus. Er gründet u. a. den „Allgemeinen Deutschen Arbeiterverein". († 31.8.1864 in Genf)

Wieland Herzfelde (1896 in Weggis/Schweiz), deutscher Schriftsteller und Verleger. Unter seiner Leitung entwickelt sich der Berliner Malik-Verlag zu einer bedeutenden Plattform linker Literatur. Nach der Rückkehr aus dem Exil ist er Präsident des ostdeutschen PEN-Verbandes, 1959–70. († 23.11.1988 in Ost-Berlin)

Egon Franke (1913 in Hannover), deutscher Politiker. († 26.4.1995 in Hannover); **Guy Verhofstadt** (1953 in Dendermonde), belgischer Politiker.

12 April

Eine Dummheit macht auch der Gescheiteste.

Alexander N. Ostrowski

Alexander N. Ostrowski

Lionel Hampton

21.3.–20.4.
Herta, Julius, Joana, Zeno

Am 12. April geboren:

Alexander Nikolajewitsch Ostrowski (1823 in Moskau), russischer Dramatiker. Schildert in seinen gesellschaftskritischen, oft lose komponierten Stücken v. a. die Welt der Kaufmannschaft Moskaus. († 14.6.1886 in Schtschelykowo)

Lionel Hampton (1909 in Louisville/Kentucky), US-amerikanischer Jazzmusiker. Macht das Vibraphon als Jazz-Instrument populär, später wird sein „Lionel Hampton Orchestra" zum Inbegriff der US-amerikanischen Big Band. († 31.8.2002 in New York)

Joschka Fischer (1948 in Gerabronn bei Schwäbisch Hall), eigentlich Joseph Martin Fischer, deutscher Politiker. Nach politischem Engagement in der Studentenbewegung wird er Bundestagsabgeordneter (ab 1983), hessischer Minister (ab 1987) und in einer rot-grünen Regierungskoalition Außenminister der BR Dtl. (ab 1998).

Joseph Lanner (1801 in Wien), österreichischer Komponist und Erfinder des Wiener Walzers. († 14.4.1843 in Oberdöbling/Wien); **Robert Delaunay** (1885 in Paris), französischer Maler. († 25.10.1941 in Montpellier)

Joschka Fischer

1848
Badische Republik
Im revolutionären Deutschland rufen Friedrich Franz Karl Hecker und Gustav Struve, Verfechter einer radikal-demokratischen Staatsform, in Konstanz die Republik Baden aus und erklären die allgemeine badische Mobilmachung. Am 20.4. schlagen preußische Truppen den Aufstand blutig nieder. Hecker und Struve fliehen in die USA.

Space Shuttle

1861
Amerikanischer Bürgerkrieg
Mit einem Angriff der Konföderation der Südstaaten auf Fort Sumter der nordstaatlichen Union beginnt der sog. Sezessionskrieg. Ursachen sind wirtschaftliche und politische Gegensätze zwischen dem industrialisierten Norden und dem landwirtschaftlich orientierten Süden. Als Abraham Lincoln, der sich massiv gegen eine Ausbreitung der Sklaverei wandte, zum US-Präsidenten (ab 1860) gewählt wurde, traten mehrere Südstaaten aus der Union aus.

1981
Space Shuttle startet
Die NASA hat eine Alternative zu ihren bisherigen „Einwegraketen" entwickelt und schickt den wieder verwendbaren, 20 Mrd. Dollar teuren Raumtransporter „Columbia" zum Jungfernflug ins All. Zwei Tage später landen die Astronauten Crippen und Young in der kalifornischen Mojave-Wüste. Genau 20 Jahre vor dem Start hatte der russische Kosmonaut Gagarin 1961 als erster Mensch die Welt umrundet.

1991
Waffenruhe am Golf
Das Waffenstillstands-Abkommen zwischen den Alliierten (USA, Großbritannien, Saudi-Arabien, Kuwait) und dem Irak tritt in Kraft. Nach der Besetzung Kuwaits durch den Irak und dem Verstreichen eines UN-Ultimatums zum Rückzug begann die US-Armee im Rahmen der Operation „Wüstensturm" am 17.1.1991 mit einem massiven Luftangriff. Nach Annahme einer UN-Resolution wurden am 28.2. alle Kampfhandlungen eingestellt.

Auch das geschah an diesem Tag
1774 Das Schauspiel *Götz von Berlichingen mit der eisernen Hand* von Johann Wolfgang von Goethe wird in Berlin uraufgeführt. 1988 Bernardo Bertoluccis Film *Der letzte Kaiser* wird mit neun Oscars ausgezeichnet.

21.3.–20.4.

Ida, Martin, Merten, Paulus

Samuel Beckett

Thomas Jefferson

Unsere Zeit ist so aufregend, dass man die Leute eigentlich nur noch mit Langeweile schockieren kann.

Samuel Beckett

13
April

1204
Konstantinopel erobert
Ritter des 4. Kreuzzuges, die auf Wunsch Innozenz III. das Heilige Land erobern sollen, weichen von ihrem Vorhaben ab und fallen über Konstantinopel her. Es kommt zu einer der größten Plünderungen des Mittelalters: Heilige Relikte, Kunst- und Wertgegenstände werden nach Venedig verschleppt. Der Kreuzzug war auf Betreiben Venedigs vom Heiligen Land zur Konkurrenz umgeleitet worden.

1598
Edikt von Nantes
Mit dem Edikt von Nantes beendet der französische König Heinrich IV. die seit 1562 andauernden Kämpfe zwischen protestantischen Hugenotten und herrschenden Katholiken. Obwohl Frankreich grundsätzlich katholisch bleibt, gesteht der König den Anhängern der „reformierten Religion" Glaubensfreiheit und politische Gleichberechtigung zu.

1954
Sicherheitsrisiko Oppenheimer
Der US-amerikanische Präsident Dwight D. Eisenhower verfügt die Suspendierung Robert Oppenheimers, Mitentwickler der ersten

Atombombe

Atombomben, von laufenden Atomwaffenprojekten der USA. Als sich Oppenheimer 1953 dem Bau der Wasserstoffbombe widersetzt hatte, wurden ihm kommunistische Kontakte unterstellt und die US-amerikanische Atomwaffenkommission leitete ein Untersuchungsverfahren gegen ihn ein. 1963 wird der Wissenschaftler rehabilitiert.

1955
Polio-Impfstoff freigegeben
Nach einem erfolgreich verlaufenen Großversuch gibt die US-Regierung einen Impfstoff gegen den Erreger der Kinderlähmung (Poliomyelitis) frei. Der Bakteriologe Jonas Salk hatte den Probanden ein Gemisch abgetöteter Polio-Viren injiziert. 1962 entwickelt Albert Sabin die Schluckimpfung mit lebenden abgeschwächten Viren.

> **Auch das geschah an diesem Tag**
> 1962 In Hamburg eröffnet der „Star-Club" mit dem Konzert einer jungen, unbekannten Band aus Liverpool, den „Beatles".

Am 13. April geboren:

Katharina von Medici (1519 in Florenz), französische Königin. Die Förderin der Kunst übt insbesondere als Regentin (1560–63) einen bedeutenden Einfluss auf die Politik aus. 1572 veranlasst sie die sog. Bartholomäusnacht. († 5.1.1589 in Blois)
Thomas Jefferson (1743 in Shadwell/Virginia), US-amerikanischer Staatsmann. Jefferson fördert das Bildungswesen und die föderale Struktur der Vereinigten Staaten und erwirbt als Präsident (1801–09) große Teile der Südstaaten von Frankreich. († 4.7.1826 in Monticello/Virginia)
James Ensor (1860 in Ostende), belgischer Maler und Zeichner. Seine Darstellungen gespenstischer Szenen wie z. B in seinen Werken *Masken* (1890) und *Skelette im Kampf um den Leichnam eines Gehängten* (1891) machen ihn zum Hauptvertreter des flämischen Expressionismus. († 19.11.1949 in Ostende)
Samuel Beckett (1906 in Dublin), irischer Schriftsteller. Der Romanautor und Hauptvertreter des absurden Theaters erhält 1969 den Literatur-Nobelpreis für sein Lebenswerk um die Verlassenheit des modernen Menschen, wie er sie z. B in seinen Dramen *Warten auf Godot* (1953) und *Endspiel* (1956) schildert. († 22.12.1989 in Paris)
Friedrich Heinrich Ernst von Wrangel (1784 in Stettin), preußischer General. († 1.11.1877 in Berlin); **Garri Kimowitsch Kasparow** (1963 in Baku), eigentlich Garik Weinstein, aserbaidschanischer Schachspieler.

Katharina von Medici

14 April

Wer liebt, hat ein großes Geschenk zu verwalten.
Martin Kessel

Christiaan Huygens

Gotthold Ephraim Lessing

21.3.–20.4.
Elmo, Ernestine, Lidwina, Tiburtius

Am 14. April geboren:

Christiaan Huygens (1629 in Den Haag), niederländischer Physiker und Astronom. Der Entdecker des ersten Saturn-Mondes und des Orion-Nebels begründet u. a. die Wellentheorie des Lichts, erfindet die Pendeluhr und die Federuhr mit Unruh. († 8.7.1695 in Den Haag)

Ernst Robert Curtius (1886 in Thann/Elsass), deutscher Romanist. Macht Deutschland nach dem Ersten Weltkrieg mit der französischen Literatur bekannt und kritisiert in *Deutscher Geist in Gefahr* (1932) den Bildungsverfall und die Entwurzelung des Einzelnen. († 19.4.1956 in Rom)

Arnold Joseph Toynbee (1889 in London), britischer Historiker. In seinem wichtigsten Werk *Der Gang der Weltgeschichte* (1934–61) entwirft der Kulturtheoretiker eine Kulturgeschichte der Menschheit. († 22.10.1979 in York)

Monserrat Caballé (1933 in Barcelona), spanische Sopranistin. Gilt als eine der besten Belcanto-Sängerinnen der Welt, bevorzugt lyrische und dramatische Partien aus Opern von Mozart, Bellini oder Verdi.

Erich von Däniken (1935 in Zolfingen/Schweiz), schweizerischer Schriftsteller. Versucht in seinen Büchern wie *Erinnerungen an die Zukunft* (1968) die Hypothese vom Besuch der Erde durch außerirdische intelligente Wesen zu belegen.

Peter Behrens (1868 in Hamburg), deutscher Architekt und Designer. († 27.2.1940 in Berlin); **Martin Kessel** (1901 in Plauen), deutscher Schriftsteller. († 14.4.1990 in Berlin);

Francois Duvalier (1907 in Port-au-Prince), haitianischer Diktator. († 21.4.1971 in Port-au-Prince)

1865
Erstes Attentat auf US-Präsident
Abraham Lincoln, der 16. Präsident der USA, wird während einer Theatervorstellung in Washington D. C. vom Rassenfanatiker John Wilkes Booth angeschossen. Einen Tag später erliegt der Präsident seinen Verletzungen. Lincoln hatte sich für eine Sklavenbefreiung in den Südstaaten eingesetzt und u. a. damit den Sezessionskrieg ausgelöst.

1912
„Titanic" rammt Eisberg
Auf seiner Jungfernfahrt von Southampton nach New York kollidiert der britische Luxusliner „Titanic" kurz vor Mitternacht bei Neufundland mit einem Eisberg und wird dabei aufgeschlitzt. Obwohl das Schiff als unsinkbar gilt, dringt in kurzer Zeit Wasser in den Rumpf ein. Nach weniger als 3 Stunden geht das Schiff unter. Über 1500 Menschen kommen vor allem wegen unzureichender Sicherheitsvorkehrungen ums Leben, ca. 700 können sich retten.

1931
Spanien wird Republik
Der spanische König Alfons XIII. reagiert auf den Wahlsieg der Republikaner bei den Gemeindewahlen und übergibt die Regierungsgeschäfte an Ministerpräsident Juan Bautista Aznar-Cabañas. Die Wahl wurde als Votum gegen die Monarchie gewertet. Am nächsten Tag verlässt er das Land, ohne abzudanken.

1988
Aghanistan-Abkommen
In Genf unterzeichnen die UdSSR, die USA, Afghanistan und Pakistan ein Abkommen, das den Abzug der sowjetischen Truppen bis Februar 1989 aus Afghanistan regelt. Während die UdSSR mit ihren seit Dezember 1979 in Afghanistan stationierten Truppen dessen kommunistisches Regime unterstützte, hatten die USA Waffen an die muslimischen Rebellen geliefert. Mio. von Muslimen waren nach Pakistan geflohen.

Peter Behrens: AEG-Turbinenfabrik

Auch das geschah an diesem Tag

1783 Gotthold Ephraim Lessings *Nathan der Weise* wird – zwei Jahre nach dem Tod des Dichters – in Berlin uraufgeführt. **1980** *Die Blechtrommel* von Volker Schlöndorff erhält als erster deutscher Film einen Oscar.

21.3.–20.4.
Anastasia, Damian, Nidgar, Una

Wilhelm Busch

Richard von Weizsäcker

Wer vor der Vergangenheit die Augen verschließt, wird blind für die Zukunft.
Richard von Weizsäcker

15 April

1874
Geburt des Impressionismus
Im Atelier Nadar in Paris wird eine Gruppenausstellung mit Werken von Claude Monet, Auguste Renoir u. a. eröffnet. Die meist nur angedeuteten, aber nicht vollendet wirkenden Darstellungen treffen nicht den Geschmack des Publikums. Das Bild *Impression, soleil levant* (1872) von Claude Monet veranlasst die Kritiker, die Gruppe abfällig als „Impressionisten" zu bezeichnen. Später nehmen die Künstler die Bezeichnung selbst an.

Monet: *Impression bei Sonnenaufgang*

1925
Haarmann hingerichtet
In Hannover wird der Massenmörder Friedrich Haarmann durch das Fallbeil hingerichtet. Ihm war nachgewiesen worden, 27 junge Männer aus dem Zuhältermilieu und der Obdachlosenszene ermordet und zerstückelt zu haben. Damit kann einer der medienwirksamsten Kriminalfälle Deutschlands abgeschlossen werden.

1986
USA bombardieren Libyen
US-Präsident Reagan ordnet einen Vergeltungsschlag gegen Libyen an und lässt Tripolis und Bengasi bombardieren. Nach einer Bombenexplosion in der Diskothek „La Belle" in West-Berlin, bei der u. a. zwei US-Amerikaner sterben, steht für die USA der libysche Führer Gaddhafi als Urheber des Anschlages fest.

1994
Gründung der WTO
Auf einer internationalen Konferenz in Marrakesch beschließen 104 Staaten die Gründung einer Welthandelsorganisation (WTO). Als dritte internationale Organisation neben Weltbank und Internationalem Währungsfond (IWF) soll sie den Welthandel überwachen und Konflikte schlichten. Ihre Entscheidungen sind verbindlich.

Auch das geschah an diesem Tag
1951 Auf Initiative von Hermann Gmeiner eröffnet in Österreich das erste SOS-Kinderdorf. **1962** Der französische Staatspräsident Charles de Gaulle ernennt seinen ehemaligen Assistenten George Pompidou zum Premierminister. **1999** Der Deutsche Bundestag stimmt mit großer Mehrheit für eine deutsche Beteiligung am Kosovo-Krieg der NATO gegen Serbien.

Am 15. April geboren:

Leonardo da Vinci (1452 in Vinci), italienischer Maler, Bildhauer, Architekt und Naturforscher. Der Universalkünstler stellt sich in einer Synthese aus Kunst und Wissenschaft in den Dienst eines neuzeitlichen Wissen-

Leonardo: *Mona Lisa*

dranges. († 2.5.1519 auf Château de Cloux bei Amboise/Loire)
Leonhard Euler (1707 in Basel), schweizerischer Mathematiker. Euler leistet wichtige Beiträge zur Zahlentheorie und Geometrie und arbeitet zur angewandten Mathematik, Physik und Astronomie. († 18.9.1783 in St. Petersburg)
Wilhelm Busch (1832 in Wiedensahl), deutscher Schriftsteller, Zeichner und Maler. Mithilfe pointierter Bilderfolgen und scharfzüngiger Texte stellt er, wie in *Max und Moritz* (1865), das Spießbürgertum in seiner Verlogenheit bloß. Er verfasst aber auch Gedichte, z. B. *Kritik des Herzens*, 1874. († 9.1.1908 in Mechtshausen bei Goslar)
Richard von Weizsäcker (1920 in Stuttgart), deutscher Politiker. Der Jurist und Historiker zeichnet sich als Präsident des Evangelischen Kirchentages (1964–70), als Regierender Bürgermeister von Berlin (1981–84) sowie als Bundespräsident (1984–94) vor allem durch seine Integrationskraft aus.
Ilja Iljitsch Metschnikow (1845 in Iwanowka/Ukraine), russischer Bakteriologe und Medizin-Nobelpreisträger (1908). († 15.8.1916 in Paris),
Robert Walser (1878 in Biel), schweizerischer Schriftsteller. († 25.12.1956 in Herisau)

16 April

Humor ist einfach eine komische Art, ernst zu sein.

Sir Peter Ustinov — Charlie Chaplin — Peter Ustinov

21.3.–20.4.

Benedikt, Bernadette, Joachim

Am 16. April geboren:

Ernst Thälmann (1886 in Hamburg), deutscher Politiker. Als KPD-Vorsitzender (ab 1924) und Vertrauensperson Stalins vollzieht er die Gleichschaltung seiner Partei mit der KPdSU. († 18.8.1944, ermordet im KZ Buchenwald)

Sir Charles Spencer Chaplin (1889 in London), britischer Schauspieler und Regisseur. Der Star der frühen Stummfilme erweitert den Slapstick in einer Mischung aus Situationskomik und Sentimentalität zur Tragikomödie. Später macht er auch zeitkritische Filme wie z. B. *Modern Times* (1936) und *Der große Diktator* (1940). († 25.12.1977 in Vevey/Schweiz)

Charlie Chaplin: Filmszene

Sir Peter Ustinov (1921 in London), britischer Dramatiker, Schauspieler u. a. Ustinov gilt weltweit als künstlerisches Multitalent und engagiert sich zusätzlich als Unicef-Botschafter und lehrt als Professor für Vorurteilsforschung. († 28.3.2004 in Genolier/Schweiz)

Joseph Ratzinger (1927 in Marktl bei Altötting), katholischer Theologe. Nachdem der Erzbischof von München-Freising in den Kardinalsstand berufen wird (1977), ernennt Papst Paul II. ihn zum Präfekten der Glaubenskongregation.

John Franklin (1786 in Spilsby/Lincolnshire), britischer Admiral und Polarforscher. († 11.6.1847 auf King William Island); **Sarah Kirsch** (1935 in Limlingerode bei Nordhausen, eigentlich Ingrid Bernstein, deutsche Schriftstellerin und Lyrikerin; **Margarethe II.** (1940 in Kopenhagen), Königin von Dänemark (seit 1972).

....

1917
Lenins Heimkehr

Wladimir Iljitsch Lenin kehrt aus dem schweizerischen Exil nach Petrograd zurück und ruft in seinen Aprilthesen sogleich zur „Diktatur des Proletariats" auf. Mit offizieller Hilfe der deutschen Reichsregierung war er zusammen mit anderen russischen Revolutionären von der Schweiz aus per Bahn zunächst nach Schweden gereist. Nach mehrjähriger Verbannung hatte sich Lenin 1900 ins westeuropäische Exil begeben.

Wladimir I. Lenin

1922
Vertrag von Rapallo

Deutschland und die Sowjetunion schließen ein Abkommen, in dem sie auf gegenseitige Reparationszahlungen verzichten, die sich aus dem Ersten Weltkrieg ergeben hätten. Zudem regelt der Vertrag Wirtschaftsbeziehungen und die Aufnahme diplomatischer Beziehungen. Für Deutschland ist der Vertrag ein erster Schritt aus der internationalen Isolierung heraus, für die junge Sowjetunion bedeutet er eine Aufwertung.

1948
Gründung der OEEC

In Paris gründen 16 europäische Länder, darunter Belgien, Dänemark, Frankreich, Österreich, die Schweiz und die drei westdeutschen Besatzungszonen, die Europäische Organisation für Wirtschaftliche Zusammenarbeit (OEEC). Sie wollen die Wiederaufbauprogramme des US-amerikanischen Marshallplans koordinieren.

2003
Athener Beitrittsvertrag

Vertreter der 15 EU-Mitgliedstaaten unterzeichnen die Beitrittsverträge mit den zehn neuen EU-Mitgliedsländern. Mit dem Beitritt von Estland, Lettland, Litauen, Polen, der Slowakei, Slowenien, Tschechien, Ungarn, Malta und Zypern zum 1.5.2004 vollzieht sich die größte Erweiterung in der EU-Geschichte.

Auch das geschah an diesem Tag

1871 Die Verfassung des neuen Deutschen Reiches wird von Kaiser Wilhelm I. unterzeichnet und tritt damit in Kraft. **1993** Der Bundesrat stimmt dem Solidarpakt zur Finanzierung der deutschen Einheit zu.

21.3.–20.4.

Eberhard, Isadora, Rudolf, Wando

Nikita Chruschtschow

Tanja Blixen

Eine Lüge ist wie ein Schneeball; je länger man ihn wälzt, je größer wird er.

Martin Luther

17 April

1521
Luther angeklagt
Unter Zusicherung eines freien Geleits für 21 Tage hat Martin Luther Gelegenheit, sich vor dem Reichstag zu Worms in Anwesenheit König Karls V. zu seiner reformatorischen Lehre zu äußern. Luther verteidigt seine Position, die er u. a. in *Von der Freiheit eines Christenmenschen* niedergelegt hatte und lehnt jeden Widerruf ab. Weil der Ausgang des Prozesses unsicher ist, lässt Friedrich III. ihn auf dem Rückweg von Worms unter einem Vorwand verhaften und auf die Wartburg in Sicherheit bringen.

1919
Gründung der „United Artists"
Die Schauspieler Charlie Chaplin, Douglas Fairbanks sen., Mary Pickford und der Regisseur David Ward Griffith gründen die Filmproduktions- und Verleihgesellschaft „United Artists". Sie soll unabhängige Filmemacher fördern, den Verleih ihrer Filme übernehmen und die Position der Schauspieler gegenüber den Produzenten stärken.

1941
Besetzung Jugoslawiens
Nach der Kapitulation Jugoslawiens im Zweiten Weltkrieg werden deutsche und italienische Besatzungszonen eingerichtet und Teilgebiete an Ungarn und Bulgarien abgetreten. Die jugoslawische Führung hatte zwar am 25.3. zunächst zugestimmt, dem Dreimächtepakt zwischen Deutschland, Italien und Japan beizutreten, wurde aber von serbischen Offizieren gestürzt. Um eine Südostflanke gegen die Sowjetunion zu sichern, befahl Hitler am 6.4. eine Offensive gegen Jugoslawien.

1989
„Solidarność" zugelassen
In Polen wird die Gewerkschaft „Solidarność" (Solidarität) wieder zugelassen. Sie war im Zuge einer Verhängung des Kriegsrechts am 13.12.1981 verboten worden. Bei den Parlamentswahlen am 4.6. erhält sie die Mehrheit und stellt später mit Tadeusz Mazowiecki den Ministerpräsidenten.

Am 17. April geboren:

Tobias Stimmer (1539 in Schaffhausen), schweizerischer Maler und Zeichner. Der Künstler der Spätrenaissance gestaltet u. a. die Malereien der astronomischen Uhr im Straßburger Münster (1571–74). († 4.1.1584 in Straßburg)

Tania Blixen (1885 in Rungstedlund), eigentlich Baronin Karen Christence Blixen-Finecke, dänische Schriftstellerin. Nach einem Kenia-Aufenthalt verfasst sie ab 1931 ihre romantisch verklärte Prosa um mythische Themen und das Schicksal. Sie veröffentlicht u. a. ihre Autobiografie *Afrika, dunkel lockende Welt* (1937). († 7.9.1962 in Rungstedlund)

Nikita Sergejewitsch Chruschtschow (1894 in Kalinowka/Gebiet Kursk), sowjetischer Politiker. Als Nachfolger Stalins leitete er die Entstalinisierung ein und verfolgt eine Politik der „friedlichen Koexistenz" mit dem Westen. († 11.9.1971 in Moskau)

Thornton Wilder (1897 in Madison/Wisconsin), US-amerikanischer Schriftsteller. Die Romane und Dramen des vielfachen Preisträgers wie *Die Iden des März* (1948) handeln von Schicksal und Bestimmung des Menschen. († 7.12.1975 in Hamden/Connecticut)

Sirimavo Bandaranaike (1916 in Balangoda/Ceylon), sri-lankische Politikerin. († 10.10.2000 in Colombo);

Margot Honecker (1927 in Halle/Saale), deutsche Politikerin.

David Ward Griffith · Douglas Fairbanks

Auch das geschah an diesem Tag

1999 Europa-Parlament und EU-Minister-Rat einigen sich auf eine neue Regelung zum Verbraucherschutz. Ab 2002 ist auf Neuwaren eine Garantie von zwei, auf gebrauchte Waren von einem Jahr verbindlich.

Sirimavo Bandaranaike

18 April

Der Mensch ist nicht frei, wenn er einen leeren Geldbeutel hat.

Lech Walesa

Lucrezia Borgia

Antoine L. Lavoisier

21.3.–20.4.
Alexander, Barbara, Werner, Wigbert

Am 18. April geboren:

Lucrezia Borgia (1480 in Rom), italienische Fürstin. Die Tochter Papst Alexander VI. fördert Kunst und Künstler am Hofe ihres Mannes, dem Herzog von Este. Ihr bis heute schlechter Ruf gründet vermutlich auf einer Verleumdungskampagne. († 26.4.1519 in Ferrara)

Franz von Suppé (1819 in Split), eigentlich Francesco Ezechiele Ermengildo Cavaliere Suppé Demelli, österreichischer Komponist. Der Komponist entwickelt in Werken wie *Boccaccio* (1879) die Wiener Operette als unterhaltende musikalische Kunstform. († 21.5.1895 in Wien)

Samuel Huntington (1927 New York), US-amerikanischer Politologe. In seinem Buch *Kampf der Kulturen* (1996) vertritt er die These, dass die Konflikte im 21. Jahrhundert nicht auf Staaten, sondern auf Kulturkreise bezogen sind.

Tadeusz Mazowiecki (1927 in Plock), polnischer Journalist und Politiker. Der Berater Lech Walesas bei der Gewerkschaft „Solidarność" wird nach den ersten freien Wahlen zum ersten nicht-kommunistischen polnischen Regierungschef (1989–90) gewählt.

David Ricardo (1772 in London), britischer Volkswirtschaftler. († 11.9.1823 in Gatcombe Park);

Joseph Leonard Goldstein (1940 in Sumter/South Carolina), US-amerikanischer Genetiker und Nobelpreisträger (1985).

San Francisco nach dem Erdbeben 1906

1906
Erdbeben in San Francisco
Am Morgen erschüttert ein mittelschweres Erdbeben die 300.000-Einwohner-Stadt am Pazifik. Allerdings sind es weniger die Erschütterungen, die ca. 30.000 Häuser zerstören, sondern die nachfolgenden, gut drei Tage andauernden Brände. 250 Menschen kommen ums Leben, 250.000 werden obdachlos. Die Stadt wurde schnell wieder aufgebaut. 1989 gab es ein weiteres starkes Beben. San Francisco gehört zu den am meisten von Erdbeben gefährdeten Gebieten der Erde, weil die Stadt in der Nähe des tektonisch aktiven Sankt-Andreas-Grabens liegt.

1946
Auflösung des Völkerbundes
Der Völkerbund überträgt seine Aufgaben offiziell auf die neu gegründeten Vereinten Nationen (UNO). Er war nach dem Ersten Weltkrieg von den Siegermächten – mit Ausnahme der USA – eingerichtet worden, um eine weltweite Friedenspolitik durchzusetzen.

1951
Gründung der Montanunion
Belgien, die BR Dtl., Frankreich, Italien, Luxemburg und die Niederlande unterzeichnen in Paris den Vertrag über die Montanunion. Sie wollen ihre Stahl- und Kohleproduktion koordinieren und übertragen Hoheitsrechte an eine sog. Hohe Behörde. Der Vertrag gilt als die Vorstufe einer europäischen Einigung.

2004
Spanien verlässt den Irak
Einen Tag nach seiner Vereidigung als neuer Ministerpräsident Spaniens ordnet José Luis Rodriguez Zapatero den schnellstmöglichen Rückzug der spanischen Truppen aus dem Irak an. Spanien zieht damit als erstes Land seine Truppen von der US-geführten Mission nach dem Irak-Krieg ab. Zapatero hatte den Abzug für den Fall angekündigt, dass die Vereinten Nationen nicht das militärische und politische Kommando im Irak übernehmen.

Auch das geschah an diesem Tag

1787 Antoine Laurent Lavoisier stellt der Pariser Akademie der Wissenschaften eine systematische Nomenklatur der Chemie vor. **1949** Irland scheidet aus dem britischen „Commonwealth" aus und wird unabhängig, einige nordirische Grafschaften verbleiben jedoch bei Großbritannien.

21.3.–20.4.
Emma, Gerold, Leo, Werner

August Wilhelm Iffland

Gustav Theodor Fechner

Wer A sagt, der muss nicht B sagen. Er kann auch erkennen, dass A falsch war.

Bertolt Brecht

19 April

1529
Protest auf dem Reichstag
Auf dem mehrheitlich altkirchlich besetzten Reichstag von Speyer protestieren 19 evangelische Reichsstände gegen die Beibehaltung und Durchsetzung des Wormser Edikts von 1521. Im Wormser Edikt war die Reichsacht über Luther verhängt sowie die Lektüre und die Verbreitung seiner Schriften verboten worden. Seit dem Protest werden Lutheraner auch als Protestanten bezeichnet.

1775
Amerikanischer Unabhängigkeitskrieg
In Massachusetts kommt es bei Lexington in der Nähe von Boston zu gewaltsamen Auseinandersetzungen, als britische Truppen versuchen, ein Waffenlager von Milizionären auszuheben. Es ist der Auftakt zu einem Krieg (1775–83), in dem sich die amerikanischen Kolonien vom Mutterland lösen. Mit der amerikanischen Unabhängigkeitserklärung von 1776 findet er sein offizielles Ende.

1943
Aufstand im Warschauer Ghetto
Als die Waffen-SS mit dem Befehl in das abgeriegelte Warschauer Ghetto einmarschiert, die verbliebenen 66.000 jüdischen Bewohner in das KZ Treblinka abzutransportieren, leisten die Eingeschlossenen bewaffneten Widerstand. Sie hatten am 2.12.1942 eine „Jüdische Kampforganisation" gegründet. In einem fünfwöchigen Häuserkampf gegen die Besatzer verlieren über 56.000 Menschen ihr Leben.

1999
Eröffnung des Reichstages
In Berlin wird der umgebaute und erneuerte Reichstag mit einer ersten Sitzung des Bundestages eröffnet. Er ist damit wieder offizieller Sitz des deutschen Parlamentes. Der reguläre Bundestagsbetrieb wird nach dem Umzug von Bonn nach Berlin am 6.9. aufgenommen.

Auch das geschah an diesem Tag
1941 Im Züricher Schauspielhaus wird *Mutter Courage* von Bertolt Brecht uraufgeführt. **1971** Die UdSSR schickt mit „Saljut 1" die erste Raumstation auf eine Erdumlaufbahn. **1995** Rechtsradikale verüben einen Bombenanschlag auf ein Bürogebäude in Oklahoma City: 168 sterben, 650 Menschen werden verletzt.

Am 19. April geboren:

August Wilhelm Iffland (1759 in Hannover), deutscher Schauspieler und Intendant. Der spätere Direktor des Berliner Nationaltheaters (ab 1796) und des Berliner Schauspiels (ab 1811) verfasst auch ca. 60 erfolgreiche eigene Stücke. († 22.9.1814 in Berlin)

Gustav Theodor Fechner (1801 in Groß-Särchen), deutscher Naturforscher und Psychologe. Der Begründer der experimentellen Psychologie versucht, den Zusammenhang zwischen physischen und psychischen Zuständen in mathematischen Formeln auszudrücken. († 18.11.1887 in Leipzig)

Alice Salomon (1872 in Berlin), deutsche Sozialpolitikerin. Die Frauenrechtlerin gründet u. a. mit Helene Lange die erste Berliner Frauenschule (1908), für ihre Verdienste wird sie 1932 zur Ehrendoktorin der Berliner Friedrich-Wilhelm-Universität ernannt. († 30.8.1948 in New York)

José Echegaray y Eizaguirre (1932 in Madrid), spanischer Dramatiker. Der Schriftsteller verfasst neuromantisch-melodramatische Bühnenwerke wie *Wahnsinn oder Heiligkeit* (1877) und *Galeotto* (1881), erhält 1904 den Literatur-Nobelpreis. († 14.9.1916 in Madrid)

Joseph Marcelo Ejercito Estrada (1937 in Tondo/Manila), philippinischer Politiker; **Yitzhak Navon** (1921 in Jerusalem), israelischer Politiker.

Präsident Clinton weiht das Denkmal für die Opfer des Bombenanschlags von Oklahoma City ein

20 April

Der Narr hält sich für weise, aber der Weise weiß, dass er ein Narr ist.

William Shakespeare

Pietro Aretino

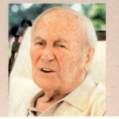
Joan Miró

21.3.–20.4.

Christoph, Hildegund, Odetta

Am 20. April geboren:

Henry Goebel (1818 in Springe am Deister), eigentlich Johann Heinrich Christoph Conrad Goebel, deutscher Erfinder. In einem Patentprozess wird 1893 festgestellt, dass der Uhrmachermeister bereits 25 Jahre vor Thomas Alva Edison die Glühbirne erfunden hat. († 16.12.1893 in New York)

Joan Miró (1893 in Montroig bei Barcelona), spanischer Maler, Grafiker und Bildhauer. Entwirft unter dem Einfluss des Surrealismus eine imaginäre, grotesk-bedrohliche, manchmal auch heitere Bilderwelt, in der Farben und Linien dominieren.
(† 25.12.1983 in Palma de Mallorca)

Harold Lloyd (1893 in Burchard/Nebraska), US-amerikanischer Schauspieler. Er ist neben Buster Keaton und Charly Chaplin einer der bekanntesten Komiker des Stummfilms.
(† 8.3.1971 in Hollywood/Los Angeles)

Harold Lloyd in *Ausgerechnet Wolkenkratzer* von 1923

Pietro Aretino (1492 in Arezzo), italienischer Dichter. († 21.10.1556 in Venedig); **John Eliot Gardiner** (1943 in Fontmell Magna/Dorset), britischer Dirigent.

1233
Inquisition offiziell

In einer Bulle an Konrad von Marburg, den päpstlichen Inquisitor von Deutschland, befiehlt Papst Gregor IX. die Hexenverfolgung und setzt ein ständiges Tribunal ein. Damit verleiht er der Inquisition einen offiziellen Rahmen. Schon Friedrich II. hatte, aus politischen Gründen, ab 1224 Ketzer verfolgen und auf dem Scheiterhaufen verbrennen lassen.

1920
Dadaismus-Skandal in Köln

Wegen Erregung öffentlichen Ärgernisses schließt die Polizei die erste Dadaismus-Ausstellung in Köln. Unter dem Motto „Dada-Vorfrühling" hatten Künstler um Max Ernst mit ihren Werken das bürgerliche Kunstverständnis infrage stellen wollen.

1998
Auflösung der RAF

In einem Schreiben an die Nachrichtenagentur Reuters gibt die linksextreme terroristische Rote-Armee-Fraktion ihre Auflösung bekannt. Die um 1968 u. a. von Andreas Baader und Ulrike Meinhof als „Stadtguerilla" gegründete Gruppe hatte mit Bombenanschlägen, Entführungen und der Ermordung vorwiegend prominenter

Die RAF-Terroristin Ulrike Meinhof

Personen das demokratische System der BR Dtl. beseitigen wollen.

1999
Schul-Massaker

Zwei Jugendliche dringen schwer bewaffnet in die Columbine High School in Littleton bei Denver (USA) ein und erschießen zwölf Mitschüler und einen Lehrer. Später zeigt sich, dass die Tat geplant und im Internet angekündigt war. Die Bluttat setzt zwar eine breite Diskussion um Gewaltdarstellungen in den Medien in Gang, nicht aber um US-amerikanische Waffengesetze.

Auch das geschah an diesem Tag

1611 In London findet die erste urkundlich erwähnte Aufführung des Dramas *Macbeth* von William Shakespeare statt. **1844** In Berlin kommt erstmals Ludwig Tiecks Kindermärchen *Der gestiefelte Kater* auf die Bühne. **1938** *Olympia*, ein Propagandafilm von Leni Riefenstahl über die Olympischen Spiele 1936, wird in Berlin uraufgeführt.

21 April

21.4.–20.5.

Alexandra, Anselm, Konrad, Reinmar

Ulrich von Hutten

Max Weber

Ich hab's gewagt!
Ulrich von Hutten

753 v. Chr.
Gründung Roms
Einem Mythos nach gründen die Zwillinge Romulus und Remus – sie stammen vom Trojaner Äneas ab und werden nach ihrer Aussetzung von einer Wölfin gesäugt – an einer Furt durch den Tiber die Stadt Rom. Tatsächlich entstand

Romulus und Remus

sie wohl im 7. Jh. v. Chr. auf Initiative des etruskischen Herrschergeschlechtes Rume als Zusammenschluss ehemals sabinischer Siedlungen.

1519
Cortés in Mexiko
Auf der Suche nach sagenhaften Goldschätzen landet der spanische Konquistador Hernán Cortés an der Küste Mexikos. Er zieht zwar am 8.11. in die Azteken-Haupt-

Hernán Cortez

stadt Tenochtitlán (heute Mexico-City) ein und nimmt deren Herrscher gefangen, muss das Land aber nach einem Aufstand verlassen. Erst 1520 gelingt ihm die Unterwerfung der Azteken.

1913
Jungfernfahrt der „Imperator"
Ein Jahr nach dem Untergang der „Titanic" läuft der deutsche Luxusliner „Imperator" der Hamburg-Amerikanischen Paketfahrt-Aktiengesellschaft (Hapag-Lloyd) zu seiner Jungfernfahrt aus und auf der Elbe auf Grund. Nach dem Freischleppen und Ausführen baulicher Veränderungen nimmt er seinen Dienst im Nordatlantik auf. Nach dem Ersten Weltkrieg fällt das Schiff an Großbritannien.

1971
„Baby Doc" wird Diktator
In Haiti wird der 19-jährige Jean-Claude Duvalier zum haitianischen „Präsidenten auf Lebenszeit". Er setzt die Schreckensherrschaft seines verstorbenen Vaters François Duvalier noch 15 Jahre lang fort. Mit Unterstützung der USA war „Papa Doc" 1957 an die Macht gekommen.

Auch das geschah an diesem Tag
1960 Brasilia, eine im Regenwald nach modernen Entwürfen errichtete Stadt, löst Rio de Janeiro als Hauptstadt Brasiliens ab. 1967 Nach einem Putsch rechtsgerichteter Militärs übernimmt General George Papadopoulos die Macht in Griechenland.

Am 21. April geboren:

Ulrich von Hutten (1488 auf Burg Steckelburg bei Fulda), deutscher Humanist und Publizist. In Polemiken schreibt er gegen das Papsttum und setzt sich für Luther ein. Schließlich muss er in die Schweiz fliehen. († 29.8.1523 auf der Insel Ufenau im Zürichsee)

Charlotte Brontë (1816 in Thornton/West Yorkshire), britische Schriftstellerin. Unter dem Pseudonym Currer Bell kritisiert sie u. a. in ihrem Roman *Jane Eyre* (1847) Normen und Konventionen der viktorianischen Gesellschaft. († 31.3.1855 in Haworth/West Yorkshire)

Max Weber (1864 in Erfurt), deutscher Soziologe. Weber begründet die moderne Sozialwissenschaft und definiert sie als eine Wissenschaft, die „soziales Handeln deutend verstehen und dadurch in seinem Ablauf und seinen Wirkungen ursächlich erklären will". († 14.6.1920 in München)

Elisabeth II. (1926 in London), eigentlich Elisabeth Alexandra Mary, Königin von Großbritannien und Nordirland (ab 1952) und Oberhaupt des „Commonwealth". Trotz zahlreicher Affären und Skandale in der königlichen Familie findet die Monarchin bei der Bevölkerung eine breite Zustimmung.

Friedrich Fröbel (1782 in Oberweißbach/Thüringen), eigentlich Friedrich Wilhelm August Fröbel, deutscher Pädagoge und Begründer des Kindergartens. († 21.6.1852 auf Schloss Marienthal bei Meiningen); **Johann Hinrich Wichern** (1818 in Hamburg), evangelischer Theologe. († 7.4.1881 in Hamburg)

22 April

Handle so, dass die Maxime deines Willens jederzeit zugleich als Prinzip einer allgemeinen Gesetzgebung gelten kann.

Immanuel Kant

Immanuel Kant — Sir Yehudi Menuhin

21.4.–20.5.
Alfred, Cajus, Leonidas

Am 22. April geboren:

Isabella I. (1451 in Madrigal de las Altas Torres), Königin von Kastilien-Léon (1474–1504) und Aragonien (1479–1504). Mit Ferdinand II., ihrem Mann, schafft die Förderin Kolumbus' die Grundlage für ein gesamtspanisches Königreich und beendet die sog. Reconquista. († 26.11.1504 in Medina del Campo)

Immanuel Kant (1724 in Königsberg), deutscher Philosoph. Kant begründet eine Erkenntnistheorie auf Grundlage des sog. Kategorischen Imperativs. Seine *Kritik der reinen Vernunft* macht ihn zum bedeutendsten deutschen Denker. († 12.2.1804 in Königsberg)

Immanuel Kant: *Kritik der reinen Vernunft* (Titelseite)

Wladimir Iljitsch Lenin (1870 in Simbirsk/später Uljanowsk), eigentlich Wladimir Iljitsch Uljanow, sowjetischer Politiker. Unter dem Begriff „Diktatur des Proletariats" errichtet der Jurist als Führer der Bolschewiki nach der

Wladimir I. Lenin

sog. Oktoberrevolution 1917 in Russland ein totalitäres Regierungssystem und gründet 1922 die Sowjetunion. († 21.1.1924 in Gorki)

Sir Yehudi Menuhin (1916 in New York), US-amerikanischer Violinist und Dirigent. Der Musiker nimmt bereits mit 12 Jahren erste Platten auf. Er gilt als bedeutendster Geiger des 20. Jh. und macht sich um den musikalischen Nachwuchs und die Völkerverständigung verdient. († 12.3.1999 in Berlin)

Madame de Staël (1766 in Paris), eigentlich Germaine de Staël-Holstein, französische Schriftstellerein. († 14.7.1817 in Paris); **Julius Robert Oppenheimer** (1904 in New York), US-amerikanischer Physiker. († 18.2.1967 in Princeton/New Jersey)

1418
Ende des Konstanzer Konzils
In der Kaiserstadt Konstanz geht das 16. Konzil zu Ende. Der in Pisa residierende Papst Johannes XXIII. hatte das Konzil auf Veranlassung von König Sigismund zum 5.11.1414 einberufen, um insbesondere die Kirchenspaltung zu beenden. Weil die Autorität des Konzils über die der Päpste gestellt wurde, konnten Johannes XXIII., Gregor XII. und Gegenpapst Benedikt XIII. abgesetzt werden. Kardinal Ottone Colonna wird Papst Martin V. und die Lehren von u. a. Jan Hus und Hieronymus von Prag werden als Ketzerei verurteilt.

1915
Deutsches Giftgas
Obwohl nach der Haager Landkriegsordnung von 1907 der Einsatz chemischer Kampfstoffe verboten ist, bringen deutsche Soldaten an der Westfront, nahe der belgischen Stadt Ypern, Chlorgas aus. 5000 alliierte Soldaten sterben, 10.000 sind schwer verletzt. Ab Ende des Jahres setzen auch die Alliierten chemische Kampfstoffe ein.

1946
Gründung der SED
Unter dem Druck der Sowjetunion schließen sich die Kommunistische Partei Deutschlands (KPD) und die ostdeutsche SPD auf einem gemeinsamen Parteitag in Berlin zur SED (Sozialistische Einheitspartei Deutschlands) zusammen. Erste Vorsitzende der neuen Partei sind der Kommunist Wilhelm Pieck und der Sozialdemokrat Otto Grotewohl.

Auch das geschah an diesem Tag

1509 Heinrich VIII. wird englischer König. Später trennt er England von der römischen Kirche, um wegen eines Verhältnisses zu Anna Boleyn seine Ehe annullieren zu lassen.

21.4.–20.5.
Adalbert, Gerhard, Georg

William Shakespeare

Max Planck

Kein Mensch ist gut genug, einen anderen Menschen ohne dessen Zustimmung zu regieren.

Abraham Lincoln

23
April

1516
Reinheitsgebot für Bier
In seiner „Statuta thaberna" (Wirtshausgesetz) dehnt Herzog Wilhelm IV. das Reinheitsgebot für Bier auf ganz Bayern aus und legt dessen Bestandteile fest: „... Es sollen auch nicht in das Bier weder Harz noch keinerlei andere Ungeferck. Dazu soll man nichts anderes geben als Hopfen, Malz und Wasser ...". Erst in der Weimarer Republik wurde das vermutlich älteste Lebensmittelgesetz der Welt auf das ganze Deutsche Reich ausgedehnt.

1838
Mit Dampf über den Atlantik
Als erstes Dampfschiff erreicht die britische „Great Western" nach einer 15-tägigen Atlantiküberquerung New York. Das Schiff mit 1340 BRT kann ca. 300 Personen befördern und ist doppelt so schnell wie ein Segelschiff.

1945
Kampf um Berlin
Im Deutschen Reich beginnt die letzte Phase des Zweiten Weltkrieges. Die Rote Armee steht vor Berlin und beginnt den Kampf um die Stadt. Diese ist am 25.4. eingeschlossen und am 30.4. hissen sowjetische Infanteristen ihre Flagge am Reichstag. Die sowjetische Schlussoffensive hatte am 16.4. an Oder und Neiße begonnen.

1948
Betriebe werden Volkseigentum
In der sowjetischen Besatzungszone entsteht auf Befehl der sowjetischen Militäradministration die Vereinigung Volkseigener Betriebe (VVB). Nach 1945 waren Wirtschaftsbetriebe beschlagnahmt und in Volkseigentum umgewandelt worden. Die Kontrolle der VEB obliegt der Deutschen Wirtschaftskommission, die zur zentralistischen Macht für Wirtschaftsplanung und -lenkung aufsteigt.

Auch das geschah an diesem Tag

1860 In Nordamerika kommt es über die „Sklavenfrage" zu einer Spaltung der Demokratischen Partei Lincolns. **1917** Die deutsche Regierung unter der Führung Kaiser Wilhelms II. legt im *Kreuznacher Programm* ihre Ziele für den Ersten Weltkrieg fest. **1971** Eine Gruppe deutscher Filmregisseure gründet in Frankfurt den unabhängigen „Filmverlag der Autoren".

Am 23. April geboren:

William Shakespeare (1564 in Stratford-upon-Avon), englischer Dramatiker und Dichter. In seinem vielfältigen Werk aus Dramen, Epen und Sonetten zeigt das literarische Genie die Welt in ihrer Vielfalt und Widersprüchlichkeit. Zwei seiner bekanntesten Werke sind *Romeo und Julia* (1597) und *Hamlet* (um 1600). († 23.4.1616 in Stratford-upon-Avon)

Joseph William Turner (1775 in London), britischer Maler. Der Vorläufer des Impressionismus überschreitet in seiner Malerei die Grenze vom Gegenständlichen zum Visionären, die Farbe wird zum Hauptmittel seiner Darstellung. († 19.12.1851 in London)

Max Planck (1858 in Kiel), deutscher Physiker. Als Begründer der sog. Quantentheorie leistet er wichtige Beiträge zur Physik und erhält 1918 den Physik-Nobelpreis. († 4.10.1947 in Göttingen)

William Shakespeare: *Romeo und Julia* (Titelseite)

Sergeij Prokofjew

Sergeij Sergeijewitsch Prokofjev (1891 in Sonzowka/heute Krasnoje), russischer Komponist. Schafft neben lyrischen und scherzhaft-grotesken Kompositionen auch Filmmusiken. Bedeutende Werke sind die Oper *Die Liebe zu den drei Orangen* (1921) und Ballettmusik *Romeo und Julia* (1938). († 5.3.1953 in Moskau)

24 April

Der einzige, der einen Ozelotpelz wirklich braucht, ist der Ozelot.

Bernhard Grzimek

Carl Spitteler

Sigmund Freud

21.4.–20.5.
Egbert, Fidelis, Wilfried, Virginia

Am 24. April geboren:

Carl Spitteler (1845 in Liestal bei Basel), schweizerischer Schriftsteller. Unter dem Pseudonym Carl Felix Tandem verfasst er mythologische Epen, in denen antike Gestalten modern umgedeutet werden, sowie Lustspiele, Novellen, Romane und Kritiken. 1919 erhält er den Literatur-Nobelpreis. († 29.12.1924 in Luzern)

Jaroslav Hašek (1883 in Prag), tschechischer Schriftsteller. In seinem satirischen Roman *Die Abenteuer des braven Soldaten Schwejk* (unvollendet, 1921–23) reflektiert er über Staatsmacht und Militarismus. († 3.1.1923 in Lipnice/Böhmen)

Bernhard Grzimek (1909 in Neisse), deutscher Zoologe. Der engagierte Naturschützer erhält 1956 einen Goldenen Bären für die Fernsehsendung *Kein Platz für wilde Tiere* (ab 1956) und 1960 einen Dokumentarfilm-Oscar für *Serengeti darf nicht sterben* (1959). († 13.3.1987 in Frankfurt/Main)

Karl Schiller (1911 in Breslau), deutscher Volkswirtschaftler und Politiker. In der Großen Koalition von SPD und CDU wird er Wirtschafts- und Finanzminister (1966–72). Er gilt als der Initiator der sog. Konzertierten Aktion zur Zusammenarbeit der Sozialpartner und des Stabilitäts- und Wachstumsgesetzes. († 26.12.1994 in Hamburg)

Shirley MacLaine (1934 in Richmond/Virginia), eigentlich Shirley MacLean Beaty, US-amerikanische Schauspielerin; **Barbra Streisand** (1942 in New York), US-amerikanische Schauspielerin und Sängerin; **Jean Paul Gaultier** (1952 in Arcueil/Paris), französischer Modedesigner.

1544
Schlacht bei Mühlberg
In der Lochauer Heide bei Mühlberg/Elbe besiegt Karl V., der das Deutsche Reich unter einem Glauben einigen möchte, den protestantischen sächsischen Kurfürsten Johann Friedrich I. Weil sich Philipp I. von Hessen obendrein ergibt, ist mit Gefangennahme der beiden Führer der sog. Schmalkaldische Bund aufgelöst. Er war 1531 in Schmalkalden zur Verteidigung der protestantischen Sache gegründet worden.

1916
Osteraufstand in Irland
In Dublin bricht der sog. Osteraufstand aus, bei dem sich Gegner der britischen Übermacht für eine unabhängige irische Republik einsetzen. Am 30.4. wird der Aufstand von britischem Militär blutig niedergeschlagen. 1921 erhält Irland zunächst den Status eines Dominions – jedoch ohne die protestantischen Grafschaften von Ulster – und 1937 die volle Souveränität.

1974
Ost-Spion verhaftet
Günter Guillaume wird wegen Verdachts der Spionage für die DDR festgenommen. Nachdem er als angeblicher Flüchtling in die BR Dtl. eingeschleust wurde, war er als SPD-Mitglied (ab 1957) bis zum persönlichen Referenten von Bundeskanzler Willy Brandt aufgestiegen (ab 1972) und hatte der DDR-Führung insbesondere wichtige NATO-Dokumente zugespielt.

1990
Hubble ins All
Mithilfe des Transporters „Discovery" wird das Weltraum-Teleskop Hubble in die Erdumlaufbahn gebracht. Das Observatorium im Orbit wurde gemeinsam von NASA und ESA entwickelt und umrundet seither mit ca. 27.000 km/h alle 96 Minuten einmal die Erde.

Auch das geschah an diesem Tag
1801 Im Wiener Palais Schwarzenberg wird *Die Jahreszeiten* von Joseph Haydn uraufgeführt. 1923 Sigmund Freud veröffentlicht sein Buch *Das Ich und das Es* über die Spaltung der menschlichen Persönlichkeit.

Bernhard Grzimek

Dublin: Osteraufstand

21.4.–20.5.

Erwin, Franka, Markus

Ella Fitzgerald

Guglielmo Marconi

Ein Mann kommt am weitesten, wenn er nicht weiß, wohin er geht.

Oliver Cromwell

25 April

1859
Bau des Suezkanals
Im ägyptischen Port Said beginnen die Bauarbeiten am Suezkanal. Er soll auf zunächst ca. 165 km Länge die Landenge von Sues durchschneiden und das Mittelmeer mit dem Roten Meer verbinden. Der ägyptische König hatte die Konzession für 99 Jahre an den französischen Ingenieur Vicomte des Lesseps vergeben. 1869 wird der Kanal eröffnet. Nach einer Besetzung durch Großbritannien (1882) legt die Konvention von Konstantinopel (1888) die freie Fahrt für Schiffe aller Art und Nationen fest.

1947
Dachverband der Gewerkschaften
In der britischen Besatzungszone schließen sich 14 Einzelgewerkschaften zum „Allgemeinen Deutschen Gewerkschaftsbund" zusammen und wählen Hans Böckler einstimmig zu ihrem ersten Vorsitzenden. Noch vor Kriegsende waren in den von den Alliierten befreiten Gebieten wieder erste Gewerkschaften gegründet worden. Nach Gründung der BR Dtl. konstituiert sich 1949 in München der Deutsche Gewerkschaftsbund (DGB).

1974
Nelkenrevolution
Die Oppositionsgruppe „Bewegung der Streitkräfte" stürzt in einem unblutigen Putsch die Regierung des portugiesischen Diktators Marcelo José Caetano. Damit geht eine 51-jährige Parteidiktatur zu Ende, die von Caetanos Vorgänger Oliveira Salazar begründet wurde. Neuer Regierungschef wird der ehemalige Generalstabschef Antonio di Spínola.

1983
Hitler-Tagebücher
Auf einer Pressekonferenz stellt das Magazin *stern* die angeblichen Tagebücher Adolf Hitlers vor und erklärt, diese ab dem 28. April (Ausgabe 18/1983) auszugsweise abdrucken zu wollen. Später stellt sich heraus, dass die Tagebücher von Konrad Kujau gefälscht und an den Reporter Gerd Heidemann gegen Millionen von DM weitergeleitet wurden.

Hitler-Tagebücher: Gerd Heidemann präsentiert auf der Pressekonferenz des Hamburger Magazins *stern* am 25.4. die vermeintlichen Dokumente

Auch das geschah an diesem Tag
1626 Albrecht von Wallenstein schlägt bei Dessau die protestantischen Truppen von Graf Ernst von Mansfeld. In den folgenden Kriegsjahren steigt er zum mächtigsten kaiserlichen Feldherrn auf.

Am 25. April geboren:
Oliver Cromwell (1599 in Huntingdon), englischer Politiker und Heerführer. Der strenge Puritaner errichtet im Kampf gegen die Royalisten zeitweilig eine reine Militärdiktatur, lässt König Karl I. hinrichten, schlägt Iren und Schotten nieder und bereitet die Weltmachtstellung Englands vor. († 3.9.1658 in London)

Guglielmo Marconi (1874 in Bologna), italienischer Ingenieur und Physiker. Er baut 1895 das erste Funkgerät der Welt, funkt 1899 nach England und 1901 über den Atlantik. 1919 erhält er den Physik-Nobelpreis. († 20.7.1937 in Rom)

Wolfgang Pauli (1900 in Wien), schweizerischer Physiker. Der Forscher entwickelt die Quantentheorie weiter und erhält 1945 den Physik-Nobelpreis für die Entdeckung des sog. Pauli-Prinzips, einem grundlegenden Prinzip der Atomphysik. (15.12.1958 in Zürich)

Ella Fitzgerald (1918 in Newport News/Virginia), US-amerikanische Jazz-Sängerin. Interpretationen von Titeln des Swing, Bebop, Blues und Pop machen sie zur „First Lady des Jazz". Bedeutend sind ihre Song Books von Cole Porter, Irving Berlin, Jerome Kern und George Gershwin. († 15.6.1996 in Beverly Hills/Los Angeles)

Felix Christian Klein (1849 in Düsseldorf), deutscher Mathematiker. († 22.6.1925 in Göttingen); **Albert Uderzo** (1927 in Fismes/Frankreich), französischer Zeichner.

26 April

Die Grenzen der Sprache sind die Grenzen der Welt.

Ludwig Wittgenstein

Ludwig Wittgenstein

Alfred Krupp

21.4.–20.5.
Consuelo, Helene, Ratbert, Trudbert

Am 26. April geboren:

Mark Aurel (121 in Rom), römischer Kaiser (161–80). Der letzte Adoptivkaiser und letzte des sog. Philosophenkaisertums des 2. Jh., praktiziert eine beim Volk hoch geachtete liberale Politik. Seine Selbstbetrachtungen sind in 12 Bänden erhalten. († 17.3.180 in Vindobona/heute Wien)

Mark Aurel

Ludwig Uhland (1787 in Tübingen), deutscher Schriftsteller und Politiker. Uhland engagiert sich als Liberaler u. a. in der Frankfurter Nationalversammlung (1848) und verfasst volkstümliche Liebes- und Naturlyrik, Balladen und Romanzen. († 13.11.1862 in Tübingen)

Eugène Delacroix (1798 in Saint-Maurice-Charenton bei Paris), französischer Maler und Grafiker. Der bedeutende Vertreter der französischen Romantik gestaltet in farbenprächtigen Gemälden v. a. Szenen politischer Themen und dramatischer Dichtungen wie z. B. *Dante und Vergil* (1822) und *Die Freiheit führt das Volk an* (1830). († 13.8.1863 in Paris)

E. Delacroix: *Die Freiheit führt das Volk an*

Ludwig Josef Johann Wittgenstein (1889 in Wien), österreichischer Philosoph. Er gilt als führender Denker der analytischen Philosophie und des Pragmatismus und veröffentlicht 1921 mit seinem *Tractatus Logico-Philosophicus* eine umfassende Theorie über die Grundlagen der Logik und die Wirkungsarten der Sprache († 29.4.1951 in Cambridge).

Alfred Krupp (1812 in Essen), deutscher Industrieller. († 14.7.1887 in Essen); **Rudolf Heß** (1894 in Alexandria/Ägypten), deutscher NSDAP-Politiker. († 17.8.1987 in Berlin-Spandau durch Freitod)

1912
Blauer Reiter

Wassily Kandinsky und Franz Marc veröffentlichen ihren Almanach *Der Blaue Reiter*, eine mit zahlreichen Abbildungen und Textbeiträgen von u. a. Alfred Kubin und August Macke ausgestattete bedeutende Programmschrift für die Kunst des 20. Jh. Der Name „Blauer Reiter" war, in Ahnlehnung an das gleichnamige Bild von Kandinsky aus dem Jahr 1903, zum Titel der sich neu formierenden Künstlervereinigung geworden.

1937
Zerstörung Guernicas

Obwohl sie kein militärisches Angriffsziel bietet, zerstören Flugzeuge der deutschen „Legion Condor" die baskische Stadt Guernica – Symbol der baskischen Autonomie. Bei dem dreistündigen Angriff kommen etwa 1600 Menschen ums Leben. Noch im selben Jahr ist das Gemälde *Guernica* von Pablo Picasso als Antwort auf den Faschismus im spanischen Pavillon auf der Weltausstellung in Paris zu sehen.

1986
GAU in Tschernobyl

Kurz nach Mitternacht kommt es im ukrainischen Kernkraftwerk Tschernobyl in der Nähe von Kiew zu einem folgenschweren Bedienfehler: Ein Reaktorblock explodiert und setzt ca. 50-mal mehr Radioaktivität frei als der Atombombenabwurf über Hiroshima. In den nächsten Tagen breitet sich eine radioaktive Wolke bis nach Nord- und Mitteleuropa aus. Tausende von Menschen sterben an den Folgen der radioaktiven Verseuchung.

Auch das geschah an diesem Tag

1925 Der Berliner Verlag „Die Schmiede" veröffentlicht den Roman *Der Prozess* des ein Jahr vorher verstorbenen Franz Kafka. 1994 Nach einem Urteil des Bundesverfassungsgerichtes steht die „Auschwitz-Lüge" zukünftig unter Strafe. 2002 Ein von der Schule verwiesener Schüler läuft im Erfurter Gutenberg-Gymnasium Amok und tötet 16 Menschen.

21.4.–20.5.
Montserrat, Petrus, Zita

Samuel Morse

Herbert Spencer

Meinung wird letztlich durch Gefühle und nicht durch den Intellekt bestimmt.

Herbert Spencer

27
April

1865
Gründung der BASF
In Ludwigshafen gründet Friedrich Engelhorn die Badische Anilin- und Sodafabrik (BASF). 1925 werden sich unter Führung der BASF sechs Fabriken (u. a. Hoechst, Bayer und die AG für Anilinfabrikation Berlin) zur I. G. Farben, dem weltweit größten Chemiekonzern, zusammenschließen. Nach enger Zusammenarbeit mit dem nationalsozialistischen Regime wird die I. G. Farben nach dem Zweiten Weltkrieg von den Alliierten aufgelöst.

1941
Einmarsch in Athen
Nachdem die deutsche Wehrmacht die Balkanstaaten erobert und am 6.4. die griechische Grenze bei Florina überschritten hat, marschiert sie in Athen ein und hisst die Hakenkreuzfahne auf der Akropolis. Griechenland wird in eine deutsche, italienische und bulgarische Besatzungszone aufgeteilt.

Athen: Akropolis

1959
Rücktritt Maos
Weil sich Mao Tse-tung insbesondere wegen seiner gescheiterten Wirtschaftspolitik einer innerparteilichen Kritik gegenübergestellt sieht, gibt er das Amt des Staatspräsidenten an Liu Shaoqi ab. Mao Tse-tung behält den Parteivorsitz der Kommunistischen Partei Chinas und beschränkt sich auf die Funktion des Chef-Ideologen.

1972
Konstruktives Misstrauensvotum
Mit 247:249 Stimmen verfehlt ein Misstrauensantrag gegen Bundeskanzler Willy Brandt die Mehrheit im Deutschen Bundestag und wird abgelehnt. Es ist der erste Misstrauensantrag in der Geschichte der BR Dtl. Die CDU/CSU-Opposition hatte insbesondere die Ostverträge kritisiert und beabsichtigt, Brandt durch den CDU-Chef Rainer Barzel zu ersetzen.

Auch das geschah an diesem Tag
1922 In Berlin wird *Dr. Mabuse, der Spieler* von Fritz Lang uraufgeführt. Der expressionistische Film spielt auf die soziale und politische Situation im Nachkriegs-Deutschland an.

Am 27. April geboren:

Mary Wollstonecraft (1759 in London), englische Schriftstellerin und Frauenrechtlerin. Sie setzt sich für die weibliche Erziehung im Sinne der Aufklärung ein. *Eine Verteidigung der Rechte der Frauen* (1792) wird zu einem zentralen Werk der Frauenbewegung. († 10.9.1797 in London)
Samuel F. B. Morse (1791 in Charlestown/Massachusetts), US-amerikanischer Maler und Erfinder. 1832 entwickelt er den ersten funktionierenden elektromagnetischen Schreibtelegrafen und 1838 ein dabei verwendetes Punkt-Strich-Code-System. († 2.4.1872 in Poughkeepsie bei New York)
Herbert Spencer (1820 in Derby), britischer Philosoph und Soziologe. Als Hauptvertreter des sog. Evolutionismus bemüht er sich um eine übergreifende, aber einzelwissenschaftlich begründete Erkenntnis, beruhend auf dem Prinzip der Evolution. Sein Hauptwerk ist *System der synthetischen Philosophie* (1862–1896). († 8.12.1903 in Brighton)
Otto I. (1848 in München), bayerischer König (1886–1913). Trotz schwerer psychischer Störungen folgt er seinem Bruder Ludwig II. auf den Thron, muss die Regierungsgeschäfte aber nach einem Tag an seinen Onkel Luitpold abgeben. († 11.10.1916 in Fürstenried)
Friedrich Freiherr von Flotow (1812 auf Gut Teutendor/Mecklenburg), deutscher Komponist. († 24.1.1883 in Darmstadt); **Johann Friedrich Freiherr Cotta von Cottendorf** (1764 in Stuttgart), deutscher Verleger. († 29.12.1832 in Stuttgart)

28 April

Jeder Mensch ist ein Clown, aber nur wenige haben den Mut, es zu zeigen.

Charlie Rivel

Charlie Rivel

Saddam Hussein

21.4.–20.5.

Hugo, Ludwig, Pierre, Theodora

Am 28. April geboren:

Charlie Rivel (1896 in Cubellas/Barcelona), eigentlich José Andreo Rivel, spanischer Clown. Wird mit seiner Nummer *Akrobat schöön* und seiner Hauptrolle im gleichnamigen Film (1943) populär. († 26.7.1983 in Barcelona)

Oskar Schindler (1908 in Zwittau), deutscher Kaufmann. Während der nationalsozialistischen Diktatur rettet er Hunderte von Juden vor dem Tod. Sein Leben wird von Steven Spielberg unter dem Titel *Schindlers Liste* (1993) verfilmt. († 9.10.1974 in Hildesheim)

Yves Klein (1928 in Nizza), französischer Künstler. Der Mitbegründer der sog. Nouveaux Réalistes hinterfragt das traditionelle Kunstverständnis u. a. mit monochromer Malerei, Körperabdrücken und Happenings. († 6.6.1962 in Paris)

Saddam Hussein (1937 bei Tikrit/Irak), irakischer Diktator. Nach dem Putsch der Baath-Partei baut er als Staats- und Regierungschef (ab 1979) ein diktatorisches Regime auf. Seine wiederholte Missachtung internationaler Beschlüsse führt zu mehreren alliierten Militärschlägen, bis er im Irak-Krieg (2003) von den USA gestürzt wird.

Franz Karl Achard (1753 in Berlin), deutscher Chemiker und Physiker. († 20.4.1821 in Cunern/Schlesien)

Erich Salomon (1886 in Berlin), deutscher Fotograf. († 7.7.1944, ermordet im KZ Auschwitz)

Horst-Eberhard Richter (1923 in Berlin), deutscher Arzt und Psychoanalytiker.

711
Mauren nach Spanien
Ein maurisches Heer überquert die Meerenge bei Gibraltar und dringt nach Spanien vor. In den nächsten Jahren erobern sie das Land fast vollständig. Die Mauren, Muslime arabischer oder berberischer Herkunft, beherrschen bis 1492 weite Teile der Iberischen Halbinsel und hinterlassen zahlreiche bedeutende Kunstwerke.

1945
Mussolini erschossen
Nachdem die deutschen Truppen in Italien kapitulieren, werden Benito Mussolini und seine Geliebte Clara Petacci von Widerstandskämpfern auf der Flucht gefasst, hingerichtet und am Folgetag in Mailand zur Schau gestellt. Mussolini war bereits 1943 – nach der alliierten Invasion auf Sizilien – gestürzt und auf dem Campo Imperatore am Gran Sasso d'Italia festgesetzt worden. Deutsche Fallschirmjäger hatten ihm aber mit seiner Befreiung die Gründung seiner „Repubblica Sociale Italiana" in Norditalien ermöglicht.

1969
Rücktritt nach Referendum
Der französische Staatspräsident Charles de Gaulle tritt von seinem Amt zurück. Er hatte seine politische Zukunft vom Ausgang eines Volksentscheides über eine Regional- und Senatsreform abhängig gemacht – und mit ca. 47 % die erwünschte Mehrheit verfehlt.

1977
Urteil in Stammheim
In Stammheim bei Stuttgart werden die Urteile gegen die führenden Mitglieder der „Rote-Armee-Fraktion" gesprochen. Andreas Baader, Gudrun Ensslin und Jan-Karl Raspe werden wegen Bildung einer kriminellen Vereinigung, Mordes in 4 Fällen und Mordversuchs in 34 Fällen zu je dreimal lebenslanger Haft verurteilt. Der Prozess wurde seit 1975 unter höchsten Sicherheitsbedingungen geführt, die Angeklagte Ulrike Meinhof hatte 1976 Selbstmord

Höchste Sicherheitsvorkehrungen beim RAF-Prozess in Stuttgart-Stammheim

Auch das geschah an diesem Tag
1789 Die Besatzung des englischen Handelsschiffes „Bounty" meutert und setzt Kapitän William Bligh und 18 Matrosen in einem Boot aus. Nach 48 Tagen erreichen diese die Insel Timor.

21.4.–20.5.

Katharina, Roswitha, Dieter, Dietrich

Jules Henri Poincaré

Duke Ellington

Hat man etwas im Herzen, spricht das Auge es, als sei's der Mund.

Japanische Weisheit

April

1624
Richelieu wird Erster Minister
König Ludwig XIII. ernennt Kardinal Armand-Jean du Plessis Richelieu zum Ersten Minister des Staatsrates. Mit seiner Politik schafft er Grundlagen für die Blüte des Absolutismus unter Ludwig XIV. und die französische Vormachtstellung in Europa. Richelieu bleibt bis zu seinem Tod im Amt.

Ludwig XIII.

1707
Entstehung Großbritanniens
Das schottische und englische Parlament unterzeichnen die sog. Unionsakte, d. h., England und Schottland vereinigen sich zu Großbritannien. Schon 1603 hatte der Sohn Maria Stuarts, Jakob I., gegen den Willen der beiden Parlamente die Kronen von Schottland und England vereinigt, die königlichen Befugnisse ausgedehnt und eine Personalunion zwischen beiden Ländern eingerichtet. Mit der Unterzeichnung wird die Personalunion zur Realunion.

1925
Art déco in Paris
In Paris wird unter dem Titel „Exposition Internationale des Arts Décoratifs et Industriels Modernes" eine Weltausstellung des Kunsthandwerks eröffnet. Architekten, Designer und Modeschöpfer zeigen ihre von verschiedenen Stilrichtungen (u. a. Jugendstil, Bauhaus, Kubismus) beeinflussten dekorativen Erzeugnisse. Die ab den 1920er-Jahren bedeutende Stilrichtung des Art déco erhielt ihren Namen durch den Titel der Ausstellung.

1992
Unruhen in Los Angeles
Nach dem Freispruch von vier weißen Polizisten, die wegen nachweisbarer Misshandlung eines Schwarzen vor Gericht standen, kommt es unter der schwarzen und hispanischen Bevölkerung zu schweren Rassenunruhen. Über Los Angeles wird der Ausnahmezustand verhängt.

Art deco: Chrysler Building in New York.

Auch das geschah an diesem Tag
1945 US-amerikanische Einheiten befreien 70.000 Menschen aus dem KZ Dachau. **1967** In New York wird das Vietnam-Protest-Musical *Hair* uraufgeführt.

Am 29. April geboren:
Jules Henri Poincaré (1854 in Nancy), französischer Mathematiker und Physiker. Der Begründer der modernen Topologie bringt mathematisch-analytische Verfahren in die Astronomie ein und veröffentlicht zu astronomisch-philosophischen Themen. († 17.7.1912 in Paris)
Duke Ellington (1899 in Washington D. C.), eigentlich Edward Kennedy Ellington, US-amerikanischer Jazzmusiker und Komponist. Er macht seine Bigband im „New York Cotton Club" zum führenden Orchester und hat von ca. 1920–60 einen bedeutenden Einfluss auf den Jazz. († 24.5.1974 in New York)
Hirohito (1901 in Tokio), japanischer Kaiser (1921–1989). 1945 verkündet er die Kapitulation Japans, verzichtet 1947 auf die ihm nach shintoistischer Tradition zustehende „Göttlichkeit" und nimmt repräsentative Aufgaben wahr. († 7.1.1989 in Tokio)
Walter Kempowski (1929 in Rostock), deutscher Schriftsteller. Er recherchiert über deutsche Sozial- und Zeitgeschichte und stellt sie anhand der eigenen Familiengeschichte exemplarisch dar. Werke Kempowskis sind u. a. die neunbändige *Deutsche Chronik* sowie *Echolot* (1993).
Adele Schreiber-Krieger (1872 in Wien), österreichische Publizistin, Sozialpolitikerin und Frauenrechtlerin. († 18.2.1957 in Herrliberg/Schweiz); **Sir Thomas Beecham** (1879 in Saint Helens/Liverpool), britischer Dirigent. († 8.3.1961 in London); **Egon Erwin Kisch** (1885 in Prag), tschechischer Journalist und Schriftsteller. († 31.3.1948 in Prag)

30 April

Aus allen großen Ideen machen wir das Falsche, alles pervertieren wir, das Christentum wie den Marxismus.

Luise Rinser

Carl Friedrich Gauß

Adolf Hitler

21.4.–20.5.

Pius, Pauline, Silvius, Rosamunde

1803
USA erwerben Louisiana
Im Namen von Frankreich verkauft Napoleon I. Bonaparte das französische Territorium Louisiana für 60 Mio. Francs an die USA. Während der Franzose seine Kriegskasse auffüllen kann, können die USA ihr Territorium mit dem Ankauf des Gebietes zwischen Mississippi und Rocky Mountains mehr als verdoppeln. Es wird zur Besiedlung freigegeben.

1945
Selbstmord Hitlers
Angesichts des Einmarsches der Roten Armee in Berlin und ihrer

Die offizielle Version von Hitlers Selbstmord in der Presse

Besetzung des Reichstagsgebäudes steht das Ende des Dritten Reichs unmittelbar bevor. Im Bunker der Berliner Reichskanzlei begehen Adolf Hitler und seine Geliebte Eva Braun Selbstmord. Vor seinem Tod bestimmt Hitler Großadmiral Karl Dönitz zu seinem Nachfolger.

Karl Dönitz

1975
Besetzung Saigons
Mit der Besetzung Saigons durch Einheiten der nordvietnamesischen Armee ist die letzte Phase des Vietnamkrieges eingeleitet. Es erfolgt die bedingungslose Kapitulation Südvietnams. Die US-Truppen ziehen sich zurück. Zum ersten Mal in ihrer Geschichte haben die USA einen Krieg verloren. Am 2.7.1976 entsteht mit der Sozialistischen Republik Vietnam ein gesamtvietnamesischer Staat unter kommunistischer Führung.

1991
Letzter Trabbi
In der Sonderlackierung „Miss-Piggy-Pink" rollt in Zwickau der letzte „Trabant 601" vom Band – das 3.069.099. Modell seit Produktionsbeginn. Die serienmäßige Produktion des ersten Trabant-Modells war im „VEB Sachsenring Auto-Mobilwerke Zwickau" am 10.7.1958 angelaufen.

Auch das geschah an diesem Tag

1825 Buchhändler und Verleger gründen in Leipzig den „Börsenverein des deutschen Buchhandels". **1927** Der Berliner Arzt und Psychiater Johann Heinrich Schultz stellt eine Technik zur Selbstentspannung vor, die er „Autogenes Training" nennt. **1991** Um das empfindliche Ökosystem der Antarktis zu schützen, beschließt eine internationale Konferenz ihre friedliche Nutzung und ein Bergbauverbot.

Am 30. April geboren:

Jean Baptiste de La Salle (1651 in Reims), französischer Ordensstifter und Pädagoge. Der Pionier der allgemeinen Schulbildung fordert Unterricht in der Volkssprache, in Klassen und nach Schulbüchern. 1990 wird er heilig gesprochen. († 7.4.1719 in Rouen)

Carl Friedrich Gauß (1777 in Braunschweig), deutscher Mathematiker, Astronom und Physiker. Mit seinen *Disquisitiones arithmeticae* (1801) schafft er eine Grundlage der Zahlentheorie und arbeitet zudem über die Bewegung der Himmelskörper. († 23.2.1855 in Göttingen)

Franz Lehár (1870 in Komorn/Ungarn), österreichisch-ungarischer Operettenkomponist. Lehár wird mit seinen gefälligen Walzern populär. Welterfolge werden u. a. die Operetten *Die lustige Witwe* (1905) und *Das Land des Lächelns* (1929). († 24.10.1948 in Bad Ischl)

Luise Rinser (1911 in Pitzling/Bayern), deutsche Schriftstellerin. Ihre psychologisch differenzierten Romane und Erzählungen, Tagebücher, Essays und Hörspiele kreisen um Sinngebung und gesellschaftliche Zustände, wie z. B. *Jan Lobel aus Warschau* (1948). († 18.3.2002 in Unterhaching bei München)

Joachim von Ribbentrop (1893 in Wesel), deutscher NSDAP-Politiker. († 16.10.1946, hingerichtet in Nürnberg; **Juliana der Niederlande** (1909 in Den Haag), niederländische Königin (1948–80). († 20.3.2004 auf Schloss Soestdijk/Niederlande)

21.4.–20.5.

Arnold, Joseph, Maria, Sigismund

Duke of Wellington

Giovanni Guareschi

Große Männer, über die man nicht lachen kann, sind gefährlich.

Giovanni Guareschi

1 Mai

1786
Figaro fällt durch
In Wien erlebt Mozarts Oper *Die Hochzeit des Figaro* eine mäßige Premiere. Vorangegangen waren heftige Auseinandersetzungen mit Kaiser Joseph II., der das Werk wegen anstößiger Szenen hatte verbieten lassen wollen. Heute ist der *Figaro* eine der am meisten gespielten Opern der Welt.

Szene aus: *Die Hochzeit des Figaro* von Wolfgang Amadeus Mozart

1851
Erste Weltausstellung
In London wird die erste Weltausstellung eröffnet, die der Öffentlichkeit die wichtigsten technischen Erfindungen vorführen soll. Die größte Sensation ist das Ausstellungsgebäude. Da kein anderes Bauwerk rechtzeitig fertig geworden wäre, errichtet der Gartenverwalter Joseph Paxton ein riesiges Gewächshaus. Der *Crystal Palace* ist das erste Repräsentativgebäude aus Glas und Stahl.

1887
Maggi erobert den Markt
Der Schweizer Fabrikant Julius Maggi bringt die erste industriell gefertigte Suppenwürze auf den Markt. Sie soll billige Suppen aus Hülsenfrüchten genießbar machen, zudem eiweiß- und fettreich und vor allem für die ärmeren Schichten erschwinglich sein.

1991
Bürgerkrieg im Libanon endet
Christliche und drusische Milizen erkennen den neuen Staatspräsidenten Elias Hrawi an. Damit endet nach 16 Jahren der blutige Bürgerkrieg im Libanon. Hrawi akzeptiert die faktische Hoheit von Syrien, erreicht damit aber politische Stabilität und kann den Wiederaufbau des völlig zerstörten Landes einleiten.

Auch das geschah an diesem Tag
1886 Aus einem Streik in Chicago für die Acht-Stunden-Woche entstehen blutige Unruhen (Haymarket Riots). Die II. Internationale beschließt drei Jahre später den 1. Mai zum internationalen Kampftag der Arbeiterbewegung zu machen. **1890** kommt es erstmals zu weltweiten Streiks und Kundgebungen. Die Maidemonstrationen **1929** in Berlin enden blutig. Die Polizei lässt auf die aufständischen Arbeiter schießen.

Am 1. Mai geboren:

Rudolf I. von Habsburg (1218 auf Schloss Limburg im Breisgau), deutscher König. Rudolf bekommt bei seiner Wahl 1273 den Auftrag, die zahllosen Fehden zu beenden. Er gibt dem Reich nach der herrscherlosen Zeit (Interregnum) wieder Stabilität und legt den Grundstein für die künftige Macht der Habsburger. († 25.7.1291 in Speyer)

Arthur Wellesley, Duke of Wellington (1769 in Dublin), britischer Politiker und Feldherr. Der Unterhausabgeordnete befehligt 1815 die englischen Truppen beim Sieg über Napoleon bei Waterloo. 1828–30 ist er Premierminister. († 14.9.1852 in Walmer Castle/Kent)

Pierre Teilhard de Chardin (1881 in Sarcenat), französischer Philosoph. Der Jesuit unternimmt ab 1923 Forschungsreisen nach Südafrika, Indien und China, wo er sich an der Ausgrabung des *Pekingmenschen* beteiligt. Sein Hauptwerk *Le phénomène humain* (*Der Mensch im Kosmos*) versucht Evolution und christlichen Glauben in Einklang zu bringen. Damit wird er bahnbrechend für die moderne Theologie. († 10.4.1955 in New York)

Giovanni Guareschi (1908 in Fontanelle/Parma), italienischer Autor. Der Journalist gründet nach Kriegsende die satirische Wochenzeitschrift *Candido*, die er bis 1961 leitet. Weltberühmt wird er mit mehreren Romanen über *Don Camillo und Peppone*. († 22.7.1968 in Cervia)

Erste Weltausstellung (Kristallpalast)

2 Mai

Alles ist gut! Nur nicht immer, nur nicht überall, nur nicht für alle.

Novalis

Theodor Herzl

Novalis

21.4.–20.5.

Athanansius, Boris, Konrad, Zoe

Am 2. Mai geboren:

Oswald von Wolkenstein (1377 auf Schloss Schöneck/Pustertal), deutscher Minnesänger und Abenteurer. Seine eigenwilligen Lieder entsprechen nicht mehr den traditionellen Formen des Minnesangs, sondern nehmen schon das Lebensgefühl der Renaissance vorweg. Sie erzählen von Oswalds Wanderleben in Europa, seinen Gefängnisaufenthalten und Liebschaften. († 2.8.1445 auf Burg Hauenstein/Schlern)

Katharina die Große

Katharina II., d. Gr. (1729 in Stettin), russische Zarin. Die Prinzessin von Anhalt-Zerbst heiratet 1745 Zar Peter III., den sie 1762 entmachten und ermorden lässt. Ihre Regierungszeit ist durch eine Modernisierung des russischen Staates, eine Förderung der Kunst sowie durch große außenpolitische Gewinne, aber auch durch eine Verschärfung der Leibeigenschaft geprägt. († 17.11.1796 in Zarskoje Selo)

Theodor Herzl (1860 in Budapest), Begründer des Zionismus. Nach der Dreyfus-Affäre 1894, die von antisemitischen Demonstrationen begleitet wird, hält Herzl die Integrationsbemühungen der Juden in Europa für gescheitert und propagiert einen eigenen Staat in Palästina. 1897 beruft er den ersten Zionistischen Weltkongress ein. († 3.7.1904 in Edlach/Niederösterreich)

„Novalis" Friedrich Freiherr von Hardenberg (1772 in Oberwiederstedt/Thüringen), deutscher Lyriker. († 25.3.1801 in Weißenfels); **Gottfried Benn** (1886 in Mansfeld/Westprignitz), deutscher Dichter. († 7.7.1956 in Berlin); **Manfred von Richthofen** (1892 in Breslau), der sog. Rote Baron, deutscher Flieger. († 21.4.1918 bei Cappy); **Bing Crosby** (1904 in Tacoma/Washington), amerikanischer Sänger und Schauspieler. († 14.10.1977 bei Madrid); **Axel Springer** (1912 in Hamburg), deutscher Verleger und Gründer der *Bild-Zeitung* († 22.9.1985 in Berlin); **David Beckham** (1975 in Leytonstone), englischer Fußballer.

1808
Aufstand in Madrid

Nach der französischen Invasion durch Napoleons Truppen kommt es zu einem spontanen Aufstand der Bürger. Die Exekution Hunderter Gefangener in der Nacht hat der Maler Francisco José de Goya in einem seiner berühmtesten Bilder festgehalten.

Goya: *Die Erschießung der Aufständischen am 3. Mai 1808*

1989
Abbau des Eisernen Vorhangs

Ungarn beginnt damit, die Grenzbefestigungen zum Westen hin abzubauen. Obwohl eine Ausreise immer noch nicht gestattet ist, kommen in den nächsten Wochen Tausende von DDR-Bürgern in das Land, um in den Westen zu fliehen.

1998
Der Euro kommt

Die Mitglieder der Europäischen Union einigen sich auf die Einführung einer gemeinsamen Währung. Streit gibt es vor allem darum, wer der erste Chef der Europäischen Zentralbank werden soll. Schließlich einigen sich die Staatschefs auf den Niederländer Wim Duisenberg.

Auch das geschah an diesem Tag

1635 In Paris wird der Botanische Garten eröffnet. **1800** Zwei britische Chemiker entdecken die Elektrolyse. **1945** Berlin kapituliert. **1953** Die 18-jährigen Vettern Hussein I. und Faisal II. werden zu Königen von Jordanien und dem Irak gekrönt. **1974** Die beiden deutschen Staaten eröffnen jeweils eine Ständige Vertretung in der Hauptstadt des anderen.

21.4.–20.5.
Alexander, Jakob, Philipp, Viola

Niccolo Machiavelli

Walter Ulbricht

Wahrheit ist eine widerliche Arznei.
August v. Kotzebue

3 Mai

1919
Ende der Münchner Räterepublik
Bereits seit dem 15. April hatten Reichstruppen und reaktionäre Freikorps München umstellt. Nachdem die Kämpfe zwischen „Roten" und „Weißen" in der Stadt immer heftiger werden, rücken die Belagerer am 30. April ein. Nach tagelangen Kämpfen mit 1000 Toten gewinnen sie die Oberhand und beginnen am 3. Mai mit der Aburteilung der Führer der Räterepublik.

1968
Studentenrevolten in Paris
Auf dem Höhepunkt der Studentenrevolten wird – erstmalig in ihrer Geschichte – die Pariser Sorbonne geschlossen. In den nächsten Wochen weiten sich die Studentenproteste zu landesweiten Generalstreiks aus. Die Studenten liefern sich Straßenschlachten mit der Polizei.

1971
Ulbricht tritt zurück
Walter Ulbricht tritt als Erster Sekretär des Zentralkomitees der SED zurück. Offiziell werden gesundheitliche Gründe angegeben. In Wahrheit aber hatte sein Nachfolger Erich Honecker hinter den Kulissen schon seit längerem Ulbrichts Entmachtung vorangetrieben.

Am 3. Mai geboren:

Niccolo Machiavelli (1469 in Florenz), italienischer Politiker und Staatsphilosoph. Nach der Rückkehr der Medicifürsten nach Florenz 1512 zieht sich der einstige Kanzler der Republik auf sein Gut zurück und schreibt die Erkenntnisse seiner politischen Tätigkeit nieder. Dabei rückt er von seiner christlich-moralischen Staatstheorie ab und fordert eine pragmatische Durchsetzung der Staatsräson mit allen Mitteln. († 22.6.1527 in Florenz)

Matthäus Daniel Pöppelmann (1662 in Herford), deutscher Baumeister. Als sächsischer Landesbaumeister erschafft Pöppelmann für August, d. Starken (1670–1733) viele berühmte Barockbauten wie das *Taschenberg-Palais*, das *Lustschloss Pillnitz*, vor allem aber den *Dresdner Zwinger*. († 17.1.1736 in Dresden)

Matthias Daniel Pöppelmann: *Dresdner Zwinger*

August von Kotzebue

August von Kotzebue (1761 in Weimar), deutscher Dramatiker. Der studierte Jurist ist der meistgespielte Theaterdichter seiner Zeit und führt ein bewegtes Leben. Er wird nach Sibirien verbannt und wird später Theaterdirektor in Petersburg und Generalkonsul in Königsberg. In Stücken wie *Die deutschen Kleinstädter* und zahlreichen Zeitschriften gibt er seine Opfer gnadenlos der Lächerlichkeit preis, was dazu führt, dass ihn ein nationalistisch gesinnter Student ermordet. Der Staat reagiert darauf mit den Karlsbader Beschlüssen zur Unterdrückung liberaler und nationaler Bewegungen. († 23.3.1819 in Mannheim)

Golda Meir (1898 in Kiew), israelische Politikerin. Die amerikanische Lehrerin siedelt mit ihrem Mann bereits 1921 nach Palästina über. Dort spielt sie zunächst eine wichtige Rolle in der Gewerkschaft, wird dann Gesandte in Moskau, Arbeitsministerin, Außenministerin und schließlich von 1969–74 erste Ministerpräsidentin Israels.
(† 8.12.1978 in Jerusalem)

Auch das geschah an diesem Tag
1979 Mit Margaret Thatcher wird die erste Frau Premierministerin eines europäischen Landes. Die studierte Chemikerin führt ein radikales Umstrukturierungsprogramm der Wirtschaft durch, das ihr den Spitznamen „Eiserne Lady" einbringt. Unter anderem privatisiert sie Staatsbetriebe und entmachtet die Gewerkschaften.

4 Mai

Ein klassisches Buch ist ein Buch, das die Menschen loben, aber nie lesen.
Ernest Hemingway

Audrey Hepburn

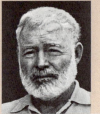
Ernest Hemingway

21.4.–20.5.
Antonia, Florian, Guido, Monika

Am 4. Mai geboren:

Friedrich Arnold Brockhaus (1772 in Dortmund), deutscher Verleger. 1808 bringt Brockhaus das erste Konversationslexikon heraus und legt damit die Grundlage für einen Verlag, der für seine Lexika und Nachschlagewerke berühmt werden wird. († 20.8.1823 in Leipzig)

Bruno Taut (1880 in Königsberg), deutscher Architekt. Der Expressionist zeichnet sich vor allem durch seine farbenfroh gestalteten, modellhaften Sozialsiedlungen aus. Allein in Berlin gibt es 19 Taut-Siedlungen, von denen die *Hufeisen-Siedlung* in Britz die bedeutendste ist. († 24.12.1938 in Ankara)

Bruno Taut: *Hufeisen-Siedlung* in Berlin-Britz

Audrey Hepburn (1929 in Brüssel), amerikanische Schauspielerin. Die gebürtige Belgierin Edda van Heemstra Hepburn-Ruston schafft mit Filmen wie *Frühstück bei Tiffany* ein neues Schönheitsideal. Für ihre Rolle in *Ein Herz und eine Krone* erhält sie 1954 den Oscar. 1989 wird sie Sonderbotschafterin der UNICEF. († 20.1.1993, Tolochenaz/Schweiz)

Amos Oz (1939 in Jerusalem), israelischer Schriftsteller. Oz ist Mitglied der israelischen Friedensbewegung und setzt sich in seinen Werken engagiert mit der Besatzungspolitik seines Landes auseinander. 1992 erhält er den Friedenspreis des Deutschen Buchhandels.

1328
Schottland wird unabhängig
König Robert Bruce I. schließt nach langen Kämpfen mit England den Friedensvertrag von Northampton, der die schottische Unabhängigkeit garantiert. Sie hat bis 1707 Bestand.

1626
Kauf von Manhattan
Für Waren im Wert von 60 Gulden kaufen holländische Siedler von den Indianern die Halbinsel Manhattan, um dort die Siedlung Neu-Amsterdam zu gründen. Die ersten holländischen Kolonisten waren erst zwei Jahre zuvor an der amerikanischen Ostküste angekommen und lebten bis dahin verstreut unter primitiven Bedingungen. 1664 erobern die Engländer die Siedlung und nennen sie New York.

1919
Studentenproteste in Peking
Auf dem Platz des himmlischen Friedens protestieren chinesische Studenten gegen ihre Regierung, die dem Versailler Vertrag zugestimmt hat, der die deutschen Gebiete in Ostchina Japan zuspricht. Aus dem Protest entsteht die „Vierter-Mai-Bewegung", die radikal mit den alten Traditionen abrechnet, die für die Schwäche und Rückständigkeit Chinas verantwortlich gemacht werden. Stattdessen gibt es ein großes Interesse für die westliche Kultur, vor allem für die Ideen von Karl Marx.

1994
Palästinensische Selbstverwaltung beschlossen
Israel und die PLO unterschreiben nach langen Verhandlungen in Kairo das Abkommen zur palästinensischen Selbstverwaltung in Jericho und dem Gazastreifen. Ein Jahr später werden die Pläne auf die Westbank ausgedehnt. Die Ermordung des israelischen Ministerpräsidenten Yitzhak Rabin durch einen fanatischen Israeli läutet jedoch das Ende des Friedensprozesses ein.

Auch das geschah an diesem Tag

1904 Der Fußballverein Schalke 04 wird gegründet. **1932** Al Capone tritt eine langjährige Haftstrafe an. **1953** Hemingway bekommt den Pulitzer-Preis für *Der alte Mann und das Meer*. **1990** In Deutschland wird die 35-Stunden-Woche eingeführt.

Die IG Metall wirbt für die Einführung der 35-Stunden-Woche

21.4.–20.5.

Augustinus, Godehard, Jutta, Sigrid

Søren Kierkegaard

Karl Marx

Trau keinem über dreißig!
Karl Marx

5 Mai

1389
Landfriede von Eger
König Wenzel von Luxemburg versucht mit dem Friedenserlass, die blutigen Auseinandersetzungen zwischen den süddeutschen Fürsten und einem Städtebund südwestdeutscher Reichsstädte zu schlichten. Er ergreift dabei die Partei der Fürsten und verbietet den Städtebund. Doch schon im nächsten Jahr gründet sich ein neuer Bund. Die Fürsten setzen den glücklosen Wenzel 1400 ab.

1821
Napoleon ist tot
Der einstige französische Kaiser Napoleon Bonaparte stirbt in seinem Exil auf der Atlantikinsel St. Helena an Krebs.

Napoleon

1949
Gründung des Europa-Rates
In London gründen zehn europäische Staaten den Europarat als lose Staatenvereinigung, die Abkommen im wirtschaftlichen, sozialen, kulturellen und wissenschaftlichen Bereich fördern soll. Die Mitglieder des Europarates unterzeichnen beispielsweise 1950 *Die Europäische Konvention der Menschenrechte* und errichten 1959 den Europäischen Gerichtshof. Deutschland tritt 1950 bei. Mittlerweile hat der Europarat über 40 Mitglieder.

1955
Die BR Dtl. wird souverän
Die Bundesrepublik Deutschland erhält durch das In-Kraft-Treten der Pariser Verträge die Souveränität. Die Verträge regeln die Zusammenarbeit Deutschlands mit den USA und den westeuropäischen Staaten, so zum Beispiel die Einbindung in die westlichen Verteidigungsbündnisse.

1990
Zwei-plus-vier-Konferenz
In Bonn verhandeln die deutschen Außenminister Hans-Dietrich Genscher und Markus Meckel mit Vertretern der Siegermächte des Zweiten Weltkriegs über die Zukunft eines geeinten Deutschlands. Am 12. September wird ein Vertrag unterzeichnet, der die außenpolitischen Aspekte der deutschen Vereinigung festlegt.

Am 5. Mai geboren:

Søren Kierkegaard (1813 in Kopenhagen), dänischer Philosoph. Der depressive Theologe gibt 1835 sein Predigeramt auf und beschäftigt sich vor allem mit der Frage der persönlichen Schuld und der Qual der freien Entscheidung. Das Heil sieht er in der Hingabe an einen gnädigen Gott, allerdings ohne Vermittlung der Kirche. († 11.11.1855 in Kopenhagen)

Karl Marx (1818 in Trier), deutscher Philosoph und Revolutionär. Zusammen mit Friedrich Engels verfasst er 1848 das *Kommunistische Manifest*. Marx schafft die wissenschaftliche Grundlage für die internationale Arbeiterbewegung. Seine messerscharfe Analyse der Zusammenhänge der modernen Industriegesellschaft lässt ihn zu dem Schluss kommen, dass eine Abschaffung des Privateigentums unbedingt nötig ist. († 14.3.1883 in London)

Henryk Sienkiewicz

Henryk Sienkiewicz (1846 in Wola Okrzejska), polnischer Schriftsteller. Der weit gereiste Philosoph verfasst mehrere historische Romane, unter anderem zur polnischen Geschichte. Den Literaturnobelpreis erhält er 1905 jedoch für seinen Roman über die frühe Christenverfolgung: *Quo Vadis?* († 15.11.1916 in Vevey/ Schweiz)

Auch das geschah an diesem Tag
1966 Borussia Dortmund gewinnt als erste deutsche Fußballmannschaft den Europapokal der Pokalsieger. Die Außenseiter von der Ruhr besiegen im Hampden Park in Glasgow den FC Liverpool in der Verlängerung mit 2:1. Die Tore für Dortmund schießen Sigi Held und Stan Libuda.

6 Mai

Gott achtet mich, wenn ich arbeite, aber er liebt mich, wenn ich singe.

Rabindranath Tagore

Maximilien de Robespierre

Tony Blair

21.4.–20.5.
Franz, Friedrich, Gundula, Markward

Am 6 Mai geboren:

Heinrich II. (973 in Bad Abbach), römisch-deutscher Kaiser. Der heilig gesprochene Herrscher macht die Kirche, die er im Geist von Cluny reformiert, zu einem verlässlichen Machtfaktor der Krone gegen den Adel. Bei seinem Tod hinterlässt er ein stabiles, gefestigtes Reich. († 13.7.1024 in der Pfalz Grona bei Göttingen)
Maximilien de Robespierre (1758 in Arras), französischer Revolutionär. Der Anwalt profiliert sich während der Revolution als Führer des radikalen linken Flügels und wird 1793 Oberhaupt der jakobinischen Schreckensherrschaft. Schließlich bringen ihn seine ehemaligen Anhänger selbst auf die Guillotine. († 28.7.1794 in Paris)
Sigmund Freud (1856 in Freiberg/Mähren), Begründer der Psychoanalyse. Der Arzt entwickelt für die Behandlung von Neurosen völlig neuartige Methoden, die die Psyche des Patienten analysieren. Die starke Fixierung auf den Sexualtrieb bei Freud führt zum Streit mit seinen Schülern. († 23.9.1939 in London)
Ludwig Börne (1786 in Frankfurt), deutscher Schriftsteller und politischer Redakteur. († 6.5.1837 in Paris); **Rabindranath Tagore** (1861 in Kalkutta), indischer Philosoph. († 7.8.1941 in Kalkutta); **Christian Morgenstern** (1871 in München), deutscher Dichter. († 31.3.1914 in Meran); **Ernst Ludwig Kirchner** (1880 in Aschaffenburg), deutscher Maler. († 15.6.1938 in Frauenkirch/Davos); **Orson Welles** (1915 in Kenosha/Wisconsin), amerikanischer Schauspieler und Regisseur. († 10.10.1985 in Los Angeles); **Erich Fried** (1921 in Wien), österreichischer Lyriker. († 22.11.1988 in Baden-Baden); **Hanns Dieter Hüsch** (1925 in Moers), deutscher Kabarettist; **Tony Blair** (1953 in Edinburgh), britischer Premierminister.

1527
Sacco di Roma
Ein 20.000 Mann starkes Söldnerheer Kaiser Karls V., das seit langem keinen Sold mehr bekommen hat, fällt nach dem Bündnis des Papstes mit der französischen Liga in Rom ein, plündert die Stadt wochenlang und foltert die Bewohner. Fast die Hälfte der Bewohner, nämlich 30.000, werden getötet. 90 Prozent der Kunstschätze gehen verloren.

1754
Erste promovierte Ärztin
Dorothea Christiane Erxleben legt mit einer Sondererlaubnis Friedrich d. Gr. ihre Promotion an der Universität Halle ab. Davor hatte die Mutter von vier Kindern und Gattin eines Pastors schon viele Jahre als Ärztin gearbeitet. Ihr Handwerk hat sie von ihrem Vater gelernt. Eine reguläre Zulassung zur ärztlichen Prüfung bekommen Frauen erst ab 1899.

1937
Die „Hindenburg" explodiert
Der größte je gebaute Zeppelin, die „Hindenburg" (LZ 129), kann auf seinem Flug von Frankreich ins amerikanische Lakehurst wegen einer Exportsperre nicht mit Helium gefüllt werden. Stattdessen

Explosion der „Hindenburg"

fliegt die „Hindenburg" mit Wasserstoff. Bei der Landung explodiert das gefährliche Gas. 35 Menschen kommen ums Leben. Die Katastrophe bedeutet das Ende der Luftschiffe – auch deshalb, weil Flugzeuge inzwischen schneller und rentabler sind.

Auch das geschah an diesem Tag

1840 Großbritannien bringt die erste Briefmarke heraus. **1974** Willy Brandt tritt zurück. **1994** Der Eurotunnel wird eröffnet.

Festveranstaltung zur Eröffnung des Eurotunnels

21.4.–20.5.

Benedikt, Gisela, Helga, Otto

Johannes Brahms

Peter Tschaikowsky

Wer eine Menge großer Worte gebraucht, will nicht informieren, sondern imponieren.

Oskar von Miller

7 Mai

1907
Hagenbecks Tierpark eröffnet
Mit seinem Hamburger Zoo setzt der Tierhändler und Zirkusunternehmer Carl Hagenbeck neue Maßstäbe für die artgerechte Haltung von exotischen Tieren. Erstmals werden sie in ähnlichen Gruppen wie in freier Wildbahn zusammengefasst. Sie werden nicht mehr in Käfige gesperrt, sondern bekommen einen möglichst naturgetreu gestalteten Ersatzlebensraum und Rückzugsmöglichkeiten. Von den Zuschauern sind sie meist durch Wassergräben statt durch Käfigstäbe getrennt.

1915
Lusitania versenkt
Ein deutsches U-Boot versenkt den britischen Passagierdampfer „Lusitania". Dabei kommen 1198 Menschen ums Leben, unter ihnen 124 Amerikaner. Die Katastrophe stellt einen der Gründe für den Eintritt der USA in den Ersten Weltkrieg dar.

Der britische Passagierdampfer „Lusitania"

1948
Erster Europa-Kongress
In Den Haag findet der erste Europa-Kongress statt. Er soll der Vereinigung mehrerer europäischer Bewegungen und einer Stärkung der Rolle Europas dienen. Hauptdiskussionspunkt ist die Abtretung staatlicher Souveränität an europäische Institutionen. Den Vorsitz führt der ehemalige britische Premierminister Winston Churchill. Der Kongress führt zur Bildung des Europarates.

Auch das geschah an diesem Tag

1925 In München wird das „Deutsche Museum von Meisterwerken der Naturwissenschaft und Technik" eröffnet. Es stellt mit 25.000 Quadratmetern das größte technische Museum der Welt dar. **1945** Generaloberst Jodl unterzeichnet im amerikanischen Hauptquartier in Reims die deutsche Kapitulation. **1978** Peter Habeler und Reinhold Messner besteigen den Mount Everest ohne künstlichen Sauerstoff.

Am 7. Mai geboren:

Johannes Brahms (1833 in Hamburg), deutscher Komponist. Der Musiker gilt als Bewahrer der klassischen Form gegenüber der neuen Schule der Romantik. Er komponiert ein umfangreiches Werk an Kammermusikstücken und großen Orchesterwerken und bearbeitet über 200 Volkslieder. († 3.4.1897 in Wien)
Peter Tschaikowsky (1840 in Wotkinsk), russischer Komponist. Der Musikprofessor verbindet Elemente der

Szene aus *Schwanensee* von Peter Tschaikowsky

russischen Volksmusik mit denen der Romantik. Seine Hauptwerke sind die *Symphonie Pathétique*, die Ballettstücke *Schwanensee* und *Der Nussknacker* sowie die Oper *Eugen Onegin*. († 6.11.1893 in Petersburg)
Oskar von Miller (1855 in München), deutscher Techniker. Miller faszinieren die neuen Möglichkeiten der Stromerzeugung und der Fernversorgung. Er ist Mitbegründer der AEG (Allgemeinen Elektrizitäts-Gesellschaft), errichtet mehrere Elektrizitätswerke wie das Walchenseekraftwerk und leitet zur Frankfurter Elektrizitätsausstellung 1891 Strom über eine Strecke von 180 Kilometern.
(† 9.4.1934 in München)
Louis I. von Condé (1530 in Vendome), französischer Hugenottenführer. († 13.3.1569 in Jarnac); **David Hume** (1711 in Edinburgh), britischer Philosoph und Historiker. († 25.8.1776 in Edinburgh); **Adolf von Harnack** (1851 in Dorpat), protestantischer Theologe. († 10.6.1930 in Heidelberg); **Gary Cooper** (1901 in Helena/Montana), amerikanischer Schauspieler und Oscarpreisträger. († 13.5.1961 in Beverly Hills); **Eva Peron** (1919 in Los Todos), argentinische Präsidentengattin und Politikone. († 26.7.1952 in Buenos Aires)

8 Mai

Ein Staatsmann ist ein Politiker, der seit zehn oder fünfzehn Jahren tot ist.

Harry S. Truman

Henri Dunant

21.4.–20.5.

Gregor, Ludwig, Ulrich, Victor

Harry S. Truman

Am 8. Mai geboren:

Petrus Canisius (1521 in Nimwegen), Kirchenlehrer und Gegenreformator. Der heilig gesprochene Jesuit wird vom Vatikan nach Deutschland gesandt, um die Reformation zu bekämpfen. Canisius setzt sich leidenschaftlich für dieses Unterfangen ein, fordert dabei aber auch eine religiöse Erneuerung der katholischen Kirche und prangert Missstände schonungslos an. († 21.12.1597 in Freiburg/Schweiz)

Henri Dunant (1828 in Genf), Gründer des Roten Kreuzes. Erschüttert durch die Schlacht von Solferino, die er als Augenzeuge erlebt, betreibt der Schweizer Kaufmann die Gründung des Roten Kreuzes und setzt sich für eine internationale Konferenz ein, die 1864 die Genfer Konvention beschließt. 1901 erhält er den Friedensnobelpreis. († 30.10.1910 in Heiden/Appenzell)

Harry S. Truman (1884 in Lamar/Missouri), amerikanischer Präsident. Truman unterstützt den Wiederaufbau Westeuropas nach dem Zweiten Weltkrieg, versucht die Expansion der Sowjetunion in Europa durch Bündnisse aufzuhalten und leitet eine systematische Entwicklungshilfe ein. Er ist jedoch auch verantwortlich für den Abwurf der Atombomben auf Hiroshima und Nagasaki und die Kommunistenjagd des Senators Joseph McCarthy. († 26.12.1972 in Kansas City)

Roberto Rosselini (1906 in Rom), italienischer Filmregisseur. († 3.6.1977 in Rom); **Gertrud Fussenegger** (1912 in Pilsen), österreichische Autorin; **Keith Jarrett** (1945 in Allentown), amerikanischer Jazzmusiker.

1360
Friede von Brétigny
König Edward III. von England lässt gegen hohes Lösegeld den französischen König Johann II. frei, den sein Sohn Edward (Der Schwarze Prinz) in der Schlacht bei Maupertuis (1355) gefangen hat.

1521
Reichsacht über Luther
Nachdem er den Widerruf seiner Lehre verweigert, wird auf dem Reichstag in Worms die Acht über Martin Luther verhängt. Der sächsische Kurfürst Friedrich d. Weise lässt ihn hinterher auf der Wartburg in Sicherheit bringen.

1902
Naturkatastrophe auf Martinique
Ein Ausbruch des Vulkans Mont Pelée auf der Insel Martinique zerstört die Hafenstadt Saint-Pierre. Dabei sterben 30.000 Menschen, ungefähr 15 % der Bevölkerung.

1945
Ende des Zweiten Weltkrieges
Mit der bedingungslosen Kapitulation aller deutschen Streitkräfte, die Generaloberst Alfred Jodl (1890–1946) am Vortag abgegeben hat, endet um 23:01 Uhr der Zweite Weltkrieg. Am folgenden Morgen teilt Hitlers Nachfolger Karl Dönitz dies der Bevölkerung über Rundfunk mit.

Generalfeldmarschall Wilhelm Keitel bei der Unterzeichnung der deutschen Kapitulation

1996
Neue Verfassung in Südafrika
Die verfassungsgebende Versammlung nimmt mit nur zwei Gegenstimmen die neue Verfassung an. Das Dokument, an dem zwei Jahre lang gearbeitet wurde, verbietet Diskriminierung aufgrund von Rasse, Geschlecht, Alter, sexueller Orientierung und Familienstatus.

> **Auch das geschah an diesem Tag**
>
> **1886** Der Apotheker John S. Pemberton braut in Atlanta aus koffeinhaltigen Colanüssen, Cocablättern und Sodawasser ein Getränk, das gegen Kopfschmerzen, Depressionen und Schwäche helfen soll. Kurz vor seinem Tod verkauft er das Rezept für 2300 Dollar an den Apothekengroßhändler Asa Griggs Chandler, der 1892 die Coca-Cola-Company gründet und das braune Getränk mit großem Werbeaufwand vermarktet. 1903 werden die kokainhaltigen Zutaten gestrichen.

21.4.–20.5.

Beatus, Gregor, Theresia, Volkmar

John Brown

José Ortega y Gasset

Alle Nationalismen sind Sackgassen. Sie führen nirgendwohin.

José Ortega y Gasset

9 Mai

1941
Flug nach Großbritannien
Hitlers Stellvertreter Rudolf Heß fliegt nach Großbritannien, um vor dem deutschen Angriff auf die Sowjetunion ein Friedensarrangement mit der britischen Regierung zu treffen. Er wird in Kriegsgefangenschaft genommen.

EU-Flagge

1950
Grundstein für die EU
Der französische Außenminister Robert Schuman legt seine Idee einer europäischen Montanunion vor. Alle Staaten sollen ihre Autorität über die Stahl- und Kohleproduktion an diese neue Institution abgeben. Schumann will damit vor allem Konflikte zwischen Frankreich und Deutschland verhindern. Die Montanunion, die 1952 in Kraft tritt, ist die Keimzelle für die spätere EU.

1960
Die Pille kommt
Die amerikanische Gesundheitsbehörde FDA lässt die erste Antibaby-Pille zu, die eine Empfängnis mithilfe von Hormonen verhindert. Das neue Verhütungsmittel revolutioniert das Geschlechtsleben und sorgt bald für einen „Pillenknick" in den Geburtsstatistiken. In Deutschland kommt die Pille 1961 auf den Markt.

1976
Tod in Stammheim
Die RAF-Terroristin Ulrike Meinhof wird in ihrer Zelle im Gefängnis Stuttgart-Stammheim erhängt aufgefunden. Meinhof hat drei Jahre Gefängnis mit Isolationshaft und Hungerstreiks hinter sich. An ihrer Beerdigung am 16. Mai in Berlin-Mariendorf nehmen 4000 Leute teil.

Auch das geschah an diesem Tag
1386 Portugal und England schließen mit dem noch heute gültigen Vertrag von Windsor eine „Ewige Allianz". **1876** Nikolaus Otto zeichnet ein Arbeitsdiagramm seines revolutionären Viertaktverbrennungsmotors. Wann der Motor zum ersten Mal gelaufen ist, ist unbekannt. **1955** Die Bundesrepublik wird Mitglied der NATO. **1998** Mit dem 1. FC Kaiserslautern wird zum ersten Mal in der Geschichte der Fußball-Bundesliga ein Aufsteiger Deutscher Meister.

Robert Schuman

Am 9. Mai geboren:

John Brown (1800 in Torrington/Connecticut), amerikanischer Revolutionär. Der fanatische Gegner der Sklaverei versucht 1859 mit dem Überfall auf das Waffenarsenal in Harpers Ferry einen bewaffneten Sklavenaufstand zu entfesseln. Er wird jedoch festgenommen und erhängt. Während des Bügerkriegs wird das Lied *John Brown's Body* zum bekanntesten Kampflied der Nordstaaten. († 2.12.1859 in Charlestown)

José Ortega y Gasset (1883 in Madrid), spanischer Kulturphilosoph. Der entschiedene Gegner des Faschismus ist der Überzeugung, dass jeder Mensch und jede Nation eine spezifische Aufgabe habe – entsprechend der jeweiligen Umstände. Die Gleichmacherei sieht er als einen der Gründe für den Faschismus an, da Menschenmassen eine Tendenz zu ungerichteter Aggressivität hätten. († 8.10.1955 in Madrid)

Sophie Scholl (1921 in Forchtenberg), deutsche Widerstandskämpferin. Zusammen mit ihrem Bruder Hans und anderen Mitgliedern der Gruppe „Weiße Rose" ruft die Studentin in mehreren Flugblättern zum Widerstand gegen das Hitlerregime auf. Wie fast alle ihre Freunde bezahlt sie dafür mit dem Leben. († 22.2.1943 in München)

Adam Opel (1837 in Rüsselsheim), deutscher Maschinenbauer und Firmengründer. († 8.9.1895 in Rüsselsheim); **Howard Carter** (1874 in Swaffham/Norfolk), britischer Archäologe und Entdecker des Tutanchamun-Grabes. († 2.3.1939 in London)

10 Mai

Sich freuen heißt, ausschauen nach Gelegenheiten zur Dankbarkeit...

Karl Barth

Karl Barth

Gustav Stresemann

21.4.–20.5.
Damian, Gordian, Johann, Sophia

Am 10. Mai geboren:

Johann Peter Hebel (1760 in Basel), deutscher Dichter. Der evangelische Vikar und badische Landtagsabgeordnete wird vor allem durch seine Kurzgeschichten, Schwänke und Anekdoten bekannt, die er erst in Kalendern, später in der Sammlung *Schatzkästlein des rheinischen Hausfreundes* herausgibt. († 22.9.1826 in Schwetzingen)

Gustav Stresemann (1878 in Berlin), deutscher Politiker. Im Krisenjahr 1923 stoppt der Kanzler durch die Einführung der Rentenmark die Inflation. Außerdem gelingt es ihm, zahlreiche Putsche von rechten und linken Gruppierungen niederzuschlagen. In der Folgezeit erreicht er als Außenminister Modifikationen der Versailler Verträge und verschafft Deutschland internationales Ansehen. 1926 bekommt er für seine Versöhnungsbemühungen mit Frankreich den Friedensnobelpreis. († 3.10.1929 in Berlin)

Karl Barth (1886 in Basel), Schweizer Theologe. Im Gegensatz zur traditionellen protestantischen Theologie hält Barth jede menschliche Diskussion über den Gottesbegriff für nutzlos und unangemessen. Bis 1935 lehrt er in Deutschland, muss dann aber als Mitglied der Bekennenden Kirche vor den Nazis fliehen. († 10.12.1968 in Basel)

Friedrich Gerstäcker (1816 in Hamburg), Reisender und Abenteuerschriftsteller. († 31.5.1872 in Braunschweig).

Fred Astaire (1899 in Omaha), amerikanischer Tänzer und Schauspieler. († 22.6.1987 in Los Angeles)

Auch das geschah an diesem Tag

1869 Mit einem goldenen Nagel wird in Promontory/Utah die erste transkontinentale Eisenbahnverbindung fertig gestellt. **1871** Die Frankfurter Friedensverträge zwingen Frankreich, das Elsaß und große Teile Lothringens an Deutschland abzutreten und 5 Milliarden Franc zu zahlen. **1940** Deutsche Truppen überfallen Belgien, Luxemburg und die Niederlande. **1949** Der Parlamentarische Rat der Bundesrepublik bestimmt Bonn zur provisorischen Hauptstadt. **1994** Nelson Mandela wird erster schwarzer Präsident Südafrikas.

Nelson Mandela ist neuer südafrikanischer Präsident

1837
Amerikanische Wirtschaftskrise
Viele Banken werden durch massive Landspekulationen zahlungsunfähig und müssen schließen. Präsident Martin Van Buren reagiert mit der Gründung eines Finanzministeriums, das die Geldgeschäfte kontrollieren soll. Trotzdem dauert die Rezension bis 1843.

1906
Erstes russisches Parlament
Zar Nikolaus II. eröffnet mit der Reichsduma das erste gewählte Parlament Russlands. Er regiert damit auf die Aufstände der Bauern und Arbeiter in den Jahren 1904 und 1905. Obwohl die Duma keine wirklichen Rechte hat und ein Klassenwahlrecht nach preußischem Vorbild die Reichen massiv bevorzugt, löst der Zar die Volksvertretung schon nach zwei Monaten wieder auf, weil die Abgeordneten seiner Meinung nach ihre Kompetenzen überschreiten.

1933
Bücherverbrennung der Nationalsozialisten
In einer von langer Hand vorbereiteten Aktion lässt Joseph Goebbels an mehreren Orten durch die Studentenschaft Bücher von Autoren verbrennen, die die Nationalsozialisten als „undeutsch" empfinden. Neben jüdischen Schriftstellern gehören dazu vor allem Sozialisten und Pazifisten. Goebbels Hetzrede auf dem Berliner Opernplatz wird im Rundfunk übertragen. Als einziger der „verbrannten" Autoren sieht Erich Kästner der Vernichtung seiner Werke zu.

Bücherverbrennung in Berlin

21.4.–20.5.
Franz, Gangolf,
Ignaz, Joachim

Fred Astaire

Salvador Dali

Das Dumme an der heutigen Jugend ist, dass man selbst nicht mehr dazu gehört.

Salvador Dali

11 Mai

1860
Der Zug der Tausend beginnt
Giuseppe Garibaldi landet mit 1000 Freiwilligen in Sizilien, um den Aufstand gegen die spanischen Bourbonen zu unterstützen. Nach der Befreiung der Insel im August zieht er weiter nach Neapel. Im März 1861 ist Italien befreit.

Giuseppe Garibaldi

1959
Berlinkonferenz in Genf
Die Außenminister der Siegermächte des Zweiten Weltkriegs kommen zusammen, um über den künftigen Status Berlins zu verhandeln. Der sowjetische Generalsekretär Nikita Chruschtschow hatte im November 1958 eine Vereinigung und Entmilitarisierung binnen sechs Monaten gefordert. Im August enden die Gespräche ergebnislos.

1974
Grundlagenvertrag angenommen
Der deutsche Bundestag stimmt dem Grundlagenvertrag zwischen der Bundesrepublik und der DDR zu. Der Vertrag erkennt den Status Quo der Teilung an. Damit soll eine Normalisierung im Umgang der beiden deutschen Staaten miteinander erreicht werden, die der Bevölkerung z. B. durch Erleichterungen im Grenzverkehr nutzen soll.

Auch das geschah an diesem Tag

330 Konstantin d. Gr. weiht seine neue Residenzstadt Byzanz ein und tauft sie auf den Namen Konstantinopel um. **1873** Die Maigesetze bilden den Höhepunkt des Kulturkampfes zwischen Reichskanzler von Bismarck und der katholischen Kirche. **1910** Der Glacier National Park in Montana wird gegründet. **1949** Die Berliner Blockade endet. **1994** In Italien kommen die Neofaschisten an die Regierung.

1992
Erster deutscher UN-Einsatz
Zum ersten Mal nehmen deutsche Truppen an einem Einsatz der Vereinten Nationen teil. 145 Sanitätssoldaten fliegen nach Kambodscha. Dort soll eine UN-Übergangsverwaltung für den Aufbau einer demokratischen Ordnung sorgen. Der Einsatz löst in der deutschen Politik eine heftige Debatte aus. Verteidigungsminister Volker Rühe betont: „Die Aktion dient rein humanitären Zwecken."

Am 11. Mai geboren:

Justinian I., d. Gr. (482 oder 483 in Skopje), byzantinischer Kaiser. Er versucht noch einmal die alte Größe des römischen Reiches herzustellen, indem er die Staaten der Vandalen und der Ostgoten vernichten lässt. Außerdem unterdrückt er alle heidnischen Religionen und christlichen Abweichler wie z. B. die Arianer. († 11.11.565 in Konstantinopel)

Henry Morgenthau (1891 in New York), amerikanischer Politiker. Der Finanzminister schlägt 1944 vor, aus Deutschland ein föderativ verwaltetes, entmilitarisiertes Agrarland zu machen, damit es nie wieder zu einer Gefahr für seine Nachbarn werden kann. Der Ost-West-Konflikt führt 1947 jedoch zu einem Abrücken vom Morgenthau-Plan. († 6.2.1967 in Poughkeepsie/ New York)

Salvador Dali (1904 in Figueras), spanischer Maler. Dali ist der prominenteste Vertreter des Surrealismus, der von der Psychoanalyse beeinflusst ist und die Zustände zwischen Traum und Wirklichkeit aufhebt. Das Hauptwerk des exzentrischen Selbstdarstellers ist das Bild *Beständigkeit der Erinnerung*, auf dem zerfließende Uhren zu sehen sind. († 23.1.1989 in Figueras)

Karl Friedrich, Freiherr von Münchhausen (1720 auf Gut Bodenwerder), deutscher Offizier und „Lügenbaron". († 22.2.1797 auf Gut Bodenwerder); **Margaret Rutherford** (1892 in London), britische Schauspielerin und „Miss Marple"-Darstellerin. († 22.5.1972 in Chalfont St. Peter/Buckinghamshire); **Rose Ausländer** (1907 in Czernowitz/Bukowina), deutsche Lyrikerin. († 3.1.1988 in Düsseldorf)

12 Mai

Liebe ist nicht das, was man erwartet zu bekommen, sondern das, was man bereit ist zu geben.

Justus von Liebig

Florence Nightingale

Katherine Hepburn

21.4.–20.5.

Achill, Martin, Nereus, Pankraz

Am 12. Mai geboren:

August, d. Starke (1670 in Dresden), Kurfürst von Sachsen und König von Polen. Der prunkliebende Herrscher gilt als das der Barockfürst schlechthin. Er lässt Dresden zur glanzvollen Metropole ausbauen, feiert verschwenderische Feste und soll über eine legendäre Anzahl von Mätressen und unehelichen Kindern verfügt haben. Er macht Sachsen aber auch zu einem modernen Musterstaat. († 1.2.1733 in Warschau)

Justus von Liebig (1803 in Darmstadt), deutscher Chemiker. Liebig ist der führende Chemiker seiner Zeit. Er revolutioniert vor allem die organische Chemie. Unter anderem erfindet er die Mineraldüngung, den Fleischextrakt, das Backpulver, das Chloroform, Kindernahrung und chemische Medikamente. († 18.4.1873 in München)

Helene Weigel (1900 in Wien), österreichisch-deutsche Schauspielerin. Die Weigel brilliert als *Mutter Courage* und in anderen starken Frauenrollen, die ihr Mann Bertolt Brecht (1898–1956) zum Teil direkt für sie schreibt. Nach seinem Tod 1956 wird sie Intendantin des von ihm gegründeten *Berliner Ensembles*. († 6.5.1971 in Berlin)

Gustav I. Wasa (1496 in Rydboholm/Uppland), schwedischer König. († 29.9.1560 in Stockholm);

Florence Nightingale (1820 in Florenz), britische Krankenpflegerin. († 13.8.1910 in London); **Katherine Hepburn** (1907 in Hartford/Connecticut), amerikanische Schauspielerin und Oscarpreisträgerin. († 29.9.2003 in Old Saybrook/Connecticut); **Joseph Beuys** (1921 in Krefeld), deutscher Bildhauer und Aktionskünstler. († 23.1.1986 in Düsseldorf)

1588
Vertreibung eines Königs

Die Bürger von Paris jagen – angestiftet von der katholischen Liga – ihren König Heinrich III. aus der Stadt. Grund war das Edikt von Beaulieu, das die Rechte der Hugenotten anerkennt. Der König, der 1572 die Bartholomäusnacht, der Tausende von Hugenotten zum Opfer fielen, veranlasst hat, lässt nun die Führer der katholischen Liga umbringen, verbündet sich mit den Hugenotten und versucht, Paris zurückzuerobern. Bei der Belagerung wird er von einem Dominikanermönch getötet.

Bartholomäusnacht (Zeitgenössische Darstellung)

1849
Badischer Aufstand

Nach dem Scheitern der Reichsreform, wie sie die Deutsche Nationalversammlung in der Paulskirche erarbeitet hat, kommt es in Baden zu Aufständen. Die Republikaner bilden eine provisorische Regierung. Bei Neuwahlen gewinnen durchgängig die Linken. Im Juni und Juli schlagen Bundestruppen die Erhebung jedoch nieder.

1941
Erster Computer

Der deutsche Ingenieur Konrad Zuse präsentiert der Welt mit dem „Z3" den ersten funktionstüchtigen Computer. Grundlage ist Zuses bahnbrechende Erfindung, die Rechenoperationen der Maschine mit einem binären Code durchführen zu lassen, der sich leicht durch Fließen bzw. Unterbrechen elektrischer Ströme steuern lässt.

Konrad Zuse mit dem Nachbau seines „Z1"

1942
Erste Massenvernichtung

In Auschwitz-Birkenau werden 1500 Juden mit Gas vergiftet. Damit hat der systematische Massenmord begonnen.

Auch das geschah an diesem Tag

1933 Premiere des Films *Das Testament des Dr. Mabuse* in Wien. **1937** Albert, Herzog von York, wird als Georg VI. König von England. **1944** Beginn der systematischen alliierten Luftangriffe auf Deutschland. **1964** Sepp Herberger scheidet aus dem DFB aus.

21.4.–20.5.

Gerhard, Hugo, Magdalena, Servatius

Maria Theresia

Pius IX.

Bei den Erfolgsmenschen ist meist der Erfolg größer als die Menschlichkeit.

Daphne du Maurier

13 Mai

1888
Sklaverei in Brasilien aufgehoben
In Abwesenheit ihres Vaters Pedro II. hebt Isabel, die Regentin Brasiliens, die Sklaverei entschädigungslos auf. Daraufhin schließen sich die Großgrundbesitzer – bisher die Stütze der Monarchie – den Republikanern an.

1923
Muttertag in Deutschland
Auf Anregung einer Predigertochter, die ihrer verstorbenen Mutter ein Denkmal setzen will, wird 1907 in den USA zum ersten Mal der zweite Sonntag im Mai als Muttertag begangen. In Deutschland propagiert vor allem der „Verband Deutscher Blumenhändler" die Übernahme des Feiertages. Noch vor seiner Vereinnahmung durch die Nazis soll der neue Feiertag mit der Idealisierung der Mutterschaft ein Zeichen gegen weibliche Berufstätigkeit setzen.

1965
Diplomatische Beziehungen mit Israel
Die Bundesrepublik Deutschland und Israel beschließen, wieder diplomatische Beziehungen aufzunehmen. Daraufhin brechen mehrere arabische Staaten ihre Beziehungen zu Deutschland ab. Auch in Israel kommt es zu antideutschen Kundgebungen.

1981
Attentat auf den Papst

Papst Johannes Paul II. trifft seinen Attentäter

Der türkische Student Mehmet Ali Agca schießt während einer Audienz auf dem Petersplatz auf Papst Johannes Paul II. Das schwer verletzte Kirchenoberhaupt schreibt seine Rettung der Gottesmutter zu. Er vergibt dem Attentäter noch auf dem Krankenbett und besucht ihn später im Gefängnis. Dessen Motiv ist bis heute unklar. Er hatte zuvor aber auch schon einen türkischen Journalisten getötet und war Mitglied der rechtsextremen „Grauen Wölfe".

Auch das geschah an diesem Tag
1598 Das Edikt von Nantes sichert den Hugenotten in Frankreich ein Recht auf freie Religionsausübung zu. **1917** Marienerscheinung in Fatima. **1940** Deutsche Panzertruppen überschreiten die Maas. **1950** In Silverstone findet das erste Formel-1-Rennen statt.

Pilger im portugisieschen Fatima

Am 13. Mai geboren:

Maria Theresia (1717 in Wien), Kaiserin von Österreich. Als die 23-Jährige 1740 den Thron besteigt, versuchen europäische Fürsten, wie z. B. Friedrich II. v. Preußen, der in Schlesien einfällt, ihre vermeintliche Unerfahrenheit auszunutzen. Mit der Zeit aber müssen die Gegner ihre Durchsetzungsfähigkeit und Beharrlichkeit anerkennen. Sie leitet auch erste Reformen im Sinne der Aufklärung ein. († 29.11.1780 in Wien)

„Pius IX." Giovanni Maria Mastai-Ferretti (1792 in Sinigaglia), Papst. Der bislang am längsten regierende Papst führt einen heftigen ideologischen Kampf gegen den neu gegründeten italienischen Staat und erlässt drei höchst umstrittene Dogmen: die unbefleckte Empfängnis Marias, die Verdammung einer Liste von „Zeitirrtümern" und die Unfehlbarkeit des Papstes. († 7.2.1878 in Rom)

Daphne du Maurier (1907 in London), britische Schriftstellerin. Die von der Queen geadelte Autorin schrieb psychologisch düstere, spannende Romane und Kurzgeschichten, von denen viele verfilmt wurden wie z. B. *Rebecca*, *Jamaica Inn*, *Die Vögel* und *Wenn die Gondeln Trauer tragen*. († 13.5.1989 in Par/Cornwall)

Reinhard Mannesmann (1856 in Remscheid), deutscher Erfinder und Firmengründer. († 20.2.1922 in Remscheid); **Uwe Barschel** (1944 in Glienicke), deutscher Skandalpolitiker. († 11.10.1987 in Genf)

14 Mai

Nur Realisten glauben an Wunder.

21.4.–20.5.

Bonifatius, Christian, Pascal, Matthias

David Ben Gurion   Karl IV.   Kurt Eisner

Am 14. Mai geboren:

Karl IV. (1316 in Prag), römisch-deutscher Kaiser. Mit der Goldenen Bulle regelt Karl 1356 die künftige Königswahl in Deutschland ohne die bisher nötige Zustimmung des Papstes. Außerdem verzichtet er auf die übliche Italienpolitik und bringt stattdessen Brandenburg und die Lausitz unter seine Herrschaft. Als Zentrum seines Reiches lässt er Prag glanzvoll ausbauen. († 29.11.1378 in Prag)

Robert Owen (1771 in Newton), britischer Sozialreformer. Der Kaufmann betreibt zunächst eine vielbesuchte Musterfabrik mit eigener Kranken- und Altersversorgung, Schulen für die Kinder der Arbeiter und weiteren sozialen Neuerungen. Als andere Industrielle dieses Beispiel nicht wie erhofft kopieren, gründet er 1825 in Indiana einen genossenschaftlichen Musterstaat, der jedoch an den Streitigkeiten der Mitglieder scheitert. († 17.11.1858 in Newton)

Kurt Eisner (1867 in Berlin), deutscher Politiker. Der Reichstagsabgeordnete proklamiert 1918 den Freistaat Bayern. Als Ministerpräsident versucht er einen humanen Sozialismus durchzusetzen, erleidet aber schon ein Jahr später eine schwere Wahlniederlage. Unmittelbar vor der Bekanntgabe seines Rücktritts wird er von dem Monarchisten Graf Arco von Valley erschossen. Die Sozialisten rufen daraufhin die Münchner Räterepublik aus. († 21.2.1919 in München)

Thomas Gainsborough (1727 in Sudbury/Suffolk), englischer Maler. († 2.8.1788 in London); **Magnus Hirschfeld** (1868 in Kolberg), deutscher Sexualforscher. († 15.5.1935 in Nizza); **Claudius Dornier** (1884 in Kempten), deutscher Flugzeugkonstrukteur. († 5.12.1969 in Zug/Schweiz); **Al Mullah Mustafa Barsani** (1903 in Barsan), Kurdenführer. († 1.3.1979 in Washington)

Gemälde von Thomas Gainsborough

1948
Unabhängigkeitserklärung Israels

Die bisherige Mandatsmacht Großbritannien verlässt Israel, ohne mit der UN eine geordnete Übergabe abgesprochen zu haben. Bereits während des britischen Rückzugs besetzt die Haganah, die paramilitärische Untergrundorganisation der Juden, die Teile Israels, die diesen nach der UN-Resolution zugedacht sind. Parallel dazu beginnen Überfälle der Araber, die einen Staat Israel und damit auch die Teilung der UN ablehnen. Wenige Stunden nach dem Abzug der britischen Truppen ruft David Ben Gurion den Staat Israel aus.

1966
Kulturrevolution angekündigt

In einem Rundschreiben des Zentralkomitees der chinesischen kommunistischen Partei ist zum ersten Mal von einer „Großen Proletarischen Kulturrevolution" die Rede, die alle Reste von Bourgeoisie und Feudalismus in Partei, Regierung und Armee beseitigen soll.

1970
Erste RAF-Aktion

Mit der gewaltsamen Befreiung des wegen Kaufhausbrandstiftung verurteilten Andreas Baader aus dem *Berliner Zentralinstitut für soziale Fragen* tritt die deutsche Terrororganisation RAF (Rote Armee Fraktion) zum ersten Mal öffentlich in Erscheinung.

Proklamation des Staates Israel

Auch das geschah an diesem Tag

1610 Der französische König Heinrich IV. wird von einem fanatischen Mönch umgebracht. **1643** Der vierjährige Ludwig XIV. wird neuer König von Frankreich. **1940** Die deutsche Luftwaffe bombardiert Rotterdam. **1955** Gründung des Warschauer Paktes.

21.4.–20.5.

Gertrud, Isidor, Rupert, Sophia

Fürst von Metternich

Arthur Schnitzler

Ich glaube deine Weisheit nur, wenn sie dir aus dem Herzen, deine Güte nur, wenn sie dir aus dem Verstand kommt.

Arthur Schnitzler

15 Mai

1525
Festnahme von Thomas Müntzer
In Frankenhausen werden die aufständischen Bauern um den Reformator Thomas Müntzer vernichtend geschlagen. Von 7000 seiner Gefolgsleute sterben 6000. Müntzer wird gefangen genommen, gefoltert und am 27. Mai enthauptet. Er hatte versucht, in Mühlhausen einen demokratischen Gottesstaat zu gründen, in dem ein urchristlicher, kommunistischer Geist herrschen sollte. Das Bündnis mit den aufständischen Bauern führte zu gewaltsamen Auseinandersetzungen mit der Obrigkeit.

Auch das geschah an diesem Tag

1940 Kapitulation der Niederlande. 1940 Verkaufsstart für Nylonstrümpfe. 1988 Rückzug der Roten Armee aus Afghanistan

1948
Krieg gegen Israel
Einen Tag nach der Unabhängigkeitserklärung überfallen die Armeen von Ägypten, Jordanien, Syrien und dem Libanon den neuen israelischen Staat. Der ist jedoch vorbereitet und kann nach anfänglichen Erfolgen der Araber ab Juli selbst Gebiete erobern. Im Dezember setzt die UN schließlich Friedensverhandlungen durch. Die Nachkommen der 500.000 Palästinenser, die aus Israel in die Nachbarstaaten geflohen sind, leben zum Teil noch heute in Flüchtlingslagern.

1954
Putsch in Paraguay
Durch einen Militärputsch übernimmt General Alfredo Stroessner die Macht in Paraguay. Mit diktatorischen Vollmachten regiert er, bis er 1989 durch einen Staatsstreich gestürzt wird.

Alfredo Stroessner

1980
Olympiaboykott
Das deutsche NOK beschließt auf Empfehlung der Bundesregierung, sich dem von den USA initiierten Boykott der Olympischen Sommerspiele in Moskau anzuschließen. Die Aktion ist ein Protest gegen den sowjetischen Einmarsch in Afghanistan. Insgesamt boykottieren 65 Länder die Spiele. Delegationen aus Großbritannien, Frankreich und Italien nehmen gegen den Rat ihrer Regierungen teil.

Am 15. Mai geboren:

Klemens Fürst von Metternich (1773 in Koblenz), österreichischer Politiker. Dem Kanzler der Doppelmonarchie gelingt es, nach dem Sturz Napoleons auf dem Wiener Kongress wieder ein europäisches Gleichgewicht herzustellen. Er unterdrückt aber auch alle freiheitlichen, aufgeklärten Strömungen. 1848 wird er zu Abdankung und Flucht gezwungen. († 11.6.1859 in Wien)

Pierre Curie (1859 in Paris), französischer Physiker und Nobelpreisträger. Schon vor seiner Heirat mit Marie Sklodowska (1867–1934) macht Curie wichtige Entdeckungen auf dem Gebiet der Elektrizität. Während der gemeinsamen Arbeit mit seiner Frau zur Erforschung der Radioaktivität übernimmt er den physikalischen Part. († 19.4.1906 in Paris)

Arthur Schnitzler (1862 in Wien), österreichischer Schriftsteller. Der studierte Arzt verwertet Freuds psychoanalytische Erkenntnisse in seinen Werken und stellt eine hohle, morbide und von Neurosen geplagte Gesellschaft dar. Vor allem seine Darstellung freizügiger, aber gefühlloser Sexualität führt zu öffentlicher Empörung. Anlässlich einer Aufführung des *Reigen* fliegen Stinkbomben und Wassergeschosse auf die Bühne.
(† 21.10.1931 in Wien)

Claudio Monteverdi (1567 in Cremona), italienischer Komponist. († 29.11.1643 in Venedig); **Max Frisch** (1911 in Zürich), Schweizer Schriftsteller. († 4.4.1991 in Zürich)

Claudio Monteverdi

16 Mai

Das sind die Weisen, die durch Irrtum zur Wahrheit reisen. Die bei dem Irrtum verharren, das sind die Narren.

Friedrich Rückert

Friedrich Rückert

Henry Fonda

21.4.–20.5.
Andreas, Brendan, Simon

Am 16. Mai geboren:

Friedrich Rückert (1788 in Schweinfurt), deutscher Dichter. Der Gymnasiallehrer und Zeitschriftenredakteur schreibt Dichtungen im orientalischen Stil, vor allem aber gelingt es ihm, arabische, persische, indische und chinesische Poesie so zu übersetzen, dass auch komplizierte Sprachspiele erhalten bleiben. († 31.1.1866 in Neuses/Coburg)

Henry Fonda (1905 in Grand Island), amerikanischer Schauspieler. Bevor er zum Film kommt, ist Fonda ein erfolgreicher Theaterdarsteller. Seine Paraderolle ist der aufrechte Amerikaner, wie er es zum Beispiel in *Die zwölf Geschworenen* demonstriert. Weitere große Erfolge sind *Spiel mir das Lied vom Tod*, *Krieg und Frieden* und *Am goldenen See*. († 12.8.1982 in Los Angeles)

Karl Lehmann (1936 in Sigmaringen), deutscher Kardinal. Als Vorsitzender der Deutschen Bischofskonferenz hat sich Lehmann den Ruf erworben, um eine moderate Linie in strittigen Fragen bemüht zu sein. Das brachte ihm auch Konflikte mit Rom ein, und erst relativ spät (2001) erlangte er die Kardinalswürde.

Manfred Stolpe (1936 in Stettin), deutscher Politiker; **Friedrich Schorlemmer** (1944 in Wittenberge/Prignitz), deutscher Philosoph und Theologe; **Olga Korbut** (1955 in Grodno/Weißrussland), vierfache Goldmedaillengewinnerin im Turnen.

Versailles

1770
Traumhochzeit in Versailles
Mit großem Prunk wird in Versailles die Ehe zwischen der 14-jährigen Erzherzogin von Österreich, Marie Antoinette, und dem französischen Thronerben Ludwig (1754–93) geschlossen. Die Ehe wird jedoch nicht glücklich. Die ungeschickte Politik des gehemmten Ludwig XIV. und die Verschwendungssucht seiner Frau tragen 1789 zum Ausbruch der Französischen Revolution bei, die sie schließlich beide unter die Guillotine bringt.

Emil Jannings

1929
Erste Oscarverleihung
Der deutsche Schauspieler Emil Jannings wird bei der ersten Oscarverleihung für seine Leistung in den Filmen *Sein letzter Befehl* und *Der Weg allen Fleisches* als bester Hauptdarsteller ausgezeichnet. Mit ihrem Academy Award will die amerikanische *Akademie der Filmkunst und Filmwissenschaft*, der Kommerzialisierung des Films entgegentreten. Der „Oscar", wie er populär genannt wird, soll künstlerisch wertvolle und technisch innovative Leistungen auszeichnen.

1981
Wette mit Folgen
Der Schauspieler Karlheinz Böhm wettet in der Sendung *Wetten, dass..?*, dass nicht einmal jeder dritte Zuschauer eine Mark für ein Hungerprojekt spenden würde. Verliere er, würde er selbst in die Sahelzone gehen. Obwohl er seine Wette gewinnt, weil 18 Millionen Zuschauer nur 1,5 Millionen Mark zusammenbringen, fliegt Böhm nach Äthiopien. Im November gründet er die Hilfsorganisation „Menschen für Menschen", der er seitdem sein Leben widmet.

2002
Hungerkatastrophe in Angola
Die Hilfsorganisation „Ärzte ohne Grenzen" ruft zur Hilfe für das Bürgerkriegsland Angola auf. In den Flüchtlingslagern sterben täglich rund 2000 Menschen an Unterernährung.

Auch das geschah an diesem Tag
1916 Großbritannien und Frankreich grenzen in einer geheimen Übereinkunft ihre Interessensphären in Arabien ab. **1920** Jeanne d'Arc wird heilig gesprochen. **1995** Der Führer der radikalen Aum-Shinri-Kyo-Sekte, die für zwei Giftgasanschläge auf die U-Bahn in Tokio mit 12 Toten und fast 6000 Verletzten verantwortlich ist, wird festgenommen.

21.4.–20.5.
Antonia, Paschalis,
Walter, Valerius

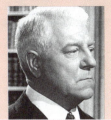
Jean Gabin

Ayatollah Khomeini

Große Ereignisse werfen ihre Schatten unter die Augen.

Udo Lindenberg

17 Mai

1606
Falscher Demetrius ermordet
In Moskau wird während einer Adelsrevolte Zar Demetrius I. ermordet, der sich 1605 als Sohn von Iwan d. Schrecklichen ausgegeben hat und den Zaren Fjodor II. (reg. 1605) gestürzt hat. In Wahrheit war Demetrius vermutlich ein Mönch namens Grigorij Otrepjew. In den folgenden Jahren tauchen noch zwei weitere angebliche Söhne Iwans auf, die den Thron für sich beanspruchen.

1814
Norwegische Verfassung
Die Abgesandten der norwegischen Reichsversammlung verabschieden eine liberale Verfassung für ihr Land und erklären es zum unabhängigen Königreich. Sie reagieren damit auf die Kieler Verträge, die das in den napoleonischen Kriegen unterlegene Dänemark zwingen, Norwegen an Schweden abzutreten. Im Oktober stimmen die Norweger einer Union mit Schweden zu, fordern aber eine Anerkennung ihrer Verfassung.

1954
Rassentrennung an Schulen aufgehoben
Das Oberste Bundesgericht der USA entscheidet, dass die Rassentrennung an den Schulen dem Gleichheitsprinzip widerspricht. Damit wird ein Urteil von 1896 revidiert, das die Rassentrennung für gerechtfertigt hält, wenn der farbigen Bevölkerung gleichwertige Alternativen angeboten werden.

1972
Ratifizierung der Ostverträge
Die Zustimmung des Bundestags macht die Verträge von Moskau und Warschau rechtskräftig. Doch vor allem der Vertrag mit Polen wird von Konservativen und Vertriebenenverbänden heftig kritisiert, da er die Oder-Neiße-Linie als unverletzliche Grenze anerkennt und auf Gebietsansprüche im heutigen Polen verzichtet.

Am 17. Mai geboren:

Albrecht von Brandenburg-Ansbach (1490 in Ansbach), Erster Herzog von Preußen. Mit 21 Jahren wird er Hochmeister des Deutschen Ordens. Nach erfolglosen Kriegen gegen die Polen säkularisiert er den Ordensstaat auf Anraten Luthers und empfängt ihn vom polnischen König als neues Herzogtum Preußen zum Lehen. Als erster Landesherr führt Albrecht in seinem Staat die Reformation ein. († 20.3.1568 in Tapiau/Ostpreußen).

Edward Jenner (1749 in Berkeley), britischer Arzt. Der Landarzt beobachtet, dass Menschen, die bereits an den harmlosen Rinderpocken erkrankt waren, von den gefährlichen Pocken verschont bleiben. Er schließt daraus, dass der Körper Abwehrstoffe bildet und beginnt mit den ersten Schutzimpfungen, die auf Anhieb ein Erfolg sind. († 26.1.1823 in Berkeley)
Sebastian Kneipp (1821 in Stefansried/Ottobeuren), deutscher Naturheilkundler. Als Pfarrer in Bad Wörishofen entwickelt Kneipp, angeregt durch antike Vorbilder, eine Wasserkur, die sowohl Körper wie Seele gesund halten soll. († 17.6.1897 in Bad Wörishofen)
August Thyssen (1842 in Eschweiler), deutscher Industrieller. († 4.4.1926 auf Schloss Landsberg/Essen); **Ayathollah Khomeini** (1900 in Khomayn), iranischer Revolutionsführer. († 3.6.1989 in Teheran); **Jean Gabin** (1904 in Meriel), französischer Schauspieler. († 15.11.1976 in Neuilly-sur-Seine); **Udo Lindenberg** (1946 in Gronau/Westfalen), deutscher Rocksänger.

Udo Lindenberg

18 Mai

Christus steht auf der Seite der Armen.
Johannes Paul II.

Bertrand Russell

Walter Gropius

21.4.–20.5.
Burkhard, Erik, Felix, Johannes

Am 18. Mai geboren:

Bertrand Russell (1872 in Trelleck/Monmouthshire), britischer Mathematiker, Philosoph und Schriftsteller. Der britische Adelige ist einer der modernen Universalgelehrten. Der Mathematikprofessor erbringt nicht nur in seinem Fach große Leistungen, sondern auch auf dem Gebiet der Erkenntnistheorie. Außerdem erhält er den Literaturnobelpreis für seine geschliffene Prosa. Mit 89 Jahren bringt ihn sein engagierter Protest gegen die atomare Aufrüstung ins Gefängnis. († 2.2.1970 in Penrhyndeudraeth/Wales)

Walter Gropius (1883 in Berlin), deutscher Architekt. Er verwirklicht als erster Architekt eine funktionale Ästhetik ohne jedes Dekor. Besonders einflussreich wird er als Direktor des renommierten *Bauhaus*. Beim Umzug der Akademie von Weimar nach Dessau kann er in den neuen Gebäuden seinen Stil idealtypisch verwirklichen. († 5.7.1969 in Boston)

Johannes Paul II.

„Johannes Paul II." Karol **Wojtyla** (1920 in Wadowice bei Krakau), Papst. 1978 wird der Erzbischof von Krakau überraschend – und als erster Nichtitaliener seit dem 16. Jahrhundert – zum neuen Papst gewählt. Seine Kontaktfreudigkeit und seine vielen Auslandsreisen machen ihn schnell beliebt. Seinen Predigten in Polen wird eine entscheidende Rolle beim Sturz des Sozialismus zugeschrieben. In innerkirchlichen Angelegenheiten, vor allem auf dem Gebiet der Sexualmoral, stößt er jedoch immer wieder selbst treue Kirchenanhänger durch seine rückwärts gewandte Haltung vor den Kopf.

Omar Chaijam (1048 in Naischabur), persischer Mathematiker, Astronom und Dichter. († 4.12.1131 in Naischabur); **Friedrich, Freiherr von Lützow** (1782 in Berlin), preußischer Militär. († 6.12.1834 in Berlin); **Nikolaus II.** (1868 in Petersburg), letzter russischer Zar. († 16.7.1918 in Jekaterinenburg); **Thomas Gottschalk** (1950 in Kulmbach), deutscher Showmaster

1848
Deutsche Nationalversammlung
In der Frankfurter Paulskirche wird die Deutsche Nationalversammlung eröffnet. 585 Abgeordnete, vor allem Professoren, Verwaltungsbeamte und Juristen, sollen eine deutsche Verfassung erarbeiten.

Sitzung der Nationalversammlung unter Ihrem Präsidenten Heinrich von Gagern in der Frankfurter Paulskirche 1848

Auch das geschah an diesem Tag

1980 Nach 123 Jahren Ruhe explodiert der Vulkan Mount Saint Helen im US-Bundesstaat Washington. Dabei wird der gesamte Gipfel des Berges weggesprengt und ein riesiger Krater entsteht. Die Druckwelle verursacht hohe landwirtschaftliche Schäden in der Umgebung. Außerdem sterben 20 Menschen.

1899
Erste Haager Friedenskonferenz
Auf Anregung von Zar Nikolaus II. beginnt eine Konferenz, in der sich die Großmächte über Regeln für die Beilegung von Konflikten und eine Humanisierung der Kriegsführung beraten. Außerdem wird die Gründung des Haager Schiedsgerichtshofes beschlossen.

1990
Währungs-, Wirtschafts- und Sozialunion
Der Staatsvertrag zur Währungs-, Wirtschafts- und Sozialunion zwischen BR Dtl. und DDR regelt unter anderem die Einführung der D-Mark in Ostdeutschland zum 1. Juli und eine Umstellung aller Löhne, Gehälter, Renten und Pensionen im Verhältnis 1:1.

21.4.–20.5.

Alkuin, Ivo, Kuno, Maria Bernarda

Ho Chi Minh

Oliver Cromwell

Was für eine Philosophie man wählt, hängt davon ab, was für ein Mensch man ist.

Johann Gottlieb Fichte

19 Mai

1649
Proklamation des Commonwealth
Die Armee Oliver Cromwells erklärt England zum freien, republikanischen Commonwealth, das von einem 41-köpfigen Staatsrat „durch die Repräsentanten des Volkes im Parlament, ohne König und Oberhaus" regiert wird.

1943
Aufstand im Getto vorbei
Nach einem Monat haben die NS-Truppen den Aufstand im Warschauer Getto niedergeschlagen. Bei den Kämpfen sind 56.000 Juden ums Leben gekommen. Zuvor waren von den rund 400.000 Menschen, die hier zusammengetrieben worden sind, schon fast 320.000 deportiert worden.

Kind im Warschauer Getto

1983
Seveso-Gift gefunden
Acht Monate lang suchen Polizisten und Geheimdienste in ganz

Nach der Umweltkatastrophe von Seveso: Bodenprobenentnahme

Westeuropa nach 41 Fässern mit dioxinverseuchter Erde, die nach dem Giftgasunfall von Seveso im Jahr 1976 nicht ordnungsgemäß entsorgt, sondern auf dubiosen Wegen immer weitergeschoben worden sind. Schließlich packt einer der Beteiligten aus und die Fässer mit dem hochgiftigen Inhalt werden in einem Schuppen in einem kleinen nordfranzösischen Dorf gefunden.

Auch das geschah an diesem Tag

1536 Der englische König Heinrich VIII. lässt seine Frau Anna Boleyn im Tower enthaupten. 1533 hat Heinrich mit Rom gebrochen, da ihm der Papst die Scheidung von seiner ersten Frau, die notwendig war, um Anna heiraten zu können, verweigerte. In der Folgezeit stellt Heinrich fest, dass keiner der europäischen Fürsten Anna und ihre Tochter – die spätere Elisabeth I. – als legitim anerkennt. Er wünscht sich deshalb eine neue Ehe. In einem spektakulären Prozess wird Anna wegen Ehebruchs verurteilt. Auch seine fünfte Frau, Catherine Howard, lässt Heinrich wegen Ehebruchs hinrichten.

Am 19. Mai geboren:

„Innozenz XI." Benedetto Odescalchi (1611 in Como), Papst. Der bedeutendste Papst des 17. Jahrhunderts reinigt den Vatikan von Vetternwirtschaft und Pomp. Außenpolitisch kämpft er gegen die rücksichtslose Machtpolitik Ludwig XIV. (1638–1715). Auch die Verfolgung der Hugenotten durch den Sonnenkönig lehnt er entschieden ab. († 12.8.1689 in Rom)

Nancy Witcher Astor (1879 in Danville/Virginia), britische Politikerin. Die gebürtige Amerikanerin wird 1919 als erste weibliche Abgeordnete in das britische Unterhaus gewählt. Sie erregt bald durch ihr Eintreten für die Gleichberechtigung der Frau und ihr Engagement für die sozial Benachteiligten Aufsehen. Es gelingt Lady Astor, sowohl Reformen der Erziehungs-, wie auch der Arbeitsgesetze durchzusetzen. († 30.9.1964 in Grimsthorpe/Lincolnshire)

Ho Chi Minh (1890 in Kim Lien), vietnamesischer Politiker. Durch seinen Widerstand gegen die militärisch hoch überlegenen Amerikaner im Vietnamkrieg wird der nordvietnamesische Staatschef zum Idol linker Gruppen. Ho Chi Minh studierte in Frankreich und gründete nach dem Zweiten Weltkrieg die Republik Vietnam. Sein Lebensziel war die Befreiung Indochinas von jeder Fremdherrschaft. († 3.9.1969 in Hanoi)

Johann Gottlieb Fichte (1762 in Rammenau/Oberlausitz), deutscher Philosoph. († 29.1.1814 in Berlin);

Malcolm X (1925 in Omaha), amerikanischer Bürgerrechtler. († 21.2.1965 in New York)

20 Mai

Es genügt nicht, ein anständiger Mensch zu sein. Man muss es auch zeigen.

Honoré de Balzac

Honoré de Balzac

John Stuart Mill

21.4.–20.5.
Bernhard, Elfriede, Lydia, Valeria

Am 20. Mai geboren:

Honoré de Balzac (1799 in Tours), französischer Schriftsteller. Die über 40 Romane Balzacs schildern die durch die Revolution zerrüttete Gesellschaft um 1830. Der Autor ist einer der Ersten, der einen literarischen Realismus pflegt und authentische, aber nicht immer unbedingt sympathische Helden schildert. († 18.8.1850 in Paris)

John Stuart Mill (1806 in London), britischer Philosoph und Ökonom. Er fordert für das Wirtschaftsleben soziale und ethische Normen, die sowohl dem Einzelnen wie der Gemeinschaft nutzen. Als liberaler Abgeordneter tritt er engagiert für die Rechte der Arbeiter und der Frauen ein. († 8.5.1873 in Avignon)

Faisal I. (1883 in Mekka), irakischer König. Mit seinem Freund „Lawrence von Arabien" organisiert der Emir den Aufstand der Araber gegen die Türken während des Ersten Weltkrieges. 1920 wird er von der syrischen Nationalversammlung zum König gewählt, von den Franzosen aber vertrieben. 1921 machen ihn die Engländer zum König des neu geschaffenen Irak. († 8.9.1933 in Bern)

Sigrid Undset

Andreas Schlüter (1664 in Danzig oder Hamburg), preußischer Baumeister. († 1714 in Petersburg); **Johann Gottfried Schadow** (1764 in Berlin), preußischer Bildhauer.(† 27.1.1850 in Berlin); **Sigrid Undset** (1882 in Kalundborg/Seeland), norwegische Schriftstellerin und Nobelpreisträgerin. († 10.6.1949 in Lillehammer); **James Stewart** (1908 in Indiana), amerikanischer Schauspieler. († 2.7.1997 in Beverly Hills); **Moshe Dayan** (1915 im Kibbuz Deganya), israelischer Politiker und General. († 16.10.1981 in Tel Aviv); **Wolfgang Borchert** (1921 in Hamburg), deutscher Schriftsteller. († 20.11.1947 in Basel); **Joe Cocker** (1944 in Sheffield), britischer Musiker

Moshe Dayan

325
Konzil von Nicaea
Kaiser Konstantin eröffnet das Konzil, auf dem die populäre arianische Lehre, die besagt, dass Jesus Gott nur ähnlich, nicht aber gleich ist, als Irrlehre verdammt wird. Außerdem wird der heute noch gültige Termin für das Osterfest bestimmt.

1347
Republik in Rom
Der italienische Sozialrevolutionär Cola di Rienzo erklärt den Senat von Rom für abgesetzt und ruft die Republik aus. Zuvor hat sich der Notar von dem in Avignon residierenden Papst die Vollmacht dafür geholt. Rienzo will ein Staatsgebilde nach altrömischem Muster schaffen. Er wird aber bereits nach einem halben Jahr vertrieben. Spätere Versuche, die Republik wieder aufleben zu lassen, scheitern an seiner Willkür und Herrschsucht. Richard Wagner hat seine Biografie als Vorlage für seine Oper *Rienzi* benutzt.

1498
Seeweg nach Indien
Der portugiesische Seefahrer Vasco da Gama landet an der indischen Westküste. Damit erschließt er einen Seeweg nach Indien, der für Portugal eine große wirtschaftliche Bedeutung bekommen wird. Entscheidende Hilfe bekam da Gama vom Sultan des ostafrikanischen Melinde, der ihm einen Navigator mit auf die Reise gab.

Vasca da Gama

Auch das geschah an diesem Tag
1873 Levi Strauss lässt die Jeans patentieren. **1882** Deutschland, Österreich und Italien schließen ein Defensivabkommen (Dreibund), das Frankreich isolieren soll. **1902** Kuba wird unabhängig von Spanien. **1960** Der Film *La Dolce Vita* wird in Cannes mit der Goldenen Palme ausgezeichnet. **2002** Osttimor wird unabhängig von Indonesien.

21.5.–21.6.
Felix, Helena,
Hermann Joseph,
Konstantin

Albrecht Dürer

Philipp II.

Geschichte ist die Lüge, auf die man sich geeinigt hat.

Napoleon

21
Mai

1471
Mord im Rosenkrieg
Heinrich VI. aus dem Hause Lancaster wird von Edward IV. aus dem Hause York erst besiegt und dann ermordet. Edward hatte Heinrich schon 1461 vertrieben, doch einstige Bundesgenossen des York-Königs holten ihn zurück. Nach dem Mord konfisziert Edward Heinrichs Besitz. Damit wird er unabhängig von den Steuerbewilligungen des Parlaments und kann ein absolutistisches Regime entfalten.

1927
Non-Stop-Flug über den Atlantik
33,5 Stunden nach dem Start in New York kommt Charles Lindbergh mit seinem einmotorigen Flugzeug „Spirit of St. Louis" in Paris an. Der amerikanische Postflieger wird mit einem Schlag berühmt – und um 25.000 Dollar reicher. Ein Kompass und Karten waren die einzigen navigatorischen Hilfsmittel, die Lindbergh zur Verfügung hatte.

1932
Auf Lindberghs Spuren
Genau 5 Jahre nach Lindbergh fliegt Amelia Earhart als erste Frau alleine über den Atlantik. 1928 war sie bereits mit zwei Co-Piloten

geflogen, die sie damals noch für die Bedienung der technischen Geräte brauchten.

1975
Baader-Meinhof-Prozess
Im Hochsicherheitsgefängnis Stuttgart-Stammheim beginnt der Prozess gegen die Führer der Terrororganisation RAF, Andreas Baader, Ulrike Meinhof, Gudrun Ensslin und Jan-Carl Raspe. Für den Prozess waren extra Gesetze geändert worden, die elementare Rechte der Angeklagten einschränkten.

....

Am 21. Mai geboren:

Albrecht Dürer (1471 in Nürnberg), deutscher Maler. Der gelernte Goldschmied verbindet in seiner Kunst spätgotische Frömmigkeit mit dem neuen Ideal der Renaissance, das den Menschen in den Mittelpunkt stellt. Dürers Darstellungen schöner, wohlproportionierter Menschen werden

Albrecht Dürer (Zeichnung)

wegweisend für die Malerei.
(† 6.4.1528 in Nürnberg)
Philipp II. (1527 in Valladolid), König von Spanien. Unter seiner Herrschaft erreicht das spanische Reich seine größte Ausdehnung. Doch immer mehr werden die schwerfällige Bürokratie und das starre Festhalten an überholten Traditionen zur Belastung. Dazu kommt der Kampf gegen jede nichtkatholische Bewegung, den Philipp als selbst ernannter Hüter des Katholizismus mit schonungsloser Härte führt. Am Ende muss er den Abfall der protestantischen Niederlande (1581) und die Vernichtung seiner Armada (1588) hinnehmen.
(† 13.9.1598 in El Escorial)
Alexander Pope (1688 in London), britischer Dichter. Sowohl mit seinen Satiren, als auch mit seinem an der Antike orientierten Werk wird der Autodidakt der herausragende Dichter des englischen Klassizismus.
(† 30.5.1744 in London)
Lucien Bonaparte (1775 in Ajaccio), französischer Revolutionär und Politiker. Als Präsident des revolutionären Rats der 500 trägt der Bruder Napoleons (1769–1821) entscheidend zum Erfolg von dessen Staatsstreich (1799) bei. Später kommt es zum Bruch, weil der demokratische Lucien die autoritäre Herrschaft seines Bruders ablehnt und sich von diesem nicht zur Scheidung zwingen lässt.
(† 29.6.1840 in Viterbo)
Elisabeth Fry (1780 in Norwich), britische Sozialreformerin.
(† 12.10.1845 in Ramsgate); **Andrej Sacharow** (1921 in Moskau), russischer Physiker und Friedensnobelpreisträger. († 14.12.1989 in Moskau)

Auch das geschah an diesem Tag

1254 Ende der Stauferzeit mit dem Tod Konrad IV. 1904 Gründung der FIFA in Paris. 1998 Rücktritt des indonesischen Präsidenten Suharto nach einer blutigen Protestwelle.

22 Mai

Frauen haben sicher heute mehr Rechte. Aber mehr Macht hatten sie früher.

Charles Aznavour

Richard Wagner

Ferdinand Lassalle

21.5.–21.6.
Emil, Julia, Renate, Rita

Am 22. Mai geboren:

Richard Wagner (1813 in Leipzig), deutscher Komponist. In seinen Opern verschmilzt Wagner Dichtung, Musik und Schauspiel. Die bekannteste Oper Wagners ist *Der Ring der Nibelungen*. 1864 holt ihn Ludwig II. v. Bayern nach München und finanziert ihm ein Festspielhaus in Bayreuth. Dieses wird 1876 eingeweiht und ist seitdem alljährlich Schauplatz der Wagner-Festspiele. († 13.2.1883 in Venedig)

Bayreuth, Festspielhaus

Arthur Conan Doyle (1859 in Edinburgh), britischer Schriftsteller. Der Arzt erfindet mit *Sherlock Holmes* den berühmtesten Detektiv aller Zeiten. Da Doyle mit Dr. Watson auch einen Erzähler für seine Geschichten fingiert, glauben viele Leser, dass der Meisterdetektiv tatsächlich eine reale Person ist. († 7.7.1930 in Crowborough/Sussex)

Johannes Becher (1891 in München), deutscher Lyriker. In der Weimarer Republik wird der Expressionist wegen „literarischen Hochverrats" angeklagt, was für große öffentliche Proteste sorgt. Nach der Machtübernahme der Nazis emigriert Becher in die UdSSR. Er schreibt den Text der DDR-Nationalhymne *Auferstanden aus Ruinen* und wird 1954 Kulturminister der DDR. Doch er scheitert beim Spagat zwischen Regierungsorganen und oppositionellen Künstlern. († 11.10.1958 in Berlin)

Laurence Olivier (1907 in Dorking/Surrey), britischer Schauspieler. († 1989 in Dorking/Surrey); **Charles Aznavour** (1924 in Paris), französischer Chansonsänger und Komponist.

Arthur Conan Doyle: Sherlock Holmes und Dr. Watson (Zeichnung)

1455
Beginn der Rosenkriege
Richard von York, der Regent für den geisteskranken König Heinrich VI. aus dem Haus Lancaster, beansprucht die Krone für sich und lässt Heinrich verhaften. Damit beginnen blutige Auseinandersetzungen zwischen York und Lancaster, die nach deren Wappen, der weißen und der roten Rose, Rosenkriege genannt werden. Die Auseinandersetzungen enden 1485 mit dem Sieg Heinrich VII. aus dem Haus Tudor. Obwohl die Kriege die Reichsordnung völlig zerstören, wird das Volk relativ wenig behelligt. Auch Handel und Gewerbe können sich weiter entwickeln.

1875
Keimzelle der SPD
Der Allgemeine Deutsche Arbeiterverein von Ferdinand Lassalle und die von Wilhelm Liebknecht und August Bebel gegründete Sozialdemokratische Arbeiterpartei (SDAP) schließen sich in Gotha zur Sozialistischen Arbeiterpartei Deutschlands zusammen, aus der später die SPD wird. In ihrem Gothaer Programm legen sie fest, dass ihre Forderungen auf gesetzlichem Weg, nicht mit Gewalt durchgesetzt werden sollen.

1939
Stahlpakt zwischen Hitler und Mussolini
Der italienische Diktator Benito Mussolini gibt dem Werben Hitlers nach und schließt mit dem faschistischen Deutschland eine offensiv-militärische Allianz. Preis für das Zustandekommen der Achse „Berlin-Rom" war eine materielle Unterstützung bei der italienischen Annexion Abessiniens im Jahr 1936 gewesen. Mit dem Stahlpakt in der Tasche fühlt sich Hitler gerüstet, den Überfall auf Polen vorzubereiten.

Auch das geschah an diesem Tag

1878 Rumänien erklärt seine Unabhängigkeit. **1972** Ceylon erhält eine republikanische Verfassung und wird Sri Lanka. **1972** Richard Nixon besucht als erster US-Präsident Moskau

21.5.–21.6.

Bartholomäus, Desiderius

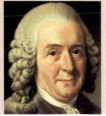

Carl von Linné

Otto Lilienthal

Fair-Play bedeutet, das Foul so versteckt zu machen, dass der Schiedsrichter es nicht sieht.

Dieter Hildebrandt

23 Mai

1498
Hinrichtung Savonarolas
Auf der Piazza della Signoria in Florenz wird der Dominikanermönch und Bußprediger Girolamo Savonarola gehängt und verbrannt. Er hat sowohl das zügellose Leben der weltlichen Herrscher als auch das des Papstes Alexander IV. (Rodrigo Borgia) an den Pranger gestellt. Als er nach der Vertreibung der Medici durch die Franzosen 1494 in Florenz eine Republik mit strengen Sittengesetzen etabliert, lässt ihn der Papst exkommunizieren und töten.

1618
Zweiter Prager Fenstersturz
Die protestantischen Stände Böhmens erheben sich gegen den Kaiser. Dabei werden dessen Statthalter aus einem Fenster des Prager Hradschin geworfen. Die Tat bildet den Auftakt zum 30-jährigen Krieg.

1863
Allgemeiner Deutscher Arbeiterverein
Der gemäßigte Sozialist Ferdinand Lassalle gründet in Leipzig den Allgemeinen Deutschen Arbeiterverein, die erste selbstständige Vertretung der deutschen Arbeiter.

1949
Grundgesetz verkündet
Konrad Adenauer verkündet als Vorsitzender des Parlamentarischen Rates das Grundgesetz für die BR Dtl., das der Rat in monate-

Konrad Adenauer unterzeichnet das Grundgesetz

langem Ringen erarbeitet und schließlich mit 53:12 Stimmen angenommen hat. Das Grundgesetz hat den Charakter einer Verfassung, wird aber nicht so genannt, da Westdeutschland nur als Staatsfragment gesehen wird.

1960
Eichmann festgenommen
Israels Ministerpräsident Ben Gurion verkündet die Festnahme des deutschen Kriegsverbrechers Adolf Eichmann in Buenos Aires und sei-

Adolf Eichmann

ne Entführung nach Israel durch den Geheimdienst Mossad. Knapp ein Jahr später beginnt der Prozess, der mit Eichmanns Hinrichtung wegen Verbrechens gegen die Menschlichkeit endet.

Am 23. Mai geboren:

Carl von Linné (1707 in Rashult/Smaland), schwedischer Naturforscher. Der Professor für Medizin und Botanik entwickelt eine systematische Klassifizierung für alle Tiere und Pflanzen nach Arten und Gattungen, die im Wesentlichen noch heute existiert. († 10.1.1778 in Uppsala)
Otto Lilienthal (1848 in Anklam), Flugzeugpionier. Der Ingenieur studiert jahrelang den Flug der Vögel, bevor er 1891 als erster Mensch in die Lüfte geht. Er baut insgesamt 18 immer weiter verbesserte Flugapparate, bevor er tödlich abstürzt. († 9.8.1896 in Berlin)
Leo Baeck (1873 in Lissa/Posen), jüdischer Theologe. Der Rabbiner ist ab 1933 Präsident der „Reichsvertretung der Juden" in Deutschland. Er kämpft gegen die Verfolgung seiner Glaubensbrüder, wird schließlich aber selber nach Theresienstadt deportiert. Nach dem Krieg setzt er sich mit aller Kraft für Versöhnung und Verständigung ein. († 2.11.1956 in London)
Dieter Hildebrandt (1927 in Bunzlau), deutscher Kabarettist; **Anatoli Karpow** (1951 in Zlatoust), russischer Schachmeister.

Auch das geschah an diesem Tag
1915 Italien tritt in den Ersten Weltkrieg ein. **1934** In Louisiana wird das Verbrecherpaar Bonnie und Clyde von der Polizei erschossen. **1992** Der Mafia-Bekämpfer Giovanni Falcone wird Opfer eines Attentats. **1993** In Kambodscha finden wieder freie Wahlen statt. **1997** Der gemäßigte Politiker Mohammed Chatami gewinnt die Präsidentschaftswahlen im Iran.

24 Mai

We are not amused.

Victoria | Germanicus | Bob Dylan

21.5.–21.6.

Esther, Dagmar, Johanna, Vincent

Am 24. Mai geboren:

Gajus Julius Caesar Germanicus (15 v. Chr. in Rom), römischer Feldherr. Der Neffe des Kaisers Tiberius fällt im Jahr 16 durch einen schwer erkauften Sieg über Arminius bei seinem Onkel in Ungnade. Er wird in den Osten geschickt, wo ihn der syrische Statthalter vergiftet. Damit ist ein allgemein beliebter Kandidat auf die Kaiserwürde ausgeschaltet. Stattdessen wird Germanicus' völlig unfähiger Sohn Caligula (12–41) Nachfolger des Tiberius. († 10.10.19 in Daphne/Antiochia)

Jean Paul Marat (1743 in Boudry/Schweiz), französischer Revolutionär. Durch Hassreden und seine Zeitschrift *L'ami du peuple*, in der er „Volksfeinde" denunziert, stachelt der Schweizer Arzt während der Französischen Revolution die Volksmassen zur Lynchjustiz an. Er ist der Hauptverantwortliche für die Septembermorde an Priestern und Gefängnisinsassen. Schließlich ersticht ihn die 25-jährige Charlotte de Corday in der Badewanne. († 13.7.1793 in Paris)

Jacques Louis David: *Tod des Marat*

Victoria (1819 in Kensington), britische Königin. Mit 18 Jahren auf den Thron gekommen, prägt sie durch ihre lange Regierungszeit eine Epoche. Diese ist einerseits durch einen großen wirtschaftlichen Aufschwung und eine imperialistische Machtentfaltung gekennzeichnet, andererseits durch kulturelle Stagnation und Prüderie. Durch geschickte Verheiratung ihrer Kinder wird die populäre Königin zur „Großmutter Europas". († 22.1.1901 in Osborne House/Isle of Wight)

Gabriel Daniel Fahrenheit (1686 in Danzig), deutscher Physiker. († 16.9.1736 in Den Haag); **Bob Dylan** (1941 in Duluth/Minnesota), amerikanischer Sänger.

1607
Erste Siedlung in Nordamerika
120 englische Kaufleute gründen mit dem Ort Jamestown die erste dauerhafte Ansiedlung der Europäer in Nordamerika. Zum Schutz gegen die einheimische Bevölkerung wird gleich ein Fort errichtet.

1844
Telegramm nach Baltimore
Der amerikanische Erfinder Samuel Morse sendet ein Telegramm mit Wahlergebnissen von Washington nach Baltimore. Damit kann er endlich beweisen, dass sein telegrafischer Apparat, den er bereits 1837 zum Patent angemeldet hat, weit mehr als eine technische Spielerei ist.

1889
Sozialgesetze beschlossen
Der deutsche Reichstag verabschiedet das Gesetz zur Alters- und Invaliditätsversicherung, das jedem Arbeiter ab 70 Jahren oder bei Berufsunfähigkeit eine Rente zusichert. Nach der Kranken- und der Unfallversicherung ist dies die letzte Säule von Bismarcks Sozialgesetzgebung. Er will damit die Arbeiter für sich gewinnen und den sozialistischen Parteien den Wind aus den Segeln nehmen.

1993
Eritrea wird unabhängig
Nach bewaffneten Konflikten seit 1962 erklärt Eritrea seine Unabhängigkeit von Äthiopien. Obwohl die Unabhängigkeit international anerkannt wird, gibt es seitdem immer wieder Kämpfe, die den beiden verarmten Ländern schwer schaden.

Sozialgesetze: Rentenauszahlung im Hamburger Hauptpostgebäude

Auch das geschah an diesem Tag

1819 Das erste Dampfschiff startet seine Atlantiküberquerung. Die „Savannah" braucht 27 Tage von Georgia nach Großbritannien. **1949** Das deutsche Grundgesetz tritt in Kraft. **1975** Dank des rigorosen Impfprogramms der WHO gelten die Pocken als ausgerottet.

21.5.–21.6.

Beda, Gregor, Heribert

Ralph Waldo Emerson

Jacob Burckhardt

Niemand trägt zur Unterhaltung so sehr bei wie der Abwesende.

Oscar Wilde

25 Mai

1085
Gregor VII. stirbt in Salerno
Mit dem Tod von Papst Gregor VII. geht eine Ära zu Ende. Gregor hatte die Kirche von allen weltlichen Einflüssen gereinigt und den Vorrang der päpstlichen vor der weltlichen Macht beansprucht. Dies führte zu heftigen Auseinandersetzungen mit Kaiser Heinrich IV., den er zum Bußgang nach Canossa zwang.

1913
Spion Redl ist tot
Nach seiner Entlarvung als russischer Spion zwingen Offizierskollegen den österreichischen Oberst Alfred Redl zum Selbstmord. Redl hatte geheime Pläne der Armee an Russland und Serbien weitergegeben, nachdem man ihm drohte, seine Homosexualität öffentlich zu machen. Der Fall wurde von dem Starreporter Egon Erwin Kisch aufgedeckt.

1935
Vier Weltrekorde in 45 Minuten
Auf einem studentischen Leichtathletikfest in Michigan stellt Jesse Owens in einer Dreiviertelstunde vier neue Weltrekorde auf: über 100 Yard, 200 Yard und 220 Yard Hürden. Außerdem überspringt er als erster Weitspringer die 8-Meter-Marke. Ein Jahr später wird der farbige Ausnahmeathlet mit vier Goldmedaillen zum Star der Olympischen Spiele von Berlin.

1987
Volkszählung in Deutschland
In einer großen Volkszählung versucht die Regierung mittels Fragebogen, Daten über Alter, Ausbildung, Beruf und Lebensverhältnisse zu erheben, um Grundlagen für die künftige Arbeit zu haben. Trotz immenser Werbemaßnahmen wird die Aktion von heftigen Protesten begleitet. Tausende von Menschen verweigern die Auskunft, da sie eine unrechtmäßige Verwendung der Daten befürchten. Die ganze Aktion kostet eine halbe Milliarde Euro.

Auch das geschah an diesem Tag
1895 Oscar Wilde wird wegen Homosexualität zu zwei Jahren Zuchthaus und Zwangsarbeit verurteilt. **1907** 19 weibliche Abgeordnete ziehen in das finnische Parlament ein, nachdem die finnischen Frauen als erste in Europa das aktive und passive Wahlrecht erhalten haben. **1963** In Addis Abeba wird die „Organisation für die Afrikanische Einheit" (OAU) gegründet. **1993** Das UN-Kriegsverbrechertribunal für das ehemalige Jugoslawien wird eingerichtet.

Am 25. Mai geboren:

Ralph Waldo Emerson (1803 in Boston), amerikanischer Dichter und Philosoph. Inspiriert von indischer Philosophie und amerikanischem Puritanismus, ruft Emerson zu einer geistigen Erneuerung Amerikas auf. Dabei lehnt er sowohl den Krieg wie auch die Sklaverei entschieden ab. († 27.4.1882 in Concord/Massachusetts)

Jacob Burckhardt (1818 in Basel), Schweizer Kulturhistoriker. Der Geschichtsforscher korrigiert die idealistische Geschichtssicht vieler Zeitgenossen, indem er nicht nach Ereignissen fragt, sondern nach der kulturellen Entwicklung. Dabei macht er Machtgier und Besitzstreben als eigentliche Triebfedern der Geschichte aus. († 8.8.1897 in Basel)

Helmuth Graf von Moltke (1848 in Parchim), preußischer General. Durch neue technische Hilfsmittel wie Telegraf und Eisenbahn sowie wissenschaftlich ausgearbeitete Strategien revolutioniert Moltke das preußische Heer. Nach seinen Operationsplänen werden die Einigungskriege gegen Dänemark, Österreich und Frankreich gewonnen. († 24.4.1891 in Berlin)

Jesse Owens beim Weitsprung

Plakat gegen die Volkszählung 1987

26 Mai

Mut ist, wenn man Todesangst hat, aber sich trotzdem in den Sattel schwingt.

John Wayne

Earl of Marlborough

Isadora Duncan

21.5.–21.6.

Alwin, Philipp, Maria Anna, Urban

Am 26. Mai geboren:

John Churchill, Earl of Marlborough (1650 in Musbury/Devonshire), britischer Feldherr. Der Herzog ist unentbehrlicher Militärführer der englischen Herrscher Jakob II., Wilhelm III. und Anna. Auch gelegentliche Seitenwechsel tun seiner Karriere keinen Abbruch. Erst 1711, als das Volk der dauernden Kriege überdrüssig ist, wird er entlassen und versinkt in der Bedeutungslosigkeit. († 16.6.1722 in Cranbourne Lodge/Windsor)

Nikolaus Graf von Zinzendorf (1700 in Dresden), Gründer der Herrnhuter Brüdergemeinde. Der Dresdner Hofrat nimmt auf seinem Gut in der Oberlausitz religiös Verfolgte aus Böhmen und Mähren auf. Daraus entwickelt sich eine ökumenische Brüdergemeinde mit vorbildlichen Sozialregeln und eigener Wirtschaft. Ab 1737 zum Bischof der neuen Bewegung geweiht, gründet Zinzendorf mehrere Gemeinden im Ausland. († 9.5.1760 in Herrnhut)

Rahel Varnhagen von Ense (1771 in Berlin); deutsche Literatin. Die Dichterin betreibt in Berlin einen Salon, der zu den Zentren der deutschen Romantik gehört. Außerdem engagiert sie sich für die Rechte der Frauen und der Juden. († 7.3.1833 in Berlin)

Olaf Gulbrandson (1873 in Oslo), norwegischer Maler. († 18.9.1958 in Tegernsee); **Isadora Duncan** (1895 in San Francisco), amerikanische Tänzerin. († 14.9.1927 in Nizza); **John Wayne** (1907 in Winterset/Iowa), amerikanischer Westerndarsteller. († 11.6.1979 in Los Angeles)

1483
Richard III. wird König
Der englische Regent Richard lässt die Ehe seines verstorbenen Bruders Edward IV. für ungültig und dessen Sohn Edward V. zum Bastard erklären. Mit Zustimmung des Parlaments wird er als Richard III. selbst König. Danach lässt er angeblich seinen Neffen und dessen jüngeren Bruder im Tower erdrosseln. Shakespeare stilisiert ihn in seinem Drama *Richard III.* zum Ungeheuer.

1828
Kaspar Hauser
In Nürnberg taucht ein verwahrloster junger Mann auf, der kaum sprechen kann. Neben seinem Namen berichtet er, er habe lange in einem dunklen Verließ gelebt. Schnell tauchen die bis heute nicht verstummten Gerüchte auf, er sei ein entführter Prinz aus dem badischen Herzogshaus.

1952
Deutschlandvertrag
Die Bundesrepublik Deutschland erhält durch die Unterzeichnung des Deutschlandvertrags von den Westalliierten die beschränkte Souveränität eingeräumt. Unter anderem behalten sich die Alliierten das Recht auf die Stationierung ihrer Truppen vor.

Der Deutschlandvertrag

1972
SALT I
USA und Sowjetunion unterzeichnen zum ersten Mal ein Abkommen zur Begrenzung ihrer Rüstung (Strategic Arms Limitation Talks).

Auch das geschah an diesem Tag

1993 Nach emotionsgeladenen Debatten und großem Protest ändert der Bundestag mit Zweidrittelmehrheit das Grundgesetz, um eine massive Einschränkung des Asylrechts durchsetzen zu können. Kernpunkt: Wer aus einem „sicheren Drittland" kommt, wird wieder dorthin abgeschoben. Faktisch trifft das jeden, der über Land nach Deutschland kommt.

Kaspar Hauser

21.5.–21.6.
Augustinus, Bruno, Friedrich, Johannes

Dashiell Hammett

Henry Kissinger

Squash ist eine Sauna, in der man viel rennen muss.
Henry Kissinger

27 Mai

1234
Schlacht bei Altenesch
Der Bremer Bischof Gerhard II. geht militärisch gegen aufständische Bauern vor, die sich weigern, Abgaben zu leisten, da ihnen für die Urbarmachung der Wesermarsch Steuerfreiheit zugesichert worden war. Der Bischof klagt die Aufständischen des Teufelsdienstes an und lässt sich vom Papst die Anwerbung eines Kreuzfahrerheers genehmigen, das 6000 Menschen tötet.

1832
Hambacher Fest
Als Reaktion auf ein neues strenges Zensurgesetz versammeln sich 30.000 süddeutsche Liberale und Demokraten bei Schloss Hambach in der bayerischen Pfalz. Der Redakteur Johann Georg Wirth fordert „Vereinigte Freistaaten Deutschlands" und ein konföderiertes, republikanisches Europa. Als Nationalfahne des künftigen, demokratischen Deutschlands werden erstmals die Farben Schwarz-Rot-Gold verwendet. Die dreitägige Kundgebung hat erneute Erlasse gegen alle „demagogischen" Bewegungen zur Folge.

Auch das geschah an diesem Tag
1703 Peter d. Gr. gründet Sankt Petersburg. **1525** Thomas Müntzer wird in Mühlhausen hingerichtet. **1937** Die Golden Gate Bridge wird eröffnet. **1960** Staatsstreich in der Türkei nach Unruhen. Ministerpräsident Menderes wird zum Tod verurteilt.

1940
Aufgabe von Dünkirchen
Die eingeschlossenen britisch-französischen Truppen geben ihre Stellung in Dünkirchen auf. 370.000 Soldaten werden über den Kanal nach England evakuiert. Damit gibt es keine Kräfte mehr, die die Eroberung Frankreichs durch die Nazi-Truppen verhindern können.

Dünkirchen

1942
Attentat auf Heydrich
Tschechische Widerstandskämpfer verwunden in Prag den stellvertretenden Reichsprotektor in Böhmen und Mähren Reinhard Heydrich. Als Chef des Reichssicherheitshauptamtes hat er die vollständige Vernichtung der europäischen Juden maßgeblich mit vorbereitet. Am 4. Juni erliegt er seinen Verletzungen.

1952
Versuch einer gemeinsamen Verteidigung
Die Außenminister von Belgien, Frankreich, Italien, Luxemburg, der Niederlande und der Bundesrepublik unterzeichnen in Paris einen Vertrag über eine Europäische Verteidigungsgemeinschaft (EVG). Das Vorhaben scheitert jedoch am Widerstand der französischen Nationalversammlung.

Am 27. Mai geboren:

Liselotte von der Pfalz (1652 in Heidelberg), Herzogin von Orleans. Die Schwägerin des Sonnenkönigs wird durch ihre derb-satirischen Briefe vom französischen Hof berühmt. Ludwig XIV. nutzt die Verwandtschaft, um 1688 den Pfälzischen Erbfolgekrieg vom Zaun zu brechen, der neun Jahre später ohne territoriale Gewinne für Frankreich endet. († 8.12.1722 in Saint-Cloud)

Cornelius Vanderbilt (1794 in Port Richmond/Staten Island), amerikanischer Unternehmer. Mit Fährbootverbindungen um New York herum wird er reich. Später baut er Dampfer, betreibt Eisenbahnen sowie Schiffslinien nach Europa. Außerdem vergrößert er sein Vermögen durch Spekulationen auf über hundert Millionen Dollar. († 4.1.1877 in New York)

Max Brod (1884 in Prag), österreichisch-israelischer Schriftsteller. Der Freund Franz Kafkas soll in dessen Auftrag nach dem Tod Kafkas dessen gesamtes literarisches Werk vernichten. Brod entscheidet sich aber, es zu veröffentlichen. († 20.12.1968 in Tel Aviv)

Dashiell Hammett (1894 in St. Mary`s County/Maryland), amerikanischer Krimiautor. († 10.1.1961 in New York); **Henry Kissinger** (1923 in Fürth), amerikanischer Politiker.

28 Mai

Ich bin ein ganz gewöhnlicher Bürger.

Peter Benenson

William Pitt, d. J.

Eduard Benes

21.5.–21.6.

German, Hubert, Margareta, Wilhelm

Am 28. Mai geboren:

William Pitt, d. J. (1759 in Hayes/Kent), britischer Politiker. Bereits mit 24 Jahren wird er Premierminister eines krisengeschüttelten Landes. Er stabilisiert das Empire durch Steuer- und Finanzreformen. Mit der Französischen Revolution wendet er sich verstärkt der europäischen Politik zu und wird Hauptgegenspieler von Napoleon. Er scheitert schließlich an seiner harten Politik gegen Irland. († 23.1.1806 in London)

Augustinus Bea (1881 in Riedböhringen/Baden), deutscher Theologe. Der Kardinal nimmt im Auftrag des Vatikans um 1960 den Dialog mit den nichtkatholischen Christen auf und wird einer der Wegbereiter der Ökumene. († 16.11.1968 in Rom)

Eduard Benes (1884 in Kozlany/Böhmen), tschechischer Politiker. Er setzt nach dem Ersten Weltkrieg die Errichtung eines tschechoslowakischen Staates durch, dessen Aufbau er sich danach widmet. 1938 geht er ins Exil und von 1945–48 erneut Staatspräsident. In dieser Zeit unterzeichnet er Dekrete, die die gewaltsame Enteignung und Vertreibung aller Nichttschechen legalisieren. Mit diesen Dekreten ist der Name des ursprünglich hoch angesehenen Politikers immer noch verbunden. († 3.9.1948 in Sezimovo)

Johann ohne Furcht (1371 in Dijon), Herzog von Burgund. († 10.9.1419 in Montereau-faut-Yonne); **Thomas Moore** (1779 in Dublin), irischer Dichter und Biograf Lord Byrons. († 25.2.1852 in Devizes/ Wiltshire); **Ian Fleming** (1908 in London), britischer Schriftsteller und Erfinder von *James Bond*. († 12.8.1964 in Canterbury)

Ian Fleming

1037
Constitutio de feudis
Kaiser Konrad II. erlässt eine Verordnung, die festlegt, dass Lehen vererbt werden dürfen und dass keinem Vasallen sein Lehen ohne Urteilspruch der Standesgenossen genommen werden darf. Er reagiert damit auf die Versuche oberitalienischer Bischöfe, Lehensleute zu enteignen. Die *Constitutio de feudis* legt die Grundlage für den späteren Ritterstand.

1871
Ende der Pariser Kommune
Enttäuscht durch die Niederlage gegen Deutschland und die von diesem eingesetzte neue monarchistische Nationalversammlung organisieren radikal-demokratische Kräfte in Paris den Aufstand der

Die Pariser Kommune stürmt den Sitzungssaal der Regierung der Nationalen Verteidigung

Kommune. Dieser wird nach zweimonatiger Belagerung und achttägigem Barrikadenkampf („Blutige Woche") niedergeschlagen. Bei den Kämpfen kommen 20.000 bis 25.000 Menschen um.

1940
Kapitulation Belgiens
Nachdem die NS-Truppen die belgische Armee eingekesselt haben, kapituliert König Leopold III. Da er nicht bereit ist, Belgien nach den Vorgaben der Nazis zu verwalten, wird er zunächst unter Hausarrest gestellt und später deportiert. Die Belgier jedoch bezichtigen ihn ob der schnellen Kapitulation des Verrats. Erst 1946 wird er durch eine Untersuchungskommission entlastet.

1961
Amnesty international
In London liest der Anwalt Peter Benenson einen Zeitungsartikel über zwei portugiesische Studenten, die wegen Kritik an ihrer Regierung zu sieben Jahren Haft verurteilt worden sind. Mit Freunden verfasst er daraufhin eine Pressemitteilung, in der er aufruft, sich an einem „Appeal for Amnesty" zu beteiligen. Ein Jahr später nennt sich die Gruppe amnesty international .

Auch das geschah an diesem Tag
1987 Der Sportflieger Mathias Rust landet auf dem Roten Platz in Moskau. 2003 Beginn des Ersten Ökumenischen Kirchentages in Berlin.

21.5.–21.6.

Alexander, Erwin, Irmtrud, Ursula

Karl II.

Oswald Spengler

Ein gescheiter Mensch muss so gescheit sein, Leute anzustellen, die noch viel gescheiter sind als er.

John F. Kennedy

29
Mai

1453
Eroberung Konstantinopels
Sultan Mehmet II. erobert mit einem Trick das für uneinnehmbar gehaltene Konstantinopel. Er lässt 70 Kriegsschiffe in der Nacht über eine schmale Landzunge in das Hafenbecken tragen. Der Fall der Kaiserstadt bedeutet das Ende des Oströmischen Reiches und wird oft auch als Wendepunkt zwischen Mittelalter und Neuzeit gesehen.

1934
Bekennende Kirche
In Wuppertal schließt sich die evangelische „Bekennende Kirche" als Oppositionsbündnis gegen die Nationalsozialisten zusammen. Ihr Sprecher ist Dietrich Bonhoeffer, der von den Nazis in Flossenbürg hingerichtet wird.

1953
Mount Everest bezwungen
Edmund Hillary und Sherpa Tenzing Norgay erreichen den höchsten Gipfel der Welt. Vor ihnen haben zehn andere Teams vergeblich versucht, den 8848 Meter hohen Berg zu besteigen.

1993
Brandanschlag von Solingen
Vier Rechtsradikale zwischen 16 und 23 Jahren werfen einen Brandsatz auf ein von Türken bewohntes Haus in Solingen. Dabei kommen eine Frau und fünf Mädchen zwischen 4 und 18 Jahren ums Leben. Zehn weitere Personen werden verletzt. Der Anschlag führt bundesweit zu Entsetzen über den wiedererstarkten Rechtsradikalismus in Deutschland.

....

Am 29. Mai geboren:

Karl II. (1630 in London), König von England. Der Sohn des von Oliver Cromwell hingerichteten Karl I. kann sich erst nach Cromwells Tod durchsetzen. 1679 muss er die Habeas-Corpus-Akte anerkennen, die dem Einzelnen seine persönliche Freiheit sichert. († 6.2.1685 in London)
Oswald Spengler (1880 in Blankenburg/Harz), deutscher Philosoph. Der ehemalige Mathematiklehrer schockt die Öffentlichkeit 1922 mit seinem Werk *Der Untergang des Abendlandes*. Er vertritt darin die These, dass die Geschichte in Zyklen von etwa 1000 Jahren verlaufe. Beim Abendland sieht er die Endphase erreicht. († 8.5.1936 in München)

John F. Kennedy

John F. Kennedy (1917 in Brooklyn/Massachussets), Präsident der USA. Er tritt nach einem knappen Sieg 1961 sein Amt als hochgehandelter Hoffnungsträger an. Vor allem seine fortschrittliche Einstellung gegenüber den Entwicklungsländern und in der Rassenfrage wecken viele Erwartungen. Allerdings werden seine Reformideen teilweise durch den Kongress gebremst. Über die Hintergründe seiner Ermordung wird noch heute spekuliert. († 22.11.1963 in Dallas)
Gottfried Heinrich Graf zu Pappenheim (1594 in Treuchtlingen), Reitergeneral. († 17.11.1632 in Leipzig); **Gilbert Chesterton** (1874 in Kensington/London), englischer Schriftsteller und Schöpfer der Pater-Brown-Krimis. († 14.6.1936 in Beaconsfield/Buckinghamshire)

Auch das geschah an diesem Tag

1809 Die Tiroler Aufständischen um Andreas Hofer siegen am Berg Isel über die Bayern und zwingen diese damit zur Aufgabe Tirols. 1865 Gründung der Deutschen Gesellschaft zur Rettung Schiffbrüchiger. 1968 Der Bundestag verabschiedet nach heftigen Protesten die Notstandsverfassung, die bestimmte Artikel des Grundgesetzes zeitweise außer Kraft setzt.

Mount Everest

30 Mai

Diejenigen, die immer nur das Mögliche fordern, erreichen gar nichts.

Michail Bakunin

Heinrich Schliemann

21.5.–21.6.
Edmund, Ferdinand, Johanna

Am 30. Mai geboren:

Alexander (1220 in Wladimir), russischer Großfürst und Nationalheiliger. Er leistet gegen die Pläne des Vatikans, die russische Kirche mit der römisch-katholischen zu vereinigen, erbitterten Widerstand. 1240 besiegt er die auf Betreiben des Papstes in Russland eingefallenen Schweden an der Newa und 1242 die Schwertritter des Deutschen Ordens. Durch diese militärischen Erfolge wird die Nordwestgrenze des russischen Reiches festgelegt. († 14.11.1263 in Gorodez/Wolga)

Michail Bakunin (1814 bei Moskau), Begründer des Anarchismus. Mit der anarchistischen Bewegung will der adelige Philosoph das russische Zarentum abschaffen. Er glaubt, dass eine gerechte Gesellschaft nur ohne jede gesellschaftliche Macht bei größtmöglicher Freiheit des Einzelnen möglich ist. Da er auch eine Diktatur des Proletariats ablehnt, wird er 1872 aus der Sozialistischen Internationalen ausgeschlossen. († 1.7.1876 in Bern)

Hermine Körner (1882 in Berlin), deutsche Schauspielerin. Nachdem sie auf den bedeutendsten Bühnen im deutschsprachigen Raum große Rollen wie *Lady Macbeth*, *Phädra* oder *Hedda Gabler* gespielt hat, leitet Hermine Körner erst das Schauspielhaus in München und dann das Alberttheater und die Komödie in Dresden. Sie gilt als eine der letzten großen Tragödinnen († 14.2.1960 in Berlin).

Jeanne d'Arc

1431
Hinrichtung der Jungfrau von Orleans
In Rouen wird Jeanne d'Arc öffentlich verbrannt. Vorher war sie in einem kirchlichen Prozess wegen Zauberei und Ketzerei verurteilt worden. Die französische Nationalheilige hatte die französischen Truppen im Kampf gegen die Engländer angeführt, war 1430 vor Paris von burgundischen Truppen gefangenen genommen und gegen viel Geld an die Engländer ausgeliefert worden.

1849
Rumpfparlament von Stuttgart
Nachdem Friedrich Wilhelm IV. von Preußen die deutsche Kaiserkrone abgelehnt hat, die ihm die Deutsche Nationalversammlung angeboten hat, ziehen die meisten Staaten ihre Abgeordneten aus der Versammlung zurück. Es bleiben etwa 100 Abgeordnete, die ihre Arbeit in Stuttgart fortsetzen. Das Rumpfparlament wird jedoch im Juni von der württembergischen Regierung gewaltsam aufgelöst.

1873
Troja entdeckt
Der Amateurarchäologe Heinrich Schliemann legt, nur von Homers *Ilias* geleitet, die Überreste des antiken Troja und einen prächtigen Goldschatz frei, den er als „Schatz des Priamos" bezeichnet. Zwar sind die Gegenstände rund 1000 Jahre vor der Zerstörung Trojas entstanden, aber Schliemann beweist dennoch, dass die Sagen um Troja eine historische Wurzel haben.

Blick auf die Ruinen von Troja

1913
Friede von London
Die Türkei tritt nach der Niederlage im Ersten Balkankrieg (1912) alle verbliebenen Besitzungen westlich der heutigen Grenze sowie alle ägäischen Inseln ab. Makedonien und Albanien werden selbstständig, der Kosovo fällt an Serbien.

Auch das geschah an diesem Tag

1593 Der englische Dramatiker Christopher Marlowe wird bei einer Wirtshausschlägerei erstochen. **1814** Der Erste Friede von Paris legt für das französische Reich wieder die Grenzen von 1792 fest. **1942** Der erste 1000-Bomber-Angriff der alliierten Luftwaffe trifft Köln. Fast 500 Menschen sterben.

21.5.–21.6.

Angela, Hiltrud, Mechthild

Ludwig Tieck

Clint Eastwood

Man kann nicht allen Leuten helfen, sagen manche Leute und helfen keinem.

Peter Frankenfeld

Mai

1811
Schneider von Ulm
Der Schneider Albrecht Ludwig Berblinger führt anlässlich eines Besuchs des württembergischen Königs in Ulm einen selbstkonstruierten Gleitflugapparat vor, stürzt jedoch ab und bricht sich mehrere Knochen. Seitdem haben Forscher bewiesen, dass das Gerät flugtüchtig war, vermutlich jedoch die nötige Thermik gefehlt hat.

1902
Friede von Vereeniging
Die im Burenkrieg geschlagenen Republiken Oranjefreistaat und Transvaal werden Kolonien des britischen Empire. Der Kampf war allerdings viel härter und verlustreicher geworden, als die späteren Sieger anfangs gedacht hatten. Allein etwa 27.000 Frauen und Kinder kamen in den Konzentrationslagern um, in die sie die Briten interniert hatten.

1903
Leipzig wird Meister
In Altona wird die erste deutsche Fußballmeisterschaft ausgetragen. Es gewinnt der VfB Leipzig mit 7:2 gegen den DFC Prag.

Auch das geschah an diesem Tag
1740 Friedrich II. von Preußen besteigt im Alter von 28 Jahren den Thron. 1897 Werner von Siemens stellt in Berlin die erste elektrische Lokomotive vor. 1975 Die Europäische Raumfahrtbehörde ESA wird gegründet.

1916
Seeschlacht vor dem Skagerrak
Die hochgerüsteten Flotten des Deutschen Reiches und des britischen Empire treffen vor dem Skagerrak zur – was die Zahl der beteiligten Schiffe betrifft – größten Seeschlacht der Geschichte aufeinander. Ein klarer Sieger ist nach zwei Tagen jedoch nicht auszumachen. Dafür gibt es auf deutscher Seite über 2500, auf britischer rund 6000 Tote.

Am 31. Mai geboren:

Karl August Fürst von Hardenberg (1750 in Essenrode/Gifhorn), preußischer Staatsmann. Als Staatskanzler bemüht sich Hardenberg um eine Liberalisierung des preußischen Staates. Er fördert Bildungsreformen, eine Gleichberechtigung der Juden und Gewerbefreiheit, scheitert jedoch mit einem gleichen Steuerrecht und der Bauernbefreiung am Widerstand des Adels. († 6.11.1822 in Genua)
Ludwieg Tieck (1773 in Berlin), deutscher Schriftsteller und Regisseur. Tieck gehörte zum romantischen Künstlerkreis um Schlegel und Brentano. Seine literarische Karriere führt von schwärmerischen Romanen zu realistischen Novellen. Daneben sorgt er als glühender Shakespeare-Fan mit spektakulären Inszenierungen für eine deutsche Shakespeare-Euphorie. († 28.4.1853 in Berlin)
Georg Herwegh (1817 in Stuttgart), deutscher Dichter und Revolutionär. († 7.4.1875 in Baden-Baden); **Walt Whitman** (1819 in West Hills/New

Walt Whitman

York), amerikanischer Dichter. († 26.3.1892 in Camden/New Jersey); **„Pius XI." Achille Ratti** (1857 in Mailand), Papst. († 10.2.1939 in Rom). **Peter Frankenfeld** (1913 in Berlin), deutscher Showmaster. († 4.1.1979 in Hamburg); **James Krüss** (1926 auf Helgoland), deutscher Kinderbuchautor. († 2.8.1997 auf Gran Canaria); **Clint Eastwood** (1930 in San Francisco), amerikanischer Schauspieler;

Rainer Werner Fassbinder

Rainer Werner Fassbinder (1945 in Bad Wörishofen), deutscher Regisseur. († 10.6.1982 in München)

1 Juni

Neid ist der Schatten, den der Erfolg wirft.

Marilyn Monroe

Franz von Papen

21.5.–21.6.
Agnes, Justin, Simeon, Theobald

Am 1. Juni geboren:

Carl Philipp von Clausewitz (1780 in Burg bei Magdeburg), deutscher Militärtheoretiker. Mit seinem Werk *Vom Kriege* (1830) wird Clausewitz der Begründer der modernen Kriegslehre. Er fordert ein Zusammenwirken von Kriegsführung und Politik. Das Primat solle aber immer die Politik haben. († 16.11.1831 in Breslau)

Ferdinand Raimund (1790 in Wien), österreichischer Dramatiker. Der gelernte Konditor spielt bei diversen Wanderbühnen, bevor er in Wien als Autor und Regisseur das Volksstück salonfähig macht. Sein bekanntestes Werk ist Der Bauer als Millionär. († 5.11.1836 in Pottenstein/Niederösterreich)

Friedrich Bayer (1825 in Barmen), deutscher Firmengründer. Der Kaufmann spezialisiert sich früh auf den Handel mit chemischen Produkten. Mit Teerfarbstoffen legt er 1861 den Grundstein für die spätere Bayer AG in Leverkusen. († 6.5.1880 in Würzburg)

Christiane Vulpius (1765 in Weimar), Ehefrau von Goethe. († 6.6.1816 in Weimar); Otto I. (1815 in Salzburg), König von Griechenland († 26.7.1867 in Bamberg); **Carl Bechstein** (1826 in Gotha), deutscher Klavierbauer. († 6.3.1900 in Berlin); **Marilyn Monroe** (1926 in Los Angeles), amerikanische Schauspielerin. († 4.8.1962 in Los Angeles); **Konstantin Wecker** (1947 in München), deutscher Liedermacher.

Sulla

81 v. Chr.
Ende der Verfolgung
Der römische Diktator Sulla verkündet das Ende der Proskription. Mit diesem Instrument hat er Tausende seiner Gegner aus dem bürgerlichen Lager für vogelfrei erklären und ermorden lassen. Als Sulla sich im Jahr 79 überraschend aus der Politik zurückzieht, hat er die herrschende Senatorenschicht in Rom gestärkt und die Volkstribune entmachtet.

17 v. Chr.
Friedenszeitalter ausgerufen
Kaiser Augustus verkündet ein Zeitalter des universalen Friedens. Der Dichter Horaz schreibt dafür die Festhymne auf den Kaiser (*Carmen saeculare*). Tatsächlich beschert Augustus, nachdem er sich politisch durchgesetzt hat, Rom eine weitgehend friedliche Epoche.

1932
Reichskanzler Papen
Nach dem Rücktritt von Heinrich Brüning wird Franz von Papen neuer Reichskanzler. Er löst den Reichstag auf und bildet ein Kabinett aus Vertretern des Hochadels, das unter Ausschaltung der Parteien und Gewerkschaften regieren soll. Papen ebnet auch Hitler den Weg, indem er diesen mit befreundeten Bankiers bekannt macht und mit ihm den Sturz der Regierung Schleicher vorantreibt.

1964
Gründung der PLO
Die Palästinenser gründen die Palästinensische Befreiungsorganisation (PLO), um ihre Forderung nach einem autonomen palästinensischen Staat durchzusetzen. Seit 1969 ist Jassir Arafat der Vorsitzende.

Auch das geschah an diesem Tag

1945 Im zerbombten Berlin werden die ersten Trümmerfrauen zum Dienst verpflichtet. 1962 Adolf Eichmann wird in Israel hingerichtet. 1972 Die RAF-Terroristen Andreas Baader, Holger Meins und Jan Carl Raspe werden festgenommen. 2000 In Hannover beginnt die Expo 2000, die erste Weltausstellung in Deutschland. 2001 Bei einem Familiendrama werden der nepalesische König Birendra, seine Frau und der Kronprinz getötet.

Trümmerfrauen beim Wiederaufbau

21.5.–21.6.

Armin, Eugen, Marcellinus, Petrus

Johnny Weissmuller

Elisabeth II.

Unverständlichkeit ist noch lange kein Beweis für tiefe Gedanken.

Marcel Reich-Ranicki

2 Juni

455
Vandalen in Rom
Der Vandalenkönig Geiserich erobert die Stadt Rom kampflos und lässt sie 14 Tage lang plündern. Reiche Bürger werden festgenommen und gegen Lösegeldzahlungen wieder freigelassen. Vermutlich hat Kaiserin Eudoxia, die Witwe des ermordeten Valentian III., die Wandalen nach Rom gerufen.

1953
Krönung live
Als Nachfolgerin ihres Vaters wird die 27-jährige Elisabeth II. in Westminster Abbey zur britischen Königin gekrönt. Die Zeremonie wird zu einem der ersten, großen internationalen Medienereignisse, das weltweit Hunderttausende von Menschen an Radio- und Fernsehgeräten mitverfolgen.

Krönung Elisabeth II.

Auch das geschah an diesem Tag
1946 Bei einer Volksabstimmung entscheidet sich die Mehrheit der Italiener für die Einführung der Republik.
1980 Der Zauberwürfel des ungarischen Architekturprofessors Ernö Rubik kommt in Deutschland auf den Markt.

1957
Protest gegen Kernwaffen
Auf Initiative des Chemienobelpreisträgers Linus Pauling fordern 2000 amerikanische Wissenschaftler von den Atommächten das Ende aller Kernwaffenversuche. Untersuchungen an Milchzähnen von Kindern hatten Pauling von einer gravierenden Gesundheitsgefährdung durch die Tests überzeugt. Als 1963 auf den immer stärker werdenden öffentlichen Druck hin die USA und die Sowjetunion einem teilweisen Stopp zustimmen, erhält Pauling den Friedensnobelpreis.

1967
Benno Ohnesorg erschossen
Bei einer Demonstration gegen den Besuch von Schah Resa Pahlevi wird in Berlin der Student Benno Ohnesorg von einem Polizisten erschossen. Pahlevi hatte im Iran nach anfänglichen Modernisierungen ein absolutistisches Regime mit einem gefürchteten Geheimdienst errichtet. In Deutschland radikalisiert der Tod Ohnesorgs die Protestbewegung. Für einige der späteren RAF-Mitglieder beginnt an diesem Tag ihr Weg in die gewaltsame Auseinandersetzung.

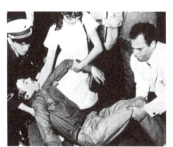
Der erschossene Benno Ohnesorg

Am 2. Juni geboren:
Donatien Alphonse François Marquis de Sade (1740 in Paris), französischer Skandalautor. Nach dem Giftmord an einer Prostituierten zum Tode verurteilt und von Napoleon in eine Nervenheilanstalt eingewiesen, schreibt de Sade Romane, die mit ihrer Freude an perversen Grausamkeiten den Begriff Sadismus prägen. († 2.12.1814 in Paris)

„Pius X." Guiseppe Sarto (1835 in Riese/Treviso), Papst. Aus Angst vor dem modernen Zeitgeist und dem Protestantismus schottet der später heilig gesprochene Papst die Kirche nach innen ab. Auch dort werden demokratische Regungen sowie die theologische Forschung unterdrückt. († 20.8.1914 in Rom)

Johnny Weissmuller (1904 in Freidorf/Banat), fünffacher Goldmedaillengewinner im Schwimmen und Tarzandarsteller. († 20.1.1984 in Acapulco); **Heinz Sielmann** (1917 in Rheydt), deutscher Tierfilmer und Naturschützer; **Marcel Reich-Ranicki** (1920 in Wloclawek), deutsch-polnischer Literaturkritiker.

3 Juni

Mit Geld kann man viele Freunde kaufen – aber selten ist einer sein Geld wert.

Joséphine Baker

Georg V.

Joséphine Baker

21.5.–21.6.

Johannes, Karl, Kevin, Klothilde

Am 3. Juni geboren:

Jefferson Davis (1808 in Fairview/Kentucky), amerikanischer Politiker. Der Präsident des Südens im amerikanischen Bürgerkrieg (1861–65) bemüht sich vergeblich darum, die Einzelinteressen der Staaten zu bündeln. Auch sein Plan, die Sklaverei aufzuheben und die schwarze Bevölkerung in das Heer einzubeziehen, scheitert am Widerstand des Kongresses. († 6.12.1889 in New Orleans)

Detlev von Liliencron (1844 in Kiel), deutscher Lyriker. Der Offizier ist in Deutschland Vorkämpfer einer naturalistischen und ungekünstelten Lyrik. Viele seiner Gedichte fangen auf impressionistische Weise Augenblicksstimmungen ein. († 22.7.1919 in Hamburg)

Joséphine Baker (1906 in St. Louis/Missouri), amerikanische Tänzerin. Als „Schwarze Venus" macht sie in den wilden 1920er-Jahren in Paris mit ihrem Bananentanz und der Einführung des Charleston Furore. Sie hat einen eigenen Nachtclub und dreht mehrere Revue-Filme. Im Krieg schließt sie sich der Resistance an. Später setzt sie sich für die Gleichberechtigung der Rassen ein und adoptiert zahlreiche Kinder aller Hautfarben. († 12.4.1975 in Paris)

William Matthew Flinders Petrie (1853 in London), britischer Archäologe. († 28.7.1942 in Jerusalem); **Georg V.** (1865 in London), König von Großbritannien. († 20.1.1936 in Sandringham); **Marion Zimmer Bradley** (1930 in Albany), amerikanische Fantasy-Autorin. († 25.9.1999 in Berkeley)

1943
Beginn des Perónismus
Das Militär stürzt die argentinische Regierung. Unter den Putschisten ist Juan Perón, der zunächst Staatssekretär im Kriegsministerium, dann Arbeitsminister wird. Durch soziale Maßnahmen kann er die arme Stadt- und Landbevölkerung für sich gewinnen. 1946 wird er zum Staatspräsidenten gewählt. Sein Regierungsstil wird jedoch zunehmend diktatorischer, sodass er 1955 von Kirche und Militär gestürzt wird.

1972
Viermächte-Abkommen in Kraft
Die Siegermächte des Zweiten Weltkriegs legen ihre Rechte und Verantwortlichkeiten in Deutschland fest und bestätigen den Status Quo. Das bedeutet, dass Westberlin kein Bestandteil der BR Dtl. ist, die Sowjetunion aber die faktische Zusammengehörigkeit anerkennt und einen ungehinderten Transit garantiert.

Die Unglücksstelle in Eschede

1998
ICE-Unglück von Eschede
Aufgrund eines defekten Radreifens entgleist der ICE Wilhelm Conrad Röntgen bei Eschede mit einer Geschwindigkeit von rund 200 Stundenkilometer. Die Waggons prallen gegen eine Brücke und bringen diese zum Einsturz. In den Trümmern sterben 101 Menschen. Es ist das bisher schwerste Unglück in der Geschichte der Deutschen Bahn.

1998
Gründung von Attac
In Frankreich wird das Bündnis Attac (Association pour une Taxation des Transactions financiéres pour l'Aide aux Citoyens) gegründet. Es will die Einführung der sog. Tobin-Steuer auf Finanzspekulationen durchsetzen. Inzwischen ist Attac ein weltweites Netzwerk gegen die wirtschaftliche Globalisierung.

Auch das geschah an diesem Tag

1492 Der Geograf Martin Behaim stellt den ersten realistischen Weltglobus vor. **1871** Der deutsche Reichstag stimmt der Eingliederung von Elsass und Lothringen als gemeinsames Reichsland zu. **1961** Kennedy und Chruschtschow treffen sich zu Gesprächen in Wien. **1963** Papst Johannes XXIII. stirbt. Sein Nachfolger Paul VI. führt das Zweite Vatikanische Konzil zu Ende. **1974** Yitzhak Rabin wird israelischer Ministerpräsident. **1989** Tod des iranischen Revolutionsführers Ayatollah Khomeini.

21.5.–21.6.

Christa, Eva, Quirin, Werner

Georg III.

Karl Valentin

Kunst ist schön, macht aber viel Arbeit.

Karl Valentin

4
Juni

1844
Weberaufstand in Schlesien
Das preußische Militär schlägt eine spontane Hungerrevolte von rund 3000 Webern nieder. Billigere Ware, die in England auf mechanischen Webstühlen hergestellt wird, führte zur Verelendung der Arbeiter. Die Ereignisse werden von Gerhard Hauptmann in seinem Stück *Die Weber* literarisch verarbeitet.

1928
Eiserner Gustav in Paris
Der Berliner Droschken-Kutscher Gustav Hartmann (Eiserner Gustav) trifft nach zweimonatiger Fahrt mit seiner Pferdedroschke in Paris ein und wird begeistert empfangen. Mit der Aktion will er gegen den Niedergang seines Berufs protestieren und außerdem ein Zeichen der Völkerverständigung setzen. Seine Geschichte wird von Hans Fallada zum Roman verarbeitet und mehrmals verfilmt.

1962
Lebenslänglich für Vera Brühne
Nach einem Aufsehen erregenden Prozess voller Widersprüche und Skandale wird Vera Brühne zu lebenslanger Haft verurteilt. Sie soll ihren Geliebten erschossen haben. Die Indizien sind jedoch dünn, die entlastenden Aussagen eines BND-Mannes werden auf dubiose Weise widerrufen. Brühne beteuert bis zu ihrem Tod ihre Unschuld.

Angela Davis

1972
Angela Davis freigesprochen
Die schwarze Philosophie-Dozentin und Kommunistin Angela Davis wird vom Vorwurf, an einer tödlich endenden Geiselnahme mitgewirkt zu haben, freigesprochen. Der Prozess war von einer weltweiten „Free Angela Davis"-Bewegung begleitet worden.

1989
Massaker auf dem Platz des Himmlischen Friedens
Der chinesische Machthaber Deng Xiaoping lässt auf dem Platz des Himmlischen Friedens militärisch gegen die Menschen vorgehen, die dort seit Mai zu Hunderttausenden für Freiheit und Demokratie demonstrieren. Die Panzer fahren Unbewaffnete nieder. Flüchtende werden beschossen. Insgesamt kommen rund 3500 Menschen um, mehrere Zehntausend werden verletzt. Im Anschluss werden über 100.000 Menschen verhaftet, gefoltert und zu langjährigen

Demonstranten auf dem Platz des Himmlischen Friedens

Haftstrafen verurteilt, einige Dutzend auch hingerichtet.

Am 4. Juni geboren:

Anton II., d. Gute (1449 in Bar-le-Duc), Herzog von Lothringen. Er legt den Grundstein für eine Unabhängigkeit Lothringens. Der entschiedene Gegner der Revolution regiert sein Land einerseits außergewöhnlich milde, andererseits lässt er Bauernaufstände im Elsass blutig niederschlagen. († 14.6.1544 in Bar-le-Duc)

Georg III. (1738 in London), König von Großbritannien. Der erste in England geborene König aus dem Haus Hannover verursacht durch seine absolutistische Politik den amerikanischen Unabhängigkeitskrieg. 1811 muss er wegen geistiger Umnachtung die Regierung abgeben. († 29.1.1820 in Windsor)

Karl Valentin (1882 in München), bayerischer Komiker. Valentin Ludwig Fey ist mit seinen Sketchen voll absurder Logik nicht nur eine Kultfigur in Münchner Kabaretts, sondern spielt auch in über 50 Filmen mit und wird zu einem Vorbild für Bertolt Brecht. († 9.2.1948 in Planegg)

Auch das geschah an diesem Tag

1920 Im Vertrag von Trianon muss Ungarn zwei Drittel seines Territoriums abgeben. **1961** Die ARD strahlt die erste Sportschau aus. **1989** Bei den ersten freien Parlamentswahlen in Polen gewinnt das oppositionelle Bürgerkomitee „Solidarność" und stellt mit Tadeusz Mazowiecki den neuen Regierungschef.

5 Juni

Das Unabwendbare tritt nie ein. Das Unerwartete aber immer.

John Maynard Keynes

Adam Smith

John Maynard Keynes

21.5.–21.6.

Bonifatius, Felix, Hildebrand

Am 5. Juni geboren:

Adam Smith (1723 in Kirkaldy), schottischer Nationalökonom. Der Professor für Moralphilosophie entwickelt die erste in sich geschlossene Volkswirtschaftslehre. Dabei plädiert er für eine liberale Haltung seitens des Staates. († 17.7.1790 in Edinburgh)

John Maynard Keynes (1883 in Cambridge), britischer Nationalökonom. Er untersucht die praktischen Auswirkungen der Geldpolitik und wird damit zum Begründer der modernen Nationalökonomie. Dabei tritt der britische Adelige entschieden für eine freie, kapitalistische Marktwirtschaft ein. († 21.4.1946 in Firle/Sussex)

Federico García Lorca (1898 in Fuentevaqueros/Granada), spanischer Dichter. Er gilt als Erneuerer der spanischen Lyrik. Viele seine Werke illustriert und vertont er selbst. Im spanischen Bürgerkrieg wird er von den Faschisten erschossen. († 19.8.1936 in Viznar/Granada)

719
Hl. Bonifatius
Papst Gregor II. schickt den Benediktinermönch Bonifatius aus Wessex als Missionar nach Deutschland. Der „Apostel der Deutschen" gründet unter anderem die Bistümer Passau, Regensburg, Würzburg und das Kloster Fulda. 754 wird er bei Dokkum von heidnischen Friesen erschlagen. Die Überlieferung streitet, ob der 5. Juni Tag seiner Aussendung oder seines Todes ist.

George C. Marshall

1947
Marshall-Plan
Der amerikanische Außenminister George C. Marshall verkündet ein umfassendes Hilfsprogramm für das notleidende Europa. Bis 1952 werden Lebensmittel, Rohstoffe, Maschinen und Medikamente im Wert von 13 Mrd. Dollar geliefert.

1963
Profumo-Skandal
Der britische Heeresminister John Profumo tritt zurück, nachdem er

Auch das geschah an diesem Tag

1783 Den Brüdern Montgolfier gelingt die erste Fahrt in einem Heißluftballon. **1916** Der spätere König des Iraks, Faisal, erklärt die Unabhängigkeit der Araber und ruft zum Aufstand in der Wüste auf. **1945** Die Siegermächte des Zweiten Weltkriegs übernehmen mit der Berliner Deklaration die oberste Regierungsgewalt in Deutschland. **1956** Frankreichs Ministerpräsident Mollet und Konrad Adenauer einigen sich auf die Eingliederung des Saargebiets in die Bundesrepublik. **1968** Präsidentschaftskandidat Robert Kennedy wird bei einer Wahlkampfveranstaltung von einem jordanischen Nationalisten erschossen. **1972** In Stockholm beginnt die erste Umweltkonferenz der Vereinten Nationen. **2003** Der durch eine Spendenaffäre in Bedrängnis geratene FDP-Politiker Jürgen Möllemann bringt sich um, indem er bei einem Absprung den Fallschirm nicht öffnet.

vor dem Untersuchungsausschuss über seine Affäre mit dem Fotomodell Christine Keeler gelogen hatte, die zur gleichen Zeit mit einem sowjetischen Botschaftsangehörigen liiert war.

1967
Sechstagekrieg beginnt
Nachdem Ägypten den Golf von Aqaba für israelische Schiffe sperrt, beginnt Israel einen Krieg und schlägt innerhalb einiger Tage die Truppen von Ägypten, Jordanien und Syrien vernichtend. Dabei werden die Westbank und der Gaza-Streifen besetzt, was die problematische Lage im Nahen Osten weiter verschärft.

1984
Tempelsturm in Indien
Indische Regierungstruppen stürmen den Goldenen Tempel in Amritsar, das Hauptheiligtum der Sikhs, das von radikalen Gläubigen besetzt worden war. Dabei kommen rund 700 Sikhs ums Leben. Aus Rache ermorden zwei Sikhs aus ihrer Leibgarde im Oktober die indische Premierministerin Indira Ghandi.

Goldener Tempel in Amritsar

21.5.–21.6.
Bertrand, Claudius, Falco, Norbert

Thomas Mann

Pierre Corneille

Ironie heißt fast immer, aus der Not eine Überlegenheit zu machen.

6 Juni

1523
Schweden wird unabhängig
Der schwedische Reichstag wählt Gustav Wasa zum König und beendet damit endgültig die Kalmarer Union mit Dänemark und Norwegen. Wasa hatte 1521 die Führung im Aufstand gegen die dänische Herrschaft übernommen.

D-Day

1944
D-Day
6700 Schiffe und rund 10.000 Flugzeuge der alliierten Truppen unter General Eisenhower beginnen an der Normandieküste den Atlantikwall unter Beschuss zu nehmen. Die deutsche Kriegsführung hält die Operation jedoch nur für ein Ablenkungsmanöver, da sie ihre Befestigungen als uneinnehmbar ansieht. Deshalb werden die Einheiten nicht verstärkt. Am 30. Juli ist der alliierte Durchbruch an der Westfront endgültig geschafft.

1946
Beginn der CARE-Pakete
Die amerikanische Militärregierung unterzeichnet einen Vertrag mit der Hilfsorganisation CARE (Cooperative for American Remittances to Europa) über die Lieferung von standardisierten Hilfspaketen mit Nahrungsmittel für bedürftige Menschen in Deutschland.

1971
Bundesligaskandal aufgedeckt
Nach Ende der 7. Bundesligasaison enthüllt der Präsident der abgestiegenen Offenbacher Kickers, dass in der Endphase mehrere Spieler gekauft wurden. Besonders die Spieler von Schalke 04 verloren mehrmals gegen Bares. Insgesamt werden 52 Fußballspieler, zwei Trainer und sechs Funktionäre festgenommen.

1989
Ende für Wackersdorf
Die Bundesregierung und die bayerische Staatsregierung beschließen, den Bau der heftig umstrittenen atomaren Wiederaufbereitungsanlage in Wackersdorf endgültig einzustellen.

....

Am 6. Juni geboren:

„Regiomontanus" Johannes Müller (1436 in Königsberg/Franken), deutscher Mathematiker und Astronom. Er ist der erste, der die antike Mathematik weiterentwickelt. Außerdem erstellt er astronomische Tafeln, die als Navigationshilfen für die Seefahrt sehr wichtig werden. Papst Sixtus IV. ruft ihn kurz nach seiner Ernennung zum Bischof von Regensburg nach Rom, um an der Kalenderreform mitzuarbeiten. († 6.7.1476 in Rom)
Alexander Puschkin (1799 in Moskau), russischer Dichter. Der Adelige wird als 21-Jähriger wegen Mitgliedschaft in einer liberalen Vereinigung für vier Jahre nach Sibirien verbannt und lebt danach unter Hausarrest auf dem Gut seiner Mutter, bis er durch ein Duell umkommt. Kurze Zeit später werden seine Dichtungen und Dramen als wegweisende Synthese zwischen russischer und westeuropäischer Literatur gefeiert. († 10.2.1837 in St. Petersburg)
Lhamo Dhondrub (1935 in Taktser), 14. Dalai Lama und religiöses Oberhaupt von Tibet. Er wird bereits im Alter von zwei Jahren zur Wiedergeburt des Dalai Lama erklärt und bekommt 1950 die Oberherrschaft über Tibet übertragen. Nach der Besetzung Tibets durch die Chinesen flieht er ins indische Exil. Seitdem versucht er unermüdlich durch Dialoge eine friedliche Lösung für Tibet zu erreichen und erhält 1989 den Friedensnobelpreis.
Diego de Silva y Velázquez (1599 in Sevilla), spanischer Maler. († 6.8.1660 in Madrid); **Pierre Corneille** (1606 in Rouen), französischer Dramatiker. († 1.10.1684 in Paris); **Robert F. Scott** (1868 in Devonport), britischer Polarforscher. († 29.3.1912 in der Antarktis); **Thomas Mann** (1875 in Lübeck), deutscher Schriftsteller. († 12.8.1955 in Zürich)

Auch das geschah an diesem Tag
1907 Henkel bringt Persil auf den Markt. 1954 Erste gesamteuropäische Fernsehübertragung (Eurovision). 1971 Im *stern* bekennen 374 Frauen, darunter zahlreiche Prominente, dass sie eine Abtreibung haben vornehmen lassen, die damals noch unter Strafe stand (§ 218).

7 Juni

Was wäre das Leben ohne Hoffnung?

Friedrich Hölderlin

Paul Gauguin

Imre Nagy

21.5.–21.6.

Anna, Justus, Paulus, Robert

Am 7. Juni geboren:

Georg I. (1660 in Hannover), britischer König. Nach dem Tod der englischen Königin Anne wird der Kurfürst von Lüneburg-Hannover als nächster protestantischer Verwandter König von Großbritannien. Wegen mangelnder Sprachkenntnisse überläßt er die Politik jedoch seinen Kanzlern. († 22.6.1727 in Osnabrück)

Gemälde von Paul Gauguin

Paul Gaugin (1848 in Paris), französischer Maler. Der Makler und Hobbymaler gibt 1883 für die Kunst seinen Beruf auf und unternimmt erste Reisen nach Mittelamerika. Er entwickelt einen expressiven, leuchtend bunten und durch naive Malerei inspirierten Stil, den er ab 1891 auf Tahiti zur Blüte bringt. († 8.5.1903 in Atuona/Marquesas-Inseln)

Knut Johann Rasmussen (1879 in Jakobshavn), dänisch-grönländischer Polarforscher und Ethnologe. Der Sohn einer Einheimischen gründet 1910 in Grönland die Handelsstation Thule als Ausgangspunkt vieler Expeditionen. Um zu beweisen, daß die Grönländer dieselben Vorfahren wie die Indianer haben und ursprünglich aus Asien stammen, überquert er die Beringstraße mit Hundeschlitten. († 21.12.1933 in Kopenhagen)

Imre Nagy (1896 in Kaposvar), ungarischer Politiker. Er verliert 1955 wegen seines antistalinistischen Kurses das Amt des Ministerpräsidenten, wird aber ein Jahr später durch einen Volksaufstand wieder eingesetzt und verkündet die Neutralität Ungarns und den Austritt aus dem Warschauer Pakt. Nach der gewaltsamen Niederschlagung des Aufstandes durch die Sowjets wird er hingerichtet. († 16.6.1958 in Budapest)

1494
Südamerika wird aufgeteilt
Der Vertrag von Tordesillas regelt die Ansprüche in Südamerika zwischen Spanien und Portugal. Nach einem Schiedsspruch von Papst Alexander VI. soll eine Nordsüdlinie, die 370 Seemeilen westlich der Kapverdischen Inseln verläuft, die Grenze bilden. Alles was östlich liegt, wird zum portugiesischen Interessensgebiet erklärt, alles westlich der Linie zum spanischen.

1843
Hölderlin tot
In Tübingen stirbt der Dichter Friedrich Hölderlin nach langer Umnachtung. Von seinen Werken, die an die griechische Klassik anknüpfen, erzählt das berühmteste, der Briefroman *Hyperion*, von Hölderlins unglücklicher Liebe zu der Bankiersgattin Susette Gontard. Erste Anzeichen von Geisteskrankheit verschlechterten sich nach Susettes Tod 1802 rapide. Er wurde in eine Nervenklinik eingewiesen, aber 1807 als unheilbar entlassen und von einem Schreinereehepaar betreut.

1905
Gründung der „Brücke"
Mehrere Kunststudenten, darunter Ernst Ludwig Kirchner und Karl Schmidt-Rottluff, schließen sich zur Künstlervereinigung „Die Brücke" zusammen. Die Mitglieder wenden sich vom herrschenden Impressionismus ab und entwickeln, in Auseinandersetzung mit der primitiven Kunst, einen aussagekräftigen, flächigen, meist sehr farbigen Stil.

1948
Beneš tritt zurück
Der tschechoslowakische Staatspräsident Eduard Beneš weigert sich, die sowjetisch diktierte Verfassung zu unterzeichnen und tritt zurück. Sein Nachfolger Klement Gottwald beginnt mit Reformen nach sowjetischem Vorbild.

1986
Anti-Atom-Bewegung
100.000 Menschen demonstrieren in ganz Deutschland gegen die Atomkraft. Vor der geplanten Wiederaufbereitungsanlage Wackersdorf und dem Atomkraftwerk Brokdorf treibt die Polizei die Demonstranten mit Wasserwerfern und Reizgas auseinander.

Auch das geschah an diesem Tag

1973 Liberalisierung des deutschen Sexualstrafrechts. Kuppelei wird als Straftatbestand abgeschafft, Verbreitung von Pornografie und homosexuelle Beziehungen sind nur noch gegenüber Minderjährigen strafbar.

1973 Willy Brandt trifft zum ersten offiziellen Staatsbesuch in Israel ein, der zu einer Verbesserung der Beziehungen zwischen beiden Ländern führt.

21.5.–21.6.

Anne, Engelbert, Marius, Medard

Carlos

Allesandro Graf Cagliostro

Das Talent arbeitet, das Genie schafft.

Robert Schumann

8 Juni

632
Tod Mohammeds
Der islamische Religionsstifter Mohammed stirbt während einer Wallfahrt in Medina. Nachdem seine Lehre anfangs von der wohlhabenden Schicht bekämpft worden war, hinterlässt er nun ein politisch und religiös geeintes Arabien, das neben dem byzantinischen und dem persischen Reich zu einer neuen Macht im Nahen Osten geworden ist.

793
Überfall auf Lindisfarne
Die Plünderung des Klosters Lindisfarne an der englischen Ostküste bildet den Auftakt zu vielen Raubzügen der Wikinger in ganz Europa während der nächsten 200 Jahre.

1815
Neuordnung Europas
Der Wiener Kongress legt seine Pläne für die Neuordnung Europas nach dem Sturz Napoleons vor. An die Stelle des aufgelösten Deutschen Reiches tritt ein Deutscher Bund aus 35 Fürstentümern und vier freien Städten. Preußen und Österreich werden als Großmächte wiederhergestellt. Polen fällt an Russland. In Spanien, Portugal und den italienischen Fürstentümern werden die alten Dynastien wieder eingesetzt. Die Säkularisierung wird trotz heftigem Protest der Kirche nicht rückgängig gemacht, aber der Kirchenstaat restauriert.

1886
Selbstverwaltung für Irland scheitert
Die Home-Rule-Vorlage von Premierminister Gladstone, die Irland eine Selbstverwaltung zugesteht, scheitert im Unterhaus. Der Konflikt führt zu einer Spaltung der liberalen Partei und einem Rücktritt Gladstones. Bei einer zweiten Vorlage 1894 verweigert das Oberhaus seine Zustimmung.

Am 8. Juni geboren:

Carlos (1545 in Valladolid), spanischer Kronprinz. Als sein Vater Philipp II., der zunehmend an Carlos geistigen Fähigkeiten zweifelt, die für den Sohn bestimmte Braut selber heiratet, plant der Prinz die Ermordung des Königs. Er wird festgenommen und stirbt kurz vor Beginn seines Prozesses. Die Ereignisse werden von Schiller in seinem Stück Don Carlos idealisiert. († 24.7.1568 in Madrid)

Alessandro Graf Cagliostro (1743 in Palermo), italienischer Hochstapler. Der gebürtige Giuseppe Balsamo tritt als Alchimist und Geisterbeschwörer in den höchsten Adelskreisen auf. Nach verschiedenen groß anlegten Betrügereien wird er zum Tode verurteilt und stirbt im Gefängnis. († 26.8.1795 in Schloss San Leone/Urbino)

Robert Schumann (1810 in Zwickau), deutscher Komponist. Neben romantischen Kunstliedern schreibt er vor allem Klaviermusik für seine Frau Clara. Die eigene Karriere als Pianist muss er wegen einer Fingerlähmung früh aufgeben. († 29.7.1865 in Endenich/Bonn)

Frank Lloyd Wright (1869 in Richland Center/Wisconsin). Der Schüler des Hochhauspioniers Louis Sullivan entwickelt mit seinen Präriehäusern die Idee moderner Gebäude, die sich organisch in die Landschaft einfügen. Sein bekanntestes Werk ist jedoch das *Guggenheim Museum* in New York. († 9.4.1959 in Phoenix/Arizona).

Arthur Evans (1851 in Nash Mills/Hertfordshire), britischer Archäologe und Entdecker des Palastes von Knossos. († 11.7.1941 bei Oxford)

Auch das geschah an diesem Tag

1928 Mit der Eroberung Pekings erklärt der chinesische General Chiang Kai-shek die Einigung Chinas für vollzogen. **1937** In Frankfurt/Main ist die Uraufführung von Carl Orffs *Carmina Burana* ein riesiger Erfolg. **1966** Peter Handke sorgt mit seinem Stück *Publikumsbeschimpfungen* in Frankfurt/Main für einen Bühnenskandal. **1986** Der ehemalige UNO-Generalsekretär Kurt Waldheim wird neuer Bundespräsident von Österreich. Seine Vergangenheit als SA-Offizier sorgt im eigenen Land für Protest und isoliert ihn international.

Guggenheim Museum in New York

9 Juni

Jedes Mal, wenn ein Mensch lacht, fügt er seinem Leben ein paar Tage hinzu.

Bertha von Suttner

Curzio Malaparte

21.5.–21.6.

Anna Maria, Edmund, Ephraim

Am 9. Juni geboren:

Peter I., d. Gr. (1672 in Moskau), russischer Zar. Mit einer gewaltigen Energieleistung modernisiert er Russland nach europäischem Vorbild. Allerdings drückt er seine Reformen oft auch grausam durch und liefert die Landbevölkerung völlig der Willkür des Adels aus. († 8.2.1725 in Petersburg)

Bertha von Suttner (1843 in Prag), österreichische Schriftstellerin und Friedensnobelpreisträgerin. Unter ihren gesellschaftskritischen Büchern erregt vor allem der Anti-Kriegsroman *Die Waffen nieder!* großes Aufsehen. 1891 gründet sie die Gesellschaft der Friedensfreunde in Österreich, dem ähnliche Zusammenschlüsse in anderen Ländern folgen. († 21.6.1914 in Wien)

Curzio Malaparte (1898 in Prato), italienischer Schriftsteller. Der Kriegsfreiwillige des Ersten Weltkriegs wird 1933 wegen seiner Kritik am Faschismus für fünf Jahre verbannt. Am Zweiten Weltkrieg nimmt er als Kriegsberichterstatter teil und löst mit seinen schonungslosen Romanen, die die Verrohung der Kriegsteilnehmer zeigen, große Empörung aus. († 19.7.1957 in Rom)

Leopold I. (1640 in Wien), römisch-deutscher Kaiser. († 5.5.1705 in Wien); **George Stephenson** (1781 in Wylam/Northumberland), britischer Ingenieur und Erfinder der Dampflokomotive. († 12.8.1848 in Chesterfield); **Cole Porter** (1891 in Peru/Indiana), amerikanischer Komponist. († 15.10.1964 in Santa Monica)

Nero

68
Selbstmord Neros

Nach dem Aufstand seiner Prätorianergarde lässt sich der römische Kaiser Nero von einem Freigelassenen umbringen. Vorher gab es bereits mehrere Aufstände und Verschwörungen gegen den unberechenbaren Despoten. Außerdem war er vom Senat zum Staatsfeind erklärt worden.

1923
Putsch in Bulgarien

Der seit 1919 regierende bulgarische Ministerpräsident Alexander Stambolijski wird durch einen Staatsstreich gestürzt und eine Woche später ermordet. Die Macht übernimmt eine Regierung aus nationalistisch gesinnten Wirtschaftsleuten und Militärs. Stambolijski hatte zwar diktatorisch regiert, aber auch zahlreiche Reformen, vor allem im Agrarbereich, eingeleitet.

1950
Gründung der ARD

Die in Bremen gegründete Arbeitsgemeinschaft der Rundfunkanstalten in Deutschland (ARD) soll für eine Kooperation der regionalen, öffentlich-rechtlichen Funkhäuser sorgen. Es werden ein Finanzausgleich und ein Programmtausch vereinbart. Der lose Zusammenschluss gewinnt an Bedeutung, als Bundeskanzler Adenauer drei Jahre später ein staatliches Fernsehen einführen will. Die ARD reagiert mit einem eigenen Programm, dem *Ersten Deutschen Fernsehen*.

1988
Heimkehr der Tataren

500.000 Tataren, die 1944 von Stalin wegen angeblicher Kollaboration mit den Deutschen nach Zentralasien deportiert worden waren, dürfen auf die Krim zurückkehren. Bei der Zwangsumsiedlung war fast die Hälfte der Deportierten gestorben.

Auch das geschah an diesem Tag

1934 Donald Duck tritt erstmals im Film auf – in einer Nebenrolle als tollpatschiger Tänzer mit boshaftem Charakter. **1991** Nach über 600 Jahren bricht der Vulkan Pinatubo auf den Philippinen aus. Dank genauer Beobachtungen können die meisten Anwohner rechtzeitig evakuiert werden. **1993** Der japanische Kronprinz Naruhito heiratet eine bürgerliche Diplomatin, Masako Owada.

Donald Duck

21.5.–21.6.

Diana, Heinrich, Margareta, Olivia

Theo Lingen

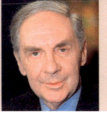
Harald Juhnke

Wer glaubt, etwas zu sein, hat aufgehört, etwas zu werden.

Prinz Philipp

10 Juni

1190
Barbarossa tot
Kaiser Friedrich Barbarossa ertrinkt während des 3. Kreuzzuges im Fluss Saleph in Anatolien. Seine Gebeine gehen während des Kreuzzuges verloren. Anfang des 16. Jahrhunderts kommt die Sage auf, „Kaiser Rotbart" wäre gar nicht tot, sondern in den Kyffhäuser entrückt, von wo er in Zeiten großer Not wiederkommen würde.

1358
Ende der Jacquerie
In Frankreich wird der Aufstand der Bauern grausam niedergeschlagen. Die durch den Hundertjährigen Krieg verelendeten „Jacques" (armen Bauern) hatten gegen erhöhte Abgaben protestiert.

1525
Florian Geyer erschlagen
Der Anführer der aufständischen Bauern in Franken, Florian Geyer, wird nach der Niederlage des Bauernheeres bei Ingolstadt und Königshofen, im Auftrag seines Schwagers, auf der Flucht erschlagen. Als Reichsritter und erfahrener Soldat hatte Geyer den Bauern zu mehreren Erfolgen verholfen,

Auch das geschah an diesem Tag
1940 Norwegen kapituliert und wird von deutschen Truppen besetzt. Italien tritt in den Zweiten Weltkrieg ein. **1968** Italien wird erster Fußball-Europameister. **1982** 400.000 Menschen demonstrieren in Bonn gegen den NATO-Doppelbeschluss zur nuklearen Aufrüstung.

errang aber nie wirklich ihr Vertrauen und konnte sich mit seinen gemäßigten politischen Forderungen nicht durchsetzen.

1794
Verschärfung des Terrors
Maximilien Robespierre lässt ein neues Terrorgesetz beschließen, das jeden Rechtsbeistand ausschließt. In den sechs Wochen bis zu seiner eigenen Hinrichtung werden rund 1300 Todesurteile gefällt.

1942
Vernichtung von Lidice
Als Vergeltung für das tödliche Attentat auf Reinhard Heydrich, den stellvertretenden Reichsprotektor von Böhmen und Mähren, töten deutsche Truppen alle männlichen Einwohner über 15 Jahren in dem tschechischen Dorf Lidice, wo sich ein Attentäter versteckt haben soll. Die Frauen werden in das Konzentrationslager Ravensbrück gebracht. Das Schicksal der meisten Kinder ist ungeklärt.

Am 10. Juni geboren:

Carl Hagenbeck (1844 in Hamburg), deutscher Zoogründer. Bevor er 1907 den vorbildlichen Hamburger Tierpark gründet, leitet Hagenbeck einen weltweiten Handel mit exotischen Tieren und organisiert Tier- und Völkerkundeschauen. Dabei entwickelt er eine „zahme Dressur". († 14.4.1913 in Hamburg)

Theo Lingen (1903 in Hannover), deutsch-österreichischer Schauspieler. Mit komischen Rollen gewinnt er bereits auf der Bühne große Popularität. Ab 1935 wird der privat sehr ernste Schauspieler mit Filmen wie *Im Weißen Rössl* oder *Der Theodor im Fußballtor* Kinoliebling. († 10.11.1978 in Wien)

Carl Hagenbecks Tierpark in Hamburg

Philip Mountbatten (1921 auf Korfu), britischer Prinzgemahl. Der Enkel des griechischen Königs absolviert eine militärische Laufbahn bei der englischen Marine, bevor er Elizabeth II. heiratet. Er ist im Vorstand von 800 Organisationen. 1981–96 ist er Präsident des WWF (World Wildlife Fund).

Harald Juhnke (1929 in Berlin), deutscher Entertainer. Bereits als Bühnenschauspieler feiert er dank seiner Nonchalance in Boulevardstücken große Erfolge. Ab 1953 kommen Filmerfolge dazu, 1979 übernimmt er die Moderation der ZDF-Sendung *Musik ist Trumpf*. Seine große Beliebtheit wird auch durch seine chronisch gewordenen Alkoholprobleme kaum geschmälert.

11 Juni

Ruhe und Gelöstheit sind jedem Studium nützlich.

Ben Jonson

Richard Strauss

Jacques-Yves Cousteau

21.5.–21.6.
Barnabas, Jolanda, Paula, Rosa

Am 11. Juni geboren:

Cosimo I. Medici (1519 in Florenz), florentinischer Bankier. Durch Geldgeschäfte mit den europäischen Fürstenhäusern und durch ein weit verzweigtes Handelsnetz kommt er zu großem Reichtum und politischem Einfluss. 1341 wird er von der Volkspartei zum unumschränkten Herrscher von Florenz gemacht, ohne dass die republikanische Verfassung aufgehoben wird. († 21.4.1574 in Fiesole).
Ben Jonson (1572 in Westminster), englischer Dramatiker. Der Freund und Rivale Shakespeares wird mit satirischen Komödien und poetischen Maskenspielen vom königlichen Hof zum Dichterkönig ernannt. Seine Geschichtsdramen und Tragödien sind dagegen ein Flop. († 6.8.1637 in Westminster)
Carl von Linde (1842 in Berndorf/Oberfranken), deutscher Unternehmer. Der Professor entwickelt, gesponsert von der Brauerei-Industrie, eine funktionierende, industriell einsetzbare Eismaschine, die der Grundstock für seine 1879 gegründete Firma wird. († 16.11.1934 in München)
Richard Strauss (1864 in München), deutscher Komponist. († 8.9.1949 in Garmisch-Partenkirchen); **Jaques-Yves Cousteau** (1910 in St. André), französischer Meeresforscher, Filmer und Umweltschützer. († 25.6.1997 in Paris)

1789
Vertreibung der Malteser
Napoleon landet auf Malta. Da die Mitglieder des Malteser Ritterordens ihr Schwert satzungsgemäß nicht gegen Christen erheben dürfen, übergeben sie die Insel kampflos und emigrieren nach Russland.

1817
Geburtsstunde des Fahrrads
Der badische Forstmeister Karl Freiherr Drais von Sauerbronn stellt mit seiner Draisine den Vorläufer des Fahrrads vor. Das lenkbare Zweirad hat zwar noch keine Pedale, sondern wird durch Laufen vorwärts bewegt. Trotzdem erreicht der Freiherr mit gut 15 Stundenkilometern schnellere Durchschnittszeiten als die Postkutsche.

Draisine: Laufrad

1903
Ermordung des serbischen Königspaares
Serbische Offiziere töten König Alexander I. und seine Frau. Während dem Attentat im Ausland angesichts Alexanders jahrelanger Willkürherrschaft mit Verständnis begegnet wird, wird der zerfetzte Leib der Königin vor dem Kriegsausbruch 1914 zum Symbol serbischer Barbarei stilisiert.

1937
Säuberungswelle beginnt
Josef Stalin lässt neun hochrangige Mitglieder der Roten Armee verhaften und hinrichten. Damit beginnt eine „Säuberungswelle", der binnen eines Jahres rund 150 Offiziere zum Opfer fallen, darunter fast die ganze militärische Führung der Sowjetunion.

1959
Präsentation der Hovercraft
Der britische Ingenieur Christopher Cockerell stellt mit „Hovercraft" das erste funktionsfähige Luftkissenfahrzeug der Welt vor. Es gleitet auf einem 20 cm dicken Luftpolster und wird über 100 Stundenkilometer schnell. Seit den 1970er-Jahren werden Luftkissenfahrzeuge als reguläre Fähren zwischen Dover und Calais eingesetzt.

Auch das geschah an diesem Tag
1999 Nach dem Ende der Luftangriffe durch die NATO erklärt sich die Belgrader Führung bereit, ihre Truppen aus dem Kosovo zurückzuziehen, und billigt die Stationierung der UN-Schutztruppe KFOR. Die NATO hatte Serbien seit dem 25. März bombardiert, um die gewaltsame Vertreibung der albanischen Bevölkerung aus dem Kosovo zu stoppen.

21.5.–21.6.
Guido, Isaak, Leo, Marinus

Johanna Spyri

Anne Frank

Diplomatie meint die Fähigkeit, auf so taktvolle Weise nein zu sagen, dass alle Welt glaubt, man hätte ja gesagt.

Anthony Eden

12 Juni

1930
Schmeling wird Weltmeister
In New York wird Max Schmeling als erster europäischer Boxer Weltmeister aller Klassen. Allerdings bleibt sein Sieg umstritten, da der Ringrichter seinen Gegner Jack Sharkey in der vierten Runde wegen eines unerlaubten Tiefschlags disqualifiziert. Ein Jahr später verteidigt Schmeling seinen Titel.

Max Schmeling

1964
Mandela verurteilt
Nelson Mandela, der Führer des African National Congress, wird zusammen mit sieben Mitstreitern wegen Subversion und Sabotage zu lebenslanger Haft verurteilt. Er sitzt bis 1990 im Gefängnis Robben Island vor Kapstadt.

1975
Berufsverbot für Gandhi
Ein indisches Gericht verbietet Premierministerin Indira Gandhi wegen angeblicher Korruption im Wahlkampf für sechs Jahre die Ausübung eines öffentlichen Amtes. Ghandi ruft jedoch den Ausnahmezustand aus und setzt die bürgerlichen Rechte außer Kraft. 1977 verliert sie die Wahl, wird drei Jahre später jedoch erneut Premierministerin.

1991
Jelzin wird Präsident
Boris Jelzin wird der erste frei gewählte Präsident der Russischen Föderation. Er erhält 57,3 Prozent der Stimmen. Zu seinen größten Verdiensten gehört die Vereitelung des Putsches im August 1991 und die Mitbegründung der Gemeinschaft Unabhängiger Staaten (GUS).

Boris Jelzin

1999
KFOR im Kosovo
50.000 Soldaten aus 40 Ländern besetzen im Rahmen der Friedenstruppe KFOR (Kosovo Force) den Kosovo. Sie sollen für eine sichere Rückkehr der Flüchtlinge und für geordnete Verhältnisse zwischen Serben und Albanern sorgen.

Auch das geschah an diesem Tag
1886 Ludwig II. von Bayern wird in Schloss Berg gefangen gesetzt.

Am 12. Juni geboren:

Johanna Spyri (1827 in Hirzel), Schweizer Schriftstellerin. Die Frau eines Rechtsanwalts beginnt erst mit 44 Jahren zu schreiben. Ihr Hauptwerk *Heidi* soll nach dem Koran und der Bibel das am meisten übersetzte Buch der Welt sein. († 7.7.1901 in Zürich)

Egon Schiele (1890 in Tulln/Donau), österreichischer Künstler. Zunächst vom Jugendstil beeinflusst, löst sich Schiele bald von dessen Harmonieideal und stellt auf nahezu 245 Gemälden und 2000 Zeichnungen hässliche, getriebene und kaputte Menschen dar. Seine Aktbilder bringen ihn wegen Pornografie ins Gefängnis. Mit 28 Jahren stirbt er an der Spanischen Grippe. († 31.10.1918 in Wien)

Anthony Eden (1897 in Windlestone Hall/Durham), britischer Politiker. Der Außenminister setzt sich nach dem Zweiten Weltkrieg maßgeblich für die Gründung der UNO und für eine engere Zusammenarbeit der westeuropäischen Staaten ein. († 14.1.1977 in Salisbury)

Anne Frank (1929 in Frankfurt/Main), Autorin und Holocaust-Opfer. Während sie sich mit ihrer Familie zwei Jahre lang vor den Nazis in einem Hinterhaus in Amsterdam versteckt, schreibt sie ihr Tagebuch, das zur eindringlichsten Literatur gegen den Faschismus gehört. 1944 wird Anne von der Gestapo verhaftet und umgebracht. († März 1945 im KZ Bergen-Belsen)

13 Juni

Ein ewiges Rätsel will ich bleiben, mir und den anderen.

Ludwig II. v. Bayern

William Butler Yeats

Christo: Pont Neuf in Paris

21.5.–21.6.

Antonius, Gerhard, Rambert, Thomas

Am 13. Juni geboren:

William Butler Yeats (1865 in Dublin), irischer Schriftsteller. Der Kunststudent gründet das spätere irische Nationaltheater und eine neue irische Dichtung in englischer Sprache. Neben alten gälischen Traditionen nimmt er auch viele fremde Einflüsse auf. 1923 erhält er den Literaturnobelpreis. († 28.1.1939 in Nizza)

Bruno Frank (1887 in Stuttgart), deutscher Schriftsteller. Sein Roman *Cervantes*, der 1934 die Bedrohung der Menschenwürde durch die politischen Umwälzungen beschreibt, gehört zu den bedeutendsten Werken der Exilliteratur. 1937 emigriert er in die USA und arbeitet dort für die Filmindustrie. († 20.6.1945 in Beverly Hills)

Fernando Pessoa (1888 in Lissabon), portugiesischer Dichter. Der avantgardistische Lyriker schreibt nicht nur die meisten seiner Gedichte in englischer Sprache, sondern legt sich auch drei Pseudonyme zu, die er jeweils mit verschiedenen Biografien, Schreibstilen und Weltanschauungen ausstattet. († 30.11.1935 in Lissabon)

Dorothy L. Sayers (1893 in Oxford), britische Krimiautorin. († 17.12.1957 in Witham); **Paavo Nurmi** (1897 in Turku), finnischer Wunderläufer. († 2.10.1972 in Helsinki); **Christo Yavachev** (1935 in Gabrowo), bulgarisch-amerikanischer Verpackungskünstler.

323 v. Chr.
Alexander d. Gr. stirbt

Der makedonische Eroberer erliegt in Babylon der Malaria, ohne einen regierungsfähigen Nachfolger zu hinterlassen. Sofort nach seinem Tod beginnen die Diadochenkämpfe unter seinen Generälen. Dabei werden alle Mitglieder des Königshauses, unter ihnen Alexanders Frau Roxane getötet. Am Ende der Kämpfe entstehen die Reiche des Antigonos in Makedonien, des Seleukos in Babylon und des Ptolemäus in Ägypten.

Alexander der Große

1878
Berliner Kongress

In Berlin beginnen die Verhandlungen über den europäischen Besitz der im russisch-türkischen Krieg (1877) geschlagenen Türkei. Serbien, Rumänien und Montenegro erhalten dabei die Unabhängigkeit. Bosnien und Herzegowina werden von Österreich besetzt. Griechenland erhält einen Teil von Epirus und Thessalien. Auch Russland bekommt Gebiete zugesprochen, dafür wird sein Einfluss auf Bulgarien eingeschränkt. Mazedonien fällt an die Türkei zurück.

1886
Tod im Starnberger See

Ludwig II. von Bayern ertrinkt unter bis heute ungeklärten Umständen im Starnberger See. Der geisteskranke König war schon seit 1875 nicht mehr öffentlich aufgetreten, sondern hatte sich ganz der Musik Richard Wagners und seinen Schlossbauprojekten gewidmet, die den Staatshaushalt ruinierten. Am 10. Juni wurde er von der Bayerischen Regierung entmündigt.

Ludwig II.: Schloss Neuschwanstein

1989
Gorbatschow-Besuch

Der sowjetische Staats- und Parteichef Michail Gorbatschow wird bei seinem Besuch in Westdeutschland begeistert empfangen. Der Erfinder von Glasnost (Offenheit) und Perestroijka (Umstrukturierung) spricht über ein „gesamteuropäisches Haus" und das Ausland spricht über eine Gorbimanie, in die die Deutschen verfallen seien.

Auch das geschah an diesem Tag

1950 Mit einem Gesetz, das verschiedene Siedlungsgebiete für die Angehörigen der verschiedenen Rassen festlegt, verfestigt Südafrika die Apartheid. **1988** Die Daimler-Benz AG beschließt, 20 Mio. Mark an ehemalige Zwangsarbeiter zu zahlen.

21.5.–21.6.
Basilius, Burkhard, Gottschalk

Harriet Beecher-Stowe

Che Guevara

Das sicherste Mittel, um arm zu bleiben, ist, ein ehrlicher Mensch zu sein.

Martin Kessel

14 Juni

1807
Schlacht von Friedland
Napoleon besiegt die Russen und Preußen. Im anschließenden Frieden von Tilsit vereinbaren Frankreich und Russland eine enge Zusammenarbeit. Preußen muss trotz persönlicher Bitten von Königin Luise seine Gebiete westlich der Elbe abgeben. Damit kommt es besser weg, als angesichts der verheerenden Niederlage im Oktober 1806 bei Jena und Auerstedt befürchtet worden war.

1866
Österreichisch-preußischer Krieg
Nach der Besetzung Holsteins durch preußische Truppen beschließt der Deutsche Bund auf Antrag Österreichs den Krieg. Das militärisch überlegene Preußen siegt jedoch und Kanzler Bismarck nutzt die Situation, um den Deutschen Bund aufzulösen.

1982
Ende des Falklandkrieges
Großbritannien zwingt die Argentinier zum Rückzug von den im April besetzten Falklandinseln im Südatlantik. Insgesamt sterben in dem Krieg rund 1000 Soldaten. Die Inseln waren 1933 von Großbritannien erobert worden.

1985
Abkommen von Schengen
Deutschland, Frankreich und die Beneluxländer beschließen, die Warenkontrollen an den gemeinsamen Grenzen stark einzuschränken und die Kontrollen des Personenverkehrs abzuschaffen.

1992
Beschlüsse von Rio
Zum Abschluss der UN-Konferenz über Umwelt und Entwicklung in Rio de Janeiro wird die *Erklärung von Rio* verabschiedet, in der die Industrienationen ihre besondere Verantwortung für die umweltverträgliche Entwicklung der Welt anerkennen. Außerdem wird die *Agenda 21* beschlossen, ein Handlungsplan für eine nachhaltige Zukunft, der überall in der Welt konkret umgesetzt werden soll.

Am 14. Juni geboren:

Ferdinand II. (1529 in Linz), Erzherzog von Österreich. Heiratete 1557 heimlich die aus Augsburg stammende Philippine Welser. War von 1563 an Landesfürst von Tirol und Vorderösterreich. Kümmerte sich als Regent von Böhmen um die Reform der Staatsverwaltung. († 24.1.1595 in Innsbruck)

Harriet Beecher-Stowe (1811 in Litchfield/Conneaticut), amerikanische Schriftstellerin. Die puritanische Lehrerin schreibt erbauliche Fortsetzungsgeschichten für Zeitschriften. Ihr Roman *Onkel Toms Hütte* über die Leidensgeschichte eines schwarzen Sklaven trifft den Nerv der Zeit und fördert den Ruf nach einer Sklavenbefreiung. († 1.7.1896 in Hartford/Connecticut)

Ernesto „Che" Guevara (1928 in Rosario/Argentinien), südamerikanischer Revolutionär. Der Vorkämpfer des lateinamerikanischen Marxismus kämpft zuerst in Kuba an der Seite Castros und versucht ab 1966 einen Umsturz in Brasilien zu erreichen. Dabei wird er von Regierungstruppen gefangen genommen und erschossen. Als Freiheitskämpfer für die Armen und Entrechteten wird er zur Symbolfigur. († 9.10.1967 in Higueras)

Nikolaus Otto (1832), Erfinder des Ottomotors. († 26.1.1891 in Köln); **Karl Landsteiner** (1868 in Wien), Entdecker der Blutgruppen und Medizinnobelpreisträger. († 26.6.1943 in New York); **Steffi Graf** (1969 in Mannheim), deutscher Tennisstar.

Steffi Graf

Auch das geschah an diesem Tag
1900 Annexion Hawaiis durch die USA. **1914** Das IOC hisst zum ersten Mal die Flagge mit den fünf Ringen. **1925** Ausstellung „Neue Sachlichkeit" in der Mannheimer Kunsthalle. **1940** Deutsche Truppen rücken in Paris ein und besetzen kampflos die Stadt. **1940** Eröffnung des KZ Auschwitz-Birkenau. **1942** Anne Frank beginnt ihr Tagebuch. **1966** Der Vatikan hebt den seit 1559 geführten Index der verbotenen Bücher auf.

Eingang des Konzentrationslagers Auschwitz

15 Juni

Die Karten sind neu gewürfelt.

Edvard Grieg

König Juan Carlos I.

Oliver Kahn

21.5.–21.6.
Lothar, Klara, Kreszentia, Veit

Am 15. Juni geboren:

Edward, d. schwarze Prinz (1330 in Woodstock/Oxford), britischer Feldherr. Der englische Thronfolger mit der schwarzen Rüstung erzielt im Hundertjährigen Krieg spektakuläre Erfolge gegen die Franzosen. Durch unkluge politische Aktionen schwächt er allerdings seine Position. 1371 kehrt er schwer erkrankt nach England zurück. († 8.6.1376 in London)
Edvard Grieg (1843 in Bergen), norwegischer Komponist. Aufbauend auf norwegischer Volksmusik komponiert Grieg romantische Stücke in einer kühnen Harmonik. Sein berühmtestes Werk ist die Bühnenmusik zu *Peer Gynt*. († 4.9.1907 in Bergen)
Irenäus Eibl-Eibesfeldt (1928 in Wien), österreichischer Verhaltensforscher. Der Schüler von Konrad Lorenz beschäftigt sich vor allem mit den Grenzen zwischen angeborenem und erlerntem Verhalten bei Menschen und Tieren. Er gilt als Begründer der menschlichen Verhaltenslehre, ist wegen seiner „biologistischen" Sichtweise aber auch umstritten.
Nicolas Poussin (1594 in Villers/Normandie), französischer Maler. († 19.11.1665 in Rom); **Oliver Kahn** (1969 in Karlsruhe), deutscher Fußballstar.

1215
Magna Charta

Magna Charta

Die geistlichen und weltlichen Würdenträger erzwingen die Zustimmung von König Johann I. ohne Land zur *Magna Charta*. Sie unterwirft die Regierung des Königs einer Kontrolle durch einen Adelsausschuss, der zudem ein Widerstands- und Steuerbewilligungsrecht hat. Außerdem wird festgelegt, dass kein freier Bürger ohne Urteil seiner Standesgenossen bestraft werden darf. Vergleichbare rechtsstaatliche Garantien und Einschränkungen der königlichen Macht gibt es lange Zeit in keinem anderen Land.

1520
Bulle gegen Luther

Leo X.

Mit der Bulle *Exsurge Domine* verurteilt Papst Leo X. Luthers Thesen und droht ihm die Exkommunikation an. Der Papst hat den Schritt hinausgezögert, weil er hoffte, Luthers Schutzherrn Friedrich III. von Sachsen als Verbündeten gegen die Kaiserwahl Karl V. zu gewinnen. Der Reformator Luther verbrennt die Bulle im Dezember in Wittenberg und wird im Januar 1521 exkommuniziert.

1907
Internationaler Gerichtshof beschlossen

Auf der Zweiten Haager Friedenskonferenz werden die Einrichtung eines Internationalen Gerichtshofes beschlossen und völkerrechtlich verbindliche Bestimmungen über die Kriegsführung erarbeitet. Die Frage der Abrüstung wird vor allem auf Drängen Deutschlands ausgeklammert, was für internationales Misstrauen gegenüber dem Kaiserreich sorgt.

1977
Freie Wahlen in Spanien

Nach vier Jahrzehnten der Diktatur finden in Spanien die ersten freien Wahlen statt, bei denen die konservative Partei UCD gewinnt. Nach dem Tod des Diktators Franco hat König Juan Carlos I. eine Demokratisierung des Landes eingeleitet.

Auch das geschah an diesem Tag

1888 Kaum ein Vierteljahr nach seiner Thronbesteigung stirbt der deutsche Kaiser Friedrich III. Auf ihm, dem Gatten der fortschrittlichen englischen Prinzessin Victoria, hatten die Hoffnungen der deutschen Liberalen geruht. Während der langen Regierungszeit seines Vaters Wilhelm I. hat sich der Prinz vor allem sozialen und kulturellen Tätigkeiten gewidmet. Nachfolger wird sein Sohn Wilhelm II.

21.5.–21.6.

Benno, Dominikus,
Justina, Richard

Walentina Tereschkowa

Gustav V.

*Zweifeln ist der
Weisheit Anfang.*

René Descartes

16 Juni

1654
Christine von Schweden dankt ab
Die Tochter von König Gustav Adolf II. überlässt den schwedischen Thron ihrem Cousin Carl Gustav X., konvertiert zum Katholizismus und sammelt in Rom einen Kreis von Gelehrten um sich. Schon während ihrer Regentschaft hatte sie sich vor allem der Wissenschaft und der Kunst gewidmet und z. B. Descartes an den schwedischen Hof geholt.

Christine von Schweden

1826
Ende des Eliteregiments
Der türkische Sultan Mahmud II. provoziert einen Aufstand der Janitscharen, um die Elitetruppe auflösen zu können. Die Janitscharen waren 1362 gegründet worden. Sie bestanden aus christlichen Kriegsgefangenen, die im Kindesalter in eine Kaderschmiede gesteckt wurden, wo sie zu besonders grausamen, dem Sultan bedingungslos gehorsamen Kriegern herangezüchtet wurden.

1848
Pfingstaufstand gescheitert
Der österreichische Stadthalter in Böhmen lässt in Prag den Pfingstaufstand blutig niederschlagen. Die Demonstranten hatten die Umwandlung von Österreich-Ungarn in einen Bund freier Völker gefordert. Unter den fast 50 Toten ist auch die Frau des Statthalters, die von einem Querschläger getroffen wird, als sie das Geschehen aus dem Fenster heraus verfolgt.

1932
Ende der Reparationen
Die Siegermächte des Ersten Weltkrieges erklären das Ende der deutschen Reparationszahlungen. Die geforderten Widergutmachungen in Höhe von 132 Mrd. Goldmark haben sich als Zuschussgeschäft für die Sieger herausgestellt. Deutschland zahlte unter Mühen 13 Mrd. und ruinierte dabei seine Wirtschaft so, dass es über das Doppelte von den Siegermächten leihen musste – Geld, das während der Inflation entwertet wurde.

1963
Die erste Kosmonautin
Walentina Tereschkowa startet mit dem Raumschiff Wostok 6 als erste

Auch das geschah an diesem Tag
1212 Das Heer der christlichen spanischen Königreiche besiegt in der Schlacht von Las Navas de Tolosa die Moslems. **1958** Der ehemalige ungarische Ministerpräsident Imre Nagy wird hingerichtet. **2001** In Berlin wird der Regierende Bürgermeister Eberhard Diepgen nach dem wirtschaftlichen Zusammenbruch der landeseigenen Bankgesellschaft durch ein Misstrauensvotum gestürzt.

Frau zu einem Flug ins Weltall. Die Hobbyfallschirmspringerin wurde für das spezielle Programm „Frauen im Weltall" ausgewählt. Der 71-stündige Flug, bei dem sie 48-mal die Erde umkreist, bleibt ihr einziger.

Am 16. Juni geboren:

Gustav V. (1858 in Schloss Drottningholm), König von Schweden. Er führt in Schweden die parlamentarische Demokratie ein und regiert vorwiegend mit sozialdemokratischen Kabinetten. In den beiden Weltkriegen sorgt er für die Neutralität Schwedens. († 29.10.1959 in Schloss Drottningholm)

Stan Laurel und Oliver Hardy

Stan Laurel (1890 in Ulverston/England), amerikanischer Komiker. Stanley Jefferson kommt mit einer Komödiantentruppe rund um Charlie Chaplin in die USA. 1917 trifft er zum ersten Mal auf Oliver Hardy, mit dem er seitdem das Slapstick-Duo „Dick und Doof" bildet. Laurel ist dabei der künstlerisch Bestimmende. († 23.2.1965 in Santa Monica)

Joyce Carol Oates (1938 in Lockport/New York), amerikanische Schriftstellerin. Das Werk der Literaturprofessorin kreist um die Kluft zwischen Anspruch und Wirklichkeit in der amerikanischen Gesellschaft. Dabei prangert sie vor allem die Gewalt und die Unterdrückung der Frau an.

17 Juni

Oh lieb, solang du lieben kannst!

Ferdinand Freiligrath

Konrad Duden

21.5.–21.6.
Adolf, Falko, Rainer, Theresia

Am 17. Juni geboren:

John Wesley (1703 in Epworth/Lincolnshire), Begründer der Methodisten. Als junger Mann tritt er in einen religiösen Studentenclub ein, dessen Mitglieder wegen ihrer strengen Frömmigkeitsregeln spöttisch als „Methodisten" bezeichnet werden. Wesley entwickelt eine einfache Art der Liturgie und hält Erweckungspredigten unter freiem Himmel. Die anglikanische Kirche lehnt die neue Bewegung, deren Anhänger sich nun selbst als „Methodisten" bezeichnen, als Sekte ab. († 2.3.1791 in London)

Henry Viscount Castlereagh (1769 in Mount Stewart), britischer Politiker. Der gebürtige Ire fördert zielstrebig die Union seiner Heimat mit Großbritannien. Als Kriegs- und Außenminister betreibt er eine entschiedene Politik gegen Napoleon. Innenpolitisch verhindert er konsequent alle sozialen Reformen. († 12.8.1822 in North Gray Farm/Kent)

Ferdinand Freiligrath (1810 in Detmold), deutscher Dichter. Der Lyriker verzichtet auf ein Ehrengehalt des preußischen Königs und schließt sich der liberalen Bewegung an. Er muss mehrmals ins Ausland fliehen. Seine Gedichte verherrlichen die Erhebung von 1848, später aber auch den Krieg von 1870/71. 1874 kehrt er hochgeehrt aus dem englischen Exil zurück. († 18.3.1876 in Cannstadt)

Eddy Merckx (1945 in Meensel-Kiezegem/Flandern), belgischer Radrennfahrer.

656
Beginn der Schia

Ali (reg. 656–661), der Schwiegersohn des Propheten Mohammed, wird nach der Ermordung des Kalifen Othman (reg. 644–656) zum neuen Kalifen proklamiert. Der Stadthalter Syriens behauptet jedoch, von Othman noch selbst zum Nachfolger eingesetzt worden zu sein. Es kommt zur Schia, der Spaltung des Islam in die Anhänger Alis (Schiiten) und die Mehrheit der Sunniten.

1901
Erste Rechtschreibreform

Die staatliche „Konferenz zur Vereinheitlichung der deutschen Rechtschreibung" erklärt die von Sprachforscher Konrad Duden erarbeiteten Regeln zur allgemein gültigen Norm. Bereits im Vorfeld hatte sich Bismarck auf Duden festgelegt und sich gegen andere Regelwerke ausgesprochen.

1925
Ächtung von B- und C-Waffen

In Genf unterzeichnen 27 Staaten, darunter die USA, Russland, Großbritannien, Frankreich und Deutschland, ein Protokoll zur Ächtung bakteriologischer und chemischer Waffen. Im Ersten Weltkrieg hatte sowohl die deutsche wie auch die französische Armee Kampfgase eingesetzt, was 100.000 Soldaten das Leben kostete und über 1,2 Millionen Menschen schwere gesundheitliche Schäden zufügte.

1972
Watergate-Skandal

Fünf verkleidete Männer werden verhaftet, als sie im Wahlkampfbüro der Demokratischen Partei in Washington einbrechen und Abhörgeräte installieren. Unter ihnen ist der Sicherheitsberater von Richard Nixon. Obwohl Nixon jede Verwicklung leugnet, enthüllen die Journalisten Bob Woodward und Carl Bernstein, dass er selbst die Bespitzelung der Gegner in Auftrag gegeben hat. Im August tritt Nixon zurück.

Auch das geschah an diesem Tag

1953 In der DDR protestieren Hunderttausende von Menschen gegen die Politik ihrer Regierung, für freie Wahlen und für die Wiedervereinigung. Auslöser war eine Erhöhung der Arbeitsnormen für Industrie- und Bauarbeiter gewesen. Schließlich lässt die sowjetische Militärbehörde den Aufstand brutal niederschlagen. Wie viele Menschen dabei umkommen, ist noch immer ungeklärt. Bis zur deutschen Wiedervereinigung gilt der 17. Juni in Westdeutschland als „Tag der Deutschen Einheit".

Sowjetische Panzer gehen gegen die aufgebrachte Menge vor

21.5.–21.6.
Elisabeth, Gregor, Marcus, Marina

Anastasia (Mitte)

Roald Amundsen

Die Begriffe Strafe, Lohn, Rache gehören nicht in die Politik.

Otto v. Bismarck

18 Juni

1815
Schlacht bei Waterloo
15 Kilometer südlich von Brüssel besiegen die Heere Englands und Preußens unter Arthur Wellesley Herzog von Wellington und Leberecht Blücher die Truppen Napoleons. Damit ist der endgültige Sturz des französischen Kaisers besiegelt. Insgesamt kommen über 55.000 Soldaten bei dem Gemetzel um.

Schlacht bei Waterloo

1881
Erneuerung des Dreikaiserabkommens
Das Deutsche Reich, Österreich-Ungarn und Russland bestätigen ihren Pakt von 1873. Sollte eine vierte Macht einen der Vertragspartner angreifen, so werden die beiden anderen den Angreifer nicht unterstützen, sondern wohlwollende Neutralität wahren.

1887
Rückversicherungsvertrag
Unterschiedliche Interessen von Russland und Österreich auf dem Balkan führen dazu, dass das Dreikaiserabkommen von 1881 nicht verlängert wird. Bismarck schließt deshalb mit Russland den geheimen Rückversicherungsvertrag, ein für drei Jahre geltendes Neutralitätsabkommen.

1927
Einweihung des Nürburgrings
Das Eröffnungsrennen auf dem legendären Rundkurs in der Eifel gewinnt Rudolf Caracciola mit einem Mercedes-Benz und einer Durchschnittsgeschwindigkeit von nicht ganz 100 Stundenkilometern. Bis zu seinem Umbau in den 1980er-Jahren gilt der 18 km lange Rundkurs mit seinen vielen Kurven, seinen Steigungen bis zu 27 % und mit den teils über 10 % Gefälle als eine der gefährlichsten Autorennpisten in der Welt.

1928
Amundsen verunglückt
Der norwegische Polarforscher und erste Mann am Südpol, Roald Amundsen, stürzt mit einem Wasserflugzeug bei den Bäreninseln zwischen Nordkap und Spitzbergen ab. Er hatte sich an der Suche nach seinem Kollegen Umberto Nobile beteiligt, der den Pol mit einem Luftschiff überflogen hatte und abgestürzt war. Nobile und ein Teil seiner Crew werden später auf einer Eisscholle gefunden und gerettet. Amundsen bleibt verschollen.

Auch das geschah an diesem Tag
1155 Friedrich Barbarossa wird zum Kaiser gekrönt. **1811** Turnvater Jahn richtet in der Berliner Hasenheide den ersten öffentlichen Turnplatz Deutschlands ein. **1946** Proklamation der Republik Italien. **1953** Proklamation der Republik Ägypten.

Am 18. Juni geboren:

Igor Strawinsky (1882 in Oranienbaum/Petersburg), russischer Komponist. Nach ersten romantischen Werken verlegt er sich – gegen den Publikumsgeschmack – auf musikalische Experimente. Mit Musikstücken aller Gattungen und Ausdrucksformen wird er einer der wichtigsten Komponisten des 20. Jahrhunderts. († 6.4.1971 in New York)

Anastasia (1901 in Petrodworez), russische Prinzessin. Die jüngste Tochter des Zaren wird aller Wahrscheinlichkeit nach mit ihren Eltern und Geschwistern von den Bolschewisten erschossen. Die in den 1920er-Jahren auftauchenden Gerüchte, sie hätte überlebt, führen zum Auftreten angeblicher Anastasias. († 16.7.1918 in Jekaterinburg)

Jürgen Habermas (1929 in Düsseldorf), deutscher Philosoph. Er ist der bekannteste Vertreter der Frankfurter Schule, deren „Kritische Theorie" die marxistische Beschreibung des Kapitalismus zur Grundlage einer umfassenden modernen Gesellschaftsanalyse macht. Damit prägt er Ende der 1960er-Jahre die Position der verfassungsloyalen Opposition entscheidend.

Paul McCartney (1942 in Liverpool), britischer Sänger. Aus einer Schulband, die er 1956 gemeinsam mit John Lennon gründet, geht die legendäre Gruppe „The Beatles" hervor. Die Spannungen zwischen den beiden sorgen 1970 für das Ende der Band. McCartney ist danach mit der Band Wings sowie als Solomusiker erfolgreich.

19 Juni

Nicht Macht korrumpiert die Menschen, sondern Furcht.

21.5.–21.6.

Juliana, Lambert, Rasso, Romuald

Aung San Suu Kyi — Blaise Pascal — Aung San Suu Kyi

Am 19. Juni geboren:

Jakob I. (1566 in Edinburgh), britischer König. Der Sohn von Maria Stuart wird nach dem Tod Elisabeths I. König von England und Schottland. Bei seiner Herrschaft stützt er sich vor allem auf die anglikanische Kirche und kommt so mit den Katholiken, aber auch mit den schottischen Presbyterianern und dem Parlament in Konflikt. († 27.3.1626 in Theobalds Park/Hertford)

Blaise Pascal (1623 in Clermont-Ferrand), französischer Philosoph und Naturwissenschaftler. Der hochbegabte Mathematiker verbringt nach einem Bekehrungserlebnis 1654 viel Zeit mit Askese und Meditation. In seinen Schriften versucht er die seelischen Erlebnisse logisch zu vermitteln und die Grenzen aller Beweisbarkeit klar zu machen. († 19.8.1662 in Paris)

Edgar Degas: *Die Probe*

Edgar Degas (1834) französischer Künstler. Als Maler, Zeichner und Bildhauer stellt er vor allem einfache Leute dar. Häufig zeigen seine Gemälde auch Tänzerinnen und Frauen in sehr privaten Situationen, wie beim Waschen oder Ankleiden. († 26.9.1917 in Paris)

Alfred Hugenberg (1865 in Hannover), deutscher Wirtschaftsführer. Mit seinem Imperium, das unter anderem aus Schwerindustrie und mehreren einflussreichen Zeitungen besteht, fördert der deutsch-nationale Jurist entscheidend den Aufstieg Hitlers. († 12.3.1951 in Kükenbruch/Lippe)

Aung San Suu Kyi (1945 in Rangoon), burmesische Politikerin und Friedensnobelpreisträgerin; **Salman Rushdie** (1947 in Bombay), indischer Schriftsteller.

1812
Amerikanisch-englischer Krieg
Nach einer Seeblockade der Briten, die den Handel zwischen Amerika und dem Frankreich Napoleons verhindern soll, erklären die Vereinigten Staaten ihrem ehemaligen Mutterland den Krieg. Während der Kämpfe werden das Weiße Haus und das Kapitol in Brand gesteckt.

1867
Erschießung eines Kaisers
Im mexikanischen Bürgerkrieg wird das Heer des österreichischen Erzherzogs Maximilian, der von den Franzosen zum Kaiser von Mexiko ernannt worden ist, in Querétaro eingeschlossen. Maximilian wird gefangen genommen, verurteilt und erschossen.

1936
Schmeling schlägt Louis
In einem der berühmtesten Kämpfe der Boxgeschichte gelingt es Max Schmeling überraschend den als unschlagbar geltenden Joe Louis in der 12. Runde k. o. zu schlagen. 1938 gewinnt Louis den Rückkampf.

1953
Hinrichtung der Rosenbergs
Im New Yorker Staatsgefängnis Sing-Sing wird das Ehepaar Julius und Ethel Rosenberg wegen Weitergabe atomarer Geheimnisse an die Sowjetunion auf dem elektrischen Stuhl hingerichtet. Der hysterisch aufgeheizte Prozess löste einen weltweiten Sturm der Entrüstung aus. Sogar der Papst fordert eine Begnadigung. 1997 erklärt ein ehemaliger russischer Top-Spion, Julius Rosenberg habe bei der Atomspionage nur eine Nebenrolle gespielt, seine Frau sei nicht eingeweiht und damit unschuldig gewesen.

1965
Militärputsch in Algerien
In einem unblutigen Staatsstreich übernimmt Oberst Huari Boumedienne die Macht. Er verstaatlicht die meisten ausländischen Montangesellschaften und startet eine Agrarreform.

Auch das geschah an diesem Tag

1885 Die Freiheitsstatue, ein Geschenk Frankreichs zum 100. Geburtstag der USA, kommt per Schiff in New York an. **1973** Premiere der *Rocky Horror Picture Show* in London. **1976** Der schwedische König Carl Gustav heiratet die deutsche Stewardess Silvia Sommerlath.

Silvia und Gustav von Schweden

21.5.–21.6.
Adalbert, Eduard, Margarete, Regina

Jacques Offenbach

Errol Flynn

Wenn einer im Wahlkampf zu schimpfen hat, dann sind es die Wähler, nicht die Politiker.

Rainer Barzel

20 Juni

1397
Kalmarer Union
Die Stände der skandinavischen Staaten bestätigen die Kalmarer Union, der die Länder Dänemark, Schweden inklusive Finnland sowie Norwegen angehören. Zum König krönen sie den 14-jährigen Erich von Pommern. Tatsächliche Regentin ist aber bis zu ihrem Tod seine Großtante, Königin Margarete I.

1898
Ballhausschwur
Im Ballsaal von Versailles erklären die Abgeordneten des Dritten Standes die seit dem 5. Mai tagende Zusammenkunft der Generalstände (Adel, Klerus und Bürgertum) zur Nationalversammlung und schwören, erst nach Verabschiedung einer Verfassung auseinander zu gehen. Gerüchte um eine Auflösung der Versammlung tragen am 14. Juli dazu bei, den Sturm auf die Bastille zu provozieren.

Auch das geschah an diesem Tag
1837 Die 18-jährige Victoria wird Königin des britischen Empire. 1919 Reichskanzler Philipp Scheidemann tritt zurück, weil er den Versailler Vertrag für unannehmbar hält. 1987 Ein Bombenanschlag der ETA auf ein Kaufhaus in Barcelona tötet 21 Menschen. Es ist der erste und einzige Anschlag, für den sich die baskische Terrororganisation entschuldigt. 1991 Der Bundestag beschließt die Verlegung von Parlament und Regierung nach Berlin.

1900
Boxeraufstand auf dem Höhepunkt
Nach Unruhen, die sich gegen die ausländischen Mächte in China richten, ermorden Mitglieder einer Geheimorganisation den deutschen Gesandten in Peking. Die europäischen Großmächte, Japan und die USA schlagen den Aufstand blutig nieder. Die Deutschen sind vor allem für die grausamen Strafexpeditionen gegen flüchtige Aufständische verantwortlich.

1948
Währungsreform
Die alte Reichsmark wird in Westdeutschland durch die D-Mark abgelöst. Jeder Bewohner erhält 40 Mark. Löhne und Gehälter werden im Verhältnis 1:1 umgestellt, Kredite im Verhältnis 10:1 und Sparguthaben im Verhältnis 100:6,5. Damit sind die Besitzer von Sachwerten die Gewinner der Reform.

Währungsreform: Blick in eine Wechselstube

1963
Heißer Draht
Die USA und die Sowjetunion vereinbaren die Einrichtung einer direkten telefonischen Verbindung zwischen den beiden Regierungschefs, um politische Krisen in Zukunft besser handhaben zu können.

Am 20. Juni geboren:
Jacques Offenbach (1819 in Köln), deutsch-französischer Komponist. Mit der Erfindung der modernen Operette als heiterer Parodie auf die Oper, wird Offenbach zum gefeierten Mittelpunkt der Pariser Gesellschaft. Seine berühmtesten Werke sind *Orpheus in der Unterwelt* und *Die schöne Helena*. († 5.10.1880 in Paris)
Errol Flynn (1909 in Antrim), amerikanischer Schauspieler. Nach Jobs als Schiffskoch oder Perlenfischer nimmt er Schauspielunterricht und hat 1935 mit *Unter Piratenflagge* großen Erfolg, der ihn zum gefeierten Filmhelden macht. Doch schon nach wenigen Jahren ist seine Karriere zunehmend von Alkohol, Drogen und Affären mit Minderjährigen gezeichnet. († 14.10.1959 in Vancouver)
Rainer Barzel (1924 in Braunsberg/Ostpreußen), deutscher Politiker. Der Jurist ist 30 Jahre lang Mitglied des Deutschen Bundestags. Als Oppositionsführer ist er der große Gegenspieler von Willy Brandt. Ein konstruktives Misstrauensvotum scheitert 1972 jedoch. 1984 muss er wegen der „Flick"-Spendenaffäre zurücktreten.
Eugen Drewermann (1940 in Bergkamen), deutscher Theologe; **Ulf Merbold** (1941 in Greiz), deutscher Astronaut; **Carlos Santana** (1947 in Autlan/Mexiko), amerikanischer Musiker und Gitarrist.

21 Juni

Viele, von denen man glaubt, sie sind gestorben, sind bloß verheiratet.

Françoise Sagan

Jean-Paul Sartre

Benazir Bhutto

21.5.–21.6.

Aaron, Alois, Eva, Radulf

Am 21. Juni geboren:

Pier Luigi Nervi (1891 in Sondrio/Veltlin), italienischer Architekt. Der Pionier der Stahlbetonweise entwirft riesige Hallen mit nur wenig tragenden Elementen. Zu seinen berühmtesten Werken zählen das Stadion von Florenz, die Flugzeughallen von Orbetello, das Pirelli-Hochhaus in Mailand und die Sportpaläste von Rom. († 9.1.1979 in Rom)

Jean-Paul Sartre (1905 in Paris), französischer Philosoph. Er entwickelt den Existenzialismus als die freiwillige Entscheidung für ein sinnerfülltes, verantwortungsvolles Leben in einer Welt ohne Gott und ohne traditionelle Bindungen. Sartre stellt diese Haltung auch in vielen Romanen dar, verweigert 1964 die Annahme des Literaturnobelpreises und engagiert sich für den Frieden. († 15.4.1980 in Paris)

Françoise Sagan (1935 in Cajarc), französische Schriftstellerin. Mit ihrem Erstlingswerk *Bonjour Tristesse* landet sie gleich einen Bestseller. Wie viele ihrer späteren Werke auch, handelt es von dem vergeblichen Versuch, durch erotische Beziehungen dem Leben Sinn zu geben.

Benazir Bhutto (1953 in Karachi), ehemalige pakistanische Premierministerin und erstes weibliches Staatsoberhaupt eines islamischen Landes;

William von Windsor (1982 in London), britischer Thronfolger.

1208
Ende des Doppelkönigtums
Auf einem Hochzeitsfest wird der Stauferkönig Philipp von einem abgewiesenen Bräutigam seiner Tochter erschlagen. Damit endet die Auseinandersetzung zwischen Staufern und Welfen um die Königswürde vorerst. Der vom Papst unterstützte Gegenkönig Otto IV. aus dem Haus der Welfen wird nun unangefochtener Herrscher.

1895
Nord-Ostsee-Kanal
Wilhelm II. weiht den Verbindungskanal zwischen Nord- und Ostsee ein und tauft ihn auf den Namen Kaiser-Wilhelm-Kanal. Der knapp 100 Kilometer lange Kanal schafft eine direkte Verbindung zwischen Nord- und Ostsee und ist noch heute die am meisten befahrene Wasserstraße der Welt.

1948
Boykott gegen Jugoslawien
Die Länder des Ostblocks beschließen einen wirtschaftlichen Boykott gegen Jugoslawien, da dieses sich dem stalinistischen Kurs widersetzt.

1978
Schmach von Cordoba
Die bundesdeutsche Nationalmannschaft verliert in der Finalrunde bei der WM in Argentinien gegen Österreich mit 2:3 und verpasst den Einzug in das Halbfinale. Österreich, dessen Ausscheiden bereits vorher festgestanden hat, feiert den Sieg als größten Triumph seiner Fußballgeschichte.

Auch das geschah an diesem Tag

Paul VI.

1948 Am Montag nach der Währungsreform sind die Geschäftsauslagen plötzlich wieder mit lange vermissten Waren gefüllt. **1960** Armin Harry läuft als erster Mensch die 100 Meter in 10 Sekunden. **1963** Der Mailänder Erzbischof Giovanni Battista Montini wird als Paul VI. neuer Papst. **1996** Der deutsche Bundestag beschließt eine Lockerung der Ladenöffnungszeiten. **2003** Der fünfte Band von *Harry Potter* erscheint in England. Weltweit sind bereits 1 Million Exemplare vorbestellt.

Der 5. Band von *Harry Potter* kommt auf den Markt

22.6.–22.7.

Christina, Eberhard, Thomas

Erich Maria Remarque

Galileo Galilei

Den Charakter eines Menschen erkennt man dann, wenn er Vorgesetzter geworden ist.

Erich Maria Remarque

22
Juni

1633
Galilei widerruft
Der italienische Astronom Galileo Galilei widerruft vor der katholischen Inquisition seine Behauptung, die Erde drehe sich um die Sonne. Damit rettet er sein Leben, wird von der Kirche aber lebenslänglich unter Hausarrest gestellt.

1933
Ende der SPD
Die Nationalsozialisten verbieten die SPD. Alle Parteifunktionäre, die noch auf freiem Fuß sind, werden verhaftet und in das KZ Dachau gebracht.

1940
Waffenstillstand von Compiègne
Der im Wald von Compiègne geschlossene Vertrag besiegelt die Be-

Auch das geschah an diesem Tag
1974 Die DDR gewinnt durch ein Tor von Jürgen Sparwasser das einzige deutsch-deutsche Fußballspiel bei einem offiziellen Turnier.

Jürgen Sparwassers Siegtreffer

setzung Frankreichs nördlich der Linie Genf–Tours sowie der gesamten Atlantikküste bis zur spanischen Grenze. 1,9 Millionen französische Soldaten sind in deutscher Kriegsgefangenschaft.

1941
Unternehmen Barbarossa
Hitler startet einen Überraschungsangriff auf die Sowjetunion. Ziel ist die Annektierung des europäischen Teils von Russland. Stalin hatte bis zuletzt alle britischen und amerikanischen Warnungen vor einem solchen Angriff in den Wind geschlagen.

Leonid Breschnew

1973
Abkommen gegen Atomkrieg
Anlässlich eines Besuchs des sowjetischen Staatschefs Leonid Breschnew in den USA unterzeichnen die Länder das „Amerikanisch-sowjetische Abkommen zur Verhinderung eines Atomkrieges". Sie verpflichten sich damit zu Konsultationen bei Kriegsgefahr.

Am 22. Juni geboren:

Wilhelm von Humboldt (1767 in Potsdam), deutscher Gelehrter und Staatsmann. Der Leiter der preußischen Kulturpolitik gründet die Berliner Universität, reformiert die Schulen und nimmt als liberale Kraft am Wiener Kongress teil. In seinem wissenschaftlichen Werk verteidigt er die Freiheit des Einzelnen gegenüber dem Staat und wird zum Begründer der vergleichenden Sprachwissenschaft. († 8.4.1835 in Tegel)
Gregor Johann Mendel (1822 in Heinzendorf/Schlesien), Augustinerprior und Naturforscher. In seinem Klostergarten beschäftigt sich der Augustinermönch intensiv mit botanischen Kreuzungsversuchen und entwickelt in jahrzehntelanger Arbeit die Vererbungsregeln. Die Bedeutung seiner Forschung wird jedoch erst später erkannt. († 6.1.1884 in Altbrünn)
Erich Maria Remarque (1898 in Osnabrück), deutscher Schriftsteller. Mit seinem realistischen Roman *Im Westen nichts Neues* schreibt der Kriegsfreiwillige – ohne selber eine Wertung des Erzählten vornehmen zu wollen – aufrüttelnde Anti-Kriegs-Literatur, die von rechten Kräften als zersetzend gegeißelt wird. Bereits 1930 emigriert er in die Schweiz. († 25.9.1970 in Locarno)
Billy Wilder (1906 in Wien), amerikanischer Filmregisseur. († 27.3.2002 in Beverley Hills); **Konrad Zuse** (1910 in Berlin), deutscher Computerpionier. († 1995 in Hünfeld bei Fulda); **Klaus Maria Brandauer** (1944 in Bad Aussee/Steiermark), österreichischer Schauspieler; **Meryl Streep** (1949 in Summit/New Jersey), amerikanische Schauspielerin.

23 Juni

Liebe: auch ein Problem, das Marx nicht gelöst hat.

Jean Anouilh

Joséphine de Beauharnais

Jean Anouilh

22.6.–22.7.

Edeltraud, Hildulf, Joseph, Maria

Am 23. Juni geboren:

Joséphine de Beauharnais (1763 in Trois-Ilets/Martinique), französische Kaiserin. Napoleons erste Frau fördert seinen Aufstieg entscheidend. Wegen Kinderlosigkeit lässt er sich jedoch 1809 von ihr scheiden, um eine österreichische Kaisertochter zu heiraten und eine Dynastie zu gründen. († 29.5.1814 in Malmaison)

August Borsig (1804 in Breslau), deutscher Unternehmer. Der gelernte Zimmermann gründet nach der Umschulung zum Maschinenbauer eine Eisengießerei und Maschinenbauanstalt, in der er schon bald Lokomotiven herstellt. 1854 hat Borsig die größte Lokomotivenfabrik Europas und kauft Gruben in Oberschlesien, um die Versorgung seiner Fabrik mit Kohle und Roheisen zu sichern. († 6.7.1854 in Berlin)

Jean Anouilh (1910 in Bordeaux), französischer Dramatiker. In seinen Stücken steht oft ein aufrichtiger Held einer verlogenen, doppelbödigen Gesellschaft gegenüber. Seine *Antigone* (1942) wird zum Symbol für den Widerstand gegen die Nationalsozialisten. († 3.10.1987 in Lausanne)

Ernst Rowohlt (1887 in Bremen), deutscher Verleger. († 1.12.1960 in Bremen); **Hermann Gmeiner** (1919 in Alberschwende/Vorarlberg), Gründer der SOS-Kinderdörfer. († 26.4.1986 in Innsbruck); **Hannes Wader** (1942 in Bielefeld), deutscher Liedermacher.

1298
Ende eines Königs
Die deutschen Kurfürsten demonstrieren ihre Macht, indem sie König Adolf von Nassau absetzen. Adolf hatte sich 1292 seine Wahl mit Zugeständnissen an die geistlichen Fürsten erkauft. Sein Bemühen, durch territoriale Zugewinne die eigene Hausmacht zu vergrößern, kollidiert jedoch mit den Interessen der Fürsten. Im Juli fällt Adolf in der Schlacht gegen den neugewählten Albrecht von Habsburg.

1894
Gründung des IOC
Der französische Sportpädagoge Pierre de Coubertin gründet nach langen Vorbereitungen in Paris das Internationale Olympische Komitee. Mit der Wiederbelebung der antiken Spiele will er ein wirksames Mittel der Völkerverständigung schaffen. Zwei Jahre später finden in Athen die ersten Olympischen Spiele der Neuzeit statt.

Fritz Haarmann

1924
Massenmörder gefasst
In Hannover wird der Massenmörder Fritz Haarmann verhaftet, der gesteht 24 Jungen getötet und teilweise verspeist zu haben. Da er für die Polizei als Spitzel arbeitete, wurde anfangs jeder gegen ihn geäußerte Verdacht schnell wieder fallen gelassen. Er wird im April 1925 hingerichtet.

1948
Berliner Blockade
Als Antwort auf die Pläne der Westalliierten, die D-Mark auch in Westberlin zum neuen Zahlungs-

Sog. Rosinenbomber während der Berliner Blockade

mittel zu machen, verhängen die Sowjets in der Nacht zum 24. Juli eine Totalblockade über die Stadt. Ziel ist nicht nur die Verhinderung der D-Mark, sondern die Übernahme Westberlins.

Auch das geschah an diesem Tag

1919 Die deutsche Nationalversammlung beschließt unter Protest die Annahme des Friedensvertrags von Versailles. **1960** Chruschtschows Forderung nach einer friedlichen Koexistenz mit dem Westen leitet den Bruch der Sowjetunion mit China ein. **1992** In Israel gewinnt ein Bündnis linker Parteien die Parlamentswahlen. Der neue Regierungschef Yitzhak Rabin leitet eine Verständigung mit den Palästinensern ein.

22.6.–22.7.
Dietger, Gotthard, Iwan

Claude Chabrol

Walther Rathenau

Die guten Mächte sagen: Ich will schaffen und sein; die bösen sagen: Ich will haben und scheinen.

Walther Rathenau

24 Juni

1314
Schlacht bei Bannockburn
Die schottische Armee unter König Robert Bruce schlägt die zahlenmäßig weit überlegenen englischen Truppen König Edwards II. Dieser Sieg ist die Grundlage für die schottische Unabhängigkeit.

1793
Demokratischer Versuch
Der französische Nationalkonvent beschließt eine demokratische und richtungsweisende Verfassung. Sie enthält wichtige Menschen- und Bürgerrechte und macht das Wahlvolk zum obersten Souverän. Dieses besteht allerdings nur aus Männern über 21 Jahren. Wegen des anhaltenden Ausnahmezustandes tritt die neue Verfassung jedoch nie in Kraft.

1812
Französisch-russischer Krieg
Napoleon marschiert in Russland ein, nachdem dieses aus wirtschaftlichen Gründen die Kontinentalsperre durchbrochen hat, die der französische Kaiser 1806 gegen England verhängt hat.

1922
Rathenau ermordet
Der deutsche Außenminister Walter Rathenau wird von zwei rechtsradikalen Offizieren ermordet, die ihn sowohl als Republikaner und Juden wie auch als angeblichen „Erfüllungsgehilfen" der Siegermächte hassen. Rathenau strebte eine auf Verständigung zielende Politik mit den Siegern des Ersten Weltkriegs und langfristig eine mitteleuropäische Wirtschaftsunion an. Im April hatte er im Vertrag von Rapallo – der ersten eigenständigen Aktion der deutschen Außenpolitik seit dem Krieg – eine Wiederaufnahme wirtschaftlicher und diplomatischer Beziehungen mit Russland erreicht.

Am 24. Juni geboren:

Viktor Adler (1852 in Prag), österreichischer Politiker. Unter dem Eindruck seiner Arbeit in den Armenvierteln wendet sich der anfangs deutschnationale Neurologe der Sozialdemokratie zu. Es gelingt ihm, die Spaltung zwischen dem gemäßigten und dem orthodox-marxistischen Flügel in der österreichischen Arbeiterbewegung zu überwinden.
(† 11.11.1918 in Wien)

Carl Diem (1882 in Würzburg), deutscher Sportwissenschaftler. Er ist Gründer der Deutschen Sporthochschule in Köln (1947). Diem organisierte aber auch die Olympiade von 1936 und leitete unter den Nazis das deutsche NOC. Über seine Rolle im Nationalsozialismus gibt es immer noch heftige Diskussionen.
(† 17.12.1962 in Köln)

Claude Chabrol (1930 in Paris), französischer Filmregisseur. In vielen seiner Werke präsentiert er Bilderbuchfamilien, über die das Unheil hereinbricht. Er ist einer der wichtigsten Regisseure der französischen Nouvelle Vague, die in den späten 1950er-Jahren die etablierten Bilder und den vorhersagbaren Erzählfluss des Kinos brechen will.

Auch das geschah an diesem Tag
1948 Währungsreform in der DDR.
1952 Die erste *Bild*-Zeitung erscheint. Die Startauflage beträgt 250.000 Stück. Vorbild für das Konzept „große Schlagzeilen, wenig Politik, kurze Geschichten, viel Bilder" ist der englische *Daily Mirror*.

Französisch-russischer Krieg.

Währungsreform in der DDR: 20 Deutsche Mark

25 Juni

Die Geschichte lehrt dauernd, aber sie findet keine Schüler.
Ingeborg Bachmann

George Orwell

Ingeborg Bachmann

22.6.–22.7.
Burkhard, Dorothea, Heinrich

Am 25. Juni geboren:

Antonio Gaudi (1852 in Reus), spanischer Künstler und Architekt. Der bedeutendste Künstler des Jugendstils entwirft bunte, organische Bauwerke, in denen jedes Detail phantasievolles Kunsthandwerk ist. Von 1883 bis zu seinem Tod widmet er sich ganz der Kathedrale *Sagrada Familia* in Barcelona, die noch immer im Bau ist. († 10.6.1926 in Barcelona)

Haus von Antonio Gaudi

George Orwell (1903 in Motihari/Indien), britischer Schriftsteller. Der gebürtige Eric Arthur Blair führt ein bewegtes Leben. Er ist Eton-Student, Mitglied der Kolonialpolizei in Birma, Teilnehmer am Spanischen Bürgerkrieg und Rundfunkjournalist im Zweiten Weltkrieg. Daneben schreibt er zwei visionäre Romane, die ihn weltberühmt machen: *Farm der Tiere* (1945) und *1984* (1949). († 21.1.1950 in London)

Ingeborg Bachmann (1926 in Klagenfurt), österreichische Schriftstellerin. Die promovierte Philosophin wird mit Gedichten und Prosastücken bekannt, die existenzielle Lebenssituationen beschreiben: Scheitern, Untergang und zerstörte Liebe, aber auch den Aufbruch zu Neuem. Ihre Sprache ist dabei oft hart, aber eindringlich und verbindet Intellekt mit Poesie. Nach Bachmann ist ein wichtiger Literaturpreis benannt. († 16.10.1973 in Rom)

1530
Augsburger Konfession
Auf dem Reichstag in Augsburg stellt Philipp Melanchthon als Vertreter der evangelischen Stände die Bekenntnisschrift *Confessio Augustana* und ihre Verteidigung, die *Apologie*, vor. Die Stände erreichen damit zwar keine Anerkennung. Die *Confessio* stellt aber eine der wichtigsten Schriften des protestantischen Glaubens dar.

1876
Schlacht am Little Bighorn River

George A. Custer

In Montana wird das 7. US-Kavallerieregiment unter George A. Custer von den Sioux und Cheyenne unter Sitting Bull und Crazy Horse in einem mehrstündigen Kampf völlig aufgerieben. Es ist die größte Niederlage der US-Armee in ihrem Krieg gegen die Indianer. Custer hatte das Lager der Indianer angegriffen, ohne auf Verstärkung zu warten.

1950
Beginn des Korea-Krieges
Nachdem sich die Zwischenfälle am 38. Breitengrad häufen, der seit 1948 die Grenze zwischen dem kommunistischen Nordkorea und dem autoritären, betont antikommunistischen Südkorea darstellt, überschreiten nordkoreanische Truppen die Grenzlinie. Ermächtigt durch den UN-Sicherheitsrat greifen die USA auf Seiten des Südens militärisch ein. Nach drei verlustreichen Jahren ist der alte Zustand wieder hergestellt.

1954
Fünf-Prozent-Hürde
Der Bundestag verabschiedet das neue Wahlgesetz. Darin wird festgelegt, dass nur Parteien in das Parlament einziehen dürfen, die mindestens fünf Prozent der Wählerstimmen erreichen. Man will damit Lehren aus der Weimarer Republik ziehen, wo teilweise bis zu 15 Parteien für schwierige Regierungsbildungen und meist nur kurzfristige Bündnisse gesorgt hatten.

Auch das geschah an diesem Tag

1991 Slowenien und Kroatien erklären ihre Unabhängigkeit von Jugoslawien, die am 8. Oktober offiziell wird. Die von Serben dominierte Bundesarmee und die serbischen Freischärler in Kroatien gehen militärisch gegen die beiden Staaten vor. Während Slowenien schnell siegt, beginnt in Kroatien ein blutiger Bürgerkrieg, der erst 1995 zu Ende geht.

22.6.–22.7.

David, Franziska, Leo, Raymund

Axel Graf Oxenstierna

Martin Andersen Nexø

Der Mensch muss dem Krieg ein Ende setzen oder der Krieg setzt der Menschheit ein Ende.

John F. Kennedy

26
Juni

1913
Zweiter Balkankrieg
Nach Streitigkeiten um die Aufteilung der Beute des ersten Balkankrieges greift Bulgarien – aufgestachelt von Österreich – Serbien und Griechenland an. Rumänien und die Türkei schlagen sich auf die Seite der Angegriffenen. Bulgarien wird besiegt. Vor allem Serbien kann seine Stellung ausbauen, was die Spannungen mit Österreich weiter anheizt.

1945
Gründung der UNO
Auf der Konferenz von San Francisco unterzeichnen Vertreter von 51 Nationen die Gründungsurkunde der United Nations Organization (UNO). Die Präambel der Charta sagt, dies geschehe, „um künftige Geschlechter vor der Geißel des Krieges zu bewahren".

Gründung der UNO

1948
Beginn der Luftbrücke
Als Antwort auf die Blockade Berlins richten die Westalliierten eine Luftbrücke ein, um die Stadt zu versorgen. Bis zum 12. Mai 1949 bringen die „Rosinenbomber" in rund 280.000 Flügen Lebensmittel und andere Hilfsgüter, darunter die Bauteile für ein ganzes Kraftwerk, nach Westberlin.

1963
Kennedy wird Berliner
Der amerikanische Präsident John F. Kennedy besucht Berlin und hält vor dem Schöneberger Rathaus vor 400.000 Menschen die legendäre Rede, die in den Satz „Ick bin ein Berliner" gipfelt.

John F. Kennedy während seiner legendären Berliner Rede

1977
Der King tritt ab
Elvis Presley gibt in Indianapolis sein letztes Konzert.

....

Am 26. Juni geboren:

Axel Graf Oxenstierna (1583 in Fanö/Uppsala), schwedischer Staatsmann. Er führt nach Gustav Adolfs Tod dessen Politik fort. Dabei kann er günstige Friedensschlüsse für Schweden erreichen. Außerdem reformiert er Verwaltung, Rechtssystem, Schulwesen und Heer. († 7.9.1654 in Stockholm)

William Kelvin (1824 in Belfast), britischer Physiker. Er entdeckt nicht nur den absoluten Nullpunkt der Temperatur, sondern verbessert zahlreiche Messverfahren und -geräte und entwickelt die erste funktionierende Kabelverbindung durch den Nordatlantik. († 17.12.1907 in Nethergall)

Martin Andersen Nexø (1869 in Kopenhagen), dänischer Schriftsteller. In seinen realistischen Dichtungen erzählt er von Hunger, Elend und Kinderarbeit, die er selbst erlebt hat. Nach dem Ersten Weltkrieg wendet er sich dem Kommunismus zu. Seine Werke aber bleiben geprägt von einem Glauben an das Gute im Menschen. († 1.6.1954 in Dresden)

Pearl S. Buck (1892 in Hillsboro/West Virginia), amerikanische Schriftstellerin. Sie lebt lange Zeit in China und schreibt Romane über die chinesische Bevölkerung zwischen Tradition und Moderne. 1938 bekommt sie den Literaturnobelpreis für *Die gute Erde* (1931). († 6.3.1973 in Danby/Vermont)

Willy Messerschmidt (1898 in Frankfurt/Main), deutscher Flugzeugkonstrukteur. († 15.9.1978 in München); **Slawomir Mrozek** (1930 in Borzecin), polnischer Dramatiker; **Claudio Abbado** (1933 in Mailand), italienischer Dirigent; **Peter Sloterdijk** (1947 in Karlsruhe), deutscher Philosoph.

Auch das geschah an diesem Tag

2003 Beim Halbfinale des Confederation Cup in Lyon bricht der Nationalspieler Kameruns Marc-Vivien Foe tot zusammen. Den Mannschaften Kameruns und Frankreichs, in denen jeweils persönliche Freunde Foes spielen, gelingt es, das Endspiel zu einer würdigen Abschiedsgeste zu machen.

27 Juni

Die beste Bildung hat, wer das meiste von dem Leben versteht, in das er gestellt wird.

Helen Keller

Karl XII.

Helen Keller

22.6.–22.7.

Cyrill, Daniel, Hemma, Ladislaus

Am 27. Juni geboren:

Ludwig XII. (1462 in Blois), französischer König. Wegen seiner Güte und Gerechtigkeit sowie seiner Steuersenkungen erhält er vom Volk den Namen „Père du peuple" (Vater des Volkes). Weniger glücklich ist seine Außenpolitik. Seine neuen Errungenschaften in Italien, Mailand und Neapel muss er wieder räumen. († 1.1.1515 in Paris)
Karl XII. (1682 in Stockholm), schwedischer König. Mit einer militärischen Hasard-Politik erringt der junge König zuerst glänzende militärische Siege, scheitert aber mit seinem Russland-Feldzug desaströs und verliert anschließend auch seine Vormachtstellung im Ostseeraum. († 11.12.1718 in Frederikshald)
Helen Keller (1880 in Tuscumbia/Alabama), amerikanische Reformerin. Obwohl sie seit ihrem zweiten Lebensjahr blind und taub ist, lernt sie so gut mit ihrer Umwelt zu kommunizieren, dass sie ihre Universitätsausbildung abschließen kann. Als Vortragsreisende setzt sie sich für Reformen der Blindenerziehung und der Blindenschrift ein. († 1.6.1968 in Arcan Ridge)
Karl IX. (1550 in Saint-Germain-en-Laye), französischer König († 30.5.1574 in Vicennes); **Isabelle Adjani** (1955 in Paris), französische Schauspielerin.

1893
Zusammenbruch der New Yorker Börse
Die seit 20 Jahren in Europa herrschende Wirtschaftsdepression greift auf die USA über und sorgt dort für einen Verfall der Preise, einen Rückgang der Produktion und hohe Arbeitslosigkeit. Die Welt erlebt zum ersten Mal die Schattenseiten einer globalisierten Wirtschaft.

Auch das geschah an diesem Tag

1693 Mit *The Ladies Mercury* erscheint in London das erste Frauenmagazin der Welt. Es soll ein Ratgeber für Frauen bei Alltagsfragen sein. **1940** Die französische Regierung wählt die Stadt Vichy zu ihrem künftigen Sitz. In der Folgezeit wird der Name zum Symbol für Kooperation mit dem Feind. **1976** Die Volksfront für die Befreiung Palästinas (PFLP) entführt einen französischen Airbus mit mehr als 100 jüdischen Passagieren nach Uganda. Die Befreiung durch ein israelisches Kommando am 4. Juli endet mit mehreren Toten.

1905
Revolution auf der „Potemkin"
Die Besatzung des russischen Panzerkreuzers „Potemkin" ermordet die Kapitänsriege, nachdem ein Offizier einen Soldaten wegen einer Beschwerde hat erschießen lassen. Das Ereignis bildet den Auftakt für einen Aufstand der Soldaten, der unter den Matrosen der Schwarzmeerflotte schon länger geplant gewesen war.

1968
Manifest der 2000 Worte
In Prag fordern 70 Künstler, Sportler und Wissenschaftler eine Fortsetzung der Reformen des Prager Frühlings und eine energische Demokratisierung des Landes. Außerdem beleuchten sie kritisch das Lavieren der Regierung. Von der Öffentlichkeit wird das Dokument begeistert aufgenommen. Es vergrößert allerdings auch die Kluft zwischen reaktionären und reformorientierten Kräften.

1993
Tod in Bad Kleinen
Die Antiterroreinheit des Bundesgrenzschutzes versucht auf dem Bahnhof der mecklenburgischen Kleinstadt Bad Kleinen die RAF-Terroristen Birgit Hogefeld und Wolfgang Grams festzunehmen. Dabei kommen Grams und ein BGS-Beamter ums Leben. Der genaue Tathergang jedoch lässt sich dank unordentlich geführter Untersuchungen und gezielter Desinformationspolitik nicht mehr ermitteln, was sowohl den Bundesinnenminister wie auch den Generalbundesanwalt den Job kostet.

Polizeieinsatz auf dem Bahnhof in Bad Kleinen

22.6.–22.7.

Eckard, Irenäus, Paul, Vicentia

Jean-Jacques Rousseau

Franz Ferdinand

Die Jugend ist die Zeit, Weisheit zu lernen. Das Alter ist die Zeit, sie auszuüben.

Jean-Jacques Rousseau

28

Juni

1389
Schlacht auf dem Amselfeld
Die Türken besiegen das Herr der Bosnier, Serben und Makedonen auf dem Amselfeld und festigen damit ihre Herrschaft auf dem Balkan. Für die Serben ist die Niederlage ein nationales Trauma. Die Schlacht wird auch als Grundlage für territoriale Ansprüche im Kosovo herangezogen.

1519
Karl V. wird Kaiser
Durch eine Bestechung der Kurfürsten, für die er große Schulden beim Bankhaus Fugger machen muss, erringt Karl V. von Spanien die römisch-deutsche Kaiserwürde. Auch sein Gegner Franz I. von Frankreich hat versucht, sich den Sieg zu kaufen.

1862
Putsch in Moskau
Der russische Zar Peter III. wird von seinen Offizieren ermordet.

Auch das geschah an diesem Tag
1914 Der österreichische Thronfolger Franz Ferdinand und seine Frau werden bei einem Besuch in Sarajewo erschossen. Die Attentäter werden festgenommen. Es sind bosnische Studenten, deren Hintermänner nie genau ermittelt werden. Der österreichische Generalstabschef rät noch am selben Tag zu einem Schritt gegen Belgrad. Die deutsche Regierung lässt am 1. Juli in Wien mitteilen, sie sei für ein militärisches Vorgehen gegen Serbien als Prüfstein, ob es Russland wirklich auf einen Weltkrieg ankommen lassen wolle.

Die Macht übernimmt seine Frau Katharina, die vermutlich die Verschwörung angezettelt hat. Peter war ein glühender Verehrer Friedrich II. Er hasste alles Russische und betrieb eine Politik im Sinne Preußens.

1919
Vertrag von Versailles beendet den Ersten Weltkrieg
Vertreter der neuen deutschen Regierung unterzeichnen notgedrungen den Versailler Vertrag, der die Friedensbedingungen enthält. Die Höhe der Reparationszahlungen und vor allem der Artikel 231, der eine Alleinschuld Deutschlands und Österreichs am Krieg feststellt, sorgt für eine gewaltige Entrüstung, von der später noch Hitler profitieren wird.

Spiegelsaal von Versailles

Am 28. Juni geboren:

Albrecht von Brandenburg (1490 in Berlin), Erzbischof und Kurfürst von Mainz. Er verkörpert den Typ des Renaissance-Fürstbischofs. Den Kauf seiner zahlreichen geistlichen Ämter finanziert er mit hohen Krediten beim Bankhaus Fugger. Um diese abzutragen, führt er in seinem Machtbereich den Ablasshandel ein und provoziert so die Reformation. († 24.9.1545 in Mainz).

Heinrich VIII. (1491 in Greenwich), englischer König. Da ihm der Papst die Scheidung von seiner Frau verweigert, bricht Heinrich mit Rom und macht sich zum Oberhaupt einer neu gegründeten anglikanischen Nationalkirche. Wer ihm den Eid verweigert, wird hingerichtet, darunter auch sein ehemaliger Kanzler Thomas More. († 28.1.1547 in Westminster)

Jean-Jacques Rousseau (1712 in Genf), französischer Philosoph. Der aus armen, streng religiösen Verhältnissen stammende Reformer fordert in seinen Schriften ein einfaches, an der Natur orientiertes Leben, freie Entfaltungsmöglichkeiten für Kinder und einen Staat, der nicht auf Gottesgnadentum, sondern auf einem freiwilligen Bündnis (Gesellschaftsvertrag) seiner Mitglieder beruht. († 2.7.1778 in Paris)

Peter Paul Rubens (1577 in Siegen/Westfalen), flämischer Maler. († 30.5.1640 in Antwerpen); **Carl Friedrich von Weizsäcker** (1912 in Kiel), deutscher Physiker und Philosoph.

Rubens: *Landung Maria von Medicis in Marseille*

29 Juni

Es macht die Wüste so schön, dass sie irgendwo einen Brunnen hat.

Antoine de Saint-Exupéry

Antoine de Saint-Exupéry

Reinhard Mohn

22.6.–22.7.

Beata, Judith, Paul, Peter

Am 29. Juni geboren:

Antoine de Saint-Exupéry (1900 in Lyon), französischer Schriftsteller. Neben seiner weltberühmten Erzählung *Der kleine Prinz* (1943) schreibt der Berufsflieger Romane und meditative Essays über das Fliegen wie *Nachtflug* (1932) oder *Wind, Sand und Sterne* (1939). Als Aufklärungsflieger im Zweiten Weltkrieg kehrt er von einem Einsatz nicht zurück.
(† 31.7.1944 bei Marseille)

Reinhard Mohn (1921 in Gütersloh), deutscher Unternehmer. Der Bertelsmannnachkomme macht den Konzern zum drittgrößten Medienunternehmen der Welt. Den Grundstein dafür legt er 1950 mit der Gründung des Bertelsmann Leserings, aus dem später der Buchclub wird.

Oriana Fallaci (1930 in Florenz), italienische Journalistin und Schriftstellerin. Sie wird als Kriegsberichterstatterin im Vietnamkrieg berühmt. Außerdem zeichnet sie sich durch mutige, provokant geführte Interviews mit Spitzenpolitikern aus. Sie gilt als die Journalistin, zu der selbst Ayatollah Khomeini und Deng Xiaoping nicht wagten „Nein" zu sagen.

1613
Brand bei Shakespeare

Globe Theatre

Bei der Uraufführung von William Shakespeares Stück *Heinrich VIII.* in London brennt sein Globe Theatre bis auf die Grundmauern ab. Als es zum Schluss des Stückes zur Taufe der späteren Königin Elisabeth I. kommt, lässt der Dichter Salut schießen. Die Raketen setzen jedoch das Strohdach des Theaters in Brand.

Brand im Globe Theatre

1958
Neuer Held Brasiliens

Durch zwei Tore des 17jährigen Edson Arantes do Nascimento, genannt Pelé, wird Brasilien gegen Gastgeber Schweden zum ersten Mal Fußballweltmeister. Pelé gilt bis heute als bester Fußballspieler aller Zeiten.

1990
FCKW-Stopp beschlossen

Auf der internationalen Ozonschutzkonferenz in London beschließen 89 Staaten, die Produktion der klimaschädigenden Fluorkohlenwasserstoffe (FCKW) bis zum Jahr 2000 einzustellen. Die Gase waren vor allem in Spraydosen und Kühlschränken enthalten und stehen bereits seit 1974 in Verdacht, die Ozonschicht zu schädigen.

1992
Attentat in Algerien

Der algerische Staatsratsvorsitzende Mohammed Boudiaf wird unter bisher nicht geklärten Umständen von einem Offizier seiner Garde erschossen. Boudiaf hatte angekündigt, die Macht der Armee beschneiden zu wollen. Andererseits hatte er auch den Wahlgewinner von 1991, die Islamische Heilsfront, verbieten lassen. Nach seinem Tod kommt es zu einem blutigen Bürgerkrieg zwischen der Armee und den oppositionellen Islamisten, der 100.000 Tode fordert. Der Siegeszug der islamistischen Gruppen hat Mitte der 1980er-Jahre als Folge von wirtschaftlicher Depression und gleichzeitiger Bereicherung der herrschenden Eliten begonnen.

Auch das geschah an diesem Tag

1995 Der Deutsche Bundestag verabschiedet ein neues Abtreibungsgesetz. Danach sind Schwangerschaftsabbrüche während der ersten drei Monate nicht mehr strafbar, wenn sich die Frauen vorher bei einer anerkannten Stelle beraten lassen.

22.6..–22.7.

Adolf, Ernst, Otto, Theobald

Montezuma II.

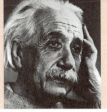
Albert Einstein

Zwei Dinge sind unendlich: Das Universum und die menschliche Dummheit, aber beim Universum bin ich mir noch nicht ganz sicher.

Albert Einstein

30
Juni

1520
Montezuma ermordet
Der letzte Herrscher der Azteken seit 1502, Montezuma II., wird von seinen Landsleuten zu Tode gesteinigt. Er will eine Erhebung gegen die Spanier unter Hernán Cortés verhindern, da er diese für Götter hält.

Auch das geschah an diesem Tag

1834 Georg Büchner ruft im *Hessischen Landboten* zum Widerstand gegen die herrschende Unterdrückung auf. **1946** Die USA starten ihr Atomtestprogramm auf dem Bikini-Atoll. **1971** Drei russische Kosmonauten sterben, als sich an Bord der Rakete ein Druckventil öffnet. **1981** In Deutschland wird die erste Folge von *Dallas* ausgestrahlt. **1996** Deutschland wird durch das erste Golden Goal der Fußballgeschichte, geschossen von Oliver Bierhoff Europameister.

1905
Erste Relativitätstheorie
Als Mitarbeiter des Eidgenössischen Patentamtes in Bern veröffentlicht Albert Einstein einen Aufsatz über eine „Spezielle Relativitätstheorie", die behauptet, Raum und Zeit seien keine absoluten Größen. Bei Körpern, die sich nahe der Lichtgeschwindigkeit bewegten, käme es zu einer Zeitdehnung. Zehn Jahre später stellt Einstein seine „Allgemeine Relativitätstheorie" vor, die sich auf alle beschleunigten Bewegungen bezieht.

1934
Röhm-Affäre
In einer Blitzaktion werden SA-Stabschef Ernst Röhm und etwa 85 hohe Führer der SA als Verschwörer von Gestapo und SS verhaftet und umgebracht. Hitler sah seine Stellung gefährdet durch die wachsende Schlagkraft der SA und Röhms Ambitionen. Unter den Opfern sind auch missliebig gewordene Personen wie der ehemalige Reichskanzler Kurt v. Schleicher oder Gregor Strasser, der entscheidend mithalf, die NSDAP aufzubauen, aber inzwischen mit seiner antikapitalistischen Haltung stört.

1946
Startschuss für die VEB
Bei einem Volksentscheid in Sachsen entscheiden sich 77,6 % der Wahlberechtigten für Enteignungen und die Schaffung volkseigener Betriebe (VEB). Das mit großem Werbeaufwand vorbereitete Wahlergebnis ist der Startschuss für Verstaatlichungen in der ganzen DDR. Weitere Volksentscheide gibt es nicht mehr.

1980
Majdanek-Prozess
Vor dem Düsseldorfer Landgericht endet der Prozess gegen ehemalige Aufseher des Konzentrationslagers Majdanek. Mit fünfeinhalb Jahren ist es das längste Verfahren gegen NS-Verbrecher in der Bundesrepublik. In der Öffentlichkeit werden die Strafen – lediglich eine Aufseherin bekommt lebenslänglich – als zu milde empfunden.

Am 30. Juni geboren:

Dominikus Zimmermann (1685 in Wessobrunn), deutscher Baumeister. Der gelernte Stuckateur ist einer der Meister des heiteren, süddeutschen Rokoko. Sein Hauptwerk ist die Wieskirche. († 16.11.1766 in Wies bei Steingaden)

Dominikus Zimmermann: Wieskirche

Paul de Barras (1755 in Fox-Amphoux), französischer Politiker. Als einer der wenigen Angehörigen des Hochadels schlägt er sich 1789 auf die Seite der Revolution und bekämpft die gemäßigten Girondisten. Später betreibt er den Sturz von Robespierre, verhilft Napoleon an die Macht und wird 1799 von diesem verbannt. († 29.1.1829 in Paris)

Walter Ulbricht (1893 in Leipzig), deutscher Politiker. Er ist bereits vor dem Zweiten Weltkrieg ZK-Mitglied der KPD, verbringt den Krieg im sowjetischen Exil, sorgt 1945 auf Weisung Stalins für die Gründung der Einheitspartei SED und befiehlt 1961 den Bau der Mauer. Erst 1970 gerät er in Widerspruch zu sowjetischen Positionen und wird 1971 von Honecker entmachtet. († 1.8.1973 am Döllnsee bei Berlin)

1 Juli

Jede Rede ist umso verständlicher, je mehr ihre Ausdrücke der Volkssprache entnommen sind.

Gottfried Wilhelm Leibniz

Carl Lewis

22.6.–22.7.

Dietrich, Eckart, Regina, Theobald

Am 1. Juli geboren:

Gottfried Wilhelm Leibniz (1646 in Leipzig), deutscher Philosoph und Universalgelehrter. Leibnitz liefert nicht nur bahnbrechende Beiträge zur Differenzial- und Integralrechnung, sondern auch zur Psychologie und Philosophie. († 14.11.1716 in Hannover)

Carl Lewis (1961 in Birmingham/ Alabama), US-amerikanischer Leichtathlet. Bei den olympischen Sommerspielen in Los Angeles gewinnt Carl Lewis vier Goldmedaillen und wird damit zum alles überragenden Star der Spiele. In der Zeit von 1984 bis 1996 gewinnt Lewis insgesamt neun olympische Goldmedaillen sowie eine Silbermedaille. Hinzu kommen mehrere Weltmeistertitel (1983, 1987 und 1991).

Lady Diana Frances Spencer (1961 in Sandringham), seit 1981 Princess of Wales. Die Hochzeit mit dem britischen Thronfolger macht sie zur „Königin der Herzen" beim britischen Volk. Die Trennung des Paares 1992 wird ein großes Medienspektakel. Anschließend zieht sich Diana zwar aus dem öffentlichen Leben zurück, beherrscht jedoch trotzdem bis zu ihrem Tod die Gazetten. († 31.8.1997 in Paris, Autounfall)

Lady Diana

1867
Vereinigung Norddeutschlands
Im norddeutschen Bund, dessen Verfassung am 1. Juli 1867 rechtswirksam wird, sind unter preußischer Führung 17 deutsche Kleinstaaten vereinigt, die im Deutschen Krieg an der Seite Preußens gekämpft haben. Das Konzept für den Preußischen Bund stammt vom preußischen Ministerpräsidenten Otto von Bismarck. Die Verfassung des Norddeutschen Bundes dient als Vorbild für die deutsche Reichsverfassung von 1871.

1945
Teilung Deutschlands
Die Sowjetarmee marschiert nach dem Abzug britischer und US-amerikanischer Truppen in Erfurt, Leipzig, Plauen, Schwerin, Halle und Weimar ein. In der geteilten Stadt Berlin besitzen die Russen, Franzosen, Briten und Amerikaner jeweils einen eigenen Sektor.

1959
Lübke Bundespräsident
Heinrich Lübke (CDU) wird am 1. Juli 1959 zum Nachfolger von Theodor Heuss gewählt. Das besondere Interesse Lübkes gilt den Ländern der „Dritten Welt" und der Entwicklungshilfe.

1967
Europäische Gemeinschaft
Mit dem Vertrag zur Gründung der Europäischen Gemeinschaft (EG) wird der Zusammenarbeit der europäischen Staaten ein institutioneller Rahmen gegeben. Gründungsmitglieder der EG sind neben der BR Dtl. die Beneluxstaaten, Frankreich und Italien. 1993 geht die EG in die Europäische Union über.

Auch das geschah an diesem Tag

Teilnehmer der ersten „Tour de France"

1903 In Paris beginnt mit der ersten Tour de France, einer Radrundfahrt durch ganz Frankreich, das schwerste Straßenrennen der Welt. **1916** Nach einwöchigem massivem Feuer gegen die deutschen Stellungen beginnt die britisch-französische Offensive an der Somme. **1966** Nationale Motive bewegen Frankreich zum Austritt aus der NATO, deren Sitz daraufhin von Paris nach Brüssel verlegt wird. **1973** Wehr- und Zivildienst werden per Gesetzesbeschluss zukünftig gleichgestellt. **1978** In Beirut kommt es zu schweren Gefechten zwischen christlichen Milizen und Einheiten der syrischen Armee. **1993** Fünfstellige Postleitzahlen ersetzen den bisherigen vierstelligen Leitcode. **1997** Die britische Kronkolonie Hongkong wird von der Volksrepublik China übernommen. **1999** Der deutsche Bundestag nimmt nach 50 Jahren im Rahmen einer Feierstunde Abschied von Bonn. **2002** Wegen seines schlechten Gesundheitszustandes wird das Verfahren gegen den früheren chilenischen Diktator Augusto Pinochet endgültig beendet.

22.6.–22.7.

Jakob, Ruzo, Wiltrud

Friedrich Gottlieb Klopstock

Hermann Hesse

Wahrer Beruf für den Menschen ist nur, zu sich selbst zu kommen.

Hermann Hesse

Juli

1690
Endgültige Niederlage der Stuarts
In der Schlacht von Boyne (Irland) besiegt der englische König Wilhelm III. von Oranien die Stuarts, die im „Act of Settlement" (1701) von der Thronfolge ausgeschlossen werden. Die Thronfolge wird stattdessen zukünftig zugunsten des protestantischen Herrscherhauses Hannover geregelt.

1881
Attentat auf US-Präsident
US Präsident James Garfield wird kurze Zeit nach seinem Amtsantritt Opfer eines Attentats. In Washington wird er von einem Anhänger des Vizepräsidenten Chester A. Arthur niedergeschossen. Nach seinem Tod († 19.9.1881 in Elbberon/New Jersey) wird der Republikaner Arthur zum 21. Präsidenten der USA gewählt (1881–85).

1900
Zeppelin-Start
Ferdinand Graf Zeppelin macht mit seinem Luftschiff LZ 1 den ersten erfolgreichen Probeflug über den Bodensee und läutet damit die Ära der Luftschifffahrt ein. 1908 wird die Gründung der Luftschiffbau-Zeppelin GmbH durch eine „Nationalspende" in Höhe von 6 Mio. Mark ermöglicht.

1976
Vereinigung Vietnams
Durch die Vereinigung Nord- und Südvietnams entsteht die sozialistische Republik Vietnam, nachdem

Auch das geschah an diesem Tag
1921 Der US-Amerikaner Jack Dempsey verteidigt in Jersey City durch einen Sieg über den Franzosen Georges Carpentier die Weltmeisterschaft im Schwergewichtsboxen. **1947** Mit der Wahl Kurt Schuhmachers zum Parteivorsitzenden geht in Nürnberg der Parteitag der Sozialdemokraten zu Ende. **1960** Kurz nach den Feierlichkeiten anlässlich der Unabhängigkeit brechen im Kongo, dem heutigen Zaire, blutige Unruhen zwischen verfeindeten Stämmen aus. **1961** Der US-amerikanische Schriftsteller Ernest Hemingway begeht in seinem Haus in Ketchum/Idaho Selbstmord. **1965** Durch das von Präsident Lyndon B. Johnson unterzeichnete liberale Bürgerrechtsgesetz wird jegliche Form von Rassendiskriminierung ausdrücklich verboten.

Mururoa-Atoll in Französisch-Polynesien

1966 Auf dem südpazifischen Mururoa-Atoll wird der erste französische Kernwaffenversuch durchgeführt. **1988** Steffi Graf gewinnt als zweite Deutsche nach Cilly Aussem (1931) das Tennisturnier von Wimbledon.

das diktatorisch regierte Südvietnam 1975 vom kommunistischen Norden besiegt worden ist. Im Süden wird in der Folgezeit mithilfe von Zwangsmaßnahmen die kommunistische Umgestaltung der Gesellschaft eingeleitet.

Am 2. Juli geboren:

Friedrich Gottlieb Klopstock (1724 in Quedlinburg), deutscher Schriftsteller. Das Themenspektrum von Klopstocks Werken reicht von Natur, Freundschaft, Vaterland bis hin zu Religion und Tod. Von literaturgeschichtlicher Bedeutung ist v. a. sein groß angelegtes Epos *Der Messias* (1748–73), das erste große Lehrgedicht der neuhochdeutschen Literatur, das er in Prosa begann und in Hexametern fortsetzte. († 14.3.1803 in Hamburg)

Hermann Hesse (1877 in Calw), deutscher Schriftsteller. Hesse ist Lyriker und Erzähler, Essayist und Kritiker und betätigt sich auch als Maler. Spirituelle Themen prägen die Romane des Literaturnobelpreisträgers (1946). († 9.8.1962 in Montagnola/Schweiz)

Carlos Saul Menem (1935 in Anillaco/Provinz La Rioja), argentinischer Jurist und Politiker. Menem ist 1989–99 Staatspräsident Argentiniens. Er reduziert während seiner Amtszeit den Einfluss des Militärs und der Gewerkschaften auf Staat und Gesellschaft. Mit seiner neoliberalen Politik modernisiert er die Wirtschaft, wodurch sich allerdings die sozialen Gegensätze im Land erheblich verschärfen.

3 Juli

Ein Buch muss die Axt sein für das gefrorene Meer in uns.
Franz Kafka

Franz Kafka

Erwin Rommel

22.6.–22.7.

Anatol, Raimund, Thomas

Am 3. Juli geboren:

Franz Kafka (1883 in Prag), österreichischer Schriftsteller. Kafkas schriftstellerisches Schaffen wird beherrscht durch das Thema des leidenden Individuums in ausweisloser Situation, das auf undurchschaubare Art und Weise von anonymen Mächten beherrscht wird. Die beiden Werke *Der Prozess* (1925) und *Das Schloss* (1926) werden erst nach Kafkas Tod gegen seinen Willen veröffentlicht und finden weltweite Beachtung. († 3.6.1924 in Klosterneuburg)

Günther Bruno Fuchs (1928 in Berlin), deutscher Schriftsteller und Grafiker. In seinen humorvollen Erzählungen wie z. B. *Pennergesang* (1965) zeichnete sich Fuchs v. a. durch seine Freude am spielerischen Umgang mit der Sprache aus. († 19.4.1977 in Berlin)

Tom Stoppard (1937 in Zlin), britischer Dramatiker. Mit seinen surrealen Theaterstücken gehört Stoppard zu den wichtigsten modernen englischen Dramatikern. Sein experimentelles Werk *Rosenkranz und Güldenstern* (1967), in dem zwei Nebenfiguren aus einem Shakespeare-Stück im Mittelpunkt stehen, wird zu einem Welterfolg.

987
Ende der karolingischen Herrschaft
Hugo Capet wird als Nachfolger Hugos des Großen König von Frankreich. Er kann sich zwar nicht gegen die großen Lehnsherren durchsetzen, doch dafür gelingt es ihm, die Nachfolge seines Sohnes, Robert II., des Frommen gegen die Ansprüche der Karolinger durchzusetzen.

1863
Entscheidender Sieg im Bürgerkrieg
Der Armee der Nordstaaten gelingt im Nordamerikanischen Bürger-

Gettysburg

krieg bei Gettysburg ein wichtiger Sieg über die Truppen der Südstaaten. Der Sieg in der größten Schlacht des Krieges bringt die entscheidende Wende zugunsten der Nordstaaten, die 1865 den Konflikt mit dem Süden endgültig für sich entscheiden und die Sklaverei abschaffen.

1866
Moltke siegt bei Königgrätz
Bei Königgrätz gelingt dem preußischen General Moltke ein entscheidender Sieg über die Österreicher und Sachsen. Durch Moltkes Sieg wird die Vormachtstellung Preußens in Deutschland gesichert.

1928
Fernsehen in Farbe
Erstmalig gelingt in den Baird-Studios bei London eine Farbfernsehübertragung. In Deutschland wird das Farbfernsehen 1953 offiziell eingeführt.

1942
Niederlage des deutschen Afrikakorps
Generalfeldmarschall Erwin Rommel bricht den Versuch, die Stellungen der britischen Armee bei Al-Alamain zu überwinden, ab und zieht sich mit seinen Truppen in die Defensive zurück. Kurz vor der endgültigen Kapitulation seiner Truppen wird der „Wüstenfuchs" von der Heeresleitung abgelöst.

1962
Unabhängigkeit Algeriens wird anerkannt
Nach langjähriger Kolonialherrschaft bestätigt Frankreich Algeriens Unabhängigkeit (1961). Der erste algerische Staatspräsident Ben Bella betreibt eine sozialistische Politik unter Hinwendung zur UdSSR.

1979
Keine Verjährung bei Nazi-Morden
Der Deutsche Bundestag verabschiedet ein Gesetz, nach dem die Verjährung nach 30 Jahren für Mord aufgehoben wird. Durch diese Regelung wird sichergestellt, dass Verbrechen, die während der Zeit des Nazi-Regimes begangen wurden, nicht verjähren können.

Auch das geschah an diesem Tag

1988 Durch eine ferngesteuerte Rakete des US-Kriegsschiffes „Vincennes" wird versehentlich ein iranisches Flugzeug vom Typ Airbus über dem Persischen Golf abgeschossen. Bei dem Unglück kommen alle Insassen der Maschine ums Leben.

22.6.–22.7.

Berta, Bruno, Else, Hatto, Ulrich

Gina Lollobrigida

Giuseppe Garibaldi

Frauen geben Fehler leichter zu als Männer, darum sieht es so aus, als machten sie mehr.

Gina Lollobrigida

Juli

1919
Regimewechsel in Peru
Der peruanische Präsident José Pardo y Barreda wird durch einen Militärputsch gestürzt. Zum neuen Staatspräsidenten wird Bernardino Leguia ernannt, der eine diktatorische Herrschaft ausübt (1919–30). In Zusammenhang mit der durch die Weltwirtschaftskrise ausgelösten Depression wird Leguia gestürzt, des Hochverrats angeklagt, verurteilt und inhaftiert. 1932 stirbt der ehemalige Präsident im Gefängnis von Lima.

1954
Das Wunder von Bern
Die Sensation ist perfekt: Außenseiter Deutschland besiegt im Finale der Fußballweltmeisterschaft den Favoriten Ungarn. Torschützen sind Helmut Rahn und Max Morlock. Das Spiel geht als das „Wunder von Bern" in die deutsche Fußballgeschichte ein.

Die deutsche WM-Elf

1976
Triumph in Wimbledon
Der 20-jährige Schwede Björn Borg gewinnt erstmals das Tennisturnier von Wimbledon durch einen Sieg über den Rumänen Ilie

Björn Borg

Nastase, nachdem er das Finale ohne Satzverlust erreicht hat. Dem überragenden Tennisspieler Borg gelingt es insgesamt fünf Mal hintereinander Wimbledonsieger zu werden.

1987
Lebenslänglich für Barbie
Gegen Klaus Barbie, den „Schlächter von Lyon", wird eine lebenslängliche Haftstrafe verhängt. Der ehemalige Gestapo-Chef der Stadt Lyon war maßgeblich an der Deportation von Häftlingen in Konzentrationslager beteiligt.

1997
Landung auf dem Mars
Für großes Aufsehen in den Medien sorgt die Landung der NASA-Raumsonde „Pathfinder" auf dem Mars. Mithilfe eines solarbetriebenen Fahrzeugs wird die Oberfläche des Nachbarplaneten der Erde erkundet.

Auch das geschah an diesem Tag

1976 Das Geiseldrama auf dem ugandischen Flughafen in Entebbe wird durch ein israelisches Spezialkommando beendet. Bei der Befreiung der Geiseln aus der Gewalt linksextremistischer arabischer und deutscher Entführer verlieren 31 Menschen ihr Leben. Unter ihnen befinden sich drei Geiseln sowie ein israelischer Major.

Am 4. Juli geboren:

Nathaniel Hawthorne (1804 in Salem/Massachusetts), US-amerikanischer Schriftsteller. Kern seines Werkes ist die Geschichte des puritanischen Neuengland. Sein berühmtester Roman ist *Der scharlachrote Buchstabe*. († 19.5.1864 in Plymouth/New Hampshire)

Giuseppe Garibaldi (1807 in Nizza), italienischer Freiheitskämpfer. Garibaldi ist 1848 maßgeblich am Aufstand der Italiener gegen die österreichische Vorherrschaft in den Alpen beteiligt. († 2.6.1882 in Caprera)

Calvin Coolidge (1882 in Plymouth/Vermont), US-amerikanischer Politiker. Der Republikaner Coolidge wird 1923 als 30. Präsident der Vereinigten Staaten vereidigt. Coolidge hält zunächst an der Isolationspolitik der USA fest, doch der Dawes- und Youngplan bringen schließlich eine Annäherung an die europäische Politik. († 5.1.1933 in Northampton/Massachusetts)

Gina Lollobrigida (1927 in Subiaco bei Rom), italienische Schauspielerin. In den 1950er-Jahren wird Lollobrigida mit Filmen wie *Fanfan, der Husar* (1951) zum umjubelten italienischen Filmidol.

Horst Seehofer (1949 in Ingolstadt), deutscher Politiker. Während seiner Amtszeit als Bundesgesundheitsminister (1992–98) wirkt Seehofer maßgeblich an der Gestaltung der Gesundheitsreform zur Begrenzung des Kostenanstiegs bei der gesetzlichen Krankenversicherung mit.

5 Juli

Wahre Jugend ist eine Eigenschaft, die sich nur mit den Jahren erwerben lässt.

Jean Cocteau

Jean Cocteau

Simón Bolívar

22.6.–22.7.

Albrecht, Anton, Kyrilla, Marietta

Am 5. Juli geboren:

Cecil John Rhodes (1853 in Bishop's Stortford bei Hertford), britischer Politiker. Rhodes gibt den Anstoß zur Eroberung des Betschuanalandes (1884) und zur Gründung der Britisch-Südafrikanischen Gesellschaft (1889), welche die Eroberung des nach ihm benannten Rhodesien betreibt. 1890–96 ist Rhodes Premierminister der Kapkolonie. († 26.3.1902 in Muizenberg bei Kapstadt)

Jean Cocteau (1889 in Maisons-Lafitte/Paris), französischer Schriftsteller, Maler und Filmregisseur. Cocteau ist ebenso als Schriftsteller wie als Regisseur einer der wichtigsten modernen französischen Künstler. Als Regisseur schafft er zahlreiche bedeutende surrealistische Filme. († 11.10.1963 in Milly-la-Forêt/Paris)

Georges Pompidou (1911 in Montboudif), französischer Politiker. Pompidou leitet die Friedensverhandlungen mit Algerien 1961/62, hat 1962–68 das Amt des Premierministers inne und ist 1969–74 als Nachfolger von Charles de Gaulle französischer Staatspräsident. Während seiner Amtszeit kommt es zu einer stärkeren politischen Annäherung zwischen Frankreich und den USA. († 2.4.1974 in Paris)

Georges Pompidou

1436
Ende der Hussitenkriege
Durch seine Einigung mit den Anhängern des Reformators Jan Hus gelingt es Kaiser Sigismund, die Hussitenkriege (1419–36) zu beenden, die aufgrund der unerfüllten Reformforderungen der Hussiten ausgebrochen waren.

1811
Bolívar erringt Unabhängigkeit Venezuelas
Die beiden Führer der Unabhängigkeitsbewegung Simón Bolívar und Francisco Miranda proklamieren nach dem erfolgreichen Kampf gegen die spanischen Kolonialtruppen die Unabhängigkeit Venezuelas. Bis 1825 verliert Spanien seinen gesamten Kolonialbesitz auf dem südamerikanischen Kontinent.

1845
Beginn der Ära des Massentourismus
Thomas Cook (1808–92) aus dem britischen Leicester kommt auf die Idee, organisierte Ausflugsfahrten in nahe gelegene Erholungsregionen anzubieten. Er gründet ein eigenes Reisebüro und wird damit zum Pionier des organisierten Pauschaltourismus.

1919
Gründung des Deutschen Gewerkschaftsbundes
Mit der Gründung des Allgemeinen Deutschen Gewerkschaftsbundes erhalten die 52 zu den freien Gewerkschaften gehörenden Arbeitnehmerorganisationen einen gemeinsamen Dachverband zur Wahrung ihrer Interessen gegenüber den Arbeitgebern.

1932
Portugal unter autoritärer Führung
António de Oliveira Salazar wird zum portugiesischen Ministerpräsidenten ernannt. Salazar führt ein gemäßigt diktatorisches System („Estado Novo") ein und bleibt über drei Jahrzehnte an der Spitze des Staates (1932–68).

1977
Sturz und Hinrichtung Bhuttos
In Pakistan revoltiert das Militär gegen die Regierung von Ministerpräsident Zulfikar Ali Khan Bhutto. Der entmachtete Ministerpräsident Bhutto wird 1978 zum Tode verurteilt und 1979 hingerichtet.

Zulfikar Ali Bhutto

Auch das geschah an diesem Tag

1919 Auf dem zehnten Deutschen Gewerkschaftskongress in Nürnberg kommt es zur Gründung des Allgemeinen Deutschen Gewerkschaftsbunds (ADGB). **1942** Der FC Schalke wird erneut Deutscher Meister. **1945** Nachdem der Widerstand der Japaner gebrochen ist, beenden die US-amerikanischen Truppen ihre Aktivitäten zur Besetzung der Philippinen. **1985** Die BR Dtl. und die DDR vereinbaren in einem Handelsabkommen, dass der zinslose Überziehungskredit („Swing") auf 850 Mio. Verrechnungseinheiten aufgestockt wird.

22.6.–22.7.

Dominica, Goar, Maria

Frida Kahlo (Selbstporträt)

Napoleon I.

Wir spielen weiter, selbst wenn wir alte Knacker sind!

Bill Haley

6 Juli

1415
Reformator Hus wird als Ketzer verbrannt
Augrund seiner Weigerung, seine Lehre zu widerrufen, wird der Tscheche Johannes Hus als Ketzer verbrannt, nachdem er sich nachdrücklich für ein Reformprogramm gegen die zunehmende Verweltlichung der Kirche eingesetzt hat. Hus war bereits 1410 vom Papst exkommuniziert worden, beharrte jedoch bis zum Ende auf seinen religiösen Überzeugungen.

1789
Beginn der Französischen Revolution
Die Gründung einer verfassungsgebenden Nationalversammlung durch den dritten Stand bildet den Auftakt zur Volkserhebung gegen das feudale Herrschaftssystem in Frankreich. Die Französische Revolution läuft in mehreren Phasen ab. Auf die konstitutionelle Phase bis zum Sturz des Königtums (1789–92) folgt die sog. Schreckensherrschaft bis zur Auflösung des Konvents (1792–95) und als letzte Phase das Direktorium bis zum napoleonischen Staatsstreich (1795–99).

1854
Republikanische Partei gegründet
Im Kreis der Gründer der zweiten Partei in den USA befinden sich zahlreiche Gegner der Sklaverei. Als der Republikaner Abraham Lincoln (1809–65) zum Präsidenten gewählt wird, erklärt South Carolina seinen Austritt aus den USA (Sezession) und es kommt zum amerikanischen Bürgerkrieg (1861–65), der mit dem Sieg der Nordstaaten und der Abschaffung der Sklaverei endet.

1950
Oder-Neiße-Linie als Freundschaftsgrenze
Im Görlitzer Vertrag legen Polen und die DDR fest, dass die Oder-Neiße-Linie die Staatsgrenze zwischen beiden Staaten bilden soll. Von der BR Dtl. wurde die Oder-Neiße-Linie für einen langen Zeitraum völkerrechtlich nicht anerkannt. Erst im Rahmen der deutschen Wiedervereinigung wurde 1990 die Oder-Neiße-Linie von deutscher Seite anerkannt.

Auch das geschah an diesem Tag
1809 Kaiser Napoleon I. schlägt in der Schlacht bei Wagram die Erhebung der

Schlacht bei Wagram

Österreicher gegen die französische Herrschaft nieder. **1941**. Die WCBS- und WNBT-Fernsehstation in New York strahlt als erster Sender eine regelmäßige Nachrichtensendung aus. **1975** Arthur Ashe gewinnt als erster farbiger Tennisspieler das Herreneinzel-Finale von Wimbledon. **1988** Durch einem Brand auf der Ölplattform „Piper Alpha" in der Nordsee werden 167 Männer getötet. **1995** Der US-amerikanisch-bulgarische Verpackungskünstler Christo verhüllt für zwei Wochen den Reichstag.

1967
Bürgerkrieg in Biafra
Die nigerianische Regierung schickt Soldaten in die aufständische Region Biafra. Es kommt zu einem Bürgerkrieg, in dem bis 1970 500.000 Menschen durch Waffengewalt sterben. Weitere 1,5 Mio. Menschen verhungern.

Am 6. Juli geboren:
Johann Gustav Droysen (1808 in Treptow), deutscher Historiker. Droysens Erstlingswerk *Geschichte Alexanders des Großen* (1833) macht ihn zum führenden Historiker seiner Zeit. († 19.6.1884 in Berlin)

Frida Kahlo (1907 in Coyoacán/Mexiko-Stadt), mexikanische Malerin. Nach einem Unfall, unter dessen Folgen sie ihr Leben lang leidet, wird die Allgegenwart des Todes zum Hauptthema ihrer Gemälde. († 13.7.1954 in Mexiko-Stadt)

Heinrich Harrer (1912 in Hüttenberg/Kärnten), österreichischer Naturforscher. 1938 gelingt Harrer die Erstbesteigung der berüchtigten Eiger-Nordwand. Ab den 1950er-Jahren unternimmt er eine Vielzahl von abenteuerlichen Reisen. In seinem Buch *Sieben Jahre in Tibet* (1952) berichtet Harrer von seinem Aufenthalt am Hof des 14. Dalai-Lama.

Bill Haley (1927 in Highland Park/Michigan), US-amerikanischer Rockmusiker. Haleys größter Erfolg ist *Rock around the Clock* (1954), der ihn zu einem der wichtigsten Vertreter des Rock 'n' Roll macht. († 9.2.1981 in Harlington/Texas)

7 Juli

Wir können nicht leben, wenn wir die Sonne nicht suchen.

Ludwig Ganghofer

Vasco da Gama

Gustav Mahler

22.6.–22.7.

Edelburg, Walfried, Willibald

Am 7. Juli geboren:

Ludwig Ganghofer (1855 in Kaufbeuren), deutscher Schriftsteller. Mit seiner volkstümlichen Dichtung ist Ganghofer einer der bekanntesten bayerischen Schriftsteller. († 24.7.1920 in Tegernsee)

Gustav Mahler (1860 in Kalischt/Böhmen), österreichischer Komponist und Dirigent. Der Spätromantiker setzt in seinen Sinfonien die Linie Beethovens und Bruckners fort. († 18.5.1911 in Wien)

Marc Chagall (1887 in Witebsk/Weißrussland), russisch-französischer Maler und Grafiker. Chagall wird mit seinen surrealen Gemälden zu einem der führenden Maler seiner Zeit. († 23.8.1985 in Saint-Paul-de-Vence)

Marc Chagall: *Über der Stadt*

Pierre Cardin (1922 in Venedig), französischer Modeschöpfer italienischer Herkunft. Cardin führt seit 1950 sein eigenes Haus und kultiviert einen extravaganten Stil, der sich u. a. in seinem „New-Look" mit enger Taille und runden Schultern zeigt.

1497
Portugiese findet Seeweg nach Indien

Der portugiesische Seefahrer Vasco da Gama beginnt seine Entdeckungsreise, auf der er das Kap der Guten Hoffnung umsegelt und auf dem Seeweg nach Indien gelangt. 1524 wird da Gama zum Vizekönig von Ostindien ernannt.

1807
Sieg Napoleons über Preußen

Im Frieden von Tilsit sieht sich Preußen gezwungen, seine Niederlagen gegen den französischen Kaiser anzuerkennen. Mit der preußischen Niederlage endet der Vierte Koalitionskrieg gegen den nach europäischer Vorherrschaft strebenden Napoleon.

1926
Nazis gründen Hitlerjugend

Mit der Gründung der Hitlerjugend gelingt es den Nationalsozialisten, ihren Einflussbereich auch auf die Jugend auszuweiten. Die NSDAP gründet als Jugendabteilungen der SS und der SA den Bund Deutscher Arbeiterjugend.

1927
Schutz bei Arbeitslosigkeit

Die Arbeitslosenversicherung wird eingeführt. Vom Reichstag wird mit großer Mehrheit ein Gesetz verabschiedet, das die Versicherungspflicht gegen Arbeitslosigkeit sowie einen Rechtsanspruch der Versicherten auf Arbeitslosengeld vorsieht.

1974
Deutschland gewinnt die Fußball-WM

Die deutsche Nationalmannschaft gewinnt das Finale um die Fußball-Weltmeisterschaft gegen die Niederlande im Münchner Olympiastadion mit 2:1. Sie gewinnt damit zum zweiten Mal seit 1954 den Weltmeistertitel.

Auch das geschah an diesem Tag

1902 Der Rheinhafen in Karlsruhe wird feierlich für den Schiffsverkehr geöffnet. **1944** Zur Vorbereitung der Invasion der Alliierten in der Normandie werden die deutschen Stellungen in Frankreich verstärkt von der Luft aus angegriffen. **1952** Als Auszeichnung für die schnellste Atlantiküberquerung erhält das US Marineschiff „United States" das Blaue Band. **1972** Die Einführung der reformierten gymnasialen Oberstufe mit einem System von Grund- und Leistungskursen wird von der deutschen Kultusministerkonferenz beschlossen. **1985** Der 17-jährige Boris Becker aus Leimen bei Heidelberg gewinnt durch ein 6:3, 6:7, 7:6 und 6:4 gegen den US-Amerikaner Kevin Curren mit 17 Jahren als jüngster Spieler aller Zeiten das Herreneinzel der Tennismeisterschaften in Wimbledon. **1996** Der Polizei gelingt es, zwei Brüder festzunehmen, die versucht haben, den ALDI-Konzern mit Sprengstoffanschlägen zu erpressen. **1999** Nach einem Angriff der indischen Luftwaffe auf von Pakistan unterstützte Muslimrebellen in der Bergregion von Kargil kommt es zu einer Zuspitzung der indisch-pakistanischen Spannungen aufgrund des geteilten Kaschmir.

22.6.–22.7.

Adolf, Amalie,
Edgar, Kilian

Louis Bonaparte

John Davison Rockefeller

Ich arbeite nach dem Prinzip, dass man niemals etwas selbst tun soll, was jemand anderes für einen erledigen kann.

8
Juli

John Davison Rockefeller

1810
Auflösung der Niederlande
Kaiser Napoleon fügt das Niederländische Königreich dem französischen Staatsgebiet hinzu. Aus Protest gegen diesen Schritt Napoleons ist sein Bruder Louis Bonaparte vorher als König der Niederlande zurückgetreten.

1969
Luftgefechte über den Golan-Höhen
Bei Luftgefechten über den von Israel besetzten Golan-Höhen zwischen Israel und Syrien werden laut israelischer Darstellung zwölf syrische Militärmaschinen abgeschossen. Syrien gibt den Abschuss von vier gegnerischen Kampfjets bekannt.

1975
Versöhnungsgeste zwischen Israel und Deutschland
Als erster israelischer Regierungschef besucht Ministerpräsident Yitzhak Rabin die BR Dtl. und West-Berlin. Während seines Deutschlandaufenthaltes besucht Rabin auch das ehemalige Konzentrationslager Bergen-Belsen.

Auch das geschah an diesem Tag

1990 Deutschland wird zum dritten Mal Fußballweltmeister. Das Siegestor fällt durch einen Strafstoß kurz vor dem Ende der Partie. Mit dem Sieg gegen Argentinien im römischen Olympiastadion gelingt Deutschland zum dritten Mal nach 1954 und 1974 der Gewinn des Weltmeistertitels.

1989
Präsident Menem wird neuer Hoffnungsträger für Argentinien
Fünf Monate früher als ursprünglich geplant wird der peronistische Politiker Carlos Saúl Menem zum Präsidenten von Argentinien ernannt. Angesichts der katastrophalen wirtschaftlichen Situation, in der sich das Land befindet, ist sein Vorgänger Raúl Alfonsín vorzeitig zurückgetreten.

1997
NATO-Osterweiterung
Auf einem Gipfeltreffen der NATO-Staaten in Madrid werden Polen, Tschechien und Ungarn zu Beitrittsgesprächen eingeladen. 1999 treten diese drei Staaten endgültig der NATO bei.

Am 8. Juli geboren:

Don Carlos (1545 in Valladolid), spanischer Kronprinz. Der aufgrund der Inzucht in seiner Familie erblich stark belastete Sohn König Philipps II. versucht ohne Erfolg aus Spanien zu fliehen. Nach seiner gescheiterten Flucht wird er in Haft genommen. In Friedrich Schillers Bühnenwerk *Don Carlos* (1787) wird Don Carlos als symbolische Figur für den Kampf um die Gedankenfreiheit dargestellt.
(† 24.7.1568 in Madrid)

Ferdinand Graf von Zeppelin
(1837 in Konstanz), deutscher

Ferdinand Graf von Zeppelin

Luftschiffkonstrukteur. Zeppelin gelingt die Konstruktion des ersten lenkbaren mit Gas gefüllten Luftschiffs. Mit seinem ersten Luftschiff, dem Zeppelin LZ 1, absolviert er 1900 den ersten erfolgreichen Probeflug.
(† 8.3.1917 in Berlin)

John Davison Rockefeller (1837 in Richford/New York), US-amerikanischer Unternehmer. Die 1870 von Rockefeller gegründete Standard Oil Company und ihre Nachfolgegesellschaften verhelfen ihm zu einem ungeheuren Vermögen. Nach seinem Erfolg in der Ölindustrie engagiert sich Rockefeller auch in anderen Wirtschaftsbereichen sowie als Förderer von Kunst und Wissenschaft.
(† 23.5.1937 in Ormond Beach/Florida)

Ernst Bloch (1885 in Ludwigshafen), deutscher Philosoph. Bloch entwirft in seinen Schriften das Konzept einer humanen sowie sozial gerechten Gesellschaft. Sein drei Bände umfassendes Hauptwerk, das auf einer kritischen Auseinandersetzung mit der marxistischen Philosophie beruht, trägt den Titel *Das Prinzip Hoffnung* (1954–59). († 4.8.1977 in Tübingen)

Walter Scheel (1919 in Höhscheid bei Solingen), deutscher Politiker. Als Vizekanzler und Außenminister unter Willy Brandt ist er 1969–74 maßgeblich an der Gestaltung der Ostpolitik beteiligt. 1974–79 ist Scheel Bundespräsident.

Walter Scheel

9 Juli

Vor Fehlern ist niemand sicher. Das Kunststück besteht darin, denselben Fehler nicht zweimal zu machen.

Edward Heath

Ferdinand II.

Katharina die Große

22.6.–22.7.
Hannes, Hermine, Veronica, Wigfried

Am 9. Juli geboren:

Ferdinand II. (1578 in Graz), deutscher Kaiser (1619–37). Durch seine Maßnahmen zur Unterdrückung des Protestantismus, die zum Böhmischen Aufstand (1618) führen, wird Ferdinand zum Miturheber des Dreißigjährigen Krieges. († 15.2.1637 in Wien)

Edward Heath (1916 in Broadstairs/Kent), britischer Politiker. Der Führer der Konservativen Partei leitet als Premierminister (1970–74) die Verhandlungen über den Beitritt Großbritanniens zur Europäischen Gemeinschaft. 1972 wird der EG-Beitritt Großbritanniens endgültig unterzeichnet.

Peter Ludwig (1925 in Koblenz), deutscher Unternehmer und Kunstsammler. Die Stadt Köln erhält einen Großteil der Kunstsammlung Ludwigs, die im 1996 erbauten Museum Ludwig seitdem für die Öffentlichkeit zugänglich ist.

1762
Deutsche als russische Zarin
Katharina II., die Große, eine aus dem Hause Anhalt-Zerbst stammende deutsche Prinzessin, lässt ihren Mann, Zar Peter III., durch einen Offiziersputsch entmachten und sich selbst zur Zarin ausrufen. Der Zar wird während des Putsches von einem Offizier ermordet.

1816
Unabhängigkeit Argentiniens
Die Kämpfer der Unabhängigkeitsbewegung befreien das Gebiet des späteren Argentiniens am Río de la Plata von der spanischen Kolonialherrschaft. Der Nationalkongress verlegt daraufhin seinen Sitz von San Miguel de Tucumán in die spätere Landeshauptstadt Buenos Aires.

Buenos Aires

1914
Kapitulation der Deutschen in Südwestafrika
Die Armee der deutschen Kolonie Südwestafrika (später Namibia) gibt sich angesichts der Übermacht der britischen Truppen geschlagen. Namibia wird im weiteren Verlauf des Ersten Weltkrieges von südwestafrikanischen Truppen erobert.

1932
Ende der Reparationszahlungen
In Lausanne (Schweiz) wird von den Siegern des Ersten Weltkrieges das Ende der von Deutschland an die Siegermächte zu zahlenden Reparationszahlungen vereinbart. Die Streichung der Reparationen wird gegen die Verpflichtung zu einer Schlusszahlung von 3 Mrd. Reichsmark erreicht. Hitler lehnt die Zahlung von Reparationen ab.

1989
Doppelter deutscher Tennistriumph
Bei den internationalen Tennismeisterschaften von Wimbledon kommt es zu einem zweifachen deutschen Triumph. Während bei den Herren Boris Becker siegreich aus dem Finale hervorgeht, gewinnt Steffi Graf das Damen-Einzel.

Auch das geschah an diesem Tag

1902 Im westfälischen Hagen eröffnet Ernst Osthaus sein Folkwang Museum. **1922** Der US-Amerikaner Johnny Weissmuller schwimmt als erster Mensch die 100 m Kraul unter einer Minute. **1943** In der Nacht zum 10. Juli werfen britische Bomber über 1000 Tonnen Bomben über Gelsenkirchen ab. **1951** Großbritannien und Frankreich erklären den Kriegszustand mit Deutschland für beendet. **1964** Als erster Bundeskanzler reist Ludwig Erhard offiziell nach Dänemark, wo Fragen einer gemeinsamen Europapolitik beider Länder erörtert werden sollen. **1978** Die Premiere der Oper *Lear* von Aribert Reimann an der bayerischen Staatsoper wird zu einem sensationellen Erfolg. **1984** Nach dem Urteilsspruch eines iranischen Revolutionärsgerichts werden in Teheran 25 mutmaßliche Rauschgifthändler hingerichtet. **1997** Auf einem Gipfeltreffen in Madrid unterzeichnet die NATO ein Kooperationsabkommen in Sicherheitsfragen mit der Ukraine.

22.6.–22.7.
Alexander, Knud, Maureen, Olaf

Carl Orff

Marcel Proust

All unsere endgültigen Beschlüsse werden in einem Geisteszustand gefasst, der nicht anhalten wird.

Marcel Proust

10
Juli

1609
Konflikt der Religionen
Im Hl. Römischen Reich Deutscher Nation kommt es zu einer Vereinigung des Lagers der Katholiken und Protestanten. Nachdem die Protestanten bereits im Vorjahr eine Union gebildet haben, schließen im Rahmen der Katholischen Liga auch die katholischen Fürsten und Reichsstände ein gemeinsames Bündnis.

1943
Alliierte Landung in Süditalien
US-amerikanische und britische Truppen landen an der Südspitze Siziliens und in Agrigent. Die Westalliierten greifen somit den deutsch-italienischen Herrschaftsbereich in Europa von Süden her an.

1976
Super-Gau in Seveso
In einem Chemiewerk im oberitalienischen Seveso kommt es zu einer Explosion, bei der eine große Menge des hochgiftigen Stoffes TCDD (Dioxin) freigesetzt wird. Über 200 Menschen kommen mit Verätzungen und akuten Vergiftungserscheinungen ins Krankenhaus. Ein Gebiet von mehr als 320 Hektar, in dem rund 5000 Menschen leben, wird verseucht.

Am 10. Juli geboren:

Marcel Proust (1871 in Paris), französischer Schriftsteller. Mit seinem Roman *Die Suche nach der verlorenen Zeit* (Roman, 1913-27) etabliert sich Proust als wichtige Stimme der literarischen Moderne. Im Zentrum der Erzählung steht die psychologische Erforschung der aus dem Kreis der Pariser Aristokratie stam-

Auch das geschah an diesem Tag

1559 Nach dem Tod von König Heinrich II. werden Ritterturniere in Frankreich verboten. **1921** Die äußere Mongolei in Ulan Bator erklärt sich zur unabhängigen Republik. **1933** In Dresden werden von den Nationalsozialisten 65 mutmaßliche Mitglieder der Kommunistischen Partei Deutschlands (KPD) verhaftet. **1952** Angesichts der westlichen Bindung der BR Dtl. beschließt die SED-Führung den Aufbau einer eigenen Volksarmee. **1953** Die sowjetische Nachrichtenagentur TASS teilt mit, dass der Chef des sowjetischen Geheimdienstes wegen Spionageverdachtes festgenommen worden ist. **1961** Die USA und ihre Verbündeten verstärken laut einer Ankündigung des US-amerikanischen Verteidigungsministers Robert McNamara ihre Rüstungsaktivitäten. **1962** Mit dem „Telstar-1" wird der erste US-amerikanische Nachrichtensatellit in den Weltraum befördert. **1966** Zwei Angehörige des Ku-Klux-Klan, die einen schwarzen Lehrer hinterhältig ermordet haben, werden von einem Gericht im US-Staat Georgia zu je zehn Jahren Gefängnis verurteilt. **1992** Hanna Suchocka von der Demokratischen Union wird vom Parlament zur polnischen Ministerpräsidentin gewählt. **2002** In Berlin kommen bei einem schweren Unwetter, das auch die zeitweise Schließung des Flughafens Tegel notwendig macht, vier Menschen ums Leben.

menden Hauptfiguren. († 18.11.1922 in Paris)

Carl Orff (1895 in München), deutscher Komponist. Orffs kreative Schaffenskraft reicht von seiner Verwurzelung im bayerisch Volkstümlichen über das christliche Mysterienspiel bis hin zu seinem dramatischen Werk *Carmina Burana* (1937). († 29.3.1982 in München)

Kurt Alder (1905 in Königshütte), deutscher Chemiker. Gemeinsam mit Otto Diels entwickelt Alder die Dien-Synthese, für die er 1950 den Nobelpreis für Chemie bekommt. († 20.6.1958 in Köln)

Kurt Alder

Saul Below (1915 in Lachine/Kanada), US-amerikanischer Schriftsteller. Im Zentrum der Romane des Literaturnobelpreisträgers (1976) steht das Schicksal amerikanisch-jüdischer Intellektueller sowie ihre gesellschaftlichen Probleme.

11 Juli

Wer sich im alten Jahr nicht getraut hat, wird auch dem neuen Jahr nicht trauen.

Herbert Wehner

Herbert Wehner — Friedrich I. von Preußen — Herbert Wehner

22.6.–22.7.

Benedikt, Olga, Oliver, Rachel

Am 11. Juli geboren:

Friedrich I. (1657 in Königsberg), preußischer König (1701–13), Kurfürst von Brandenburg (1688–1713). Friedrich sucht außenpolitisch die Nähe zu Kaiser Leopold I., den er im spanischen Erbfolgekrieg unterstützt. Der Kaiser erklärt sich im Gegenzug mit Friedrichs Selbstkrönung zum König von Preußen einverstanden. († 25.2.1713 in Berlin)

Carl Schmitt (1888 in Plettenberg), deutscher Staatsrechtler. In seinen während der Zeit der Weimarer Republik entstandenen Hauptwerken wie *Der Begriff des Patriotischen* (1932) befürwortet Schmitt das Modell eines autoritären Führerstaates und legt damit u. a. die Grundlagen für das nationalsozialistische Ermächtigungsgesetz. († 7.4.1985 in Plettenberg)

Herbert Wehner (1906 in Dresden), deutscher Politiker. Mit dem ehemaligen Kommunisten Wehner als stellvertretendem Parteivorsitzenden (1958–72) und Vorsitzendem der Bundestagsfraktion (1969–83) entwickelt sich die SPD zur Volkspartei und gelangt 1966 an die Regierung. († 19.1.1990 in Bonn)

1302
Aufstand Flanderns
Die flandrischen Zünfte sichern sich in der Schlacht bei Kortrijk in Westflandern ihre Unabhängigkeit von Frankreich. Nach der Französischen Revolution fällt Flandern erneut in französischen Besitz. Nach der Revolution von 1830 wird Flandern schließlich ein Teil des Königreichs Belgien.

1613
Aufstieg der Romanow-Dynastie
Mit der Krönung Michail Romanows zum russischen Zaren beginnt die bis 1917 währende Herrschaft der Romanow-Dynastie. Im Revolutionsjahr wird Zar Nikolaus II. von den revolutionären Kräften zur Abdankung gezwungen.

1960
Tschechoslowakei wird Zweivölkerstaat
Nach der Verabschiedung der neuen Verfassung der Tschechoslowakei entsteht ein Staat mit zwei gleichberechtigten Nationen. In der Tschechoslowakischen Republik besitzen Tschechen und Slowaken die gleichen Rechte.

Auch das geschah an diesem Tag

212 n. Chr. In der *Constitutio Antoniniana* wird allen freien Reichsangehörigen das römische Bürgerrecht verliehen. **1346** Der böhmische Thronfolger Karl, mit dem Spitznamen „Pfaffenkönig", wird von den Kurfürsten zum König des deutschen Reiches gekrönt. **1882** Die Mittelmeerstadt Alexandria wird von britischen Kriegsschiffen aus bombardiert. **1894** Die Vorwürfe wegen angeblichen Verrats gegen den jüdischen Hauptmann im französischen Generalstab, Alfred Dreyfus, erweisen sich als ungerechtfertigt, woraufhin Dreyfus in vollem Umfang rehabilitiert wird. **1916** Aufgrund seines offenen Einsatzes für den Pazifismus verliert der britische Mathematiker und Philosoph Bertrand Russel seinen Lehrstuhl an der Universität von Cambridge. **1942** In Serbien und an der italienisch-kroatischen Grenze beginnen serbische Partisanen einen Angriff auf die Besatzungstruppen der deutschen Wehrmacht. **1979** Durch den Absturz des US-amerikanischen Raumlabors „Skylab" entsteht kein Schaden, da das Weltraumlabor vor der australischen Küste ins Meer fällt. **1982** Im Fußballweltmeisterschafts-Endspiel besiegt Italien die deutsche Mannschaft klar mit 3:1 und damit zum dritten Mal Weltmeister. **1983** Beim Absturz eines ecuadorianischen Linienflugzeugs vom Typ Boeing 737 in der Nähe von Cuenca kommen sämtliche 119 Insassen ums Leben.

Skylab

22.6.–22.7.

Eleonore, Felix, Henriette, Nabor

Stefan George

Henry David Thoreau

Zur Wahrheit gehören immer zwei: einer, der sie sagt, und einer, der sie versteht.

Henry David Thoreau

Juli

1679
Habeas-Corpus-Akte
Die Habeas-Corpus-Akte schützt jeden englischen Bürger vor willkürlicher Verhaftung. Sie findet als wichtiger Rechtsgrundsatz Eingang in die Verfassungen zahlreicher weiterer Staaten. Der Schutz vor willkürlicher Verhaftung ist als grundlegendes Rechtsprinzip auch im deutschen Grundgesetz verankert.

Cooks letzte Weltreise

1776
Cooks letzte Weltreise
Der britische Entdecker James Cook startet zu seiner dritten und letzten Weltreise, bei der er u. a. die Alaskaküste und die Beringstraße erkundet. Die Suche nach einer nördlichen Durchfahrt zwischen den beiden Weltmeeren bleibt jedoch erfolglos.

1806
Napoleon lässt Rheinbund gründen
Napoleon veranlasst die Gründung des Rheinbundes, in dem zunächst 16 Fürsten vereinigt sind, die sich vom Hl. Römischen Reich Deutscher Nation für unabhängig erklären. In der Folgezeit kommen weitere Kleinstaaten hinzu. Als Bundesgenossen Napoleons sind die Rheinbundfürsten dazu verpflichtet, Napoleon Truppenkontingente zur Verfügung zu stellen. Im Verlauf der Befreiungskriege gegen Napoleon kommt es zur baldigen Auflösung des Rheinbundes.

1919
Ende der „Hungerblockade"
Die Alliierten heben die Wirtschaftsblockade gegen das im Ersten Weltkrieg besiegte Deutsche Reich auf. Dem viereinhalbjährigen Wirtschaftsembargo sind über eine halbe Mio. Deutsche zum Opfer gefallen.

Auch das geschah an diesem Tag
1920 Sowjetrussland und Litauen schließen einen Friedensvertrag ab, in dem das Gebiet um Wilma als litauisches Territorium anerkannt wird. **1953** Die israelische Regierung beschließt die umstrittene Entscheidung, den Sitz des Außenministeriums von Tel Aviv nach Jerusalem zu verlegen. **1998** Im Endspiel der Fußballweltmeisterschaft in Frankreich gelingt den Gastgebern ein Sieg über die brasilianische Nationalmannschaft. **2000** Nachdem bekannt geworden ist, dass in evangelischen Gemeinden zur NS-Zeit Zwangsarbeiter beschäftigt gewesen sind, will sich die Evangelische Kirche mit 10 Mio. DM an der Stiftung „Erinnerung, Verantwortung und Zukunft" beteiligen.

Am 12. Juli geboren:

Henry David Thoreau (1817 in Concord/Massachusetts), US-amerikanischer Schriftsteller. In seinem einflussreichen Essay *Über die Pflicht zum Ungehorsam gegenüber dem Staat* (1849) stellt Thoreau die natürliche Autorität des Staates nachdrücklich infrage. († 6.5.1862 in Concord)

Stefan George (1868 in Rüdesheim bei Bingen), deutscher Lyriker und Übersetzer. In seinen Werken, die ihn zum führenden Lyriker des deutschen Symbolismus machen, verwirklicht George ein strengen Regeln folgendes ästhetisches Konzept. In Gedichten wie *Das Jahr der Seele* (1897) verzichtet George komplett auf den Gebrauch von Großbuchstaben und Interpunktionszeichen. († 4.12.1933 in Minusio/Schweiz)

Richard Buckminster Fuller (1895 in Milton/Massachusetts), US-amerikanischer Ingenieur. Zu Fullers herausragenden architektonischen Leistungen gehört die Konstruktion der Kuppel der Union Tank Car Corporation in Baton Rouge (1958), die einen Durchmesser von 117 Metern besitzt. († 1.7.1983 in Los Angeles)

Pablo Neruda (1904 in Parral), chilenischer Lyriker und Diplomat. Der Literatur-Nobelpreisträger (1971) gehört zu den wichtigsten lateinamerikanischen Autoren des vergangenen Jh. († 23.9.1973 in Santiago de Chile)

13 Juli

Die Menschen glauben das, was sie wünschen.

Gaius Julius Caesar

Gustav Freytag

Gaius Julius Caesar

22.6.–22.7.

Heinrich, Mildred, Sara, Silas

Am 13. Juli geboren:

Gaius Julius Caesar (100 v. Chr. in Rom), römischer Staatsmann. Caesar stammt aus dem Geschlecht der Julier, einer einflussreichen Patrizierfamilie. Zu Beginn seiner politischen Laufbahn in Rom sichert er sich Popularität und Macht durch prunkvolle Spiele und Bestechung. Während seiner Amtszeit als Prokonsul kommt er durch die Eroberung Galliens zu Ruhm und Reichtum. Um einer Ausschaltung durch seine politischen Gegner zuvorzukommen, beginnt er den Bürgerkrieg gegen Pompejus (49 v. Chr.). 48 v. Chr. besiegt er Pompejus, der mit seinen Truppen nach Griechenland geflohen war, bei Pharsalos in Thessalien. Nach dem Ende des Bürgerkrieges (49–45 v. Chr.), in dem es ihm gelingt, auch die restlichen Pompejaner in Nordafrika und Südspanien zu schlagen, wird Caesar 44 v. Chr. Diktator auf Lebenszeit. Kurz nach seinem Amtsantritt wird er von Republikanern ermordet.
(† 15.3.44 v. Chr. in Rom)

Gustav Freytag (1816 in Kreuzburg/Oberschlesien), deutscher Schriftsteller. Das dreibändige Epos *Soll und Haben* (1855), in dem das Schicksal eines deutschen Kaufmanns beschrieben wird, wird zu einem der bekanntesten Romane des 19. Jh.
(† 30.4.1895 in Wiesbaden)

Simone Veil (1927 in Nizza), französische Politikerin. Als Gesundheitsministerin (1974–78) und Europapolitikerin setzt sich Veil für eine liberale Politik ein und erhält 1981 als erste Frau den Karlspreis. Als Präsidentin des Europaparlaments (1979–82) wirkt sie am europäischen Einigungsprozess mit. 1984–89 bekleidet sie das Amt der Fraktionsführerin der Liberalen Parteien im Europaparlament.

....

982
Niederlage für Kaiser Otto II.
Der deutsche Kaiser Otto II. erleidet auf seinem Italienfeldzug in Süditalien bei Cotrone eine Niederlage gegen die Sarazenen. Bei der Vorbereitung eines erneuten Angriffs stirbt Otto.

1700
Russischer Sieg im Türkenkrieg
Mit dem Frieden von Konstantinopel endet der Türkenkrieg zwischen Russland und dem Osmanischen Reich. Dem russischen Zarenreich werden im Friedensvertrag freie Schifffahrtsrechte im Schwarzen Meer eingeräumt.

1870
Bismarck fälscht Emser Depesche
Die Emser Depesche, die vom preußischen Ministerpräsidenten Otto von Bismarck veröffentlicht wird, enthält die Forderung Frankreichs, dass Preußen nie mehr eine Erbfolge der Hohenzollern in Spanien unterstützen dürfe. Dabei handelt es sich um eine von Bismarck vorsätzlich vorgenommene Textfälschung, die zu weiteren deutsch-französischen Spannungen und schließlich zum Krieg von 1870/71 führt.

Auch das geschah an diesem Tag

Berliner Kongress

1793 Vier Jahre nach dem Ausbruch der Französischen Revolution wird der Präsident des Jakobinerklubs, Jean Paul Marat, während eines Bades von einer politischen Gegnerin erstochen. **1878** Auf einem Kongress der europäischen Großmächte (Berliner Kongress), der von Reichskanzler Otto von Bismarck geleitet wird, kommt es zu einer Neuordnung der territorialen Besitzverhältnisse in Südosteuropa. **1908** In London beginnen die IV. Olympischen Spiele, die der olympischen Bewegung endgültig internationale Anerkennung bringen. **1930** Veranstaltungsort für die erste Fußball-WM ist Uruguay, das mit einem 4:2-Sieg gegen Argentinien den Titel gewinnt. **1967** Soziale Missstände unter der schwarzen Bevölkerung führen zu Aufständen in verschiedenen Städten der USA, bei denen 26 Menschen ums Leben kommen.

22.6.–22.7.

Boswin, Kamillo, Roland, Wanda

Jules Mazarin

Ingmar Bergman

Es gibt keine Grenzen. Nicht für die Gedanken, nicht für die Gefühle. Die Angst setzt die Grenzen.

Ingmar Bergman

14
Juli

1683
Türken dringen bis Wien vor
Die Türken stehen vor den Toren der Stadt Wien. Nach mehreren Monaten des Belagerungszustandes gelingt es den Österreichern jedoch, sich durch den Sieg in der Schlacht am Kahlenberg am 12. September 1683 von der Belagerung durch die Türken zu befreien und das Abendland vor einer Eroberung durch den Islam zu bewahren.

1789
Sturm auf die Bastille
Das Staatsgefängnis der Monarchie, die Pariser Bastille, wird von aufgebrachten Bürgern und Handwerkern gestürmt. Der Sturm auf die Bastille bedeutet den Beginn der Französischen Revolution. (1795–99). Als Resultat der Französischen Revolution werden das absolutistische Königtum und der Feudalstaat endgültig abgeschafft.

Sturm auf die Bastille

1880
Kulturkampf am Ende
Der Kulturkampf, ein bereits seit zehn Jahren andauernder Konflikt zwischen Staat und Kirche, wird durch die Aufhebung des sog. Brotkorbgesetzes beendet. Laut der Weisung von Reichskanzler Otto von Bismarck wird die Sperrung der Zahlung von Finanzmitteln des Staates an die Kirche aufgehoben und Bischöfe sind nicht länger verpflichtet, einen Eid auf die preußischen Gesetze zu leisten.

1908
Politischer Schaden für Deutschland
Reichskanzler Fürst von Bülow tritt von seinem Amt zurück, nachdem er eine kaiserliche Stellungnahme einfach bedenkenlos weitergeben ließ, ohne den brisanten Inhalt zu bedenken. In der Stellungnahme sind überhebliche Aussagen Wilhelms II. enthalten, die das deutsche Verhältnis zu Großbritannien erheblich belasten.

1917
Rücktritt des Reichskanzlers
Angesichts einer völlig desolaten wirtschaftlichen und militärischen

Auch das geschah an diesem Tag
1933 Die Nazis verhängen ein allgemeines Parteiverbot. **1964** Die US-amerikanische Raumsonde „Mariner 4" sendet Bilder von der Oberfläche des Mars. **1977** Durch einen Blitz wird das gesamte Stromnetz der Stadt New York für 24 Stunden stillgelegt.

Situation tritt Reichskanzler Theobald von Bethmann Hollweg von seinem Amt zurück. Zu seinem Nachfolger wird mit Georg Michaelis der Wunschkandidat der Obersten Heeresleitung ernannt.

Am 14. Juli geboren:

Jules Mazarin (1602 in Pescina/Italien), französischer Staatsmann und Kardinal. Durch sein diplomatisches Geschick hat Mazarin großen Anteil an der Sicherung der europäischen Vormachtstellung Frankreichs, die v. a. auf den im Westfälischen Frieden (1648) erzielten bedeutenden Gebietsgewinnen für Frankreich basiert. († 9.3.1661 in Vincennes)

Gerald Rudolph Ford (1913 in Omaha/Nebraska), US-amerikanischer Politiker. Der Republikaner Ford ist ab 1973 zunächst Vizepräsident und wird 1974 nach dem Watergate-Skandal, der Richard Nixon zum Rücktritt zwingt, der 38. Präsident der USA. Unter Ford wird die Politik der Annäherung gegenüber dem Ostblock fortgesetzt.

Ingmar Bergman (1918 in Upsala), schwedischer Film- und Theaterregisseur sowie Drehbuchautor. Im Mittelpunkt der Filme Bergmans steht die Auseinandersetzung mit religiösen Fragen und mit dem Konflikt zwischen den Geschlechtern, wie z. B. in *Szenen einer Ehe* (1973).

Lino Ventura (1919 in Parma/Italien), französischer Schauspieler. Seine Rollen als Gangster und später als Kommissar in diversen Kriminalfilmen verschaffen Ventura in den 1950er-Jahren einen hohen Bekanntheitsgrad. († 22.10.1987 St. Cloud bei Paris)

15 Juli

In der Liebe suchen die meisten ewige Heimat. Andere, sehr wenige aber, das ewige Reisen.

Walter Benjamin

Jaques Derrida

Walter Benjamin

22.6.–22.7.

Björn, David, Donald, Waldemar

Am 15. Juli geboren:

Walter Benjamin (1892 in Berlin), deutscher Schriftsteller und Literaturkritiker. Als Kultursoziologe verbindet Benjamin Einsichten des historischen Materialismus mit den Erkenntnissen jüdischer Mystik. In seinem viel beachteten Werk *Das Kunstwerk im Zeitalter seiner technischen Reproduzierbarkeit* (1936) analysiert er den politischen Stellenwert der Kunst. 1940 wählt Benjamin den Freitod. († 27.9.1940 in Port Bou/Frankreich)

Leon Max Lederman (1922 in New York), US-amerikanischer Physiker. 1988 erhält Lederman den Nobelpreis für Physik für ein Schlüsselexperiment der Elementarteilchenphysik, das die Verschiedenheit von Elektron-Neutrino und Myon-Neutrino beweist.

Jaques Derrida (1930 in Bel Air/Algerien), französischer Philosoph. Derrida setzt sich in seinem Werk *Die Schrift und die Differenz* (1967) kritisch mit dem Wirklichkeitsgehalt der Sprache auseinander. Die Diskrepanz zwischen dem Zeichen und seiner Bedeutung kann nach seiner Einschätzung niemals völlig überwunden werden.

1435
Privilegien für die Hanse

Die Hanse erlebt ihre Blütezeit, nachdem Dänemark den deutschen Hansestädten das Recht zum freien Handel gewährt. In der Folgezeit entwickelt sich die Hanse auch zu einer militärischen Streitmacht, die zur Wahrung ihrer Handelsrechte auch vor bewaffneten Konflikten nicht zurückschreckt. Massive Unterstützung erfährt die Hanse durch den Deutschen Orden, der weitgehend die gleichen Interessen verfolgt, während Kaiser und Reich gegen die Hanse sind.

1933
Viererpakt wertet Hitler auf

Deutschland, Frankreich, Großbritannien und Italien unterzeichnen einen Viererpakt, der die Bündnispartner zur gegenseitigen Kooperation verpflichtet. Der Pakt bedeutet für die deutschen Bestrebungen nach europäischer Anerkennung einen deutlichen Schritt nach vorne.

1947
Nazi-Verbrecher vor Gericht

In Nürnberg beginnt das juristische Verfahren gegen ehemalige Wehrmachts-Offiziere, die überwiegend auf dem Balkan und in Norwegen Befehlsgewalt hatten. Ihnen wird u. a. die Ermordung von rund 13.000 Geiseln zur Last gelegt.

Auch das geschah an diesem Tag

1410 Der Deutsche Orden erleidet in der Schlacht bei Tannenberg eine schwere Niederlage gegen Polen-Litauen. **1927** Bei blutigen Auseinandersetzungen infolge des Freispruchs von drei Mitgliedern einer rechtsgerichteten Kämpfervereinigung kommen in Wien 90 Menschen ums Leben. **1927** Das Bündnis zwischen der nationalchinesischen Volkspartei (Kuomintang) und der kommunistischen Partei unter der Führung von Mao Tse-tung wird offiziell beendet. **1930** In Alexandria kommen 18 Menschen bei Auseinandersetzungen zwischen Anhängern der nationalistischen Wafd-Partei und der Polizei ums Leben. **1955** Die erste Gegenwartskunstausstellung, „documenta", wird in Kassel eröffnet. **1967** Die UN verabschiedet eine Resolution, in der Israel aufgefordert wird, den jordanischen Teil Jerusalems wieder zu räumen. **1974** In Zypern putschen griechische Offiziere mit Unterstützung der Athener Militärregierung und zwingen den seit 1960 amtierenden Präsidenten Erzbischof Makarios zur Aufgabe seines Amtes. **1975** Der „Kabeljaukrieg" zwischen Island und Großbritannien um die Erweiterung der isländischen Fischereigewässer eskaliert in Form von bewaffneten Auseinandersetzungen.

Privilegien für die Hanse

22.6.–22.7.

Carmen, Elvira, Monulf

Kriege entstehen, weil die Menschen sich auf den Konflikt, nicht auf den Frieden vorbereiten.

16
Juli

Roald Amundsen　　Barbara Stanwyck　　Trygve Lie

1054
Kirchenspaltung in Ost und West
Papst Leo IX. belegt den Patriarchen von Konstantinopel, Michael Kerularios, mit dem Kirchenbann. Mit diesem Akt beginnt das Morgenländische Schisma, das erst 1965 offiziell aufgehoben wird.

1212
Vertreibung der spanischen Mauren
Die verbündeten Truppen von Aragon, Kastilien, Navarra und Portugal schaffen durch einen Sieg in der Schlacht bei Las Navas de Toledo die Wende zur Vertreibung der Mauren aus Spanien. Die christliche Reconquista Spaniens endet endgültig 1492 mit der Vertreibung der letzten Mauren aus Granada.

1274
Regelung der Papstwahl
Das Papstwahlgesetz, das auf dem zweiten Konzil von Lyon erlassen wird und in leicht veränderter Form bis auf den heutigen Tag Gültigkeit hat, legt u. a. fest, dass zehn Tage nach dem Tod des jeweiligen Papstes eine von der Außenwelt hermetisch abgeriegelte Kardinalsversammlung (Konklave) einberufen werden soll.

1945
Erster Atombomben-Test
Auf dem Testgelände der US-Armee in Los Alamos (New Mexiko) wird der erste Atombomben-Test durchgeführt. Im August 1945 setzen die Amerikaner mit verheeren-

Auch das geschah an diesem Tag

1661 Die ersten Banknoten in Europa werden von einem Kreditinstitut in Stockholm ausgegeben. **1860** Über 3000 Sportler nehmen am Deutschen Turnfest in Coburg teil, das für die nationale Einheit der Deutschen wirbt. **1918** Bolschewisten ermorden den russischen Zaren und seine Familie in Jekaterinburg. **1950** Uruguay wird durch einen Sieg über Brasilien im Maracaná-Stadion von Rio de Janeiro zum zweiten Mal Fußballweltmeister.

Atombomben-Test im Pazifischen Ozean

den Folgen Atombomben gegen die japanischen Städte Hiroshima und Nagasaki ein. Die Zerstörungskraft der über Hiroshima und Nagasaki abgeworfenen Atombomben entspricht derjenigen von je 20.000 der schwersten konventionellen Bomben, die im Zweiten Weltkrieg zum Einsatz kamen. Mit der Entwicklung der Atombombe wird gleichzeitig auch der Rüstungswettlauf zwischen West- und Ost-Block ausgelöst.

1990
Weg zur deutschen Einheit
Bundeskanzler Helmut Kohl einigt sich mit Staats- und Parteichef Michail Gorbatschow auf die Bedingungen für die am 3. Oktober erfolgende Vereinigung der beiden deutschen Staaten. Die Sowjetunion garantiert bedingungslos die volle staatliche Souveränität Deutschlands.

Am 16. Juli geboren:

Roald Amundsen (1872 in Borge), norwegischer Polarforscher. Amundsen gelingt 1906 als Erstem die Durchquerung der Nordwestpassage. Im Wettlauf mit Robert Falcon Scott erreicht er 1911 als erster Mensch den Südpol und entdeckte das Königin-Maud-Gebirge. Bei einem Rettungsflug für die Nobile-Expediton stürzt er ab und bleibt verschollen. († 18.6.1928 auf einem Flug nach Spitzbergen)

Trygve Lie (1896 Grogud bei Oslo), norwegischer Politiker. Lie wird 1946 der erste Generalsekretär der UNO. († 30.12.1968 in Geilo)

Barbara Stanwyck (1907 in New York), US-amerikanische Schauspielerin. Berühmt wird Stanwyck durch ihre Rollen in sozialkritischen Dramen sowie in Filmen der Schwarzen Serie wie *Frau ohne Gewissen* (1944) und *Du lebst noch 105 Minuten* (1948). († 20.1.1990 in Santa Monica/Kalifornien)

Ginger Rogers (1911 in Independence/Missouri), US-amerikanische Tänzerin und Schauspielerin. An der Seite ihres Partners Fred Astaire ist sie in Produktionen wie *Swing Time* (1936) zu sehen. Für ihre Rolle in *Kitty Foyle* (1940) erhält sie den Oscar. († 25.4.1994 in Rancho Mirage/Kalifornien)

17 Juli

Kunst ist nicht Luxus, sondern Notwendigkeit.

Lyonel Feininger

Lyonel Feininger / Dennis Hopper

22.6.–22.7.
Alex, Charlotte, Gabriele, Koloman

Am 17. Juli geboren:

Lyonel Feininger (1871 in New York), US-amerikanischer Maler und Grafiker. Feininger ist zunächst hauptsächlich als Karikaturist und später als Lehrer am Bauhaus in Weimar und Dessau (1911–33) tätig, bevor er gemeinsam mit Wassily Kandinsky, Paul Klee und Alexej von Jawlensky die Gruppe der Blauen Vier gründet. Feininger schafft v. a. Architektur- und Landschaftsbilder in einem vom Kubismus beeinflussten flächig-transparenten Stil.
(† 13.1.1956 in New York)

Abbé Georges Lemaître (1894 in Charleroi), belgischer Theologe und Astrophysiker. Mit seinem Modell eines expandierenden Weltalls ist Lemaître der erste Wissenschaftler, der die Hypothese vom Urknall als Erklärung für die Entstehung des Universums vertritt.
(† 20.6.1966 in Löwen)

Auch das geschah an diesem Tag

1922 Die regierungsfeindlichen Aktivitäten faschistischer Gruppen verursachen in Italien eine Regierungskrise, die zur Auflösung des Kabinetts führt. **1961** In einem Antwortschreiben auf das sowjetische Deutschland-Memorandum vom 4. Juni verneinen die Westmächte die Behauptung, dass Berlin auf dem Territorium der DDR liege. **1974** Der Iran beteiligt sich mit rund 25% an der Bochumer Krupp-Hüttenwerke AG. **1975** Durch einen Sprengstoffanschlag der IRA werden in Armagh (Nordirland) vier britische Soldaten getötet. **1986** Kurz nach dem Start explodiert in New York eine Boing 747 der US-Fluggesellschaft TWA und stürzt ins Meer. 230 Menschen kommen bei dem Flugunglück ums Leben. **1990** Das Parlament von Zaire genehmigt die Zulassung weiterer Parteien und leitet damit die Entwicklung zu einem politischen Mehrparteiensystem ein. **1994** Als erstes Land gewinnt Brasilien durch einen Sieg gegen Italien im Rose-Bowl-Stadion von Los Angeles zum vierten Mal die Fußballweltmeisterschaft. **2001** Bei einem schweren Erdbeben verlieren in Südtirol vier Menschen ihr Leben.

1917
Namensänderung im Haus Windsor
Während des Ersten Weltkrieges ändert das britische Königshaus den Namen seiner Dynastie von Sachsen-Coburg-Gotha in Haus Windsor um. Die Namensgebung bezieht sich auf das bei New Windsor gelegene Stammschloss Windsor. Mit der Namensänderung sollen die letzten Zeichen einer Zusammengehörigkeit mit dem Kriegsgegner Deutschland gelöscht werden.

1945
Potsdamer Konferenz
Auf der Potsdamer Konferenz treffen sich US-Präsident Harry S. Truman, der sowjetische Staats- und Parteichef Josef W. Stalin und der britische Premier Winston Churchill, um sich über die politische und wirtschaftliche Zukunft des geschlagenen Deutschlands zu einigen.

1969
Kultfilm der Hippie-Bewegung
Der Film *Easy Rider* von Regisseur

Easy Rider. Filmszene

Dennis Hopper und Drehbuchautor Peter Fonda trifft wie kein anderes Werk das Lebensgefühl der rebellischen Jugend. Die Musik zum Film stammt von populären Bands wie „Steppenwolf", die mit ihrer Hymne gegen das Establishment *Born to be Wild* weltberühmt werden.

1975
Begegnung im Weltraum
Das sowjetische Raumschiff „Sojus 19" trifft mit der Apollo-Kapsel der USA zum ersten gemeinsamen Raumfahrtunternehmen zusammen. Die beiden Raumschiffe bleiben für knapp zwei Tage aneinander gekoppelt.

1979
Flucht des Diktators
Nach dem Ende des Bürgerkrieges in Nicaragua flieht Diktator Anastasio Somoza Debayle ins US-Amerikanische Exil. Die wegen ihrer brutalen Foltermethoden berüchtigte Nationalgarde wird von der siegreichen sandinistischen Befreiungsfront entmachtet.

22.6.–22.7.

Arnold, Arnulf, Friedrich, Odilia

Nelson Mandela und Frederik Willem de Klerk

Wer etwas bewirken will, muss große Worte finden.

Kurt Masur

18 Juli

387 v. Chr.
Eroberung Roms
Der keltische König Brennus erobert Rom. Nur durch die Zahlung eines Lösegelds können die Kelten dazu veranlasst werden, Rom wieder zu verlassen. Angeblich soll Brennus das Lösegeld für die Stadt in Form von 1000 Pfund Gold mit falschen Gewichten abgewogen haben. Der Überlieferung nach soll Brennus als Erwiderung auf den Protest der Römer gegen den offensichtlichen Betrug mit dem Ausruf „vae victis – Wehe den Besiegten" sein Schwert in die Waagschale geworfen haben.

64 n. Chr.
Rom steht in Flammen
Im Circus Maximus in Rom bricht ein Feuer aus, das sich innerhalb kürzester Zeit über die ganze Stadt ausbreitet. Vermutlich ist das Feuer von Kaiser Nero gelegt worden, um die Stadt anschließend gemäß seinen Vorstellungen neu errichten zu lassen. Nero gibt den Christen die Schuld an dem Feuer und leitet damit die erste Christenverfolgung in Rom ein.

1925
Hitlers *Mein Kampf* erscheint
Das politische Manifest Adolf Hitlers wird unter dem Titel *Mein Kampf* veröffentlicht. Hitlers politische Vorstellungen sind v. a. durch einen starken Antisemitismus geprägt. Er propagiert in seinem Buch die Idee eines rassisch gereinigten Führerstaates. Sein Werk findet aufgrund seines umständlichen Stils zunächst wenig Aufmerksamkeit. Den eigentlichen politischen Durchbruch erreichen die Nationalsozialisten erst nach der Weltwirtschaftskrise (1929–33).

1936
Beginn des Spanischen Bürgerkrieges
Gegen die aus den Wahlen im Februar 1936 siegreich hervorgegangene Volksfront, die die Regierung bildet, erheben sich unter Beteiligung von General Francisco Franco die Garnisonen in Spanisch-Marokko. Die Erhebung erfasst ganz Spanien und weitete sich zum Spanischen Bürgerkrieg (1936–39)

Auch das geschah an diesem Tag
1870 Das Dogma von der Unfehlbarkeit des Papstes wird vom 1. Vatikanischen Konzil angenommen. **1955** Mit der Eröffnung von Disneyland bei Los Angeles verwirklicht der Trickfilmzeichner und Filmproduzent Walt Disney seinen Traum von einem Vergnügungspark für die gesamte Familie. **1988** Nach dem Beschluss über den Verbleib von Berg-Karabach bei der Republik Aserbeidschan brechen Unruhen in den sowjetischen Südrepubliken aus.

Circus Maximus in Rom

aus. Nach dem Ende des Krieges wird das Land 40 Jahre lang diktatorisch von Franco regiert.

Am 18. Juli geboren:

Andrej Andrejewitsch Gromyko (1909 in Gromyki bei Gomel), sowjetischer Politiker. Während seiner Amtszeit als Außenminister (1957–85) finden zahlreiche bedeutsame politische Ereignisse wie z. B. die Kubakrise (1961), der sowjetische Einmarsch in die Tschechoslowakei (1968) und die Invasion in Afghanistan (1979) statt. 1985–88 ist Gromyko Vorsitzender des Präsidiums des Obersten Sowjets. († 2.7.1989 in Moskau)
Nelson Mandela, (1918 in Umtata/Transkei), südafrikanischer Politiker aus dem Volk der Xosa. Durch seinen 28-jährigen Gefängnisaufenthalt wird der Führer des Afrikanischen Nationalkongresses zur Symbolfigur im Kampf gegen die Apartheid. 1993 erhält er gemeinsam mit dem weißen Präsidenten Willem de Klerk für sein gewaltfreies Konzept zur Überwindung der Apartheid den Friedensnobelpreis. Mandela wird 1994 bei den ersten freien Wahlen zum südafrikanischen Präsidenten gewählt und bekleidet dieses Amt bis 1999.
Kurt Masur (1927 in Brieg/Schlesien), deutscher Dirigent. Der Leiter des Leipziger Gewandhausorchesters (1970–96), mit dem er zahlreiche Gastspiele gibt, engagiert sich beim politischen Umsturz in der DDR 1989. 1991 wird er zum Chefdirigenten der New Yorker Philharmoniker berufen. 2002 wird er Musikdirektor des Orchestre National de France.

19 Juli

Wer nicht mehr will, als er kann, bleibt unter seinem Können.

Herbert Marcuse — Gottfried Keller — Herbert Marcuse

22.6.–22.7.

Bernold, Bernulf, Marina

Am 19. Juli geboren:

Gottfried Keller (1819 in Zürich), schweizerischer Schriftsteller. Mit seinem Bildungsroman *Der grüne Heinrich* (1854/55) und seinen nachfolgenden Werken wird Keller zu einem der wichtigsten Vertreter des „Poetischen Realismus". († 15.7.1890 in Zürich)

Carl-Ludwig Schleich (1859 in Stettin), deutscher Chirurg und Schriftsteller. Schleich gilt als Erfinder der örtlichen Betäubung bei chirurgischen Operationen. († 7.3.1922 in Bad Saarow bei Berlin)

Ignaz Seipel (1876 in Wien), österreichischer Theologe und Politiker. Seipel zeichnet sich in seinen verschiedenen politischen Ämtern (u. a. 1926–29 Bundeskanzler) v. a. durch seine streng antisozialistische Haltung und seine Abneigung gegen den Parteienstaat aus. († 2.8.1932 in Pernitz/Niederösterreich)

Herbert Marcuse (1898 in Berlin), US-amerikanischer Sozialphilosoph. Gemeinsam mit Theodor W. Adorno gilt Marcuse als Vater der Kritischen Theorie. Durch seine kritischen Analysen der kapitalistischen Gesellschaft wird er zum intellektuellen Idol der 68er-Generation. († 29.7.1979 in Starnberg)

Auch das geschah an diesem Tag

Entartete Kunst

1525 Die katholischen Fürsten Norddeutschlands vereinigen sich im Dessauer Bund als Gegenbewegung zur Reformation. **1695** In England erscheint die erste öffentlich publizierte Heiratsanzeige der Welt. **1747** Persien wird geteilt, nachdem der Herrscher des neupersischen Reiches, Nadir Schah, von Angehörigen der Armee ermordet wurde. **1917** Der deutsche Chirurg Ferdinand Sauerbruch entwickelt die erste bewegliche Prothese, bei der die Finger mithilfe eines Zugsystems bewegt werden können. **1937** Die Nazis zeigen im Rahmen der Wanderausstellung „Entartete Kunst" Werke von Künstlern wie Paul Klee und Max Ernst, die als „artfremd" und „ungesund" bezeichnet werden. **1944** Der amtierende US-Präsident Franklin Delano Roosevelt wird von den Demokraten zum Kandidaten für die bevorstehenden Präsidentschaftswahlen nominiert. **1947** Die USA verwalten im Auftrag der UNO den pazifischen Inselstaat Mikronesien. **1952** Der Bundestag verabschiedet das Betriebsverfassungsgesetz, in dem die Mitbestimmungsrechte der Arbeitnehmer festgelegt werden. **1961** Das Emirat Kuwait wird mit britischer Zustimmung unabhängig.

711
Eroberung Spaniens durch die Mauren
Die Westgoten unter Roderich werden von den Mauren geschlagen. Nach Roderichs Niederlage gehen Angehörige des westgotischen Adels zu den Berbern über. Roderich gelingt es nicht, die Ausbreitung der Mauren und den Zerfall des Westgotenreiches zu verhindern. 722 beginnt die spanische Reconquista, in der die Christen die maurischen Besitztümer zurückerobern. Den Abschluss der Reconquista bildet 1492 die Eroberung Granadas.

1870
Deutsch-Französischer Krieg
Frankreich erklärt Preußen den Krieg und beginnt damit den Deutsch-Französischen Krieg, aus dem Preußen 1871 siegreich hervorgeht. Die erste Phase des Kriegs endet mit der Kapitulation der französischen Armee bei Sedan und der Gefangennahme Napoleons. Im Verlauf des Krieges kommen auf beiden Seiten rund 190.000 Menschen ums Leben.

1980
US-Olympiaboykott
Die XXII. Olympischen Sommerspiele in Moskau finden ohne die Beteiligung der USA sowie 56 weiterer Nationen statt. Bei der von Staatschef Leonid Breschnew geleiteten Eröffnungsfeier sind nur 81 Länder vertreten. Grund für den kollektiven Boykott zahlreicher Länder ist die sowjetische Invasion in Afghanistan.

22.6.–22.7.
Betz, Elias, Margaretha

Francesco Petrarca

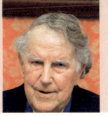
Sir Edmund Hillary

Kunst kommt von Können.
Max Liebermann

20 Juli

1235
Kaiserhochzeit in Köln
Der römisch-deutsche Kaiser Friedrich II. heiratet in Köln Isabella, die Schwester Heinrichs III. von England. Bei der Trauung und den anschließenden Feierlichkeiten ist eine Vielzahl von Adliger und geistiger Würdenträger anwesend.

1940
Achse Berlin-Rom
Der faschistische Ministerpräsident von Italien, Benito Mussolini, erklärt in einem Telegramm an den deutschen Reichskanzler Adolf Hitler, „dass das italienische Volk, was auch kommen mag, mit dem Ihrigen marschieren wird, bis an das Ende, das heißt, bis zum Sieg". Am 3. September 1943 wird Italien trotz der Treueschwüre des „Duce" durch die Alliierten zur Kapitulation gezwungen.

1944
Gescheiterter Anschlag auf Hitler
Vier Menschen sterben bei einem missglückten Bombenattentat auf Adolf Hitler im Führerhauptquartier „Wolfsschanze". Hitler wird nur leicht verletzt. Die Attentäter Claus Graf Schenk von Stauffenberg, Albrecht Mertz von Quirnheim, Werner Karl von Haeften und Friedrich Olbricht werden hingerichtet. Ludwig Beck wählt den Freitod.

1954
Übertritt in die DDR
Der Übertritt des Präsidenten des Bundesamtes für Verfassungsschutz, Otto John, in die DDR sorgt für den bisher größten Skandal in der Geschichte des deutschen Geheimdienstes. John begründet seinen spektakulären Schritt damit, dass er durch sein Handeln zur Wiedervereinigung der beiden deutschen Staaten beitragen möchte.

Am 20. Juli geboren:

Francesco Petrarca (1304 in Arezzo), italienischer Dichter. Mit seinen in Sonettform abgefassten Liebesgedichten wird Petrarca zum wichtigsten italienischen Lyriker und Mitbegründer des Humanismus. In seinem *Canzoniere* (1470) spiegelt sich die Liebe zu seiner Geliebten Laura wider. Petrarca übt sowohl inhaltlich als auch formal einen entscheidenden Einfluss auf die gesamte Lyrik des 15. und 16. Jahrhunderts aus. († 19.7.1374 in Arquà in Padua)

Max Liebermann (1847 in Berlin), deutscher Maler. Bis 1900 bleibt Liebermann der in dunkler Malweise ausgeführten Darstellung des arbeitenden Menschen treu; danach hellt sich die Farbgebung seiner Werke durch den Einfluss des französischen Impressionismus auf. († 8.2.1935 in Berlin)

Sir Edmund Hillary (1919 in Auckland), neuseeländischer Bergsteiger und Arktisforscher. Hillary gelingt 1953 als erstem Menschen die Besteigung des Mount Everest im Himalaja. Nach der Besteigung des höchsten Berges der Welt leitet er 1957/58 eine Antarktis-Expedition, die den Südpol vom Rossmeer aus erreicht.

Natalie Wood (1938 in San Francisco), US-amerikanische Schauspielerin. Berühmt wird Wood durch ihre Rolle als Partnerin von James Dean in *Denn sie wissen nicht was sie tun* (1955). Ein weiterer Gipfel ihrer künstlerischen Karriere ist die Rolle der Maria in *West Side Story* (1961). († 29.11.1981 auf der Insel Santa Catalina/Kalifornien)

Auch das geschah an diesem Tag

1397 In der Union von Kalmar werden die skandinavischen Reiche unter dänischer Herrschaft vereinigt. **1866** Der österreichischen Marine gelingt in der Seeschlacht bei Lissa (heute Vis) vor der dalmatinischen Küste ein Sieg über die mit Preußen verbündeten Italiener. **1932** Reichskanzler Franz von Papen setzt per Notdekret die preußische Regierung ab und ernennt sich selbst zum Reichskommissar für Preußen. **1954** Die südasiatischen Länder Kambodscha und Laos erlangen die volle staatliche Souveränität.

Natalie Wood und James Dean in *Denn sie wissen nicht was sie tun*

21 Juli

Die Lüge tötet die Liebe. Aber die Aufrichtigkeit tötet sie erst recht.

Ernest Hemingway

Paul III.

Norbert Blüm

22.6.–22.7.

Daniel, Florentius, Julia, Stilla

Am 21. Juli geboren:

Ernest Hemingway (1899 in Oak Park/Illinois), US-amerikanischer Schriftsteller. Mit seinen lakonisch vorgetragenen Kurzgeschichten findet Hemingway ein großes Lesepublikum. Im Mittelpunkt seiner Erzählungen steht häufig das Thema Tod und Sterben. So z. B. bei *Wem die Stunde schlägt* (1940), *Fiesta* (1926) und *Der alte Mann und das Meer* (1952). Der Literaturnobelpreisträger (1954) begeht in seinem Haus Selbstmord. († 2.7.1961 in Ketchum/Idaho)

Herbert Marshall McLuhan (1911 in Edmonton/Alberta), kanadischer Kommunikationswissenschaftler. Der kritische Medienforscher McLuhan befasst sich in seinen Werken *Die Gutenberg Galaxis* (1962) und *Die magischen Kanäle* (1964) mit den durch die Massenmedien ausgelösten gesellschaftlichen Veränderungen. († 31.12.1980 in Toronto)

Norbert Blüm (1935 in Rüsselsheim), deutscher Politiker. Als Bundesarbeitsminister (1982–88) führt Blüm eine weit reichende Gesundheits- und Rentenreform durch. 1995 spielt er eine führende Rolle bei der Einführung der Pflegeversicherung, die als eigenständiger Bestandteil der Sozialversicherung das Risiko der Pflegebedürftigkeit abdeckt.

1542
Terror der Inquisition
Papst Paul III. ruft die Hl. Inquisition aus. Der blutigen Verfolgung von Kirchenkritikern fallen in Spanien, Frankreich, Italien und Deutschland zahlreiche Menschen zum Opfer. Zu den verfolgten Personenkreisen gehören Kirchenreformer, Andersgläubige, angebliche Hexen sowie politisch nicht genehme Kräfte. Die Todesstrafe durch Verbrennung wird erstmalig während der Regierungszeit Kaiser Friedrichs II. (1215–50) gegen hartnäckige Ketzer verfügt.

1773
Verbot des Jesuitenordens
Der 1534 von Ignatius von Loyola gegründete Jesuitenorden weckt aufgrund seines großen Einflusses auf Kirche und Staat so großes Misstrauen bei Papst Klemens XIV., dass dieser den Orden verbieten lässt. 1814 wird das Verbot des Ordens von Pius VII. wieder aufgehoben. In Deutschland kommt es 1872–1917 zu einem erneuten zeitweiligen Verbot des Ordens, der den Papst als einzige Autorität über sich anerkennt.

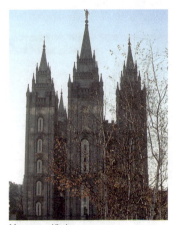
Mormonen-Kirche

1847
Siedler gründen Mormonen-Staat
Nach schweren Verfolgungen siedeln sich die aus dem Osten der USA vertriebenen Mormonen am großen Salzsee an. Aus dem Mormonenstaat entsteht 1896 der US-Bundesstaat Utah mit der Hauptstadt Salt Lake City, nachdem sich die Mormonen zum Verzicht auf die bei ihnen übliche Mehrehe verpflichtet haben.

1969
Erster Mensch auf dem Mond
Der amerikanische Astronaut Neil Armstrong betritt als erster Mensch den Mond. Gemeinsam mit Edwin Aldrin waren die beiden Astronauten vom Raumschiff „Apollo 11" gestartet, um mit der Fähre „Eagle" auf dem Mond zu landen. Das Ereignis wird live im Fernsehen übertragen und von einem Millionenpublikum in aller Welt verfolgt.

Auch das geschah an diesem Tag

1954 Nach der Unterzeichnung des Waffenstillstand-Abkommens zwischen Frankreich und der Demokratischen Republik Vietnam wird das Land in eine nördliche und eine südliche Zone geteilt. **1970** In Ägypten wird der 111 Meter hohe und 5 Kilometer lange Assuanstaudamm in Betrieb genommen. **1974** Der belgische Radrennfahrer Eddy Merckx gewinnt zum fünften Mal die Tour de France. **1994** Der luxemburgische Staatschef Jacques Santer wird in Straßburg zum neuen Präsidenten der Europäischen Kommission gewählt.

22.6.–22.7.

Laurentius, Magdalene, Verena

Gustav Hertz

Oskar Maria Graf

Europa ist zweifellos die Wiege der Kultur. Aber man kann nicht sein ganzes Leben in der Wiege verbringen.

22 Juli

1227
Ende der dänischen Expansion
Der Sieg der norddeutschen Fürsten sowie der Städte Hamburg und Lübeck über das Heer von König Waldemar II. von Dänemark bedeutet das Ende der dänischen Expansion im Ostseeraum. Waldemar, der seine Herrschaft zuvor bis nach Estland ausgedehnt hatte (1219/20), verliert durch seine Niederlage bei Bornhöved fast alle seine Eroberungen.

1933
Flug um die Erde
Als erstem Menschen gelingt dem US-amerikanischen Piloten Wiley Post der Alleinflug um die Erde. Das Flugzeug verfügt über einen Autopiloten, sodass der Pilot während des Fluges Ruhepausen einlegen kann. Post landet nach einer Rekordflugzeit von sieben Tagen, 18 Stunden und 49 Minuten in New York.

1942
Massaker im Warschauer Ghetto
Die Nazis beginnen mit der Deportation von im Warschauer Ghetto festgehaltenen polnischen Juden. Bis zum Oktober fallen über 400.000 Juden im Konzentrationslager Treblinka dem von Hitler befohlenen organisierten Massenmord zum Opfer.

Am 22. Juli geboren:

Gustav Hertz (1887 in Hamburg), deutscher Physiker. Hertz untersucht Anregungs- und Ionisationsenergien von Atomen mithilfe von Elektronen. Er erhält 1925 den Nobelpreis für Physik († 30.10.1975 in Ost-Berlin)

Arthur Seyß-Inquart (1892 in Stannern/Mähren), österreichisch-deutscher Politiker. Seyß-Inquart ist als Bundeskanzler am sog. Anschluss Österreichs an Deutschland beteiligt. 1946 wird er aufgrund seiner Nazi-Verbrechen hingerichtet. († 16.10.1946 in Nürnberg)

Oskar Maria Graf (1894 in Berg), deutscher Schriftsteller. Die in Bayern spielenden Romane Grafs schildern keine heile Heimatidylle, sondern enthalten zahlreiche sozialkritische Elemente. († 28.6.1967 in New York)

Auch das geschah an diesem Tag

1904 Alfred von Tirpitz, Staatssekretär im Reichsmarineamt, gibt den Bau des ersten U-Boots für die deutsche Kriegsmarine in Auftrag. 1919 In London wird das Ballett *Der Dreispitz* des spanischen Komponisten Manuel de Falla uraufgeführt. 1921 In Italien kommt es in den Städten Sfarzana und Triest zu blutigen Zusammenstößen zwischen Faschisten, Kommunisten und der Polizei, bei denen 31 Menschen ums Leben kommen. 1922 Die Mitglieder der Deutschen Arbeitersportbewegung treffen sich zum 30-jährigen Jubiläum zu einer Großveranstaltung, an der 100.000 Sportler teilnehmen. 1986 Als letzter europäischer Staat schafft Großbritannien die Prügelstrafe ab. 1987 Erstmals seit dem Beginn des Ersten Golfkrieges (1980) zwischen dem Irak und Iran durchqueren elf kuwaitische Öltanker unter US-amerikanischem Geleitschutz den Persischen Golf. 1987 Der Marokkaner Said Aouita benötigt als erster Läufer der Welt beim Lauf über 5000 Meter weniger als 13 Minuten. 1999 Der frühere Wirtschaftsminister Otto Graf Lambsdorff wird von Bundeskanzler Gerhard Schröder zum Regierungsbeauftragten für die Industriestiftung zur Entschädigung von NS-Opfern ernannt. 2000 Auf der internationalen Weltausstellung (Expo) in Hannover findet eine insgesamt 21 Stunden dauernde Aufführung von Goethes *Faust 1* und *Faust 2* statt.

Journalisten vor dem Eingang der „Faust-Halle" auf der Expo 2000

23 Juli

Neben den Anstrengungen der Werbewirtschaft ist Schach die größte Verschwendung menschlicher Intelligenz.

Raymond Chandler

Raymond Chandler

Haile Selassie

23.7.–23.8.

Apollinaris, Brigitta, Liborius

Am 23. Juli geboren:

Herman von Boyen (1771 in Kreuzburg/Ostpreußen), preußischer General und Politiker. Der Schüler Kants ist maßgeblich an der Durchführung der preußischen Heeresreform beteiligt. Während seiner Amtszeit als Kriegsminister (1814–19/1840–47) führt er die allgemeine Wehrpflicht ein. († 15.2.1848 in Berlin)

Raymond Chandler (1888 in Chicago/Illinois), US-amerikanischer Schriftsteller. Chandler schafft in seinem Roman *Der tiefe Schlaf* (1936) die Figur des legendären Privatdetektivs Philip Marlowe, der von Humphrey Bogart in dem Film *Tote schlafen fest* (1946) unsterblich gemacht wird. († 26.3.1959 in La Jolla/Kalifornien)

Haile Selassie I. (1892 Edjesso/Provinz Harar), Kaiser von Äthiopien (1930–74). Der letzte äthiopische Kaiser bemüht sich mit mäßigem Erfolg, sein Land zu reformieren und wird nach einer schweren Hungersnot 1974 vom Thron gestürzt. († 27.8.1975 in Addis Abeba)

Gustav Heinemann (1899 in Schwelm bei Wuppertal), deutscher Politiker. Als Zeichen des Protestes gegen die Rüstungspläne von Bundeskanzler Konrad Adenauer tritt Heinemann 1950 nach einjähriger Amtszeit als Bundesinnenminister zurück. Seit 1957 zur SPD gehörig, ist Heinemann Justizminister (1966–69) sowie der erste sozialdemokratische Bundespräsident (1969–74). († 7.7.1976 in Essen)

Gustav Heinemann

....

1215
Stauferdynastie erneut an der Macht
Durch die Krönung Friedrichs II. zum König erlangt das Geschlecht der Staufer erneut die Herrschaft im Hl. Römischen Reich Deutscher Nation. Friedrich war bereits 1196 zum König gewählt worden, doch im welfisch-staufischen Thronstreit konnte sich zunächst sein Rivale Otto IV. von Braunschweig durchsetzen. Mit der Hilfe von Papst Innozenz II. kommt es 1215 zur erneuten Königswahl des Staufers.

1532
Nürnberger Religionsfrieden
Kaiser Karl V. schließt mit dem Schmalkaldischen Bund der evan-

Karl V.

gelischen Reichsstände den Nürnberger Religionsfrieden. Die Protestanten ringen dem Kaiser ein Nichtangriffsversprechen ab und gewähren ihm im Gegenzug militärische Unterstützung gegen die Türken.

1588
Untergang der spanischen Armada
Die spanische Armada wird im Ärmelkanal vernichtend von der englischen Marine geschlagen. Der Untergang der als unbesiegbar geltenden spanischen Kriegsflotte besiegelt den Niedergang der spanischen Weltmacht und den gleichzeitigen Aufstieg Englands zur führenden Seemacht.

1942
Fehleinschätzung des Führers
In seiner „Weisung Nr. 45" befiehlt Reichskanzler Adolf Hitler, dass die deutschen Truppen nicht nacheinander, sondern gleichzeitig gegen Stalingrad und Leningrad vorgehen sollen. Aufgrund der falschen Lageeinschätzung Hitlers, der davon ausgeht, dass die russischen Kräfte bereits am Ende sind, kommt es zu der verheerenden Schlacht um Stalingrad.

Auch das geschah an diesem Tag

1866 Das Winchester-Repetiergewehr, das neben dem Colt die bevorzugte Waffe im sog. Wilden Westen ist, geht in Serienfertigung. **1952** Der ägyptische König Faruk wird von putschenden Offizieren gestürzt und gibt den Thron an seinen siebenjährigen Sohn Fuad ab. **1986** Prinz Andrew, der zweitälteste Sohn von Königin Elisabeth II. und Sarah Ferguson geben sich in Westminster Abbey das Jawort.

23.7.–23.8.

Christa, Christoph, Luise, Siglind

Simón Bolívar

Alexander Dumas

Geschäfte? Das ist sehr einfach, das bedeutet anderer Leute Geld.

Alexandre Dumas

24 Juli

1115
Päpstlicher Territorialanspruch
Der Tod der Markgräfin von Tuszien (Toskana) führt zu einem beinahe hundertjährigen Konflikt zwischen den Königen des Deutschen Reiches und dem Papst. Heinrich V. hatte die Güter der Markgräfin, die ein päpstliches Lehen waren, 1111 erhalten. Erst Friedrich II. akzeptiert schließlich 1213 den päpstlichen Territorialanspruch.

1567
Maria Stuart verzichtet auf den Thron
Die katholische Königin von Schottland, Maria Stuart, wird durch einen Aufstand des protestantischen Adels zur Abdankung gezwungen. Nachfolger auf dem Thron wird ihr einjähriger Sohn Jakob VI.

1911
Endeckung der Inka-Stadt
Der US-amerikanische Forscher Hiram Bingham entdeckt über dem Urumba-Tal in Peru die Inka-Stadt Machu Picchu. Die aus dem 15. Jh. stammende Siedlung liegt mitten im Andengebirge in einer Mulde zwischen zwei Berggipfeln. Sie befindet sich etwa 100 Kilometer nordwestlich von Cuzco in einer Höhe von 2700 Metern. Die Gebäude der Bergsiedlung bestehen aus riesigen Steinblöcken und bieten Platz für rund 10.000 Menschen.

Machu Picchu

1943
Absetzung des „Duce"
Dem italienischen Ministerpräsidenten Benito Mussolini wird durch den Faschistischen Großrat das Misstrauen ausgesprochen. König Viktor Emanuel III. lässt den „Duce" am folgenden Tag verhaften. Die neue, nicht-faschistische Regierung bekennt sich weiterhin zu Deutschland.

Auch das geschah an diesem Tag
1824 Das Zeitalter der Demoskopie wird durch die Zeitung Harrisburg Pennsylvanian eingeläutet, die anlässlich der US-Präsidentenwahl die erste offizielle Meinungsumfrage veröffentlicht. **1923** Die Unabhängigkeit der Türkei wird von den europäischen Mächten im sog. Orientfrieden anerkannt. **1938** Eine Gruppe von deutschen und österreichischen Bergsteigern bezwingt erstmals die 1800 Meter hohe Eiger-Nordwand. **1943** Über 30.000 Menschen kommen bei Bombenangriffen der Alliierten auf Hamburg ums Leben. **1992** Zum ersten Mal seit 1972 sind bei den XXV. Olympischen Sommerspielen in Barcelona wieder alle 172 olympischen Mitgliedsländer beteiligt.

1953
Ulbricht wird Parteichef
Walter Ulbricht wird auf der 15. Tagung des Zentralkomitees der SED zum Ersten Sekretär der Partei gewählt. 1960 tritt er als Vorsitzender des Staatrates auch formell an die Spitze des Staates. 1971 wird Ulbricht auch aufgrund seines Widerstandes gegen die sowjetische Entspannungspolitik durch Erich Honecker abgelöst.

Am 24. Juli geboren:

Simón Bolívar (1783 in Caracas), lateinamerikanischer Freiheitskämpfer. Das von Bolívar geführte Heer von Freiheitskämpfern beendet die spanische Kolonialherrschaft in Panama, Ecuador, Kolumbien, Bolivien und Venezuela (1810–25). Bolívars Plan einer Konföderation aller amerikanischen Länder kann jedoch nicht zu Lebzeiten des „Libertadors" verwirklicht werden. († 17.12.1830 Santa Marta/Kolumbien)

Alexandre Dumas (1802 in Villers-Cotterêts), französischer Schriftsteller. Dumas verfasst historische Romane wie *Die drei Musketiere* (1844) und *Der Graf von Montechristo* (1845/46). († 5.12.1870 in Puy)

Hans-Jürgen Wischnewski (1922 in Allenstein), deutscher Politiker. Der Sozialdemokrat mit dem Spitznamen „Ben Wisch" beweist als Staatsminister von Helmut Schmidt großes diplomatisches Geschick bei der Befreiung der Geiseln von Mogadischu (1977). 1979–82 ist Wischnewski stellvertretender Parteivorsitzender der SPD.

25 Juli

Es mag nicht immer wichtig sein, was man täglich denkt. Aber ungeheuer wichtig ist, was man täglich nicht gedacht hat.

Elias Canetti

Elias Canetti

Engelbert Dollfuß

23.7.–23.8.
Gotthalm, Jakobus, Jascha, Thea

Am 25. Juli geboren:

Arthur James Balfour (1848 in Whittingehame), Earl of Balfour (seit 1922), britischer Politiker. Während seiner Amtszeit als Premierminister (1902–05) schließt Balfour ein Bündnis mit Frankreich (Entente cordiale, 1904). Als Außenminister (1916–19) legt er mit der sog. Balfour-Deklaration, der Zusage einer nationalen Heimstätte der Juden in Palästina, die Grundlage für die Entstehung eines israelitischen Staates. († 19.3.1930 in Woking/Surrey)

Carl Miele (1869 In Herzebrock bei Gütersloh), deutscher Konstrukteur und Industrieller. Die von Miele mitbegründete gleichnamige Firma entwickelt sich zu einem der bekanntesten europäischen Haushaltsgeräte-Hersteller. († 24.12.1938 in Gütersloh)

Elias Canetti (1905 in Rustschuk/Bulgarien), deutschsprachiger Schriftsteller. In seinem Werk beschäftigt sich der Literaturnobelpreisträger (1981) u. a. mit der Unterdrückung des Individuums durch totalitäre Systeme. Als sein Hauptwerk gilt die dreibändige Autobiografie *Die gerettete Zunge* (1977), *Die Fackel im Ohr* (1980) und *Das Augenspiel* (1985). († 14.8.1994 in Zürich)

1139
Sieg über die Mauren

Nach seinem Sieg über die Mauren kommt es innerhalb des Herrschaftsgebietes von Alfons dem Kämpfer zu einer friedlichen Koexistenz von Mauren und Christen. Die Mauren werden jedoch im Verlauf der Reconquista immer weiter aus Spanien zurückgedrängt und 1492 durch die christliche Eroberung Granadas endgültig von der iberischen Halbinsel vertrieben.

1909
Flug über den Ärmelkanal

Mit seinem selbst gebauten Motorflugzeug gelingt dem Franzosen Louis Blériot als erstem Menschen die Überquerung des Ärmelkanals. Für den erfolgreichen Flug erhält der französische Flugpionier von der Zeitung *Daily Mail* eine Prämie in Höhe von 1000 Pfund Sterling.

Louis Blériot in Dover, nach der Überquerung des Ärmelkanals

1934
Nazi-Mord an Dollfuß

Ein Putschversuch der Nationalsozialisten scheitert zwar, doch der österreichische Bundeskanzler Engelbert Dollfuß wird von den Putschisten ermordet. In weiten Teilen Österreichs kommt es anschließend zu einem Aufstand der Nationalsozialisten. Die Polizei gewinnt jedoch schnell die Oberhand über die Putschisten.

1968
Päpstliches Pillenverbot

In seiner Enzyklika *Humanae vitae* bekräftigt Papst Paul VI. seine Meinung, dass der Einsatz von Verhütungsmitteln für Katholiken nicht erlaubt sei. Angesichts der Bevölkerungsexplosion in den Entwicklungsländern werfen zahlreiche Kritiker dem Papst Weltfremdheit vor.

Auch das geschah an diesem Tag

1456 Mit dem Ulmer Münster wird die größte gotische Pfarrkirche in Deutschland eingeweiht. **1570** Der zu grausamen Exzessen neigende russische Zar Iwan der Schreckliche ist in Moskau bei einer öffentlichen Massenhinrichtung von Beamten und Diplomaten anwesend. **1919** In Helsinki wird Kaarlo Justo Stahlberg zum ersten Staatspräsidenten der Republik Finnland gewählt. **1952** Die Sowjetunion und Polen einigen sich auf einen Nichtangriffspakt und eine Lösung der Grenzstreitigkeiten zwischen beiden Ländern. **1935** Auf dem VII. Weltkongress der Kommunistischen Internationale (Komintern) in Moskau wird die Bildung der Volksfront beschlossen. **1969** In Baden-Württemberg kommt es zu einem Zusammenstoß zweier kanadischer Starfighter, bei dem einer der beiden Piloten ums Leben kommt.

23.7.–23.8.

Anna, Gloria, Joachim

George Bernhard Shaw

Aldous Huxley

Wie jeder vernünftige und empfindsame Mensch verabscheue ich Arbeit.

Aldous Huxley

26
Juli

1581
Gründung der Niederlande
Die in der Utrechter Union vereinigten Provinzen Friesland, Geldern, Gronigen, Holland, Overijssel, Utrecht und Zeeland machen sich von der Herrschaft des spanischen Königs Philipp II. unabhängig und gründen die Republik der Vereinigten Niederlande. Zum Statthalter der unabhängigen Niederlande wird Wilhelm von Oranien ernannt. 1608 kommt es zu einem Waffenstillstand mit Spanien. Die endgültige Anerkennung der Republik der Vereinigten Niederlande durch Spanien erfolgt jedoch erst 1648 im Rahmen des Westfälischen Friedens.

1847
Neue Freiheit für Sklaven in Liberia
Die unabhängige Republik Liberia wird von ehemaligen Sklaven gegründet. Die Verfassung Liberias folgt liberalen Grundsätzen und orientiert sich am Beispiel der freiheitlichen Konstitution der Vereinigten Staaten.

1953
Erfolgloser Putsch in Kuba
In Kuba scheitert ein Überfall von 100 kubanischen Revolutionären unter Führung von Fidel Castro auf die Moncada-Kaserne in Santiago. Ursprünglich planen Castros Mitstreiter mit dem Überfall einen Volksaufstand gegen den Diktator Fulgenico Batista y Zaldívar auszulösen. Castro wird nach dem gescheiterten Putsch zunächst verhaftet, kommt jedoch im Rahmen einer Amnestie wieder frei. 1959 gelingt den Revolutionären schließlich der Sturz Batistas; seitdem regiert Castro als dienstältestes Staatsoberhaupt der Welt die Insel Kuba.

Am 26. Juli geboren:

Ferdinand Tönnies (1855 Oldenswort bei Husum), deutscher Soziologe und Philosoph. Die aus der Sicht der

Auch das geschah an diesem Tag

1945 Nach einer Wahlniederlage gegen die oppositionelle Labour Party sieht sich der konservative britische Premierminister Winston Churchill zum Rücktritt gezwungen. 1957 Die deutsche Zentralbank wird als zentrale Notenbank für die BR Dtl. und Berlin eingeführt. 1971 Mithilfe eines speziellen Mondfahrzeuges unternehmen die beiden US-amerikanischen Astronauten David Scott und James Irwin Erkundungsfahrten auf dem Mond. 1978 In einer Londoner Klinik kommt das erste außerhalb des Mutterleibs gezeugte Kind zur Welt.

Mondfahrzeug der Astronauten David Scott und James Irwin

Soziologie wichtige Unterscheidung zwischen *Gemeinschaft und Gesellschaft* (1887) steht im Mittelpunkt der sozialwissenschaftlichen Forschungsaktivitäten von Tönnies. († 11.4.1936 in Kiel)

George Bernhard Shaw (1856 in Dublin), irischer Schriftsteller. Der Literaturnobelpreisträger schreibt rund 70 Theaterstücke wie z. B. *Caesar und Cleopatra* (1901), in denen er Sozialkritik und Unterhaltung meisterhaft miteinander verbindet. († 2.11.1950 in Ayot St. Lawrence)

Philipp Scheidemann (1865 in Kassel), deutscher Politiker. Am 9. November 1918 proklamiert Scheidemann die deutsche Republik. 1919 ist er Reichsministerpräsident. 1933 geht Scheidemann ins Exil. († 29.11.1939 in Kopenhagen)

Aldous Huxley (1894 in Godalming/Surrey), britischer Schriftsteller und Essayist. Mit seinem utopischen Roman *Schöne neue Welt* wird der scharfsinnige Kulturkritiker weltberühmt (1932). Huxley entwirft das Schreckensbild von einer scheinbar konfliktfreien Gesellschaft, in der sich menschliches Verhalten beliebig manipulieren lässt. († 22.11.1963 in Hollywood/Kalifornien)

Stanley Kubrick (1928 in New York), US-amerikanischer Filmregisseur. Kubrick behandelt in seinen Filmen bevorzugt nicht alltägliche Themen, die stets in besonders eindrucksvoller Weise in Szene gesetzt werden. Sein berühmtestes Werk ist der Sciencefiction-Film *2001: Odysee im Weltraum* (1968), der für die damalige Zeit bahnbrechende Spezialeffekte enthält. († 7.3.1999 in Harpenden)

27 Juli

Der Glaube, es gebe nur eine Wirklichkeit, ist die gefährlichste Selbsttäuschung.

Paul Watzlawick

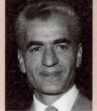
Mohammad Resa Pahlawi

Paul Watzlawick

23.7.–23.8.

Bertold, Magnerich, Natalie, Rudolf

Am 27. Juli geboren:

Hans Fischer (1881 in Höchst/Main), deutscher Chemiker. Fischer gelingt die synthetische Herstellung des Blutfarbstoffs Hämoglobin. Für diese Leistung wird er 1930 mit dem Nobelpreis für Chemie ausgezeichnet. 1935 entschlüsselt er die chemische Struktur des Chlorophylls. († 31.3.1945 in München)

Geoffrey de Havilland (1882 in Woburn/Buckinghamshire), Sir (seit 1944), britischer Flugpionier und Flugzeugkonstrukteur. De Havillands Firma produziert eine Vielzahl von Militärflugzeugen für die britische Luftwaffe. († 21.5.1965 in London)

Paul Watzlawick (1921 in Villach/Österreich), US-amerikanischer Psychotherapeut. Watzlawick gehört zu den Begründern des Konstruktivismus, der als erkenntniskritische Philosophie das Vorhandensein einer für jeden Menschen verbindlichen Realität infrage stellt. Berühmt wird der in die USA emigrierte Kommunikationsforscher durch seine humorvolle *Anleitung zum Unglücklichsein* (1983).

1830
Juli-Revolution in Frankreich
In Frankreich beginnt mit dem Aufstand gegen das bourbonische Königshaus die sog. Juli-Revolution. Sie endet einen Monat später mit der Einsetzung von Louis Philippe von Orleans als Bürgerkönig der Franzosen und führt in zahlreichen europäischen Ländern zu weiteren revolutionären Aufständen. In Frankreich wird der Adel als Herrschaftsschicht durch den Bürgerkönig Louis Philippe abgelöst. Nach der Entmachtung des Adels entsteht jedoch neues Konfliktpotenzial, da nun die unterschiedlichen Interessen innerhalb des Bürgertums stärker hervortreten.

1953
Ende des Koreakrieges
Der Koreakrieg (1950–53) zwischen dem von China und der UdSSR unterstützten kommunistischen Norden und dem von den USA unterstützten kapitalistischen Süden wird nach dreijähriger Dauer durch einen Waffenstillstandsvertrag beendet. Der Vertrag sieht vor, dass der 38. Breitengrad künftig die Grenze zwischen Nord- und Südkorea darstellen soll. Als politisch-strategische Konsequenz aus dem Koreakrieg bemühen sich die USA in der Folgezeit um den Aufbau eines verlässlichen Bündnissystems im asiatischen Raum.

1980
Tod des iranischen Schahs
Der gestürzte Schah von Persien, Mohammad Resa Pahlawi stirbt in seinem Kairoer Exil. Pahlawi hatte versucht, den Iran nach westlichem Muster zu reformieren, wobei er außenpolitisch stark in die Nähe der USA gerückt war. Gegen die zunehmende „Verwestlichung" des Iran erhob sich die von Ruhollah Khomeini angeführte Islamische Revolution, die Pahlawi 1979 dazu zwang, ins Exil zu gehen.

Auch das geschah an diesem Tag

1214 Der französische König Philipp II. besiegt in der Schlacht bei Bouvines in Flandern den englischen König Johann ohne Land und den deutschen Kaiser Otto IV. **1532** Der Reichstag in Regensburg verabschiedet eine einheitliche Rechtsprechung für das Hl. Römische Reich Deutscher Nation. **1921** An der Universitätsklinik von Toronto gelingt erstmals die Isolation von Insulin, das zur Behandlung von Zuckerkranken eingesetzt werden kann. **1948** Deutschland ist als Kriegsverlierer ebenso wie Japan von den XIV. Olympischen Sommerspielen in London ausgeschlossen. **1976** Bei einem schweren Erdbeben in der nordchinesischen Stadt Tangschan kommen 650.000 Menschen ums Leben. **1986** Greg Lemond gewinnt als erster US-amerikanischer Radrennfahrer die Tour de France. **1997** Als erster Deutscher siegt der Radrennfahrer Jan Ullrich bei der Tour de France.

Jan Ullrich gewinnt als erster Deutscher die Tour de France

23.7.–23.8.
Adele, Beatus,
Benno, Samson

Karl Popper

Ludwig Feuerbach

Der Versuch, den Himmel auf Erden zu verwirklichen, produziert stets die Hölle.

Karl Popper

28 Juli

1794
Hinrichtung Robespierres
Der französische Revolutionär und Führer der radikalen Jakobiner, Maximilien Robespierre, wird ohne vorherigen Prozess guillotiniert, nachdem er Tags zuvor vom aufgebrachten Konvent gestürzt worden ist. Robespierre hatte seine politischen Ziele v. a. durch Anwendung von ständig zunehmendem Terror zu verwirklichen versucht. Das Ende seiner Schreckensherrschaft leitet die letzte Phase der Französischen Revolution ein. Das Herrschaftssystem des Absolutismus wird als Endergebnis der Französischen Revolution durch die bürgerliche Gesellschaft abgelöst.

1821
Peru befreit sich von Spanien
Peru befreit sich nach erfolgreichem Kampf gegen die Spanier durch eine Proklamation des Generals und Unabhängigkeitskämpfers José de San Martín von der spanischen Kolonialherrschaft. Die Unabhängigkeit Perus wird durch General Antonio José de Sucres Sieg in der Schlacht bei Ayacucho (1824) gesichert.

1914
Beginn des Ersten Weltkrieges
Österreich-Ungarn erklärt Serbien den Krieg. Den unmittelbaren Anlass für die Kriegserklärung, die sich infolge einer Kettenreaktion zum Ersten Weltkrieg ausweitet, bildet das Attentat auf den österreichischen Thronfolger Franz Ferdinand in Sarajevo, für das Serbien von Österreich verantwortlich gemacht wird.

Auch das geschah an diesem Tag

1904 Reichskanzler Bernhard Graf von Bülow vereinbart mit dem Präsidenten des russischen Ministerkomitees Sergei J. Witte einen Handelsvertrag durch den die Einfuhr von russischen Waren nach Deutschland mit hohen Zöllen belegt wird. **1921** Das belgische Parlament legt für Nordbelgien Niederländisch und für Südbelgien Französisch als offizielle Amtssprachen fest. **1941** In seinen Predigten übt Clemens August Graf von Galen als Bischof von Münster öffentlich Kritik am nationalsozialistischen Regime. **1981** Der Führer der sog. Bhagwan-Sekte, Guru Bhagwan Shree Rajnesh, siedelt von Indien in die USA über, wo er sich auf einer Farm im US-Bundesstaat Oregon niederlässt, um seine Jünger um sich zu versammeln.

Bhagwan Shree Rajnesh

Am 28. Juli geboren:

Ludwig Feuerbach (1804 in Landshut), deutscher Philosoph. Feuerbach ist neben Karl Marx der wichtigste Vertreter des historischen Materialismus. In seinem Werk *Das Wesen des Christentums* übt er Kritik am Christentum, das den Menschen aus anthropologischer Sicht von seinem eigenen Wesen entfremdet. († 13.9.1872 Reichenberg bei Nürnberg)

Marcel Duchamp (1887 in Blainville bei Rouen), französischer Maler und Konzeptkünstler. Duchamp entwickelt einen eigenen provokativen Stil, indem er, ähnlich wie Joseph Beuys, aus Alltagsgegenständen Kunstobjekte, sog. Ready-mades, schafft. († 2.10.1968 in Neuilly-sur-Seine)

Karl Popper (1902 in Wien), britischer Philosoph, Sir (seit 1985). Die zentrale Idee des von Popper begründeten Kritischen Rationalismus ist die unumgängliche Begrenztheit menschlicher Erkenntnis. Gleichzeitig zeigt sich Popper in Schriften wie *Die offene Gesellschaft und ihre Feinde* (1945) als ein konsequenter Kritiker jeglicher Form von ideologischen Systemen. († 17.9.1994 Croydon bei London)

Jaqueline Lee „Jackie" Onassis (1929 in Southampton/New York), US-amerikanische Publizistin. Als Ehefrau (1953) des zehn Jahre später ermordeten US-Präsidenten John F. Kennedy wird sie gemeinsam mit ihrem Mann zum Hoffnungsträger für Millionen von Amerikanern. 1986 heiratet sie den griechischen Reeder Aristoteles Onassis. († 20.5.1994 in New York)

Jacqueline Kennedy

29 Juli

Der Mensch bleibt in kritischen Situationen selten auf seinem gewohnten Niveau. Er hebt sich darüber oder sinkt darunter.

Alexis de Tocqueville

Benito Mussolini

Mikis Theodorakis

23.7.–23.8.
Martha, Olaf, Flora, Lucilla

Am 29. Juli geboren:

Alexis de Tocqueville (1805 in Verneuil-sur-Seine), französischer Historiker und Politiker. Während seines Jurastudiums untersucht Tocqueville das amerikanische Justizwesen. *Mit La démocratie en Amérique* (1835) schafft er ein äußerst einflussreiches Werk zur allgemeinen Theorie der Demokratie. 1839–51 ist Tocqueville Abgeordneter der französischen Nationalversammlung und befürwortet trotz seiner liberalen Gesinnung die gewaltsame Bekämpfung des sozialistischen Pariser Arbeiteraufstandes. 1849 ist er für kurze Zeit Außenminister, doch nach Napoleons Staatsstreich (1851) zieht er sich von der Politik zurück, um sich nur noch seinen theoretischen Studien widmen zu können. († 16.4.1859 in Cannes)

Benito Mussolini (1883 in Predappio), italienischer Politiker. Mussolini gilt allgemein als Begründer des Faschismus. Nach dem Marsch auf Rom gründet er 1922 das erste faschistische Regime in Europa. Ab 1940 ist er militärischer Verbündeter von Adolf Hitler. 1943 wird Mussolini von den Alliierten verhaftet, jedoch kurze Zeit später von deutschen Fallschirmjägern befreit. Mit der „Repubblica Sociale Italiana" proklamiert er eine eigene Republik, die allerdings nicht lange Bestand hatte. Kurz vor Kriegsende wird er auf der Flucht verhaftet und von italienischen Partisanen erschossen. († 28.4.1945)

Ernst Reuter (1899 in Appenrade), deutscher Politiker. Der Sozialdemokrat Reuter ist 1948–53 der erste Bürgermeister von West-Berlin. († 29.9.1953 in Berlin)

Mikis Theodorakis (1925 in Chios), griechischer Komponist, Sänger und Politiker. Internationale Berühmtheit erlangt Theodorakis durch seine Filmmusik für den Film *Alexis Sorbas*. (1964)

1900
Attentat auf italienischen König
In Monza wird der italienische König Umberto I. von dem Anarchisten Gaetano Bresci durch ein Revolverattentat umgebracht. Sein Nachfolger wird Umbertos Sohn, Viktor Emanuel III., der bis 1946 auf dem Thron bleibt.

1921
Hitler wird Parteivorsitzender der NSDAP
In München wird Adolf Hitler auf einer außerordentlichen Mitgliederversammlung der NSDAP zum Parteivorsitzenden gewählt. Hitler setzt sich damit gegen den bisherigen Amtsinhaber Anton Drexler durch, der im Gegensatz zu Hitler ein Gegner des Einsatzes von Gewalt zur Verwirklichung politischer Ziele ist.

1925
Heisenberg stellt klassische Physik infrage
Mit seiner sog. Unschärferelation, nach der sich Ort und Impuls eines Elektrons niemals gleichzeitig voraussagen lassen, revolutioniert der deutsche Physiker Werner Karl Heisenberg das bisherige Weltbild der Atomphysik.

1957
Papier zur deutschen Wiedervereinigung
Bundesaußenminister Heinrich von Brentano und die Botschafter der drei Westmächte unterzeichnen in Berlin das Zwölf-Punkte-Programm für eine gemeinsame Politik zur Herbeiführung der deutschen Wiedervereinigung.

Auch das geschah an diesem Tag

1981 Die „Hochzeit des Jahrhunderts" zwischen dem britischen Thronfolger Prinz Charles und seiner Verlobten Lady Diana Spencer, die in der Londoner St.-Pauls-Kathedrale stattfindet, wird zu einem großen Medienereignis. Den Hochzeitskuss des Paares verfolgen 750 Mio. Fernsehzuschauer aus aller Welt live am Bildschirm. Das einstige Traumpaar lässt sich 1992 scheiden.

Hochzeit von Prinz Charles und Lady Diana

23.7.–23.8.
Batho, Ingeborg, Trixa

Gaius Marius

Henry Ford

Sie wollen einen Kredit? Zeigen Sie uns, dass Sie ihn nicht benötigen, und Sie bekommen ihn.

Henry Ford

30
Juli

1419
Prager Fenstersturz

Das Neustädter Rathaus in Prag wird von Anhängern des als Ketzer verbrannten Jan Hus gestürmt. Ein Richter und drei Ratsherren werden aus dem Fenster geworfen. Der erste Prager Fenstersturz bildet den Auftakt der Hussitenkriege (1419–36). Der zweite Prager Fenstersturz von 1618 führt zum Dreißigjährigen Krieg (1618–48).

Auch das geschah an diesem Tag

101 v. Chr. Der römische Heerführer Gaius Marius hält durch seinen Sieg in* der Schlacht bei den Raudischen Feldern bei Vercellae den Vormarsch der Germanen auf Rom auf. **1792** Ein in Paris einziehendes Freiwilligenbataillon singt die Marseillaise, die sich innerhalb kürzester Zeit zum allgemeinen Revolutionslied verbreitet. **1930** Bei den ersten Fußballweltmeisterschaften in der Geschichte des Fußballsports siegt die Mannschaft aus Uruguay gegen Argentinien. **1983** In Sri Lanka kommt es zum Ausbruch von politischen Unruhen, die zum Verbot von drei marxistischen sowie der größten tamilischen Partei führen. **1995** Weltmeister Michael Schuhmacher gewinnt den Großen Preis von Hockenheim.

1898
Tod Bismarcks

Nachdem er 1890 von Wilhelm II. in unwürdiger Form als Reichskanzler entlassen worden ist, stirbt Otto Fürst von Bismarck auf seinem Gut Friedrichsruh. Als „Eiserner Kanzler" genießt Bismarck bis auf den heutigen Tag große Verehrung.

1966
Wembley-Tor entscheidet Fußball-WM

Im Londoner Wembley-Stadion entscheidet der Gastgeber England das Finale der Fußballweltmeisterschaft gegen die deutsche Mannschaft mit 4:2 für sich. Beim entscheidenden Tor zum 3:2 ist nicht zweifelsfrei erwiesen, ob es sich tatsächlich um ein reguläres Tor handelt. Der Brite Geoff Hurst schießt den Ball gegen die Latte, woraufhin der Ball senkrecht zum Boden prallt, ohne dabei deutlich erkennbar hinter der Torlinie zu landen. Das Wembley-Tor gilt als die umstrittenste Schiedsrichter-Entscheidung, die jemals in einem großen Spiel gefällt wurde.

1977
RAF-Mord an Bankier Ponto

Der Vorstandsvorsitzende der Deutschen Bank, Jürgen Ponto wird in seinem Haus Opfer eines RAF-Anschlags. Die Rote Armee Fraktion wurde während der 1980er-Jahre auch vom Ministerium für Staatssicherheit der DDR unterstützt. Mehrere in der BR Dtl. gesuchte Terroristen tauchten in der DDR unter. 1998 gab die RAF ihre Selbstauflösung bekannt.

Am 30. Juli geboren:

Henry Ford (1863 in Dearborn/Michigan), US-amerikanischer Industrieller. Ford ist zunächst Ingenieur bei der Edison Company und gründet 1903 die Ford Motor Company. Weltruhm erlangt Ford durch die Produktion des

Henry Ford: Modell T (Tin Lizzy, 1912–14)

Modells T., von dem 1908–25 mehr als 15 Mio. Stück verkauft werden. Durch die Anwendung neuester wirtschaftlicher und technischer Methoden sowie durch äußerste Rationalisierung und die Einführung von Fließbandarbeit („Fordismus") wird Ford zu einem der größten Automobilkonzerne der Welt. († 7.4.1947 in Detroit).

Alfred Weber (1868 in Erfurt), deutscher Soziologe und Nationalökonom. Der Bruder von Max Weber ist der Begründer der industriellen Standortlehre und wirkt v. a. als Kultursoziologe. Sein Werk trägt den Titel *Prinzipien der Geschichts- und Kultursoziologie* (1951). († 2.5.1958 in Heidelberg)

Henry Moore (1898 in Castleford), englischer Bildhauer und Grafiker. Moore gilt mit seinen abstrakten Skulpturen als einer der bedeutendsten Bildhauer des 20. Jh. († 31.8.1986 in Hadham/Herfordshire)

Henry Moore und Skulptur

31 Juli

Unser Fühlen artet in Denken aus, und das ist unser Ende.
Peter Rosegger

Carl Friedrich Goerdeler

Kurt Sontheimer

23.7.–23.8.

German, Goswin, Hermann, Ignatius

Am 31. Juli geboren:

Philipp III., der Gute (1396 in Dijon), Herzog von Burgund (1419–67). 1430 begründet Philipp den Orden vom Goldenen Vlies. († 15.6.1467 in Brügge)

Peter Rosegger (1843 in Alpl/Steiermark), österreichischer Schriftsteller. Roseggers volkstümliche Werke wie *Als ich noch der Waldbauernbub war* (1902) sind stark vom Einfluss seiner steirischen Heimat geprägt. († 26.6.1918 Krieglach)

Erich Heckel (1883 Döbeln/Sachsen), deutscher Maler. Heckel gehört 1905 zum Gründerkreis der Künstlervereinigung „Die Brücke". Heckel wird von den Nazis als „entartet" verfemt. († 27.1.1970 in Radolfzell)

Erich Heckel: *Landschaft bei Dresden*

Carl Friedrich Goerdeler (1884 Schneidemühl), deutscher Politiker und Widerstandskämpfer. Aus Protest gegen die Rassenpolitik der Nazis tritt Goerdeler 1937 von seinem Amt als Oberbürgermeister von Leipzig zurück. Für den Fall eines erfolgreichen Putsches gegen Adolf Hitler ist Goerdeler als führender Kopf der Widerstandsbewegung als Reichskanzler vorgesehen. Nach dem gescheiterten Anschlag auf Hitler wird er verhaftet und zum Tode verurteilt. († 2.2.1945 in Berlin)

Kurt Sontheimer (1928 in Gernsbach/Baden), deutscher Politikwissenschaftler. Sontheimer übt in seinen Schriften wie *Die verunsicherte Republik* (1979) gleichermaßen Kritik am rechten wie am linken politischen Lager und schaltet sich über die Medien regelmäßig in aktuelle politische Diskussionen ein.

....

1826
Letztes Ketzer-Todesurteil
Im spanischen Valencia wird der letzte Ketzer im Rahmen der hl. Inquisition hingerichtet. 1834 wird die seit dem 13. Jh. bestehende Inquisition schließlich endgültig abgeschafft, da die grausamen, aus dem Mittelalter stammenden Methoden sich nicht mit der vom zweiten Vatikanischen Konzil bestätigten Gewissensfreiheit vereinbaren lassen.

1932
Wahlsieg der Nationalsozialisten
Die NSDAP wird mit 37,4 % der Stimmen und 220 Sitzen zur stärksten Fraktion im Parlament. Im Vorfeld der Reichstagswahl kommt es zu blutigen Zusammenstößen zwischen den Kommunisten und den Nationalsozialisten.

1991
START-Abrüstungsabkommen
Nach dem Beginn der ersten Verhandlungen 1982 einigen sich US-Präsident George Bush und sein sowjetischer Amtskollege Michail Gorbatschow nach langjährigen Verhandlungen auf die Unterzeichnung des START-Abkommens (Strategic Arms Reduction Talks), das erstmals eine beiderseitige Reduzierung von Atomwaffen vorsieht. Ein weiteres Abkommen, das jedoch niemals endgültig in Kraft tritt, wird 1993 unterzeichnet.

Auch das geschah an diesem Tag

1914 Auf diplomatischer Ebene werden von der deutschen Regierung die letzten Vorbereitungen für den unmittelbar bevorstehenden Kriegsausbruch getroffen. **1919** Die in Weimar tagende Nationalversammlung nimmt die Reichsverfassung für die Weimarer Republik an, die einen Notstandsartikel enthält, mit dessen Hilfe der Präsident das Parlament zeitweilig entmachten kann. **1944** Der französische Schriftsteller Antoine de Saint-Exupéry stürzt mit seinem Flugzeug bei einem Aufklärungsflug über Korsika ab. **1964** Die mit sechs Kameras ausgestattete US-amerikanische Mondsonde „Ranger VI" sendet Bilder vom Mond zur Erde. **1965** Die Bundesliga wird von 16 auf 18 Vereine erweitert. **1993** In den US-Bundesstaaten Illinois, Iowa und Missouri kommt es zu einer großen Flutkatastrophe, bei der 29 Menschen ums Leben kommen.

23.7.–23.8.
Alfons, Kined, Uwe

Claudius

Yves Saint-Laurent

Eine Dame trägt keine Kleider, sie erlaubt den Kleidern, von ihr getragen zu werden.
Yves Saint-Laurent

1 August

527
Byzanz auf dem Gipfel seiner Macht
Mit der Krönung von Justinian I., dem Großen, zum Kaiser des Byzantinischen Reiches erlebt Byzanz den Gipfel seiner Macht. Das Herrschaftsgebiet des Reiches erstreckt sich bis nach Nordafrika. Mithilfe von aus China nach Byzanz geschmuggelten Seidenraupen sichert er dem Reich das ertragreiche Seidenmonopol für das ganze Abendland.

Justinian I. mit Gefolge

1834
Verbot der Sklaverei
England verbietet als erste Kolonialmacht den Sklavenhandel. Die Gegner der Sklaverei beziehen sich neben moralischen Argumenten auch auf die ökonomischen Theorien von Adam Smith, die besagen, dass die Sklaverei auch wirtschaftlich unrentabel sei. In den südlichen Bundesstaaten der USA bleibt die Haltung von Sklaven noch bis 1865 gestattet. In Brasilien wird die Sklaverei erst 1888 verboten.

1914
Russland und Deutschland im Krieg
Das Deutsche Reich erklärt Russland den Krieg. Damit entladen sich die zu Russland bestehenden Spannungen aufgrund seines Drangs zu den Meerengen und seines panslawistisch motivierten Engagements im Donau- und Balkanraum.

1917
Prohibition in den USA
In den USA wird die Herstellung und der Verkauf von Alkohol verboten. 1919 wird das Alkoholverbot als 18. Verfassungszusatz verabschiedet. Trotzdem gelingt es nicht zu verhindern, dass Kriminelle aus dem Verkauf von Alkohol große Profite schlagen. 1933 wird deshalb das Alkoholverbot wieder aufgehoben.

Auch das geschah an diesem Tag
1936 Reichskanzler Adolf Hitler eröffnet die XI. Olympischen Sommerspiele in Berlin. **1943** Aufgrund des zunehmenden Luftkrieges fordert Reichspropagandaminister Joseph Goebbels die nicht berufstätige Bevölkerung auf, Berlin zu verlassen. **1944** Das polnische Militär erhebt sich in Warschau erfolglos gegen die deutsche Besatzungsmacht. **1945** Mit der Frankfurter Rundschau erscheint in Deutschland die erste von den US-amerikanischen Besatzern zensierte Zeitung. **1975** In Helsinki unterzeichnen 35 europäische Staatsoberhäupter die Schlussakte der Konferenz für Sicherheit und Zusammenarbeit in Europa (KSZE). **1971** Im New Yorker Madison Square Garden findet ein Rockfestival mit vielen berühmten Stars zu wohltätigen Zwecken statt, das von Ex-Beatle George Harrison geleitet wird.

Prohibition: Zerstörung von Bierfässern, die in einem Güterwaggon als Schmieröl deklariert und beschriftet waren

Am 1. August geboren:

Claudius (10 v. Chr. in Lugdunum, heute Lyon) römischer Kaiser (41–54 n. Chr.). Claudius betreibt trotz seiner angeblichen geistigen Schwäche eine wesentlich erfolgreichere und liberalere Politik als seine Vorgänger. († 13.10.54 in Rom)

Jean Baptiste de Monet Lamarck (1744 in Bazentin), französischer Naturforscher. Lamarcks eigentliche Bedeutung liegt darin, dass er mit dem alten Artbegriff bricht und eine Unveränderlichkeit der Arten verneint (Lamarckismus), indem er annimmt, dass die Tierwelt auf gemeinsamen Urformen basiert. († 18.12.1829 in Paris)

Alexander I. (1893 in Schloss Dekeleia bei Athen), König von Griechenland (1917–20). Die Herrschaft Alexanders ist nur von kurzer Dauer, da er bereits im Alter von 26 Jahren einer Blutvergiftung zum Opfer fällt. († 25.10.1920 in Schloss Dekeleia bei Athen)

Yves Saint-Laurent (1936 in Oran/Algerien), französischer Modedesigner. Saint-Laurent gelingt als Nachfolger Diors mit seinen weltberühmten Modekreationen die erfolgreiche Kombination von klassischer Eleganz mit avantgardistischen Akzenten.

2 August

Überlebensgroße Dinge geschehen im Leben öfter als in Büchern.

Isabel Allende — James Baldwin — Hannibal

23.7.–23.8.
Adriana, Eusebius, Gunzo

Am 2. August geboren:

Konstantin I. (1868 in Athen), König von Griechenland (1913–17/20–22). Konstantin wird 1917 von den Franzosen und Engländern zur Abdankung gezwungen. 1920 kehrt er wieder auf den Thron zurück. Nach der griechischen Niederlage gegen die Türken wird er durch einen Militärputsch gestürzt. († 11.1.1923 in Palermo)

James Baldwin (1924 in New York), US-amerikanischer Schriftsteller. Baldwin analysiert in seinen Essays und Romanen wie *Eine andere Welt* (1963) die Konsequenzen von Rassen- und Moralvorurteilen. († 1.12.1987 in Saint-Paul-de-Vence)

Isabel Allende (1942 in Lima/Peru), chilenische Schriftstellerin. Mit ihrem ersten Roman *Das Geisterhaus* (1982), in dem sie sich mit dem Leben einer Familie in ihrer Heimat bis in die Zeit der Diktatur Pinochets befasst, gelingt der Nichte des chilenischen Präsidenten Salvador Allende der internationale Durchbruch. Es folgen seitdem zahlreiche weitere erfolgreiche Romane.

238 v. Chr.
Philipp II. siegt über die Griechen
Bis auf Sparta gelangen sämtliche griechischen Stadtstaaten unter makedonische Herrschaft, nachdem Philipp II. die vereinigten griechischen Heere in der Schlacht von Chaironneia besiegt hat. Aufgrund seiner geschickten Versöhnungspolitik wird Philipp zum Führer des gesamtgriechischen Korinthischen Bundes, dem nur Sparta nicht angehört, gewählt. Das zuvor durch Erbstreitigkeiten erheblich geschwächte Makedonien wird während seiner Regentschaft zur führenden griechischen Großmacht.

216 v. Chr.
Sieg Hannibals über die Römer
Nach einem verlustreichen Zug über die Alpen schlägt der karthagische Feldherr Hannibal die Römer völlig überraschend bei Cannae. Hannibal steht 211 v. Chr. schließlich auch vor den Toren Roms, muss jedoch die Belagerung abbrechen und wird 203 v. Chr. nach Karthago zurückgerufen.

Elefant Hannibals

1934
Tod Hindenburgs
Der Tod von Reichspräsident Paul von Hindenburg bietet Adolf Hitler die Gelegenheit, die Führung des Staates zu übernehmen. Das Amt des Reichspräsidenten wird aufgehoben. Hitler überträgt als Führer und Reichskanzler sämtliche Machtbefugnisse auf seine Person.

1990
Angriff auf Kuwait
Irakische Truppen greifen auf den Befehl des irakischen Diktators Saddam Hussein hin das Scheichtum Kuwait an. Infolge des Zweiten Golfkrieges kommen rund 100.000 Menschen ums Leben. Die USA beenden mit dem Irak-Krieg 2003 die langjährige Schreckensherrschaft Husseins, der sich zunächst verstecken kann, im Dezember 2003 jedoch von US-Soldaten aufgespürt und verhaftet wird.

Auch das geschah an diesem Tag

1552 Im Passauer Vertrag wird Karl V. zu Zugeständnissen gegenüber den protestantischen Fürsten gezwungen, die sich gegen ihn verbündet haben. **1589** Der französische König Heinrich III. wird von einem Dominikanermönch erdolcht. **1802** Napoleon lässt sich per Volksdekret zum Konsul auf Lebenszeit ernennen und sichert damit seine Macht. **1914** Im Falle einer Kriegserklärung Russlands gegenüber dem deutschen Reich erklärt sich das Osmanische Reich bereit, auf deutscher Seite in den Krieg einzutreten. **1945** Im Potsdamer Abkommen wird die politische und wirtschaftliche Zukunft durch die Alliierten geregelt. **1980** Bei einem rechtsradikalen Bombenanschlag im Bahnhof der italienischen Stadt Bologna werden 83 Menschen getötet und 200 verletzt. **1984** Großbritannien vereinbart mit der Volksrepublik China, dass die britische Kronkolonie Hongkong 1997 an China übergeben werden soll, wobei in Hongkong zunächst das kapitalistische System beibehalten werden soll.

23.7.–23.8.

August, Benno, Bernhardt, Lydia

Christoph Kolumbus

Stanley Baldwin

Meinungen sind nichts anderes als das Ergebnis von Zufall und Temperament.

3 August

1492
Kolumbus bricht zu Entdeckungsreise auf
Christoph Kolumbus sucht im spanischen Auftrag den westlichen Seeweg nach Indien und entdeckt dabei auf seiner ersten Reise Kuba und Haiti. Es folgen drei weitere Reisen. Mit der Entdeckung Amerikas endet die historische Epoche des Mittelalters und es beginnt das Zeitalter der Neuzeit. Kolumbus glaubt bis an sein Lebensende, nach Indien gekommen zu sein. Er erntet nur kurzzeitig Ruhm und Reichtum. Der Entdecker Amerikas stirbt arm, vergessen und einsam.

1804
Humboldt kehrt von Lateinamerika nach Europa zurück
Der deutsche Universalgelehrte Alexander von Humboldt hat auf seiner fünfjährigen Forschungsreise durch Lateinamerika mehrere spanische Vizekönigreiche kurz vor dem Ausbruch der lateinamerikanischen Unabhängigkeitsbewegung besucht und eine Fülle von wissenschaftlichen Daten aus der Neuen Welt nach Europa mitgebracht. In Lateinamerika genießt Humboldt als wissenschaftlicher Entdecker Amerikas bis auf den heutigen Tag höchstes Ansehen.

1914
Deutschland überfällt Belgien
Nachdem Deutschland Belgien überfallen hat, verursacht das internationale Bündnissystem in der Folgezeit eine Kriegserklärung nach der anderen, sodass sich der von Deutschland begonnene militärische Konflikt schnell zum umfassenden Weltkrieg ausweitet.

1923
Coolidge wird US-Präsident
Der Republikaner und vorherige Vizepräsident Calvin Coolidge wird der 30. Präsident der Vereinigten Staaten. Coolidge hält prinzipiell an der traditionellen Isolationspolitik der USA fest, zugleich bringen der Dawes- und Young-Plan jedoch eine gewisse Annäherung an Europa.

1960
Niger erklärt seine Unabhängigkeit
Niger erklärt seine Unabhängigkeit von Frankreich. Erster Staatspräsident wird Hamani Diori, der 1974 durch eine Militärjunta gestürzt wird. In der Folgezeit regiert überwiegend das Militär. 1999 gelangt mit T. Mamadou wieder ein ziviler Präsident an die Macht.

Auch das geschah an diesem Tag
30 v. Chr. Der Römer Octavius erobert Alexandria und beendet damit die Herrschaft der Ptolemäer. **1787** Der schweizerische Naturforscher Saussure vermisst den Montblanc und stellt fest, dass dieser der höchste Berg Europas ist. **1881** Die Südafrikanische Republik Transvaal erhält ihre Unabhängigkeit von Großbritannien zurück. **1973** In Gelsenkirchen wird das 70.000 Zuschauer fassende Schalker Parkstadion eingeweiht. **1988** Der Kremlflieger Mathias Rust darf nach einjähriger Haft in der UdSSR nach Deutschland zurückkehren.

Am 3. August geboren:

Friedrich Wilhelm III. (1770 in Potsdam), Preußischer König (1797–1840). Der ebenso pflichtbewusste wie sparsame König verfolgt einen konservativen, auf die Macht der Krone setzenden und das Bündnis mit den restaurativen Mächten pflegenden Kurs. Nachdem er sich die protestantische Landeskirche unterstellt hat, vereinigt er Lutheraner und Reformierte in der Preußischen Unierten Landeskirche. († 7.6.1840 in Berlin)

Stanley Baldwin (1867 in Bewdley/Worcester), britischer Politiker. 1922 ist Baldwin maßgeblich am Sturz des Koalitionskabinetts unter Lloyd George beteiligt. Er ist Schatzkanzler im Kabinett Bonar Law und 1923 dessen Nachfolger als Parteiführer. 1923–29 und 1935/36 ist Baldwin britischer Premierminister. († 14.12.1947 in Astley Hall/County Hereford and Worcester)

Leon Uris (1924 in Baltimore), US-amerikanischer Schriftsteller. Uris wird durch seine historischen Romane wie *Exodus* (1958) bekannt, in dem die Entstehung des Staates Israels erzählt wird. († 21.6.2003 Shelter Island/ New York)

Leon Uris

4 August

Eine Ehe muss mit Phantasie betrieben werden.

Knut Hamsun

Knut Hamsun

Enver Pascha

23.7.–23.8.
Johannes, Rainer, Reinhard, Sigrid

Am 4. August geboren:

William Henry Hudson (1846 in Buenos Aires), englischer Naturforscher und Schriftsteller. Hudson gelingt in seinen Werken eine eindrucksvolle Schilderung der südamerikanischen Landschaft. († 18.8.1922 in London)

Knut Hamsun (1859 in Lom/Oppland), norwegischer Schriftsteller. Hamsun war einer der führenden Romanschriftsteller Norwegens. In seinen Werken idealisiert er ein innig mit der Natur verbundenes Leben. 1920 erhält er den Literaturnobelpreis.
(† 19.2.1952 in Norholm/Grimstad)

Louis „Satchmo" Armstrong (1901 in New Orleans), US-amerikanischer Jazzmusiker. Als erster Jazzmusiker gibt Armstrong 1944 ein Konzert in der Metropolitan Opera in New York.
(† 6.7.1971 in New York)

Carlfriedrich Claus (1930 in Annaberg), deutscher Zeichner und Grafiker. Gemeinsam mit vier weiteren Künstlern ist Claus Mitglied der Gruppe Clara Mosch, die sich gegen den politisch beeinflussten Kunstbegriff des SED-Regimes wendet.
(† 22.5.1998 in Annaberg)

Guillermo Mordillo (1932 in Buenos Aires), argentinischer Karikaturist. Mordillos humorvolle Cartoons thematisieren zumeist die Einsamkeit und Vergeblichkeit menschlichen Handelns.

Gibraltar

Guillermo Mordillo

1704
Briten nehmen Gibraltar ein
Die Briten besetzen während des Spanischen Erbfolgekrieges die Halbinsel Gibraltar. Als die Straße von Gibraltar beherrschende Festung spielt Gibraltar für die Kolonialpolitik Großbritanniens eine bedeutende Rolle. Seit 1830 ist die an der Südspitze Spaniens liegende Insel britische Kronkolonie.

1810
Hardenberg wird Staatskanzler
Karl August von Hardenberg wird neben Stein zum führenden preußischen Reformer. Der Widerstand feudaler Kräfte gegen die Finanzreform und die Bauernbefreiung verhindert jedoch die volle Verwirklichung seiner Reformpläne.

Auch das geschah an diesem Tag

1914 Einen Tag nach der Kriegserklärung an Frankreich werden im Berliner Reichstag die zur Kriegsführung notwendigen Kredite bewilligt. **1920** Der US-Amerikaner Johnny Weissmuller stellt einen Weltrekord im 100-Yard-Freistil-Schwimmen auf. **1922** Der türkische General Enver Pascha fällt im Kampf gegen die Rote Armee. **1924** In Prag wird der 27. internationale Bergarbeiterkongress in Anwesenheit von über 200 Delegierten eröffnet. **1941** Adolf Hitler befiehlt, dass Frauen künftig einen sechsmonatigen Kriegshilfsdienst abzuleisten haben. **1972** Arthur Herman Bremer, der am 15. Mai das Attentat auf den Gouverneur des US-Bundesstaates Alabama, George C. Wallace, verübt hat, wird von einem Schwurgericht des US-Bundesstaates Maryland zu 63 Jahren Gefängnis verurteilt. **1994** Aufgrund ihrer Weigerung, einer Aufteilung von Bosnien-Herzegowina zuzustimmen, bricht Rest-Jugoslawien sämtliche Beziehungen zu den bosnischen Serben ab und schließt die Grenzen. **1999** Die britische Königinmutter Elisabeth feiert ihren 99. Geburtstag. **2003** Aufgrund verheerender Waldbrände ruft die portugiesische Regierung den Katastrophenzustand aus.

23.7.–23.8.

Dominik, Dominika, Oswald, Stanislaus

Guy de Maupassant

Neil Armstrong

Ein kleiner Schritt für einen Menschen, aber ein gewaltiger Sprung für die Menschheit.

Neil Armstrong

5 August

1772
Erste polnische Teilung
Durch die erste polnische Teilung verliert Polen ein Drittel seines Staatsgebietes an Preußen, Österreich und Russland. Preußen erhält Westpreußen, Ermland, Pommerellen ohne Danzig, das Kulmer Land, das nördliche Kujawien und das Netzegebiet; Österreich fallen Galizien, die südlichen Teile der Wojewodschaften Krakau, Sandomir und die Wojewodschaft Reussen mit Lemberg zu; Russland erhält die Gebiete östlich der Düna und des Dnjepr.

1789
Ende des Absolutismus
In Frankreich endet durch den Ausbruch der Französischen Revolution das absolutistische Zeitalter. Die Vorrechte des ersten und zweiten Standes werden abgeschafft, wodurch die Grundvoraussetzungen zur Entwicklung einer bürgerlichen Gesellschaft geschaffen werden.

Sturm auf die Bastille am 14. Juli 1789

1908
Zeppelin-Explosion
In der Nähe von Stuttgart explodiert das Luftschiff LZ 4 des Grafen Zeppelin. Trotz dieses herben Rückschlags gründet der Graf noch im selben Jahr seine Luftschiff Zeppelin GmbH mit Sitz in Friedrichshafen am Bodensee.

1933
„New Deal" stärkt die US-Wirtschaft
Zur Bekämpfung der Armut und Arbeitslosigkeit in den USA gibt US-Präsident Franklin D. Roosevelt im Rahmen einer Rundfunkansprache sein Wirtschaftsprogramm, das den Namen „New Deal" trägt, bekannt. Mit dem „New Deal" bekämpft Roosevelt in der Folgezeit erfolgreich die Wirtschaftsdepression und setzt zahlreiche notwendige Sozialreformen durch.

Auch das geschah an diesem Tag

1936 Die ersten deutschen Militärverbände treffen im spanischen Cadiz ein, um die Faschisten im Kampf gegen die republikanische Regierung zu unterstützen. **1962** Die US-amerikanische Schauspielerin Marilyn Monroe wird tot in ihrer Wohnung aufgefunden, wobei ungeklärt bleibt, ob es sich wirklich um einen Selbstmord gehandelt hat. **1999** Die Regierung der jugoslawischen Teilrepublik Montenegro spricht sich offiziell für eine Auflösung der Bundesrepublik Jugoslawien aus, während Montenegro eine lose Konföderation mit Serbien anstrebt.

1994
Massenunruhen in Kuba
Bei den schwersten Unruhen seit dem Amtsantritt von Präsident Fidel Castro kommt es in Havanna zu gewalttätigen Auseinandersetzungen zwischen Regimegegnern und der Polizei. Der Aufstand führt zu einer zeitweisen Aufhebung des Ausreiseverbots aus Kuba, die viele Kubaner zur Flucht von der Antilleninsel nutzen.

Am 5. August geboren:

Guy de Maupassant (1850 in Schloss Miromesnil), französischer Schriftsteller. Der von Flaubert geförderte Schriftsteller verfasst vom Naturalismus beeinflusste, oftmals pessimistisch gehaltene Novellen. Neben seinen nahezu 300 Novellen schreibt er zahlreiche in der Pariser Gesellschaft spielende Romane.
(† 7.7.1893 in Paris)

Neil Armstrong (1930 in Wapakoneta/Ohio), US-amerikanischer Astronaut. Armstrong betritt im Rahmen der Apollo-11-Mission am 21. Juli 1969 als erster Mensch den Mond. Als Kommandant des Projekts Gemini 8 führt er das erste erfolgreiche Rendezvous- und Docking-Manöver im Weltraum durch.

Rosi Mittermaier (1950 in Reit im Winkl), deutsche Skirennläuferin. Mittermaier wird 1976 in Innsbruck Doppel-Olympiasiegerin, gewinnt im selben Jahr die Silbermedaille im Riesenslalom, den Welt-Cup und wird deutsche Sportlerin des Jahres. Seit 1980 ist sie mit dem ehemaligen Skirennläufer Christian Neureuther verheiratet.

6 August

Bevor man die Welt verändert, wäre es vielleicht doch wichtiger, sie nicht zugrunde zu richten.

Paul Claudel

Paul Claudel

Lyndon B. Johnson

23.7.–23.8.

Alice, Gilbert, Hermann

Am 6. August geboren:

Karl VII. Albrecht (1697 in Brüssel), römisch-deutscher Kaiser (1742–45). Um seinen Anspruch auf den Kaisertitel gegen Maria Theresia durchzusetzen, eröffnet er den Österreichischen Erbfolgekrieg (1740–48). Karl ist der letzte Wittelsbacher, der die Kaiserwürde innehat. († 20.1.1745 In München)

Paul Claudel (1868 in Villeneuve-sur-Fère), französischer Schriftsteller. Claudel schafft mit den Ausdrucksmitteln des Symbolismus und der mittelalterlichen Hymnik christlich-katholische Dichtungswerke und Dramen. († 23.2.1955 in Paris)

Otto Wolf von Amerongen (1918 in Köln), deutscher Unternehmer. Der Großindustrielle ist Aufsichtsratsvorsitzender mehrerer Aktiengesellschaften, Präsident des Deutschen Industrie- und Handelstags (1969–88) und Vorsitzender des Ost-Ausschusses der Deutschen Wirtschaft.

Andy Warhol (1928 in Pittsburgh), US-amerikanischer Künstler. Warhol wird mit Siebdruckserien (Reihungen von Suppendosen, Geldscheinen, Selbstporträts) ein Hauptvertreter der Pop-Art und dreht zahlreiche gesellschaftskritische Filme wie z. B. *Heat* (1972) und *Woman in Revolt* (1973). († 23.2.1987 in New York)

1806
Ende des Deutschen Reiches
Kaiser Franz II. wird von Napoleon zur Abdankung gezwungen und legt die römisch-deutsche Kaiserkrone nieder. Der französische Kaiser führt somit das Ende des Hl. Römischen Reiches Deutscher Nation herbei.

1819
Karlsbader Beschlüsse gegen national-liberale Ideen
Die Karlsbader Beschlüsse, die mit Preußen und Österreich von den wichtigsten Vertretern der Restauration gefasst werden, beinhalten zahlreiche antiliberale Maßnahmen, zu denen auch das Mittel der Pressezensur gehört. Die Maßnahmen werden im September von der Frankfurter Bundesversammlung verabschiedet. Es gelingt den alten Machthabern, die das monarchische System bewahren wollen, jedoch trotzdem nicht, die national-liberale Bewegung in Deutschland vollständig zu unterdrücken.

1825
Ende der spanischen Kolonialherrschaft
Die ehemalige spanische Provinz Oberperu erklärt ihre Unabhängigkeit von Spanien und gibt sich in Anlehnung an den führenden Freiheitskämpfer Simón Bolívar den Namen Bolivien. Das Ende der spanischen Kolonialherrschaft in Lateinamerika ist damit besiegelt. Während Portugal in der ersten Hälfte des neunzehnten Jahrhunderts seinen gesamten amerikanischen Kolonialbesitz verliert, bleiben Spanien vorläufig noch Kuba und Puerto Rico. Während Brasilien als unabhängiger Staat seine Einheit wahrt, zerfällt das ehemalige spanische Kolonialreich in eine Vielzahl von Einzelstaaten.

Hiroshima

1945
Abwurf der ersten Atombombe
Die erste Atombombe wird auf Hiroshima abgeworfen. Sie enthält Uran. Die Angaben über die Verluste schwanken zwischen 60.000 bis 92.000 Toten sowie 37.000 bis 100.000 Schwerverletzten. Drei Tage später wird eine Atombombe aus Plutonium auf Nagaski abgeworfen.

Auch das geschah an diesem Tag

1221 Der Spanier Dominikus, Gründer des Dominikaner-Ordens, stirbt in Bologna. **1791** Das Brandenburger Tor wird als neues Wahrzeichen von Berlin dem öffentlichen Verkehr zugänglich gemacht. **1840** Louis Napoleon, der Neffe Napoleon I., versucht erfolglos König Louis Philippe vom Thron zu stürzen. **1965** Das neue US-Wahlrechtsgesetz, in dem der schwarzen Bevölkerung uneingeschränkte Wahlrechte zugestanden werden, wird von US-Präsident Lyndon B. Johnson unterzeichnet.

23.7.–23.8.

Afra, Albert, Donatius, Juliane

Stalin

Osama Bin Laden

Dramatiker und Rausschmeißer träumen immer von einem großen Wurf.

Joachim Ringelnatz

7 August

936
Otto I. wird deutscher König
Otto I, der Große, wird in Aachen zum deutschen König gekrönt. Otto erneuert in der Folgezeit als Kaiser ab 962 die Schutzherrschaft über das Papsttum in Anknüpfung an die Politik Karls des Großen und dehnt seine Macht bis nach Unteritalien aus.

Krone Ottos I.

1495
Ewiger Reichslandfrieden
Im Gegensatz zu bisherigen zeitlich befristeten Landfriedensregelungen beansprucht der Ewige Reichslandfrieden erstmals eine für immer währende Geltung. Er wird von Kaiser Maximilian I. ausgerufen. Zukünftig sind alle Reichsmitglieder dazu verpflichtet, Konflikte nicht mehr in Form von Fehden auszutragen.

1869
Gründung der SDAP
Die 1869 gegründete Sozialdemokratische Arbeiterpartei (SDAP) bildet die Vorstufe zur späteren SPD. 1875 kommt es zur Vereinigung der SDAP mit dem Allgemeinen Deutschen Arbeiterverein. Nach dem Ablauf des Sozialistengesetzes, das die Partei in die Illegalität gedrängt hat, nehmen die Sozialisten 1890 den Namen SPD an und werden in der Folgezeit bei den Reichstagswahlen zur stimmstärksten Partei. Im Erfurter Programm von 1891 wird die marxistische Grundeinstellung der Partei zwar noch einmal bestätigt, doch die reformistischen Kräfte gewinnen zunehmend an Gewicht, bis die Partei 1933 nach Hitlers Machtübernahme zur Auflösung gezwungen wird. Nach dem Ende des Hitlerregimes 1945 wird die SPD wieder gegründet.

1941
Stalin macht sich zum Oberbefehlshaber der Roten Armee
Stalin ernennt sich nicht nur selbst zum Oberbefehlshaber der Roten Armee, sondern beansprucht auch für sich, die höchste Autorität auf allen Gebieten des politischen, wirtschaftlichen und kulturellen Lebens zu sein und lässt sich als „Genius der Menschheit" verehren.

Auch das geschah an diesem Tag

1815 Mit dem sog. Bundesvertrag geben sich 22 schweizerische Kantone eine neue Verfassung. **1940** Der Oberste Sowjet beschließt, Estland der UdSSR anzugliedern. **1944** Der Großrechner Mark I an der Harvard Universität geht als erster via Software steuerbarer Hochleistungsrechner in Betrieb. **1978** Aufgrund seiner NS-Vergangenheit tritt Hans Filbinger (CDU), als Ministerpräsident von Baden-Württemberg von seinem Amt zurück.

1998
Attentate auf US-Botschaften
Auf die US-Botschaften in Kenia und Tansania werden beinahe zur gleichen Zeit Bombenattentate verübt. Bei den Anschlägen kommen 263 Menschen ums Leben. Der islamische Fundamentalist Osama Bin Laden gilt als verantwortlich für die Anschläge.

Am 7. August geboren:

Carl Ritter (1779 in Quedlinburg), deutscher Geograf. Als Begründer der modernen vergleichenden Geografie erkennt Ritter die Wichtigkeit des Kausalitätsprinzips in seinem Fach. († 28.9.1859 in Berlin)

Mata Hari (1876 in Leeuwarden), niederländische Tänzerin und Agentin. Die schöne und berühmte Tänzerin wird aufgrund des Verdachts als Spionin für Deutschland tätig zu sein, in Frankreich zum Tode verurteilt. († 15.10.1917 in Paris)

Joachim Ringelnatz (1883 in Wurzen), deutscher Schriftsteller. Ringelnatz ist zunächst Seemann und später Kabarettist beim Münchner „Simpl", wo er seine zwischen Groteske, Satire und Moritat schwankende Lyrik vorträgt. In seinem Werk *Mein Leben bis zum Kriege* (1931) sind gesammelte Lebenserinnerungen zu finden. († 17.11.1934 in Berlin)

Ralph Johnson Bunche (1904 in Detroit), US-amerikanischer Diplomat. Bunche ist u. a. UN-Vermittler im Palästina-Konflikt 1948/49 und in der Kongo-Krise 1960–63. 1950 erhält er für seine diplomatischen Dienste den Friedensnobelpreis. († 9.12.1971 in New York)

8 August

Die Schauspielerei habe ich nur angefangen, um Mädchen kennen zu lernen.
Dustin Hoffman

Emiliano Zapata

Dustin Hoffman

23.7.–23.8.
Dominique, Gerhard, Hilger

Am 8. August geboren:

Emiliano Zapata (1883 in Anenecuilco/Morelos), mexikanischer Revolutionär. Der mexikanische Nationalheld organisiert die mexikanischen Bauern und setzt sich für ihre Interessen ein. Im „Plan von Ayala" (1911) fordert Zapata eine Agrarreform. Bei der Niederwerfung des Bauernaufstandes wird er auf dem Gut Chinameca von Regierungstruppen getötet. († 10.4.1919 in Chinameca)

Paul Dirac (1902 in Bristol), englischer Physiker. Dirac entwickelt eine Quantentheorie der Wechselwirkung zwischen Licht und Materie. Er erhält 1933 gemeinsam mit Erwin Schrödinger den Nobelpreis für Physik. († 20.10.1984 in Tallahassee/Florida)

Dustin Hoffman (1937 in Los Angeles), US-amerikanischer Schauspieler. Hoffman spielt als Charakterdarsteller u. a. in den folgenden Filmen: *Die Reifeprüfung* (1967), *Tootsie* (1982), *Tod eines Handlungsreisenden* (1986), *Rain Man* (1988), *Johanna von Orleans* (1999).

....

1409
Machtkampf um Papststuhl
Nach dem Konzil von Pisa machen drei Päpste zur gleichen Zeit ihren Anspruch auf den Stuhl Petri geltend. Es kommt zur Absetzung der herrschenden Päpste Gregor XII. und Benedikt XIII., die beide die Wahl Alexanders V. zum neuen Papst nicht anerkennen.

1918
Westfront bricht zusammen
Der Zusammenbruch der deutschen Front bei Amiens bedeutet den Anfang vom Ende des Ersten Weltkrieges. Dem Krieg fallen rund 10 Mio. Soldaten auf beiden Seiten zum Opfer. Der Erste Weltkrieg endet wenige Monate später durch den Waffenstillstand von Compiègne. 1919 folgen die Friedensschlüsse in den Pariser Vorortverträgen.

1919
Afghanistan wird unabhängig
Großbritannien erkennt mit dem Vertrag von Rawalpindi die außenpolitische Unabhängigkeit Afghanistans an. 1921 gelingt es Emir Aman Ullah, die volle Unabhängigkeit des Landes durchzusetzen.

1974
Nixon tritt wegen Watergate zurück
Während des Präsidentschaftswahlkampfs 1972 verüben Beauftragte des Wahlkomitees der Republikaner einen Einbruch in das Hauptquartier der Demokratischen Partei im Watergate Building in Washington und installieren dort Abhörgeräte. Zwei Journalisten der *Washington Post* decken die Verwicklung des Präsidenten in den Watergate-Skanal auf. US-Präsident Richard Nixon tritt aufgrund des eindeutigen Belastungsmaterials gegen ihn am 8. August 1974 von seinem Amt zurück.

Rücktritt Richard Nixons

Auch das geschah an diesem Tag

1570 Das Toleranzedikt von Saint-Germain-en-Laye gewährt den Hugenotten das Recht zur freien Religionsausübung. **1832** Der Wittelsbacher Prinz Otto wird zum griechischen König ernannt. **1942** In seiner „Quit-India"-Resolution fordert Mahatma Gandhi die Briten auf, Indien zu verlassen. **1944** Nach dem Scheitern des Attentats auf Adolf Hitler vom 20. Juli wird Generalfeldmarschall Erwin von Witzleben in Berlin-Plötzensee hingerichtet. **1945** Vertreter der vier Siegermächte des Zweiten Weltkrieges (USA, Großbritannien, UdSSR und Frankreich) beschließen in London die Einrichtung eines Internationalen Militärgerichtshofes zur Verurteilung deutscher Kriegsverbrecher. **1963** Der bislang größte Geldraub aller Zeiten wird bei einem Überfall auf den Postzug Glasgow–London verübt. **1993** Franziska von Almsick gewinnt als erfolgreichste Schwimmerin bei den Europameisterschaften in Sheffield sechsmal Gold und einmal Silber. **2002** Gewaltige Regenmengen überfluten zahlreiche Städte in Nieder- und Oberösterreich.

23.7.–23.8.
Edda, Edith, Roman

John Dryden

Eduard VII.

Tanzen ist die Poesie des Fußes.
John Dryden

9 August

378
Sieg der Westgoten
Die Westgoten besiegen die Römer bei Adrianopel und erzwingen die Aufnahme ins römische Reich als Bundesgenossen. Nach dem Übertritt Rekkareds I. (586–601) gehen die Westgoten in den Romanen auf. Der letzte westgotische König ist Roderich 710/11, der den größten Teil seines Reiches an die Araber verliert.

1902
Eduard VII. wird zum Kaiser und König gekrönt
In London wird Eduard VII. als Nachfolger Viktorias, die zuvor 63 Jahre an der Spitze der Monarchie gestanden hat, zum König von Großbritannien und Irland sowie zum Kaiser von Indien gekrönt. Während seiner Amtszeit betreibt der britische König aufgrund von persönlicher Abneigung und politischem Kalkül die politische Isolierung Deutschlands.

1945
US-Atombomben-Abwurf auf Nagasaki
Während es sich bei der ersten Atombombe um eine mit Uran 235 gefüllte Bombe gehandelt hat, ist die zweite Atombombe mit Plutonium gefüllt. Sie wird drei Tage nach dem Abwurf auf Hiroshima über der japanischen Stadt Nagasaki abgeworfen. Die Angaben über die Anzahl der Opfer schwanken zwischen 25.000 bis 75.000 Menschen, die getötet oder verletzt werden.

Auch das geschah an diesem Tag

1471 Francesco della Rovere wird als Sixtus IV. in Rom zum Papst gewählt und leitet das Zeitalter des Renaissance-Papsttums ein. **1896** Der deutsche Ingenieur Otto Lilienthal stürzt bei einem Flugexperiment mit einem selbst konstruierten Flugapparat ab und erliegt am folgenden Tag seinen Verletzungen. **1900** Die USA gewinnen in New York mit einem 3:0 gegen die englische Tennismannschaft ihr erstes Davis-Cup-Finale. **1901** In Petersburg (heute Leningrad) heiratet die russische Großfürstin und Zarenschwester Olga Prinz Peter von Oldenburg. **1903** Kardinal Guiseppe Sarto wird als Pius X. in Rom zum Papst gewählt. **1965** Die ehemalige britische Kronkolonie Singapur wird unabhängig. **1971** Indien und die UdSSR schließen ein Freundschaftsabkommen ab. **1975** Ein Großbrand in der norddeutschen Heide bei Gifhorn kostet elf Menschen das Leben. **1978** Der parteilose frühere Industrieminister Alfredo Nobre da Costa wird zum neuen portugiesischen Ministerpräsidenten ernannt. **1999** Der bisherige Geheimdienstchef Wladimir Putin wird von Russlands Präsidenten Boris Jelzin zum Premierminister ernannt. **2003** Der US-Milliardär und Medienunternehmer Haim Saban erhält den Zuschlag für den Erwerb des größten deutschen TV-Konzerns ProSiebenSat.1 Media AG.

Am 9. August geboren:

John Dryden (1631 in Aldwincle/Northamptonshire), englischer Dichter. Dryden schafft nach französischem Muster das englische Barockschauspiel und mit *Marriage à la mode* (1672) die Lustspielgattung der „Comedy of manners". († 1.5.1700 in London)

Hans Oster (1888 in Dresden), deutscher Offizier. Oster ist einer der wichtigsten Widerstandskämpfer gegen das NS-Regime. Nach dem gescheiterten Attentat auf Hitler wird er zum Tode verurteilt. († 9.4.1945 im KZ Flossenbürg)

Jean Piaget (1896 in Neuchâtel), schweizerischer Psychologe. Piaget gibt mit seiner Theorie der geistigen Entwicklung des Kindes der Entwicklungs- und Lernpsychologie entscheidende Anstöße. († 16.9.1980 in Genf)

Whitney Houston (1963 in Newark/New Jersey), US-amerikanische Popsängerin. Der Song *I will always love you* aus dem Film *The Bodyguard* (1993), in dem sie an der Seite von Kevin Costner die Hauptrolle spielt, wird zum bisher größten Hit der farbigen Sängerin.

Nagasaki

10 August

Kunst ist und bleibt eine seltene Sache.

Herbert Clark Hoover

Alfred Döblin

23.7.–23.8.

Anastasia, Astrid, Erik, Lars

Am 10. August geboren:

Camillo Benso Graf Cavour (1810 in Turin), italienischer Politiker. Der „Bismarck Italiens" ist der Begründer der politischen Einheit Italiens und der führende italienische Staatsmann seiner Zeit. Kurz vor seinem Tod wird Cavour erster Ministerpräsident Italiens. († 6.6. 1861 in Turin)

Camillo Cavour

Herbert Clark Hoover (1874 in West Branch/Iowa), US-amerikanischer Politiker. Der 31. Präsident der USA rettet die deutsche Wirtschaft vor dem Ruin, indem er durch das Hoover-Moratorium den Young-Plan und damit die deutschen Reparationszahlungen einstellen lässt. († 20.10.1964 in New York)

Alfred Döblin (1878 in Stettin), deutscher Schriftsteller. In seinem berühmten Werk *Berlin Alexanderplatz* (1929) schildert Döblin eindrucksvoll die Geschichte des freigelassenen Sträflings Franz Biberkopf. († 26.6.1957 in Emmendingen)

Jorge Amado (1912 in Itabuna/Bahia), brasilianischer Schriftsteller. Der neben Gabriel García Márquez führende lateinamerikanische Autor kehrt 1956 aus dem Exil nach Brasilien zurück. In seinen meist sozialkritischen Romanen wird das Elend der Bevölkerung Bahias geschildert. († 6.8.2001 in Salvador)

Wolfgang Paul (1913 in Lorenzkirch bei Riesa), deutscher Physiker. Paul erhält den Nobelpreis für Physik für die Entwicklung der Ionenkäfig-Technik zur Isolation von Ionen-Teilchen. 1957 wendet sich Paul gegen die Atombewaffnung der BR Dtl. († 7.12.1993 in Bonn)

843
Ende des Frankenreiches

Das Frankenreich wird nach dem Tod Kaiser Ludwig des Frommen unter seinen Söhnen Lothar, Karl und Ludwig aufgeteilt. Durch den Teilungsvertrag von Verdun entstehen drei Teilreiche: Westfranken fällt unter die Herrschaft von Karl dem Kahlen, ein Mittelreich mit Burgund und Italien fällt unter die Herrschaft Lothars, der den Kaisertitel erhält, und Ostfranken fällt an Ludwig den Deutschen.

1492
Alexander VI. schlichtet Streit um Kolonien

Der Streit zwischen Portugal und Spanien über die Herrschaftsrechte in den neu entdeckten Gebieten in Übersee wird im Vertrag von Tordesillas von 1494 durch Papst Alexander VI. geschlichtet. Die spanischen und portugiesischen Kolonialansprüche werden durch eine Demarkationslinie, die 370 Meilen westlich der Kapverdischen Insel verläuft, aufgeteilt.

Alexander VI.

1792
Sturm auf den Königspalast

Die Sansculotten stürmen den Königspalast und leiten damit innerhalb der Französischen Revolution die sog. Phase der Schreckensherrschaft ein, die bis zur Auflösung des Konvents (1795) dauert. Die Revolutionäre tragen im Gegensatz zu den Aristokraten keine langen Hosen und werden daher mit dem Spottnamen Sans-culotten – „ohne Kniehosen" belegt. Später wird die Bezeichnung Sansculotten gleichbedeutend mit Republikaner verwendet.

Auch das geschah an diesem Tag

1920 Das osmanische Reich verliert durch den Frieden von Sèvres den größten Teil seines bisherigen Territoriums. Am 1. November 1922 hört das Osmanische Reich endgültig auf zu existieren. 1923 entsteht die Türkische Republik. Ihr erster Präsident wird Mustafa Kemal, der spätere Atatürk, der durch ein umfangreiches Reformprogramm zum Vater der modernen Türkei wird. Die Politik Atatürks wird von der Republikanischen Partei fortgesetzt.

23.7.–23.8.
Donald, Klara, Nicole, Nikolaus

Hussein II.

Enid Blyton

Sein Schicksal schafft sich selbst der Mann.
Johann Gottfried Kinkel

August 11

1253
Neuer Festtag
Das Fronleichnamsfest wird von Papst Urban IV. in den christlichen Kalender eingeführt. Es wird jeweils am zweiten Donnerstag nach Pfingsten gefeiert. Der Name Fronleichnam stammt von dem mittelhochdeutschen Wort „vronlichnam" ab und bedeutet so viel wie „lebender Leib", womit der in der geweihten Hostie anwesende Leib Christi gemeint ist.

1804
Österreich bekommt einen Kaiser
Der römisch-deutsche Kaiser Franz II., Sohn und Nachfolger Kaiser Leopolds III., nimmt als Franz I. die österreichische Kaiserwürde an. Als Gegner der Französischen Revolution nimmt Franz an den Koalitionskriegen teil. 1806 legt er die römisch-deutsche Kaiserkrone nieder. 1810 gibt ihm Napoleon seine Tochter Marie-Louise zur Frau.

1919
Deutschland wird Republik
Mit dem In-Kraft-Treten der Weimarer Verfassung wird Deutschland zur Republik. An der Spitze des Staates steht der Reichspräsident, der u. a. die Befugnis hat, den Reichstag aufzulösen. Eine schwere Belastung bedeutet für die junge Republik der Zwang zur Annahme des Versailler Vertrags. Der Widerstand gegen die Bedingungen des Versailler Vertrages bereitet den politischen Nährboden für den Erfolg der Nationalsozialisten.

1952
Hussein wird jordanischer König
Kronprinz Hussein wird nach der Abdankung seines Vaters zum König von Jordanien gekrönt. Trotz mehrerer schwerer innerer und äußerer Krisen kann sich Hussein mit seinem autoritären Regiment länger als jeder andere arabische Herrscher dieses Jh. an der Macht behaupten. Während seiner Amtszeit (1952–99) kommt es 1994 zur Unterzeichnung eines Friedensvertrages mit Israel.

Am 11. August geboren:

Gottfried Kinkel (1815 in Oberkassel), deutscher Schriftsteller. Kinkel schreibt Gedichte, rheinische Erzählungen und das Versepos *Otto der Schütz* (1846). († 12.11.1882 in Zürich)
Ludwig Heck (1860 in Darmstadt), deutscher Zoologe. Unter Hecks Leitung (1888–1931) entwickelt sich der Berliner Zoo zu einem der größten Tiergärten der Erde. († 7.7.1951 in München)
Enid Blyton (1896 in London), britische Schriftstellerin. Blyton schreibt mehrere hundert sehr erfolgreiche und in zahlreiche Sprachen übersetzte Abenteuerbücher für Kinder wie z. B. die beliebten Buchserien *Fünf Freunde* und *Die Schwarze Sieben*. († 28.11.1968 in Beckenham)
Alex Haley (1922 in Ithaca/New York), US-amerikanischer Schriftsteller. Haley schreibt für Magazine und Fernsehdrehbücher und wird berühmt durch die afroamerikanische Familienchronik *Roots* (1976). († 10.2.1992 in Seattle/Washington)
Aaron Klug (1926 in Johannesburg/Südafrika), britischer Biochemiker. Für seine Arbeiten zur Struktur der Nukleinsäuren erhält Klug 1982 den Nobelpreis für Chemie.

Auch das geschah an diesem Tag

1464 Der deutsche Philosoph und Theologe Nikolaus von Kues stirbt in Todi/Italien. **1931** Das Hoover-Moratorium des US Präsidenten Herbert C. Hoover sieht die Einstellung der deutschen Reparationszahlungen vor. **1965** Rolf Pauls tritt als erster deutscher Botschafter in Israel sein Amt an. **1967** Die Große Koalition einigt sich auf eine Verminderung der Truppenstärke der Bundeswehr. **1999** Eine Sonnenfinsternis über Europa und Asien versetzt zahlreiche schaulustige Menschen schon Wochen vorher in das sog. SoFi-Fieber.

Spezialbrillen waren unerlässlich beim Betrachten der Sonnenfinsternis

12 August

Wenn du willst, dass dir jemand nicht mehr unsympathisch ist, tue ihm Gutes.

Jacinto Benavente

Erwin Schrödinger

23.7.–23.8.
Anreas, Karl, Radiana

Am 12. August geboren:

Jacinto Benavente (1866 in Madrid), spanischer Dramatiker. Benavente schreibt zahlreiche Gesellschaftssatiren wie *Der tugendhafte Glücksritter* (1907) und erhält 1922 den Literaturnobelpreis. († 14.7.1954 in Madrid)

Erwin Schrödinger (1887 in Wien), österreichischer Physiker. Mit der sog. Schrödinger-Gleichung legt er die Grundlagen zur Wellenmechanik. 1933 erhält Schrödinger den Nobelpreis für Physik. († 4.1.1961 in Wien)

Samuel Fuller (1912 in Worchester/Massachusetts), US-amerikanischer Regisseur. Fuller spezialisiert sich auf emotionsgeladene Actionfilme wie *Ich erschoss Jesse James* (1948) und *40 Gewehre* (1957). († 30.10.1997 in Hollywood)

Pete Sampras (1971 in Potomac/Maryland), US-amerikanischer Tennisspieler. Sampras gewinnt 14 Grandslam-Turniere (u. a. Wimbledon 1993–95). 2003 zieht sich Sampras vom Profisport zurück.

....

1759
Niederlage Preußens
Preußen erleidet in der Schlacht bei Kunersdorf seine schwerste Niederlage während des gesamten Siebenjährigen Krieges. Der Krieg endet 1763 mit dem Frieden von Hubertusburg, in dem Preußen der Besitz Schlesiens bestätigt wird. Durch die endgültige Sicherung des schlesischen Besitzes wird zugleich die Stellung Preußens als zweite deutsche Vormacht begründet. In der Folgezeit kommt es zur Ausbildung des preußisch-österreichischen Dualismus.

1896
Am Klondike bricht Goldfieber aus
Am Klondike, einem Nebenfluss des Yukon im Nordwesten Kanadas, wird ein unerwartet großer Goldfund gemacht. Daraufhin begeben sich rund 100.000 Menschen aus den Vereinigten Staaten auf den Weg zu den vermuteten sagenhaften Goldschätzen. Bis 1899 halten sich rund 18.000 Goldsucher dauerhaft in der allerdings schon bald vom Gold erschöpften Klondikeregion auf.

1977
Erster Space-Shuttle-Alleinflug
Das US-Space-Shuttle Enterprise startet zu seinem ersten Alleinflug. Es wird auf einer Starthöhe von 8000 Metern von einer Boeing 747 entkoppelt, um sich anschließend auf seinen ersten Alleinflug zu begeben.

1984
Carl Lewis sammelt Olympia-Medaillen
Der US-amerikanische Leichtathlet Carl Lewis ist der große Star der XXIII. Olympischen Sommerspiele in Los Angeles. Der farbige Ausnahme-Sprinter gewinnt vier Goldmedaillen in den Disziplinen 100 Meter, 200 Meter, Weitsprung und 4x100-Meter-Staffel. 1984–96 gewinnt Lewis insgesamt neun olympische Goldmedaillen sowie eine Silbermedaille. Hinzu kommen mehrere Weltmeistertitel (1983,

Carl Lewis

1987 und 1991). Er ist damit einer der erfolgreichsten Leichtathleten aller Zeiten.

Auch das geschah an diesem Tag

1900 Das internationale Heer der Kolonialmächte zur Niederschlagung des Boxeraufstands in China besiegt auf dem Weg von der nordostchinesischen Stadt Tientsin nach Peking die chinesischen Verbände bei Tschangtschia-wan. **1908** Der erste Wagen des Modells T der Fordwerke in Detroit geht vom Band. **1933** In Havanna gelangt nach dem Sturz des liberalen Präsidenten Gerardo Machado Morales der Revolutionsführer Fulgenico Batista y Zaldivar an die Macht. **1964** Aufgrund seiner Apartheidspolitik wird Südafrika von den Olympischen Sommerspielen 1964 in Tokio ausgeschlossen. **1970** Die BR Dtl. erkennt im Rahmen des Moskauer Vertrages die faktische Existenz der deutsch-deutschen Grenze sowie die polnische Westgrenze an. **1985** Bei einem Absturz eines japanischen Jumbo-Jets in der Nähe des Fujiyama kommen 520 Menschen ums Leben.

23.7.–23.8.

Cassian, Gerold, Gertrude, Marko

Karl Liebknecht

Fidel Castro

Perestroika ist für mich so etwas wie die Frau eines anderen Mannes. Die soll man bekanntlich nicht begehren.

Fidel Castro

13 August

1521
Cortés erobert das Aztekenreich
Der spanische Conquistador Hernán Cortés erobert Tenochtitlán, heute Mexiko-Stadt, die Hauptstadt des Aztekenreiches. Bei der Eroberung Mexikos sind die Spanier den Indianern, die weder Pferde noch Feuerwaffen kennen, waffentechnisch weit überlegen. Nach der Eroberung des Aztekenreiches wird Cortés Statthalter und Generalkapitän von Neuspanien. Angesichts der Anschuldigung des Amtsmissbrauches reist Cortés 1528 nach Spanien, wo er von Karl V. zwar mit dem Titel „Marqués del Valle de Oaxaca" ausgezeichnet wird, jedoch sein Statthalteramt verliert.

Hernán Cortés

1923
Stresemann führt große Koalition
Gustav Stresemann (DVP) wird neuer Kanzler der Weimarer Republik. Er steht der ersten großen Koalition der Weimarer Republik vor, die aus Sozialdemokraten, Zentrum, Demokraten und der Deutschen Volkspartei gebildet wird. Durch die Annahme des Dawesplans und den Abschluss des Locarnovertrages legt Stresemann in der Folgezeit die Grundlagen zu einer Entspannungspolitik, deren Höhepunkt die Aufnahme Deutschlands in den Völkerbund ist und für die er 1926 mit dem Friedensnobelpreis ausgezeichnet wird.

1961
Bau der Berliner Mauer
Die Grenzen zwischen West- und Ost-Berlin und zwischen den Westsektoren und der DDR werden von Grenzpolizisten der DDR abgeriegelt. Kurz darauf beginnt der Mauerbau. Die Berliner Mauer wird zu einem weiträumigen Sperrsystem ausgebaut. Insgesamt fallen dem DDR-Grenzsystem 985 Menschen zum Opfer. Unter dem Druck von Massenprotesten öffnet

Auch das geschah an diesem Tag

1809 Der Tiroler Freiheitskämpfer Andreas Hofer schlägt zwar mit seinen Truppen die Franzosen am Berg Isel, doch wenige Monate später werden die Tiroler zur endgültigen Kapitulation gezwungen. **1901** Aufgrund eines zwischen der Kolonialmacht Großbritannien und einheimischen Stammesführern geschlossenen Abkommens wird mit der Zustimmung Frankreichs das gesamte Gebiet an den Ufern des Gambiaflusses bis zum französischen Einflussbereich britisch. **1905** Nach einem Volksentscheid löst Norwegen seine seit 1814 bestehende Vereinigung mit Schweden auf. **1940** Hitler gibt den Befehl zum massiven Luftkrieg gegen England. **1976** Die ehemalige portugiesische Kolonie Ost-Timor wird von Indonesien annektiert.

die DDR-Regierung am 9. November 1989 die Berliner Mauer.

Ein Volkspolizist flieht während des Mauerbaus in den Westen

Am 13. August geboren:

Karl Liebknecht (1871 in Leipzig), deutscher Politiker. Liebknecht proklamiert als Führer des Spartakusbundes ohne Erfolg am 9. November 1918 die „Freie Sozialistische Republik". Nach dem Berliner Spartakusaufstand wird er zusammen mit Rosa Luxemburg verhaftet und von Freikorpsoffizieren ermordet. († 15.1.1919 in Berlin)·

Alfred Hitchcock (1899 in London), britischer Regisseur und Produzent. Der britische Meisterregisseur geht 1939 nach Hollywood und schafft zahlreiche Meilensteine des Thriller- und Spannungsfilm-Genres wie z. B. *Der unsichtbare Dritte* (1959) und *Die Vögel* (1962). († 29.4.1980 in Los Angeles)

Fidel Castro Ruz (1927 in Mayari), kubanischer Politiker. Nach dem Sturz des Diktators Batista (1959) errichtet Castro eine sozialistische Diktatur auf Kuba. Castro vereinigt in seiner Person das Amt des Regierungschefs und des Staatsoberhauptes und weigert sich auch nach dem Zusammenbruch des Kommunismus in Osteuropa, einen Systemwandel zu vollziehen. Kuba ist aufgrund Castros starrer Politik außenpolitisch isoliert.

14 August

Schlechte Zeiten sind gute Gesprächsthemen.
Wolf Wondratschek

Êarvin „Magic" Johnson

Wim Wenders

23.7.–23.8.
Eberhard, Maximilian, Werenfried

Am 14. August geboren:

Pius VII. (1742 in Cesena/Italien), Papst (1800–23). Pius (eigentlich Barnaba Chiaramonti) wird zeitweise aufgrund von Spannungen mit Frankreich in französischer Haft gehalten. In den Jahren nach Napoleons Sturz kann er mit der Wiederherstellung des Jesuitenordens (1814) und des Kirchenstaats (1815) große Erfolge erzielen. († 20.8.1823 in Rom)

Grabmal Pius' VII.

Richard Ernst (1933 in Winterthur), schweizerischer Chemiker. Ernst erhält 1991 für die Entwicklung der hoch auflösenden kernmagnetischen Resonanz-Spektroskopie den Nobelpreis für Chemie.
Wolf Wondratschek (1943 in Rudolstadt/Thüringen), deutscher Schriftsteller. Wondratschek verfasst Hörspiele, Prosa, Lyrik und den Roman *Einer von der Straße* (1992).
Wim Wenders (1945 in Düsseldorf), deutscher Regisseur. Im Mittelpunkt der Filme Wenders, die sich wie z. B. in *Der Himmel über Berlin* (1987) häufig durch einen langsamen Montagerhythmus auszeichnen, steht die soziale Isolation des modernen Menschen.

Earvin „Magic" Johnson (1959 in Lansing/Michigan). Johnson spielt in den 1980er-Jahren in der US-amerikanischen Profiliga National Basketball Association (NBA) bei den L. A. Lakers, die er zu fünf Titelgewinnen führt. 1992 gewinnt er mit der US-amerikanischen Basketballmannschaft, dem sog. Dream Team, die Goldmedaille bei den Olympischen Spielen. 1991 gibt er bekannt, an HIV erkrankt zu sein und gründet eine Stiftung für sozial bedürftige Kinder.

1912
US-Intervention in Nicaragua
Zur Niederwerfung eines Aufstandes von Anhängern des ehemaligen Präsidenten José Santos Zelaya besetzen US-amerikanische Marineeinheiten Nicaragua. Sie bleiben mit kurzen Unterbrechungen (1925–27) bis 1932 im Land.

1945
Kapitulation Japans
Japan erklärt nach den beiden US-Atombombenabwürfen die bedingungslose Kapitulation. Die folgende Zeit der US-amerikanischen Militärregierung unter General D. MacArthur führt zu demokratischen Reformen. Am 3. Mai 1947 tritt eine neue Verfassung in Kraft, nach der die oberste Macht beim Volk liegt und Japan auf Krieg oder Anwendung von Gewalt verzichtet.

1949
Adenauer siegt bei ersten Bundestagswahlen
Die ersten Bundestagswahlen entscheidet die CDU/CSU-Koalition mit Konrad Adenauer als Spitzenkandidaten für sich. Adenauer übernimmt als 73-Jähriger die Regierungsverantwortung und bleibt bis 1963 der erste deutsche Bundeskanzler. Er wird insgesamt dreimal (1953, 1957 und 1961) zum Kanzler wieder gewählt und erringt 1957 mit der CDU/CSU-Koalition auch die absolute Mehrheit im Bundestag. Die Ära Adenauer ist v. a. durch wirtschaftlichen Aufschwung und die Westintegration der BR Dtl. gekennzeichnet.

1989
Abbau der Apartheid
Der neue Staatspräsident Südafrikas Frederik Willem de Clerk leitet politische Reformen ein, die zu einer Lockerung der Apartheid führen. Ein Resultat der Wende in der südafrikanischen Apartheid-Politik ist die 1990 erfolgende Freilassung des Schwarzenführers Nelson Mandela. 1993 erhalten Mandela und de Clerk den Friedensnobelpreis.

Auch das geschah an diesem Tag

1941 In der zwischen den USA und Großbritannien vereinbarten Atlantikcharta werden ein freier Welthandel und das freie Selbstbestimmungsrecht aller Völker als wichtigste Ziele der gemeinsamen Nachkriegspolitik definiert. **1976** In Belfast demonstrieren 10.000 Frauen für ein rasches Ende des nordirischen Bürgerkrieges. **1982** Mit der sog. Ramadan-Offensive der iranischen Armee wird die Wende im Ersten Golfkrieg gegen den bisher dominierenden Irak eingeleitet.

23.7.–23.8.

Bernd, Mechthild, Ruprecht, Steven

Napoleon

Louis Mountbatten

Wer von Anfang an genau weiß, wohin sein Weg führt, wird es nie weit bringen.

Napoleon

15 August

1248
Baubeginn des Kölner Doms
In Köln wird der erste Grundstein zum Bau des von Meister Gerard konzipierten Kölner Doms gelegt. Der Chor des Doms wird 1332 vollendet. Die Bauarbeiten an Querhaus, Langhaus und Türmen ziehen sich bis 1560 hin. Erst 1842–80 wird der größte gotische Kirchenbau innerhalb des deutschen Sprachraums endgültig fertig gestellt.

Kölner Dom (Zustand von 1824)

1947
Indien erhält Unabhängigkeit
Der letzte britische Vizekönig in Indien, Lord Mountbatten, schlägt die Teilung des Landes in einen islamischen und einen hinduistischen Teil vor. Nach der Billigung dieses Planes durch Muslim-Liga und Kongresspartei werden die Indische Union und Pakistan als Dominion in die Unabhängigkeit entlassen. Mit dem Ende des Dominion-Status tritt am 26. Januar 1950 die indische Verfassung in Kraft.

Auch das geschah an diesem Tag

1235 Durch den von Kaiser Friedrich II. ermöglichten Mainzer Reichslandfrieden wird die Reichsgewalt gestärkt. **1534** In Paris gründet Ignatius von Loyola den Jesuitenorden. **1971** Die USA kündigen ihre Verpflichtung, jederzeit Dollar gegen Gold als Leit- und Reservewährung einzutauschen.

1969
Woodstock-Hippie-Festival
Zum dreitägigen Woodstock-Rockmusik-Festival kommen anstelle der urspr. vorgesehenen 50.000 rund 500.000 Hippies und Rockfans auf das Gelände einer Farm in Bethel, einer kleinen Ortschaft im US-Bundesstaat New York. Die sanitären Verhältnisse sind ebenso wie die Versorgung mit Nahrungsmitteln katastrophal. Auf dem legendären Festival treten Topstars der Rockmusik wie Jimi Hendrix, Santana, Janis Joplin und Joe Cocker auf. 1994 und 1999 werden Woodstock-Revival-Festivals veranstaltet.

Am 15. August geboren:

Napoleon I. (1769 in Ajaccio/Korsika), Kaiser der Franzosen (1804–14/15). 1804 krönt sich Napoleon zum erblichen „Kaiser der Franzosen". Sein Anspruch auf Hegemonie in Europa und seine weltpolitischen Pläne führen ab 1803 zu immer neuen Kriegen mit den europäischen Mächten (Napoleonische Kriege). 1805 krönt er sich zum König von Italien. Mit den siegreichen Feldzügen in Deutschland, der Gründung des Rheinbunds, der Kontinentalsperre (1806) und der Allianz mit Zar Alexander I. im Frieden von Tilsit (1807) steht Napoleon auf dem Höhepunkt seiner Macht. Das Scheitern des Russlandfeldzugs (1812) und die Niederlage in der Völkerschlacht (1813) führen zum Wendepunkt der napoleonischen Herrschaft. Napoleon muss abdanken, zieht noch einmal die Herrschaft an sich, wird bei Waterloo endgültig geschlagen und schließlich nach St. Helena verbannt. († 5.5.1821 in Longwood/St. Helena)
Thomas Edward Lawrence (1888 in Tremadoc/Wales), britischer Schriftsteller, Archäologe und Politiker. Lawrence organisiert im Ersten Weltkrieg als Agent des britischen Geheimdienstes und als Vertrauter Faisals I. die arabische Erhebung gegen die Türkei. Als Gegner der britischen Nahostpolitik quittiert er anschließend seinen Dienst und diente als Soldat der britischen Luftwaffe in Indien. Seine arabischen Erinnerungen *Die sieben Säulen der Weisheit* (1926) machen ihn weltberühmt. († 19.5.1935 in Clands Nill)
Shimon Peres (1923 in Wolozyn/Polen), israelischer Politiker. Für seine Verdienste im Friedensprozess im Nahen Osten erhält Peres 1994 gemeinsam mit PLO-Führer Jasir Arafat und dem 1995 ermordeten israelischen Ministerpräsidenten Yitzhak Rabin den Friedensnobelpreis.
Oscar Peterson (1925 in Montreal). Peterson wird aufgrund seiner virtuosen Technik und seiner Vielseitigkeit zum führenden Pianisten des Modernen Jazz.

16 August

Sie trägt einen Rock, den kann man nicht beschreiben, denn schon ein einziges Wort wäre zu lang.

Reiner Kunze

Wilhelm Wundt

Menachim Begin

23.7.–23.8.

Alfred, Christian, Steffen, Stefanie

Am 16. August geboren:

Albrecht II. (1397 ohne Ort), römisch-deutscher König. Albrecht ist Herzog von Österreich sowie König von Böhmen und Ungarn. 1422 heiratet er Elisabeth, die Tochter Kaiser Sigismunds. († 27.10.1439 in Neszmély/Ungarn)

Wilhelm Wundt (1832 Neckarau bei Mannheim), deutscher Psychologe und Philosoph. Wundt gründet in Leipzig das erste Institut für experimentelle Psychologie. Sein Forschungsinteresse gilt v. a. der Untersuchung psychologischer Prozesse und Strukturen mit empirischen Mitteln. Als Philosoph ist er ebenfalls ein richtungsweisender Denker. († 31.8.1920 in Großbothen bei Leipzig)

Menachim Begin (1913 in Brest-Litowsk, heute Brest/Weissrussland), israelischer Politiker. Der israelische Ministerpräsident (1977–83) geht 1977 auf das Angebot des ägyptischen Präsidenten Mohammed Anwar as Sadat ein und unterzeichnet am 26. März 1979 den Friedensvertrag mit Ägypten. 1978 erhält er gemeinsam mit Sadat den Friedensnobelpreis. († 9.3.1992 in Tel Aviv)

Charles Bukowski (1920 in Andernach/Rhein), US-amerikanischer Schriftsteller. Bukowski schildert in provokanter Form in Erzählungen wie *Aufzeichnungen eines Außenseiters* (1969) das Leben im Schatten der amerikanischen Gesellschaft. († 9.3.1994 in San Pedro/Kalifornien)

Reiner Kunze (1933 in Oelsnitz/Erzgebirge), deutscher Schriftsteller. Kunze wird aufgrund seiner literarischen Kritik am DDR-Regime vom Literaturbetrieb isoliert und verlässt 1977 die DDR, um in Westdeutschland zu leben.

1924
Dawesplan vermindert deutsche Schulden
Der in London vereinbarte Dawesplan macht die Zahlung der deutschen Reparationsverpflichtungen von der Zahlungsfähigkeit Deutschlands abhängig. Die jährlichen deutschen Zahlungen vermindern sich dadurch von 5,4 auf 2,4 Mrd. Goldmark. Der Dawesplan bedeutet eine massive Beschneidung der Souveränität Deutschlands. Die mit dem Dawesplan gekoppelte Anleihe in Höhe von 800 Mio. Goldmark schafft jedoch zugleich die Grundlage für die erfolgreiche Währungsumstellung.

1945
Neue polnische Grenzen
In Moskau werden die neuen polnischen Grenzen zwischen Polen und der UdSSR vertraglich festgelegt. Die Westgrenze Polens wird zum Ausgleich für die an die UdSSR abgegebenen ostpolnischen Gebiete bis zur Oder-Neiße-Linie verschoben.

1960
Zypern wird unabhängig
Zypern erklärt sich unabhängig von Großbritannien. In der Folgezeit kommt es zu Spannungen zwischen Griechenland und der Türkei, die beide Ansprüche auf Zypern erheben. 1975 wird im Nordteil Zyperns eine türkisch-zypriotische Republik errichtet. Bis heute ist das Verhältnis zwischen Griechenland und der Türkei aufgrund der umstrittenen Zypern-Frage gespannt.

Auch das geschah an diesem Tag

1809 König Friedrich Wilhelm III. gründet die Universität Berlin. **1876** In Bayreuth wird Richard Wagners *Ring der Nibelungen* uraufgeführt. **1972** Der farbige Methodist Philip Otter wird zum Generalsekretär des Weltkirchenrats gewählt. **1977** Nach einem Herzversagen stirbt der Rockstar Elvis Presley in Memphis/Tennessee. **1987** Steffi Graf führt als erste Deutsche die Weltrangliste im Damentennis an. **1995** Ein Concorde-Flugzeug der Air France umrundet die Erde in einer Weltrekordzeit von rund 31 Stunden.

Bayreuth: Festspielhaus

23.7.–23.8.

Clara, Hyazinth, Heron, Jutta

Pierre de Fermat

Robert De Niro

Wenn ich mich zwischen zwei Sünden entscheiden muss, entscheide ich mich immer für die, die ich noch nicht kenne.

Mae West

17 August

1945
Indonesien erklärt seine Unabhängigkeit
Der Führer der indonesischen Freiheitsbewegung, General Achmed Sukarno ruft in Jakarta die Unabhängigkeit des Landes aus. Sukarno ist von 1945–67 Staatspräsident. Er führt das System der „gelenkten Demokratie" ein, das ihm eine gesicherte Machtstellung gewährleistet, und setzt 1962 die Eingliederung Niederländisch-Neuguineas in die Republik Indonesien durch.

1956
Verbot der KPD
Das Karlsruher Bundesverfassungsgericht verbietet die für verfassungswidrig befundene Kommunistische Partei Deutschlands (KPD). 1968 wird mit der Deutschen Kommunistischen Partei (DKP) erneut eine kommunistische Partei in der BR Dtl. gegründet, und in West-Berlin existiert bis 1990 die Sozialistische Einheitspartei Westberlin (SEW).

1962
Tod an der Berliner Mauer
DDR-Grenzpolizisten erschießen den Ostberliner Bauarbeiter Peter Fechter bei seinem Versuch die Berliner Mauer zu überwinden, um nach West-Berlin zu gelangen. Bis zum Fall der Mauer sterben rund 200 Menschen beim Versuch, in den Westen zu fliehen.

Am 17. August geboren:

Pierre de Fermat (1601 in Beaumont-de-Lomagne bei Mantauban), französischer Mathematiker. Fermat leistet zahlreiche fundamentale Beiträge zur Zahlentheorie und Wahrscheinlichkeitsrechnung. († 12.1.1665 in Castres bei Toulouse)
Karl I. Franz Josef (1887 in Persenbeug/Niederösterreich), Kaiser von Österreich und König von Ungarn (1916–18). († 1.4.1922 in Quinto do Monte/Madeira)
Mae West (1893 in New York), US-amerikanische Schauspielerin. West wird in den 1930er-Jahren berühmt durch ihre Rollen als Vamp in Filmen wie *Ich bin kein Engel* (1932) und *Sie tat ihm Unrecht* (1933). († 22.11.1980 in Hollywood)
Marcello José das Neves Alves Caetano (1906 in Arganil bei Coimbra), portugiesischer Politiker. Als Nachfolger des Diktators Antonio de Salazar ist Caetano 1968–74 Ministerpräsident. Nach seinem Sturz geht er 1974 ins Exil nach Brasilien. († 26.10.1980 in Rio de Janeiro)
Robert De Niro (1943 in New York), US-amerikanischer Schauspieler. Der Hollywood-Topstar stellt in Filmen wie *Taxi Driver* (1976) und *Es war einmal in Amerika* (1984) bevorzugt gesellschaftliche Außenseiter dar.

Auch das geschah an diesem Tag

1950 Aufgrund seiner Verwicklung in NS-Verbrechen wird der Chemiekonzern I. G. Farbenindustrie AG aufgelöst. **1963** Die beiden Gegner des Regimes von Spaniens Diktator Francisco Franco, Francisco Granados Gata und Joaquin Delgado Martinez werden wegen ihrer am 13. August verübten Bombenanschläge auf das Madrider Polizeipräsidium hingerichtet. **1970** Der libanesische Wirtschaftsminister Sulaiman Farandschija wird vom Parlament zum neuen Staatspräsidenten gewählt. **1978** Drei US-Amerikanern gelingt die erste Überquerung des Atlantiks mit einem Ballon. **1987** Der Hitler-Stellvertreter Rudolf Hess begeht im Kriegsverbrechergefängnis von Spandau Selbstmord. **1988** Der pakistanische Staatspräsident Mohammed Zia ul-Haq kommt bei einem Flugzeugabsturz ums Leben. **1998** In Nord- und Zentralchina kommt es nach starken Regenfällen zu einem Jahrhunderthochwasser mit großen Überschwemmungen. **1999** Ein starkes Erdbeben führt im Nordwesten der Türkei zu einer Katastrophe, bei der 17.200 Menschen getötet, 30.000 verletzt und 600.000 obdachlos werden.

Robert De Niro in *Taxi Driver*

18 August

Wer eine Schlacht gewinnen will, muss denken, dass er der Sieger ist.

23.7.–23.8.

Claudia, Helena, Hella, Paula

Roman Polanski — Franz Josef I. — Robert Redford

Am 18. August geboren:

Antonio Salieri (1750 in Legnano), italienischer Komponist. Der Hofkomponist und Kapellmeister in Wien wird fälschlich beschuldigt, Wolfgang Amadeus Mozart vergiftet zu haben. († 7.5.1825 in Wien)

Franz Josef I. (1830 in Schönbrunn), österreichischer Kaiser (1846–1916) und ungarischer König (1867–1916). Franz Joseph, der 1854 die bayerische Prinzessin Elisabeth („Sissi") heiratet, führt den Ersten Weltkrieg in der Annahme, den Zerfall der Habsburger Monarchie nur durch militärische Abwehr der serbischen Aggressionen abwenden zu können. Seine Gemahlin Elisabeth wird 1898 in Genf ermordet. († 21.11.1916 in Schönbrunn)

Edgar Faure (1908 in Béziers), französischer Politiker. Faure ist 1945/46 Anklagevertreter bei den Nürnberger Prozessen, bekleidet nach 1949 mehrere Ministerämter und hat das Amt des Ministerpräsidenten inne. († 30.3.1988 in Paris)

Roman Polanski (1933 in Paris), französischer Regisseur polnischer Herkunft. Polanskis frühe Filme wie *Tanz der Vampire* (1967) enthalten häufig absurde und surrealistische Elemente. In seinen späteren Filmen geht er zu eher traditionellen Erzählmustern über.

Roman Polanski

Robert Redford (1937 in Santa Monica), US-amerikanischer Schauspieler. Der Hollywood-Topstar spielt im Laufe seiner Karriere die unterschiedlichsten Rollen und erhält für seine erste Regiearbeit *Eine ganz normale Familie* (1979) vier Oskars.

1866
Gründung des norddeutschen Bundes
Im norddeutschen Bund sind unter preußischer Führung 17 deutsche Kleinstaaten vereinigt, die im Deutschen Krieg an der Seite Preußens gekämpft haben. Das Konzept für den Preußischen Bund stammt vom preußischen Ministerpräsidenten Otto von Bismarck. Die Verfassung des Norddeutschen Bunds dient als Vorbild für die deutsche Reichsverfassung von 1871.

1930
Trujillo putscht sich an die Macht
Durch einen Militärputsch gelangt General Leonidas Trujillo y Molina an die Spitze der Dominikanischen Republik und errichtet nach dem Machtwechsel ein diktatorisches Regime, das zugleich mit einem exzentrischen Personenkult gekoppelt ist. Bis zu seinem Tod 1961 übt er eine grausame despotische Herrschaft aus, bei der das Land schamlos ausgebeutet wird.

1933
Volksempfänger als Propaganda-Instrument
Mit dem Volksempfänger, einem preisgünstigen Radiogerät mit der Typenbezeichnung VE 301, das auf der 10. Großen Deutschen Funkausstellung vorgestellt wird, verfügt Goebbels über ein wirkungsvolles Propaganda-Instrument. Die deutschen Radioproduzenten sind verpflichtet, das Gerät für 35 Reichsmark zu liefern, wobei ein Abhören von Feindsendern nicht möglich sein soll.

1960
Antibabypille kommt auf den Markt
Das Erscheinen der ersten Antibabypille bedeutet einen Durchbruch auf dem Gebiet der Schwangerschaftsverhütung. Bei einer vorschriftsgemäßen regelmäßig erfolgenden Einnahme von hormonellen Verhütungsmitteln kann eine relativ zuverlässige Empfängnisverhütung gewährleistet werden. Hormonelle Verhütungsmittel wirken über die Steuerzentren der Geschlechtshormone auf die Eierstöcke und verhindern auf diese Weise einen Eisprung, während das häufig zusätzlich zum Einsatz kommende Östrogen für eine gleichzeitige Stabilisierung des Menstruationszyklus sorgt.

Auch das geschah an diesem Tag

1373 Karl IV. erwirbt die Mark Brandenburg aus den Händen des Wittelsbacher Markgrafen Otto dem Faulen.

1949 Aus dem Zusammenschluss der drei Nachrichtenagenturen in den Besatzungszonen entsteht die Deutsche Presseagentur (dpa) mit Sitz in Hamburg.

1959 Der von der Automobilfirma Austin und Morris erstmals vorgestellte Mini wird in der Folgezeit zu einem kultisch verehrten Kleinwagen.

23.7.–23.8.

Bert, Cäcilia, Johann, Sebald, Ulf

Orville Wright

Bill Clinton

Wir können nicht alles tun, aber wir müssen tun, was wir können.
Bill Clinton

19
August

14 n. Chr.
Tiberius wird römischer Kaiser
Nach dem Tod von Kaiser Augustus folgt ihm sein Stiefsohn auf den Thron. Unter Tiberius werden die Reichsgrenzen gesichert und die Staatsfinanzen neu geordnet. Aufgrund der Gegnerschaft des Senats zieht sich Tiberius später nach Capri zurück und überlässt die Regierung seinem Günstling Sejan, den er jedoch hinrichten lässt, als er erkennt, dass dieser hinter seinem Rücken nach der Herrschaft strebt.

Tiberius

1071
Nahendes Ende von Byzanz
Der byzantinische Herrscher Romanos IV. Diogenes wird nach einer Niederlage seiner Truppen gegen die türkischen Seldschuken gefangen genommen. Diogenes Niederlage bildet den Auftakt zum Untergang des Byzantinischen Reiches.

1493
Maximilian I. wird zum Kaiser ohne päpstliche Kaiserkrönung
Maximilian I. wird nach dem Tod seines Vaters Friedrich III. zum Kaiser des Hl. Römischen Reiches. 1508 nimmt er in Trient mit päpstlicher Zustimmung, aber ohne päpstliche Kaiserkrönung, als erster deutscher König den Titel „Erwählter Römischer Kaiser" an und beendet auf diese Weise die jahrhundertealte Abhängigkeit der Kaiserwürde vom Papsttum.

Am 19. August geboren:

Marie Jeanne Bécu, Gräfin Dubarry (1743 in Vaucouleurs), Geliebte Ludwig XV. von Frankreich. Die verschwenderische Mätresse König Ludwig XV. wird im Zuge der Französischen Revolution von den Jakobinern guillotiniert. († 8.12.1793 in Paris)

Auch das geschah an diesem Tag

1587 Der aus einer schwedischen Dynastie stammende Sigismund III. wird zum König von Polen gewählt. **1848** Ein Bericht über Goldfunde in Kalifornien im New Yorker Herald löst den legendären „California Gold Rush" aus. **1936** In Moskau beginnen die ersten Schauprozesse gegen antistalinistische Trotzkisten. **1942** Die Landung von 60.000 kanadischen Soldaten bei Dieppe an der französischen Normandieküste wird vom deutschen Heer verhindert. **1966** Der Mondsatellit Lunar Orbiter 1 fotografiert erstmals die Erdkugel. **1969** Mehrere hundert Menschen kommen durch den Hurrikan „Camille" ums Leben, der weite Gebiete in den US-Bundesstaaten Louisiana und Mississippi verwüstet. **2001** Bei einer Grubengas-Explosion in der Ukraine kommen vermutlich rund 50 Bergleute ums Leben.

Orville Wright (1871 in Dayton/Ohio), US-amerikanischer Flugpionier. Wright konstruiert mit seinem Bruder Wilbur Wright das erste flugtüchtige Motorflugzeug, mit dem am 17. Dezember 1903 der erste Motorflug gelingt. Die Leistungen der Brüder Wright waren auch für die Entwicklung der Flugzeugtechnik in Europa von wegweisender Bedeutung. († 30.11.1948 in Dayton)

Coco Chanel (1883 in Saumur), französische Modedesignerin. Das von der Modeschöpferin mit dem bürgerlichen Namen Gabrielle Chanel gegründete Modehaus Chanel sorgt mit seinen ebenso eleganten wie originellen Kreationen für innovative Impulse in der Damenmode. († 10.1.1971 in Paris)

Coco Chanel

William Jefferson „Bill" Clinton (1946 in Hope/Arkansas), US-amerikanischer Politiker. Der 42. US-Präsident (1993–2000) ist innenpolitisch v. a. bei der Belebung der Wirtschaft seines Landes erfolgreich. Außenpolitisch gelingt ihm als Vermittler des Friedens für Bosnien-Herzegowina ein großer Erfolg. Das gegen ihn wegen der Lewinski-Affäre angestrengte Amtsenthebungsverfahren findet im Senat nicht die erforderliche Zweidrittel-Mehrheit.

20 August

In der Jugend glaubt man, das Glück zwingen zu können. Später zwingt man sich, an das Glück zu glauben.

Salvatore Quasimodo

 Rajiv Gandhi

 Leo Trotzki

23.7.–23.8.

Bernhard, Oswin, Ronald, Samuel

Am 20. August geboren:

Raymond Poincaré (1860 in Bar-le-Duc), französischer Politiker. Zur gemäßigten Rechten gehörend, betreibt Poincaré vor dem Ersten Weltkrieg eine defensive antideutsche Politik. 1913–20 ist Poincaré Präsident der Republik. In der Zeit von 1912 bis 1929 ist er mit Unterbrechungen dreimal Ministerpräsident. 1923 veranlasst er die Ruhrbesetzung.
(† 15.10.1934 in Paris)

Rudolf Karl Bultmann (1884 in Wiefelstede bei Oldenburg), deutscher evangelischer Theologe. Bultmann bemüht sich um eine dem modernen Menschen zugängliche Interpretation des Neuen Testaments. († 30.7.1976 in Marburg)

Salvatore Quasimodo (1901 in Modica/Sizilien), italienischer Lyriker und Übersetzer. In seinen wirklichkeitsnahen und formal einfachen Erzählungen, der sog. poesia sociale, schildert Quasimodo den Menschen in der modernen Gesellschaft. Er erhält 1959 den Literaturnobelpreis.
(† 14.6.1968 in Neapel)

Roger Wolcott Sperry (1913 in Hartford/Connecticut), US-amerikanischer Psychologe und Mediziner. Mit seinen experimentellen Forschungen erbringt der Medizinnobelpreisträger (1981) den Nachweis, dass die beiden Gehirnhälften unabhängig voneinander funktionieren. († 18.4.1994 in Pasadena/Kalifornien).

Rajiv Gandhi (1944 in Bombay), indischer Politiker. Der Sohn von Indira Gandhi ist nach der Ermordung seiner Mutter 1984–89 Premierminister und fällt 1991 ebenfalls einem Attentat zum Opfer († 21.5.1991 in Sriperumpudur)

1940
Attentat auf Trotzki
Der russische Revolutionär Leo D. Trotzki wird im mexikanischen Exil von einem Agenten der sowjetischen Geheimpolizei so schwer verletzt, dass er am folgenden Tag an seinen Verletzungen stirbt. Trotzki hatte im Exil seine politische Theorie des Trotzkismus entwickelt.

1952
Trauer um Schumacher
Der Tod Kurt Schumachers, der als Parteivorsitzender seit 1946 eine der wichtigsten Führungspersönlichkeiten der SPD war, bedeutet einen schmerzlichen Verlust für die deutschen Sozialdemokraten. Seit 1949 auch Vorsitzender der Bundestagsfraktion war Schumacher ein entschiedener Gegner eines westdeutschen Teilstaates.

1968
Ende des Prager Frühlings
Der sog. Prager Frühling, eine liberal geprägte Variante des Sozialismus in der Tschechoslowakei, wird durch den Einmarsch von Truppen aus fünf Mitgliedsstaaten des Warschauer Paktes vorzeitig beendet. Die politischen Ansätze zur Liberalisierung und Demokratisierung des Landes werden wieder rückgängig gemacht und die Politiker des Prager Frühlings entmachtet.

Sowjetische Panzer beenden den „Prager Frühling" gewaltsam

Auch das geschah an diesem Tag

1153 Der französische Kirchenlehrer Bernhard von Clairvaux stirbt in dem von ihm gegründeten Kloster Clairvaux. **1400** Der römisch-deutsche König Wenzel wird von den vier rheinischen Kurfürsten abgesetzt. **1866** Die National Labor Union wird als erste Gewerkschaft in den USA gegründet und fordert den Acht-Stunden-Tag. **1919** Den Versailler Verträgen entsprechend wird die allgemeine deutsche Wehrpflicht aufgehoben und es entstehen illegale paramilitärische Vereinigungen wie die sog. Schwarze Reichswehr. **1960** Das westafrikanische Land Senegal tritt aus der seit 1959 bestehenden Union mit Mali aus und proklamiert seine Unabhängigkeit. **1988** Im Golfkrieg zwischen dem Irak und Iran kommt es nach achtjährigem Krieg zu einem Waffenstillstand.

23.7.–23.8.

Baldwin, Gratia, Maximilian, Pia

William „Count" Basie

Karl XIV. Johann

Mit Adleraugen sehen wir die Fehler anderer, mit Maulwurfsaugen unsere eigenen.

Franz von Sales

21
August

1192
Beginn der Shogun-Herrschaft
In Japan beginnt die Herrschaftszeit der Shogune, nachdem der Samuraikrieger Yoritomo Minamoto vom japanischen Kaiser den Titel eines Shogun („Oberbefehlshaber zur Unterwerfung der Barbaren") verliehen bekommt. Die Shogune

Yoritomo Minamoto

(1192–1867) vereinigen die gesamte Regierungsgewalt in ihrer Person, während der machtlose Kaiser lediglich Repräsentationsaufgaben wahrnimmt. 1867 muss der letzte Shogun die Regierungsgewalt an den Kaiser zurückgeben.

1818
Franzose wird schwedischer König
Jean-Baptiste-Bernadote wird in Stockholm als Karl XIV. Johann zum König von Schweden ernannt. Karl, der zuvor als Marshall in Napoleons Diensten gestanden hat, schließt sich 1812 den Gegnern Napoleons an und befehligt in den Befreiungskriegen die Nordarmee. 1814 erzwingt er die Abtretung Norwegens von Dänemark.

1959
Hawaii wird US-Bundesstaat
Die 1898 von den USA annektierte Hawaii-Inselgruppe wird zum 50. Bundesstaat der USA erklärt. Bei den vom übrigen US-Territorium getrennten Hawaii-Inseln handelt es sich um die Spitzen eines riesigen, aus dem 5000 Meter tiefen Ozeanbecken aufragenden Vulkanstocks mit rund 40 erloschenen Vulkanen.

Am 21. August geboren:

Philipp II. August (1165 in Mantes/Yvelines), König von Frankreich (1180–1223). Als einer der bedeutendsten französischen Herrscher des Mittelalters besiegt Philipp 1189 zusammen mit Richard I. Löwenherz den englischen König Heinrich II. Er nimmt 1190 mit Richard am Dritten Kreuzzug teil und setzt nach seinem Zerwürfnis mit Richard den Kampf gegen England fort. († 14.7.1223 in Mantes)

Franz von Sales (1567 in Schloss Sales bei Annecy), französischer Theologe und Schriftsteller. Sales gründet 1610 in Annecy den Orden der Salesianerinnen. 1665 erfolgt seine Heiligsprechung. 1877 wird er zum Kirchenlehrer erhoben. († 28.12.1622 in Lyon)

William „Count" Basie (1904 in Red Bank/New Jersey), US-amerikanischer Jazzmusiker. Die Musik des Jazzpianisten und Bandleaders wird mit Veröffentlichungen wie *Basie Swings, Bennet Sings* (1959) zum Inbegriff des Big-Band-Swing. († 26.4.1984 in Hollywood)

Auch das geschah an diesem Tag

1245 In Paris stirbt der Scholastiker und Franziskaner Alexander von Hales. **1866** Die Firma Winchester beginnt mit der Serienfertigung des gleichnamigen Repetiergewehrs, das im sog. Wilden Westen eine wichtige Rolle im Kampf der Weißen gegen die Indianer spielt. **1941** Hitler lehnt die Vorschläge der Heeresführung zur raschen Einnahme Moskaus ab und befiehlt stattdessen verstärkte Angriffe auf die Krim und den Kaukasus, um die Rote Armee von ihrer Nachschubversorgung abzuschneiden. **1944** Delegierte der USA, der UdSSR, Chinas sowie Großbritanniens vereinbaren auf der Konferenz von Dumbarton Oaks die Grundsätze zur Organisation der Vereinten Nationen (UNO). **1966** In China demonstrieren die sog. Roten Garden für die Zerstörung „alter Autoritäten" und terrorisieren Gegner des Parteivorsitzenden Mao Tse-tung. **1983** Der philippinische Oppositionsführer Bengno Aquino wird nach seiner Rückkehr aus dem Exil auf dem Flughafen von Manila ermordet. **1986** Die Sowjetunion gibt in einem 400 Seiten umfassenden Untersuchungsbericht bekannt, dass das Atomunglück im ukrainischen Tschernobyl in erster Linie auf schwere Fehler des Personals des Kernkraftwerkes zurückzuführen ist.

Tschernobyl: Blick auf den zerstörten Reaktor

22 August

Unverrückbare Grundsätze sind wie Scheuklappen. Man sieht dann sehr wenig von der Wirklichkeit.

Deng Xiaoping

Claude Debussy

Deng Xiaoping

23.7.–23.8.
Regina, Siegfried, Sigrid, Timotheus

Am 22. August geboren:

Claude Debussy (1862 in Saint-Germain-en-Laye), französischer Komponist. Debussy wird mit seinen impressionistischen Kompositionen zu einem der wichtigsten Wegbereiter der modernen Musik. († 25.3.1918 in Paris)

Max Scheler (1874 in München), deutscher Philosoph. Scheler wendet die Phänomenologie Edmund Husserls sehr erfolgreich auf eine Vielzahl von geisteswissenschaftlichen Disziplinen an. († 19.5.1928 in Frankfurt/Main)

Max Scheler

Samuel Goldwyn (1882 in Warschau), US-amerikanischer Filmproduzent. Der Filmproduzent polnischer Herkunft mit dem bürgerlichen Namen S. Goldfish gehört als Gründer der Produktionsgesellschaft Metro Goldwyn Mayer (1924) zu den einflussreichsten Persönlichkeiten in Hollywoods aufstrebender Filmindustrie. († 31.1.1974 in Los Angeles)

Leni Riefenstahl (1902 in Berlin), deutsche Regisseurin und Fotografin. Riefenstahl dreht NS-Propagandafilme wie u. a. *Triumph des Willens* (1935) und veröffentlicht später auch Fotoarbeiten. († 8.9.2003 Pöcking am Starnberger See)

Deng Xiaoping (1904 in Guang'an/Sichuan), chinesischer Politiker. Deng Xiaoping betreibt nach der Kulturrevolution die Verurteilung der Radikalen (Viererbande), die Rehabilitierung der Opfer der Kulturrevolution, versachlicht den Arbeitsstil der Partei, fördert eine pragmatische Wirtschaftspolitik und besetzt die Spitzenpositionen in Partei und Regierung mit Männern seines Vertrauens. († 19.2.1997 in Peking)

1485
Ende der „Rosenkriege"
Nach der Schlacht bei Bosworth (1485) zwischen Richard III. und dem Earl of Richmond wird Letzterer als Heinrich VII. (Haus Tudor) zum König ausgerufen. Die sog. Rosenkriege zwischen den Häusern Lancaster und York sind damit beendet.

1717
Prinz Eugen besiegt türkisches Heer
Prinz Eugen von Savoyen vertreibt die osmanischen Truppen aus Belgrad und leitet damit den Sieg Österreichs im Krieg gegen die Türken ein. Im Frieden von Passarowitz (1718), der für die Osmanen erhebliche Gebietsverluste bringt, wird der sog. Türkenkrieg (1716–18) endgültig beendet.

Eugen von Savoyen

1971
Blutiger Staatsstreich in Bolivien
Nach einem blutigen Staatsstreich wird Hugo Banzer Suárez der neue Präsident Boliviens. Banzer errichtet ein diktatorisches Regime (1971–78) und wird 1997 erneut zum Präsidenten gewählt. Im August 2001 legt er sein Amt aus gesundheitlichen Gründen nieder.

1991
Erfolgloser Putsch im Kreml
Staatspräsident Michael Gorbatschow kehrt nach dem gescheiterten Umsturzversuch gegen ihn von der Krim nach Moskau zurück. Der Kreis der Verschwörer um Vizepräsident Gennadi Janajew und Verteidigungsminister Dimitri Jasow wird in Haft genommen. Gorbatschow legt nach dem gescheiterten Putsch das Amt des Generalsekretärs der Kommunistischen Partei nieder. Nach der Gründung der GUS legt Gorbatschow auch sein Amt als Staatspräsident der UdSSR nieder.

Auch das geschah an diesem Tag
1944 In Jamaika vernichtet ein schwerer Wirbelsturm den Großteil der Bananenernte sowie zahlreiche Ortschaften. **1984** Bei der ersten Wahl in Südafrika, bei der auch „Mischlinge" zugelassen sind, gewinnt die Labour Party die Mehrzahl der Sitze. **1990** Die Volkskammer der DDR genehmigt im zweiten Anlauf das Gesetz für gesamtdeutsche Wahlen, die am 2. Dezember stattfinden sollen.

23.7.–23.8.
Richild, Rosa, Zachäus

Gene Kelly

Ephraim Kishon

Viele Menschen, manchmal gerade besonders kluge, meinen, dass Geld alles ist. Sie haben Recht.

Ephraim Kishon

23
August

1244
Türken erobern Jerusalem
Jerusalem gerät endgültig unter islamische Herrschaft. Die Kreuzzüge erweisen sich damit endgültig als ein vollkommen gescheitertes Unternehmen.

1572
Bluthochzeit in Paris
In der Nacht vom 23. zum 24. August werden in Paris etwa 2000 und anschließend in der Provinz weitere 20.000 Hugenotten von Katholiken ermordet. Die Hugenotten waren zur Hochzeit des protestantischen Königs Heinrich von Navarra mit Margarete, der katholischen Schwester des französischen Königs Karl IX., gekommen. Die Hochzeit sollte ursprünglich zu einer Annäherung zwischen den Hugenotten und den Katholiken führen.

Bartholomäusnacht

Auch das geschah an diesem Tag

1985 Der leitende Beamte im Bundesamt für Verfassungsschutz Hansjoachim Tiedge löst einen der größten Spionageskandale in der Geschichte der BR Dtl. aus, indem er in die DDR flieht und dabei sein geheimdienstliches Archiv mit in den Osten bringt. In seinem Buch *Der Überläufer* (1998) legt Tiedge später die Gründe für seine Flucht in die DDR dar und macht u. a. Alkoholismus und finanzielle Probleme als Beweggründe für sich geltend.

1914
Kriegsausbruch zwischen Japan und Deutschland
Nachdem die Deutschen ein japanisches Ultimatum nicht beantwortet haben, erklärt Japan dem Deutschen Reich den Krieg. Im Ultimatum der Japaner war u. a. gefordert worden, dass sich die deutschen Flottenverbände aus allen japanischen und chinesischen Gewässern zurückziehen sollen.

1939
Hitler-Stalin-Pakt
In Moskau wird ein geheimer Nichtangriffspakt zwischen Deutschland und der UdSSR sowie ein Geheimprotokoll über die Teilung Polens unterzeichnet. Die deutsche Öffentlichkeit ist von diesem Vorgang völlig überrascht, da die Sowjetunion, die bisher als Hort des jüdischen Weltbolschewismus verteufelt wurde, nun auf einmal zu einem Verbündeten geworden ist.

Am 23. August geboren:

Ludwig XVI. (1754 in Versailles), König von Frankreich (1774–92). Nach dem Scheitern seines Fluchtversuchs vor den Anhängern der Französischen Revolution ins Ausland (1791) hält Ludwig seinen Widerstand gegen den Konvent aufrecht, obwohl er einen Eid auf die Verfassung abgelegt hat. Nach dem Sturm auf die Tuillerien (1792) wird er mit einer Stimme Mehrheit im Konvent wegen Landesverrats zum Tod verurteilt und guillotiniert.
(† 21.1.1793 in Paris)

Georges Baron de Cuvier (1769 in Montbéliard), französischer Zoologe und Paläontologe. Der Begründer der größten anatomischen Sammlung Europas entwickelt als Vorläufer zur Evolutionstheorie eine Katastrophentheorie, nach der konstante Arten einer Erdepoche jeweils durch Katastrophen vernichtet und in einem Schöpfungsakt durch neue Arten ersetzt werden.
(† 13.5.1832 in Paris)

Kenneth Joseph Arrow (1921 in New York), US-amerikanischer Wirtschaftswissenschaftler. Arrow erhält 1972 für seine Beiträge zum gesamtwirtschaftlichen Gleichgewicht und zu Wohlstandstheorien den Nobelpreis für Wirtschaftswissenschaften.

Ephraim Kishon (1924 in Budapest), israelischer Schriftsteller. Der Bestsellerautor mit bürgerlichem Namen Ferenc Hoffman beschreibt in Werken wie *Undank ist der Welten Lohn* (1990) menschliche Verhaltensweisen aus satirischer

Gene Kelly (1912 in Pittsburgh), US-amerikanischer Tänzer. († 2.2.1996 in Los Angeles)

24 August

Sie erzählen dir, du würdest das Gedächtnis verlieren, wenn du älter wirst. Was sie dir nicht sagen: Du wirst es nicht sonderlich vermissen.

Malcom Cowley

Jorge Luis Borges

Fernand Braudel

24.8.–23.9.

Amanda, Bartholomäus, Isolde, Karl

Am 24. August geboren:

William Willberforce (1759 in Kingston upon Hull), britischer Politiker. Willberforce ist als überzeugter Gegner der Sklaverei maßgeblich an der Abschaffung des britischen Sklavenhandels beteiligt. († 29.7.1833 in London)

Wilhelm I. (1772 in Den Haag), König der Niederlande (1815–40). Von Napoleon I. aus seinen Ländern vertrieben, wird Wilhelm 1815 in Den Haag zum König der Niederlande ausgerufen. († 12.12.1843 in Berlin)

Malcom Cowley (1898 in Belsano/Pennsylvania), US-amerikanischer Schriftsteller. In seinem kulturkritischen Werk *Literatur in Amerika* (1954) behandelt der Literaturkritiker und Essayist die Existenzbedingungen von Schriftstellern in den USA. († 28.3.1989 in New Milford/Connecticut)

Jorge Luis Borges (1899 in Buenos Aires), argentinischer Schriftsteller. Borges entwickelt eine eigene Form der fantastischen Erzählung, in der sich die Grenzen zwischen Fiktion und Wirklichkeit aus der Sicht des Lesers häufig nicht mehr eindeutig unterscheiden lassen. († 14.6.1986 in Genf)

Fernand Braudel (1902 in Luméville-en-Ornois), französischer Historiker. Braudels 1929 gegründete Zeitschrift *Annales* wird zum international führenden Organ der Sozialgeschichtsschreibung. († 27.11.1985 in Saint-Gervais/Savoyen)

410 n. Chr.
Untergang Roms

Rom wird von den Westgoten unter Alarich eingenommen. Dies bildet den Auftakt zum Untergang des römischen Reiches. 455 wird Rom durch die Wandalen unter Geiserich und 546 durch die Ostgoten unter Totila erobert. 476 setzt der germanische Heerführer Odoaker den letzten Kaiser Romulus Augustulus ab.

1542
Erkundung des Amazonas

Der spanische Konquistador Francisco de Orellana befährt als erster Europäer auf der Suche nach dem sagenhaften Eldorado den Amazonas bis zur Mündung. Auf seiner letzten Fahrt geht Orellana verschollen. Der Amazonas ist mit einer Länge von 6437 Kilometern der längste Strom Südamerikas.

Amazonas

1989
Polen wählt nichtkommunistischen Ministerpräsidenten

Das polnische Parlament wählt den Kandidaten des Bürgerkomitees „Solidarität", Tadeusz Mazowiecki, mit 378 von 423 Stimmen zum Regierungschef. Mit Mazowiecki besitzt Polen erstmals in seiner Geschichte einen nichtkommunistischen Ministerpräsidenten.

Auch das geschah an diesem Tag

79 n. Chr. Durch einen Ausbruch des Vesuv wird die Stadt Pompeji verschüttet **1962** Fast 300.000 Zuschauer verfolgen den ersten Spieltag der neu geordneten Fußball Bundesliga. **1963** In Caracas wird Alfredo di Stefano, der Stürmer der Fußballmannschaft von Real Madrid von regierungsfeindlichen Mitgliedern der Nationalen Befreiungsfront (FALN) entführt. **1966** In Edinburgh wird Tom Stoppards Bühnenstück *Rosenkranz und Güldenstern sind tot* uraufgeführt, in dem zwei Nebenfiguren aus Shakespeares *Hamlet* im Mittelpunkt stehen. **1986** Der Hamburger Michael Kolbe wird in Nottingham zum fünften Mal Ruder-Weltmeister. **1989** Der Münchner Filmgroßhändler Leo Kirch übernimmt von der Stuttgarter Verlagsgruppe Holzbrinck den deutschen Bücherbund, um durch die Mitglieder des Bücherbundes zusätzliche Abonnenten für sein Pay-TV-Programm „Teleclub" zu gewinnen.

Wandmalerei aus Pompeji

24.8.–23.9.

Grella, Ludwig,
Luis, Lutz, Patricia

Johann Gorrfried Herder

Ludwig I. von Bayern

*Denn das Glück,
geliebt zu
werden, ist das
höchste Glück
auf Erden.*

Johann Gottfried Herder

25
August

1270
Ende der Kreuzzüge
Die auf Veranlassung der Päpste unternommenen Kreuzzüge zur Eroberung des Heiligen Landes Palästina bleiben erfolglos. Mit dem Tod des französischen Königs Ludwig IX. endet auch der siebte und letzte Kreuzzug erfolglos für die Kreuzfahrer. Im Rahmen der Kreuzzüge kam etwa eine halbe Mio. Menschen im Kampf gegen den Islam ums Leben.

1758
Friedrich II. siegreich gegen Russland
In der Schlacht bei Zorndorf besiegt der preußische König Friedrich II., der Große, im Siebenjährigen Krieg (1756–63) die russischen Truppen. Nach dem Ende des Krieges etabliert Friedrich Preußen als fünfte Großmacht Europas und wehrt erfolgreich alle Versuche Österreichs ab, die preußische Vormachtstellung wieder rückgängig zu machen.

2003
Friedensplan für Palästinenserstaat
Das israelische Kabinett billigt einen Friedensplan des internationalen „Nahost-Quartetts". Der Plan sieht unter anderem die Errichtung eines Palästinenserstaats bis 2005 vor.

Am 25. August geboren:

Johann Gottfried Herder (1744 in Mohrungen), deutscher Schriftsteller,

Theologe und Philosoph. Herder tritt zunächst mit kritischen Abhandlungen zu Kunst und Literatur hervor und befasst sich später überwiegend mit theologischen und philosophischen Problemen. († 18.12.1803 in Weimar)
Louis Antoine Léon de Saint-Just (1767 in Decize), französischer Revolutionär. Saint-Just ist entscheidend am Sturz der Girondisten und Dantons beteiligt. Er wird zusammen mit Robespierre gestürzt und anschließend guillotiniert. († 28.7.1794 in Paris)
Ludwig I. (1786 in Straßburg), König von Bayern (1825–48). Ludwig lässt für seine Sammlung antiker Skulpturen die Münchner Glyptothek und die Pinakothek (1826) erbauen.
(† 29.2.1868 in Nizza)

Auch das geschah an diesem Tag

1768 Der britische Seefahrer James Cook bricht zu seiner ersten Entdeckungsreise auf. Auf zwei Weltreisen (1768–71 und 1772–1775) erforscht er die Ostküste Australiens, durchfährt die Torres-Straße zwischen Australien und Neuguinea und umsegelt die Küsten Neuseelands. Auf seiner dritten Reise, die der Suche nach einer nördlichen Durchfahrt vom Pazifik zum Atlantik dient, wird er 1779 von Eingeborenen auf Hawaii erschlagen.

James Cook

Ludwig II. (1845 in Schloss Nymphenburg), König von Bayern (1864–86). Ludwig strapaziert die finanziellen Mittel seines Landes für den Bau pompöser Schlösser (Herrenchiemsee, Neuschwanstein, Linderhof) und verehrt Richard Wagner. Zwei Tage nachdem ihn Ärzte für geisteskrank erklärt hatten, ertrinkt der „Märchenkönig" im Starnberger See.
(† 13.6.1886 im Starnberger See)
Erich Honecker (1912 in Neunkirchen/Saar), deutscher Politiker. In nahezu diktatorischer Machtfülle bestimmt Honecker, der ab 1976 Vorsitzender des Staatsrates der DDR ist, die politische Entwicklung der DDR in den 1970er- und 1980er-Jahren. Nach der Wiedervereinigung flieht Honecker 1991 mit seiner Frau nach Moskau. Ein 1992 gegen ihn begonnener Prozess wird 1993 aus Gesundheitsgründen eingestellt.
(† 29.5.1994 in Santiago de Chile)

Leonard Bernstein

Leonard Bernstein (1918 in Lawrence/Massachusetts), US-amerikanischer Komponist und Dirigent. Bernstein leitet 1958–69 die New Yorker Philharmoniker. Mit Kompositionen wie *West Side Story* (1957) wird er weltberühmt. († 14.10.1990 in New York)

26 August

Vorurteile sterben ganz langsam, und man kann nie sicher sein, dass sie wirklich tot sind.
Jules Romains

Michel-Joseph de Montgolfier

Charles de Gaulle

24.8.–23.9.

Gregor, Margarita, Wulfila

Am 26. August geboren:

Michel-Joseph de Montgolfier (1740 in Vidalon-lès-Annonay), französischer Erfinder. Montgolfier konstruiert einen Heißluftballon (Montgolfière), der bei Paris den ersten bemannten freien Flug ermöglicht. († 26.6.1810 in Balaruc-les-Bains)

Antoine Laurent de Lavoisier (1743 in Paris), französischer Chemiker. Lavoisier entdeckt die Zusammensetzung des Wassers, verwendet als Erster die Waage bei der Untersuchung chemischer Vorgänge und wird durch die Einführung der Elementaranalyse zum Begründer der modernen Chemie. († 8.5.1794 in Paris)

Jules Romains (1885 in St.-Julien-Chapteuil), französischer Schriftsteller. In seinen Werken spielt Romains mit der Idee einer Gruppenseele, die ein eigenes Bewusstsein entwickelt und damit den Gegensatz zwischen Individuum und Gesellschaft aufhebt. († 14.8.1972 in Paris)

Albert Bruce Sabin (1906 in Bialystock/Polen), israelischer Mediziner polnischer Herkunft. Sabin entwickelt Impfstoffe mit modifizierten Lebendviren, die zur Schluckimpfung gegen Kinderlähmung eingesetzt werden. († 3.3.1993 in Washington)

1789
Erklärung der Menschenrechte
Die „Déclaration des droits de l'homme et du citoyen" wird als erste umfassende Erklärung der Menschenrechte von der französischen Nationalversammlung verabschiedet. Nach ihrem Modell werden im 19. Jh. Grundrechte in

Erklärung der Menschen- und Bürgerrechte

die Verfassungen einer Vielzahl von Staaten aufgenommen.

1841
Fallersleben komponiert Deutschlandlied
Der deutsche Dichter August Heinrich Hoffmann von Fallersleben wird zum Schöpfer des Deutschlandliedes. 1922 wird es durch Verfügung des Reichspräsidenten Friedrich Ebert zur Nationalhymne erklärt, 1933 mit dem Horst-Wessel-Lied gekoppelt und 1945 von den Alliierten verboten. 1952 erlangt es den Status der offiziellen Nationalhymne der BR Dtl., wobei nur die dritte Strophe gesungen wird.

1936
Ägypten wird aus britischer Kontrolle entlassen
In London wird zwischen Ägypten und Großbritannien ein Vertrag unterzeichnet, der das Ende der britischen Besetzung Ägyptens vorsieht. Ägypten wird damit zu einem vollständig souveränen Staat.

1944
Paris wird von de Gaulle befreit
General Charles de Gaulle, der Führer der Provisorischen Französischen Regierung, zieht als Sieger in Paris ein. 1946 tritt de Gaulle von seinem Amt zurück. Nach dem Militärputsch in Algier wird er 1958 auf der Basis einer neuen Verfassung zum Staatspräsidenten gewählt. Trotz erheblicher politischer Widerstände im eigenen Land entlässt er Algerien 1962 in die Unabhängigkeit und regiert Frankreich bis 1969.

Auch das geschah an diesem Tag

1278 In der Schlacht auf dem Marchfeld besiegt König Rudolf I. den abtrünnigen böhmischen König Ottokar II. **1883** Durch eine Flutwelle infolge eines Vulkanausbruchs kommen an den Küsten Javas und Sumatras rund 36.000 Menschen ums Leben. **1884** Der von Ottmar Mergenthaler patentierte Linotype-Satz ermöglicht es, erstmals ganze Zeilen mittels einer Tastatur zu setzen. **1966** Ein US-amerikanischer Bomberpilot wirft versehentlich 45 Kilometer nördlich von Saigon mehrere Napalm-Bomben auf einen US-Armeeverband und tötet dadurch mehrere amerikanische Soldaten. **1976** Der niederländische Prinz Bernhard tritt wegen der Lookheed-Bestechungsaffäre mit Ausnahme seines Sitzes im Staatsrat von allen öffentlichen Ämtern zurück.

24.8.–23.9.

Gebhard, Mona, Monika

Lyndon B. Johnson

Georg W. F. Hegel

Was vernünftig ist, das ist wirklich; und was wirklich ist, das ist vernünftig.

27
August

Georg W. F. Hegel

1916
Rumänien tritt in den Ersten Weltkrieg ein
Rumänien tritt durch seine Kriegserklärung an Österreich-Ungarn in den Ersten Weltkrieg ein. Ein zuvor mit Russland vereinbarter Geheimvertrag beinhaltet Gebietsansprüche Rumäniens auf die Bukowina, Siebenbürgen und das Banat.

1928
Briand-Kellog-Antikriegs-Vertrag
Dem Briand-Kellog-Pakt treten nach seiner erstmaligen Unterzeichnung in Paris im Laufe der Zeit insgesamt 63 Staaten bei, die sich dazu verpflichten, den Krieg nicht als Mittel zur Konfliktbewältigung zu mißbrauchen. Der Vertrag bleibt allerdings unwirksam.

Am 27. August geboren:

Georg Wilhelm Friedrich Hegel (1770 in Stuttgart), deutscher Philosoph. Hegel ist als Systematiker des absoluten Idealismus der einflussreichste deutsche Denker nach Kant. Hegels Dialektik der Einheit der Widersprüche wird von Karl Marx in stark veränderter Form im Marxismus übernommen. († 14.11.1831 in Berlin)
Charles Gates Dawes (1865 in Marietta/Ohio), amerikanischer Politiker. Dawes entwickelt den Dawes-Plan, der die Zahlung der deutschen Reparationsverpflichtungen von der Zahlungsfähigkeit Deutschlands abhängig macht. 1925 erhält er den Friedensnobelpreis. († 23.4.1951 in Evanston/Illinois)

Carl Bosch (1874 in Köln), deutscher Chemiker. Für die großtechnische Synthese von Ammoniak (Haber-Bosch-Verfahren) und die Kohlehydrierung erhält Bosch 1931 den Nobelpreis für Chemie. († 26.4.1940 in Heidelberg)
Lyndon Baines Johnson (1908 in Stonewall/Texas). Seit 1961 Vizepräsident, wird Johnson nach der Ermordung von John F. Kennedy 36. Präsident der USA (1963–69). Seine Amtszeit wird überschattet durch die Dauer und Ausdehnung der Beteili-

Auch das geschah an diesem Tag
1648 Von der Bevölkerung als ungerecht empfundene Steuererhöhungen führen in Paris zu Barrikadenkämpfen. **1689** Im ersten Abkommen Chinas mit einer europäischen Macht wird vereinbart, dass der Amur die Grenze zwischen Russland und China bilden soll. **1939** Die Heinkel He 178 startet in Rostock als erster Düsenjäger der Welt, der für die weitere Entwicklung der Luftfahrttechnik eine wichtige Rolle spielt, zu ihrem ersten Flug. **1948** Österreich wird Mitglied der Weltbank und des Internationalen Währungsfonds (IWF), der in Washington sein Hauptquartier hat. **1963** In Washington gehen mehr als 200.000 Schwarze und Weiße aus Protest gegen die Rassentrennung auf die Straße. **1971** Auf dem West-Berliner Messegelände wird die erste Internationale Funkausstellung (IAA) eröffnet. **1988** Der seit 1973 bestehende Ausnahmezustand, bei dem Tausende von Regimegegnern ermordet wurden, wird von der chilenischen Militärregierung unter General Augusto Pinochet Ugarte endgültig für beendet erklärt.

gung der USA am Vietnamkrieg (1964–75). († 23.1.1973 in San Antonio/Texas)
Mutter Teresa (1910 in Skopje/Jugoslawien), albanisch-indische Ordensschwester. Für ihre Arbeit in den Slums von Kalkutta erhält Mutter Teresa 1979 den Friedensnobelpreis. († 5.9.1997 in Kalkutta)

Mutter Teresa

Jasir Arafat (1929 in Jerusalem), palästinensischer Politiker. Seit 1969 Vorsitzender der Palästinensischen Befreiungsorganisation (PLO), erhält Arafat 1994 als Förderer des Friedensprozesses im Nahen Osten den Friedensnobelpreis. 1996 wird er zum Präsidenten des palästinensischen Autonomierates gewählt.

Jasir Arafat

28 August

Alt wird man wohl, wer aber klug?

Johann W. von Goethe

Karl Böhm

24.8.–23.9.
Adelind, Augustin, Elmar, Vivian

Am 28. August geboren:

Johann Wolfgang von Goethe
(1749 in Frankfurt/Main). Der gelernte Jurist wird zu einem der bedeutendsten deutschen Dichter. Die Bekanntschaft mit Friedrich Schiller führt auf beiden Seiten zu einer literarisch fruchtbaren zehnjährigen Freundschaft. Die beiden Dichter werden zu den führenden Autoren der Weimarer Klassik gezählt. Sein empfindsamer Briefroman *Die Leiden des jungen Werthers* trägt Goethe Weltruhm ein. Sein äußerst vielfältiges Werk prägt die deutsche Dichtung wie kein anderes. Es beinhaltet neben Romanen wie *Wilhelm Meisters Lehrjahre* (1795) und Dramen wie *Faust I* (1908) auch Gedichte sowie kunsthistorische und naturwissenschaftliche Beiträge wie z. B. die *Farbenlehre* (1810).
(† 22.3.1832 in Weimar)

Karl Böhm (1894 in Graz), österreichischer Dirigent. Böhm ist Direktor der Dresdner Staatsoper (1943–45) und Direktor der Wiener Staatsoper (1954–56). Seine Lebenserinnerungen erscheinen unter dem Titel *Ich erinnere mich ganz genau* (1968).
(† 14.8.1981 in Salzburg)

Godfrey Newbold Hounsfield

Godfrey N. Hounsfield

(1919 in Newark/Nottinghamshire), britischer Elektroingenieur. Hounsfield entwickelt den ersten Computertomographen und erhält 1979 den Nobelpreis für Medizin.

876
Teilung des ostfränkischen Reiches
Nach dem Tod von König Ludwig dem Deutschen kommt es zur Teilung des ostfränkischen Reiches zwischen seinen drei Söhnen. Ludwig d. J. erhält Sachsen, Thüringen und Ostfranken. Karlmann erhält Bayern, Kärnten, Pannonien, Böhmen und Mähren. Karl der Dicke erhält Schwaben und Rätien.

1941
„Verbrannte Erde" in der Ukraine
Nach dem Beginn des deutschen Russlandfeldzuges wenden die Angegriffenen eine Strategie an, die sich gegen Napoleon schon einmal bewährt hat. Die Sprengung des Staudamms des Dnjepr bei Saporoschje gehört zu Stalins Konzept der „verbrannten Erde", das den in die Ukraine einrückenden Deutschen das Überleben erschweren soll.

1990
Friedensplan für Kambodscha
Der UNO-Sicherheitsrat legt einen Friedensplan für Kambodscha fest. 1993 finden unter UNO-Aufsicht Wahlen zu einer verfassungsgebenden Versammlung statt. Durch die neue Verfassung erhält Kambodscha den Status einer konstitutionellen Monarchie.

Auch das geschah an diesem Tag

1619 Ferdinand II. folgt seinem Vetter Matthias auf den Kaiserthron. **1850** Der fünfzehnjährige Ludwig II. wohnt zutiefst beeindruckt der Premiere der Oper Lohengrin in Weimar bei und wird zu einem großen Verehrer des Komponisten Richard Wagner. **1927** In Frankfurt/Main wird erstmals der von der Stadt gestiftete Goethepreis zu Ehren des größten deutschen Dichters verliehen, der an den Lyriker Stefan George geht. **1949** Im Rahmen von zahlreichen Feierstunden wird weltweit an den 200. Geburtstag des großen deutschen Dichters Johann Wolfgang von Goethes erinnert. **1973** Durch das bisher schwerste Erdbeben in Mexiko kommen mehr als 1200 Menschen ums Leben und über 400.000 Menschen werden obdachlos. **1988** Bei einem Flugzeugzusammenstoß auf dem US-Luftwaffenstützpunkt Ramstein kommen während einer Publikumsschau 70 Zuschauer ums Leben. **2002** Der in Nepal wegen des Aufstands maoistischer Rebellen verhängte Ausnahmezustand wird nach neunmonatiger Dauer vorläufig beendet.

Katastrophe beim Flugtag in Ramstein

24.8.–23.9.

Beatrice, Sabina, Theodora

John Locke

Ingrid Bergman

Arbeit um der Arbeit willen ist gegen die Natur.
John Locke

29 August

1533
Untergang des Inkareiches
Nachdem der spanische Konquistador Francisco Pizarro 1531 mit der Eroberung des Inkareiches begonnen hat, wird 1533 der letzte Inka-Herrscher Atuahualpa von den Spaniern hingerichtet. Der Untergang des einstmals riesigen Inkareiches ist damit endgültig besiegelt. Im letzten Jahrhundert vor der Ankunft der spanischen Konquistadoren herrschten die Inkas über ein Großreich mit der Hauptstadt Cuzco, das den größten Teil Ecuadors, Perus und Boliviens sowie Teile von Argentinien und Chile umfasste.

Untergang des Inkareiches

1756
Siebenjähriger Krieg in Europa und den Kolonien
Die in Europa entstehenden Spannungen aufgrund Österreichs Bestreben, Schlesien wieder für sich zurück zu gewinnen, führen zum Siebenjährigen Krieg (1756–63), der nicht nur in Europa, sondern auch in Übersee geführt wird, da zwischen dem preußischen Verbündeten England und Frankreich Spannungen um das Gebiet des oberen Ohio in Nordamerika herrschen.

1842
China verliert Hongkong
China muss nach seiner Niederlage im Opiumkrieg (1839–42) Hongkong an die Briten abtreten und fünf seiner Häfen dem internationalen Handel zugänglich machen. 1997 fällt die britische Kronkolonie an China zurück.

Am 29. August geboren:

Jean-Baptiste Colbert (1619 in Reims), französischer Staatsmann. Colbert ist ab 1661 als Oberintendant der Finanzen für die französischen Staatsfinanzen verantwortlich. († 6.9.1683 in Paris)

John Locke (1632 in Wrington/Somerset), englischer Philosoph. In seinen Schriften zur Staatsphilosophie zeigt Locke, dass der Staat von den Menschen errichtet wurde, um Freiheit, Gleichheit und Eigentum durch gegenseitige Beschränkungen zu garantieren. Daraus leitet er das Recht des Volkes zum Widerstand gegen jegliche Form von verfassungswidriger Herrschaft ab. († 28.10.1704 in Oates/Essex)

Werner Forßmann (1904 in Berlin), deutscher Chirurg. Anhand eines Selbstversuches zeigt Forßmann das Legen eines Herzkatheters. 1956 erhält er den Nobelpreis für Medizin. († 1.6.1979 in Schopfheim)

Ingrid Bergman (1915 in Stockholm). Die dreifache Oskargewinnerin wird durch ihre Rolle in *Casablanca* (1942) an der Seite von Humphrey Bogart berühmt. († 29.8.1982 in London)

Charles Christopher „Charlie" Parker (1920 in Kansas City/Missouri), US-amerikanischer Jazzmusiker. Der Altsaxofonist mit dem Spitznamen „Bird" wird mit Kompositionen wie *Cool Blues* zu einem Wegbereiter des Bebop und Modern Jazz. († 12.3.1955 in New York)

Michael Jackson (1958 in Gary/Indiana), US-amerikanischer Popsänger. Vom Erfolgsalbum *Thriller* (1982) des farbigen Sängers und Tänzers wurden 45 Mio. Exemplare verkauft.

Auch das geschah an diesem Tag

1526 Der osmanische Sultan Sulaiman II. besiegt bei Mohács den böhmisch-ungarischen König Ludwig II. **1831** Der britische Physiker Michael Faraday findet den Nachweis zum Phänomen der sog. Elektromagnetischen Induktion, das als Grundlage für die Herstellung von elektrisch betriebenen Motoren dient. **1916** In der Hoffnung auf eine Wende des Kriegsglücks tritt der Generalstabschef der deutschen Armee, Erich von Falkenhayn, sein Amt an General Paul von Hindenburg ab. **1991** Das sowjetische Parlament verbietet vorläufig die Tätigkeit der Kommunistischen Partei (KPdSU) in der UdSSR. **2003** Bei einem schweren Bombenanschlag auf eine Moschee in der irakischen Stadt Nadschaf kommt neben zahlreichen Gläubigen auch der führende schiitische Geistliche Mohammed Bakir al-Hakim ums Leben.

30 August

Eine gute wissenschaftliche Theorie sollte einer Bardame erklärbar sein.
Ernest Rutherford

Ernest Rutherford

Theoderich der Große

24.8.–23.9.

Alma, Felix, Ingeborg, Inka, Rebekka

Am 30. August geboren:

Ernest Rutherford (1871 Brightwater bei Nelson/Neuseeland), britischer Physiker. Rutherford entwickelt das Rutherford'sche Atommodell, nach dem ein Atom aus einem positiven Atomkern und ihn umkreisenden Elektronen besteht. 1908 erhält er den Nobelpreis für Chemie.
(† 19.10.1937 in Cambridge)

Wolfgang Wagner (1919 in Bayreuth), deutscher Regisseur und Theaterleiter. Wagner leitet zusammen mit seinem Bruder Wieland Wagner ab 1951 die Bayreuther Festspiele. Seit 1966 besitzt er die alleinige Leitung.

John Peel (1939 in Heswall), britischer Diskjockey. Peel arbeitet bei der BBC und zählt in den 1960er- und 1970er-Jahren zu den einflussreichsten europäischen Rundfunk-Djs. Er entdeckt und fördert zahlreiche bekannte Musiker wie z. B. Rod Stewart und David Bowie.

Peter Maffay (1949 in Kronstadt/Rumänien), deutscher Rocksänger und Komponist. Maffay beginnt seine Karriere als Schlagersänger, entwickelt sich später zum Rockmusiker und ist in jüngster Zeit mit seinem Märchen *Tabaluga* einem breiten Publikum bekannt.

1590
Niederländischer Brillenmacher erfindet Mikroskop
Der niederländische Brillenmacher Hans Jansen entwickelt gemeinsam mit seinem Sohn Zacharias das erste Mikroskop. Es besteht im Wesentlichen aus zwei Linsensätzen und einem Verbindungsrohr. Der erste Linsensatz (Objektiv) erzeugt als Sammellinse ein vergrößertes Bild des betrachteten Gegenstands. Der zweite Linsensatz (Okular), durch den man mit dem Auge hindurchschaut, bewirkt eine weitere Vergrößerung des jeweiligen Objekts.

1918
Anschlag auf Lenin
In Moskau wird Lenin von der Sozialrevolutionärin Fanija Kaplan mit einem Revolver angeschossen und schwer verletzt. Der Anschlag steht in Zusammenhang mit einer Serie von Attentaten, die auf den Führer der bolschewistischen Bewegung verübt werden.

1940
Rumänien verliert Siebenbürgen an Ungarn
Im Rahmen des Zweiten Wiener Schiedsspruches verpflichtet sich Rumänien, das Territorium von Nord-Siebenbürgen an Ungarn abzugeben. Rumänien nimmt den Territoriumsverlust in Kauf, um die Unterstützung deutscher Truppen gegen die sowjetische Bedrohung zu erhalten.

1945
Das Saarland fällt an Frankreich
Das Saarland wird von Frankreich in Besitz genommen. 1957 fällt es jedoch wieder an Deutschland zurück. Auf der Basis von sechs deutsch-französischen Verträgen (1956) wird das Saarland am 1. Januar 1957 zum zehnten Bundesland der BR Dtl. Um die wirtschaftlichen Folgen für Frankreich etwas abzumildern, erfolgt die wirtschaftliche Rückgliederung des Saarlandes erst zweieinhalb Jahre später.

Auch das geschah an diesem Tag

526 Der Ostgotenkönig Theoderich der Große wird nach seinem Tod in Ravenna beigesetzt und findet als heroische Figur Eingang in das deutsche Heldenlied. **1916** Die Mitglieder einer von Ernest Henry Shackleton geführten Antarktis-Expedition werden von einem chilenischen Fischkutter geborgen, nachdem sie sich nach einem Schiffbruch auf eine Eisscholle gerettet hatten. **1933** Der deutsche Kulturphilosoph Theodor Lessing wird in seinem Exil im tschechischen Marienbad von den Nationalsozialisten ermordet. **1963** Als Hilfsmittel zum schnellen Krisenmanagement wird zwischen dem Weißen Haus in Washington und dem Kreml in Moskau mit dem sog. heißen Draht eine jederzeit nutzbare Möglichkeit zur direkten Kommunikation in Krisensituationen geschaffen. **2003** Ein 1989 außer Dienst gestelltes russisches Atom-U-Boot sinkt auf dem Weg zur Werft mit neun Seeleuten in der Barentssee.

Grabmal Theoderichs des Großen in Ravenna

24.8.–23.9.

Anja, Paulin, Raimund, Wala

Caligula

Maria Montessori

Die Aufgabe der Umgebung ist nicht, das Kind zu formen, sondern ihm zu erlauben, sich zu offenbaren.

Maria Montessori

31
August

1834
Karlisten erleiden Niederlage
Der Erste Karlistenkrieg (1834–39) in Spanien wird beendet, nachdem es Don Carlos nicht gelungen ist, seinen Anspruch auf die Krone durchzusetzen. Die Karlisten sind Anhänger des spanischen Thronbewerbers Don Carlos und seiner Nachkommen. Don Carlos begibt sich nach dem Ende des Krieges ins Exil nach Frankreich. 1872–76 finden die Zweiten Karlistenkriege statt. Im Spanischen Bürgerkrieg (1936–39) kämpfen die Karlisten auf Francos Seite.

1914
Hindenburg wird Held von Tannenberg
Mit dem Sieg von Tannenberg steigt Oberbefehlshaber Paul von Hindenburg zum legendären Helden auf, der Ostpreußen mit seinen tapferen Soldaten vor der russischen Eroberung bewahrt hat. 1916 wird der Held von Tannenberg zum Oberbefehlshaber aller deutschen Truppen ernannt. 1919 legt er sein Amt als Oberbefehlsha-

ber der geschlagenen deutschen Armee nieder.

1994
Alliierte verlassen Berlin
Die letzten sowjetischen Soldaten verlassen feierlich Berlin. Wenige Tage später endet auch die offizielle Anwesenheit der Westalliierten in der ehemals geteilten Stadt.

Am 31. August geboren:

Caligula (12 n. Chr. bei Antium), eigentlich Gaius Julius Caesar Germanicus, römischer Kaiser (37–41). 31 wird Caligula, der im Feldlager aufwuchs, von Kaiser Tiberius an seinen Hof gerufen. Nach Tiberius Tod lässt er sich mit Unterstützung der Prätorianergarde zum Caesar ausrufen und herrscht als erster Vertreter der römischen Kaiserdespotie. Durch sein grausames Regiment kommt es zu mehreren Verschwörungen gegen den „Gottkaiser", der 41 von der Prätorianergarde ermordet wird. († 24.1.41 in Rom)

Lucius Aelius Aurelius Commodus (161 Lanuvium bei Rom), römischer Kaiser (180–192). Commodus führt ein absolutistisches Regime, das v. a. durch seine Verschwendungssucht

Commodus

gekennzeichnet ist. Er wird von Personen in seiner nächsten Umgebung erwürgt. († 31.12.192 in Rom)

Herman Ludwig Ferdinand von Helmholtz (1821 in Potsdam), deutscher Physiker und Arzt. Helmholtz beeinflusst die Naturwissenschaft und Technik durch eine Vielzahl von wissenschaftlichen Beiträgen zur Physik von Wahrnehmungsprozessen und er erkennt als Erster das Elektron als Elementarteilchen. († 8.9.1894 in Berlin-Charlottenburg)

Hermann Helmholtz

Maria Montessori (1870 in Chiaravalle bei Ancona), italienische Ärztin und Pädagogin. Die Montessori-Pädagogik zur Förderung des kreativen Lernens bei Kindern wird weltweit in Montessori-Kindergärten und -Schulen erfolgreich in die Tat umgesetzt. († 1952 in Noordwijk aan Zee/Niederlande)

Wilhelmina (1880 in Den Haag), Königin der Niederlande (1890–1948). Wilhelmina folgt ihrem Vater Wilhelm III. auf den Thron. 1940 emigriert sie nach London und kehrt 1945 wieder in die Niederlande zurück. 1948 dankt sie zugunsten ihrer Tochter Juliane ab. († 28.11.1962 in Het Loo)

Auch das geschah an diesem Tag

1997 Prinzessin Diana, die 1981–96 mit dem britischen Thronfolger Prinz Charles verheiratet war, kommt zusammen mit ihrem Lebensgefährten Dodi al-Fayed bei einem Autounglück ums Leben. Diana und ihr Freund waren zuvor von Paparazzi durch Paris gehetzt worden; die Jagd endet tödlich in einem Autotunnel. Der Tod der „Königin der Herzen" führt weltweit zu tiefer Trauer.

1 September

Ich bin zu dem Schluss gekommen, dass das Schreiben eine ziemlich nette Art ist, seinen Lebensunterhalt zu verdienen.

Edgar Rice Burroughs

Auguste Henri Forel

Bobby Fischer

24.8.–23.9.

Aegidius, Alois, Harald, Noemi

Am 1. September geboren:

Egid Quirin Asam (1692 in Tegernsee), deutscher Architekt, Bildhauer und Maler. Gestaltet mit seinem Bruder Cosmas Damian einige herausragende Bauten des Spätbarock, u. a. die Johann-Nepomuk-Kirche in München. († 29.4.1750 in Mannheim)

Auguste Henri Forel (1848 in La-Gracieuse), Schweizer Neurologe und Psychiater. Erforscht den Aufbau des menschlichen Gehirns. Seine Entdeckung der Neuronen als kleinste zellulare Hirnstruktur ist 1887 eine wissenschaftliche Sensation. († 27.7.1931 in Yvorne)

Edgar Rice Burroughs (1875 in Chicago/Illinois), US-amerikanischer Schriftsteller. Veröffentlicht 1912 in einem Groschenheft die kurze Geschichte eines im Dschungel von Affen großgezogenen englischen Adligen. Der Erfolg veranlasst ihn, den Roman *Tarzan of the Apes* (1914) und weitere 24 Fortsetzungen zu schreiben. († 19.3.1950 in Encino/Kalifornien)

422
Heinrich VI. wird König
Nach dem Tode seines Vaters wird der neun Monate alte Heinrich Plantagenet König von England. Aufgrund seines geringen Alters kann er erst 1437 die Regierung übernehmen. Die Schwäche des minderjährigen Königs gilt als eine Ursache für die innenpolitischen Wirren, die unter der Bezeichnung „Rosenkriege" in die Geschichte eingehen.

1939
Der Zweite Weltkrieg beginnt
Am frühen Morgen überqueren deutsche Truppen die deutsch-polnische Grenze. Am Vortag hatte ein Einsatzkommando der SS einen Rundfunksender in Gleiwitz überfallen und einen polnischen Angriff vorgetäuscht. Damit sollte der Überfall auf Polen gerechtfertigt werden. Wenig später, am 3.9.1939, erklären Frankreich und England dem Deutschen Reich den Krieg.

1948
Erste Sitzung des Parlamentarischen Rats
In Bonn tritt der Parlamentarische Rat unter dem Vorsitz von Carlo Schmid zusammen, um ein Grundgesetz zu erarbeiten. Der 1. September war von den Militärgouverneuren der Besatzungsmächte als letzter Termin vorgeschrieben worden. Der Rat setzt sich aus Vertretern der Länderparlamente zusammen. Besonders strittig ist die künftige Kompetenzverteilung zwischen Bund und Ländern.

1972
Neuer Schachweltmeister
Während in Vietnam die beiden Weltmächte einen Stellvertreterkrieg führen, tritt der Amerikaner Bobby Fischer gegen den Russen Boris Spassky um die Schachweltmeisterschaft an. Fischer gewinnt das Prestigeduell und wird damit erster nicht-sowjetischer Schachweltmeister nach dem Zweiten Weltkrieg.

Auch das geschah an diesem Tag

1923 Ein schweres Erdbeben tötet in Tokio und Yokohama 140.000 Menschen. Die ausgelöste Flutwelle verwüstet weite Küstenstriche im Golf von Sagami. **1983** Die sowjetische Luftwaffe schießt ein koreanisches Passagierflugzeug ab, das vom Kurs abgekommen war. **1985** Vor der Küste Neufundlands wird das Wrack der Titanic entdeckt. Es liegt in 4.000 Metern Tiefe.

Einmarsch in Polen: Der Zweite Weltkrieg beginnt

24.8.–23.9.

Ingrid, Emmerich

Napoleon III.

Harro Schulze-Boysen

Eine Unze Aufbau ist mehr wert als eine Tonne Abbau.

Theodore Roosevelt

2 September

1192
Dritter Kreuzzug endet
Der Kreuzzug wird durch den Waffenstillstand zwischen Richard Löwenherz I. und Saladin, dem Sultan von Syrien und Ägypten, beendet. Jerusalem bleibt in muslimischer Hand, der Friedensvertrag sichert jedoch allen christlichen Pilgern die Einreise zu. Der Vertrag gilt für die folgenden fünf Jahre.

1666
London brennt
In einer Bäckerei nahe der London Bridge bricht ein Feuer aus, das schnell auf die angrenzenden Häuser und die Brücke übergreift. Neben der alten St. Pauls Cathedral werden ca. 13.000 Häuser zerstört. Der Brand wütet vier Tage, hat aber überraschenderweise auch eine gute Seite: Die meisten Ratten, die bisher mit ihren Flöhen die Pest verbreiteten, kommen dabei um.

1870
Schlacht bei Sedan
Der größte Teil der französischen Armee ergibt sich den preußischen Truppen. Auch der französische Kaiser Napoleon III. gerät in Gefangenschaft. Der Sieg Preußens und dessen deutscher Verbündeter stärkt das deutsche Nationalgefühl und ermöglicht die Reichsgründung im folgenden Jahr.

1945
Japan kapituliert
Nach dem Abwurf von Atombomben auf Nagasaki und Hiroshima im August 1945 kapituliert Japan. Kaiser Hirohito hatte die japanische Regierung zur Kapitulation aufgefordert. Die Unterzeichnung der Urkunde findet an Bord des US-amerikanischen Schlachtschiffs „Missouri" in der Bucht von Tokio statt.

Napoleon III.

Am 2. September geboren:

Ernst Curtius (1814 in Lübeck), deutscher Archäologe und Historiker. Leitet 1875-81 die Ausgrabungen in Olympia und entdeckt dabei Reste des Stadions sowie den Tempel des Zeus. († 11.7.1896 in Berlin)

Auch das geschah an diesem Tag

1792 In Paris beginnt unter Führung der Jakobiner eine Welle von Hinrichtungen. Über 1000 politische Gegner werden hingerichtet. **1900** An preußischen Schulen wird der Aufklärungsunterricht eingeführt. **1944** Der amerikanische Finanzminister Henry Morgenthau legt Präsident Roosevelt seinen Plan zur Demontage des Deutschen Reiches vor. **1945** Ho Chi Minh ruft die Unabhängigkeit Vietnams aus.

Jakobiner

Wilhelm Ostwald (1853 in Riga), deutscher Chemiker und Philosoph. Ihm wird 1909 der Nobelpreis für seine Arbeiten zum chemischen Gleichgewicht, zu chemischen Reaktionen und der Katalyse verliehen. Darüber hinaus ist er auf dem Gebiet der Farbenlehre und der Naturphilosophie tätig. († 4.4.1932 in Großbothen).

Frederick Soddy (1877 in Eastbourne), britischer Chemiker. Befasst sich mit radioaktiven Substanzen und der Theorie der Isotope. Dafür erhält er 1921 den Nobelpreis für Chemie. († 22.9.1956 in Brighton)

Harro Schulze-Boysen (1909 in Kiel), deutscher Journalist. Arbeitet in der Nachrichtenabteilung des Luftfahrtministeriums und ist Kopf einer Gruppe von Gegnern des NS-Regimes. Ist ab 1941 für die sowjetische Aufklärung tätig. Wird 1942 von der Gestapo verhaftet und hingerichtet. († 22.12.1942 in Berlin)

3 September

Form follows function.

Louis Henri Sullivan

Louis Henri Sullivan

Ferdinand Porsche

24.8.–23.9.
Degenhard, Gregor, Sophie

Am 3. September geboren:

Louis Henri Sullivan (1856 in Boston/Massachusetts), US-amerikanischer Architekt. Er gilt als Vordenker der modernen US-Architektur und als Wegbereiter einer „Ästhetik der Wolkenkratzer". Er ist als Mitbegründer der „Chicago School" bekannt und übte mit seinen Hochbauten mit Stahlskelett bedeutenden Einfluss auf die Architektur des 20. Jh. aus. († 14.4.1924 in Chicago/Illinois)

Ferdinand Porsche (1875 in Maffersdorf), deutscher Ingenieur und Unternehmer. In seinem Konstruktionsbüro wird im Auftrag der NS-Regierung der VW Käfer entwickelt. Sein Büro ist Grundstein der späteren Porsche AG. († 30.1.1951 in Stuttgart)

Ferdinand Porsche mit dem VW Käfer auf Versuchsfahrt

Carl David Anderson (1905 in New York), US-amerikanischer Physiker. Forscht als Professor am California Institute of Technology und entdeckt als Erster ein Teilchen der Antimaterie. Für seine Arbeit über das Positron erhält er 1936 den Nobelpreis für Physik. († 11.1.1991 in San Marino/Kalifornien)

1783
Friede von Paris
Nach vorangegangenen Verhandlungen unterzeichnen Großbritannien, Frankreich, Spanien und die ehemaligen Kolonien Nordamerikas Verträge, in denen die Unabhängigkeit der Vereinigten Staaten anerkannt wird. Kanada bleibt nach wie vor in britischer Hand. Mit dieser Regelung ist der Unabhängigkeitskrieg der 13 ehemaligen Kolonien beendet.

1791
Verfassung für Frankreich
Die Nationalversammlung verkündet die neue Verfassung und macht Frankreich damit zu einer konstitutionellen Monarchie. Der Konstituante kommt Vorbildfunktion für alle europäischen Verfassungen und die amerikanische „Bill of Rights" zu. Ihre Merkmale sind: Garantie von Menschenrechten, Rechtsgleichheit und Privateigentum sowie Gewaltenteilung zwischen Exekutive und gewählter Legislative.

1939
Kriegsbeitritt der Westmächte
Zwei Tage nach dem Einmarsch der Wehrmacht in Polen erklären Frankreich und Großbritannien ihren Kriegsbeitritt. Das Deutsche Reich hatte zuvor ein Ultimatum zur Einstellung aller Kampfhandlungen verstreichen lassen.

1971
Viermächteabkommen
Die vier Siegermächte des Zweiten Weltkrieges verpflichten sich zur Wahrung der bestehenden Verhältnisse in Berlin. Die Sowjetunion

Die vier Botschafter Kenneth Rush (USA), Pjotr A. Abrassimow (Sowjetunion), Sir Roger Jackling (Großbritannien) und Jean Sauvagnargues (Frankreich) haben sich über das Berlinabkommen geeinigt

garantiert den ungestörten Transitverkehr zur geteilten Stadt. Damit ist einer der Brennpunkte des „Kalten Krieges" entschärft.

1992
Verbot chemischer Waffen
In Genf wird eine Konvention zum Verbot von C-Waffen verabschiedet. Bis diese Konvention in Kraft tritt, vergehen allerdings weitere drei Jahre. Damit werden die Genfer Protokolle von 1925, die den Einsatz von C-Waffen ächteten, um Verbote der Produktion und Lagerung erweitert.

Auch das geschah an diesem Tag
1919 Italienische Frauen erhalten das aktive und passive Wahlrecht. Ausgenommen sind Prostituierte. 1923 Erste Sitzung von Interpol in Wien. 1926 Der Berliner Funkturm wird eingeweiht. Er ist mit 150 Metern das damals höchste Bauwerk in Deutschland. 1943 In Kalabrien landen britische Truppen. Italien erklärt sich in Folge zu einem Waffenstillstand bereit.

24.8.–23.9.
Antonius, Hermine,
Ida, Iris, Irmgard

Josef Anton Bruckner

Salvador Allende

Ohne die Frau würde der Mann roh, grob, einsam sein und die Anmut nicht kennen.
Vicomte de Châteaubriand

4 September

1781
Geburtsstunde von Los Angeles
In Kalifornien ziehen elf Familien von der Missionsstation San Gabriel nach Südwesten und gründen an einem Flussufer das Dorf „El Pueblo de Nuestra Senora la Reina de Los Angeles de Porciuncula". Sie folgen damit einer Aufforderung des spanischen Gouverneurs, das Umland zu besiedeln.

1870
Dritte französische Republik
Nach der französischen Niederlage bei Sedan rufen Léon Gambetta und Jules Favre die Republik aus. Sie gründen eine provisorische „Regierung der nationalen Verteidigung", die jedoch mit dem Fall von Paris im Januar 1871 ihr Ende findet.

Léon Gambetta

1882
Erstes Kraftwerk eröffnet
Thomas Alva Edison weiht in Manhattan das weltweit erste öffentliche Kraftwerk ein. Die Versorgung der Öffentlichkeit mit Gleichstrom soll die Nachfrage nach seinen Glühbirnen ankurbeln.

Thomas Alva Edison

1970
Allende wird Präsident
Mit 36,3 Prozent der Wählerstimmen wird Salvador Allende zum Präsidenten Chiles gewählt. Er ist damit das erste demokratisch gewählte, sozialistische Staatsoberhaupt in der westlichen Welt. Seine Amtszeit wird nach drei Jahren gewaltsam vom Militär beendet.

1989
Erste Montagsdemonstration
In Leipzig versammeln sich nach einem Friedensgebet in der Nikolaikirche Bürger der DDR und demonstrieren für Reformen. Die Montagsdemonstrationen und der dort skandierte Spruch „Wir sind das Volk" werden zum Symbol der friedlichen Revolution.

Auch das geschah an diesem Tag
1802 Georg F. Grotefend gelingt die teilweise Entzifferung der altpersischen Keilschrift. **1929** Das Luftschiff Graf Zeppelin beendet seine Weltreise. **1965** Erste Ziehung der Lottozahlen im Fernsehen.

Am 4. September geboren:

François René Vicomte de Châteaubriand (1768 in Saint-Malo), französischer Schriftsteller und Politiker. Ist unter Napoleon als Diplomat tätig, nach der Wiederherstellung der Bourbonenherrschaft (1821) wird er Botschafter und später Außenminister. Darüber hinaus schreibt er frühromantische Prosa. († 4.7.1848 in Paris)

Josef Anton Bruckner (1824 in Ansfelden), österreichischer Sinfoniker. Der Anhänger Wagners komponiert Sinfonien und ist als Hoforganist und Professor am Wiener Konservatorium tätig. († 11.10.1896 in Wien)

Kenzo Tange (1913 in Imabari/Shikoku), japanischer Architekt. Erstellt Konzepte für den Aufbau japanischer Städte nach dem Zweiten Weltkrieg. Sein Entwurf des *Hiroshima Peace Center* verbindet westliche und japanische Stilelemente und macht ihn 1946 weltweit bekannt.

Henry Ford II. (1917 in Detroit/Michigan), US-amerikanischer Unternehmer. Übernimmt 1945 die Leitung der Ford Motor Company, modernisiert den Konzern und expandiert nach Übersee. Unter seiner Leitung werden die populären Wagen *Mustang* und *Thunderbird* produziert. († 29.9.1987 in Detroit)

Das erste Erfolgsmodell aus dem Hause Ford: Model T

5 September

Der Staat bin ich.

Ludwig XIV.

Giacomo Meyerbeer

Werner Herzog

24.8.–23.9.

Maria Theres, Roswitha

Am 5. September geboren:

Ludwig XIV.

Ludwig XIV. (1638 in Saint-Germain-en-Laye), französischer König. Regiert von seinem Prunkpalast in Versailles aus. Er geht unter dem Beinamen „Sonnenkönig" als Prototyp des absolutistischen Herrschers in die Geschichte ein. († 1.9.1715 in Versailles)

Caspar David Friedrich (1774 in Greifswald), deutscher Maler der Romantik. Ist vor allem für seine Landschaftsmalereien bekannt, in denen er die Nichtigkeit des Menschen gegenüber urgewaltigen Naturkräften darstellt. († 7.5.1840 in Dresden)

Darryl Francis Zanuck (1902 in Wahoo/Nebraska), US-amerikanischer Filmproduzent. Mitbegründer von Twentieth Century Pictures. Produziert als Vorstandsmitglied der 20th Century Fox eine Vielzahl an Filmen wie z. B. den Klassiker *Früchte des Zorns* (1940). († 22.12.1979 in Palm Springs/Kalifornien)

Giacomo Meyerbeer (1791 in Tasdorf), deutscher Komponist. († 2.5.1864 in Paris); **Werner Herzog** (1942 in München), deutscher Regisseur; **Freddie Mercury** (1946 in Sansibar), englischer Sänger der Rockband „Queen". († 24.11.1991 in London)

1905
Russisch-Japanischer Krieg beendet
Nach Vermittlungen durch Theodore Roosevelt unterzeichnen die beiden Kriegsparteien in Portsmouth/New Hampshire den Friedensvertrag. Japan hatte zuvor in einer Seeschlacht die russische Flotte vernichtet. Russland muss entsprechende Zugeständnisse machen. Japan erhält Kontrolle über die Halbinsel Liaodong und über Teile der südlichen Mandschurei.

1972
Überfall auf olympisches Dorf
In München überfallen palästinensische Terroristen das israelische Olympiateam und töten dabei zwei Sportler. Sie nehmen neun israelische Athleten als Geiseln und verlangen die Freilassung von 200 palästinensischen Gefangenen in Israel. Ein Befreiungsversuch der Polizei endet tragisch. Fünf der Entführer, alle Geiseln sowie ein Polizist kommen ums Leben.

1977
Schleyer-Entführung
In Köln entführen Mitglieder der Roten Armee Fraktion (RAF) den Arbeitgeberpräsidenten Hans Martin Schleyer. Sie fordern die Freilassung von elf inhaftierten RAF-Mitgliedern. Als am 18.10.1977 die ehemaligen RAF-Anführer Andreas Baader, Gudrun Ensslin und Jan Carl Raspe in ihren Zellen tot aufgefunden werden, ist das Schicksal Schleyers besiegelt. Am Folgetag wird seine Leiche gefunden.

1991
Ende der UdSSR
Nach dem Putschversuch reaktionärer Kommunisten im August, beschließt der Volksdeputiertenkongress in Moskau die Bildung eines provisorischen Staatsrates unter der Leitung von Michail Gorbatschow. Der Rat setzt sich aus den Präsidenten der einzelnen Republiken zusammen. Damit endet die Geschichte der Union der Sozialistischen Sowjetrepubliken (UdSSR).

Auch das geschah an diesem Tag

1980 Nach elf Jahren Bauzeit wird der Gotthard-Tunnel eingeweiht. Er ist mit 16,3 Kilometern die längste unterirdische Straße der Welt. Seine Baukosten belaufen sich auf ca. 700 Mio. Franken.

C. D. Friedrich: *Kreidefelsen auf Rügen*

24.8.–23.9.

Alexius, Alexa, Bernhardin, Eskil

Moses Mendelssohn

John Dalton

Der Ursprung jeder Souveränität liegt bei der Nation.

Marquis de Lafayette

6 September

1634
Schlacht bei Nördlingen
Hier unterliegt im „Dreißigjährigen Krieg" (1618–48) das schwedische Heer der Katholischen Liga. Die Schweden müssen sich aus dem süddeutschen Raum zurückziehen, woraufhin ihr Bündnis mit den protestantischen deutschen Fürsten zerbricht.

1901
Schüsse auf US-Präsidenten
Der Anarchist Leon Czolgosz schießt während eines Empfangs in Buffalo auf den US-Präsidenten William McKinley. Acht Tage später erliegt dieser seinen Verletzungen. Damit ist der Republikaner der dritte ermordete Präsident der USA.

1946
Wende in der Besatzungspolitik
In Stuttgart spricht sich der amerikanische Außenminister James Francis Byrnes (1879–1972) für die Errichtung eines deutschen Kernstaates aus. Ein „Vereinigtes Wirtschaftsgebiet" soll die Versorgungsschwierigkeiten in den Besatzungszonen beenden. Am 1.1.1947 wird der Plan mit der Gründung der amerikanisch-britischen Bizone in die Tat umgesetzt.

1953
Wiederwahl Adenauers
Der erste Kanzler der BR Dtl. wird mit einem Wahlergebnis von 45,2 % im Amt bestätigt. Konrad Adenauer (1876–1967) führt seine Politik der Westintegration fort.

Während seiner zweiten Legislaturperiode wird die Bundesrepublik Mitglied der NATO.

Auch das geschah an diesem Tag
1968 Der mit einem Oskar und vier Golden Globes ausgezeichnete Film *Die Reifeprüfung* von Mike Nichols (geb. 1931) hat Deutschlandpremiere.

Am 6. September geboren:

Moses Mendelssohn (1729 in Dessau), deutscher Philosoph. Gilt als Beispiel für die intellektuelle Verbindung von jüdischem Glauben mit dem Rationalismus der Aufklärung. Sein Hauptwerk ist *Phaedon oder über die Unsterblichkeit der Seele* (1767). († 4.1.1786 in Berlin)

Marie Joseph Motier Marquis de Lafayette (1757 in Chavaniac), französischer Staatsmann. Kämpft als General auf amerikanischer Seite im Unabhängigkeitskrieg. Wieder im Frankreich der Revolution ist er als Führer der liberal-aristokratischen Fraktion in der Nationalversammlung tätig. († 20.5.1834 in Paris)

John Dalton (1766 in Eaglesfield), englischer Physiker. Er entwickelt die Theorie der Atome, und auch das Periodensystem ist auf ihn zurückzuführen. Er gilt daher als „Vater der modernen Physik". († 27.7.1844 in Manchester)

Franz Josef Strauß

Franz Josef Strauß (1915 in München), deutscher Politiker. Mitbegründer der CSU (1945) deren Vorsitzender er 1961–88 ist. Bekleidet in den Jahren 1953–69 verschiedene Ministerämter, darunter das des Verteidigungs- und Finanzministers. Ist ab 1978 Ministerpräsident Bayerns. († 3.10.1988 in Regensburg)

Leopold Ullstein (1826 in Fürth), deutscher Verleger. († 4.12.1899 in Berlin); **John Macleod** (1876 in Cluny), schottischer Physiologe. Erhält den Nobelpreis für die Entdeckung des Insulins. († 16.3.1935 in Aberdeen); **Richard J. Roberts** (1943 in Derby), britischer Molekularbiologe und Nobelpreisträger.

Marie Joseph M. Lafayette

7 September

Ohne Elvis hätte es keiner von uns geschafft.

Buddy Holly — Elisabeth I. — Giuseppe Garibaldi

24.8.–23.9.
Adula, Dieter, Dietrich, Judith

Am 7. September geboren:

Elisabeth I. (1533 in Greenwich), englische Königin (1558–1603). Während ihrer Regierungszeit entwickelt sich Englands Vormachtstellung in Kultur, Wirtschaft und Politik. Sie wird 1559 erstes Oberhaupt der Anglikanischen Kirche und gibt damit die Staatsreligion vor. Die zweite Hälfte des 16. Jh. wird als „Elisabethanische Zeit" bezeichnet. († 24.3.1603 in Richmond)

Michael Ellis De Bakey (1908 in Lake Charles/Louisiana), US-amerikanischer Chirurg. Entwickelte während des Zweiten Weltkrieges das chirurgische Feldlazarett (MASH). 1964 gelingt ihm die erste Bypass-Operation.

Charles Hardin Holley (1938 in Lubbock/Texas), US-amerikanischer Rockmusiker. Wird als Buddy Holly weltbekannt. Ihm gelingen mit seiner Band „The Crickets" mehrere Hits, die zu Klassikern des Rock 'n' Roll werden. Bekannte Stücke sind *Peggy Sue*

Auch das geschah an diesem Tag

1950 Auf Anweisung Walter Ulbrichts beginnen die Abrissarbeiten am Berliner Stadtschloss. Auf dem Standort des Schlosses wird später der Palast der Republik errichtet. Dort tagt ab 1976 die DDR-Volkskammer.

Das Berliner Stadtschloss 1938

und *That'll Be The Day* (beide 1957). Er stirbt bei einem Flugzeugunglück. († 3.2.1959 bei Clear Lake/Iowa)

1822
Brasilien erklärt Unabhängigkeit
Auf der Ebene von Ipiranga, nahe São Paulo, ruft der Sohn des Königs von Portugal die Unabhängigkeit aus. Zuvor hatte das portugiesische Parlament Dom Pedro aufgefordert, nach Portugal zurückzukehren. So sollte der koloniale Status Brasiliens gewahrt bleiben.

1860
Eroberung Siziliens und Neapels
Der italienische Republikaner Giuseppe Garibaldi erobert in seinem „Zug der Tausend" mit heimlicher Unterstützung Piemonts die Stadt Neapel. Dort ruft er sich zum Diktator aus. Nach einem weiteren Sieg über den bourbonischen König von Sizilien übergibt Garibaldi Süditalien an Victor Emanuel II., den König von Piemont und Sardinien. Dieser wird am 17.3.1861 erster König des vereinigten Italien.

1949
Konstituierende Sitzung von Bundesrat und Bundestag
In Bonn kommen Bundesrat und Bundestag zu ihrer ersten Sitzung zusammen. Der Bundestag setzt sich aus 410 Abgeordneten zusammen. Konrad Adenauer gelingt es, eine Koalition aus CDU/CSU, FDP und DP zu bilden, die in den folgenden Jahren mit einer Stimme Mehrheit regiert. Der Bundesrat ist mit 47 Mitgliedern deutlich kleiner. Er vertritt die Interessen der Bundesländer. Die beiden Verfassungsorgane üben zusammen die Gesetzgebung aus.

1987
Honecker in Bonn
Der Staatsratsvorsitzende der DDR wird in Bonn mit allen protokollarischen Ehren empfangen und damit von der BR Dtl. als Oberhaupt eines souveränen Staates anerkannt. In den folgenden fünf Tagen trifft Erich Honecker sowohl den Bundeskanzler Helmut Kohl als auch den Bundespräsidenten Richard Weizsäcker.

Helmut Kohl und Erich Honecker

24.8.–23.9.

Adrian, Alan, Franz, Hadrian

Antonin Dvořák

Eduard Mörike

Getrost! Was krumm, wird oft auch grad', oft über Nacht kam guter Rat.

Eduard Mörike

8 September

1522
Erste Weltumsegelung
Der spanische Navigator Juan Sebastián de Elcano (1476–1526) steuert die „Vittoria" in den Hafen von Sevilla. Vor drei Jahren war er mit vier weiteren Schiffen unter dem Kommando von Ferdinand Magellan aufgebrochen, um die Welt zu umsegeln. Elcano bringt die Expedition nach dem Tode Magellans zu Ende. Damit ist der Beweis erbracht: Die Erde ist tatsächlich rund.

1907
Enzyklika zur Wissenschaft
Papst Pius X. versucht die Annäherung von Priestern an die Grundsätze der zeitgenössischen Wissenschaften zu verhindern. In seiner *Enzyklika zu Glauben und Wissenschaft* verdammt er die Positionen der Modernisten. Eine Welle von Denunziationen ist die Folge.

1926
Deutschland im Völkerbund
Acht Jahre nach dem Ende des Ersten Weltkrieges stimmt die Völkerbundversammlung in Genf einstimmig für die Aufnahme des Deutschen Reiches. Die Rückkehr in die Völkergemeinschaft ist nicht von langer Dauer. Die nationalsozialistische Regierung Adolf Hitlers kündigt 1933 die Mitgliedschaft.

1951
Friede von San Francisco
Der Vertrag Japans mit den USA sowie weiteren 48 Staaten beendet die amerikanische Militärherrschaft über Japan. Die USA bleiben zwar mit mehreren Basen militärisch präsent, Japan erhält aber seine Souveränität zurück.

Am 8. September geboren:

Richard Löwenherz (1157 in Oxford), englischer König und Herzog von Aquitanien und Poitiers (1189–99). Ist bekannt für seine Teilnahme

Grabmal des Richard Löwenherz

Auch das geschah an diesem Tag

1831 Russische Truppen beenden den Aufstand der polnischen Nationalbewegung. **1901** In einer Grotte in der Dordogne werden farbenprächtige Malereien der Altsteinzeit entdeckt. **1994** In Berlin werden beim „Großen Zapfenstreich" die Streitkräfte der Westalliierten offiziell verabschiedet.

am 3. Kreuzzug (1189–92). († 6.4.1199 in Châlus/Aquitanien)
Eduard Mörike (1804 in Ludwigsburg), deutscher Schriftsteller der Romantik. Gilt als einer der größten deutschen Schriftsteller des 19. Jh. Bedeutende Werke von ihm sind der Roman *Maler Nolten* (1832), der viele seiner Gedichte enthält, sowie die Novelle *Mozart auf der Reise nach Prag* (1856). († 4.6.1875 in Stuttgart)
Antonin Dvořák (1841 in Nelahozeves/Böhmen), tschechischer Komponist. Schrieb mehrere Sinfonien sowie Stücke für Klavier und Chor. In seinem bekanntesten Stück, der *Sinfonie Nr. 9 in E Minor*, verarbeitet er Merkmale schwarzer Spirituals, die er während seiner Arbeit in New York kennen gelernt hat. († 1.5.1904 in Prag)
Clemens Brentano (1778 in Ehrenbreitstein), deutscher Dichter. († 28.7.1842 in Aschaffenburg); **Karl Weyprecht** (1838 in Bad König), österreichischer Polarforscher und Entdecker von Franz-Josef-Land. († 29.3.1881 in Michelstadt); **Christoph von Dohnányi** (1929 in Berlin), deutscher Dirigent; **Mario Adorf** (1930 in Zürich), deutscher Schauspieler.

Mario Adorf in *Der große Bellheim*

9 September

Das Gewissen ist unser bester und zuverlässigster Wegweiser.
Leo Tolstoj

Leo Tolstoj   Luigi Galvani   Leo Tolstoj

24.8.–23.9.
Edgar, Otmar, Orthold

Am 9. September geboren:

Armand Jean du Plessis Richelieu (1585 in Paris), französischer Kardinal. Ist ab 1624 Erster Minister im Rat von Ludwig XIII. (1601–43). Als „rote Eminenz" nimmt er Einfluss auf die Politik Frankreichs. Innenpolitisch geht er gegen Privilegien der Hugenotten und des Adels vor, außenpolitisch gegen die Habsburger. († 4.12.1642 in Paris)
Luigi Galvani (1737 in Bologna), italienischer Naturwissenschaftler. Nach einem Studium der Medizin widmet sich Galvani der Erforschung des Zusammenhangs von elektrischen Reizen und Muskelkontraktion.
(† 4.12.1798 in Bologna)
Leo Tolstoj (1828 in Jasnaja Poljana), russischer Schriftsteller. Er beschreibt in seinen Romanen die russische Gesellschaft des frühen 19. Jh. Dabei besticht er vor allem durch den Realismus seiner Schilderungen. Seine Werke *Krieg und Frieden* (1868/69) und *Anna Karenina* (1875–77) werden Klassiker. († 20.11.1910 in Astapovo)

1850
Kalifornien wird US-Bundesstaat
Die ehemals mexikanische Provinz tritt als 31. Bundesstaat offiziell den Vereinigten Staaten von Amerika bei. Nach dem Mexikanisch-Amerikanischen Krieg (1846–48) hatte Mexiko Kalifornien im Frieden von Guadalupe Hidalgo abgetreten. Die ehemalige Provinz war 1847 nahezu kampflos von amerikanischen Truppen besetzt worden.

1922
Türkischer Sieg bei Smyrna
Die türkischen Truppen erringen nahe des heutigen Izmir einen entscheidenden Sieg über griechische Einheiten. Damit ist der türkisch-griechische Krieg (1921–23) zu ihren Gunsten entschieden. Griechenland muss im Vertrag von Lausanne (24.7.1923) auf das türkische Festland verzichten und der Umsiedlung von mehr als 1,4 Mio. griechischen Bewohnern zustimmen.

1971
Aufstand im Gefängnis Attica
Im New Yorker Staatsgefängnis Attica bricht eine Revolte aus. Die Gefangenen nehmen einige Wächter als Geiseln und fordern eine Verbesserung der Haftbedingungen. Nach fünf Verhandlungstagen stürmt die Polizei schließlich das Gefängnis und richtet ein Blutbad an. Es sterben 32 Gefangene und elf Wächter, alle durch ziellos in die Menge gefeuerte Schüsse der Polizei.

1993
Anerkennung Israels durch PLO
Jasir Arafat teilt in seiner Rolle als Vorsitzender der Palästinensischen Befreiungsorganisation PLO dem israelischen Ministerpräsidenten Yitzhak Rabin die Anerkennung des Staates Israel mit. Im Gegenzug verpflichtet sich Israel, seine Truppen innerhalb der nächsten fünf Jahre aus den besetzten Palästinensergebieten abzuziehen und eine palästinensische Übergangsregierung anzuerkennen (Gaza-Jericho-Abkommen).

Auch das geschah an diesem Tag

1944 Charles de Gaulle (1890–70) kehrt aus dem Exil nach Paris zurück. 1956 Elvis Presley (1935–77) tritt in der Fernsehshow von Ed Sullivan (1901–74) auf. 1964 Der Ministerrat der DDR erlaubt Rentnern, ihre Verwandten in der BR Dtl. zu besuchen. 1976 Der chinesische Revolutionsführer und Gründer der Volksrepublik Mao Tse-tung (1893–1976) stirbt.

Gefängnisrevolte in Attica

24.8.–23.9.

Isabella, Nikolaus, Pulcheria

Heinrich Böll

Karl Lagerfeld

Es gibt reale Dinge, deren Eigenschaften völlig unabhängig von unseren Meinungen über sie sind.

Charles Sanders Peirce

10 September

1721
Großer Nordischer Krieg beendet
Mit dem Frieden von Nystad endet der Krieg zwischen Schweden und der Koalition aus Russland, Dänemark, Norwegen sowie Sachsen und Polen. Schweden muss Ingermanland, Estland, Livland und Teile Kareliens an Russland abtreten. Das Reich Zar Peters I. wird damit vorherrschende Macht im Baltikum.

1898
Attentat auf Kaiserin „Sissi"
Der italienische Anarchist Luigi Lucheni überfällt Kaiserin Elisabeth von Österreich. An den Ufern des Genfer Sees sticht er mit einer Nagelfeile auf sie ein. Ihr tragischer Tod macht die Kaiserin zur Figur zahlreicher Romane und Filme.

Kaiserin Elisabeth („Sissi") wird in Genf ermordet

1947
„Gruppe 47" gegründet
Bei Füssen versammeln sich junge linksgerichtete Autoren. Es werden Lesungen veranstaltet sowie eine Zeitschrift herausgegeben, die jedoch wegen ihres radikalpolitischen Inhalts von der US-Militärverwaltung zensiert wird. In den folgenden Jahren lesen auf den Treffen über 200 Schriftsteller, unter ihnen Heinrich Böll, Günther Grass und Martin Walser.

Mitglieder der Gruppe 47: Heinrich Böll, Ilse Aichinger und Günther Eich

1952
Israel entschädigt
In Luxemburg unterzeichnet Bundeskanzler Konrad Adenauer das „Wiedergutmachungsabkommen". Die BR Dtl. verpflichtet sich darin, dem Staat Israel innerhalb der nächsten zwölf Jahre 3 Mrd. DM zu zahlen, um die jüdischen Opfer des Nationalsozialismus zu entschädigen.

Auch das geschah an diesem Tag

1988 Steffi Graf (geb. 1969) gewinnt die vier großen Tennisturniere in Melbourne, Paris, Wimbledon und Flushing Meadows. Damit ist sie erste deutsche Gewinnerin des „Grand Slam".

Geboren am 10. September:

Charles Sanders Peirce (1839 in Cambridge/Massachusetts), US-amerikanischer Mathematiker und Philosoph. Befasst sich mit wissenschaftstheoretischen Fragen der Logik und Semiotik. Gilt als Begründer einer Philosophie des Pragmatismus.
(† 19.4.1914 bei Milford/Pennsylvania)

Robert Koldewey (1855 in Blankenburg), deutscher Archäologe. Leitet Ausgrabungen im Süden Iraks. Entdeckt dort Tempelanlagen, die er als die *Hängenden Gärten von Babylon* deutet. († 2.4.1925 in Berlin)

Hilda Doolittle (1886 in Bethlehem/Pennsylvania), US-amerikanische Dichterin. Veröffentlicht unter den Initialen H. D. Gedichte. Ihre präzise und formfreie Sprache macht sie zu einer Vertreterin der „Imagisten". Beispielhaft ist *Sea Garden* (1916).
(† 27.9.1961 in Zürich)

Arthur Holly Compton (1892 in Wooster/Ohio), US-amerikanischer Physiker. Seine Forschung über die Absorption von Strahlungsenergie in Materie wird Grundlage der Quantenmechanik. Der sog. Compton-Effekt bringt ihm 1927 den Nobelpreis ein. († 15.3.1962 in Berkeley/Kalifornien)

Robert Wise (1914 in Winchester/Indiana), US-amerikanischer Filmproduzent. Produzierte 1951 *The Day the Earth Stood Still*; **Karl Lagerfeld** (1938 in Hamburg), deutscher Modeschöpfer.

11 September

Was nützt einem die Gesundheit, wenn man ansonsten ein Idiot ist.

Theodor W. Adorno

Theodor W. Adorno

Franz Beckenbauer

24.8.–23.9.

Adelmar, Felix, Josef, Ludwig

Am 11. September geboren:

Pierre de Ronsard (1524 in Possonnière), französischer Hofdichter. Kopf einer Gruppe französischer Poeten der Renaissance, die unter dem Namen La Pléiade Berühmtheit erlangt. Bekanntestes Werk ist der Zyklus *Les amours de Cassandre* (1552). († 27.12.1585 in Saint-Cosme)

Carl Zeiss (1816 in Weimar), deutscher Mechaniker. Er eröffnet 1846 in Jena eine Werkstatt zur Herstellung von Mikroskopen und baut diese Werkstatt zusammen mit dem Physiker Ernst Abbe (1840–1905) zum führenden Hersteller optischer Geräte aus. († 3.12.1888 in Jena)

Theodor W. Adorno (1903 in Frankfurt a. M.), deutscher Philosoph und Soziologe. Kritisiert die bedingungslose Ausrichtung der Gesellschaft am Rationalismus. Er begründet zusammen mit Max Horkheimer (1895–1973) die „Frankfurter Schule" und publiziert mit ihm die *Dialektik der Aufklärung* (1947). († 6.8.1969 in Visp/Schweiz)

Franz Beckenbauer (1945 in München), deutscher Fußballspieler. Gewinnt als Kapitän des FC Bayern München drei europäische Meisterschaften und vier nationale Titel. Ist der erste Spieler, der als Kapitän (1974) und Trainer (1990) einer Mannschaft Fußballweltmeister wird.

1273
Interregnum beendet
Mit der Wahl Graf Rudolfs von Habsburg zum König des Heiligen Römischen Reiches Deutscher Nation beenden die Kurfürsten die jahrelangen Thronstreitigkeiten. Rudolf leitet den Aufstieg der Habsburger zu einem der einflussreichsten Adelshäuser Europas ein.

1822
Kirche erkennt Kopernikus an
Die Katholische Kirche erlaubt die Verbreitung des Buches *Über die Kreisbewegung der Himmelskörper* von Nikolaus Kopernikus. Damit erkennt sie das heliozentrische Weltbild an. Bis 1822 hatte Rom darauf bestanden, dass die Erde Mittelpunkt des Universums sei.

1973
Putsch in Chile
Der General Augusto Pinochet stürzt die sozialistische Regierung von Präsident Salvador Allende. Dieser begeht bei dem Sturm auf den Präsidentenpalast Selbstmord. Unter Pinochets Führung wird eine rechtsgerichtete Militärjunta eingesetzt, die brutal gegen innenpolitische Gegner vorgeht. Am 11.3.1990 muss Pinochet zurücktreten.

2001
Terror in Amerika
Um 9 Uhr Ortszeit trifft ein voll besetztes Passagierflugzeug einen der Türme des World Trade Centers in New York. Eine halbe Stunde später kollidiert ein weiteres Flugzeug mit dem zweiten Turm, das Gebäude stürzt ein. Ein drittes Flugzeug explodiert im Pentagon, ein Viertes stürzt in Pennsylvania ab.

World Trade Center, New York

Moslemische Terroristen der El-Kaida-Gruppe steuerten die Maschinen. Die Anschläge kosten über 3000 Menschen das Leben und haben militärische Interventionen der Vereinigten Staaten in Afghanistan und dem Irak zur Folge.

Auch das geschah an diesem Tag
1876 Karl Marx (1818–83) veröffentlicht *Das Kapital*. **1962** Die Beatles nehmen mit *Love Me Do* ihre erste Schallplatte auf.

Karl Marx

24.8.–23.9.

Guido, Maria, Maximin

Irène Joliot-Curie

Theodor Heuss

Jung zu sein ist ein Fehler, der sich mit jedem Tag bessert.
Theodor Heuss

12 September

1683
Wien befreit
Österreichische und polnische Truppen beenden die türkische Belagerung Wiens. Der osmanische Großwesir Kara Mustafa hatte die Stadt seit zwei Monaten eingekreist. Die Niederlage gegen die polnisch-österreichische Allianz beendet seinen Versuch, über Tunnel in die Stadt zu gelangen. Damit finden 1863 auch die osmanischen Eroberungsversuche ihr Ende.

1949
Erster Bundespräsident
Die erste Bundesversammlung der jungen Republik wählt Theodor Heuss, Vorsitzender der Freien Demokratischen Partei (FDP), zum ersten Bundespräsidenten. Nach einer zweiten Amtszeit lehnt er 1959 eine angebotene dritte ab. Für diese hätte das Grundgesetz geändert werden müssen, an dem Heuss selbst im Parlamentarischen Rat mitgearbeitet hatte.

1987
Beginn der Barschel-Affäre
Funk und Fernsehen berichten über einen geplanten Artikel des Magazins *Der Spiegel*. Darin wird der schleswig-holsteinische Minis-

Auch das geschah an diesem Tag
1689 Zar Peter I. (1672–1725) wird Alleinherrscher über Russland. **1906** Patent auf künstlichen Kautschuk angemeldet. **1974** Haile Selassie (1892–1975) wird als Kaiser von Äthiopien gestürzt.

Uwe Barschel weist die Bespitzelungsvorwürfe zurück

terpräsident Uwe Barschel beschuldigt, den Oppositionsführer Björn Engholm bespitzelt zu haben. All dies geschieht einen Tag vor der Landtagswahl. Diese bringt infolgedessen schwere Verluste für die regierenden Christdemokraten. Einen Monat später wird Uwe Barschel tot in der Badewanne eines Hotelzimmers aufgefunden. Die Umstände seines Todes bleiben ungeklärt.

1990
Zwei-plus-Vier-Vertrag
In Moskau wird der Souveränitätsvertrag des wieder vereinigten Deutschlands unterzeichnet. Mit ihrer Unterschrift ebnen die Außenminister der vier Siegermächte des Zweiten Weltkrieges, der BR Dtl. und der DDR den Weg zur Wiedervereinigung und legen die zukünftigen Grenzen fest.

Am 12. September geboren:

Anselm Feuerbach (1829 in Speyer), deutscher Maler. Beeinflusst von der griechischen und römischen Antike sowie der italienischen Renaissance sind seine Bilder typische Werke des romantischen Klassizismus. Herausragend sind seine statuenhaften Portraits, z. B. *Nanna* 1861. († 4.1.1880 in Wien)

Irène Joliot-Curie (1897 in Paris), französische Physikerin. Setzt die Arbeiten ihrer Mutter Marie Curie (1867–1934) fort und erhält ebenfalls den Nobelpreis für Chemie (1935). Ihr war die Synthese neuer radioaktiver Elemente gelungen. († 17.3.1956 in Paris)

Jesse Owens (1913 in Oakville/Alabama), US-amerikanischer Leichtathlet. Hielt mehrere Weltrekorde im Sprint und Weitsprung und gewinnt 1936 vier Goldmedaillen bei den Olympischen Spielen in Berlin. († 31.3.1980 in Tucson/Arizona)

Stanislaw Lem (1921 in Lemberg), polnischer Autor. Verfasst Science-Fiction-Literatur, die sich eng an aktuelle wissenschaftliche Diskussionen anlehnt. Einer der bekanntesten Romane ist *Solaris* (1961).

Stanislaw Lem

13 September

Ich bin mir der Tatsache bewusst, dass das volle Verstehen meiner Werke für einige Jahrzehnte nicht erwartet werden kann.

Arnold Schönberg

Franz I.

Konrad Adenauer

24.8.–23.9.

Amatus, Johannes, Notburga, Tobias

Am 13. September geboren:

Arnold Schönberg (1874 in Wien), österreichischer Komponist. Er gilt als einer der einflussreichsten Musiktheoretiker und Lehrer des 20. Jh. In seinen Werken entwickelt Schönberg atonale Ausdrucksformen, die auf seinem Konzept der Zwölf-Ton-Musik beruhen. († 13.7.1951 in Los Angeles)

Arnold Schönberg

Robert Robinson (1886 bei Chesterfield), britischer Chemiker. Entdeckt die Molekularstruktur von Morphin und Strychnin. Dafür erhält er den Nobelpreis in Chemie. Seine Erkenntnisse finden bei der Penicillin-Synthese Anwendung. († 8.2.1975 in Great Missenden)

Charles Brown (1922 in Texas City/Texas), amerikanischer Sänger. Der für seine weiche, ruhige Stimme bekannte Rhythm & Blues-Sänger wird poshum in die Rock 'n' Roll Hall of Fame aufgenommen. Bekannt ist er u. a. für das Lied *Merry Christmas, Baby* (1947). († 21.1.1999 in Oakland/Kalifornien)

1745
Krönung Kaiser Franz I.
In Frankfurt am Main wird Franz Stephan von Lothringen zum Kaiser des Heiligen Römischen Rei-

Maria Theresia im Kreis ihrer Familie

ches gekrönt. Er steht jedoch zeitlebens im Schatten seiner Frau Maria Theresia, die in den habsburgischen Landen durch innenpolitische Reformen ein absolutistisches Regime etabliert. Sie baut die Zentralverwaltung aus und fördert durch Aufhebung von Zöllen die Binnenwirtschaft.

1950
Volkszählung
In der Bundesrepublik findet zum ersten Mal eine Volkszählung statt. Doch die Deutschen sind nicht die einzigen, die mehrseitige Fragebögen ausfüllen müssen. Weltweit werden mehr als 1,75 Mrd. Menschen im Rahmen des „World Census" der Vereinten Nationen befragt. In Deutschland sind vor allem Angaben zur Wohnsituation von Interesse. Fünf Jahre nach Kriegsende leben noch immer viele Bürger in Notunterkünften.

1959
Mondsonde landet
Die sowjetische Mondsonde Luna 2 landet einen Tag nach ihrem Start auf dem Erdtrabanten. Ihre Vorgängerin Luna 1 hatte im Januar das Ziel noch knapp verfehlt. Der Sowjetunion gelingt es damit erstmals, Fracht von der Erde auf den Mond zu befördern. Als die Sonde auf der Oberfläche auftrifft, verschleudert sie Wimpel mit dem sowjetischen Banner.

1993
Oslo-Abkommen
In Washington unterzeichnen der israelische Premierminister Yitzhak Rabin und der Palästinenserführer Yasir Arafat einen Friedensplan. Zuvor waren in Norwegen unter Vermittlung des US-Präsidenten Bill Clinton geheime Verhandlungen geführt worden. Die israelische Seite verpflichtet sich zum Rückzug aus den besetzten Palästinensergebieten und zur Anerkennung einer Übergangsregierung. Vier Tage zuvor hatte Arafat die Anerkennung Israels verkündet.

Auch das geschah an diesem Tag

1955 Konrad Adenauer besucht Moskau und verhandelt über die Rückführung von Kriegsgefangenen sowie die Aufnahme von diplomatischen Beziehungen.

24.8.–23.9.

Jens, Johannes, Kornelius

Alexander von Humboldt

Theodor Storm

Die Ruhe ist die natürliche Stimmung eines wohlgerechten, mit sich einigen Herzens.

Alexander von Humboldt

14
September

1515
Schweiz wird neutral
Südlich von Mailand, bei Marignano, stellt sich ein für den Herzog von Mailand kämpfendes Schweizer Söldnerheer den französischen Invasionstruppen. Verstärkung aus dem verbündeten Venetien verhilft den Franzosen zum Sieg. Daraufhin erklären sich die Eidgenossen für neutral und verpflichten sich dazu, nie wieder Angriffskriege zu führen.

1812
Napoleon in Moskau
Nach schweren Kämpfen der französischen und russischen Truppen vor den Toren Moskaus bei Borodino zieht Napoleon I. in der russischen Metropole ein. Die Schlacht hatte über 15 Stunden getobt. Bei Ihrem Einmarsch finden die Franzosen eine verlassene Stadt vor, von der zudem weite Teile in Brand stehen. Napoleon muss seine Truppen aufgrund der schlechten Versorgungslage zurückziehen.

1930
Reichstagswahlen
Aus den Neuwahlen des Reichstages gehen die Nationalsozialisten als Sieger hervor. Die NSDAP kann ihre Sitzahl von 12 auf 107 erhöhen. Zuvor hatte der Präsident des Deutschen Reiches das Parlament aufgelöst, da es die Notverordnung zur „Sicherung von Wirtschaft und Finanzen" des Reichskanzlers Brüning abgelehnt hatte.

1982
Grace Kelly ist tot
Die ehemalige Hollywood-Schauspielerin und Fürstin von Monaco erliegt den Folgen eines schweren Autounfalls. Sie war auf dem Weg von ihrem Sommersitz nach Monaco mit dem Wagen von der Straße abgekommen und eine 40 Meter tiefe Klippe hinabgestürzt. Ein späteres Gutachten nennt einen Schlaganfall als Unfallursache. Die ebenfalls in dem Wagen sitzende Tochter von Grace Kelly überlebt unverletzt.

Propagandaplakat der Nationalsozialisten

Grace Kelly

Auch das geschah an diesem Tag
1960 In Bagdad kommen der Irak, Iran, Kuwait, Saudi-Arabien und Venezuela zusammen, um über die Gründung einer Organisation Erdöl exportierender Länder (OPEC) zu beraten. Die formelle Gründung findet im Januar 1961 statt. In den 1970er-Jahren setzt die OPEC den Ölpreis als Sanktionierungsmittel in politischen Konflikten ein.

Am 14. September geboren:

Agrippa von Nettesheim (1486 in Köln), deutscher Philosoph. Mit der Schrift *De occulta philosophia* (1533) beeinflusst der deutsche Denker die Auseinandersetzungen um Magie und Okkultismus in der Renaissance. († 18.2.1535 in Grenoble/Frankreich)

Alexander von Humboldt (1769 in Berlin), deutscher Naturforscher und Geologe. Auf seinen Südamerikareisen erstellt Humboldt Materialsammlungen zu Flora und Fauna. Seine Beobachtungen und Erkenntnisse veröffentlicht er in seinem Werk *Kosmos, Entwurf einer physischen Weltbeschreibung* (1845–62). († 6.5.1859 in Berlin)

Theodor Storm (1817 in Husum), deutscher Schriftsteller. Der Vertreter des poetischen Realismus verfasst zahlreiche realistisch-stimmungsgeladene Gedichte und Novellen. Seine norddeutsche Heimat nimmt in den Arbeiten Storms eine zentrale Rolle ein. Bekanntestes Werk ist *Der Schimmelreiter* (1888). († 4.7.1888 in Hademarschen)

15 September

Der Detektiv darf niemals mehr wissen als der Leser.
Agatha Christie

James Fenimore Cooper

Agatha Christie

24.8.–23.9.
Josef, Ludmilla, Melitta, Osanna

Am 15. September geboren:

James Fenimore Cooper (1789 in Burlington/New Jersey), US-amerikanischer Schriftsteller. In der Romanserie *Lederstrumpf* (1823-41) beschreibt Cooper anschaulich das Leben im „Wilden Westen". († 14.9.1851 in Cooperstown/New York)

Ettore Bugatti (1881 in Mailand), italienischer Ingenieur. Der Konstrukteur von Renn- und Sportwagen baut mit seiner Firma, die er 1907 in Molsheim (Elsaß) gründet, eines der teuersten Automobile der 1920er-Jahre, den Typ 41 Bugatti. († 21.8.1947 in Paris)

Bugatti Typ 41

Agatha Christie (1890 in Torquay), britische Schriftstellerin. Die Britin schreibt klassische Detektivgeschichten. Eine ihrer Hauptfiguren ist der französische Detektiv Hercule Poirot, der u. a. den *Mord im Orientexpress* (1933) aufklärt. († 12.1.1976 in Wallingford)

1830
Triumph der Eisenbahn
Mit einer Demonstrationsfahrt wird die Eisenbahnstrecke zwischen Manchester und Liverpool eingeweiht. Tausende schauen an der Strecke zu, sogar der britische Premierminister Herzog Arthur von Wellington ist mit an Bord. Alle eingesetzten Lokomotiven stammen aus der Werkstatt von Georg Stephenson, dessen Konstruktion eine Spitzengeschwindigkeit von 56 km/h erreicht. Die Einweihung der Strecke wird zum Startschuss für den Bau immer weiterer Städteverbindungen.

1916
Erster Panzereinsatz
Bei Flers an der Somme bringen britische Truppen die ersten Panzer zum Einsatz. Die gepanzerten Vehikel durchbrechen mühelos die deutschen Stellungen. Sie fahren über Gräben, Stacheldraht und Sperren hinweg. Doch von den 49 eingesetzten Tanks kehren nur wenige zurück. Die Anfälligkeit der neuen Waffe veranlasst das deutsche Militär, während der folgenden Kriegsjahre nur ca. 20 Stück zu bauen, während die Alliierten über 6.000 fertigen lassen.

1935
Rassengesetze der NSDAP
Während des Reichsparteitages der NSDAP in Nürnberg werden zwei Gesetze erlassen, die den deutschen Juden wichtige Rechte versagen. Das „Reichsbürgergesetz" verweigert den jüdischen Staatsbürgern das Reichsbürgerrecht und die Besetzung von Ehrenämtern. Durch das „Blutschutzgesetz" werden eheliche und außereheliche Beziehungen zwischen Juden und „Staatsangehörigen deutschen oder artverwandten Blutes" unter Strafe gestellt.

1959
Chruschtschow in den USA
Als erster sowjetischer Politiker nach Ende des Zweiten Weltkrieges besucht Nikita Chruschtschow (1884–1971) die USA. Er folgt damit einer Einladung des US-Präsidenten Dwight D. Eisenhower (1890–1969), mit dem er Gespräche über eine Annäherung führt. Die Hoffnung auf eine Entspannung im Verhältnis der beiden Supermächte findet jedoch im Mai 1960 ein jähes Ende, als über der Sowjetunion ein amerikanisches Aufklärungsflugzeug abgeschossen wird.

Nikita Chruschtschow

Auch das geschah an diesem Tag
1930 Der Film *Die Drei von der Tankstelle* wird in Berlin uraufgeführt.
1949 Konrad Adenauer wird mit einer Stimme Mehrheit zum ersten deutschen Bundeskanzler gewählt.

24.8.–23.9.

Cyprian, Edith, Julia, Kornelius

Peter Falk

B. B. King

Ich ließ die alten Festen der Kunst von Träumen belagern.

Hans Arp

16
September

335
Grabeskirche eingeweiht
In Jerusalem wird die aus mehreren sakralen Gebäuden, u. a. einer Basilika, bestehende Grabeskirche eingeweiht. Sie ist am selben Ort errichtet worden, an dem Jesus Christus gekreuzigt und begraben worden sein soll. Entsprechend wird dieses bedeutendste Heiligtum der Christenheit als „Anastasis" (Auferstehung) bezeichnet.

1861
Dampfhammer „Fritz"
In den Werken des stahlverarbeitenden Unternehmens Krupp wird der weltgrößte Dampfhammer in Betrieb genommen. Der Kopf des Monstrums wiegt 50 t. Trotz seiner Größe lässt sich die Konstruktion des Firmenchefs Alfred Krupp (1812–87) ausgesprochen präzise einsetzen.

1963
Geburt Malaysias
Malaya, Nordborneo und Singapur gründen zusammen die Föderation Malaysia. Als es ein Jahr später zu schweren Zusammenstößen zwischen Malaien und Chinesen kommt, verlässt Singapur die Föderation wieder. Seitdem gehört der Stadtstaat als souveränes Mitglied dem Commonwealth an.

1964
Stiftung Warentest
In den Jahren des Wirtschaftswunders sehen sich immer mehr Verbraucher vor die Frage gestellt, wie sie sich einen Überblick über die immer größer werdende Produktpalette verschaffen sollen. Das Kabinett Adenauers beschließt daher im September 1964 die Gründung einer Stiftung zur Durchführung von Warentests. Bis zur Veröffentlichung des ersten Heftes *Nähmaschinen im Examen* vergeht jedoch noch über ein Jahr.

Auch das geschah an diesem Tag

1953 In New York wird der erste Film aufgeführt, der in dem Breitwandformat Cinemascope gedreht wurde. Die Bibelverfilmung *Das Gewand* von Henry Koster (1905–88) hinterlässt bei den Kinobesuchern einen bleibenden Eindruck. Die Massenszenen wirken in dem neuen Format besonders imposant.

Am 16. September geboren:

Hans Arp (1887 in Straßburg), deutsch-französischer Maler. Zuerst Mitglied der Gruppe „Blauer Reiter" und Vertreter des expressionistischen Dadaismus, in den 1920er-Jahren werden seine Werke zunehmend surrealistisch. Arp gestaltet diverse Großreliefs u. a. für das UNESCO-Gebäude in Paris. († 7.6.1966 in Basel)
Alexander Korda (1893 in Pusztatúrpásztó/Ungarn), britischer Regisseur und Filmproduzent. Nach seiner Arbeit als Regisseur produziert er u. a. *Der Dieb von Bagdad* (1940) und *Der dritte Mann* (1950), die Weltruhm erlangen. Korda wird als erster Filmschaffender zum Ritter geschlagen. († 23.1.1956 in London)
Peter Falk (1927 in New York), amerikanischer Schauspieler. Für seine Rollen in *Murder, Inc.* und *Pocketful of Miracles* wird er 1960 und 1961 mit dem Oskar ausgezeichnet. Bekannt ist er aber vor allem als Inspektor in der Serie *Columbo* (seit 1971).
Frans E. Sillanpää (1888 in Hämeenkyrö), finnischer Schriftsteller und Literaturnobelpreisträger von 1937. († 3.6.1964 in Helsinki); **B. B. King** (1925 in Itta Bena/Missouri), US-amerikanischer Bluesgitarrist; **Oskar Lafontaine** (1943 in Saarlouis), deutscher Politiker.

Gründung der Stiftung Warentest

17 September

Bergsteigen ist die Eroberung des Nutzlosen; dazu bekenne ich mich.

Reinhold Messner

Robert Lembke

Ben Johnson

24.8.–23.9.
Ariane, Hildegard, Lambert, Robert

Am 17. September geboren:

Paul V. (1552 in Rom), italienischer Papst. Der gebürtige Camillo Borghese ist von 1605–21 Inhaber des Heiligen Stuhls in Rom. 1616 lässt er Galileo Galilei wegen dessen Fürsprache für das heliozentrische Weltbild verurteilen. Außerdem setzt er die Schriften des polnischen Astronomen Nikolaus Kopernikus auf den Index.
(† 28.1.1621 in Rom)

Friedrich Wilhelm von Steuben (1730 in Magdeburg), preußischer Offizier. Nach seiner Entlassung aus dem preußischen Heer verlässt er 1777 Europa und baut den militärischen Widerstand der Amerikaner gegen die britischen Kolonialherren auf.
(† 28.11.1794 bei Remsen/New York)

Reinhold Messner (1944 in Brixen/Südtirol) italienischer Bergsteiger. Bezwingt 1980 als erster den Mount Everest im Alleingang und ohne die Hilfe von zusätzlicher Sauerstoffbeatmung. Messner durchquert auch als erster nur zu Fuß die Antarktis.

Antoine Caritat Marquis de Condorcet (1743 in Ribemont), französischer Philosoph der Aufklärung und Präsident der Nationalversammlung.
(† 29.3.1794 in Bourg-la-Reine);

Robert Lembke (1913 in München), deutscher Fernsehmoderator.
(† 14.1.1989 in München)

1787
Verfassung für Amerika
Im Pennsylvania State Haus in Philadelphia unterzeichnen 39 Delegierte die Verfassung der Vereinigten Staaten. Sie wird die erste Verfassung einer modernen Demokratie. Ihre Merkmale wie Gewaltenteilung und gegenseitige Kontrolle sowie ihre Verfassungsorgane Kongress, Präsident und Oberster Gerichtshof, bestehen noch heute.

1862
Schlacht bei Antietam
Am kleinen Fluss Antietam in Maryland treffen im Amerikanischen Bürgerkrieg (1861–65) die Truppen der Unionisten auf vorstoßende Verbände der Südstaaten. Nach schweren Verlusten auf beiden Seiten muss sich die Konföderation zurückziehen. Damit findet der wohl gefährlichste Vorstoß der Südstaatler auf Washington D. C. sein Ende.

Auch das geschah an diesem Tag
1966 Das *Raumschiff Orion* geht zum ersten Mal im deutschen Fernsehen auf seine Raumpatrouille. Die sieben gedrehten Folgen werden ein großer Erfolg. Eine Fortsetzung scheitert jedoch an der Finanzierung.

1982
„Wende" in Bonn
Die Bundesminister der FDP treten zurück. Ihr Parteivorsitzender Hans-Dietrich Genscher hatte Uneinigkeiten mit den Sozialdemokraten über den Wirtschaftskurs zum Anlass genommen, einen neuen politischen Partner zu suchen. Er findet diesen in der CDU. Als Folge des Richtungswechsels verliert der sozialdemokratische Bundeskanzler Helmut Schmidt sein Amt an Helmut Kohl.

1988
Skandal um Ben Johnson
Der Kanadier Ben Johnson gewinnt in Weltrekordzeit den olym-

Bundestagspräsident Philipp Jenninger vereidigt Bundeskanzler Helmut Kohl

pischen 100-Meter-Sprint. Doch ihm bleibt nicht lange Zeit, sich über diesen Triumph zu freuen. Zwei Tage nach dem Rennen wird er zum ersten nachträglich disqualifizierten Olympiasieger. In den Doping-Proben waren anabole Steroide nachgewiesen worden.

24.8.–23.9.

Josef, Lambert, Ricarda, Rike

Samuel Johnson

Greta Garbo

Es gibt niemanden, der mich hätte haben wollen. – Ich kann nicht kochen.
Greta Garbo

18
September

1793
Baubeginn des Capitols
In Washington D. C. beginnt der Bau des Kongressgebäudes. Der klassizistische Bau soll die Beziehung der jungen Demokratie zu antiken Vorstellungen von Staatlichkeit symbolisieren. Im November 1800 tagt dann zum ersten Mal der Kongress im Capitol. Das Gebäude wird in den folgenden Jahren noch weiter ausgebaut. Der zweite Unabhängigkeitskrieg (1812–14) macht noch einmal umfangreiche Arbeiten nötig, da britische Truppen ein Feuer im Gebäude legen.

Capitol in Washington

1848
Aufstand in Frankfurt
Die Nationalversammlung in Frankfurt a. M. muss preußische und österreichische Truppen zur Hilfe rufen. In der Stadt haben sich am Ausgang des Dänisch-Deutschen Krieges (1848) Unruhen entzündet, da das siegreiche Preußen den Dänen Schleswig-Holstein zugestanden hat. Während der Proteste kommt es zum Sturm radikaler Demokraten auf die Versammlung und zur Ermordung zweier konservativer Abgeordneter. Dieser Vorfall treibt die Spaltung der Märzrevolutionäre weiter voran und diskreditiert die Nationalversammlung.

1898
Faschoda-Krise
Im Sudan treffen bei Faschoda britische Verbände auf französische Einheiten, die ein Fort besetzt halten. Damit ist das vorläufige Rennen beider Kolonialtruppen um die Vorherrschaft im Sudan auf seinem Höhepunkt. Während die Engländer von Ägypten aus vorgestoßen waren, hatten die Franzosen aus Westen kommend versucht, den Sudan zu besetzen. Doch beide Mächte scheuen die offene Auseinandersetzung. Nach Verhandlungen werden über dem Fort neben der französischen auch die ägyptische und britische Flagge gehisst.

1973
UN-Aufnahme
In New York werden die DDR und die BR Dtl. in den Kreis der Vereinten Nationen aufgenommen. Sie werden die 133. und 134. Mitgliedsstaaten. Der zeitgleiche Beitritt der beiden deutschen Staaten war 1972 in einem Zusatzabkommen des Grundlagenvertrags vereinbart worden.

Auch das geschah an diesem Tag
1970 Ein Cocktail aus Alkohol und Schlaftabletten beendet das Leben des „schwarzen Elvis Presley". In einem Hotelzimmer in London findet Jimi Hendrix den Tod.

Am 18. September geboren:

Samuel Johnson (1709 in Lichfield), britischer Literaturtheoretiker. Er befasst sich in seinen *Biographischen und kritischen Nachrichten von englischen Dichtern* mit der Geschichte bedeutender Schriftsteller und gibt 1755 das *Dictionary of the English Language* heraus. († 13.12.1784 in London)

Jean Bernard Léon Foucault (1819 in Paris), französischer Physiker. Schon 1850 berechnet Foucault nach

Jean Foucault

diversen Versuchen ausgesprochen genau die Lichtgeschwindigkeit. Ferner unternimmt er mithilfe des nach ihm benannten Foucaultschen Pendels Experimente zur Demonstration der Erdrotation. († 11.2.1868 in Paris)

Greta Lovisa Gustafsson (1905 in Stockholm), schwedische Schauspielerin. Als Greta Garbo wird sie zu einem der populärsten Filmstars der 1930er-Jahre. Spielt u. a. in den Filmen *Mata Hari* (1932) und *Die Kameliendame* (1936). († 15.4.1990 in New York)

19 September

Wenn du etwas gewinnen möchtest, lauf 100 Meter. Wenn du eine Erfahrung möchtest, lauf Marathon.
Emil Zátopek

Emil Zátopek

William Golding

24.8.–23.9.
Albert, Bertold, Igor, Januarius

Am 19. September geboren:

Fritz Richard Schaudinn (1871 in Rösenigken), deutscher Mikrobiologe. Seine zusammen mit Erich Hoffmann gemachte Entdeckung des Syphilis-Erregers legt den Grundstein für eine effektive Bekämpfung der tödlichen Geschlechtskrankheit. († 22.6.1906 in Hamburg)

William Golding (1911 in St. Columb Minor/Cornwall), britischer Schriftsteller. Erhält 1983 den Literaturnobelpreis für seine Schilderungen menschlichen Verhaltens in Extremsituationen. Goldings bekanntestes Werk ist *Der Herr der Fliegen* (1954). († 19.6.1993 in Falmouth/Cornwall)

Emil Zátopek (1922 in Kaprivnice), tschechischer Langstreckenläufer. Der dreifache Goldmedaillengewinner der Olympischen Spiele von 1952 stellt achtzehn Weltrekorde auf. Sein Protest gegen die Niederschlagung des Prager Frühlings macht ihn darüber hinaus zu einem Symbol des politischen Widerstandes. († 21.11.2000 in Prag)

1777
Schlacht bei Saratoga
Während des amerikanischen Unabhängigkeitskriegs stößt John Burgoyne mit seinen britischen Kräften bei Freeman´s Farm gegen die amerikanischen Truppen vor. Es gelingt ihm jedoch nicht, deren Linien zu durchbrechen. Dieser ersten Schlacht bei Saratoga folgen noch zwei weitere Begegnungen der beiden Armeen. Auch diese kann die amerikanische Seite für sich entscheiden. Die Kämpfe bei Saratoga gelten als Wendepunkt im Unabhängigkeitskrieg.

1783
Erste Ballonfahrt
In Paris steigt der erste Heißluftballon mit lebenden Passagieren auf. Die Gebrüder Montgolfier hatten für die kurze Reise ein Schaf, einen Hahn sowie eine Ente ausgewählt. Nach knapp drei Kilometern landet der Ballon mit seinen Passagieren unversehrt auf dem Erdboden. Von dem Erfolg beflügelt, organisieren die beiden Brüder auch den ersten bemannten Flug, der am 21.11. desselben Jahres statt findet.

1900
Burenkrieg
Mit der Besetzung der Burenrepubliken in Südafrika verkündet der Befehlshaber der britischen Truppen Frederic Sleigh Roberts das Ende des Krieges gegen die Burenrepubliken. Aber die Besetzung der

Burenkrieg: Britische Truppen am Vet-Fluss

Gebiete hat keine Waffenruhe zur Folge. Die Kämpfe gegen versprengte Widerständige dauern weiter an. Erst 1902 kommt es zu einem Friedensschluss in Vereeniging.

Formel-1-Rennen auf der Berliner Avus

1921
Avus eröffnet
In Berlin wird die erste Autobahn für den Verkehr freigegeben und sechs Tage später durch ein Autorennen eingeweiht. Der Bau der Automobilverkehrs- und Übungsstraße hatte schon 1913 begonnen, doch der Erste Weltkrieg verzögerte die Fertigstellung. Auf der Strecke finden in den Folgejahren wiederholt Autorennen statt. Schwere Unfälle und der Ausbau der Berliner Stadtautobahn beenden jedoch 1998 die „Rennlaufbahn" der Avus.

Auch das geschah an diesem Tag
1876 Der US-Amerikaner Melville Bissell (1843–89) meldet einen automatischen Teppichreiniger zum Patent an. Damit ist der Vorläufer des Staubsaugers offiziell geboren.

24.8.–23.9.
Eustachius, Henry,
Hertha, Susanna

Sophia Loren

Upton Sinclair

Charme ist der unsichtbare Teil der Schönheit, ohne den niemand schön sein kann ...

Sophia Loren

20 September

622
Mohammed in Medina
Der Gründer des Islams Abdul Kasim Mohammed Ibn Abdallah erreicht mit seinen Gläubigen die Stadt Medina. Dort beginnt er weitere Anhänger seines Glaubens um sich zu sammeln und mithilfe weiterer arabischer Stämme die Bekehrung zum mohammedanischen Glauben voranzutreiben. Nach dem Sieg Medinas über Mekka kehrt Mohammed 630 wieder in seine Geburtsstadt zurück.

Mohammed

1697
Frieden von Rijswijk
Ein Friedensvertrag beendet den Pfälzischen Erbfolgekrieg zwischen Frankreich und einer Koalition aus England, Spanien, niederländischen Provinzen und dem Deutschen Reich. Ludwig XIV. muss zuvor eroberte Gebiete zurückgeben, nur das Elsass mit Straßburg bleibt französisch.

1792
Kanonade von Valmy
Nach der Kriegserklärung des revolutionären Frankreichs an Öster-

Auch das geschah an diesem Tag
1866 Preußen annektiert Hannover, Frankfurt, Nassau und Kurhessen.
1972 Willy Brandt stellt die Vertrauensfrage.

Außenminister Walter Scheel eröffnet die Debatte über die Vertrauensfrage von Bundeskanzler Willy Brandt

reich marschiert ein Heer aus Preußen und Österreichern auf. Bei Valmy treffen sich die beiden Seiten. Es kommt jedoch zu keiner direkten Begegnung. Stattdessen werden schwere Artilleriegefechte ausgetragen, die den preußischen Befehlshaber zum Rückzug zwingen. Im Gefolge der deutschen Truppen befindet sich ein prominenter Augenzeuge. Es ist Johann Wolfgang von Goethe, der im Tross des Herzogs von Weimar flieht.

1819
Karlsbader Beschlüsse
Auf einer Versammlung des Deutschen Bundes werden Burschenschaften, Hort revolutionärer Umtriebe, verboten. Anlass ist die Ermordung des Verlegers August von Kotzebue durch einen Burschenschaftler. Des Weiteren wird die Überwachung von Hochschulen und eine Vorzensur für Zeitschriften beschlossen. Für den Fall einer Revolution in einem Mitgliedsstaat wird den anderen Bundesstaaten das Recht auf militärisches Eingreifen zugestanden. Die Aufhebung der Karlsbader Beschlüsse wird eine der zentralen Forderungen der Märzrevolution.

Am 20. September geboren:
Matthias Erzberger (1875 in Buttenhausen), deutscher Politiker. Als Reichstagsabgeordneter der Zentrumspartei unterzeichnet er am 11.11.1918 den Waffenstillstand des Ersten Weltkriegs. Von nationalistischer Seite des Verrats beschuldigt, wird er von radikalen Rechten erschossen. († 26.8.1921 im Schwarzwald)

Upton Sinclair (1878 in Baltimore/Maryland.), amerikanischer Schriftsteller. Setzt sich in seinen Werken mit sozialen Problemen in den USA auseinander und kritisiert in seinem Roman *Drachenzähne* (1942) die Verhältnisse im nationalsozialistischen Deutschland. († 25.11.1968 in Bound Brook/New Jersey)

Sophia Loren (1934 in Rom), italienische Schauspielerin. Die gebürtige Sofia Scicolone besticht durch ihre Darstellung leidenschaftlicher Frauenrollen. Sie ist u. a. in *Hochzeit auf italienisch* (1964) zu sehen. Sie wird mehrfach mit dem Oscar ausgezeichnet, zuletzt für ihr Gesamtwerk (1991).

21 September

Es gibt gefährlichere Drogen als mich, da bin ich Spezialist. Aber Dallas war eine Droge, ja.

Larry Hagman

Leonard Cohen

Stephen King

24.8.–23.9.
Debora, Jonas, Matthieu, Matthäus

Am 21. September geboren:

Johann Peter Eckermann (1792 in Winsen), deutscher Schriftsteller. Als Autor wenig erfolgreich, erlangt er Bekanntheit als langjähriger Sekretär und Vertrauter Goethes (1749–1832). Er veröffentlicht nach dessen Tod die *Gespräche mit Goethe in den letzten Jahren seines Lebens* (1836–48) und publiziert dessen Nachlass. († 3.12.1854 in Weimar)

Heike Kamerlingh Onnes (1853 in Groningen), niederländischer Physiker. Befasst sich mit der Physik extrem gekühlter Stoffe. Dabei gelingt ihm die Verflüssigung von Helium und die Entdeckung der Supraleitfähigkeit. Dafür erhält er 1913 den Nobelpreis in Physik. († 21.2.1926 in Leiden)

Leonard Cohen (1934 in Montreal), kanadischer Musiker. Beginnt seine Karriere mit der Vertonung seiner Gedichte und wird zu einem der populärsten Songwriter der 1970er-Jahre. Sein bekanntestes Lied ist *Bird on a Wire* (1969).

Larry „J.R." Hagman (1931 in Fort Worth/Texas), US-amerikanischer Schauspieler; **Stephen King** (1947 in Portland/Main), US-amerikanischer Schriftsteller.

480 v. Chr.
Plünderung Athens
Persische Truppen ziehen unter der Führung Xerxes I. plündernd und brandschatzend durch Athen. Nach einem Sieg bei den Thermophylen hatten die Perser Attica erobert und so auch Zugang zu der Stadt mit dem schwer befestigten Hafen erhalten. Doch wenig später

Athen (Rekonstruktion des antiken Zustands)

unterliegt ihre Flotte bei Salamis den Griechen. Damit sind die persischen Nachschubwege abgebrochen und der Krieg verloren.

1921
Explosion in Ludwigshafen
In dem Vorort Oppenau explodiert ein Lager mit Kunstdünger. Auslöser der Katastrophe ist eine sog. Lockerungssprengung, die den verdichteten Dünger transportfähig machen soll. Dieses damals übliche Vorgehen hat zwei Detonationen zur Folge, die selbst in München zu hören sind. Ludwigshafen wird weitgehend verwüstet, weit über 500 Tote sind zu beklagen.

1981
Unabhängigkeit Belizes
Das kleine Land Belize an der Ostküste Mittelamerikas wird von Großbritannien in die Unabhängigkeit entlassen. Damit geben die Briten ihre letzte Kolonie auf amerikanischem Festland auf. Dass dies erst so spät geschieht, ist vor allem auf einen Konflikt Großbritanniens mit Guatemala zurückzuführen, das mit dem Einmarsch in Belize gedroht hatte.

1993
Parlamentsauflösung in Moskau
Der russische Präsident Boris Jelzin löst das Parlament auf. Die Mehrheit aus Nationalisten und Kommunisten hatte die Zustimmung zu seinen Reformen verweigert. Da die Auflösung nicht von der alten sowjetischen Verfassung gedeckt ist, besetzen die Gegner Jelzins das Gebäude. Nach einer Frist lässt der Präsident das Parlament durch das Militär mit Waffengewalt räumen. Dabei sterben über 100 Menschen.

Auch das geschah an diesem Tag
1792 In Paris erklärt der Nationalkonvent die Monarchie für abgeschafft. **1869** In Dresden wird die Semper-Oper bei einem Brand beschädigt.

24.8.–23.9.
Emmeran, Gundula,
Mauritius, Otto

Michael Faraday

Ronaldo

Ich verstehe die Menschen nicht mehr.

Hans Scholl

22 September

1499
Friede von Basel
Der Friedensschluss beendet den Schwabenkrieg zwischen dem Habsburger Maximilian I. und dem Schweizer Bund. Dem Kaiser gelingt es nicht, die Beschlüsse des Wormser Reichstages (1495) auch in der Schweiz durchzusetzen. Damit treten die Eidgenossen de facto aus dem Heiligen Römischen Reich aus.

1792
Französische Republik
Der neu gewählte Nationalkonvent ruft in Paris die Erste Französische Republik aus. Bald bilden sich in der Versammlung zwei Fraktionen, die unterschiedliche Pläne für die Zukunft schmieden. Die gemäßigten Girondisten setzen sich für den Schutz von Privateigentum und Selbstverwaltung ein. Ihnen stehen die Jakobiner gegenüber, die eine starke Zentralgewalt mit Zugriff auf Privateigentum fordern.

1933
Kulturelle Gleichschaltung
Das Gesetz zur Gründung der Reichskulturkammer wird verabschiedet. Nun muss jeder Kulturschaffende im Deutsche Reich Mitglied einer der sieben Unterkammern sein, wenn er weiter arbeiten will. Doch die Mitgliedschaft ist nicht allen möglich. Neben „politischer Zuverlässigkeit" wird jedes Mitglied auch auf seine „arische Abstammung" überprüft.

1980
Iran-Irak-Krieg
Der irakische Präsident Saddam Hussein befiehlt den Angriff auf den benachbarten Iran. Auslöser sind territoriale und politische Streitigkeiten. Zum einen will der Irak die Kontrolle über eine ölreiche Grenzprovinz und die beiden Ufer des Grenzflusses Shatt al-´Arab, zum anderen hatte die iranische Regierung versucht, schiitische Iraker zum Aufstand anzustacheln.

Am 22. September geboren:

Hans Albers (1891 in Hamburg), deutscher Schauspieler. Nach seinem Karrierestart als Bühnenschauspieler wird Albers zu einem der bestbezahlten Filmstars im Deutschland der 1940er-Jahre. Zu sehen ist er u. a. in *Münchhausen* (1943) und *Große Freiheit Nr. 7* (1944). Als Sänger wird er mit seinem Hit *Auf der Reeperbahn nachts um halb eins* bekannt. († 24.7.1960 in Kempfenhausen)
Eugen Sänger (1905 in Preßnitz), deutscher Raketenforscher. Forscht für das Reichsluftfahrtministerium an neuen Antriebstechniken. Seine Ausarbeitungen sind eine der Grundlagen des Space Shuttles. († 10.2.1964 in Berlin)
Hans Scholl (1918 in Ingersheim), deutscher Widerstandskämpfer. Nach Kriegseinsätzen als Sanitäter (1942) wird Scholl zu einem überzeugten Gegner des NS-Regimes und baut die Widerstandsorganisation Weiße Rose auf. Er wird während einer Flugblattaktion verhaftet und später hingerichtet. († 22.2.1943 in Berlin-Plötzensee)
Michael Faraday (1791 in Newington), britischer Physiker und Entdecker des „Faradayschen Käfigs". († 25.8.1867 Hampton Court); **„Ronaldo" Luiz Nazário de Lima** (1976 in Bento Ribeiro), brasilianischer Fußballspieler.

Auch das geschah an diesem Tag

1862 Abraham Lincoln (1809–65) fordert nach der Schlacht bei Antietam (17.9.1862) die Südstaaten auf, bis zum Ende des Jahres die Waffen nieder zu legen. Andernfalls würde er ihre Sklaven zu freien Amerikanern erklären.

Mahnmal zum Gedenken an die Weiße Rose im Lichthof der Münchner Universität

269

23 September

Das Übel erkennen heißt schon, ihm teilweise abhelfen.

Otto von Bismarck

Heinrich V.

Otto von Bismarck

24.8.–23.9.

Basin, Gerhild, Linus, Liutwin

Am 23. September geboren:

Robert Bosch (1861 in Albeck), deutscher Unternehmer. Der gelernte Feinmechaniker gründet 1886 in Stuttgart eine Werkstatt, die Keimzelle des späteren Weltunternehmens. Dort wird 1902 die Zündkerze für Ottomotoren entwickelt. († 12.3.1942 in Stuttgart)

John Boyd Orr (1880 in Kilmaurs), schottischer Mediziner. Seine Berichte über die Ernährungslage in Großbritannien werden Grundlage für die Berechnung von britischen Nahrungsrationen im Zweiten Weltkrieg. Für sein Engagement gegen den Welthunger erhält er 1947 den Friedensnobelpreis. († 25.6.1971 in Newton)

Lebenszeichen des entführten Aldo Moro

Aldo Moro (1916 in Maglie), italienischer Politiker. Ist Ministerpräsident zweier Mitte-Links-Regierungen (1963–68, 1974–76). Nach seiner zweiten Amtszeit bleibt er als Parteiführer der Christdemokratischen Partei weiter politisch einflussreich. 1978 wird er von den Roten Brigaden entführt und ermordet. († 9.5.1978 bei Rom)

1122
Wormser Konkordat
In Worms unterzeichnen Gesandte des Papstes und König Heinrich V. (1086–1125) einen Vertrag und beenden damit den Investiturstreit. Dieser hatte sich an der Frage entzündet, ob der König als Laie geistliche Bischofsämter besetzen dürfe. Da Bischöfe aber auch Reichsfürsten sind, besteht Heinrich V. auf Mitsprache. Dem Wormser Konkordat zufolge sind Bischöfe von nun an keine Reichsbeamten mehr.

1862
Ministerpräsident Bismarck
König Wilhelm I. von Preußen setzt Otto von Bismarck als Ministerpräsidenten ein. Der König erhofft sich von ihm eine Lösung des Konfliktes mit dem preußischen Parlament, das die Finanzierung einer Heeresreform verweigert hat. Und Bismarck löst den Konflikt tatsächlich. Allerdings unter völliger Missachtung des Budgetrechts der Abgeordneten. Er beruft sich dabei auf eine Lücke in der Verfassung und regiert ohne verabschiedeten Haushalt weiter.

1949
Atomares Gleichgewicht
Der US-Präsident Harry S. Truman informiert die Weltöffentlichkeit über einen erfolgreichen Atombombentest der Sowjetunion im August. Damit sind die Vereinigten Staaten nicht mehr alleinige Atommacht und der Gegensatz des Kalten Krieges ist nun auch waffentechnisch begründet.

1955
Hallsteindoktrin
Die Regierung Adenauers erklärt, dass die BR Dtl. keine diplomatischen Beziehungen zu Staaten unterhalten werde, die die DDR als souveränen Staat anerkennen. Angesichts der Wirtschaftsleistung und verteilten Entwicklungshilfegelder der jungen Republik erweist sich diese Forderung als effektives Mittel zur Durchsetzung des Alleinvertretungsanspruchs.

Auch das geschah an diesem Tag

1846 Der deutsche Astronom Gottfried Galle (1812–1910) entdeckt den Planeten Neptun. Damit bestätigt er die von dem Franzosen Urbain Le Verrier (1811–77) berechnete Existenz eines weiteren Planeten.

Gottfried Galle

24.9.–23.10.

Gerhard, Gislar, Hermann, Virgil

Albrecht von Wallenstein

Francis Scott Fitzgerald

Zeige mir einen Helden und ich werde dir eine Tragödie schreiben.

Francis Scott Fitzgerald

24
September

1706
Friede von Altranstädt
August II. von Sachsen muss im Friedensvertrag seinen Verzicht auf die polnische Krone erklären. Dies war eine der Forderungen des schwedischen Königs Karl XII., der August den Starken und dessen Verbündeten Zar Peter I. zuvor im Zweiten Nordischen Krieg besiegt hatte. Die Kämpfe zwischen beiden Seiten sind damit jedoch nicht beendet, sie dauern noch bis 1721 an.

Karl XII.

Auch das geschah an diesem Tag
1959 Günther Grass veröffentlicht seinen Roman *Die Blechtrommel*. Die groteske Geschichte des Oskar Matzerath, der sich weigert zu wachsen und erwachsen zu werden, wird zu dem Klassiker deutscher Nachkriegsliteratur.

1852
Motorisierte Luftfahrt
Unter einem Gasballon hängend, angetrieben von einer Dampfmaschine, macht sich der französische Ingenieur Henry Giffard von Paris aus auf eine 30 Kilometer lange Reise. Damit ist er der erste Mensch in einem maschinenbetriebenen Fluggerät. Seine 44 Meter lange Konstruktion erreicht eine Geschwindigkeit von 10 km/h und landet unversehrt außerhalb der französischen Hauptstadt.

1957
Truppen in Little Rock
In der Bundeshauptstadt von Arkansas hindert ein aufgebrachter Mob neun afroamerikanische Studenten am Betreten einer bisher nur von Weißen besuchten Highschool. Die anwesende Staatspolizei beschützt die Jungen zwar, hilft ihnen aber nicht, die Schule zu betreten. Präsident Dwight D. Eisenhower entsendet Bundestruppen nach Arkansas und setzt die Aufhebung der Rassenschranken durch.

„Blechtrommler" Günter Grass

1978
Kanton Jura
Im Schweizer Kanton Bern findet eine Volksabstimmung statt. Über 80 Prozent entscheiden sich für eine Abtrennung des französischsprachigen Jura. Damit wird die Region im Norden von Bern der 23. Kanton der Schweiz. Die offizielle Gründung wird 1979 begangen. Neue Hauptstadt des Jura wird Delémont.

Am 24 September geboren:

Albrecht Wenzel Eusebius von Wallenstein (1583 in Hermanitz/Böhmen), deutscher Heerführer. Der wohlhabende Böhme kämpft mit seinem Söldnerheer auf kaiserlich-katholischer Seite im Dreißigjährigen Krieg. Seine eigenmächtige Politik in den eroberten Gebieten hat jedoch seine Ächtung und Ermordung zur Folge. († 25.2.1634 in Eger)

Grigori Potemkin (1739 in Chizovo), russischer Offizier und Staatsmann. Der enge Vertraute der Zarin Katharina II. befasst sich mit dem Ausbau des Reiches nach Süden und der Kolonisierung neuer Landstriche. Um Misserfolge bei der Kolonisierung zu vertuschen, lässt er Attrappendörfer errichten. († 16.10.1791 bei Jassy/Rumänien)

Francis Scott Fitzgerald (1896 in St. Paul/Minnesota), amerikanischer Schriftsteller. In seinen Werken beschreibt er die genusssüchtige amerikanische Gesellschaft zwischen den beiden Weltkriegen. Sein bekanntestes Werk ist *Der große Gatsby* (1925). († 21.12.1940 Hollywood/Kalifornien)

25 September

Intelligenz ist die Fähigkeit, seine Umgebung zu akzeptieren.

William Faulkner

William Faulkner

Glenn Gould

24.9.–23.10.

Nikolaus, Wigger, Firmin, Gottfried

Am 25. September geboren:

William Faulkner (1897 in New Albany/Mississippi), US-amerikanischer Schriftsteller. Nach einem Studium der Literatur schreibt er Romane, in denen er das Landleben in den Südstaaten, den Bürgerkrieg oder die Rassenprobleme schildert, so z. B. in *Sartoris* (1929). Faulkner wird 1949 mit dem Literaturnobelpreis ausgezeichnet. († 6.7.1962 in Byhalia/Mississippi)

Glenn Gould (1932 in Toronto), kanadischer Pianist. Der Künstler ist vor allem für seine unorthodoxen Bach-Interpretationen bekannt. Der einsiedlerisch lebende Gould fällt durch seine exzentrische Spielweise auch auf seinen Konzerten auf. Im Alter von 32 Jahren gibt er sein letztes öffentliches Konzert. († 4.10.1982 in Toronto)

Michael Douglas (1944 in New Brunswick/New Yersey), US-amerikanischer Schauspieler. Die Laufbahn des jungen Douglas beginnt mit Bühnenstücken und Fernsehspielen. Der Durchbruch gelingt dann mit der Serie *Die Straßen von San Francisco* (1972). Höhepunkt seiner Karriere ist die Oskarauszeichnung, die er 1976 als Produzent für *Einer flog über das Kuckucksnest* und 1987 für seine Rolle in *Wall Street* bekommt.

1529
Türken vor Wien
Der Ring aus osmanischen Truppen schließt sich. Wien ist von der Außenwelt abgeschlossen. Die Armee des Sultans Sulaiman II. verwüstet das Umland, doch es gelingt ihr nicht, in die Stadt einzudringen. Zur Gegenwehr der Verteidiger kommen schlechtes Wetter und Nachschubprobleme. Der Sultan muss letztendlich abziehen.

Ende der türkischen Belagerung Wiens

1555
Augsburger Religionsfriede
„Cuius regio, eius religio" lautet die Kompromissformel von 1555, die den Streit zwischen deutschen Reichsfürsten unterschiedlicher Konfession vorerst beilegt. Endlich werden auch Lutheraner als eine gleichberechtigte Glaubensgemeinschaft anerkannt. Doch beschränkt sich die freie Glaubenswahl auf die Reichsstände und Reichsritter. Die Untertanen müssen sich nach der Entscheidung des Landesherren richten oder auswandern.

1944
Volkssturm
Ein Erlass Adolf Hitlers bestimmt die Einberufung aller bisher wegen Alter, Beruf oder Gesundheit nicht eingezogenen deutschen Männer. Diese werden in dem sog. Volkssturm als letzte Reserve zur Verteidigung des Dritten Reiches eingesetzt. Betroffen sind davon ca. 6 Mio. Männer zwischen 16 und 60 Jahren. Die schlecht ausgebildeten und ausgerüsteten Einheiten erleiden vor allem an der Ostfront schwere Verluste.

1956
Transatlantisches Telefonkabel
In London wird feierlich die Verbindung des britischen Telefonnetzes mit dem Telefonnetz Nordamerikas gefeiert. Das Telefonkabel liegt zwischen dem schottischen Oban und Clarenville in Neufundland. Die erfolgreiche Verbindung ist vor allem durch technische Neuerungen auf dem Gebiet der Signalverstärkung ermöglicht worden.

Auch das geschah an diesem Tag

1912 Der Börsenverein der Deutschen Buchhändler verkündet die Gründung einer Deutschen Bücherei in Leipzig. Dort wird jedes in deutscher Sprache gedruckte Buch archiviert. Auch im Ausland gedruckte Werke sind vorhanden.

24.9.–23.10.

Eugenia, Damian, Kaspar, Kosmas

T. S. Eliot

Martin Heidegger

Zwischen Gedanke und Tat fällt der Schatten.
T. S. Eliot

26 September

1815
Heilige Allianz
Nach dem Sieg der europäischen Koalition über Napoleon initiiert der russische Zar Alexander I. ein reaktionäres Bündnis der Fürsten. Die Herrscher Russlands, Österreichs und Preußens verpflichten sich zu einer Politik auf Grundlage der christlichen Gebote. Die Heilige Allianz gilt als ein Symbol der restaurativen Politik des Zeitalters nach Napoleon.

1887
Patent auf Grammophon
In Washington meldet Emile Berliner das Grammophon zum Patent an. Sein Gerät unterscheidet sich gravierend von allen bisher erhältlichen Modellen. Statt den Ton von einem Zylinder abzutasten, finden platte, runde Scheiben aus Schellack Anwendung. In den 50er-Jahren des 20. Jh. kommen dann Schallplatten aus Vinyl auf den Markt.

Grammophon

1923
Ruhrkampf endet
Französische und belgische Truppen halten das Ruhrgebiet besetzt, um die Zahlung von Reparationen zu erzwingen. Die entrüstete Bevölkerung folgt dem Streikaufruf der deutschen Regierung Gustav Stresemanns. Die folgende Abriegelung des Ruhrgebiets durch die Besatzer macht jedoch hohe Unterstützungszahlungen des Reiches nötig. Diese sind im September nicht mehr finanzierbar. Stresemann ruft daher am 26.9. zum Abbruch des Widerstands auf.

1980
Bombe auf Oktoberfest
In München detoniert auf dem Festgelände eine Bombe. Es werden 13 Menschen getötet und weitere 200 verletzt. Die Zusammen-

Bombenanschlag auf dem Münchner Oktoberfest

Auch das geschah an diesem Tag
1957 In New York wird eine moderne Fassung des Klassikers *Romeo und Julia* aufgeführt. Es sind jedoch nicht rivalisierende Familien, sondern Jugendbanden, die in dem Musical *Westside Story* die beiden Liebenden trennen.

setzung des Sprengstoffs liefert der Polizei wichtige Hinweise. Die Bombe stammt aus dem Waffenlager eines Neonazis, der den Attentäter ausgestattet hat. Die genauen Ziele des Attentats bleiben ungeklärt, da der Täter selbst sein Leben lässt.

Am 26. September geboren:

Friedrich Carl Duisberg (1861 in Barmen), deutscher Industrieller. Der gelernte Chemiker lenkt als Generaldirektor die Geschicke der Bayer AG. Während seiner Zeit als Vorsitzender des Reichsverbandes der Deutschen Industrie (1925–31) ist er einer der einflussreichsten deutschen Unternehmer. Ab 1925 ist er Aufsichtsratsvorsitzender der neu gegründeten I.G. Farbenindustrie. († 19.3.1935 in Leverkusen)

T. S. Eliot (1888 in St. Louis), amerikanisch-britischer Dichter. Durch die Abkehr von klassischen Formen verleiht Eliot der englischsprachigen Lyrik neue Impulse. Zu seinen bekannten Werken gehören *Die vier Quartette* (1943). Eliot wird 1948 mit dem Literaturnobelpreis ausgezeichnet. († 4.1.1965 in London)

Martin Heidegger (1889 in Meßkirch), deutscher Philosoph. Auf der Suche nach dem Sinn des menschlichen Daseins veröffentlicht Heidegger mit *Sein und Zeit* (1927) eines der wichtigsten Werke des deutschen Existenzialismus. Wegen seiner politischen Nähe zum Nationalsozialismus gerät Heidegger 1945 als Rektor der Universität Freiburg in die Kritik. († 26.5.1976 in Freiburg/Br.)

27 September

Nichts ist so alt wie der Erfolg von gestern.

Freddy Quinn

Grazia Deledda

Freddy Quinn

23.9.–24.10.
Dietrich, Hiltrud, Kjeld, Thilo

Am 27. September geboren:

Grazia Deledda (1871 in Nuoro), italienische Schriftstellerin. Die in Rom lebende Autorin beschäftigt sich in ihren Werken mit den tragischen Folgen menschlicher Leidenschaften. Ihre Romane spielen meist in ihrer Heimat Sardinien oder im kleinbürgerlichen Rom. Ihr bekanntester Roman ist *Nach der Scheidung* (1902). 1926 erhält sie den Literaturnobelpreis. († 15.8.1936 in Rom)

Martin Ryle (1918 in Brighton), britischer Astrophysiker. Eine genaue Karte von Radioquellen des Kosmos ist eines der Ergebnisse der Entdeckung von Ryle, der auch an der Entwicklung des Radargeräts beteiligt war. Möglich wurde diese Karte durch die Entwickelung das Radioteleskops. Für seine Arbeiten erhält Ryle den Nobelpreis für Physik. († 14.10.1984 in Cambridge)

Freddy (Manfred) Quinn (1931 in Wien), österreichischer Sänger und Schauspieler. In den 50er- und 60er-Jahren ist der gebürtige Manfred Nidl-Petz als Schlagersänger erfolgreich. Darüber hinaus moderiert er Fernsehsendungen und spielt in Operetten und Musicals.

1825
Öffentliche Eisenbahn
In England wird die erste öffentliche Dampfeisenbahnstrecke eingeweiht. Sie verbindet den Hafen Stockton mit Darlington. Doch nicht nur Dampfmaschinen fahren auf der Strecke. In den ersten Jahren werden noch viele Passagiere mit von Pferden gezogenen Waggons befördert.

1940
Erweiterte Kinderlandverschickung
Auf Weisung Adolf Hitlers beginnt die erweiterte Kinderlandverschickung. Über 5 Mio. Kinder, überwiegend im Alter von 10 bis 14 Jahren, werden aus Großstädten evakuiert und in Lagern in ländlichen Gegenden untergebracht. Offiziell wird dieses Vorgehen mit dem Schutz der Kleinen vor Luftangriffen begründet, aber es ist ein Mittel, die Kinder jenseits von elterlichem Einfluss politisch zu erziehen. So ist auch Baldur von Schirach, Reichsjugendführer und Chef der Hitler-Jugend, zuständig für die Verschickten.

1996
Hinrichtung Najibullahs
In Kabul wird der ehemalige Präsident Mohammed Najibullah von den Taliban hingerichtet. Ohne die bisherige russische Unterstützung war er den islamischen Truppen militärisch unterlegen. Diese rufen nach Siegen über die regulären Truppen einen fundamentalistischen, islamischen Gottesstaat aus und drängen Najibullah aus dem Amt.

1998
Bundestagswahl
Die Auszählung der Wahlzettel bei der Bundestagswahl ergibt ein Ergebnis, das die bisherige Fortsetzung der christlich-liberalen Koalition unmöglich macht. Damit ist nach sechzehn Jahren die Kanzlerschaft Helmut Kohls beendet. Neuer Kanzler der BR Dtl. wird der Sozialdemokrat Gerhard Schröder. Er bildet eine Koalition mit Bündnis 90/Die Grünen.

Neuer Bundeskanzler: Gerhard Schröder

Auch das geschah an diesem Tag

1540 Die Katholische Kirche erkennt den Jesuitenorden an. **1589** Grundsteinlegung des Hofbräuhauses in München. **1901** Rachmaninow gelingt mit seinem zweiten Konzert der Durchbruch. **1938** Stapellauf des Schiffes „Queen Elizabeth". **1959** Volkswagen wird privatisiert, die „Öffentliche Hand" hält nur noch 40 % der Aktien.

Kinderlandverschickung: Baldur von Schirach inspiziert ein KLV-Heim

24.9.–23.10.

Dietmar, Konrad, Lioba, Thekla

Georges Clemenceau

Brigitte Bardot

Der Friedhof ist voll von Leuten, die sich für unentbehrlich hielten.

Georges Clemenceau

28
September

1717
Schulpflicht in Preußen
In Preußen verkündet Friedrich Wilhelm I. die Schulpflicht für Kinder im Alter von fünf bis zwölf Jahren. Die Pflicht zum Schulbesuch wird jedoch eingeschränkt. So müssen im Sommer nur zwei Tage in der Schule verbracht werden, da viele Kinder bei der Feldarbeit helfen. Auch fehlt es allerorts an Schulen, sodass die Umsetzung des Edikts nur teilweise möglich ist.

Wilhelm I.

1958
Fünfte Republik Frankreichs
In Frankreich wird eine neue Verfassung verabschiedet, die am 4.10.1958 in Kraft tritt und damit die Fünfte Republik begründet. Das Gesetzeswerk überträgt dem zukünftigen Präsidenten, Charles de Gaulle, weit reichende Kompetenzen. Ihm wird vor allem wegen der tobenden Konflikte in Algerien eine solche Machtbefugnis zuteil. Die dort ausgebrochenen Aufstände gegen die französischen Kolonialherren drohen auch Frankreich in einen Bürgerkrieg zu stoßen.

1969
Machtwechsel in Bonn
Die Bundestagswahl bringt neue Mehrheitsverhältnisse in Bonn. Obwohl die Konservativen die meisten Sitze im Deutschen Bundestag gewinnen können, einigen sich Sozialdemokraten und Liberale auf eine Koalition. Damit endet die Wahlnacht mit einer Überraschung: dem ersten sozialdemokratischen Bundeskanzler Willy Brandt.

1994
Fährunglück
Auf der Ostsee bricht einem Fährschiff die Bugklappe weg. Innerhalb kürzester Zeit füllt sich der Laderaum des estnischen Schiffes mit Wasser. 852 Menschen sinken mit der „Estonia" in die Tiefe. Damit ist diese Tragödie das schwerste Schiffsunglück nach dem Zweiten Weltkrieg.

Die Bugklappe der Unglücksfähre „Estonia" wird geborgen

Auch das geschah an diesem Tag

1066 Normannische Truppen landen bei Pevensey in England. Damit ist der Kampf um den englischen Thron eröffnet. Entschieden wird er am 14. Oktober in Hastings.

Am 28. September geboren:

Georges Clemenceau (1841 in Mouilleron-en-Pareds), französischer Politiker. Nach seiner Arbeit als Innenminister ist er 1917–20 Ministerpräsident. In dieser Rolle gestaltet er maßgeblich den Versailler Friedensvertrag mit dem Deutschen Reich. († 24.11.1929 in Paris)
Maximilian Schmeling (1905 in Klein Luckow), deutscher Boxsportler. Der erste europäische Schwergewichtsweltmeister des 20 Jh. kommt aus Brandenburg. Den Titel gewinnt Schmeling 1930 gegen Jack Sharkey, der ihm die Auszeichnung 1932 wieder abnimmt. Doch Schmeling kehrt zurück und wird 1936 erneut Weltmeister.
Brigitte Bardot (1934 in Paris), französische Filmschauspielerin. Ihre langen Beine, das lange blonde Haar und ihr Schmollmund machen sie zum Sexsymbol der 1950er- und 1960er-Jahre. Auf diese Figur wird sie festgeschrieben. Nur selten ist sie in anderen Rollen zu sehen. Eine dieser Ausnahmen ist *Die Wahrheit* (1960).
Ed Sullivan (1901 in New York), US-amerikanischer Fernsehmoderator. († 13.10.1974 in New York); **Marcello Mastroianni** (1924 in Fontana Liri), italienischer Schauspieler. († 19.12.1996 in Paris)

29 September

Die Liebe zum Heimischen kleidete sich in den Hass gegen Fremdes.

Walther Rathenau

Horatio Nelson

Enrico Fermi

24.9.–23.10.
Gabi, Gabriel, Michael, Rafaela

Am 29. September geboren:

Horatio Nelson (1758 in Burnham Thorpe), britischer Admiral. Der Oberbefehlshaber der britischen Schiffe besiegt die Flotte Napoleons bei Trafalgar und sichert England die Vormachtstellung auf den Weltmeeren. Er wird jedoch an Bord der Victory tödlich verwundet. († 21.10.1805 auf See)

Walther Rathenau (1867 in Berlin), deutscher Politiker. Das Mitglied der Deutschen Demokratischen Partei bereitet als Außenminister (1922) das Ende der deutschen Isolierung nach dem Ersten Weltkrieg vor. Noch im selben Jahr erschießen ihn Mitglieder einer antisemitischen Organisation. († 24.6.1922 in Berlin)

Enrico Fermi (1901 in Rom), italienisch-amerikanischer Physiker. Ihm gelingt erstmals eine kontrollierte Kettenreaktion aus nuklearen Kernspaltungen. Damit ist der Grundstein für atomare Energiegewinnung und die Atombombe gelegt. Fermi erhält 1938 den Nobelpreis für Physik. († 28.11.1954 in Chicago/Illinois)

Jerry Lee Lewis (1935 in Ferriday/Louisiana), US-amerikanischer Rock-Musiker; **Lech Walesa** (1943 in Popowo), polnischer Präsident (1990–95) und Friedensnobelpreisträger (1983).

1913
Rätsel um Rudolf Diesel
Der Erfinder des Dieselmotors befindet sich auf dem Weg von Antwerpen nach England, um eine neue Motorenfabrik einzuweihen. Doch nachdem er seine Kabine an Bord der Fähre bezogen hat, wird er nicht mehr gesehen. In den europäischen Zeitungen kursieren Gerüchte über Mord. Doch am wahrscheinlichsten ist der Freitod des Erfinders. Rudolf Diesel stand kurz vor seinem finanziellen Ruin.

1918
Militärischer Zusammenbruch
General Erich Ludendorf informiert den deutschen Kaiser über die aussichtslose militärische Lage und fordert ein Ende des Ersten Weltkrieges. Doch während Ludendorf für die katastrophale Lage mitverantwortlich ist, lehnt er es ab, die Konsequenzen zu übernehmen, und tritt zurück. Stattdessen wird der neue Reichskanzler Max von Baden mit der Aushandlung eines Waffenstillstandes betraut.

Auch das geschah an diesem Tag
1907 Die Gebrüder Bréguet schweben für wenige Sekunden einen guten halben Meter über dem Erdboden. Einer der ersten Hubschrauber ermöglicht ihnen diesen kurzen Flug.

1919
Der Dada
In Berlin erscheint die erste Ausgabe der Zeitschrift *Der Dada*. Sie ist das Organ einer Künstler- und Schriftstellergruppe, die es sich zum Ziel gesetzt hat, bürgerliche Normen aufzuzeigen und zu unterwandern. Die Berliner Gruppe ist eingebettet in eine weltweite Künstlerbewegung, die ihren Ursprung in der Schweiz hat.

1938
Münchener Abkommen
In München wird am Verhandlungstisch über das Schicksal der Tschechoslowakei entschieden. Großbritannien, Frankreich und Italien gestehen Adolf Hitler den Anschluss des Sudetenlandes zu. Hitler erklärt sich zum Verzicht auf weitere Territorien bereit. Dennoch annektiert das Deutsche Reich im März des Folgejahres Böhmen und Mähren.

Lech Walesa

Der französische Ministerpräsident Daladier unterzeichnet das Münchener Abkommen

24.9.–23.10.
Hieronymus,
Sophie, Tessa, Urs

Truman Capote

Richard II.

Realist ist einer, der den richtigen Abstand zu seinen Idealen hat.

Truman Capote

30
September

1399
Richard II. entthront
Der englische König kehrt aus Irland zurück und findet seinen Thron besetzt vor. Das Parlament beschließt die Rechtmäßigkeit des Thronanspruchs von Richards Cousin Henry IV. Der gerade wieder zurückgekehrte Richard II. wird gefangen genommen. Damit endet seine autoritäre Herrschaft, die sich u. a. gegen das Parlament gerichtet hat.

1791
Die Zauberflöte
In Wien wird Wolfgang Amadeus Mozarts *Die Zauberflöte* uraufgeführt. Mozart hatte seine letzte Oper für seinen Freund Emanuel Schikaneder geschrieben, der in Wien ein Schauspielhaus betreibt. Schikaneder spielt sogar bei der Premiere *Der Zauberflöte* mit. Seine Verkörperung des Papageno wird genauso ein Triumph wie das Stück selbst.

Wolfgang Amadeus Mozart

1955
James Dean verunglückt
Während die Filmrollen seinen Ruhm als jugendlicher Rebell be-

Der Unfallwagen James Deans

gründen, macht ihn der tragische Tod zu einer Legende. Mit seinem neu gekauften Porsche nimmt James Dean an einem Straßenrennen teil, dessen Ausgang er nicht mehr erlebt. Bei Salinas in Kalifornien, nahe des Drehortes zu *Jenseits von Eden* (1955), kollidiert Dean mit einem entgegenkommenden Fahrzeug und stirbt.

1989
DDR-Flüchtlinge
Der Bundesaußenminister der BR Dtl. Hans-Dietrich Genscher spricht in der deutschen Botschaft in Prag. Schon seit Wochen hatten sich Bürger der DDR auf das Gelände der Botschaft geflüchtet, um so ihre Ausreise zu erreichen. Nach Verhandlungen zwischen den beiden deutschen Staaten kann Genscher die Genehmigung der Ausreise bekannt geben. Dieser Tag wird als „Abstimmung mit den Füßen" ein Symbol für die zunehmende Unzufriedenheit der Ostdeutschen mit dem politischen System der DDR.

Am 30. September geboren:

Johannes Geiger (1882 in Neustadt a. d. Weinstraße), deutscher Physiker. Geiger ist der Entdecker und Namensgeber einer Apparatur zum Zählen von radioaktiven Teilchen, dem Geigerzähler. († 24.9.1945 in Potsdam)

Truman Capote (1924 in New Orleans/Louisiana), US-amerikanischer Schriftsteller. Dem gebürtigen Truman Streckfus Persons gelingt 1958 mit seiner Persiflage auf die New Yorker Gesellschaft, dem Roman *Frühstück bei Tiffany*, der Durchbuch. Später entwickelt er die Gattung des Tatsachenromans. († 25.8.1984 in Los Angeles/Kalifornien)

Elie Wiesel (1928 in Sighet/Rumänien), rumänisch-amerikanischer Schriftsteller. In seinen Romanen verarbeitet Wiesel seine Erfahrungen aus den Konzentrationslagern Buchenwald und Auschwitz. Auch als UNO-Berichterstatter setzt er sich für Toleranz und Verständigung ein. 1986 wird er mit dem Friedensnobelpreis geehrt.

Auch das geschah an diesem Tag

1949 In Berlin landet das letzte Flugzeug der Luftbrücke. Die Rosinenbomber hatten seit elf Monaten über 1,5 Mio. t Lebensmittel, Brennstoff und andere Güter in die von sowjetischen Truppen blockierte Stadt geflogen.

277

1 Oktober

Wir sind kein Schmelztiegel geworden, sondern ein hübsches Mosaik.
James Earl Carter

James Earl Carter

Vladimir Horowitz

24.9.–23.10.

Bavo, Emanuel, Giselbert, Platon

Am 1. Oktober geboren:

Giacomo da Vignola (1507 in Vignola), italienischer Architekt. In den 1930er-Jahren des 16. Jh. arbeitet er an sakralen Bauten des Vatikans. Seine gestalterische Ausdrucksweise in *Il Gesù* in Rom nimmt Elemente des Barock vorweg. Ab 1567 leitet er den Bau des Petersdoms. († 7.7.1573 in Rom)

Vignola: *Il Gesù* (Rom)

Wladimir Samojlowitsch Horowitz (1903 in Berdichev/Ukraine), russisch-amerikanischer Pianist. Seine Interpretationen großer Klavierwerke von Liszt, Chopin u. a. werden wegen ihrer Makellosigkeit und erstaunlichen Klangqualität in aller Welt mit Begeisterung gehört. († 5.11.1989 in New York)

James Earl Carter (1924 in Plains/Georgia), US-amerikanischer Politiker. Im Jahr 1977 wird Carter zum 39. Präsidenten der USA gewählt. Seine Amtszeit ist von wirtschaftlichen Problemen überschattet, die 1981 seine Wiederwahl verhindern.

Auch das geschah an diesem Tag

1938 Deutsche Truppen marschieren im Sudetenland ein. **1939** Das erste Wunschkonzert für die Wehrmacht wird gesendet. **1958** Elvis Presley tritt seinen Wehrdienst in Deutschland an. **1982** Helmut Kohl wird Bundeskanzler der BR Dtl.

331 v. Chr.
Schlacht bei Gaugamela
Auf der Ebene von Gaugamela im heutigen Nord-Irak stellt sich ein persisches Heer Alexander dem Großen aus Makedonien entgegen. Obwohl die Truppen Alexanders zahlenmäßig unterlegen sind, gelingt ihnen der Sieg. Damit ist das Ende des Perserreichs besiegelt und Alexander ist Herrscher über sein neues Weltreich.

1874
Zivilehe eingeführt
In Preußen kann nur noch vor Standesbeamten geheiratet werden. Es kann zwar noch eine kirchliche Trauung durchgeführt werden, aber alleine der Eintrag ins Standesamtsregister macht die Ehe rechtskräftig. Dieser Erlass ist Teil des Kulturkampfes, den Reichskanzler Bismarck gegen die katholische Kirche ficht. Schon im folgenden Jahr wird die neue Eheregelung auf das ganze Deutsche Reich übertragen.

1946
Urteile in Nürnberg
In Nürnberg werden die Urteile im Kriegsverbrecherprozess gegen

Nürnberger Kriegsverbrecherprozess: Blick auf die Richterbank

Größen des NS-Regimes verkündet. Die Anklage lautet u. a. auf Führung eines Angriffskrieges, Verbrechen gegen die Menschlichkeit und Kriegsverbrechen. Auf der Anklagebank sitzt u. a. der ehemalige Chef der Luftwaffe und zweite Mann hinter Hitler Hermann Göring. Es werden insgesamt 24 Todesurteile erlassen. Doch der prominenteste Angeklagte entzieht sich der Bestrafung. Göring begeht mithilfe von Gift zwei Wochen später Selbstmord.

1949
Volksrepublik China
In Peking verkündet der Vorsitzende der Kommunistischen Partei Chinas die Geburt der Volksrepublik. Der Proklamation Mao Tsetungs war ein Bürgerkrieg zwischen Kommunisten und Nationalisten vorausgegangen, dessen Kämpfe sich über vier Jahre erstreckten. Zum Zeitpunkt der Proklamation verbleibt den Nationalisten lediglich Taiwan als Zufluchtspunkt.

24.9.–23.10.
Beregis, Hermann, Jaime, Jakob, Perez

Mahatma Gandhi

Sergej Eisenstein

Mit Sentimentalitäten kann man keinen Krieg führen.

Paul von Hindenburg

2 Oktober

1925
Joséphine Baker in Paris
In Paris tritt in einem Theater an der Champs-Elysées die junge Joséphine Baker auf. Ihre laszive tänzerische Darbietung ist eine Sensation, nicht nur wegen ihres Gesangs, sondern vor allem auch wegen ihrer spärlichen Bekleidung. Joséphine Baker trägt auf der Bühne einen Lendenschurz aus Bananen.

1940
Warschauer Getto gegründet
In der polnischen Großstadt Warschau werden die dort lebenden Juden in einen abgeriegelten Bezirk unter katastrophalen Lebensbedingungen eingesperrt. In den folgenden Jahren werden über 300.000 Bewohner des Gettos in Vernichtungslager abtransportiert. Als die SS am 19.4.1943 das Getto endgültig räumen will, trifft sie auf Widerstand und zerstört das Getto.

Errichtung der großen Mauer um das Warschauer Getto

1944
Ende des Polnischen Aufstands
Auf Warschau rückt die Rote Armee vor. In der Hoffnung, noch vor Ankunft der Russen die deutsche Besatzung zu beenden, erheben sich in Warschau polnische Aufständische. Doch gegen die 9. Armee haben sie keine Chance. Nach schweren Kämpfen, die über 170.000 Opfer unter den Aufständischen und den Zivilisten fordern, müssen sie kapitulieren. Die Sieger zerstören die Stadt weitgehend.

2001
Bündnisfall der NATO
Als Folge der Anschläge islamischer Fundamentalisten in Amerika ruft das westliche Verteidigungsbündnis NATO zum ersten Mal den Bündnisfall aus. Damit sind alle Mitglieder zu Beistandsleistungen für die Vereinigten Staaten von Amerika verpflichtet. Bei den folgenden Angriffen der USA auf Afghanistan und Irak kommt der Bündnisfall aber nicht mehr zum Tragen.

Am 2. Oktober geboren:

Andreas Gryphius (1616 in Glogau), deutscher Lyriker. Der bedeutendste deutsche Vertreter des Hochbarock schildert in seinen Sonetten und Oden die Vergänglichkeit menschlichen Daseins. Nach ersten Versuchen in Latein entscheidet sich Gryphius letztendlich für die deutsche Sprache. († 16.7.1664 in Glogau)
Paul von Hindenburg (1847 in Posen), deutscher General und Politiker. Während des Ersten Weltkrieges ist er Teil der Obersten Heeresleitung. Auch die Geschicke der Weimarer Republik bestimmt er maßgeblich. Er wird 1925 Reichspräsident und leitet mit seinen Notverordnungen das Ende des Parlamentarismus ein. 1933 ernennt er Hitler zum Reichskanzler. († 2.8.1934 in Neudeck)
Mahatma Gandhi (1869 in Porbandar), indischer Freiheitskämpfer und Politiker. Nach seinem Jurastudium in London setzt sich Gandhi für die Rechte der indischen Minderheit in Südafrika ein. Zur Umsetzung seiner Ziele entwickelt Gandhi die Strategie des passiven Widerstands, die er auch gegen die britischen Kolonialherren in Indien einsetzt. († 30.1.1948 in Delhi)

Auch das geschah an diesem Tag

1926 Der russische Stummfilm *Panzerkreuzer Potemkin* von Sergej Eisenstein wird zum ersten Mal in deutschen Kinos aufgeführt. Der Film über den Aufstand von Matrosen gegen Offiziere erregt den Protest deutscher Konservativer.

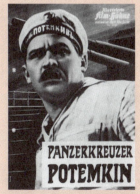

Filmbroschüre zu Eisensteins *Panzerkreuzer Potemkin*

3 Oktober

Die Frau ist die Zukunft des Mannes.
Louis Aragon

Carl von Ossietzky

Louis Aragon

24.9.–23.10.
Adelgot, Ewald, Irmgard, Leodegar

Am 3. Oktober geboren:

Carl von Ossietzky (1889 in Hamburg), deutscher Publizist. Als Herausgeber der Zeitschrift *Weltbühne* verurteilt Ossietzky die Politik der Nationalsozialisten und wird zur Symbolfigur des Widerstandes. Dafür wird er 1933 in ein Konzentrationslager interniert. Als er 1935 den Friedensnobelpreis verliehen bekommen soll, wird er in ein Hospital verlegt. († 4.5.1938 in Berlin)

Die Weltbühne von Carl von Ossietzky

Louis Aragon (1897 in Paris), französischer Schriftsteller. Der Dadaist und Mitbegründer des Surrealismus ist aktiver Kommunist. Entsprechend wendet er sich später dem sozialen Realismus zu. In seinen Werken spielen daher Klassenkampf und soziale Missstände eine große Rolle, so z. B. *Die wirkliche Welt* (1933-44). († 24.12.1982)

Eddie Cochran (1938 in Albert Lea/Minnesota), US-amerikanischer Musiker. Der junge Cochran spielt Rock 'n' Roll. Seine Klassiker *Summertime Blues* und *C'mon Everybody* (beide 1958) belegen seinen Erfolg. († 17.4.1960 bei Chippenham/England, bei einem Unfall)

1866
Friede von Wien
In Verhandlungen beenden Österreich und Italien ihre kriegerische Auseinandersetzung. Zu dem Konflikt war es durch das Bündnis Italiens mit Preußen gekommen, das mit Österreich um die Vormachtstellung im Deutschen Bund gekämpft hat. Während Preußen nach der Schlacht von Königgrätz Österreich aus dem Deutschen Bund drängt, gewinnt Italien Venetien hinzu.

1942
Erste Fernrakete gezündet
In Peenemünde zünden deutsche Militärs die erste Fernrakete der Welt. Sie wird als Vergeltungswaffe 2 (V2) bekannt. Anders als ihr Vorläufer ist die neue Waffe mit 340 Kilometern Reichweite und Überschallgeschwindigkeit eine echte Rakete. So revolu-

Nachbau einer V2-Rakete in Peenemünde

Auch das geschah an diesem Tag
1906 Auf der Berliner Funkkonferenz wird „SOS" als internationales Notrufsignal festgelegt. **1918** Prinz Max von Baden wird neuer Reichskanzler. **1969** In Peru putscht eine linksgerichtete Militärjunta und enteignet nordamerikanische Ölgesellschaften.

tionär die Technik ist, bringt die Waffe nicht den erwarteten Kriegsumschwung.

1957
Brandt wird Bürgermeister
West-Berlin wählt den Sozialdemokraten Willy Brandt zu seinem Bürgermeister. Die Wahl findet zu einer Zeit statt, in der die Metropole im Brennpunkt des Kalten Krieges steht. Schon ein Jahr nach seiner Wahl muss Brandt auf die sowjetische Forderung reagieren, aus Westberlin eine entmilitarisierte Zone zu machen. Später sieht er sich mit den Problemen des Mauerbaus (1961) konfrontiert.

1990
Deutsche Einheit
Wenige Wochen nach dem Abschluss der Zwei-plus-Vier-Gespräche und der Ratifizierung des Einigungsvertrags durch die beiden deutschen Parlamente werden die Staatskörper der BR Dtl. und der DDR vereinigt. In Berlin findet ein Staatsakt zur Feier der Vereinigung statt, dem die geschlossene deutsche Politik-Prominenz, u. a. der ehemalige Berliner Bürgermeister und amtierende Bundespräsident Richard von Weizsäcker, beiwohnen.

24.9.–23.10.

Aurea, Franco, Franz, Tessa, Thea

Walter von Brauchitsch

Buster Keaton

Es gibt gewisse Charaktere, die du einfach nicht mit Kuchen bewirfst!

Joseph Francis Keaton

4 Oktober

1209
Kaiser Otto IV.
In Rom wird mit Otto IV. der erste und einzige Welfe zum Kaiser des Heiligen Römischen Reiches Deutscher Nationen gekürt. Er ist der Gewinner des Thronstreits von 1198, in dem sich zwei Gruppierungen von Reichsfürsten gegenüberstehen: zum einen die Welfen um Otto, zum anderen die Staufer um Phillip von Schwaben.

1582
Gregorianischer Kalender
Die ungenaue Berechnung des Julianischen Kalenders hatte die Unregelmäßigkeit von Kalender und Jahreszeiten zu groß werden lassen. Daher verkündet Papst Gregor XIII. die Wirksamkeit eines neuen Kalenders. Auf den 4. Oktober des Jahres 1582 folgt einmalig der 15. Oktober. Durch die Neuberechnung von Schaltjahren ist der Gregorianische Kalender genauer. Er setzt sich schnell in den katholischen Ländern Europas durch.

1830
Belgien wird unabhängig
Auf Grundlage des Wiener Kongresses bilden Belgien und die Niederlande ein vereinigtes Königreich. Doch in Belgien formiert sich eine Koalition aus Liberalen und Katholiken, die mit französischer Unterstützung die Unabhängigkeit planen. Im August 1830 kommt es zu Unruhen, ein Einmarsch niederländischer Soldaten in Brüssel wird erfolgreich abgewehrt und schließlich wird am 4. Oktober die belgische Unabhängigkeit erklärt.

1957
Sputnik im All
Der sowjetische Satellit Sputnik wird in seine Erdumlaufbahn geschossen. Der 84 Kilo schwere künstliche Himmelskörper kreist auf einer elliptischen Umlaufbahn um die Erde. Nach einigen Monaten verglüht er in der Atmosphäre des „Blauen Planeten". Sputnik wird in den folgenden Jahren der Namensgeber einer ganzen Reihe sowjetischer Satelliten.

Sputnik 1

Am 4. Oktober geboren:

Walter von Brauchitsch (1881 in Berlin), deutscher Generalfeldmarschall. Als Oberbefehlshaber des deutschen Heeres bestimmt er den Verlauf des Zweiten Weltkrieges entscheidend mit. Nach den Misserfolgen der Wehrmacht vor Moskau wird Brauchitsch im Dezember 1941 entlassen. Hitler übernimmt persönlich den Oberbefehl. († 18.10.1948 in Hamburg)

Joseph Francis (Buster) Keaton (1896 in Piqua/Kanada), amerikanischer Komiker. Als Sohn einer Schauspielerfamilie schreibt und produziert er seine eigenen Filme, in denen der Stummfilm-Komiker stoisch jedes Missgeschick erträgt. Beispielhaft ist *Der Steuermann* (1924). († 1.2.1966 in Woodland Hills/Kalifornien)

Charlton Heston (1924 in Evanston/Illinois), amerikanischer Schauspieler. Ein Oskar ist der Lohn für Hestons Rolle als *Ben Hur*. Neben weiteren Engagements in monumentalen Hollywood-Produktionen ist er mittlerweile als Präsident der nordamerikanischen Schusswaffenvereinigung NRA in den Medien präsent.

Auch das geschah an diesem Tag

1958 Der Boxer Bubi Scholz wird Europameister im Mittelgewicht. Nachdem er im Frühjahr seinen Kampf gegen Charles Humez umstritten verloren hatte, gelingt ihm nun der Sieg im Rückkampf.

Szene aus einem Boxkampf zwischen Bubi Scholz (r.) und dem Franzosen Charles Humez um den Europatitel

5 Oktober

Vom Fanatismus zur Barbarei ist es nur ein Schritt.

Denis Diderot

Denis Diderot

Václav Havel

24.9.–23.10.

Anna, Attila, Galla, Herwig, Meinolf

Am 5. Oktober geboren:

Denis Diderot (1713 in Langres), französischer Philosoph. Seine dreibändige *Encyclopédie* (1751–81) wird eines der wichtigen Werke der Aufklärung. Diderot gibt jedoch nicht nur diese Sammlung des Wissens heraus, sondern befasst sich auch mit Gottesbeweisen und schreibt Romane, Essays und Dramen. († 31.7.1784)

Louis Lumiere (1864 in Besancon), französischer Fotograf. Berühmtheit erlangen er und sein Bruder Auguste durch die Entwicklung eines Aufnahme- und Projektionsverfahrens für Filme. Der von ihm entwickelte Cinématograph ist der erste Filmprojektor. († 1948 in Bandol)

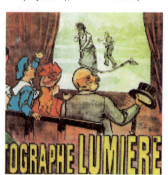
Kinoplakat (Ausschnitt)

Václav Havel (1936 in Prag), tschechischer Politiker. Seine politische Laufbahn beginnt als Schriftsteller. In seinen Romanen schildert er die entmenschlichende Wirkung bürokratischer Routinen. Die so erworbene Popularität macht ihn zu einer Symbolfigur der Wende und 1989 zum ersten demokratisch gewählten Präsidenten der Tschechoslowakei.

1789
Zug der Marktweiber
Von Paris ziehen Marktfrauen zum königlichen Schloss Versailles. Grund für den Proteststurm ist die Weigerung des Königs, die am Vortag von der Nationalversammlung beschlossene Abschaffung des Ständestaates zu akzeptieren. Die königliche Familie wird von den Revolutionären ins Stadtschloss gebracht. Jetzt sind sie unmittelbar den revolutionären Ereignissen in Paris ausgesetzt.

Auch das geschah an diesem Tag

1889 In Paris wird ein Vergnügungslokal eröffnet, das weltberühmt wird. Die neue Attraktion am Boulevard Clichy wird zum Ausgangsort vieler Tänzerkarrieren. Das *Moulin Rouge* ist mittlerweile Zentrum des Pariser Amüsierviertels.

Moulin Rouge

1925
Konferenz von Locarno
In Locarno beginnen Verhandlungen der deutschen Regierung mit Vertretern aus Frankreich und Belgien über die Westgrenze des Deutschen Reiches. Der deutsche Außenminister Gustav Stresemann schlägt vor, die Grenze für alle Zeiten als unveränderbar festzuschreiben. Das bringt Stresemann wütende Proteste deutscher Nationalisten ein. Dennoch werden die Verträge am 1. Dezember unterzeichnet.

1964
Tunnelflucht in Berlin
Im Berlin endet die mehrtägige, spektakuläre Flucht von 57 DDR-Bürgern. Durch einen über 100 Meter langen Tunnel gelangen sie in den Westteil der Stadt. Von dort hatten sie tatkräftige Unterstützung erhalten. Neben finanzieller Hilfe steht sogar die Westberliner Polizei Wache. Im Ostteil der Stadt wird die Flucht zu spät bemerkt. Grenzsoldaten schießen noch in den Tunnel, treffen aber nur einen ihrer Kollegen.

1969
Aufruhr in Derry
In Nordirland protestieren Katholiken gegen Diskriminierungen, die sie durch die protestantische Bevölkerungsmehrheit erfahren. Als die Polizei einschreitet, kommt es zu Barrikadenkämpfen und den ersten Toten. Dies ist der Anfang einer Auseinandersetzung, die mehr und mehr bürgerkriegsähnliche Zustände annimmt und Nordirland bis in die 1990er-Jahre erschüttert.

24.9.–23.10.

Adalbero, Bruno, Renatus

Thor Heyerdahl

Richard Dedekind

Die Natur selbst ist wie ein Herd: Wir können das Feuer wiederbeleben, solange noch Glut da ist.

Thor Heyerdahl

6 Oktober

1682
Deutsche in Amerika
In Pennsylvania gründen Familien aus Krefeld die erste deutsche Siedlung in Nordamerika. Die Quäker und Mennoniten erhoffen sich in der „Neuen Welt" ein Leben nach ihren religiösen Vorstellungen. Während Germantown die ersten fünfzig Jahre nicht über 200 Einwohner zählt, ist es heute eine Gemeinde der 1,5 Mio. Stadt Philadelphia.

1848
Aufstand in Wien
In Wien meutern Truppen. Es entzündet sich ein Aufstand, in dessen Verlauf der Kriegsminister ermordet wird und der königliche Hof die Flucht ergreift. Doch dauert das Aufbegehren nicht lange. Unter der Führung Alfreds Fürst zu Windischgrätz wird der Aufstand niedergeschlagen und die Anführer hingerichtet. Unter den Erschossenen befindet sich auch Robert Blum, Mitglied der Nationalversammlung in Frankfurt.

1973
Yom-Kippur-Krieg
In Israel herrscht an diesem höchsten jüdischen Feiertag Ruhe. Plötzlich dringen von Ägypten Truppen über den Suez-Kanal nach Israel vor. Aus Syrien beginnt zeitgleich ein Angriff auf die Golanhöhen. Nach anfänglichen Erfolgen der Angreifer kann die israelische Seite entscheidende Siege erringen. Der vierte israelisch-arabische Krieg endet ohne große territoriale Verluste für Israel. Doch die Arabische Welt reagiert mit der Drosselung des Ölexports und löst damit eine Wirtschaftskrise aus.

1989
40. Jahrestag der DDR
Im Palast der Republik begeht die politische Spitze der DDR den Jah-

40 Jahre DDR

restag des „Arbeiter- und Bauernstaats". Auf der Straße formiert sich derweil lautstarker Protest gegen das sozialistische System. Zu Gast bei den Feierlichkeiten ist auch der Generalsekretär der Kommunistischen Partei der Sowjetunion Michael Gorbatschow. Er appelliert an das Politbüro, auch in der DDR Reformen zu ermöglichen.

Auch das geschah an diesem Tag
1927 In einem Kino in New York wird der Film *The Jazz Singer* aufgeführt. Die Besucher sehen den ersten Tonfilm der Kinogeschichte. Sie hören neben einigen kurzen Dialogen auch Gesangseinlagen.

Am 6. Oktober geboren:
Louis Philippe von Bourbon (1773 in Paris), französischer König. Während der französischen Revolution steht der liberale Adlige auf Seiten der Revolutionäre. Als 1793 offener Terror in Paris regiert, flieht er. Nach dem Ende Napoleons kehrt er zurück und wird vom Parlament zum „Bürgerkönig" (1830–48) gewählt. († 26.8. 1850 in Claremont Park/Surrey)

Richard Dedekind (1831 in Braunschweig), deutscher Mathematiker. Seine Arbeiten zur Unendlichkeit und der Definition rationaler Zahlen sind nach wie vor fester Bestandteil moderner Mathematik. († 12.2.1916 in Braunschweig)

Thor Heyerdahl (1914 in Larvik), norwegischer Ethnologe. Auf einfachen Schifflößen fährt er von Südamerika nach Polynesien und überquert den Atlantik. Wissenschaftler bezweifeln dennoch seine Theorie über die Reisefähigkeit antiker Kulturen. († 18.4.2002 in Colla Micheri/Italien)

Schiffsexpedition „Ra 1" von Thor Heyerdahl

7 Oktober

Und es könnte doch alles so anders sein.

Desmond Tutu

Nils Bohr

24.9.–23.10.

Georg, Gerold, Justina, Rosa

Am 7. Oktober geboren:

Rosalba Carriera (1675 in Venedig), italienische Malerin. Die Vertreterin des Rokoko erlangt v. a. durch ihre verspielten Miniaturpastelle auf kleinen Schnupftabakdosen Bekanntheit. Darüber hinaus porträtiert sie zahlreiche Besucher ihrer Heimatstadt. († 15.4.1757 in Venedig)

Niels Bohr (1885 in Kopenhagen), dänischer Physiker. 1922 erhält Bohr den Nobelpreis für Physik und wird damit für das von ihm entwickelte Atommodel gewürdigt. († 18.11.1962 in Kopenhagen)

Desmond Tutu (1931 in Klerksdorp), südafrikanischer Bischof. Nach einem Studium in London wird das Mitglied der anglikanischen Kirche Priester. Den Höhepunkt seiner klerikalen Laufbahn erreicht Tutu 1984 mit der Ernennung zum ersten farbigen Bischof von Johannesburg. Sein ständiger Einsatz gegen die Apartheid bringt ihm 1986 den Friedensnobelpreis ein.

1571
Schlacht bei Lepanto

In griechischen Gewässern treffen Schiffe aus Venetien, Spanien und dem Vatikan auf eine zahlenmäßig überlegene osmanische Flotte. Die Osmanen hatten unter der Führung des Sultans Selim II. Teile Zyperns angegriffen und damit die bestehende Vormacht Venedigs im östlichen Mittelmeerraum auf die Probe gestellt. Doch der Allianz gelingt ein vernichtender Sieg über die Flotte des Sultans.

1879
Zweibund

In einem geheimen Vertrag sichern sich Österreich-Ungarn und das Deutsche Reich gegenseitige Unterstützung im Falle eines russischen Angriffs zu. Sollte eine andere Macht als Russland angreifen, verpflichtet sich der Vertragspartner zur wohlwollenden Neutralität. Diesem zentralen Pfeiler bismarckscher Außenpolitik schließt sich 1882 Italien an, das in einen Konflikt mit Frankreich verwickelt ist.

1949
Gründung der DDR

Der Vorsitzende der Sozialistischen Einheitspartei Deutschlands (SED), Wilhelm Pieck, verkündet die Verfassung der DDR. Diese war vom 2. Deutschen Volksrat verabschiedet worden. Damit vollzieht sich in der sowjetischen Besatzungszone eine ähnliche Entwicklung wie bereits im Westen. Dort

Auch das geschah an diesem Tag

1518 Martin Luther erreicht Augsburg. Nach der Veröffentlichung seiner Reformthesen in Wittenberg muss sich Luther in Augsburg einem Verhör des Kardinals stellen. Er kommt damit einer Aufforderung des Papstes nach, sich zu seinen Reformforderungen zu äußern.

Die staatlichen Hoheitszeichen der Bundesrepublik Deutschland und der DDR

war durch In-Kraft-Treten der Verfassung schon im Mai des Jahres ein neuer Staat gegründet worden.

Die brennende „Achille Lauro"

1985
Schiff gekapert

Eine Splittergruppe der Palästinensischen Befreiungsorganisation überfällt ein italienisches Kreuzfahrtschiff und nimmt Besatzung und Passagiere als Geiseln. Während des Überfalls wird ein Amerikaner von den Palästinensern erschossen. Die Geiselnahme endet nach zwei Tagen. Das Schiff „Achille Lauro" wird jedoch weiterhin vom Unglück verfolgt. Neun Jahre später sinkt es nach einem Brand im Indischen Ozean.

24.9.–23.10.

Amor, Demetrius, Gunther, Simeon

Klemens Fürst von Metternich

Jesse Jackson

Politische Richtungswechsel bringen nicht Politiker zuwege, sondern engagierte Leute.

8 Oktober

Jesse Jackson

1809
Metternichs Karrieresprung
Franz I. beruft Metternich zum Außenminister Österreichs. Der exzellente Kenner Napoleons soll die diplomatischen Beziehungen zu Frankreich wieder normalisieren. Diese sind nach dem gescheiterten Aufstandsversuch gegen die französischen Truppen mehr als schlecht.

1813
Rheinbund zerfällt
Bayern tritt aus dem Rheinbund aus und schließt sich der Allianz aus Preußen, Österreich und Russland an. Es ist damit das erste Land, das den von Frankreich gegründeten Bund verlässt. Der weitere Zerfall des Rheinbundes ist nach der Niederlage Napoleons in Russland nicht mehr aufzuhalten. Auch die Besatzung Napoleons wird nicht mehr lange Bestand haben. Die Völkerschlacht bei Leipzig vom 16. bis 18. Oktober bringt die Entscheidung.

1871
Feuer in Chicago
Starke Winde lassen einen kleinen Brand in Chicago zu einer Feuers-

Auch das geschah an diesem Tag
1958 In einem Stockholmer Krankenhaus wird der erste Herzschrittmacher implantiert. Noch hat das Modell, das dem Herz des Patienten über Rhythmusstörungen hinweg helfen soll, den Durchmesser einer Teetasse. Die Batterien halten fünf Monate, dann werden sie ausgetauscht.

Chicago

brunst anschwellen, die weite Teile der Innenstadt zerstört. Erst nach mehreren Tagen geht dem Feuer die Nahrung aus. Als Konsequenz aus der Katastrophe, die über 300 Menschen das Leben kostet, werden Holzkonstruktionen in Zukunft verboten. In den folgenden Jahren entstehen in Chicago die charakteristischen Hochhäuser.

1912
Erster Balkankrieg
Montenegro erklärt dem Osmanischen Reich den Krieg. Es stellt sich jedoch nicht alleine gegen das Reich im Osten, sondern ist Teil einer Koalition mit Serbien, Griechenland und Bulgarien. Das Osmanische Reich ist dieser Koalition nicht gewachsen und verliert mit Makedonien und Albanien den größten Teil seiner Gebiete in Europa.

Am 8. Oktober geboren:

Henrich Focke (1890 in Bremen), deutscher Ingenieur. Der Mitbe-

gründer der Focke-Wulf Flugzeugbau AG entwickelt diverse Flugzeuge, die u. a. von der deutschen Wehrmacht eingesetzt werden. Des Weiteren verbessert Focke bisherige Hubschraubermodelle. († 25.2.1979 in Bremen)

Focke-Wulf Fernkampfflugzeug Fw 200 C „Condor"

Juan Domingo Perón (1895 in Buenos Aires), argentinischer Politiker. Seine Freundin Evita Duarte setzt ihre Beziehungen zur Gewerkschaft ein, um Peróns Präsidentschaftskandidatur zu unterstützen. Perón gewinnt die Wahl und regiert von 1946 bis 1955 mit ausgesprochen autoritärem Führungsstil. Nach einer Zeit im Exil folgt 1973 eine weitere Amtszeit als Präsident Argentiniens. († 1.7.1974 in Buenos Aires)

Jesse Jackson (1941 in Greenville/South Carolina), US-amerikanischer Bürgerrechtler. Als erster farbiger Präsidentschaftskandidat macht der Theologe 1984 auf sich aufmerksam. Doch die Kandidatur des Demokraten scheitert ebenso wie ein zweiter Versuch 1988.

9 Oktober

Du machst deinen eigenen Traum.

John Lennon

John Lennon

24.9.–23.10.

Emanuela, Gunther, Johannes, Sara

Camille Saint-Saëns

Am 9. Oktober geboren:

Johann Andreas von Segner (1704 in Pressburg), deutscher Physiker. Der Universitätslehrer entdeckt die Oberflächenspannung von Flüssigkeiten. Ferner befasst er sich mit der Entwicklung von Wasserrädern. († 5.10.1777 in Halle)

Charles Camille Saint-Saëns (1853 in Paris), französischer Komponist. Der Vertreter der symphonischen Dichtungen spielt bei Auftritten in aller Welt viele seiner Stücke selbst am Klavier. Bekannt ist er für Werke wie *Der Karneval der Tiere* (1886) und *Danse macabre* (1874). († 16.12.1921 in Algier)

John Lennon (1940 in Liverpool), britischer Musiker. Als Mitglied der *Beatles* textet er für die Liverpooler Band. Auch als Solokünstler schreibt er zahlreiche zeitlose Songs. Sein bekanntester Titel ist *Imagine* (1971). Lennon fällt schließlich seiner Popularität zum Opfer: Er wird von einem verwirrten Fan erschossen. († 8.12.1980 in New York)

Auch das geschah an diesem Tag

1963 In Norditalien rutscht ein Teil des Monte Toc in den Vaiont-Stausee ab. Das verdrängte Wasser steigt zu einer Flutwelle an, die über die Staumauer in das Piave Tal flutet. Dabei ertrinken mehr als 2.500 Menschen.

1192
Rückreise Richard I.
Richard I. Löwenherz verlässt nach Beendigung des Dritten Kreuzzugs den Nahen Osten und tritt den Rückweg nach England an. Obwohl er verkleidet reist, wird er von seinem ehemaligen Kampfgefährten, dem Herzog von Österreich, in Wien gefangen genommen. So holt ihn ein Streit ein, der zwischen den Teilnehmern des Kreuzzugs ausgebrochen war. Erst 1194 wird er gegen Lösegeld freigelassen.

1807
Reform in Preußen
Nur drei Tage nach seinem Amtsantritt als leitender Minister Preußens erlässt Freiherr von Stein ein Edikt zur Bauernbefreiung. Ab sofort sind preußische Bauern keine Leibeigenen des Gutsherrn mehr und auch nicht länger dessen Gerichtsbarkeit unterstellt. Der von ihnen bewirtschaftete Boden wird den Bauern als volles Eigentum übertragen. Da die Gutsherren entschädigt werden müssen, bedeutet dies allerdings oft neue Abhängigkeit.

1890
Flugzeugstart
In Frankreich gelingt ein weiterer Schritt zur Eroberung des Luftraums. Bei Paris startet Clément Ader einen Flugzeugprototyp. Anders als bisherige Pioniere der Luftfahrt ist er mit seinem Fluggerät in der Lage, auf ebener Strecke zu starten. Das neue Flugzeug wird von einer Dampfmaschine angetrieben und kann sich fünfzig Meter in der Luft halten.

1967
Che Guevaras Tod
In Bolivien wird der populäre Revolutionär aus Argentinien einen Tag nach seiner Gefangennahme erschossen. Er hatte versucht, die Revolution Kubas nach Südamerika zu tragen. Doch seine Aktivitäten gegen die US-gestützte Präsidialregierung Boliviens scheitern, weil Guevara die Landbevölkerung nicht mobilisieren kann. Seine kleine Guerilla-Gruppe wird von einer Spezialeinheit der bolivianischen Armee aufgerieben.

Krönungszug von Richard Löwenherz

Che Guevara

24.9.–23.10.

Florentius, Gereon, Jacques, Kassius

Giuseppe Verdi

Fridtjof Nansen

Alles im Leben ist eine Brücke.

Ivo Andric

10 Oktober

1911
Chinesische Revolution
In Wuhan meutern kaiserliche Truppen der Mandschu-Dynastie und leiten damit die Chinesische Revolution ein. Schnell kommt es auch andernorts zu Aufständen gegen die kaiserliche Politik, die vergeblich versucht, eine Wirtschaftskrise zu beenden. Am Ende des Jahres sind vierzehn Provinzen abgefallen, womit der Untergang des Kaiserreichs eingeleitet ist.

1962
Spiegel-Affäre
Das Hamburger Nachrichtenmagazin *Der Spiegel* veröffentlicht unter dem Titel *Bedingt abwehrbereit* einen kritischen Artikel zur deutschen Verteidigungspolitik. Die Reaktion aus Bonn lässt nicht lange auf sich warten. Die Bundesanwaltschaft leitet Ermittlungen wegen Landesverrats ein. Später stellt sich heraus, dass Verteidigungsminister Franz Joseph Strauß die Ermittlungen beeinflusst hat. Er verliert deswegen sein Ministeramt.

1968
Sommerspiele in Tokio
In Tokio beginnen die XVIII. Olympischen Sommerspiele. Sie bringen nicht nur 27 Olympische Rekorde, sondern sogar den Einsatz neuster Weltraumtechnik mit sich. Zum ersten Mal sendet ein Satellit mit fester Position über der Erdoberfläche Bilder für das öffentliche Fernsehen über den Pazifik. Die neue Technik erlaubt längere Übertragungszeiten als bisher.

1986
Mord der RAF
In Bonn wird der Staatssekretär des Auswärtigen Amtes Gerold von Braunmühl erschossen. Am Ort des Mordes findet sich ein Bekennerschreiben der Roten Armee Fraktion (RAF). Als sich die Angehörigen in einem offenen Brief an die Täter wenden, entzündet sich ein öffentlicher Streit über die Richtigkeit der Diskussion mit Terroristen.

Auch das geschah an diesem Tag
1949 Sepp Herberger wird erneut Trainer der deutschen Nationalmannschaft. Diesmal nicht als Reichstrainer, sondern als Chef der neuen Nationalmannschaft der BR Dtl. Unter seiner Leitung gelingt 1954 das „Wunder von Bern".

Am 10. Oktober geboren:

Giuseppe Verdi (1813 in Le Roncole), italienischer Komponist. Während der Zeit des erwachenden italienischen Nationalgefühls wird Verdi zum Komponisten des Risorgimento erhoben. Mit seinen Opern *Rigoletto* (1851) und *La Traviata* (1853) kann er große Erfolge verbuchen und zeitlos populäre Werke schaffen. Seine Musikdramen sind bis heute die meistgespielten.
(† 27.1.1901 in Mailand)

Fridtjof Nansen (1861 in Store-Frøen), norwegischer Polarforscher und Diplomat. Knapp zehn Monate braucht der Entdecker, um als Erster die Eiskappe Grönlands mit Hundeschlitten zu überqueren (1888–89). Nach weiteren Expeditionen engagiert sich Nansen für das Rote Kreuz und hilft 1921 bei einer Hungersnot in Russland. Dafür erhält er den Friedensnobelpreis.
(† 13.5.1930 in Lysaker)

Ivo Andric (1892 in Travic/Bosnien), bosnischer Schriftsteller. Die „epische Kraft", mit der Andric Romane über seine Heimat schreibt, bringt ihm 1961 den Literaturnobelpreis ein. *Die Brücke über die Drina* (1945) wird vom Nobelpreiskomitee besonders gelobt.
(† 13.3. 1975 in Belgrad)

Bereitschaftspolizisten bewachen die Räume der *Spiegel*-Redaktion

Ivo Andric

11 Oktober

Der Bau von Luftschlössern kostet nichts, aber ihre Zerstörung ist sehr teuer.
François Mauriac

François Mauriac

Liselotte Pulver

24.9.–23.10.

Alexander, Bruno, Ethelburg, Jakob

Am 11. Oktober geboren:

Friedrich Bergius (1884 in Goldschmieden), deutscher Chemiker. Für die Entdeckung der Kohlenhydrierung, einer Methode zur Umwandlung von Kohlenstaub und Wasserstoff in Benzin, erhält Bergius 1931 den Nobelpreis für Chemie. († 30.3.1949 in Buenos Aires)

François Mauriac (1885 in Bordeaux), französischer Schriftsteller. In seinen Romanen, Essays und Bühnenstücken beschreibt er aus theologischer Sicht Probleme der Moderne. Für seine Werke erhält er 1952 den Literaturnobelpreis. Eine seiner bekanntesten Arbeiten ist das Drama *Natterngezücht* (1932). († 1.9.1970 in Paris)

Art Blakey (1919 in Pittsburgh/Pennsylvania), US-amerikanischer Musiker. Obwohl er ein ausgezeichneter Klavierspieler ist, wird der Jazzmusiker mit dem Schlagzeug erfolgreich. Seine explosiven Solos machen ihn zu einem der wichtigsten Musiker des Bebop. († 16.10.1990 in New York)

Eleanor Roosevelt (1884 in New York), US-amerikanische Politikerin. († 7.11.1962 in New York); **Liselotte Pulver** (1929 in Bern), schweizerische Schauspielerin.

1899
Beginn des Burenkrieges
Truppen des Transvaal und des Oranje Vrystaats ziehen in der britischen Kolonie Natal ein. Damit ist der dreijährige Krieg mit Großbritannien eröffnet. Zu den Spannungen hatten das britische Interesse an Goldreserven und der Anspruch auf die Vorherrschaft in Südafrika geführt.

1928
LZ 127 nach Amerika
Unter diesem unscheinbaren Kürzel verbirgt sich eine 236 Meter lange fliegende „Zigarre", die als Luftschiff „Graf Zeppelin" ihre Reise nach Nordamerika antritt. Da die Preise für den Überflug sehr teuer sind, befinden sich überwiegend wohlhabende Passagiere an Bord. Der Luxusflieger wird zum Symbol erfolgreicher Zeppelintechnik und die Bilder seiner Reisen zu beliebten Postkartenmotiven.

Aufmarsch des „Stahlhelm" zu einer Kundgebung in Berlin

1931
Harzburger Front
In Bad Harzburg schließen sich die Deutschnationale Volkspartei DNVP, die Nationalsozialisten, der Veteranenbund Stahlhelm und andere Nationalisten zu einem Aktionsbündnis zusammen. Ziel ist die Zerstörung der Weimarer Republik. Neben paramilitärischen Aufmärschen fällt der Bund vor allem durch die militanten Reden Adolf Hitlers auf.

1987
Barschel ist tot
In einem Hotelzimmer in Genf finden Reporter die Leiche des ehemaligen schleswig-holsteinischen Ministerpräsidenten Uwe Barschel. Er liegt leblos in einer Badewanne. Obwohl ein schweizerisches Gutachten Selbstmord als Todesursache nennt, bleiben die genauen Umstände ungeklärt. Vorangegangen war der Rücktritt des christdemokratischen Politikers als Folge der „Barschel-Affäre".

Auch das geschah an diesem Tag
1968 In Cape Kennedy startet die Raumkapsel Apollo 7 und transportiert zum ersten Mal drei Amerikaner in den Erdorbit. Ein voheriger Versuch der USA, mehrere Astronauten ins All zu schicken, war am 27.1.1967 tragisch gescheitert. Zwei Männer starben durch einen Brand.

24.9.–23.10.

Herlinde, Horst, Jakob, Maximilian

Luciano Pavarotti

Edith Stein

Schiffe stranden an Felsen, menschliche Beziehungen oft schon an Kieselsteinen.

Edith Stein

12
Oktober

1428
Belagerung Orléans
Thomas de Montagu Earl von Salisbury beginnt mit der Belagerung der französischen Stadt Orléans. Er führt englische Truppen in die Schlacht, die als Wendepunkt des Hundertjährigen Krieges (14.–15. Jh.) gegen Frankreich gilt. Französische Verstärkung unter der Führung Jeanne d´Arcs bringen im Frühjahr 1429 die Entscheidung. Die Belagerung endet mit einem Sieg der Franzosen.

1492
Land in Sicht
An Bord der spanischen Schiffe Niûa, Pinta und Santa María macht sich Erleichterung breit. Nach zwei Monaten auf offener See ist endlich Land in Sicht. Zwar hatten dies bereits mehrere Vogelschwärme angekündigt, aber dennoch blieben Zweifel. Schließlich ist der Plan, nach Westen zu segeln, um ein Ziel im Osten zu erreichen, mehr als kühn. Dass Christoph Kolumbus an diesem Tage nicht wie geplant Indien, sondern die Bahamas entdeckt hat, blieb den Reisenden verborgen.

Christoph Kolumbus

Auch das geschah an diesem Tag
1810 In München wird die Hochzeit Ludwig I. mit einem großen Pferderennen gefeiert. Der Hochzeitstag wird auch in den Folgejahren begangen. Doch aus dem Rennen wird mehr und mehr ein Jahrmarkt. Heute sind die Festtage als Oktoberfest weltbekannt.

1890
SPD-Parteitag
Während die Sozialistengesetze in den vorangehenden Jahren Versammlungen der Sozialistischen Arbeiterpartei Deutschlands (SAP) verboten hatten, kommt nun zum ersten Mal wieder ein Parteitag zustande. Auf dem Treffen in Halle wird ein neues Statut über die Mitgliedschaft verabschiedet und der Name Sozialdemokratische Partei Deutschlands (SPD) angenommen.

1986
Treffen in Reykjavik
Nach ihrem Treffen in der isländischen Hauptstadt Reykjavik treten der amerikanische Präsident Ronald Reagan und der Generalsekretär der UdSSR Michail Gorbatschow vor die Presse, ohne ein schriftliches Ergebnis verkünden zu können. Und dennoch ist das Treffen ein Erfolg. Zum ersten Mal bekunden die beiden Supermächte ihren Willen zur Abrüstung der atomaren Waffenarsenale.

Michail Gorbatschow und Ronald Reagan bei Abrüstungsgesprächen in Reykjavik

Am 12. Oktober geboren:

August Horch (1868 in Winningen), deutscher Ingenieur und Unternehmer. Der Maschinenbauer gründet 1899 in Köln das Unternehmen August Horch und Cie AG, das Kraftfahrzeuge herstellt. Zehn Jahre später versucht Horch sein Glück mit einer neuen Firma, die er Audi Werke Zwickau nennt. († 3.2.1951 in Münchberg)

Edith Stein (1891 in Breslau), deutsche Philosophin. Das Kind einer jüdisch-orthodoxen Familie studiert Philosophie und setzt sich mit römisch-katholischen Denkern auseinander. Trotz ihrer Konvertierung zum katholischen Glauben wird sie von Nationalsozialisten in das KZ Auschwitz interniert und umgebracht. 1998 wird sie heilig gesprochen. († 9.8.1942 in Auschwitz)

Luciano Pavarotti (1935 in Modena), italienischer Opernsänger. Seine meisterliche Beherrschung der höchsten Tonlagen des Stimmumfangs eines Tenors macht ihn international erfolgreich.

13 Oktober

Wo das Gesetz endet, beginnt die Tyrannei.
Margaret Thatcher

Rudolf Virchow

Margaret Thatcher

24.9.–23.10.

Belinda, Edward, Gerald, Koloman

Am 13. Oktober geboren:

Rudolf Virchow (1821 in Schivelbein), deutscher Mediziner und Politiker. Seine Zelltheorie liefert detaillierte Einblicke in die zelluläre Ursache von Erkrankungen und legt den Grundstein für die moderne Medizin. Neben der Forschungsarbeit ist Virchow für die Fortschrittspartei im Reichstag aktiv (1890–93). († 5.9.1902 in Berlin)

Kurt Schumacher (1895 in Culm), deutscher Politiker. Als Mitglied des Reichstags kämpft der Sozialdemokrat gegen den Nationalsozialismus. Er wird deshalb mehrere Jahre in einem Konzentrationslager inhaftiert. Nach 1945 baut er die Sozialdemokratische Partei Deutschlands wieder auf und wird erster Oppositionsführer im Bundestag. († 20.8.1952 in Bonn)

Margaret Thatcher (1925 in Grantham), britische Politikerin. Die erste Premierministerin Europas (1979–90) verdient sich durch ihre harte Wirtschaftspolitik gegen die Gewerkschaften und durch ihre unnachgiebige Haltung gegenüber der Sowjetunion den Beinamen „Eiserne Lady".

1781
Toleranzpatent
Nach dem Tode Maria Theresias führt ihr ältester Sohn Joseph II. die begonnene Reformpolitik der Mutter fort. Am 12. Oktober erlässt er ein Edikt, das die Rechtsgleichheit aller christlichen Glaubensgemeinschaften in Österreich garantiert und auch den nicht katholischen Christen die private Ausübung ihrer Religion erlaubt. Andere Glaubensgemeinschaften sind von dem Edikt ausgenommen.

1884
Nullmeridian festgelegt
In Washington D.C. kommen Vertreter aus aller Welt zusammen, um sich auf ein System zur Vermessung der Welt zu einigen. Sie verständigen sich darauf, den Nullpunkt des Systems durch die Sternwarte im englischen Ort Greenwich laufen zu lassen. Mit der Festlegung des Nullmeridians ist auch der Standard für die Festlegung der Zeitzonen gesetzt.

1943
Italiens Kriegserklärung
Die italienische Regierung unter dem ehemaligen General Roberto Badoglio erklärt dem Deutschen Reich den Krieg. Aus dem ehemaligen deutschen Verbündeten ist damit ein Gegner geworden. Vorangegangen war das Ende des faschistischen Regimes Benito Mussolinis im Juli des Jahres.

1977
„Landshut"-Entführung
Auf einem Flug von Mallorca nach Frankfurt bringen vier palästinensische Terroristen das Flugzeug „Landshut" und 80 Passagiere in ihre Gewalt. Sie erzwingen eine Landung in Mogadischu, erschießen den Piloten

Auch das geschah an diesem Tag

1792 Grundsteinlegung des Weißen Hauses in Washington D.C. **1923** Ankara wird Hauptstadt der entstehenden türkischen Republik. **1930** Der erste Transporter Ju 52 geht auf seinen Jungfernflug. Bekannt wird dieser Flugzeugtyp unter dem Spitznamen „Tante Ju". **1940** Mussolini befiehlt den Angriff italienischer Truppen auf Griechenland.

„Tante Ju" (Ju 52)

und fordern die Freilassung der in Deutschland inhaftierten RAF-Führung. Fünf lange Tage später beendet das deutsche Sonderkommando GSG 9 die Entführung. Dabei kommen drei Terroristen zu Tode.

Die „Landshut" in Mogadischu

24.9.–23.10.

Burkhard, Calixtus, Fausto, Hildegunde

Dwight D. Eisenhower

Heinrich Lübke

Ideologen sind Leute, die glauben, dass die Menschheit besser sei als der Mensch.

14 Oktober

Wilhelm der Eroberer (Ausschnitt aus dem „Teppich von Bayeux")

1066
Schlacht bei Hastings
Unter der Führung Wilhelm des Eroberers siegen die Normannen über den letzten angelsächsischen König von England, Harold II. Die normannischen Bogenschützen und Reiter sind der Infanterie Harolds II. deutlich überlegen. In den Abendstunden kommt der englische König zu Tode und Wilhelm wird neuer englischer König.

1806
Jena und Auerstedt
Bei Jena und Auerstedt kommt es zum Zusammenstoß des napoleonischen Heeres mit Truppen aus Preußen und Sachsen. Napoleon gelingt eine taktische Meisterleistung. Durch die geschickte Teilung seiner Truppen kann er beide Schlachten gewinnen. Damit ist Preußen besiegt. Die vollständige Besetzung einschließlich Berlins dauert nur noch sechs Wochen.

1947
Yeagers Rekordjagd
Das geheime Testflugzeug vom Typ Bell X-1 durchbricht die Schallmauer. Damit ist der Militärpilot Charles „Chuck" Yeager der erste Mensch, der mit Überschallgeschwindigkeit fliegt. Sein Flugzeug wurde dafür von einem Transporter in 7.600 Meter Höhe geschleppt, wo es sich aus der Ankerung löst und den Rekord aufstellt.

1960
Eklat in der UN
Ein besonders strittiges Thema wird auf der UN-Vollversammlung behandelt. Die Abgesandten diskutieren die Auflösung noch bestehender Kolonien. Als dem Sitzungsleiter der Hammer zerbricht, mit dem er Ordnung in die Debatte bringen will, übernimmt der sowjetische Staatschef Nikita S. Chruschtschow diese Rolle. Er schlägt mit seinem Schuh auf den Tisch und stürmt aus der Sitzung.

Auch das geschah an diesem Tag
1809 Der Frieden von Schönbrunn besiegelt Österreichs Abhängigkeit von Frankreich. 1944 Generalfeldmarschall Erwin Rommel wird wegen seiner Kenntnis des Hitler-Attentats zur Einnahme von Gift gezwungen. 1962 Auf Kuba entdeckt ein US-Spionageflugzeug Raketenbasen und löst damit die Kubakrise aus. 1964 Nikita S. Chruschtschow wird von seinem Amt als Parteichef der KPdSU entbunden.

Napoleonische Kriege

Am 14. Oktober geboren:

Dwight David Eisenhower (1890 in Denison/Texas), US-amerikanischer General und Politiker. Im Zweiten Weltkrieg plant Eisenhower die Landung in der Normandie. Nach dem Krieg wird der Republikaner 34. Präsident der Vereinigten Staaten (1953–61). († 28.3.1969 in Washington)

Heinrich Lübke (1894 in Enkhausen), deutscher Politiker. Während seiner politischen Laufbahn sitzt der Christdemokrat in Reichs- und Bundestag und hat 1953 den Posten des Bundeslandwirtschaftsministers inne. Er kandidiert 1959 erfolgreich für das Amt des deutschen Bundespräsidenten. († 6.4.1972 in Bonn)

Hannah Arendt (1906 in Hannover), deutsch-amerikanische Politikwissenschaftlerin. In ihrer Untersuchung *Elemente und Ursprünge totalitärer Herrschaft* (1951) führt sie die Entstehung totalitärer Regime auf den Antisemitismus und Imperialismus des 19. Jh. zurück. Ihre Arbeiten machen sie zu einer der bedeutendsten Politikwissenschaftlerinnen des 20. Jh. († 4.12.1975 in New York)

15 Oktober

Der Besitz der Wahrheit ist nicht schrecklich, sondern langweilig, wie jeder Besitz.
Friedrich Nietzsche

Friedrich Nietzsche

Michel Foucault

24.9.–23.10.

Aurelia, Teresa, Thekla, Theresia

Am 15. Oktober geboren:

Friedrich Wilhelm IV. von Preußen (1795 in Berlin), preußischer König. Die revolutionären Ereignisse der Märzrevolution von 1848–49 bestimmen seine Regierungszeit. Der reaktionäre Monarch muss dem Druck der Revolution kurzfristig nachgeben, kehrt dann aber zu seinem repressiven Kurs zurück. († 2.1.1861 auf Schloss Sanssouci in Potsdam)

Friedrich Nietzsche (1844 in Röcken), deutscher Philosoph. Seine Kritik jüdisch-christlicher Werte, die er lediglich als Tarnung von Schwächen ansieht, gipfelt in dem bekannten Zitat „Gott ist tot". Solche radikalen Zuspitzungen sind charakteristisch für Nietzsches späte Werke, wie *Also sprach Zarathustra* (1883–85). († 25.8.1900 in Weimar)

Michel Foucault (1926 in Poitiers), französischer Philosoph. Im Mittelpunkt seiner Arbeiten steht die Untersuchung von sozialen Konzepten und Codes, die Grundlage jeder Gesellschaft sind. Dabei thematisiert er vor allem Mechanismen der Ausgrenzung, so z. B. in *Wahnsinn und Gesellschaft* (1961). († 25.6.1984 in Paris)

1815
Napoleon im Exil
Napoleon, der ehemalige Kaiser Frankreichs, trifft auf der Insel Sankt Helena ein. Zum zweiten Mal ist Napoleon damit im Exil. Aus der ersten Verbannung auf die Insel Elba war er zurückgekehrt und hatte während seiner „Herrschaft der hundert Tage" die Nie-

Invalidendom in Paris

derlage bei Waterloo (18.6.1815) hinnehmen müssen. Diesmal kehrt Napoleon nicht zurück. Seine sterblichen Überreste werden jedoch 1840 in den Pariser Invalidendom überführt.

1894
Dreyfus verhaftet
Der Mitarbeiter im französischen Kriegsministerium, Alfred Dreyfus, wird verhaftet. Dem Sohn eines jüdischen Textilfabrikanten wird der Verrat militärischer Geheimnisse an das Deutsche Reich vorgeworfen. Im kommenden Prozess verurteilt ihn eine von antisemitischen Vorurteilen beeinflusste Richterschaft und verursacht damit die schwerste innenpolitische Krise der Dritten Französischen Republik.

1917
Mata Haris Tod
In einem Wald bei Vincennes exekutiert ein französisches Erschießungskommando Margaretha MacLeod. Die in Berlin und Paris als Mata Hari bekannte Tänzerin soll Geheimnisse an den deutschen Geheimdienst verraten haben. Sie behauptet hingegen, für Frankreich zu spionieren. Die wirkliche Rolle der Doppelagentin bleibt ungeklärt.

1963
Rücktritt Adenauers
Der deutsche Bundeskanzler Konrad Adenauer räumt nach 14 Amtsjahren wie vereinbart seinen Platz für Ludwig Erhard. Adenauer hatte den Liberalen 1961 in Koalitionsverhandlungen versprochen, sein Amt vor Ende der Legislatur niederzulegen.

> **Auch das geschah an diesem Tag**
> **1928** In Lakehurst in Nordamerika landet das Luftschiff „Graf Zeppelin". Es war vier Tage vorher in Deutschland gestartet und hatte den Atlantik erfolgreich überquert. Nach einer Reihe von Luftschiffunglücken ist die Fahrt eine Demonstration der Zuverlässigkeit.

Ludwig Erhard

24.9.–23.10.
Gallus, Gordon, Hedwig, Lullus

David Ben Gurion

Oscar Wilde

Versuchungen sollte man nachgeben. Wer weiß, ob sie wiederkommen!

Oscar Wilde

16 Oktober

1793
Marie Antoinette geköpft
In Paris wird die französische Königin und Tochter Maria Theresias zwei Tage nach ihrem Mann Ludwig XVI. durch die Guillotine hingerichtet. Marie Antoinette hatte durch diverse Affären und reaktionäre Äußerungen den Zorn der französischen Massen auf sich gezogen. Zudem unterhielt sie Beziehungen zum konterrevolutionären Ausland.

Marie Antoinette

1813
Beginn der Völkerschlacht
Bei Leipzig treffen Verbände Preußens, Russlands und Österreichs auf die französischen Truppen Napoleons. Die Herkunft und die Größe der Verbände, insgesamt kämpfen über 390.000 Mann, liefern der Schlacht ihren Namen. Nach drei Tagen ist die Schlacht und damit der deutsche Befreiungskrieg gegen die napoleonische Besatzung entschieden.

Völkerschlacht bei Leipzig

Auch das geschah an diesem Tag
1900 Das Deutsche Reich und Großbritannien verpflichten sich im Jangtse-Abkommen, auf weitere Eroberungen in China zu verzichten. **1925** Die Konferenz von Locarno über die Westgrenze des Deutschen Reiches endet. **1946** In Nürnberg beginnt die Hinrichtung von deutschen Kriegsverbrechern. **1963** Ludwig Erhard wird Bundeskanzler.

1906
Hauptmann von Köpenick
In dem Berliner Vorort Köpenick marschiert ein Hauptmann mit seinen Soldaten ins Rathaus, verhaftet den Bürgermeister und beschlagnahmt die Stadtkasse. Tatsächlich ist der Hauptmann aber der verkleidete Schuster Wilhelm Voigt, der sich hier bereichert. In einer Uniform vom Trödel stellt er die obrigkeitshörige preußische Verwaltung bloß und wird damit zur Legende.

1978
Papstwahl
Über dem Vatikan steigt weißer Rauch auf: Die katholische Kirche hat ein neues Oberhaupt gewählt. Es ist der polnische Kardinal Karol Wojtyla, der als Johannes Paul II. sein Amt antritt. Er ist der erste nichtitalienische Papst nach über 450 Jahren.

Johannes Paul II.

Am 16. Oktober geboren:

Oscar Wilde (1854 in Dublin), irischer Schriftsteller. Kunst als Selbstzweck, Dandytum und antibürgerliches Leben sind sein Lebensmotto, das Wilde zu einigen Meisterstücken voller Witz und Komik inspiriert. Er schreibt u. a. den Roman *Das Bildnis des Dorian Gray* (1881). († 30.11.1900 in Paris)
David Ben Gurion (1886 in Plonsk/Polen), israelischer Politiker. Der erste Premierminister Israels ruft 1948 die israelische Unabhängigkeit aus. Dem Aufbau der israelischen Armee und militärischen Erfolgen gegen die Arabische Liga verdankt er den Beinamen „Vater der Nation". († 1.12.1973 in Tel-Aviv)
Günter Grass (1927 in Danzig), deutscher Schriftsteller. *Die Blechtrommel* (1959) ist sein erster internationaler Erfolg, der ihn zum renommiertesten deutschen Schriftsteller der Nachkriegszeit macht. Für seine Arbeiten erhält Gras 1999 den Literaturnobelpreis.
Adolph Freiherr von Knigge (1752 bei Hannover), deutscher Schriftsteller. († 6.5.1796 in Bremen);
Austen Chamberlain (1863 in Birmingham), britischer Außenminister (1924–29) geehrt mit dem Friedensnobelpreis von 1925. († 16.3.1937 in London)

17 Oktober

Friede den Hütten! Krieg den Palästen!

Georg Büchner

Arthur Miller

24.9.–23.10.
Astrud, Augusta, Gabriella, Ignatius

Am 17. Oktober geboren:

Georg Büchner (1813 in Goddelau), deutscher Schriftsteller. Nach seinem Studium der Medizin muss er nach einem Revolutionsaufruf 1830 fliehen. In Zürich schreibt er einige Dramen, die zu Wegbereitern des Expressionismus werden. Die bekanntesten Stücke sind *Dantons Tod* (1835) *Leonce und Lena* (1836) und *Woyzeck* (1836). († 19.2.1837 in Zürich)

Johannes Paul I. (1912 in Forno di Canale), italienischer Papst. Er ist nicht nur der erste Papst mit einem Doppelnamen, sondern auch der mit der kürzesten Amtszeit. Nach nur 33 Tagen im Amt verstirbt Johannes Paul I. († 28.9.1978 in Rom)

Arthur Miller (1915 in New York), US-amerikanischer Schriftsteller. Einige der modernen Klassiker nordamerikanischen Theaters gehen auf ihn zurück. Seine Auseinandersetzung mit der sozialen Situation im Amerika des 20. Jh. finden sich auch in den Stücken *Tod eines Handlungsreisenden* (1949) und *Hexenjagd* (1953).

1448
Schlacht im Kosovo
Der ungarische Heerführer János Hunyadi führt ein Koalitionsheer aus ungarischen Soldaten und Truppen der Walachei in den Kosovo. Dort erwartet ihn Sultan Murad II. mit seinen osmanischen Verbänden. In der folgenden Schlacht unterliegen die Ungarn und ihre Verbündeten. Damit scheitert der letzte ernsthafte Versuch der Kreuzfahrer, die Türken vom Balkan zu vertreiben.

1797
Friede von Campo Formio
In Venetien muss sich Österreich dem Diktat Napoleons beugen. Dieser hatte zuvor die österreichischen Niederlande, linksrheinische Gebiete des Deutschen Reiches und Teile Oberitaliens erobert. Das französische Vorrücken in die österreichischen Kernlande lassen dann keine Wahl mehr. Österreich muss die Gebiete abtreten.

1900
Bülow wird Reichskanzler
Kaiser Wilhelm II. ernennt Bernhard Graf von Bülow zum Kanzler des Deutschen Reiches und preußischen Ministerpräsidenten. Bülow gilt als mitverantwortlich für die außenpolitische Isolierung des Reiches vor dem Zweiten Weltkrieg.

Wilhelm II. bei einer Ansprache in Berlin

Innenpolitisch stützt er sich auf den „Bülow-Block" aus Konservativen, Zentrum und Nationalliberalen. Sein politischer Niedergang beginnt 1908 mit der Daily-Telegraph-Affäre.

1974
Ford wird befragt
Gerald R. Ford sagt als erster amtierender US-Präsident vor einem Ausschuss des Repräsentantenhauses aus. Er tut dies freiwillig, um den Verdacht auszuräumen, seine Begnadigung Richard Nixons sei die Folge einer Erpressung gewesen. Die Begnadigung seines Amtsvorgängers ist vor allem deshalb verdächtig, weil Ford nach Nixons Rücktritt ohne Neuwahlen zum Präsidenten wurde.

Auch das geschah an diesem Tag
1989 In der Bucht von San Francisco in Kalifornien bebt die Erde. Es ist das stärkste Beben seit der Katastrophe von 1906 und erreicht 7,1 Punkte auf der Richterskala. Die Metropole ist drei Tage ohne Strom, 62 Menschen sterben und über 3.500 werden verletzt.

Autowracks während des Erdbebens in San Francisco

24.9.–23.10.

Gwenn, Joël,
Justus, Lukas

Heinrich von Kleist   Klaus Kinski

Niemand begreift, dass ich mit meiner Hurerei nichts anderes will, als mich verschwenden!

Klaus Kinski

18
Oktober

1685
Hugenotten fliehen
Der französische König Ludwig XIV. hebt das Edikt von Nantes von 1598 auf. Damit genießen die Hugenotten keine Gewissensfreiheit mehr, ihre Bürgerrechte werden eingeschränkt und die Religionsausübung verboten. Daraufhin fliehen mehr als 400.000 Hugenotten aus Frankreich.

1748
Vertrag von Aachen
Im Vertrag von Aachen erkennen die europäischen Großmächte Maria Theresia als Herrscherin von Österreich an und beenden damit den Österreichischen Erbfolgekrieg. Frankreich muss die 1747 eroberten Gebiete an Österreich zurückgeben. Doch das Haus Habsburg muss auch Zugeständnisse machen und verliert u. a. Schlesien an Preußen, das zu einer europäischen Großmacht aufsteigt.

1817
Wartburgfest
Bei Eisenach treffen sich Burschenschafter aus elf deutschen Universitäten. Während des zweitägigen

Wartburgfest

Festes werden mehrfach die Einheit Deutschlands und mehr Freiheiten für die Bürger gefordert. Aus Protest gegen die herrschende Aristokratie werden Uniformen und konservative Schriften verbrannt. Damit ziehen die Burschenschaften die Aufmerksamkeit der preußischen und österreichischen Obrigkeit auf sich.

1989
Honecker abgelöst
In einer Krisensitzung fordert die Mehrheit des Politbüros der Sozialistischen Einheitspartei Deutschlands ihren Generalsekretär zum Rücktritt auf. Dies ist die Reaktion auf Massenproteste vom sechsten und siebten Oktober, die aus den Feierlichkeiten zum 40. Jahrestag der DDR einen propagandistischen Misserfolg gemacht hatten. Da die Proteste nicht abnehmen und Erich Honecker nicht reagiert, entscheidet sich das Politbüro gegen ihn.

Auch das geschah an diesem Tag
1977 In Mogadischu stürmt ein Sondereinsatzkommando des Bundesgrenzschutzes das entführte Flugzeug Landshut und befreit die Geiseln. Noch am selben Tag wird im Gefängnis Stammheim die RAF-Führung tot in ihren Zellen gefunden. Sie sollten durch die Flugzeugentführung frei gepresst werden.

Am 18. Oktober geboren:

Prinz Eugen von Savoyen (1663 in Paris), österreichischer Feldmarschall und Staatsmann. Der Lehrer Friedrichs des Großen gilt als einer der größten Strategen seiner Zeit. Selbst Napoleon soll die Schlachten des Prinzen studiert haben. († 21.4.1736 in Wien)

Prinz Eugen von Savoyen

Heinrich von Kleist (1777 in Frankfurt/Oder), deutscher Schriftsteller. Der gebürtige Brandenburger befasst sich in seinen Dramen mit Widersprüchen zwischen Gesetz und moralischem Rechtsempfinden des einzelnen. Beispielhaft dafür sind *Der zerbrochene Krug* (1808) und *Prinz Friedrich von Homburg* (1821). († 21.11.1811 in Wannsee durch Selbstmord).
Klaus Kinski (1926 in bei Danzig), deutscher Schauspieler. Extrovertiertes Auftreten im Privaten wie auch im Beruf ist untrennbar mit seinem Namen verbunden. Ebenso verbunden ist seine Kariere mit der des Regisseurs Werner Herzog. Zusammen drehen sie u. a. die Filme *Aguirre, der Zorn Gottes* (1972) und *Nosferatu, Phantom der Nacht* (1979). († 23.11.1991 in Lagunita/ Kalifornien)

19 Oktober

Die Ärzte haben mehr Menschenleben auf dem Gewissen als die Generäle.
Napoleon Bonaparte

Miguel Asturias

Hanns-Martin Schleyer

24.9.–23.10.
Frieda, Isaak, Jean, Laura, Paul

Am 19. Oktober geboren:

Auguste Lumière (1862 in Besançon), französischer Erfinder. Zusammen mit seinem Bruder entwickelt er den ersten Filmprojektor. Die erste Vorführung der Technik am 28.12.1895 in Paris, bei der Alltagsszenen aus der Stadt gezeigt werden, ist eine Sensation. († 10.4.1954 in Lyon)

Umberto Boccioni (1882 in Reggio di Calabria), italienischer Maler und Bildhauer. Technik und deren zukünftige Entwicklung stehen im Mittelpunkt seiner Arbeiten. Dieser Schwerpunkt macht ihn zum Kopf des Futurismus. Mit seinem tödlichen Reitunfall endet auch die Kunstrichtung. († 17.8.1916 in Verona)

Futuristen: Russolo, Carrà, Marinetti, Boccioni, Severini (von links)

Miguel Angel Asturias (1899 in Guatemala-Stadt), guatemaltekischer Autor. In seinen Werken verbindet Asturias indianische Themen mit sozialen Fragen. Dafür erhält er 1967 den Friedensnobelpreis. Eines seiner bekanntesten Werke ist *Die Augen der Begrabenen* (1960). († 9.6.1974 in Madrid)

1466
2. Thorner Frieden
Der Deutsche Orden muss in dem Friedensschluss das Ermland und Westpreußen an Polen abtreten. Die Kreuzritter können sich nicht gegen die Allianz aus Polen und Preußen durchsetzen. Im 19. Jh. wird diese Niederlage von nationalen Historikern als Beginn polnischer Fremdherrschaft bewertet. Tatsächlich spielen 1466 keine nationalen, sondern allein machtpolitische Aspekte eine Rolle.

1781
Belagerung bei Yorktown
Auf der Halbinsel von Yorktown/Virginia hissen britische Truppen die weiße Fahne. Sie sind sowohl zu Lande als auch auf dem Wasser von amerikanischen und französischen Verbänden eingeschlossen. Der Mangel an Munition und Nahrung nimmt dramatische Ausmaße an und zwingt sie zur Kapitulation. Diese Entscheidung beendet auch den amerikanischen Unabhängigkeitskrieg.

1813
Ende der Völkerschlacht
Die französischen Truppen Napoleon Bonapartes ziehen nach Westen ab. Sie sind von deutschen, schwedischen und russischen Verbänden in einer Vielzahl von Einzelgefechten nach Leipzig getrieben worden. Nun müssen sie sich geschlagen geben, denn in der Stadt sind sie von ihren Versorgungsverbänden abgeschnitten. Damit erringt die Allianz den entscheidenden Sieg im Befreiungskrieg.

Auch das geschah an diesem Tag

1512 Martin Luther erhält seinen Doktortitel in Theologie und beginnt an der Universität Wittenberg zu lehren. **1812** Französische Truppen müssen Moskau aufgeben. **1972** Heinrich Böll erhält den Literaturnobelpreis. **1977** Der entführte Arbeitgeberpräsident Hanns-Martin Schleyer wird tot aufgefunden.

1992
Kelly und Bastian
In ihrer Wohnung in Bonn werden die beiden Bundestagsmitglieder der Grünen Petra Kelly und Gerd Bastian tot aufgefunden. Vermutlich ist das Gründungsmitglied der Partei des Umweltschutzes von ihrem Gefährten getötet worden, bevor dieser sich selbst das Leben nahm. Doch der genaue Tathergang bleibt ungeklärt.

Petra Kelly und Gerd Bastian

24.9.–23.10.

Anna, Franz, Ira, Vitalis, Wendelin

Arthur Rimbaud

Christiane Nüsslein-Volhard

Das Leben ist anderswo.

Arthur Rimbaud

20
Oktober

1313
Doppelte Königswahl
Bei Frankfurt stimmen fünf deutsche Kurfürsten für Ludwig von Bayern und wählen ihn zum König des Heiligen Reiches. Doch auch Friedrich der Schöne beansprucht den Thron für sich, schließlich ist er schon einen ganzen Tag länger König. Das ist vor allem ein rechtliches Problem. Die Lösung erfolgt ganz zeitgemäß. Ein Waffengang bei Mühldorf entscheidet: Ludwig gewinnt und wird König.

1740
Karl VI. stirbt
Mit dem Tod des deutschen Kaisers stellt sich die Frage nach der Thronfolge. Karl VI. hinterlässt keinen männlichen Erben. Deshalb hatte er schon vor seinem Ableben seine Töchter zu Thronfolgern erklärt. Maria Theresia beansprucht daher den Thron für sich, doch die Kurfürsten von Sachsen und Bayern erheben Einspruch. Beide sind mit Nichten Karls VI. verheiratet. Damit beginnt der Österreichische Erbfolgekrieg.

1827
Seeschlacht von Navarino
In dieser letzten bedeutenden Schlacht hölzerner Segelschiffe trifft eine Flotte aus Ägyptern und Osmanen auf vierundzwanzig britische, französische und russische Schiffe. Die überlegene Feuerkraft der europäischen Allianz bringt einen klaren Sieg. Die türkische Niederlage ist so eindeutig, dass die Osmanen mit dem Rückzug aus Griechenland beginnen.

Seeschlacht von Navarino

1950
UN in Korea
Vier Monate nach dem Angriff nordkoreanischer Truppen auf Südkorea marschieren die von den Vereinten Nationen entsandten Truppen unter Führung des US-amerikanischen Generals Douglas MacArthur in Pjöngjang ein. Doch die Hilfe chinesischer „Freiwilliger" stoppt den Vormarsch der UN-Truppen und führt zu einer Pattsituation.

Am 20. Oktober geboren:

Christopher Wren (1632 in East Knoyle), britischer Architekt und Astronom. Der Liebhaber italienischer Baukunst gestaltet maßgeblich den Wiederaufbau des 1666 niedergebrannten Londons mit. Auch die von ihm entworfene *St. Pauls Cathedral* wird nach italienischem Vorbild errichtet. Sie nimmt Bezug auf die Form des *Petersdoms*. († 25.2.1723 in London)

Arthur Rimbaud (1854 in Charlesville), französischer Dichter. Trotz der meisterlichen Beherrschung klassischer Versformen verfasst Rimbaud zahlreiche Gedichte ohne Struktur, aber mit hoch symbolischem Inhalt. So will er seine formfreien, teilweise drogenbedingten Visionen in Worte fassen. († 10.11.1891 in Marseille)

Christiane Nüsslein-Volhard (1942 in Magdeburg), deutsche Biologin. Im Mittelpunkt ihrer Arbeiten steht die frühe embryonale Entwicklung von Fruchtfliegen. Dabei identifiziert sie die entscheidenden Gene und wird dafür 1995 mit dem Medizinnobelpreis belohnt.

Auch das geschah an diesem Tag

1968 Der griechische Reder Aristoteles Onassis heiratet die Witwe John F. Kennedys. Doch die Ehe mit Jaqueline, fünf Jahre nach Kennedys Ermordung geschlossen, ist kein Traum. Den Scheidungsplänen kommt der Tod Onassis zuvor.

Aristoteles Onassis und seine frisch angetraute Ehefrau Jacqueline Kennedy-Onassis nach ihrer Trauung

21 Oktober

Zaudern – in ruhigen Zeiten oft nützlich, bringt in unruhigen Zeiten den Untergang.

Alphonse de Lamartine

Alfred Nobel   Ferdinand Magellan

24.9.–23.10.

Celina, Clementine, Constanze

Am 21. Oktober geboren:

Alphonse de Lamartine (1790 in Mâcon), französischer Dichter und Politiker. Seine betont emotionalen Gedichte machen ihn zu einem der führenden Vertreter der französischen Romantik. Darüber hinaus ist Lamartine aktiv am Sturz Ludwig Philipps I. während der Februarrevolution 1847 beteiligt. († 28.2.1869 in Paris)

Gustav Langenscheidt (1832 in Berlin), deutscher Verleger. Der Sprachlehrer entwickelt Materialien zum Selbststudium von Fremdsprachen. Seine Materialien und Wörterbücher bringt er in einem eigenen Verlag heraus. († 11.11.1895 in Berlin)

Alfred Nobel (1833 in Stockholm), schwedischer Chemiker und Unternehmer. Nobel experimentiert mit Nitroglyzerin, um den Umgang mit dem Sprengstoff sicherer zu machen. Dabei entdeckt er durch Mischen mit Kieselgur das Dynamit. Das damit verdiente Vermögen wird Grundstock der Stiftung, die den Nobelpreis vergibt. († 10.12.1896 in San Remo)

Auch das geschah an diesem Tag

1959 In New York wird in einem Gebäude von Frank Lloyd Wright das Guggenheim-Museum eröffnet. In dem spektakulären, einem kopfstehenden Schneckenhaus ähnelnden Bau werden vor allem ungegenständliche Werke moderner Kunst ausgestellt.

Guggenheim Museum in New York

1520
Magellanstraße entdeckt

Der Portugiese Ferdinand Magellan erreicht mit seinen Schiffen die Südspitze Südamerikas. Zwischen zahlreichen Inseln und dem Festland durchschifft er die Verbindung zwischen Atlantik und Pazifik. Die Passage wird durch Stürme und Nebel erschwert und dauert über einen Monat.

1805
Trafalgar-Schlacht

Während des Dritten Koalitionskrieges befehligt Admiral Horatio Nelson siebenundzwanzig englische Schiffe gegen eine spanisch-französische Flotte. Der Ort der Entscheidung liegt im westlichen Teil der Straße von Gibraltar. Nelson gelingt ein überragender Sieg, der Großbritannien die Seehoheit für die kommenden hundert Jahre sichert. Der Admiral selbst wird allerdings Opfer eines Scharfschützen und stirbt noch an Bord seines Schiffes.

Horatio Nelson

1878
Sozialistengesetze

Auf Initiative des deutschen Reichskanzlers Bismarck werden sozialdemokratische und sozialistische Vereine sowie deren Versammlungen und Zeitschriften verboten. Begründet wird das Gesetz „wider die gemeingefährlichen Bestrebungen der Sozialdemokratie" mit zwei vorangegangenen Attentaten auf Kaiser Wilhelm I. Tatsächlich sind es die großen Wahlerfolge der Sozialisten von 1874 und 1877, die Bismarck beunruhigen.

Otto von Bismarck

1944
Alliierte in Aachen

Nahe an der Grenze zu Belgien gelegen, ist Aachen die erste deutsche Großstadt, die von US-Truppen besetzt wird. Die Kämpfe um die Stadt hatten sich über einen Monat hingezogen und weite Teile von ihr zerstört. Mit dem Fall der Stadt sind auch die als „Siegfriedlinie" bezeichneten nördlichen Bunkeranlagen des Westwalls bezwungen.

24.9.–23.10.

Blandina, Cora, Cordula, Corinna

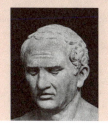
Cicero

Sarah Bernhardt

Glücklich, wer mit den Verhältnissen zu brechen versteht, ehe sie ihn gebrochen haben!

22 Oktober

Franz Liszt

63 v. Chr.
Notstand in Rom
Konsul Marcus Tullius Cicero greift zu den Waffen. Zuvor hatte er im Senat gesprochen, doch die römischen Adligen waren unentschlossen. Geht von Lucius Sergius Catilina, dem Verlierer der Konsulwahlen, wirklich eine so große Gefahr aus, dass der Notstand gerechtfertigt ist? Schließlich gelingt es Cicero, den Senat für sich zu gewinnen und den Notstand ausrufen zu lassen.

1914
„Mythos Langemarck"
Bei dem kleinen Städtchen Langemarck im Westen Flanderns bereiten sich deutsche Freiwilligentruppen auf den Kampf im Ersten Weltkrieg vor. Die Einheiten bestehen überwiegend aus Jugendlichen. Ihr Einsatz während der nächsten Wochen wird von nationalistischer Propaganda zum Mythos jugendlicher Opferbereitschaft überhöht.

1962
Blockade Kubas
Eine Woche nach Entdeckung sowjetischer Atomraketen auf Kuba trifft der US-Präsident eine Entscheidung. John F. Kennedy entsendet Kriegsschiffe nach Kuba und verkündet die Blockade der Insel. Erst wenn die Raketen abgezogen wären, würde die Blockade beendet. Als sich wenig später russische Schiffe auf Kuba zu bewegen, wird die Krise zum Nervenkrieg. Die akute Kriegsgefahr wird erst am 28. Oktober des Jahres beigelegt.

1983
Friedensdemonstration
In der BR Dtl. wird angeregt über die Stationierung amerikanischer Pershing-Raketen gestritten. Ein Höhepunkt der Proteste gegen die Aufrüstung ist die Großdemonstration vom 22.10.1983. Über 300.000 Menschen gehen in Bonn auf die Straße und bilden die bis dahin größte Friedensdemonstration des Landes.

Am 22. Oktober geboren:

Franz Liszt (1811 in Raiding), ungarisch-deutscher Komponist. In Weimar komponiert Liszt verschiedene Sinfonien und Klavierstücke. Die meisten seiner Arbeiten bereiten Naturszenen oder poetisch-literarische Themen musikalisch auf, so z. B. die *Faust-Sinfonie* (1854). († 31.7.1886 in Bayreuth)

Iwan Alexejewitsch Bunin (1870 in Voronezh), russischer Autor. Neben Übersetzungen namhafter Stücke der Weltliteratur ins Russische schreibt Bunin Gedichte und Romane, so z. B. *Das Leben Arsenjews* (1934). Er ist der erste russische Literaturnobelpreisträger (1933). († 8.11.1953 in Paris)

Foto von Robert Capa

Robert Capa (1913 in Budapest), ungarisch-französischer Fotograf. Seine Fotos sind eindringliche Bilddokumente des Zweiten Weltkrieges, u.a. dokumentieren sie die Landung der Alliierten in der Normandie. Während Arbeiten in Indochina wird er von einer Mine getötet. († 25.5.1954 in Thai Binh/Vietnam)

Sarah Bernhardt (1844 in Paris), französische Theaterschauspielerin. († 26.3.1923 in Paris); **Cathérine Deneuve** (1943 in Paris), französische Filmschauspielerin.

Auch das geschah an diesem Tag

1964 Der Literaturnobelpreis des Jahres wird an Jean-Paul Sartre verliehen. Doch der Philosoph sorgt für eine Überraschung. Er lehnt die Ehrung, für ihn nur „Symbol bürgerlicher Kultur", ab.

Cathérine Deneuve

23 Oktober

Wer Kühe schlecht malen kann, sollte sie melken.

Wilhelm Leibl

Felix Bloch

Pelé

23.9.–23.10.
Bertrand, Johannes, Severin, Uta

Am 23. Oktober geboren:

Albert Lortzing (1801 in Berlin), deutscher Komponist. Der Autodidakt verdient sich seinen Lebensunterhalt als Tenor u. a. in Leipzig. Darüber hinaus komponiert er populäre Opern wie z. B. *Der Wildschütz* (1842). († 21.1.1851 in Berlin)

Wilhelm Leibl (1844 in Köln), deutscher Maler. Leibl gilt als einer der bedeutendsten Maler des deutschen Realismus. Seine Naturszenen, Stillleben und Portraits zeichnen sich durch einen flüssigen und detaillierten Stil aus. († 4.12.1900 in Würzburg)

Wilhelm Leibl: *Drei Frauen in der Kirche*

Felix Bloch (1905 in Zürich), schweizerisch-amerikanischer Physiker. Mit der von ihm entwickelten Nuklearmagnetischen Resonanzmethode lassen sich magnetische Felder von Atomkernen messen. Dafür erhält Bloch 1952 den Nobelpreis für Physik. († 10.9.1983 in Zürich)

Johnny Carson (1925 in Corning/Iowa), US-amerikanischer Fernsehmoderator; **Edson Arantes do Nascimento** (1940 in Tres Coracaoes), brasilianischer Fußballspieler, bekannt als Pelé.

42 v. Chr.
Brutus' Tod

Bei Phillipi in Makedonien stellt sich der Caesarmörder Brutus seinen Verfolgern. Schon vor drei Wochen war es hier zu einer Schlacht gekommen, die seinem Kampfgefährten Cassius den Tod brachte. Auch diesmal ist es einer der Mörder Julius Caesars, der hier sein Leben lässt. Die Verbände Brutus sind den Truppen Octavians und Marc Antons hoffnungslos unterlegen.

Brutus

1917
Bolschewisten planen Umsturz

In Petrograd plant das Bolschewistische Zentralkomitee die Machtergreifung in Russland. Lenin spricht sich für einen sofortigen Aufstand aus. Trotzki bevorzugt hingegen die Bildung eines sowje-

Bolschewisten

tischen Nationalkongresses, der die jetzige Regierung absetzen soll. Am Ende steht ein geradezu salomonischer Kompromiss: zuerst die Revolution, dann der Kongress.

1954
Pariser Verträge

In Paris verkündet Bundeskanzler Adenauer den Abschluss eines Vertrages mit den westalliierten Besatzungsmächten, der die Souveränität der BR Dtl. wieder herstellt. Die neue Freiheit ist allerdings an Bedingungen geknüpft: zum einen behalten die alliierten Truppen weiterhin Sonderrechte, zum anderen muss ein weiterer Schritt der Westintegration folgen. So wird Westdeutschland Mitglied der NATO.

1956
Ungarischer Aufstand

In Budapest demonstrieren Studenten für Reformen. Als sich weitere Bürger der Demonstration anschließen, fallen Schüsse. Die Polizei feuert in die Menge und wird von den aufgebrachten Demonstranten überrannt. Als sich das Militär auf die Seite der Aufständischen stellt, scheint die Revolution erfolgreich zu enden. Doch am 4.11. schlagen russische Panzer die Erhebung nieder.

Auch das geschah an diesem Tag

1955 Bei einer Volksabstimmung im Saarland entscheiden sich 67 Prozent der Bevölkerung gegen die „Europäisierung" des Gebietes und die damit verbundene weitere Abtrennung von Deutschland.

24.10.–22.11.

Alois, Anton, Armella, Evergisel

August Graf von Platen

Al Capone

Nur stets zu sprechen, ohne was zu sagen, das war von je der Redner größte Gabe.

August Graf von Platen

24 Oktober

1648
Westfälischer Friede
In Münster und Osnabrück werden zwischen dem deutschen Kaiser, Frankreich und Schweden Verträge geschlossen, die den Dreißigjährigen Krieg beenden. Frankreich und Schweden erhalten Landgewinne und der Konflikt zwischen den katholischen und evangelischen Reichsständen wird beigelegt. Im Reichstag müssen in Zukunft beide Seiten zustimmen. Darüber hinaus gewinnen die Landesfürsten die volle Souveränität, ein deutlicher Machtverlust für den Kaiser.

Westfälischer Friede (zeitgenössisches Gemälde)

1916
Rückeroberung Verduns
Bei Verdun tobt eine der verlust- und materialreichsten Schlachten des Ersten Weltkrieges. Streitpunkt sind die Festungsanlagen um die Stadt. Nachdem es den deutschen Truppen gelungen war, das Fort Douaumont einzunehmen, beginnt nun die Rückeroberung durch die Franzosen. Sie sind letztlich erfolgreich. Bei den Kämpfen um Verdun sterben ca. 700.000 Deutsche und Franzosen.

Auch das geschah an diesem Tag
1938 In den USA tritt die erste Regelung zu Mindestlöhnen in Kraft. Kein Arbeiter muss länger Löhne unter 25 Cent pro Stunde akzeptieren oder unbezahlte Überstunden leisten. Mit längerer Beschäftigung steigt der Stundenlohn.

1917
Oktoberrevolution
Nur einen Tag nach dem Treffen des Bolschewistischen Zentralkomitees bricht in Petrograd die Revolution los. Die seit Februar eingesetzte provisorische Regierung unter Alexander Kerenski wird verhaftet. Vor allem ihre Weigerung, das russische Land neu zu verteilen, und das Fortführen des Ersten Weltkrieges tragen zu dem Umsturz bei.

1931
Al Capone verurteilt

Al Capone

Nicht wegen der zahlreichen Verstöße gegen die Prohibitionsgesetze oder wegen des Sankt-Valentins-Tag-Massakers wird der Gangsterkönig von Chicago verurteilt, sondern wegen eines Steuerdelikts. Er erhält eine Gefängnisstrafe von elf Jahren. Die meiste Zeit der Haft verbringt Al Capone in Alcatraz. 1939 wird er wegen einer schweren Syphilis-Erkrankung vorzeitig entlassen.

Am 24. Oktober geboren:

Anna Amalia (1739 in Wolfenbüttel), deutsche Herzogin. Die Regentin von Sachsen-Weimar-Eisenach übernimmt nach dem Tode ihres Mannes die Regierungsgeschäfte des minderjährigen Sohns. Mit ihrer Gründung des Museumshofes beginnt Weimars Aufstieg zur Kulturmetropole. († 10.4.1807 in Weimar)

August Graf von Platen (1796 in Ansbach), deutscher Dichter. Auf zahlreichen Reisen durch Italien lernt der verarmte Adlige den Süden lieben. In seinen klassizistischen Gedichten, die nach der Verklärung der menschlichen Existenz streben, finden sich entsprechend viele Motive aus dem Land jenseits der Alpen, so z. B. in den *Sonetten aus Venedig* (1825). († 5.12.1835 in Syrakus)

Sybil Thorndike (1882 in Gainsborough), britische Schauspielerin. An der Old Vic Company in London spielt sie vor allem tragische Rollen in Shakespeare-Stücken. Für ihre Leistungen wird sie 1931 in den Adelsstand erhoben. († 9.6.1976 in London)

25 Oktober

Unter den Menschen gibt es viel mehr Kopien als Originale.
Pablo Picasso

Pablo Picasso

George Bizet

Pablo Picasso

24.10.–22.11.
Arnold, Chlodwig, Chrysanth, Daria

Am 25. Oktober geboren:

Johann Strauß jr. (1825 in Wien), österreichischer Komponist. Genau wie sein berühmterer Vater übt der Sohn das Amt des Wiener Hofballmusikdirektors aus (1863–70). Doch er komponiert auch. Der als „Walzerkönig" bekannte Komponist schrieb zahlreiche Walzer sowie Operetten wie z. B. *Die Fledermaus* (1874). († 3.6.1899 in Wien)

George Bizet (1838 in Paris), französischer Komponist. Der begabte Klavierspieler lebt mehrere Jahre in Rom, wo er beginnt, Opern zu schreiben. Seinen zeitlosen Ruhm verdankt er der Oper *Carmen*, die 1875 in Paris uraufgeführt wird. († 3.6.1875 in Bougival)

Pablo Picasso (1881 in Málaga), spanischer Künstler. In seinen Gemälden, Grafiken und Skulpturen setzt sich Picasso u. a. mit aktuellen sozialen und politischen Problemen auseinander. Dabei zerlegt er die Welt in geometrische Figuren und begründet so zusammen mit Braque den Kubismus. Eines seiner bekanntesten Werke ist das Bild des umkämpften *Guernica* (1937). († 8.4.1973 in Mougins)

732
Karl Martell schlägt Araber
Im Südwesten Frankreichs bei Tours und Poitiers besiegt der Karolinger Karl die aus Spanien heranziehenden Araber. Diesem Erfolg verdankt Karl seinen Beinamen Martell, was so viel bedeutet wie „Hammer". Die Schlacht wird häufig als Wendepunkt der europäischen Geschichte gedeutet, da die Islamisierung des Kontinents verhindert wurde.

Karl Martell (Miniatur, 15. Jh.)

1929
Schwarzer Freitag
In New York bricht der Markt an der Börse ein. Schon am Vortag hatte der Ausverkauf begonnen. Massenhaft Anleger stoßen ihre Aktien ab. Die Kurse fallen. Während sich in New York einige Broker spektakulär das Leben nehmen, schwappt die Krise nach Europa über. Amerikanische Banken ziehen Kredite zurück und beenden auch hier das Wirtschaftswachstum. Damit wird aus dem „Schwarzen Freitag" die Weltwirtschaftskrise.

Auch das geschah an diesem Tag
1415 In der Schlacht von Angincourt siegen die Engländer über die Franzosen im Hundertjährigen Krieg. **1836** Der 23 Meter hohe Obelisk aus Luxor wird in Paris aufgestellt. **1932** Im Berliner Bauhaus wird der Unterricht aufgenommen. **1984** Der Bundestagspräsident Rainer Barzel stürzt über die Flick-Affäre.

1936
Achse Berlin-Rom
Adolf Hitler und Benito Mussolini bekennen sich in einem Abkommen zur gemeinsamen Zusammenarbeit. Damit ist zum einen die deutsche Anerkennung italienischer Besetzungen in Abessinien gemeint, zum anderen die Unterstützung der spanischen Gegenregierung unter Franco. Im September 1943 zerbricht die Achse.

1983
Invasion auf Grenada
In einer verlustreichen Operation landen US-Truppen an der Küste der Karibikinsel. Nach schweren Kämpfen gewinnen sie die Kontrolle über Grenada. Grund für den Einmarsch ist ein Putsch, in dessen Verlauf der amtierende Präsident Grenadas getötet wurde. Die Vereinigten Staaten von Amerika vermuten Kuba und die Sowjetunion hinter dem Umsturz und intervenieren.

Amerikanische Stellung auf Grenada

24.10.–22.11.

Albin, Amandus, Eloïse, Josephine

Domenico Scarlatti

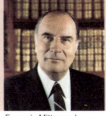
François Mitterrand

Man kann keine Einheit erzielen, wenn man sich gegenseitig auf die Füße tritt.

François Mitterrand

26
Oktober

1863
Gründung des Roten Kreuzes
In Genf wird mit dem Roten Kreuz eine Gesellschaft zur Linderung von Not und Leid von Kriegsteilnehmern gegründet. Die Initiative geht von der Gesellschaft von Genf und dem Humanisten Henry Dunant aus. Dieser hatte als Augenzeuge der Schlacht von Solferino 24.6.1859 das Leid von Kriegsteilnehmern miterleben müssen.

Henri Dunant

1894
Caprivi entlassen
Kaiser Wilhelm II. entlässt den deutschen Reichskanzler Leo v. Caprivi. Unmittelbarer Anlass ist der Widerstand Caprivis gegen repressive Gesetze zur Bekämpfung der

Auch das geschah an diesem Tag
1896 Im Vertrag von Adis Abeba muss Italien seine Pläne eines Kolonialreiches am Horn von Afrika aufgeben. **1905** In St. Petersburg plant ein Arbeiterrat Generalstreiks für eine Verfassung. **1918** Der deutsche General Ludendorf tritt wegen der laufenden Waffenstillstandsverhandlungen zurück. **1994** Friedensvertrag zwischen Israel und Jordanien.

Reichskanzler Leo Graf von Caprivi

Sozialdemokraten. Zudem hatte er durch seine liberale Wirtschaftspolitik die kaisernahen konservativen Großgrundbesitzer gegen sich aufgebracht.

1955
Neutralität Österreichs
Die letzten alliierten Besatzer sind abgezogen. Im Mai hatte Österreich dafür versprochen, auf eine Vereinigung mit Deutschland zu verzichten und den Schutz slowenischer und kroatischer Minderheiten garantiert. Die Neutralitätserklärung wird dann im Oktober verkündet. So soll durch die zeitliche Distanz das Bekenntnis zur Neutralität als eigenständige Entscheidung erscheinen.

1961
Panzer in Berlin
Am Checkpoint Charlie halten Volkspolizisten US-Diplomaten auf, die in den Ostteil Berlins wollen. Erst als amerikanische Panzer auffahren, dürfen sie passieren. Am nächsten Tag reagieren die sowjetischen Besatzer und schicken ebenfalls Panzer. Einen Tag stehen sie sich hier gegenüber. Diese Nervenprobe ist das erste und einzige direkte Gegenüber von bewaffneten Einheiten der beiden Supermächte.

Am 26. Oktober geboren:
Domenico Scarlatti (1685 in Neapel), italienischer Komponist. Am Hofe des portugiesischen und des spanischen Königs arbeitet Scarlatti als Cembalo-Spieler. Für sein Lieblingsinstrument schreibt er über 500 Sonette, die seinen Ruf als Komponist begründen. († 23.7.1757 in Madrid)

Lewis Boss (1846 in Providence/Richmond), US-amerikanischer Astronom. Auf Reisen nach Kanada, Chile und Argentinien fertigt Boss einen Katalog mit Himmelskörpern an. Sein Sohn beendet die Arbeiten. Das Ergebnis ist ein Verzeichnis von über 30.000 Himmelskörpern.
(† 5.10.1912 in Albany/New York)

François Mitterrand (1916 in Jarnac), französischer Politiker. Der studierte Jurist und Politikwissenschaftler wird als erster Sozialist französischer Präsident. Während seiner zwei Amtszeiten (1981–95) erweist er sich als pragmatischer Politiker der Mitte und als Fürsprecher der Europäischen Einigung.
(† 8.1.1996 in Paris)

27 Oktober

Bei meiner Kunst geht es nicht um Form. Es geht ums Sehen.
Roy Lichtenstein

Erasmus von Rotterdam

Niccolò Paganini

24.10.–22.11.
Corista, Manfred, Sabina, Vincent

Am 27. Oktober geboren:

Erasmus von Rotterdam (1469 in Rotterdam), niederländischer Theologe. Der Humanist gibt die erste griechische Druckausgabe der Bibel heraus. Diese wird Grundlage der Lutherübersetzung, obwohl sich Erasmus deutlich von Luther (1483–1546) abgrenzt. († 12.7.1536 in Basel)

James Cook

James Cook (1728 in Marton-in-Cleveland), britischer Seefahrer. Der Entdecker erkundet auf seinen drei Weltumsegelungen die Küsten Kanadas und den Pazifik. Auf seinen Expeditionen entdeckt er auch Hawaii. Dort wird er schließlich von Eingeborenen erschlagen.
(† 14.2.1779 in der Kealakekua-Bucht auf Hawaii)

Niccolò Paganini (1782 in Genua), italienischer Musiker. In Parma studiert er das Violinspiel, das ihn später als Teufelsgeiger berühmt macht. Schnell beherrscht er das Instrument perfekt und revolutioniert das Spiel durch neue Techniken.
(† 27.5.1840 in Nizza)

Roy Lichtenstein (1923 in New York), US-amerikanischer Maler. Auf überformatigen Leinwänden schafft Lichtenstein Gemälde im Comic-Stil. Dieses Aufgreifen populärer Ästhetik macht ihn zu einem der Mitbegründer der Pop Art. († 29.9.1997 in New York)

1553
Inquisition in Genf

In Genf zeigt der protestantische Reformer Johannes Calvin seine weniger fortschrittliche Seite: Er ist flammender Anhänger der Inquisition. Auf sein Betreiben wird der spanische Gelehrte Miguel Serveto verbrannt. Dieser hatte in einem langen Disput vergeblich versucht, Calvin von seinen theologischen Ansichten zu überzeugen.

Johannes Calvin

1904
U-Bahn in New York

In Manhattan eröffnet das erste Teilstück der New Yorker U-Bahn. Von der City Hall bis zur Ecke 145. Straße und Broadway werden achtundzwanzig Stationen angefahren. Damit ist New York nach Boston die zweite Stadt in Nordamerika mit U-Bahnbetrieb. Mittlerweile ist das Streckennetz zum größten der Welt angewachsen.

1931
„National Labour"-Regierung

In Großbritannien wird gewählt und das Ergebnis bringt eine Kuriosität. Die Konservativen gewinnen überlegen, aber die neue Regierung führt ein ehemaliger Labour-Abgeordneter an. Es ist James Ramsey MacDonald, der zuvor mit seiner Labourregierung zurückgetreten war. Nun kann er mit konservativer Rückendeckung Einsparungen gegen die Wirtschaftskrise vornehmen. Seine ehemaligen Parteigenossen beschimpfen ihn dafür als Verräter.

1966
Regierungsbruch in Bonn

In Bonn beenden die liberalen Mitglieder der Regierungskoalition das Bündnis mit den Christdemokraten. Anlass ist ein Streit über Wege aus der Rezession. Damit ist auch die Amtszeit Ludwig Erhards so gut wie beendet. Am 30. November muss er als Bundeskanzler zurücktreten.

Auch das geschah an diesem Tag

1998 In Bonn wird der siebte Bundeskanzler der BR Dtl. vereidigt. Es ist der Sozialdemokrat Gerhard Schröder. Er löst damit nach 16 Jahren Amtszeit Helmut Kohl im Amt ab.

24.10.–22.11.
Alfred, Georg, Judas, Simon

Francis Bacon

Erich Mende

Ihr Engländer seid toll, toll, toll wie Märzhasen.

Wilhelm II.

28
Oktober

312
Sieg Konstantins
In der Schlacht an der Milvischen Brücke siegt Konstantin I. über seinen Gegenspieler Maxentius. Der Legende nach ging dem Sieg eine göttliche Vision Konstantins voraus, die ihn zur Anerkennung des Christentums veranlasst. Selbst empfängt Konstantin die Taufe jedoch erst auf dem Totenbett.

1908
Daily-Telegraph-Affäre
In England ist ein Interview des deutschen Kaisers Tagesgespräch. Wilhelm II. äußert sich in der Zeitung *The Daily Telegraph* zur außenpolitischen Lage und gibt sich dabei durch seine anbiedernden und naiven Aussagen der Lächerlichkeit preis. Er behauptet, er habe entscheidend zum britischen Sieg im Burenkrieg beigetragen und würde das Flottenrüsten nur zum Schutze Englands betreiben. Vom 10. bis 11.11. tagt sogar der Reichstag zu den Äußerungen, die die Monarchie in eine tiefe Krise stürzen.

1922
Marsch auf Rom
In Rom versucht der Ministerpräsident Luigi Facta den italienischen König zu überzeugen, einen Notstandsbeschluss zu unterzeichnen. Der Grund dafür ist ein Aufmarsch der faschistischen Schwarzhemden vor der Stadt. Doch der König lehnt ab, die Armee kann nicht eingesetzt werden und die Faschisten besetzen strategische Orte in Ita-

Marsch auf Rom

lien. Am folgenden Tag gibt der König nach und beauftragt Mussolini mit der Bildung einer Regierung.

1962
Ende der Kuba-Krise
Wenige Tage nach dem Ultimatum vom 22.10. gibt Nikita Chruschtschow nach. Er stoppt die Schiffe, die auf dem Weg sind, die US-Blockade Kubas zu durchbrechen, und gibt den Abzug der Raketen von Kuba bekannt. Die Welt ist noch einmal einem direkten Konflikt der Supermächte entgangen.

Am 28. Oktober geboren:

Heinrich III. (1017), deutscher König. Der Salier ist seit 1039 deutscher König und 1046–56 Kaiser des Heiligen Römischen Reiches Deutscher Nationen. Er setzt sich für Kirchenreformen ein. Besonders gegen die Priesterehe und den verbreiteten Ämterkauf geht er vor.
(† 5.10.1056 in der Pfalz Bodfeld)
Francis Bacon (1909 in Dublin), irischer Maler. Seine Darstellungen von verzerrten Körpern und Gesichtern machen ihn zu einem gefragten Künstler der Moderne. In den meisten dieser beklemmenden Werke setzt sich Bacon mit Brutalität, Isolation und Terror auseinander.
(† 28.4.1966 in Madrid)
Erich Mende (1916 in Groß Strehlitz), deutscher Politiker. Der Mitbegründer und spätere Vorsitzende (1960–68) der Freiheitlich Demokratischen Partei Deutschlands (FDP) gehört als Vizekanzler und Minister für gesamtdeutsche Fragen (1963–66) der Bundesregierung an.
(† 6.5.1998 in Bonn)

Auch das geschah an diesem Tag
1886 Die Freiheitsstatue wird in New York eingeweiht. **1918** In Prag wird die tschechoslowakische Republik ausgerufen. **1918** Eine Verfassungsänderung bindet die deutsche Regierung an die Zustimmung des Parlaments. **1940** Italien greift im Zweiten Weltkrieg Griechenland an.

Freiheitsstatue

29 Oktober

Wer seinen Willen durchsetzen will, muss leise sprechen.

Jean Giraudoux

Jean Giraudoux

Joseph Goebbels

24.10.–22.11.

Ida, Martin, Merten, Paulus

Am 29. Oktober geboren:

Franz von Papen (1879 in Werl), deutscher Politiker. Der konservative Katholik ist 1932 deutscher Reichskanzler. Sein antiparlamentarischer Regierungskurs stützt sich vor allem auf Notverordnungen. Papen ist ab 1933 Mitglied des ersten Kabinetts unter Hitler. († 2.5.1969 in Obersasbach)

Franz von Papen

Jean Giraudoux (1882 in Bellac), französischer Schriftsteller. Tragische, humorvolle und fantastische Stoffe finden sich gleichermaßen in seinen Bühnenstücken, Romanen und Essays. Oft wird dabei die Beziehung zwischen Deutschland und Frankreich thematisiert, so z. B. in *Siegfried* (1928). Mit seinen Werken beeinflusst er das surrealistische Theater. († 31.1.1944 in Paris)

Joseph Goebbels (1897 in Rheydt), deutscher Politiker. Der überzeugte Nationalsozialist ist als Minister für Volksaufklärung und Propaganda maßgeblich verantwortlich für die Inszenierung des faschistischen Regimes. Seine antisemitische Propaganda und Kriegsrhetorik liefern den Nährboden für Judenverfolgung und „Totalen Krieg". Goebbels nimmt sich kurz vor Kriegsende das Leben. († 1.5.1945 in Berlin)

1786
Goethes Italienreise
Der deutsche Dichter erreicht nach mehrwöchiger Reise Rom. Unterkunft findet Johann Wolfgang von Goethe in der Via del Corso, wo er mit einem alten Brieffreund zusammen wohnt. In den nächsten Monaten bereist er auch den Süden Italiens und Sizilien. Seine Tagebuchaufzeichnungen veröffentlicht Goethe als *Italienische Reise* (1829).

1918
Matrosenaufstand
In Wilhelmshaven löst der Befehl zum Auslaufen der deutschen Hochseeflotte Entrüstung aus. Die Matrosen wissen, dass der Erste Weltkrieg verloren ist und ahnen, dass es sich um ein Himmelfahrtskommando handelt. In den nächsten Tagen werden Soldaten- und Arbeiterräte gegründet. Von Wilhelmshaven breitet sich die Revolution über ganz Deutschland aus.

Joseph Goebbels bei einer Rede im Berliner Sportpalast

Auch das geschah an diesem Tag

1787 In Prag wird die Oper *Don Giovanni* uraufgeführt. Das Stück von Wolfgang Amadeus Mozart ist ein Erfolg. Nicht nur am Prager Nationaltheater, sondern in Opernhäusern in aller Welt wird es bejubelt.

1956
Suez-Krise
Als Folge der Verstaatlichung des Suezkanals planen Großbritannien, Frankreich und Israel einen Militärschlag. Nun ist es soweit. Israelische Fallschirmjäger besetzen strategisch wichtige Aufmarschwege auf dem Sinai und erobern das ägyptische Gebiet. Erst auf amerikanischen und sowjetischen Druck ziehen sich die drei Angreifer wieder zurück. Auf dem Sinai und im Gaza-Streifen werden UN-Truppen als Puffer eingesetzt.

1976
Neues Amt für Honecker
In Ostberlin wird Erich Honecker zum Vorsitzenden des Staatsrates gewählt und hat damit das höchste Staatsamt der DDR inne. Zusätzlich füllt er die Posten des Generalsekretärs der Sozialistischen Einheitspartei und den Vorsitz des Nationalen Verteidigungsrats aus.

24.10.–22.11.

Alfons, Angelo, Dieter, Rupert

Ezra Pound

Daniel Nathans

Nächstenliebe findet man zum Beispiel bei Menschen, die Dienstvorschriften nicht einhalten.

Ezra Pound

30
Oktober

1485
Krönung Heinrichs VII.
Mit seiner Krönung setzt Heinrich den Thronanspruch des Hauses Lancaster durch und beendet damit den Rosenkrieg gegen das Adelshaus von York. Dabei stützt er sich auf die militärische Hilfe aus Frankreich. Im folgenden Jahr kann Heinrich durch eine Hochzeit die beiden Adelshäuser verbinden und die Tudordynastie begründen.

Wappen Heinrichs VII. von England, eingerahmt von zwei Engeln

1905
Russisches Oktobermanifest
Unter dem Druck der revolutionären Unruhen von 1905 entschließt sich Zar Nicholas II. von Russland, den Bürgern Zugeständnisse zu machen. Mit seinem Oktobermanifest räumt er ihnen Freiheitsrechte ein und macht den Weg zu einer konstitutionellen Monarchie frei. Durch diese Zugeständnisse gelingt es ihm, die Aufstände zu zügeln. Doch schon im folgenden Jahr schränkt er die Freiheitsrechte wieder ein.

1938
Angst vor Außerirdischen
Der junge amerikanische Schriftsteller Orson Welles provoziert mit dem auf seinem Roman *Krieg der Welten* basierenden Hörspiel *Invasion vom Mars* Panik unter amerikanischen Radiohörern: Er inszeniert den Angriff der Außerirdischen so lebensecht, dass viele Zuhörer glauben, sie würden tatsächlich von Fremden aus dem Weltall attackiert.

1947
GATT-Abkommen
Die USA und viele andere westliche Staaten unterzeichnen das Allgemeine Zoll- und Handelsabkommen GATT. Die kommunistischen Staaten bleiben außen vor. Im Lauf der Zeit entwickelt sich das GATT vom losen Freihandelsabkommen zu einer vollwertigen internationalen Organisation. 1995 wird auf

Auch das geschah an diesem Tag
1918 In Wien verkünden deutsche Mitglieder des österreichischen Parlaments die Gründung der Republik Deutsch-Österreich. Den Anschluss an Deutschland verhindert jedoch der Friedensvertrag von Saint-Germain, der die Neuordnung des ehemaligen Vielvölkerstaates im folgenden Jahr regelt.

Rede Bill Clintons zum 50. Jahrestag der Gründung des Handelsabkommens GATT

seiner Grundlage die Welthandelsorganisation WTO gegründet.

Am 30. Oktober geboren:

John Adams (1735 in Quincy/Massachusetts), amerikanischer Präsident. Adams schreibt die Verfassung von Massachusetts (1780) und wird 1789 erster Vizepräsident der USA. Acht Jahre später wird er zum zweiten Präsidenten der Vereinigten Staaten gewählt. († 4.6.1826 in Quincy)

Ezra Pound (1885 in Hailey/Idaho), amerikanischer Lyriker und Herausgeber. Als Herausgeber von Autoren wie James Joyce und Ernest Hemingway trägt er maßgeblich zum Durchbruch moderner englischsprachiger Literatur bei. Des Weiteren schreibt Pound auch selbst. Sein bekanntestes Gedicht ist *Hugh Selwyn Mauberley* (1920). († 1.11.1972 in Venedig)

Daniel Nathans (1928 in Wilmington/Delaware), amerikanischer Mikrobiologe. Er entdeckt Enzyme, die die Moleküle der DNA aufspalten können. So wird die Erforschung der in der DNA enthaltenen genetischen Information ermöglicht. Für diese Entdeckung erhält Nathans 1975 den Nobelpreis für Medizin.

31 Oktober

Die Gunst des Publikums ist mir so abstoßend wie die Liebe von Frauen — beide sind so klebrig wie Sirup an den Schwingen der Unabhängigkeit.

John Keats

John Keats

Helmut Newton

24.10.–22.11.

Christoph, Notburga, Quentin

Am 31. Oktober geboren:

Jan Vermeer (1632 in Delft), niederländischer Maler. Während seine Werke bei seinen Zeitgenossen nur wenig Anerkennung finden, gilt er heute als einer der niederländischen Meister. Vermeers Werke zeichnen sich vor allem durch originelle Perspektiven und durch die besondere Lichtgestaltung aus. († 15.12.1675 in Delft)

Vermeer: *Allegorie der Malerei*

John Keats (1795 in London), englischer Dichter. Keats gilt als einer der wichtigsten Vertreter der englischen Spätromantik, der sich häufig an Vorbilder der klassischen Antike anlehnt. So auch in seinen Gedichten *Ode an eine Griechische Urne* (1819) und *Ode an eine Nachtigall* (1819). († 23.2.1821 in Rom)

Adolf von Baeyer (1835 in Berlin), deutscher Chemiker. Ihm gelingt es 1883, den Farbstoff Indigo synthetisch herzustellen. Für seine Arbeiten erhält er 1905 den Nobelpreis für Chemie. († 20.8.1917 in Starnberg)

Helmut Newton (1920 in Berlin), deutsch-australischer Fotograf. Mit 18 Jahren flieht Newton vor den Nazis und lässt sich als Fotograf in Australien nieder. Seine großformatigen Aktfotos von kühler Erotik lösen heftige Kontroversen aus. († 23.1.2004 in Los Angeles)

1517
Luthers Thesen

Martin Luther veröffentlicht seine in lateinischer Sprache verfassten 95 Thesen und leitet damit die Kirchenspaltung und die Reformation ein. Seine Thesen richten sich vor allem gegen die weitverbreitete Praxis des Ablasshandels. Ob er seine Forderungen allerdings tatsächlich an der Tür der Wittenberger Schlosskirche angeschlagen hat, ist fraglich.

1848
Oktoberaufstand in Wien endet

Kaiserliche Truppen werfen in Wien den Aufstand radikaldemo-

Vermeer: *Ansicht von Delft*

kratischer Studenten, Arbeiter und Bürger nieder und beenden damit die österreichische Revolution. Die Aufständischen hatten zeitweilig die Wiener Innenstadt unter ihre Kontrolle gebracht und die kaiserliche Familie zur Flucht gezwungen. Mit der Niederschlagung des Aufstandes schwindet jede Hoffnung auf eine Demokratisierung.

1876
Sioux geben auf

Nach der Schlacht von Little Bighorn (25.6.1876) sah es so aus, als könnten die Indianer den Krieg gegen amerikanische Truppen und gegen die in ihr Reservat eingedrungenen Goldsucher gewinnen. Doch eine Falle der Armee am Tongue River zwingt die Sioux zur Aufgabe. Die Mehrheit von ihnen legt die Waffen nieder.

1954
Algerischer Unabhängigkeitskrieg beginnt

Eine Gruppe junger Algerier, die sich Nationale Befreiungsfront (FNL) nennt, erhebt sich gegen die französische Herrschaft in Algerien, die schon seit 1830 besteht. Es folgen Verhaftungen, Terror und blutige Kämpfe. Erst 1962 erlangt Algerien seine Unabhängigkeit.

Auch das geschah an diesem Tag

1864 Nevada wird Teil der Vereinigten Staaten von Amerika. Das im Regenschatten der Sierra Nevada liegende Land ist ausgesprochen trocken und auch heute noch das am wenigsten besiedelte Gebiet der USA.

24.10.–22.11.
Arthur, Gudrun, Harald, Rupert

Gustav IV Adolf

Hermann Broch

Kunst ist, wird sie im weitesten Sinn genommen, immer Abbild des jeweiligen Menschen.

1 November

1512
Michelangelos Deckenfresko enthüllt
Das riesige Deckengemälde in der Sixtinischen Kapelle in Rom, an welchem Michelangelo Buonarotti und seine Helfer vier Jahre lang gearbeitet haben, wird enthüllt. Das Fresko wird vom Publikum begeistert aufgenommen. Viele der dort versammelten Szenen, wie z. B. die *Erschaffung Adams*, zählen heute zu den bekanntesten Werken des römischen Malers.

Michelangelo (Deckenfresko)

1755
Erdbeben in Lissabon
Ein schweres Erdbeben fordert in der Hafenstadt am rechten Tejo-Ufer viele tausend Menschenleben. Die Naturkatastrophe zerstört darüber hinaus die Hälfte der Bausubstanz. Die am stärksten von den Zerstörungen betroffene Unterstadt (Cidade Baixa) wird im Rechtecksschema wieder aufgebaut.

1963
Staatsstreich in Südvietnam
Spannungen zwischen den verschiedenen Religionsgruppen, das Ausbleiben einer Bodenreform sowie die zunehmend diktatorische Regierungsweise des Ministerpräsidenten Ngo Dinh Diem führen zu dessen Sturz. Bei dem von hochstehenden Militärs angeführten Putsch werden Diem und sein Bruder hingerichtet.

Am 1. November geboren:

Gustav IV. Adolf (1778 in Stockholm), schwedischer König (1792–1809). Als Gegner Napoleons I. weigert er sich, der Kontinentalsperre beizutreten. 1806 verliert er

Auch das geschah an diesem Tag
1895 Erste Kinovorführung: In Berlin werden zum ersten Mal bewegte Bilder gezeigt. 1954 Der Aufstand der Nationalen Front im französischen Departement Algerien leitet den Krieg gegen die Kolonialmacht ein, 1962 erreicht Algerien die Unabhängigkeit von Frankreich. 1957 Der Mord an Rosemarie Nitribitt in Frankfurt/Main löst einen Skandal aus. Das Callgirl hatte Beziehungen zu Persönlichkeiten aus Politik und Wirtschaft.

Rosemarie Nitribitt

Vorpommern und wird von Frankreich, Russland und Dänemark angegriffen. Schließlich verliert er auch Finnland, wird 1809 von einer Verschwörung der Militärs gestürzt und muss den Thronanspruch aufgeben. († 7.2.1837 in St. Gallen)
Hermann Broch (1886 in Wien), österreichischer Schriftsteller. Der Sohn eines Textilindustriellen ist bis 1927 leitend im Unternehmen des Vaters tätig und emigriert 1938 in die USA. Er veröffentlicht schon früh Aufsätze und kleinere literarische Texte. Seine Romane zeichnen sich formal dadurch aus, dass sie verschiedene Texttypen wie Traum, Reflexion, Geschichte und Mythos miteinander kombinieren. († 30.5.1951 in New Haven/Connecticut)
Hannah Höch (1889 in Gotha), deutsche Collage-Künstlerin des Dadaismus. Ihre Arbeiten sind sowohl von einem satirischen Humor als auch von einer poetisch-surrealen Sicht auf die Welt gekennzeichnet. 1933 erhält sie durch die Nationalsozialisten Ausstellungsverbot und lebt bis zu ihrem Tod zurückgezogen in Berlin. († 31.5.1978 in Berlin)
Ilse Aichinger (1921 in Wien), österreichische Schriftstellerin. Verfasst v. a. Lyrik, Erzählungen und Hörspiele.
Alexander Alexandrowitsch Aljechin (1892 in Moskau), Schachweltmeister 1927–35 und 1937–46. († 24.3.1946 in Lissabon). **Günter de Bruyn** (1926 in Berlin), deutscher Schriftsteller, Heinrich-Böll-Preis 1990.

2 November

Ich glaube, Kunst ist eine Art Aktivität, die sich selbst verzehrt.

Richard Serra

Luchino Visconti

Friedrich Wilhelm v. Brandenburg

24.10.–22.11.
Angela, Angelika, Willibold

Am 2. November geboren:

Josef Wenzel Graf Radetzky (1766 in Trebnitz), österreichischer Feldmarschall. Hat am Feldzugsplan gegen Napoleon I. entscheidenden Anteil. Johann Strauß Vater benennt seinen berühmten *Radetzkymarsch* nach ihm. († 5.1.1858 in Mailand)

Luchino Visconti (1906 in Mailand) Regisseur und einer der wichtigsten Vertreter des italienischen Neorealismus. Die Novelle *Tod in Venedig* von Thomas Mann dient ihm als Vorlage für seinen gleichnamigen Film von 1970. Weitere wichtige Werke sind *Rocco und seine Brüder* (1960), *Der Leopard* (1962) und *Ludwig II.* (1972). († Rom 17.3.1976)

Richard Serra (1939 in San Francisco) US-amerikanischer Bildhauer. Seit 1968 arbeitet Serra vor allem mit Stahl, wobei er die Form dem Material unterordnet. Die Ausbalancierung selbst großer Stahlplatten wird zum Konzept. Die Skulpturen erzeugen beim Betrachter eine neue, oft beklemmende Raumerfahrung.

Auch das geschah an diesem Tag

1920 In Pennsylvania startet der Sender KDKA das erste regelmäßige Radioprogramm der Welt. **1961** Das Stück *Andorra* des schweizerischen Schriftstellers Max Frisch feiert am Schauspielhaus Zürich Premiere. **1982** Prozessbeginn in Lübeck gegen Marianne Bachmeier, die im Jahr zuvor den Mörder ihrer Tochter erschossen hatte.

Alexander Lippisch (1894 in München), Flugzeugkonstrukteur. Entwickelt 1943 für die Messerschmitt AG das erste deutsche Raketenflugzeug „Me 163". († 11.2.1976 in Cedar Rapids/Iowa; **Burt Lancaster** (1913 in New York) US-amerikanischer Charakterdarsteller († 21.10.1994 in Los Angeles/Kalifornien); **Sophia** (1938 in Psychiko als Prinzessin Sophie von Griechenland) spanische Königin seit 1975.

1570
Land unter in Holland
Über der Nordsee tobt ein Orkan. An der holländischen und jütländischen Küste können die Deiche dem Druck der Wassermassen nicht standhalten. Die Flutkatastrophe fordert über 100.000 Menschenleben.

1849
Friedrich Wilhelm von Brandenburg wird Ministerpräsident
Der preußische König Friedrich Wilhelm IV. beruft unter der Führung des Kavalleriegenerals Friedrich Wilhelm von Brandenburg ein konservatives Ministerium ein. Anschließend lässt er das Militär in Berlin einmarschieren, löst die Nationalversammlung auf und beschließt eine antiliberale Verfassung.

1914
Nordsee wird Sperrgebiet
Großbritannien erklärt die Nordsee zum Sperrgebiet. Dem voraus gegangen war die Versenkung mehrerer britischer Kreuzer. Nach drei Monaten reagiert die deutsche Marine, indem sie den mit U-Booten geführten Handelskrieg gegen Großbritannien einleitet.

1976
Jimmy Carter US-Präsident
Der Kandidat der Demokraten, Jimmy Carter, gewinnt mit knappem Vorsprung vor dem republikanischen Amtsinhaber, Gerald Ford, die Wahl zum US-Präsidenten. Carter rückt in seiner Außenpolitik die Menschenrechte in den Vordergrund.

Jimmy Carter mit Frau bei einer Wahlkampfveranstaltung

24.10.–22.11

Hubert, Ida, Martin, Silvia, Winfried

Bill Clinton

Gerd Müller

Wenn's denkst, ist's eh zu spät.

Gerd Müller

3 November

644
Mord am Kalifen
Ein persischer Christ ermordet Omar I., den zweiten Kalifen. Omar I., genannt „der Scharfsinnige", war Herrscher über ein Großreich, das sich von Mesopotamien über den Kaukasus bis hin nach Syrien und Ägypten erstreckte. Durch umfassende Reformen organisierte er den Staat neu und leitete den Siegeszug des Islam ein.

1760
Sieg bei Torgau
Während des Siebenjährigen Krieges besiegt Friedrich der Große die Österreicher unter Leopold Josef Graf von Daun, der zuvor bei Kochlin (1757), Hochkirch (1758) und Maxen (1759) Siege errungen hatte. Die Schlacht bei Torgau begründet den Ausgang des Krieges zugunsten Preußens.

1903
Panama wird unabhängig
Das unter kolumbianischer Hoheit stehende Gebiet des Isthmus wird mithilfe der USA unabhängig. In dem sog. Hay-Varilla-Vertrag vom

> **Auch das geschah an diesem Tag**
> 1984 Die Trauerfeierlichkeiten für den von staatlichen Sicherheitsbeamten entführten und ermordeten polnischen Priester Jerzy Popieluszko werden in Warschau zum Protestmarsch der Solidarnosc-Bewegung. Der Priester war ein Anhänger der Reformbewegung. Die Täter werden festgenommen und zu Haftstrafen verurteilt.

Laika: Das erste Lebewesen im All

18. November 1903 tritt Panama daraufhin den USA die Gebietshoheit über die Kanalzone ab.

1957
Erstes Lebewesen im All
Die sowjetische Raumfahrtorganisation schickt mit dem zweiten Satelliten der Raumfahrtgeschichte die Hündin Laika in die Erdumlaufbahn. Der berühmteste Hund der Wissenschaftsgeschichte stirbt aufgrund Sauerstoffmangels eine Woche nach dem Start des Satelliten.

1992
Clinton wird US-Präsident
Der Kandidat der Demokraten, Bill Clinton, wird 42. US-Präsident. Nach 16 Jahren ist somit erstmals wieder ein Vertreter der Demokraten an der Macht. Im Februar 1999 wird er in einem Amtsenthebungsprozess freigesprochen. Der 1946 geborene Clinton ist der erste amerikanische Präsident der Nachkriegsgeneration.

Am 3. November geboren:

Annibale Caracci (1560 in Bologna), italienischer Maler. Der frühe Hauptvertreter der italienischen Barockmalerei ist vorrangig in Rom tätig. Er schmückt dort u. a. den Palazzo Farnese mit einem Freskenzyklus aus mythologischen Bildmotiven. († 15.7.1609 in Rom)

Palazzo Farnese

Karl Baedeker (1801 in Essen), deutscher Buchhändler und Verleger. Seine handlichen Reisebücher werden ein großer Erfolg und lassen sein Unternehmen zum führenden deutschen Reiseführer-Verlag expandieren. 1984 wird er von der Langenscheidt KG übernommen. Bis heute zeichnen sich die *Baedeker* durch ihre Zuverlässigkeit aus. († 4.10.1859 in Koblenz)

Adolf Dassler (1900 in Herzogenaurach), deutscher Unternehmer. Dassler entwickelt 1925 den ersten Sportschuh mit Nagelstollen. Seit 1958 heißt seine Firma, die in den 70er-Jahren zum weltweit größten Sportartikelunternehmen aufsteigt, „adidas". († 1978 in Herzogenaurach)

Gerd Müller (1945 in Nördlingen), deutscher Fußballspieler. Als „Bomber der Nation" bekannt wird Müller 1967 deutscher, 1970 europäischer Fußballer des Jahres. Bei der Weltmeisterschaft 1976 erzielt er im Finale gegen die Niederlande das Siegtor zum 2:1 für die deutsche Elf.

4 November

Ich höre mich gern reden – es ist so unterhaltsam, sich zuzuhören.

Klabund

George Edward Moore

Otto Bayer

24.10.–22.11.

Charles, Charlotte, Lolita, Reinhard

Am 4. November geboren:

Guido Reni (1575 in Bologna), italienischer Maler des Barock. Reni schließt sich 1595 der Akademie der Caracci-Familie an. Ab 1600 hält er sich mehrmals in Rom auf, wo er 1613–14 im Casino Rospigliosi-Pallavacini im Auftrag des Kardinals Scipione Borghese das hochgerühmte Deckenfresko Aurora malt.
(† 18.8.1642 in Bologna)

Guido Reni: *Blutbad der Unschuldigen*

George Edward Moore (1873 in London), britischer Philosoph und Sprachforscher. Moore ist Vertreter eines an den Naturwissenschaften ausgerichteten Neorealismus. In seinen sozio-linguistischen Arbeiten erforscht er die Umgangssprache.
(† 24.10.1958 in Cambridge)

Klabund (1890 in Crossen), deutscher Schriftsteller. Klabund, eigentlich Alfred Henschke, steht dem Expressionismus nahe und ist als freier Nachdichter, besonders von ostasiatischen Gedichten und Dramen wie *Der Kreidekreis* (1925), sehr erfolgreich.
(† 14.8.1928 in Davos)

Otto Bayer (1902 in Frankfurt am Main), deutscher Chemiker. War von 1964–74 Vorsitzender des Aufsichtsrats der Bayer AG in Leverkusen, jedoch mit der Gründerfamilie nicht verwandt. († 1.8.1982 in Burscheid)

1911
Wilhelm II. erkennt französische Herrschaft über Marokko an
In einem Abkommen zwischen Deutschland und Frankreich gibt der deutsche Kaiser Wilhelm II. seinen Anspruch an Marokko auf und erkennt die französische Vorherrschaft über das nordafrikanische Land an. Als Gegenleistung erhält Deutschland Teile des französischen Kongo.

1956
Ungarische Freiheitsbestrebungen blutig niedergeschlagen
Truppen der Sowjetischen Armee marschieren in die ungarische Hauptstadt ein. Sie beenden mit militärischen Mitteln den Aufstand der Freiheitskämpfer, die einen Anschluss Ungarns an die westlichen Mächte befürworten. Bei den Auseinandersetzungen kommen mehrere tausend Menschen ums Leben.

1980
Reagan im Amt
Ronald Reagan aus Kalifornien wird der 40. Präsident der USA. Der frühere Filmschauspieler hatte von 1967–75 das Amt des Gouverneurs von Kalifornien inne. Der republikanische Politiker löst den demokratischen Jimmy Carter im Amt ab. Seine Präsidentschaft währt bis 1989.

1995
Rabin ermordet
Israel trauert um seinen Ministerpräsidenten. Yitzhak Rabin ist dem Attentat eines rechtsradikalen Studenten zum Opfer gefallen. Rabin leitete die Aussöhnung mit den Palästinensern ein. 1994 erhielt er zusammen mit Jasir Arafat und Shimon Peres den Friedensnobelpreis.

Jugendliche in Isreal gedenken des ermordeten Yitzhak Rabin

Auch das geschah an diesem Tag

1901 In Berlin wird die Wandervogel-Bewegung als Reaktion auf zunehmende Industrialisierung und Urbanisierung gegründet. Mit Ausflügen und Zeltlagern wollen die Mitglieder gemeinsam „zurück zur Natur" finden. **1922** Das Grab des Tutanchamun wird in Luxor gefunden. **1999** In der Schwarzgeldaffäre der CDU – einem der größten politischen Skandale in der BR Dtl. – erlässt die Staatsanwaltschaft erste Haftbefehle.

24.10.–22.11

Bernhard, Bertila, Emerich, Hardy

Hans Sachs

Uwe Seeler

Die Zahl derer, die durch zu viele Informationen nicht mehr informiert sind, wächst.

Rudolf Augstein

November

1414
Konzil von Konstanz
Die Versammlung der Kirchenväter tagt über vier Jahre am Bodensee. Das Konzil verhängt das Todesurteil über den tschechischen Reformator Jan Hus und beschließt die Aufhebung der Kirchenspaltung mit den Päpsten in Rom und Avignon. Fortan gibt es nur noch einen Heiligen Vater.

Konzil von Konstanz: Hinrichtung des Jan Hus

1576
Niederländer schließen sich gegen spanische Herrschaft zusammen
Die Protestanten aus den nördlichen Gebieten Hollands bilden mit den Katholiken aus der südlichen Provinz Seeland eine Allianz im Unabhängigkeitskrieg gegen die spanischen Besatzer. Das Bündnis zerbricht 1579, als die Bewohner der südlichen Gebiete die Vormachtstellung der Spanier anerkennen.

1916
Polen wird zum Königreich ausgerufen
Um aus der polnischen Bevölkerung eine Armee gegen Russland rekrutieren zu können, wird Polen von den Kaisern Österreich-Ungarns und Deutschlands zum Königreich ausgerufen. Polen bleibt jedoch eng an die beiden mächtigen Staaten gebunden.

Auch das geschah an diesem Tag

1892 Bei der Berliner Ausstellung des norwegischen Malers Edvard Munch reagiert das Publikum schockiert. Die Schau wird nach nur einer Woche vorzeitig geschlossen. **1912** Der Demokrat Woodrow Wilson wird 28. Präsident der USA. Er veranlasst 1914 den Eintritt der USA in den Krieg gegen die Mittelmächte. **1914** Zypern wird von den Briten als strategisch wichtiger Stützpunkt im Ersten Weltkrieg annektiert und bleibt bis 1959 unter britischer Oberhoheit.

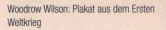

Woodrow Wilson: Plakat aus dem Ersten Weltkrieg

Am 5. November geboren:

Hans Sachs (1494 in Nürnberg), deutscher Meistersinger und Dichter. Der dichtende Schuhmacher verfasst über 4000 Meisterlieder, Spruchgedichte, Schwänke, Fabeln und Fastnachtspiele. Seine Lieder haben meist eine didaktische Funktion und belehren den Bürger auf anschauliche und humorvolle Art. († 19.11.1576 in Nürnberg)

Rudolf Augstein (1923 in Hannover), deutscher Publizist. Als Herausgeber des Nachrichtenmagazins *Der Spiegel* prägt Augstein ab 1947 die journalistische Kultur der BR Dtl. Das Blatt deckt zahlreiche politische Skandale auf. 1999 wird er „Journalist des Jahrhunderts". († 7.11.2002 in Hamburg)

Uwe Seeler (1936 in Hamburg), deutscher Fußballspieler. Als Spieler des Hamburger Sportvereins wird er dreimal zum deutschen Fußballer des Jahres gewählt. Von 1954–70 absolviert er für die Deutsche Nationalmannschaft insgesamt 72 Länderspiele mit der beachtlichen Torbilanz von 43 Treffern.

Sam Shepard (1943 in Ford Sheridan/Illinois). Der US-amerikanische Dramatiker bindet in seine Theaterstücke Elemente aus der Popkultur ein. Das zentrale Thema seiner Dramen bildet die Isolierung des Einzelnen in der Gesellschaft und der Verfall der Wertvorstellungen. Shepard ist darüber hinaus erfolgreicher Drehbuchautor und Schauspieler.

6 November

Keine Grenze verlockt mehr zum Schmuggeln, als die Altersgrenze.

Abraham Lincoln

Robert Musil

Robert Musil

24.10.–22.11.

Leonhard, Nina, Rolf, Rudolf

Am 6. November geboren:

Agrippina d. J. (15 n. Chr. in Oppidum Ubiorum, heute Köln), vierte Gattin des Kaisers Claudius. Agrippina lässt ihren Kaisergemahl vergiften, um ihren Sohn aus erster Ehe, Nero, auf den Thron zu bringen. Als Kaiser veranlasst Nero ihre Ermordung. († 59 n. Chr. in Baiae bei Neapel)
Robert Musil (1880 in Klagenfurt), österreichischer Schriftsteller. Der Offizier arbeitet zunächst als Staatsbeamter in Wien. Später lebt er als freier Schriftsteller u. a. in Berlin, Wien und seit 1938 in der Schweiz. Sein wichtigstes Werk ist der unvollendete und postum herausgegebene Roman *Der Mann ohne Eigenschaften* (ab 1930, Erstausgabe 1952), in dem er den Untergang der ungarisch-österreichischen Monarchie beleuchtet.
(† 15.4.1942 in Genf)
Julius Hackethal (1921 in Reinholterode), deutscher Arzt. Macht sich für eine humane Medizin stark, die als natürliche Konsequenz die aktive Sterbehilfe befürwortet. In diesem Punkt sieht sich der Mediziner massiver Kritik ausgesetzt. († 1997 in Bernau am Chiemsee)

1813
Mexiko vorerst frei
In der spanischen Kolonie Mexico erheben sich Aufständische gegen die spanische Vorherrschaft. Die Freiheitskämpfer erlangen die Unabhängigkeit. Jedoch wird Mexico nach dem Erstarken Spaniens 1816 wieder Kolonie.

1860
Lincoln zum Präsidenten gewählt
Der Republikaner Abraham Lincoln wird mit den Stimmen der Nordstaatler 16. Präsident der USA. 1862 hebt er die Sklaverei auf. Die Südstaaten verweigern ihm daraufhin die Gefolgschaft. Es kommt zum Bürgerkrieg mit den Nordstaaten (bis 1865).

1932
Reichstag ohne Mehrheit
Im deutschen Regierungsgebäude wird der Siebte Reichstag gewählt, der keiner Partei eine eindeutige Mehrheit bringt. Der Vorschlag Adolf Hitlers zur Kabinettsbildung wird von Reichspräsident Paul von Hindenburg abgelehnt. Am 30.1.1933 beruft von Hindenburg Hitler als Führer der stärksten Fraktion in das Amt des Reichskanzlers.

1971
Greenpeace gegen Atomtests
Ein Jahr nach der Gründung der Umweltschutzorganisation protestieren die Aktivisten in den Aleuten mit einer weltweit beachteten Aktion gegen die Atombombentests der Amerikaner im Nordpazifik. Auch wenn sie diese nicht verhindern können, bleibt ihr Unternehmen nicht ohne Wirkung: Der Nutzen nuklearer Waffentests wird in der Öffentlichkeit kritisch hinterfragt.

GREENPEACE
Greenpeace (Schriftzug)

Auch das geschah an diesem Tag

1878 Das Gesellschaftsstück *Die Stützen der Gesellschaft* des norwegischen Autors Henrik Ibsen wird in Oslo uraufgeführt. **1984** Ronald Reagan wird im Amt bestätigt und bleibt Präsident der USA. **1991** In Kuwait wird die letzte brennende Ölquelle, die während des Golfkriegs absichtlich durch irakische Einheiten in Brand gesetzt worden war, gelöscht.

Brennende Ölquellen in Kuwait

24.10.–22.11

Bert, Brors, Erna, Ernst, Giso, Karina

Albert Camus

Fritz Reuter

Von einem bestimmten Alter an ist jeder Mensch für sein Gesicht verantwortlich.

Albert Camus

7 November

1801
Batterie wird erfunden
Der italienische Physiker Alessandro Volta führt in Paris die „Voltasche Säule" vor. Damit gelingt es ihm, eine von externen Quellen unabhängige, Strom liefernde Einheit zu schaffen. Als Erfinder der Batterie geht er in die Geschichte ein.

1917
Putsch der Bolschewisten in Russland
In Russland beginnt die Oktoberrevolution (nach russischer Zeitrechnung am 25.10.). Anhänger der Bolschewisten stürmen unter Führung Leo Trotzkis den Sitz der Regierung und nehmen 13 Minister gefangen. Unter dem Vorsitz Wladimir Lenins nimmt die sozialistische Regierung ihre Geschäfte auf. Lenin steht dem „Rat der Volkskommissare" vor und setzt eine neue politische Grundordnung durch.

1918
Eisner ruft in München Republik aus
Der Vorsitzende der Münchner Unabhängigen Sozialdemokraten (USPD) Kurt Eisner proklamiert in München die Republik. Er wird bayerischer Ministerpräsident und betreibt eine eigenstaatliche bayerische Politik. Er wird am 21.2.1919 in München durch Anton Graf von Arco Valley ermordet. Das Attentat gibt den Anstoß zur Ausrufung der Münchener Räterepublik.

Am 7. November geboren:

Fritz Reuter (1810 in Stavenhagen), niederdeutscher Schriftsteller. Nach einigen Jahren in Festungshaft wegen Teilnahme an Aktionen der Burschenschaft ist Reuter in der Landwirtschaft beschäftigt, bevor er als Privatlehrer und Schriftsteller tätig wird. Seine Scherzerzählungen, Versdichtungen und Romane schildern sowohl das eigene Schicksal (*Ut mine Festungstid*, 1862) als auch gesellschaftliche und politische Zustände, u. a. *Ut de Franzosentid* (1859) und *Hanne Nüte* (1860). († 12.7.1874 in Eisenach)

Marie Curie (1867 in Warschau), französische Chemikerin polnischer Herkunft. Sie untersucht die Uranstrahlung und isoliert zunächst das Polonium. In Zusammenarbeit mit ihrem Mann Pierre Curie isoliert sie später auch das Radium und weist die Radioaktivität des Thoriums nach. Zusammen mit Henri Becquerel wird Marie und Pierre Curie 1903 der Nobelpreis für Physik verliehen. 1911 erhält die Forscherin den Nobelpreis für Chemie. († 1934 in Sancellemoz)

Leo Dawidowitsch Trotzki (1879 in Janowka), russischer Revolutionär und Politiker. Trotzki ist als Anführer des sog. Militärischen Revolutionskomitees Initiator der Oktoberrevolution von 1917. Unter Josef Stalin gerät er unter starke ideologische Kritik und wird 1929 des Landes verwiesen. Er fällt am 7.11.1940 einem Mordanschlag in der Nähe von Mexiko-Stadt zum Opfer. († 7.11.1940 in Mexiko-Stadt)

Albert Camus (1913 in Mondovi/Algerien), französischer Schriftsteller, Theaterregisseur und Journalist. Zeigt in seinen Werken die Absurdität der menschlichen Existenz auf, die jedoch durch eine persönliche Revolte überwunden werden kann. Sein politisches Engagement zeigt sich u. a. in der Mitbegründerschaft der Résistance-Zeitung *Combat*. († 4.1.1960 in Villeblevin)

Auch das geschah an diesem Tag

1938 Der Anschlag des polnischen Juden Herschel Grynszpan auf den Angehörigen der deutschen Botschaft in Paris, Ernst vom Rath, wird vom Führungsstab der Nationalsozialisten als Vorwand für die sog. Reichskristallnacht aufgegriffen, in der 250 Synagogen in Brand gesteckt, 91 jüdische Bürger ermordet und mehr als 25.000 Juden in Konzentrationslager verschleppt werden.

Zerstörte jüdische Geschäfte nach der sog. Reichskristallnacht

315

8 November

Um die Wahrheit zu finden, muss man diskutieren.

Peter Weiss

George Bush

Conrad Röntgen

24.10.–22.11.
Gottfried, Götz, Gregor, Nino

Am 8. November geboren:

Eugénie Bernadine Désirée Clary (1777 in Marseille), Königin von Schweden (1818–44). Die einstige Verlobte Napoleons (1769–1821) wird durch ihre Heirat mit dem französischen Marschall Jean Baptiste Jules Bernadotte, Fürst von Pontecorvo in den Adelsstand erhoben. Mit der Berufung ihres Gatten auf den schwedisch-norwegischen Königsthron 1818 wird sie Königin von Schweden. († 17.12.1860 in Stockholm)

Peter Weiss (1916 in Nowawes, heute Babelsberg), deutscher Schriftsteller und Grafiker. Weiss emigriert mit seinen Eltern zunächst in die Schweiz, dann nach Schweden. 1945 wird er schwedischer Staatsbürger. Er ist ein Vertreter einer engagierten Exil- und Nachkriegsliteratur, die zunehmend eine marxistische Orientierung aufweist. Wichtigste Werke: *Die Ermordung des Jean Paul Marats* (1964) und *Ästhetik des Widerstandes* (1975–81).(† 10.5.1982 in Stockholm)

Alain Delon

Alain Delon (1935 in Sceaux bei Paris), französischer Filmschauspieler. Delon spielt in zahlreichen Filmen der französischen Nouvelle Vague und des Film Noir. Hauptrollen hat er u. a. in *Rocco und seine Brüder* (1960), *Der eiskalte Engel* (1967) und *Der Leopard* (1963).

1685
Hugenotten finden in Preußen Zuflucht
Die französischen Protestanten sehen sich nach der Aufhebung des 1598 begründeten „Edikt von Nantes", das ihnen die Ausübung ihre Religionsfreiheit garantierte, massiver Verfolgung ausgesetzt und fliehen nach Nordeuropa. Die Ansiedlung der Hugenotten im reformierten Preußen wird von Friedrich Wilhelm stark unterstützt. Um 1700 machen die französischen Protestanten ca. ein Drittel der Bevölkerung Berlins aus.

1895
X-Strahlen entdeckt
Der deutsche Physiker Wilhelm Conrad Röntgen entdeckt die X-Strahlen, die heute unter seinem Namen bekannt sind. Mit den elektromagnetischen Strahlen ist es zum ersten Mal möglich, in das Innere des menschlichen Körpers zu blicken und somit viele Krankheiten bereits früh zu diagnostizieren. Röntgen erhält 1901 den ersten Nobelpreis für Physik.

1939
Attentat auf Hitler missglückt
Der deutsche Widerstandskämpfer Johann Georg Elser verübt im Münchner Bürgerbräukeller ein Bombenattentat auf Adolf Hitler. Der Anschlag missglückt, da die Sprengladung zu spät zündet. Elser wird festgenommen und 1945 im KZ Dachau hingerichtet.

Der verwüstete Bürgerbräukeller in München nach dem misslungenen Anschlag auf Adolf Hitler

1988
Bush im Weißen Haus
George Herbert Walker Bush, republikanischer Politiker, wird zum 41. Präsidenten der USA gewählt. In seine Amtszeit von 1989–93 fällt die Befreiung Kuwaits von irakischer Herrschaft während des Golfkriegs (1991). Sein Sohn George Walker Bush wird 2001 der 43. Präsident der USA.

Auch das geschah an diesem Tag

1887 Das Patent für ein Tonabnahmegerät mit drehbarer Schallplatte wird in Berlin vergeben – der Siegeszug des Grammophons beginnt. **1909** Ein benzinbetriebenes Fahrzeug der Firma Benz überschreitet zum ersten Mal in der Geschichte des Sportwagens die magische Grenze von 200 km/h. **1948** Die Künstlervereinigung COBRA entsteht. Ziel der Gruppe nordeuropäischer Künstler ist es, die Stilrichtungen des Expressionismus, des Surrealismus und der Abstraktion miteinander zu vereinigen.

9 November

24.10.–22.11

Herfrid, Randolf,
Ranulf, Roland, Ted

Iwan Turgenjew

John F. Kennedy

Erfolg gibt Sicherheit, Sicherheit gibt Erfolg.

Ulrich Schamoni

1918
Die deutsche Republik wird ausgerufen
Mit der Abdankung Kaiser Wilhelms II. bricht im Deutschen Reich die „November-Revolution" aus. Der Sozialdemokrat Philipp Scheidemann ruft vom Balkon des Reichstags erfolglos die Republik aus. Er kommt damit Karl Liebknecht zuvor, der nur kurze Zeit später vor dem Berliner Schloss die „Freie Sozialistische Republik Deutschland" proklamiert. Friedrich Ebert wird der erste Reichskanzler der deutschen Republik.

1938
Massenhetze gegen Juden in der „Reichskristallnacht"
In der Nacht vom 9. auf den 10. November 1938 werden in Deutschland im Rahmen eines nationalsozialistischen antisemitischen Massenpogroms jüdische Geschäfte und Wohnungen zerstört und geplündert. Eine gezielte Hetzrede des Propagandaministers Joseph Goebbels führt dazu, dass SA- und Parteiführer ihren Einheiten Ausschreitungen im ganzen Reichsgebiet befehlen, durch die 250 Synagogen in Brand gesteckt, 91 jüdische Bürger ermordet und mehr als 25.000 Juden in Konzentrationslager verschleppt werden.

1960
Kennedy im Amt
Der Kandidat der Demokraten, John F. Kennedy, wird als erster Katholik 35. Präsident der USA. Er besiegt seinen Kontrahenten Richard M. Nixon mit deutlicher Stimmenmehrheit. Seine Politik zeichnet sich durch den Kampf für soziale Gerechtigkeit und zwischenstaatliche Entspannung aus. Beim Wahlkampf 1963 fällt Kennedy einem Mordanschlag zum Opfer. Der Täter ist ein Einzelgänger, Mutmaßungen über eine Verschwörung werden jedoch bis heute geäußert.

Am 9. November geboren:

Iwan Turgenjew (1818 in Orjol), russischer Schriftsteller. In seinen Romanen schildert Turgenjew die russische Gesellschaft. Wichtige Werke des Hauptvertreters des Realismus sind u. a. *Väter und Söhne* (1862) und *Aufzeichnungen eines Jägers* (1852). († 3.9.1883 in Paris)

Fritz Thyssen (1873 in Styrum, heute Mülheim/Ruhr), deutscher Industrieller. Der Sohn von August Thyssen, des Gründers der Thyssen AG, ist zunächst Befürworter und Unterstützer des nationalsozialistischen Regimes, wird jedoch nach 1935 aufgrund der Judenverfolgung zu dessen Gegner. Er emigriert in die Schweiz, wird 1941 in Frankreich verhaftet und ist bis 1945 im KZ inhaftiert. († 1951 in Buenos Aires)

Ulrich Schamoni (1939 in Berlin), deutscher Filmemacher und Medienmanager. Schamoni gehört zu den wichtigen Figuren des Neuen Deutschen Films, für den er mit seinen Werken (u. a. *Es*, 1965) wichtige Beiträge liefert. Ab 1986 ist Schamoni auch im Rundfunkgeschäft als Betreiber des ersten deutschen privaten Radiosenders und eines Fernsehsenders tätig. († 9.3.1998 in Berlin)

Auch das geschah an diesem Tag

1989 Die Mauer fällt – die Führungsriege der DDR beschließt die Öffnung der innerdeutschen Grenze. Nach 28 Jahren wird die Teilung Ost- und Westberlins durch den „Antifaschistischen Schutzwall" aufgehoben. Die Bürger Berlins können sich wieder frei begegnen. Die seit 1949 währende Teilung Deutschlands endet wenige Tage später mit dem Sturz der SED-Diktatur.

Reichskristallnacht

Mauerfall

10 November

Hier stehe ich. Ich kann keine anders.

Martin Luther

Martin Luther

24.10.–22.11.
Justus, Leo, Leonie

Friedrich von Schiller

Am 10. November geboren:

Martin Luther (1483 in Eisleben), deutscher Reformator. Obgleich er durch seine Kritik am Papsttum zum Begründer einer neuen Kirche wurde, versteht sich der Priester und Theologieprofessor in erster Linie als Lehrer der Heiligen Schrift. V. a. seine Bibelübersetzungen tragen zur Verbreitung und Durchsetzung einer allgemeinen deutschen Hochsprache bei.
(† 18.2.1546 in Eisleben)

Friedrich von Schiller (1759 in Marbach am Neckar), deutscher Schriftsteller. Schiller gehört mit Johann Wolfgang von Goethe zu den führenden Köpfen der Weimarer Klassik. In seiner frühen Schaffenszeit übt er als Autor des Sturm und Drang Kritik am Absolutismus (*Die Räuber* 1781). Nach 1787 entstehen vor allem historische, philosophische und ästhetische Studien (*Über die ästhetische Erziehung des Menschen*, 1795). In der klassischen Phase entstehen wieder Dramen und Lyrik, u. a. *Das Lied von der Glocke* (1797) und *Die Jungfrau von Orléans* (1802).
(† 9.5.1805 in Weimar)

Robert Blum (1807 in Köln), deutscher Politiker. Blum ist Vizekanzler im Vorparlament und Vorsitzender der gemäßigten Linken in der Frankfurter Nationalversammlung. Bei den Barrikadenkämpfen der Wiener Revolution wird er gefangen genommen und trotz seiner Mitgliedschaft im Parlament standrechtlich erschossen.
(† 9.11.1848 in Wien)

911
Konrad I. wird deutscher König
Die herrschenden Fürsten von Bayern, Franken und Sachsen erheben nach dem Tod des letzten karolingischen Herrschers Ludwigs IV. den Herzog von Franken, Konrad I., zum neuen König. Er ist Gründer des Königtums des mittelalterlichen Deutschen Reiches.

1444
Türken ziehen nach Konstantinopel
Nach dem Sieg Murad II. über ein Heer von Kreuzfahrern bei Warna

Auch das geschah an diesem Tag

1918 MSPD und USPD finden Mehrheit in Berlin. Die Räterepublik wird von einer Demokratie abgelöst. **1969** *Sesame Street* läuft zum ersten Mal in einem US-amerikanischen Fernsehsender. **1974** Der Kammergerichtspräsident Günter von Drenkmann wird von Angehörigen der RAF erschossen.

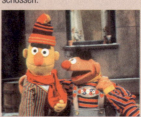
Szene aus *Sesame Street*

werden die westlichen Allianzen so stark geschwächt, dass den Osmanen für die Eroberung Konstantinopels 1453 und die Besetzung Serbiens 1459 der Weg geebnet ist.

1928
Hirohito japanischer Kaiser
In der japanischen Krönungsstadt Kyoto besteigt Hirohito den kaiserlichen Thron und leitet die Ära Showa (leuchtender Friede) ein. Dieser Frieden ist dem Land während seiner Regierung jedoch nicht vergönnt. 1931 beginnt der Krieg gegen China, 1941 tritt Japan in den Zweiten Weltkrieg ein und kapituliert 1945 nach den Atombombenabwürfen auf Hiroshima und Nagasaki durch die Amerikaner.

Kaiser Hirohito während der Krönungszeremonie

24.10.–22.11.
Heinrich, Martin, Menas

Fjodor Dostojewskij

Carlos Fuentes

Knüppeldick muss man's heute sagen.

Fjodor Dostojewski

11 November

1417
Kirchenspaltung aufgehoben
Während des Konstanzer Konzils wählen die Kirchenväter 1417 den römischen Adligen Oddo Colonna zu ihrem geistlichen Oberhaupt. Als Martin V. wird er alleiniger Papst. Die seit 1378 während abendländische Kirchenspaltung mit bis zu drei Päpsten, das Schisma, ist somit wieder aufgehoben.

1918
Kapitulation des Deutschen Reiches
Das Waffenstillstandsabkommen, welches der Reichstagsabgeordnete Matthias Erzberger und der Oberbefehlshaber der Alliierten Ferdinand Foch in einem Eisenbahnwagen im Wald von Compiègne unterzeichnen, behält bis zum endgültigen Friedensvertrag von Versailles 1919 seine Gültigkeit.

Ferdinand Foch

1942
Deutschland und Italien greifen Frankreich an
Der bislang unbesetzte Teil Frankreichs wird von deutschen Truppen besetzt, weitere Teile Frankreichs werden von italienischen Truppen eingenommen. Zuvor hatte sich die französische Armee in Nordwestafrika mit Einwilligung der Vichy-Regierung auf die Seite der Alliierten gestellt, die am 8. November in Französisch-Nordwestafrika gelandet waren.

....

Am 11. November geboren:

Paracelsus (1493 in Einsiedeln), schweizerischer Arzt und Naturforscher. Paracelsus publiziert in vielen hundert Schriften seine an naturheilkundlichen Methoden, empirischer Medizin und alchimistischem, mystischem sowie astrologischem Wissen orientierten Forschungsergebnisse und ist damit federführender Gegner der Schulmedizin. († 24.9.1541 in Salzburg)

Paracelsus

Fjodor Dostojewski (1821 in Moskau), russischer Schriftsteller. Dostojewski verbindet in seinen Romanen existenzielle Themen mit einer psychologisierenden Figurendarstellung und einer dramatischen Erzählweise. Er wird wegen Teilnahme an sozialistischen Bestrebungen zunächst zum Tode verurteilt, dann zu vier Jahren Zwangsarbeit begnadigt. Wichtige Werke Dostojewskis sind *Die Brüder Karamasow* (1879/80) und *Der Idiot* (1868). († 9.2.1881 in St. Petersburg)

Paul Signac (1863 in Paris), französischer Maler. Ausgehend von der „optischen Mischung" der Farben im Auge, begründet er zusammen mit Georges Seurat den Pointilismus, bei dem sich einzelne Farbpunkte in der Entfernung zu einem Bild zusammensetzen. († 15.8.1935 in Paris)

Kurt Vonnegut (1922 in Indianapolis), US-amerikanischer Schriftsteller. Mit bissigem Humor prangert er die amerikanische Gesellschaft an; **Carlos Fuentes** (1928 in Mexiko-Stadt), mexikanischer Schriftsteller. Behandelt in seinen Romanen aktuelles Zeitgeschehen in Verbindung mit mythischen Themen; **Hans Magnus Enzensberger** (1929 in Kaufbeuren), deutscher Schriftsteller. Er verfasst sog. Gebrauchslyrik und gründet 1965 das *Kursbuch* als literarisch-politisches Forum.

Auch das geschah an diesem Tag

43 v. Chr. Das zweite Triumvirat der Römischen Republik beginnt. **1918** Kaiser Karl I. dankt ab. Die Habsburger-Dynastie über Österreich und Ungarn ist damit beendet. **1974** Es wird nachgewiesen, dass Materie aus vier und nicht, wie bisher angenommen, aus drei Elementarteilchen besteht.

Paul Signac: *Leuchtturm von Portieux*

12 November

Eine glückliche Ehe ist eine, in der sie ein bisschen blind und er ein bisschen taub ist.
Loriot

Auguste Rodin

Loriot

24.10.–22.11.
Christian, Diego, Kunibert, Lewin

Am 12. November geboren:

Auguste Rodin (1840 in Paris), französischer Bildhauer. Rodin bricht mit dem Klassizismus. Seine Skulpturen zeichnen sich durch naturalistische Wiedergabe aus. Durch die bewegte Gestaltung der Oberfläche, die vielzählige Lichtbrechungen hervorruft, offenbart er auch eine Nähe zum Impressionismus. Wichtige Werke Rodins sind u. a. *Die Bürger von Calais* (1884–86) sowie *Das Höllentor* (1880–1917). († 17.11.1917 in Meudon)

Loriot (1923 in Brandenburg/Havel), deutscher Cartoonist, Komiker, Regisseur und Schauspieler. Vicco von Bülow wird unter dem Künstlernamen Loriot zunächst durch seine Karikaturen bekannt. Ab 1976 produziert er eigene Fernsehsketche, später auch Kinofilme (*Ödipussi*, 1987 und *Pappa ante portas*, 1991).

Grace Kelly (1929 in Philadelphia), US-amerikanische Schauspielerin und Fürstin von Monaco (1956–82). Sie wird durch den Western-Klassiker *12 Uhr mittags* (1952) bekannt. Zeitweise ist die blonde Schöne favorisierte Schauspielerin des Krimi-Regisseurs Alfred Hitchcock. 1956 heiratet sie Fürst Rainier III. von Monaco und gibt als Fürstin Gracia Patricia ihre Schauspielkarriere auf. († 14.9.1982 in Monaco)

Ulrich von Hassel (1881 in Anklam), deutscher Diplomat und Widerstandskämpfer. († 8.9.1944 in Plötzensee, hingerichtet); **Michael Ende** (1929 in Garmisch-Partenkirchen), deutscher Kinder- und Jugendautor. Wichtige Werke sind u. a. *Momo* (1973) und *Die unendliche Geschichte* (1979). († 28.8.1995 in Stuttgart); **Neil Young** (1945 in Toronto), kanadischer Rockmusiker, stilbildend für amerikanischen Folkrock.

Neil Young

1035
Reich Knut des Großen zerfällt
Mit dem Tod des dänischen Königs Knut II. zerfällt das nordische Großreich, bestehend aus Dänemark, England und Norwegen, das er während seiner Herrschaft hatte vereinigen können.

1918
Österreich wird Teilrepublik
Nach dem Regierungsverzicht Kaiser Karls I. kommt es in Wien zur Ausrufung der Republik Deutschösterreich. Die Teilrepublik gilt damit als der Deutschen Republik zugehörig. 1919 wird sie in dem Friedensvertrag von St. Germain in Republik Österreich umbenannt und ihr der Anschluss an Deutschland verboten.

1944
Schlachtschiff „Tirpitz" versenkt
Bei dem Beschuss durch englische Fliegerbomben sinkt die „Tirpitz", das letzte kampfbereite deutsche Schlachtschiff, vor der norwegischen Küste. Annähernd die Hälfte der 2500 Personen starken Besatzung werden bei dem Angriff getötet.

Auch das geschah an diesem Tag

1992 In einem Gerichtsverfahren wird der ehemalige SED-Staatsratsvorsitzende Erich Honecker mit fünf weiteren Angeklagten beschuldigt, für den Totschlag an DDR-Flüchtlingen an der innerdeutschen Grenze verantwortlich zu sein. 1993 wird das Strafverfahren gegen ihn jedoch wegen Verhandlungsunfähigkeit eingestellt. Honecker reist daraufhin nach Chile aus.

Erich Honecker betritt am 30.11.1992 den Gerichtssaal in Berlin-Moabit

24.10.–22.11

Helmes, Karl, Livia, Traude

Aurelius Augustinus

Charles de Gaulle

Überwinde dich selbst, dann ist die Welt überwunden.

Augustinus

November

1945
De Gaulle wird Regierungschef
In Frankreich wird General Charles de Gaulle zum ersten Regierungschef der Nachkriegszeit gewählt. De Gaulle hatte während des Zweiten Weltkriegs von London aus den Widerstand gegen die deutsche Besatzung in Frankreich organisiert. Während seiner Regierungszeit setzt er sich für ein Erstarken Frankreichs gegenüber den USA ein. Nach dem Scheitern eines Referendums tritt er 1969 von seinem Amt zurück.

Jasir Arafat

1974
Arafat spricht vor der UNO
Jasir Arafat, der Anführer der Palestine Liberation Organization (der palästinensischen Befreiungsorganisation – PLO), wird eingeladen, vor den Mitgliedern der Vereinten Nationen in New York zu sprechen. Er fordert von der internationalen Gemeinschaft die Gründung eines eigenständigen palästinensischen Staates.

1989
Hans Modrow zum Ministerpräsidenten gewählt
Die Volkskammer ernennt Hans Modrow zum Ministerpräsidenten der Deutschen Demokratischen Republik. Modrow kündigt eine Demokratisierung des Landes an.

Auch das geschah an diesem Tag
1002 Aus Angst vor einem Mordanschlag lässt der angelsächsische König alle Dänen in seinem Herrschaftsbereich ermorden. **1970** Bei einer Flutkatastrophe, ausgelöst durch einen Zyklon von über 190 km/h, kommen in Ostpakistan (heute Bangladesch) über 300.000 Menschen ums Leben. **1971** Die erste Raumsonde wird in die Umlaufbahn eines anderen Planeten geschickt. Als „Mariner 8" umkreist sie den Mars. **1985** Beim Ausbruch des Vulkans Nevado del Ruiz in Kolumbien verlieren 23.000 Menschen ihr Leben.

Nasa-Ingenieure überprüfen die Marssonde „Mariner 8"

Erst sein Stellvertreter und Nachfolger Lothar de Mazière vollzieht 1990 den Beitritt der DDR zum Geltungsbereich der BR Dtl.

Am 13. November geboren:

Aurelius Augustinus (354 in Tagaste), lateinischer Kirchenlehrer. Mit seinen Schriften wie *Über den Gottesstaat* (413–26) prägt der Priester und 395 zum Bischof geweihte Augustinus die christliche Theologie und abendländische Philosophie. Er betont den Führungsanspruch der Kirche gegenüber der staatspolitischen Macht. († 28.8.430 in Hippo Regius)

Augustinus: Szene aus *Über den Gottesstaat*

Robert Louis Stevenson (1850 in Edinburgh), britischer Schriftsteller. Der ausgebildete Jurist schreibt anfangs Erzählungen für Londoner Zeitschriften. Mit *Treasure Island* (*Die Schatzinsel*, 1883) hat er als Romanschriftsteller den großen Durchbruch. Weitere Abenteuerromane folgen. Seine Darstellung einer Persönlichkeitsspaltung in *Dr. Jekyll and Mr. Hyde* bildet bis heute den Stoff für Verfilmungen und Theaterstücke.
(† 3.12.1894 Apia/Westsamoa)

Peter Härtling (1933 in Chemnitz), deutscher Schriftsteller. Ist von 1967–73 literarischer Leiter des S. Fischer-Verlages und von 1962–70 Mitherausgeber der Zeitschrift *Monat*. Er schreibt zunächst Gedichte, später auch Romane wie *Schumanns Schatten* (1996) und Kinderbücher (*Oma*, 1975 oder *Ben liebt Anna*, 1986).

14 November

Um Himmels Willen! Ich würde mich mit der jungen Astrid nur streiten.

Astrid Lindgren

Boutros Boutros Ghali — Prinz Charles

24.10.–22.11.
Alberich, Bernhard, Nikolaus

Am 14. November geboren:

Claude Monet (1840 in Paris), französischer Maler. Im Wald von Fontainebleau malt Monet mit weiteren Kollegen bewusst nach der Natur. Sein Bild *Impression, soleil levant* (1872) gibt der Bewegung der Impressionisten ihren Namen. († 6.12.1926 in Giverny)

Monet: *Impression, soleil levant*

Astrid Anna Emilie Lindgren (1907 in Näs), schwedische Kinderbuchautorin. Ihre Romanhelden wie *Pippi Langstrumpf* (1945–48), *Kalle Blomquist* (1946–53), *Die Kinder aus Bullerbü* (1947–52) oder *Ronja Räubertochter* (1981) begeistern Kinder und Eltern weltweit und machen die Autorin weltberühmt. († 28.1.2002 in Stockholm)

Joseph Raymond McCarthy (1909 Grand Chute/Wisconsin), US-amerikanischer Politiker. Als republikanischer Senator (1947–54) leitet er die Untersuchung „unamerikanischer Umtriebe", die sich unter seiner Führung zu einem repressiven Apparat entwickelt. († 2.5.1957 in Bethesdal/Maryland)

Boutros Boutros Ghali (1922 in Kairo), ägyptischer Politiker. Der Jurist und Professor für Völkerrecht hat von 1992–96 als erster Angehöriger des afrikanischen Kontinents das Amt des Generalsekretärs der Vereinten Nationen inne.

Charles (1948 in London), Prince of Wales. Der Thronfolger des britischen Königshauses heiratet 1981 Lady Diana Spencer und wird 1996 von ihr geschieden. Neben seinen repräsentativen und karitativen Aktivitäten betätigt er sich als Kunstmaler und Kinderbuchautor.

Józef Pilsudski

1918
Polen wird souverän
Nach dem Zweiten Weltkrieg wird Polen, bis dahin von Deutschland und Österreich-Ungarn politisch abhängig, zum autarken Staat. Josef Pilsudski wird zum Staatschef einer provisorischen Regierung ernannt.

1940
Deutsche Luftwaffe bombardiert Coventry
In der Nacht wird das Zentrum der mittelalterlichen Stadt Coventry durch Einheiten der deutschen Luftwaffe angegriffen und fast völlig zerstört. Dabei kommen mehrere hundert Menschen ums Leben. Einige der historischen Gebäude (u. a. die *Holy Trinity Church* und das *Ford's Hospital*) werden nach dem Krieg wieder aufgebaut.

1962
Eritrea von Äthiopien annektiert
Das bis dahin freie Eritrea wird dem Staat Äthiopien unterstellt. Der „Eritreischen Befreiungsfront" gelingt in ihrem bis 1991 andauernden Kampf gegen die äthiopischen Besatzer die Wiedererlangung der Autonomie.

Auch das geschah an diesem Tag

1901 Das menschliche Blut wird nach Gruppen (A, B und 0) unterschieden. Die Komplikationen nach Bluttransfusionen können somit umgangen werden. **1922** In London geht die British Broadcast Company (BBC) auf Sendung. **1946** Der deutsche Schriftsteller Hermann Hesse wird mit dem Literaturnobelpreis ausgezeichnet. **1961** In Deutschland wird erstmals eine Frau Bundesministerin. Die CDU-Politikerin Elisabeth Schwarzhaupt übernimmt das Ressort Gesundheitswesen.

24.10.–22.11

Albert, Arthur, Leopold, Marino

Gerhart Hauptmann

Wolf Biermann

Nur wer sich ändert, bleibt sich treu.
Wolf Biermann

15 November

1917
Finnland wird unabhängig
Als das russische Kaisertum mit der Oktoberrevolution gestürzt wird, übernimmt das finnische Parlament die Regierungsgeschäfte und erklärt am 6. Dezember die Unabhängigkeit Finnlands.

1920
Völkerbund tagt
Die Abgeordneten des 1919 gegründeten Völkerbunds, bestehend aus 42 Mitgliederstaaten, tagen zum ersten Mal in Genf. Das Deutsche Reich, die USA und die UdSSR gehören dem internationalen Bund nicht an. Die Staatengemeinschaft hat somit nur eingeschränkte Macht.

1923
Rentenmark beendet Inflation
Durch die Ausgabe der zur Stabilisierung geschaffenen Zwischenwährung, der Rentenmark, wird nach dem Ersten Weltkrieg die In-

Banknoten aus der Zeit der Weimarer Republik

flation im Deutschen Reich beendet. Die Teuerungsrate hatte die Preise der Vorgängerwährung in astronomische Höhen ansteigen lassen. Der Wechselkurs beträgt eine Billion zu eins.

1988
Staat der Palästinenser
Nachdem Jordanien auf das von Israel besetzte Westjordanien verzichtet, ruft der palästinensische Nationalrat den unabhängigen Staat Palästina für die Gebiete des Gaza-Streifens und das Westjordanland aus. Der Anführer der pa-

Auch das geschah an diesem Tag
1959 Im Godesberger Programm bekräftigt die SPD die Abkehr vom Sozialismus. **1980** Papst Johannes Paul II. besucht vier Tage lang die BR Dtl. Er wird von rund 1,5 Millionen Gläubigen freudig empfangen. **1983** Der nördliche Teil Zyperns, vorwiegend von türkischer Bevölkerung bewohnt, spaltet sich vom Rest der griechischen Insel ab. Die Türkei erkennt Nordzypern als türkisches Territorium an. **1994** Mit knapper Mehrheit wird der Christdemokrat Helmut Kohl zum fünften Mal zum Bundeskanzler gewählt. Die Regierungszeit des „Einheitskanzlers" währt insgesamt von 1982–98.

Helmut Kohl wird zur Wiederwahl als Bundeskanzler beglückwünscht

lästinensischen Befreiungsorganisation (PLO), Jasir Arafat, wird mit der Bildung der Regierung beauftragt.

Am 15. November geboren:

Gerhart Hauptmann (1862 in Bad Salzbrunn), deutscher Schriftsteller. Hauptmann ist ein Vertreter des deutschen Naturalismus und der führende Dramatiker um die Jahrhundertwende. 1912 bekommt er den Literaturnobelpreis verliehen. Wichtige Werke des Autors sind u. a. *Die Weber* (1892), *Der Biberpelz* (1893) und *Vor Sonnenuntergang* (1932).
(† 6.6.1946 in Agnetendorf)

Claus Graf Schenk von Stauffenberg (1907 in Jettingen), deutscher Offizier und Widerstandskämpfer. Ab 1940 schließt er sich dem Widerstand gegen Hitler an. Sein Anschlag auf Hitler im Führerhauptquartier 1943 und der im Anschluss geplante Putsch scheitern. Es wird angenommen, dass von Stauffenberg beim Scharfmachen der Sprengladung gestört wird, da die Bombe nur zur Hälfte detoniert. Von Stauffenberg wird festgenommen und hingerichtet.
(† 20.7.1944 in Berlin).

Wolf Biermann (1936 in Hamburg), deutscher Liedersänger und Lyriker. Der von den Idealen des Sozialismus überzeugte Biermann verlagert 1953 seinen Wohnsitz in die DDR, wo er jedoch immer stärker mit den Angehörigen der Regierung in Konflikt gerät. Schließlich wird er 1976 ausgebürgert. Seine polemisch-kritischen Texte wenden sich gegen soziale und politische Ungerechtigkeit.

16 November

Es ist ein Zeichen geistiger Freiheit, einen Bestseller nicht gelesen zu haben.

Paul Hindemith

Paul Hindemith

Rudolf Scharping

24.10.–22.11.
Edmund, Margareta, Otmar, Walter

Am 16. November geboren:

Tiberius (42 v. Chr. in Rom), römischer Kaiser. Der Stiefsohn des Augustus erlangt zahlreiche militärische Siege und folgt Augustus 14 n. Chr. auf den kaiserlichen Thron. Er reformiert die römische Verwaltung und stärkt die Position des Senats. 26 n. Chr. übergibt er die Regierung einem Präfekten und zieht sich nach Capri zurück. († 16.3.37 n. Chr. in Misenum)

Julius Leber (1891 in Biesheim), deutscher Politiker und Widerstandskämpfer. Leber sitzt als Abgeordneter der Sozialdemokraten von 1924–33 im deutschen Reichstag. Nach der Machtergreifung durch die Nationalsozialisten wird er inhaftiert. Er schließt sich nach seiner Freilassung 1937 dem Widerstand an und beteiligt sich an der Planung des Attentats auf Hitler vom Juli 1944. († 5.1.1945 in Berlin, hingerichtet)

Paul Hindemith (1895 in Hanau), deutscher Komponist. Zunächst von Barockmusik inspiriert, wendet er sich in den 1930er-Jahren den avantgardistischen Strömungen der atonalen Musik zu. Danach findet er zu einem eigenen, sehr persönlichen Stil, in dem er Moderne und Tradition zusammenfließen lässt. Sein Hauptwerk, das er als Sinfonie (1934) und als Oper (1938) gestaltet, ist *Mathis, der Maler*. († 28.12.1963 in Frankfurt/Main)

1632
Schlacht bei Lützen
Gustav II. Adolf, König von Schweden fällt im 30-jährigen Krieg in

Gustav II. Adolf

der Schlacht bei Lützen gegen den kaiserlichen Feldherrn Albrecht von Wallenstein. Als Wallenstein nach dem Sieg selbsttätig Friedensverhandlungen mit den Schweden und deutschen Protestanten aufnimmt, wird er als Hochverräter angeklagt und 1634 von kaiserlichen Offizieren ermordet.

1955
Marokkanischer Sultan wieder inthronisiert
Die französische Regierung erhebt Sultan Mohammed V. von Marokko wieder auf den Thron, nachdem sie den nach Unabhängigkeit

Auch das geschah an diesem Tag
1995 In der SPD geht es zur Sache: Bei einer Abstimmung der Delegierten um den Parteivorsitz zwischen Rudolf Scharping und seinem Herausforderer Oskar Lafontaine unterliegt der amtierende Scharping. Die Sozialdemokraten haben damit zum ersten Mal in der Geschichte ihrem Parteivorsitzenden das Vertrauen verweigert.

strebenden Monarchen 1947 abgesetzt und des Landes verwiesen hatte. Ihr Ziel ist es, durch die Inthronisation den Willen nach Unabhängigkeit des marokkanischen Volkes aufzuhalten, was jedoch nicht gelingt. 1956 wird die Fremdherrschaft beendet, 1957 wird Mohammed V. König von Marokko.

1988
Benazir Bhutto regiert Pakistan
Die Tochter des ehemaligen Staatschefs Zulfikar Ali Bhutto wird Regierungschefin Pakistans. Damit ist sie die erste Frau im höchsten Amt eines islamischen Staates. 1990 wird sie wegen Korruptionsvorwürfen abgesetzt, 1993 erneut gewählt und drei Jahre später wiederum abgesetzt.

Benazir Bhutto während ihrer Vereidigung

24.10.–22.11

Bettina, Florin, Gertrud, Hilda

Elisabeth I.

Bernard Law Montgomery

Nicht jeder, der aus dem Rahmen fällt, war vorher im Bilde.

Curt Goetz

17 November

1558
Elisabeth I. besteigt den englischen Thron
Während der Herrschaft Elisabeths I. steigt England zur führenden Seemacht auf und erlebt eine kulturelle Blütezeit. Die Protestantin erhebt die anglikanische Religion zum Staatsglauben und lässt ihre katholische Nebenbuhlerin Maria Stuart 1587 hinrichten.

1869
Suezkanal freigegeben
Nach zehnjähriger Bauzeit wird der Kanal zwischen dem Mittelmeer und dem Roten Meer für die Schifffahrt passierbar. Durch den Suezkanal wird der vorher übliche Seeweg zwischen Europa und Asien erheblich verkürzt.

1890
Gewerkschaften konstituieren sich
Die deutschen Gewerkschaften organisieren sich unter der Führung von Karl Legien zur sog. Generalkommission der Gewerkschaften Deutschlands, die später in den Deutschen Gewerkschaftsbund übergeht.

1933
USA und UdSSR treten in Kontakt
Die Vereinigten Staaten von Amerika und die Sowjetunion nehmen diplomatische Beziehungen auf. Die Regierung der USA erkennt damit erst elf Jahre nach der Gründung der UdSSR die Großmacht als Staat an.

Am 17. November geboren:

Bernard Law Montgomery (1887 in Kensington), Sir (seit 1942), britischer General. Montgomery hält 1942 den Vorstoß der deutschen Armee in Ägypten auf. 1944/45 wird er Befehlshaber der britischen Besatzungstruppen in Deutschland. Nach dem Zweiten Weltkrieg ist er stellvertretender Oberkommandeur der NATO (1952–58). († 24.3.1976 in Isington Mill).

Curt Goetz (1888 in Mainz), deutscher Schauspieler, Schriftsteller und Regisseur. Sein bekanntestes Werk, das amüsante Gesellschaftsstück *Das Haus in Montevideo* (1953), wurde wie andere Vorlagen von ihm selbst verfilmt. († 12.9.1960 in Grabs/Schweiz)

Walter Hallstein (1901 in Mainz), deutscher Politiker. Hallstein ist v. a. wegen der unter seiner Führung im Auswärtigen Amt verfassten Doktrin von 1959 bekannt, die besagt, die BR Dtl. dürfe keine diplomatischen Beziehungen mit Ländern eingehen, welche die DDR anerkennen. Die sog. Hallstein-Doktrin wird 1967 (Rumänien) und 1968 (Jugoslawien) durchbrochen und 1973 aufgegeben. († 29.3.1982 in Stuttgart)

Rock Hudson (1925 in Winnetka, Illinois), US-amerikanischer Schauspieler. Wird an der Seite von Doris Day mit den Komödien *Bettgeflüster* (1959), *Ein Pyjama für zwei* (1961) und *Schick mir keine Blumen* (1964) weltberühmt. († 2.10.1985 in Los Angeles)

Auch das geschah an diesem Tag

284 Der Offizier Diokletian wird zum römischen Kaiser ausgerufen. **1963** In Österreich wird die Europabrücke, Kernstück des Brenners, freigegeben. **1970** Die unbemannte sowjetische Raumsonde „Luna 17" untersucht Mondgestein. **1997** In Luxor werden 58 Urlauber von radikalen Islamisten im Hatschepsut-Tempel erschossen.

Hatschepsut-Tempel

Palast des Diokletian in Split

18 November

Die Kunst hat kein Vaterland.
Carl Maria von Weber

Lamoral Graf von Egmont

Håkon von Norwegen

24.10.–22.11.
Gerung, Odo, Otto, Roman

Am 18. November geboren:

Lamoral Graf von Egmont (1522 in La Hamaide), niederländischer Freiheitskämpfer. Der Statthalter von Flandern ist Anführer der Adelsopposition gegen die spanischen Besatzer. Er wird auf Befehl des spanischen Statthalters der Niederlande Herzog von Alba in Brüssel hingerichtet. († 5.6.1568 in Brüssel)

Carl Maria von Weber (1786 in Eutin), deutscher Komponist. Der Schöpfer der deutschen romantischen Oper wie *Der Freischütz* (1821) und *Oberon* (1826) komponiert außerdem zahlreiche Kunstlieder sowie Klavier- und Kammermusik. († 5.6.1826 in London)

George Horace Gallup (1901 in Jefferson/Iowa), US-amerikanischer Meinungsforscher. Mit der von ihm erfundenen Methode der repräsentativen Meinungsumfrage legt er den Grundstein für die moderne Demoskopie. Er gründet 1935 als Privatunternehmen das Gallupinstitut. († 27.7.1984 in Thun/Schweiz)

Klaus Mann (1906 in München), deutscher Schriftsteller. Der erste Sohn Thomas Manns verlässt im Jahr 1933 Deutschland und geht zunächst nach Amsterdam, 1935 schließlich in die USA. Dort wird er zu einem wichtigen Vertreter der Exilliteratur. Sein Roman *Mephisto* (1936) thematisiert die Kollaboration des deutschen Schauspielers und Theaterintendanten Gustaf Gründgens (1899–1963) mit dem Nazi-Regime. († 21.5.1949 in Cannes, Freitod)

1626
Petersdom wird eingeweiht
Nach einer Bauzeit von 120 Jahren wird das monumentale Symbol päpstlicher Macht geweiht. In der Hauptkirche der katholischen Christenheit finden 60.000 Gläubige Platz. Der Petersdom zählt zum Weltkulturerbe.

Petersdom

1901
USA sichert sich Panamakanal
Die USA sichern sich in einem Vertrag mit Großbritannien das Alleinrecht für den geplanten Panamakanal. Mit der Unterzeichnung wird ein Abkommen von 1850 außer Kraft gesetzt, das einen alleinigen Betreiber des Kanals ausschloss. Die Verwaltung des Kanals wird ab 1979 gemeinsam mit Panama betrieben, seit dem 1.1.2000 ist das mittelamerikanische Land allein zuständig.

1905
König Håkon von Norwegen
Das Parlament des skandinavischen Landes wählt Prinz Carl von Dänemark zu seinem Staatsoberhaupt. Als Håkon VII. wird er der erste norwegische König. Die Norweger besiegeln damit ihre Loslösung von Schweden.

1926
Commonwealth löst Empire ab
Durch die Gründung des „Commonwealth of Nations" werden Australien, Irland, Kanada, Neufundland, Neuseeland und die Südafrikanische Union souveräne Staaten. Sie sind somit keine britischen Territorien mehr, bleiben jedoch ihrem Mutterland verbunden.

Auch das geschah an diesem Tag

1959 Premierenfeier für den Historienfilm *Ben Hur* in den USA. **1978** Bei dem Massenselbstmord der Sekte des Tempels in Guyana sterben ca. 900 fanatische Anhänger. **1993** Der Louvre in Paris wird nach dem Ausbau neu eröffnet und ist mit 51.000 Quadratmetern das größte Museum der Welt.

24.10.–22.11
Alice, David, Elisabeth, Mechthild

Wilhelm Dilthey

Indira Gandhi

Was der Mensch sei, sagt ihm nur die Geschichte.

Wilhelm Dilthey

19
November

Auch das geschah an diesem Tag

1919 Das königliche Museum *El Prado* in Madrid öffnet allen Kunstliebhabern seine Tore. **1921** Beim „Ersten Internationalen Luftfahrtsalon" in Paris werden Flugzeuge erstmals auch als Verkehrsmittel präsentiert. **1982** Die amerikanische Mittelstreckenrakete mit atomarem Sprengkopf „Pershing 2" wird erfolgreich getestet.

1808
Preußen wird reformiert
Nach der Niederlage gegen Napoleon I. von 1807 treten in Preußen mit den Stein-Hardenbergschen Reformen umfassende Änderungen für Administration, Wirtschaft, Militär und Bildungswesen in Kraft. Wichtigster Grundstein der Neuregelungen ist die kommunale Selbstverwaltung der Städte.

1969
Historischer Torschütze
Edson Arantes do Nascimiento, besser bekannt als Pelé, brasilianischer Fußballspieler, trifft für seinen Heimatverein FC Santos zum tausendsten Mal. Der Staatspräsident würdigt den historischen Rekord mit einem Feiertag und lässt ihm zu Ehren eine Sonderbriefmarke drucken.

1979
Sadat spricht vor israelischem Parlament
Der ägyptische Staatspräsident Mohammed Anwar as-Sadat spricht als erster Vertreter einer islamischen Regierung vor der Knesset. Seine Leistungen für eine friedliche Lösung des Nahost-Konflikts werden 1978 mit dem Friedensnobelpreis ausgezeichnet (zusammen mit dem israelischen Ministerpräsidenten). 1981 wird as-Sadat ermordet.

1985
Gipfeltreffen nach sechs Jahren
Der US-Präsident Ronald Reagan und der sowjetische Generalsekretär der KPdSU Michail Gorbatschow kommen in Genf zu einem Gipfeltreffen zusammen. Es ist die erste Zusammenkunft zwischen Vertretern beider Großmächte nach sechs Jahren. Die Gesprächspartner vereinbaren die Abrüstung der Atomwaffen um jeweils die Hälfte.

Am 19. November geboren:

Wilhelm Dilthey (1833 in Biebrich), deutscher Philosoph. Dilthey differenziert zwischen den Geistes- und Naturwissenschaften und begründet eine wissenschaftlich fundierte Lebensphilosophie. († 1.10.1911 in Seis)

Anna Seghers (1900 in Mainz), deutsche Schriftstellerin. Seit 1928 Mitglied der KPD, muss Seghers 1933 emigrieren. 1947 wird sie Bürgerin der DDR. Sie thematisiert in ihren Werken das politische Engagement einfacher Bürger und Schicksale der Opfer des Nazi-Regimes. 1947 erhält sie den Büchnerpreis, 1952–78 ist sie Präsidentin des DDR-Schriftstellerverbands. Seghers bekannteste Werke sind *Das siebte Kreuz* (1942) und *Transit* (1944). († 1.6.1983 in Ost-Berlin)

Indira Gandhi (1917 in Allahabad), indische Politikerin. Sie bekleidet von 1966–77 und ab 1980 das Amt der Ministerpräsidentin. Während ihrer Amtszeit hat sie mit vielen ethnisch-religiösen Konflikten zwischen den verschiedenen Glaubensgemeinschaften ihres Landes zu kämpfen. Am 31.10.1984 wird sie in Delhi von zwei Angehörigen der Sikhs ermordet.

Das 1000. Tor von Pelé

20 November

Schenken heißt, einem anderen das geben, was man selber behalten möchte.

Selma Lagerlöf

Robert Kennedy

24.10.–22.11.

Bernward, Edmund, Felix

Am 20. November geboren:

Selma Lagerlöf (1858 Gut Mårbacka), schwedische Schriftstellerin. Lagerlöf ist eine der Hauptvertreterinnen der schwedischen Neuromantik, die Motive aus den skandinavischen Sagen mit detaillierten Schilderungen der heimischen Landschaft und psychologischen Personendarstellungen verbindet. 1909 wird die Autorin des Kinderbuches *Die wunderbare Reise des kleinen Nils Holgersson mit den Wildgänsen* (1906) als erste Frau mit dem Literaturnobelpreis ausgezeichnet. († 16.3.1940 Gut Mårbacka)

Friedrich Werner Graf von der Schulenburg (1875 in Kemberg), deutscher Diplomat und Widerstandskämpfer. In seiner Eigenschaft als deutscher Botschafter in Moskau ist er am Hitler-Stalin-Pakt beteiligt. Nach dem Überfall auf die Sowjetunion läuft er jedoch zur Widerstandsbewegung über. († 10.11.1944 in Berlin-Plötzensee, hingerichtet)

Robert Kennedy (1925 in Brookline/ Massachusetts), US-amerikanischer Politiker. Wie sein Bruder John F. Kennedy (1917–63) tritt der Demokrat für mehr Rechte der farbigen Bevölkerung ein. Er ist 1961–64 Justizminister, dann Senator. 1968 bewirbt er sich um die Präsidentschaftskandidatur für seine Partei. († 6.6.1968 in Los Angeles, ermordet)

1815
Friede nach Napoleon
In Paris wird zwischen Frankreich und den gegnerischen Staaten der Napoleonischen Ära Russland, Preußen, England und Österreich ein Friedensvertrag unterzeichnet, der die Grenzen Frankreichs wieder auf den Stand von 1790 legt. Dem war der Sieg der Preußen und Briten über Napoleon in der Schlacht von Waterloo vorausgegangen.

1945
Nürnberger Prozesse beginnen
Das Strafverfahren gegen deutsche Kriegsverbrecher während des Nazi-Regimes durch einen internationalen Militärgerichtshof beginnt. Die Urteilsverkündung findet knapp ein Jahr darauf statt. Von 22 Hauptkriegsverbrechern werden 12 zum Tod durch Erhängen verurteilt.

1947
Vermählung der Thronfolgerin Elisabeth
Prinzessin Elisabeth heiratet in der Westminster Abbey in London Philip Mountbatten, Herzog von Edinburgh. 1952 besteigt sie nach dem Tod ihres Vaters als Elisabeth II. von Großbritannien und Nordirland den Thron.

Nürnberger Prozesse: die Anklagebank

Auch das geschah an diesem Tag

1939 In Deutschland wird die „Reichskleiderkarte" eingeführt. **1966** Uraufführung des Musicals *Cabaret* in New York. **1992** Ein Brand auf Schloss Windsor verursacht Schaden in dreistelliger Millionenhöhe.

Brand auf Schloss Windsor

1965
Rassismus in Rhodesien
Aufgrund der Weigerung der regierenden weißen Bevölkerungsminderheit, der schwarzen Mehrheit gesellschaftliche und politische Rechte zuzusprechen, wird das Land von den Vereinten Nationen sanktioniert: Sie verhängen ein Erdölembargo über den ostafrikanischen Staat.

1982
Transitstrecke fertig gestellt
Um schneller durch die DDR nach West-Berlin fahren zu können, wird die sog. Transitstrecke zwischen Hamburg und Berlin als deutsch-deutsches Projekt fertig gestellt. Die Fahrtzeit zwischen beiden Großstädten verkürzt sich damit um 90 Minuten.

24.10.–22.11.

Alma, Amalberg, Johannes

Benedikt XV.

Friedrich Schleiermacher

Esprit ist genau das Gegenteil von Geld: Je weniger einer davon hat, desto zufriedener ist er.

Voltaire

21 November

Die Fahrt der „Mayflower"

1620
„Mayflower" trifft in Kap Cod ein
120 puritanische Siedler aus England gehen in Massachusetts von Bord. Das Schiff „Mayflower" hat sie in die Neue Welt gebracht. In einem Abkommen, das als die erste freie Selbstregierung des neuzeitlichen Amerikas gilt, legen sie eine gerechte Behandlung der Siedler fest.

> **Auch das geschah an diesem Tag**
>
> **1995** Unter US-Amerikanischer Vermittlung schließen die Präsidenten Bosnien-Herzegowinas, Serbiens und Kroatiens nach den drei Jahre während kriegerischen Auseinandersetzungen ein Friedensabkommen. Bosnien bleibt zwar als zentraler Staat erhalten, wird jedoch in die zwei Teilrepubliken Serbien und Kroatien aufgegliedert.

1783
Montgolfiere steigt in die Luft
Als erste bemannte Luftreise hebt die nach den ersten Erbauern des Heißluftballons benannte Montgolfiere ab. Mit zwei Mann Besatzung legt sie von Paris aus in über 1000 m Höhe eine Strecke von 12 km zurück.

1806
Napoleon verhängt Handelssperre gegen Großbritannien
Im Zuge der Revolutionskriege bedroht das napoleonische Frankreich die britische Insel u. a. durch eine Kontinentalsperre. Die Briten reagieren jedoch unerwartet: Durch eine außerordentliche Kraftanstrengung gehen sie gestärkt aus der Maßnahme hervor und widersetzen sich Frankreichs Machtansprüchen.

1945
Vertreibung aus dem Osten
Der alliierte Kontrollrat beschließt die Umsiedlung von mehr als sechs Mio. Bürgern deutscher Staats- bzw. Volkszugehörigkeit aus dem osteuropäischen Raum in die alliierten Zonen. Bei Kriegsende beträgt der Anteil der deutschstämmigen Bevölkerung in den Ostgebieten über 16,6 Mio. Menschen.

Am 21. November geboren:

Voltaire

Voltaire (1694 in Paris), französischer Philosoph und Schriftsteller. Der als François-Marie Arouet geborene Schriftsteller ist der wichtigste Vertreter der französischen Aufklärung. Sowohl in seinen philosophischen Schriften als auch in seinen literarischen Texten plädiert er für eine Wandlung der Gesellschaft mithilfe der Vernunft und des Fortschritts sowie für mehr soziale Gerechtigkeit. († 30.5.1778 in Paris)
Friedrich Schleiermacher (1768 in Breslau), deutscher Theologe und Philosoph. Schleiermacher ist der Mitbegründer der Humboldt-Universität in Berlin, an der er auch ab 1810 einen Lehrstuhl innehat. Er setzt sich erfolgreich für die Vereinigung der evangelischen Kirchen ein. Sein Hauptwerk trägt den Titel *Dialektik* und ist 1939 erschienen. († 12.2.1834 in Berlin)
Benedikt XV. (1851 in Genua), Papst (1914–22), vorher Giacomo della Chiesa. Seine Versuche, während des Ersten Weltkriegs Eintracht zwischen den gegnerischen Staaten herzustellen, bleiben ohne Erfolg. Seine Bemühungen werden vom Volk jedoch mit dem inoffiziellen Titel des „Friedenspapstes" gewürdigt. († 22.1.1922 in Rom)
René Magritte (1898 in Lessines), belgischer Maler. Magritte gehört den Kreisen der Surrealisten an, pflegt jedoch einen ganz persönlichen Stil. Die Akribie der Malweise tritt in Kontrast zu den surrealen, paradoxen Bilderwelten, die sich unseren Sehgewohnheiten widersetzen. († 15.8.1967 in Brüssel)

22 November

Selig ist der Mann, der nichts zu sagen hat und davon absieht, diese Tatsache in große Worte zu kleiden.

George Eliot

Boris Becker

George Eliot

24.10.–22.11.

Cäcilia, Philemon, Sheila

Am 22. November geboren:

Andreas Hofer (1767 in St. Leonard), Tiroler Freiheitskämpfer. Der volkstümliche Anführer des Aufstandes von 1809 gegen die französischen und bayerischen Besatzer siegt bei der berühmten Schlacht am Berg Isel und wird zum Regenten Tirols. Er wird jedoch an die Franzosen verraten und hingerichtet. († 20.2.1810 in Mantua, hingerichtet)

George Eliot (1819 in Arbury Farm), englische Schriftstellerin. Die als Mary Ann Evans geborene Autorin schreibt psychologisch-soziale Romane, in denen sie ein facettenreiches Bild der viktorianischen Gesellschaft zeichnet. Sie ist außerdem als Übersetzerin tätig. Werke der Autorin sind u. a. *Adam Bede* (1859), *Middlemarch* (1871/72) und *Silas Marner* (1861). († 22.12.1880 in London)

Charles de Gaulle (1890 in Lille), französischer Staatsmann. De Gaulle organisiert während des Zweiten Weltkriegs von London aus den Widerstand gegen die deutsche Besatzung in Frankreich. Er ist 1945/46 Chef der Übergangsregierung, 1958 Ministerpräsident und ab 1959 Präsident der Republik. Er leitet die Aussöhnungspolitik mit Deutschland ein. 1969 muss er nach dem Scheitern eines Referendums zurücktreten. († 9.11.1970 in Colombey-les-deux-Eglises)

Boris Becker (1967 in Leimen), deutscher Tennisspieler. Als erster deutscher und als jüngster Spieler überhaupt gewinnt er 1985 die All England Championships von Wimbledon.

1220
Friedrich II. zum Kaiser gekrönt
König Friedrich II. aus dem Geschlecht der Staufer, der Enkel Friedrich Barbarossas, wird in Rom vom Papst zum römisch-deutschen Kaiser gekrönt und steht damit auf dem Gipfel seiner Macht. Als Gegenleistung bricht er 1228 zum fünften Kreuzzug nach Palästina auf.

1942
Kessel von Stalingrad
Teile der deutschen Wehrmacht werden von der Sowjet-Armee in der Stadt Stalingrad an der Wolga eingeschlossen. Von den eingekesselten 330.000 Soldaten kommt der größte Teil bei den Gefechten ums Leben. Die restlichen 90.000 Mann kapitulieren am 2.2.1943.

1949
Abkommen zwischen Deutschland und den Westmächten
Im Petersberger Abkommen zwischen Deutschland und den Westmächten Frankreich, Großbritannien und den USA wird eine Anbindung Deutschlands an den Westen unterzeichnet. Die Westmächte verpflichten sich zur Aufhebung der Demontage der deutschen Industrieanlagen.

1975
Juan Carlos wird König von Spanien
Nach dem Tod des Diktators Franco wird Juan Carlos I. inthronisiert. 1960 hatte ihn Franco als ersten Thronanwärter anerkannt. Das neue Staatsoberhaupt unterstützt den Demokratisierungsprozess des Landes.

Auch das geschah an diesem Tag

1963 Während einer Wahlkampfveranstaltung in Dallas wird der 35. Präsident der USA John F. Kennedy niedergeschossen. Ob es sich bei dem Anschlag um die Tat eines Einzelnen handelt, konnte bis heute nicht geklärt werden.

Charles de Gaulle

Begräbnis Kennedys

23.11.–21.12.

Detlev, Felicitas, Klemens

Manuel de Falla

Gustav Stresemann

Wer sich nicht in Gefahr begibt, kommt darin um.

Herbert Achternbusch

23 November

858
Spaltung zwischen ost- und weströmischer Kirche
Neben dem in Rom amtierenden Papst Nikolaus I. wird von dem Alleinherrscher über Konstantinopel der Leiter der kaiserlichen Kanzlei zum Kirchenpatriarchen erhoben und damit der Zerfall der Glaubensgemeinschaft in ost- und weströmische Kirche initiiert.

Königin Wilhelmina der Niederlande

1890
Wilhelmina wird Königin der Niederlande
Mit dem Tod ihres Vaters wird die zehnjährige Wilhelmina Königin der Niederlande. Bis zu ihrer Volljährigkeit 1889 regiert sie unter der Vorherrschaft ihrer Mutter. Nach dem Einmarsch der Deutschen 1940 geht sie mit ihrer Regierung nach London und bildet dort das Zentrum der niederländischen Widerstandsbewegung. 1948 gibt sie den Thron zugunsten ihrer Tochter ab.

1923
Stresemann gestürzt
Gustav Stresemann wird nach nur dreimonatiger Amtszeit von den Sozialdemokraten seiner Position als Reichskanzler enthoben. Grund dafür ist die Absetzung der SPD/KPD-Regierung in Thüringen. Stresemann wird danach Reichsaußenminister.

1946
Vietnamkrieg beginnt
Die Bombardierung Haiphongs leitet den Indochinakrieg zwischen den Anhängern des Kommunistenführers Ho Chi Minh und den französischen Kolonialtruppen und ihren vietnamesischen Verbündeten ein. Ho Chi Minh hatte 1945 die Demokratische Republik Vietnam ausgerufen.

Am 23. November geboren:

François Noël Babeuf (1760 in St. Quentin), französischer Revolutionär. Der Anhänger der Jakobiner macht sich in seinem Blatt *Le Tribun du Peuple* für ausgewogene gesellschaftliche Besitzverhältnisse und für eine soziale Revolution stark. Auf seinen Theorien gründet sich die Idee der „Diktatur des Proletariats". Eine von ihm geplante Verschwörung gegen die Regierung wird verraten. († 28.6.1797 in Vendôme, hingerichtet)

Manuel de Falla (1876 in Cádiz), spanischer Komponist. Verknüpft in seiner Musik den Stil des französischen Impressionismus mit Versatzstücken andalusischer Folklore. Sein wichtigstes Werk ist das Marionettenspiel *El retablo de maese Pedro* (1922). († 14.11.1946 in Alta Gracia/Argentinien)

Paul Celan (1920 in Czernowitz/Rumänien), deutschsprachiger Lyriker. Der unter dem Anagramm Celan veröffentlichende Paul Ancel publiziert seinen ersten Gedichtband *Der Sand aus den Urnen* 1948. In dem Gedicht *Todesfuge* (erschienen 1952) thematisiert er das Leid der Juden während des nationalsozialistischen Terrorregimes. († 20.4.1970 in Paris, Freitod)

Herbert Achternbusch

Herbert Achternbusch (1938 in München), deutscher Autor, Filmemacher und Maler. Als Bürgerschreck setzt Achternbusch seinen anarchistischen, grotesk-surrealistischen Stil in sozialkritischen Filmen und Texten um. Werke Achternbuschs sind u. a. *Alexanderschlacht* (Roman, 1971), *Das Andechser Gefühl* und *Das Gespenst* (Filme, 1975 und 1982).

Auch das geschah an diesem Tag

1928 Der deutsche Schwergewichtsboxer Max Schmeling siegt in seinem ersten Kampf in den USA im Madison Square Garden in New York gegen Joe Monte durch K.o. in der achten Runde.

24 November

Was wir Zufall nennen, ist der Zufluchtsort der Unwissenheit.

Baruch Spinoza

Baruch Spinoza

Henri de Toulouse-Lautrec

23.11.–21.12.

Albert, Florence, Hildo, Jasmin

Am 24. November geboren:

Baruch Spinoza (1632 in Amsterdam), niederländischer Philosoph. In seinen Schriften negiert Spinoza die Vorstellung eines einzigen allmächtigen Gottes. Seiner pantheistischen Lehre nach ist Gott in der gesamten Natur zu finden. Sein wichtigstes Werk ist *Ethik* (1662). († 21.2.1677 in Den Haag)

Carlo Collodi (1826 in Florenz), italienischer Schriftsteller. Seine Geschichten über die spitzbübische Holzpuppe *Pinocchio* (1883) werden in mehr als 100 Sprachen übersetzt und machen ihn weltbekannt. Die Erzählungen werden mehrmals verfilmt. († 26.10.1890 in Florenz)

Carlo Collodi: *Pinocchios Abenteuer* (Illustration)

Henri de Toulouse-Lautrec (1864 in Albi), französischer Maler und Grafiker. In seinen Bildern zeigt er v. a.

Toulouse-Lautrec: *Divan Japonaise*

Szenen aus dem Pariser (Nacht-)Leben. Seine Arbeiten haben starken Einfluss auf die Plakatkunst des Jugendstils. († 9.9.1901 auf Schloss Malromé)

Abd-al Asis Ibn Saud (1880 in Riad), König von Saudi-Arabien. Das Oberhaupt der Wahhabiten besiegt das gegnerische Königshaus der Raschiden und begründet damit seine Herrschaft über weite Teile Arabiens. Die Königreiche Hedschas (1926) und Saudi-Arabien (1932) gehen auf ihn zurück. († 9.11.1953 in Taif)

1859
Evolution durch Selektion
Der Naturforscher Charles Darwin veröffentlicht in *Über die Entstehung der Arten durch natürliche Auslese oder das Erhaltenbleiben der begünstigten Rassen im Ringen um die Existenz* seine Theorien zur Evolution. Zum ersten Mal wird die Entwicklungsgeschichte durch Selektion begründet. Seine Lehre verändert die Biologie grundlegend.

1941
Nazis errichten KZ Theresienstadt
In der nordböhmischen Stadt Terezín errichten die Nationalsozialisten ein Konzentrationslager, in dem vorwiegend jüdische Bürger aus höheren sozialen Schichten inhaftiert werden. Das Arbeitslager ist nicht wie die ab 1941 entstehenden Vernichtungslager (u. a. Auschwitz, Maidanek, Treblinka) zur systematischen Ermordung der jüdischen Bevölkerung angelegt. Das nationalsozialistische Regime versucht, den Vorwurf der Massenvernichtung der Juden durch das Lager in Terezín zu entkräften.

1953
England verliert in Wembley
Die Zuschauer im Londoner Wembley-Stadion werden von ihrer Nationalmannschaft bitter enttäuscht. Zum ersten Mal in der Geschichte des englischen Fußballs verliert die eigene Mannschaft bei einem Heimspiel. Die englische Auswahl wird von der ungarischen Elf mit 3:6 besiegt.

1989
In Prag treten Kommunisten zurück
Nach Massendemonstrationen in der tschechoslowakischen Hauptstadt erklärt die Führungsriege der kommunistischen Partei geschlossen ihren Rücktritt. Neuer Staatspräsident wird der Schriftsteller Václav Havel, der Sprecher der Regimekritiker.

Auch das geschah an diesem Tag

1875 Ägypten muss seine Aktien der Suezkanalgesellschaft aus Finanznot verkaufen. Der neue Inhaber Großbritannien sichert sich damit die Kontrolle über den künstlichen Wasserweg. **1963** Bei der Überführung des mutmaßlichen Mörders von John F. Kennedy in das Gefängnis von Dallas wird der Inhaftierte von einem Polizeispitzel und Nachtclubbesitzer niedergeschossen. **1986** Mit knapper Mehrheit entscheiden sich die Iren bei einem Referendum für die Legalisierung der zivilen Ehescheidung.

23.11.–21.12.

Egbert, Karin, Katharina, Kira

Johannes XXIII.

Lope Félix de Vega Carpio

Der Marktschreier erobert die Menge – die Stille erobert sich.

Georg Kaiser

25 November

1936
Anti-Komintern-Pakt
In dem Abkommen beschließen das Deutsche Reich und Japan die Bekämpfung der Kommunistischen Internationale und sichern sich in ihrer Haltung gegenüber der Sowjetunion ab. In geheimen Zusatzverträgen verpflichten sich beide Seiten im Falle einer Bedrohung oder eines Angriffs durch die Sowjetunion zur Neutralität.

1965
Putsch im Kongo
In der Demokratischen Republik Kongo macht sich J. D. Mobutu (seit 1971 Mobutu Sese Seko) durch einen unblutigen Putsch zum Staatspräsidenten. Der Führer einer Einheitspartei unterdrückt die Opposition und missachtet die Rechte der Bevölkerung. Durch die Kampagne „Afrikanische Authentizität" werden alle Namen und Symbole, die an die Kolonialzeit erinnern, getilgt und der Staat in Zaire umbenannt. Mobutu wird 1997 gestürzt.

1973
Ölknappheit erfordert Fahrverbot
In der BR Dtl. wird zum ersten Mal ein bundesweites Fahrverbot

Auch das geschah an diesem Tag
1927 Der erst elfjährige Violinist Yehudi Menuhin feiert in der New Yorker Carnegie Hall einen triumphalen Erfolg. 1986 US-Präsident Ronald Reagan entlässt wegen unerlaubter Waffenlieferungen an den Iran führende Mitarbeiter im Weißen Haus.

Sonntagsfahrverbot anlässlich der Ölkrise

verordnet. Man reagiert damit auf den Exportboykott der OPEC. Der „Organisation Erdöl exportierender Länder" gehören neben einigen afrikanischen v. a. die arabischen Staaten Iran, Irak, Kuwait, Saudi-Arabien und die Vereinigten Arabischen Emirate an.

1984
Freie Wahlen in Uruguay
Nach der Machtübernahme durch das Militär 1973 finden in dem südamerikanischen Staat erstmals wieder freie Wahlen statt. Die Machthaber wurden durch einen Generalstreik und Großdemonstrationen vom Volk zur Zulassung demokratischer Wahlen gezwungen.

Am 25. November geboren:

Lope Félix de Vega Carpio (1562 in Madrid), spanischer Dichter. Der Dichter und Abenteurer nimmt 1588 an der Expedition der Armada teil. Sein literarisches Schaffen umfasst alle Gattungen, er ist jedoch insbesondere als Dramatiker und Begründer des spanischen nationalen Theaters bekannt. Von seiner umfangreichen Produktion an Schauspielen sind 500 Theaterstücke erhalten geblieben. († 27.8.1635 in Madrid)

Carl Benz (1844 in Karlsruhe), deutscher Ingenieur. Der Automobilpionier baut 1885 den ersten Kraftwagen und gründet in Mannheim 1893 die Benzwerke. 1926 wird seine Firma mit der Daimler-Motoren-Gesellschaft zur Daimler-Benz AG. († 4.4.1929 in Ladenburg)

Georg Kaiser (1878 in Magdeburg), deutscher Dramatiker des Expressionismus. Seine Protagonisten sind oft stark abstrahiert und stilisiert. So tragen viele von ihnen Typenbezeichnungen anstelle von Namen (z. B. „der Sohn"). In seinen Werken entwirft Kaiser das Idealbild des „neuen Menschen", der immer mit Rücksicht auf die gesamte Menschheit agiert. Kaiser gehört zu den meist gespielten Dramatikern der 1920er-Jahre. Werke des Dramatikers sind u. a. *Die Bürger von Calais* (1914) sowie *Gas* (1918). († 4.6.1945 in Ascona)

Johannes XXIII. (1881 in Sotto il Monte), Papst (1958–63). Angelo Giuseppe Roncalli beruft 1962 das Zweite Vatikanische Konzil ein und ebnet damit den Weg für den Dialog der Kirche mit der Welt. In diesem Zusammenhang errichtet er das Sekretariat für die Einheit der Christen und veranlasst die Internationalisierung des Kardinals-Kollegiums. († 3.6.1963 in Rom)

26 November

Jesus ist tot, Marx ist tot – und ich fühle mich heute auch nicht ganz wohl.

Eugène Ionesco

Ferdinand de Saussure

23.11.–21.12.

Ida, Konrad, Kornelia

Am 26. November geboren:

Ferdinand de Saussure (1857 in Genf), schweizerischer Linguist. Saussure begründet mit seinem Werk *Grundfragen der allgemeinen Sprachwissenschaft* (1916 postum erschienen) die moderne Linguistik. Zum ersten Mal wird die Sprache in die sie determinierenden Bestandteile (System, Sprachfähigkeit und Sprechakt) aufgegliedert und untersucht. († 22.2.1913 in Vufflens-le-Château)

Karl Waldemar Ziegler (1898 in Helsa), deutscher Chemiker. Ziegler entwickelt ein katalysatorisches Verfahren zur industriellen Herstellung von Kunststoffen. Zusammen mit seinem italienischen Kollegen Giulio Natta erhält er 1963 den Nobelpreis für Chemie. († 11.8.1973 in Mülheim/Ruhr)

Eugène Ionesco (1909 in Slatina/Rumänien), französischer Dramatiker rumänischer Herkunft. Als einer der Hauptvertreter des absurden Theaters entstellt er alltägliche Situationen und befragt somit die Kommunikationsfähigkeit des Theaters und der Sprache überhaupt. Seine Stücke sind dabei oft sehr humorvoll wie z. B. *Die Stühle* (1952) und *Die Nashörner* (1959). († 28.3.1994 in Paris)

Charles M. Schulz (26.11.1922 in Minneapolis), US-amerikanischer Cartoonist. Weltbekannt wird Schulz durch seine Comicserie *Peanuts* (1950) mit Charlie Brown und seinen Freunden, die in mehr als 20 Sprachen übersetzt und als Zeichentrick verfilmt wurde. († 12.2.2000 in Santa Rosa/Kalifornien)

1812
Verlorener Russlandfeldzug
Im ohne Kriegserklärung seitens des französischen Kaisers erfolgten Angriff auf Russland zieht Napoleon I. mit seinen Truppen zwar in Moskau ein, seine Armee muss jedoch bereits kurze Zeit später den Rückzug antreten. Beim Übergang der Reste der „Grande Armée" über den Fluss Beresina am 26. November erleidet sie große Verluste.

1924
Volksrepublik Mongolei
In der an Russland und China angrenzenden äußeren Mongolei wird die Volksrepublik ausgerufen. Damit ist sie nach der Sowjetunion das zweite Land der Welt mit einer kommunistischen Regierung. 1921 hatte Russland der Mongolei zur Bildung einer revolutionären Regierung verholfen.

1949
Heuss fordert Juden zur Rückkehr auf
Kurz nach seinem Amtsantritt ruft der deutsche Bundespräsident Theodor Heuss die vor dem nationalsozialistischen Terror geflüchteten Juden auf, nach Deutschland zurückzukehren. Die deutsche Bevölkerung hingegen möchte er mit dem Schlagbegriff „Kollektivscham" zu einer demütigen und nachdenklichen Haltung gegenüber der eigenen Vergangenheit bewegen.

1983
Geglückter Coup
Das hatte es bis dahin in der britischen Kriminalgeschichte noch nicht gegeben: Beim größten Bankraub aller Zeiten erbeuten sechs maskierte und bewaffnete Männer Gold und Diamanten in mehrstelliger Millionenhöhe.

Auch das geschah an diesem Tag

1832 In New York nimmt die erste Straßenbahnlinie der Welt ihren Betrieb auf. **1988** Erstmals wird der Europäische Filmpreis verliehen. Die in Konkurrenz zur amerikanischen „Oscarverleihung" stehende Veranstaltung soll den europäischen Film moralisch und finanziell stärken. **1997** Der Bundestag stimmt einem Gesetz zur Aufrüstung mit dem sog. Eurofighter („EF 2000") zu. Ein Jagdflugzeug kostet 60 Mio. Euro.

Eurofighter

23.11.–21.12.

Bilhild, Odette, Virgil, Vitus

Anders Celsius

Chaim Weizmann

Einige Probleme werden nie gelöst, sie altern nur.

Chaim Weizmann

27
November

1095
Aufruf zum Kreuzzug
Papst Urban II. kommt der Bitte des byzantinischen Kaisers nach und sendet ihm Hilfe bei dem Kampf gegen die Türken. Er ruft in der Synode von Clermont die Christenheit zur „Befreiung des Grabes Christi" in Israel auf. Tausende von Kreuzrittern machen sich daraufhin auf den Weg ins Heilige Land und erobern Israel im Jahr 1099.

Kreuzzug: *Kampf um Jerusalem* (Miniatur, 15. Jhd.)

1933
„Kraft durch Freude"
Die Nationalsozialisten gründen das Kultur- und Freizeitwerk „Kraft durch Freude" und erweitern dadurch systematisch ihre Kontrolle der deutschen Bevölkerung. Durch sog. Reisesparkarten soll jedem ein Urlaub ermöglicht werden. Im Sinne der nationalsozialistischen Ideologie wird zu Gruppenfahrten und gemeinsamen Freizeitaktivitäten aufgerufen, die zur Erholung und damit zur Erhaltung der Arbeitskraft beitragen.

Auch das geschah an diesem Tag

1942 Erst nachdem der britische Premier Winston Churchill und US-Präsident Franklin D. Roosevelt bei einer gemeinsamen Konferenz für den Film *Casablanca* geworben haben, wird das Drama um Rick, die schöne Ilsa Lund und ihren vor den Nationalsozialisten geflüchteten Mann, den Widerstandskämpfer Victor Laszlo, zum Welterfolg.

1958
Berlin behält Viermächtestatus bei
Die Sowjetunion verlangt die Umwandlung Berlins in eine freie Stadt. Die Westmächte sollen binnen eines Jahres ihre Militärs aus Berlin abziehen. Sie droht, andernfalls Berlin ganz in die DDR einzugliedern. Die Jahresfrist verstreicht ohne Konsequenzen bei der Seiten.

1961
Contergan vom Markt genommen
Das Schlaf- und Beruhigungsmittel Thalidomid, welches in Deutschland unter dem Namen Contergan im Handel ist, wird vom Markt genommen. Das Medikament steht im Verdacht, bei der Einnahme durch Schwangere zur Missbildung ihrer Babys zu führen. Bei Erwachsenen werden z. T. irreparable Nervenschädigungen nicht ausgeschlossen.

Am 27. November geboren:

Anders Celsius (1701 in Uppsala), schwedischer Astronom. Celsius entwickelt die heute in vielen Ländern gängige Temperaturskala. Dabei teilt er die Temperatur zwischen dem Gefrierpunkt und dem Siedepunkt des Wassers in 100 gleiche Einheiten auf.
(† 25.4.1744 in Uppsala)

Original-Celsius-Thermometer

Georg Forster (1754 in Nasenhuben), deutscher Schriftsteller und Naturforscher. Forster begleitet den Entdeckungsreisenden James Cook auf seiner zweiten Weltumsegelung. Seine Studien über fremde Völker und die Natur ferner Länder legt er in der literarisch-wissenschaftlichen Reisebeschreibung *Reise um die Welt* (1777) schriftlich nieder.
(† 11.1.1794 in Paris)

Chaim Weizmann (1874 in Motyli/Weißrussland), israelischer Chemiker und Politiker. Der erste Präsident des Staates Israel (1946–52) beeinflusst maßgeblich die sog. Balfour-Deklaration von 1917, in der die Briten den Juden Hilfe bei der Gründung eines eigenen Staates zusichern. († 9.11.1952 in Rehowot)

Jimi Hendrix (1942 in Seattle), US-amerikanischer Rockmusiker. Der Gitarrist und Sänger tritt u. a. 1969 beim legendären Woodstock-Festival auf. Er ist eine Symbolfigur des Rockundergrounds. († 18.9.1970 in London)

28 November

Eine Wahrheit, die mit böser Absicht erzählt wird, schlägt alle Lügen, die man erfinden kann.

William Blake

William Blake

Claude Lévi-Strauss

23.11.–21.12.
Bertha, Günther, Jakob

Am 28. November geboren:

William Blake (1757 in London), englischer Maler, Grafiker und Schriftsteller. Seine Illustrationen zu literarischen Werken sowie zur Bibel sind ebenso wie seine Dichtungen spirituell-mystisch geprägt. († 12.8.1827 in London)

Friedrich Engels (1820 in Barmen), deutscher Philosoph und Politiker. Zusammen mit Karl Marx ist Engels der führende Kopf des Kommunismus und Marxismus. Gemeinsam verfassen sie das *Kommunistische Manifest* (1848). Engels unterstützt Marx bei seinem Hauptwerk *Das Kapital* und ist 1885 bzw. 1894 Herausgeber des 2. und 3. Bandes. († 5.8.1895 in London)

Friedrich Engels

Stefan Zweig (1881 in Wien), österreichischer Schriftsteller. Zweig schreibt psychologisch angelegte Novellen, Biografien und literarische Essays. Wichtige Werke sind u. a. *Die Schachnovelle* (1942), *Maria Stuart* (1935) sowie *Sternstunden der Menschheit* (1929). († 23.2.1942 in Pétropolis bei Rio de Janeiro, Freitod)

Claude Lévi-Strauss (1908 in Brüssel), französischer Kulturtheoretiker und Ethnologe. Er erforscht allgemeine Gesetzlichkeiten in sozialen Gegebenheiten bei Kulturvölkern (*Die elementaren Strukturen der Verwandtschaft*, 1949) und entwickelt daraus eine strukturale Ethnologie, die anhand von Beobachtungen Gemeinsamkeiten grundsätzlicher Art in der Sozialanthropologie aufzeigen möchte.

1869
U-Bahn in Budapest
Die erste U-Bahn auf europäischem Festland verläuft unterhalb der ungarischen Hauptstadt. Der Innenstadtbereich soll damit von dem immer stärker werdenden Verkehr entlastet werden.

1925
Dortmunder Westfalenhalle wird eingeweiht
In der einwohnerstärksten Stadt Westfalens wird die für Großereignisse des Sports konzipierte Westfalenhalle eröffnet. In der neuen Sportstätte können mehr als 15.000 Zuschauer den Veranstaltungen beiwohnen.

1943
Konferenz der „Großen Drei"
In Teheran finden zum ersten Mal die Regierungschefs der drei alliierten Länder USA, Großbritannien und Sowjetunion zusammen. Der amerikanische Präsident Franklin D. Roosevelt, der britische Premier Winston Churchill und der sowjetische Diktator Josef Stalin legen

Konferenz von Teheran: Stalin, Roosevelt und Churchill

ihre Kriegsstrategie gegen den gemeinsamen Feind Deutschland fest.

1994
Norwegen sagt nein
Zum zweiten Mal wird die norwegische Bevölkerung in einer Volksabstimmung um ihr Votum für oder gegen den Beitritt zur Europäischen Union gebeten. 52 % der Wähler sagen nein zu Europa. Schon 1972 hatte es in Norwegen ein Referendum gleichen Ausgangs gegeben.

> **Auch das geschah an diesem Tag**
>
> **1919** In Berlin wird das Große Schauspielhaus mit einer Inszenierung der antiken Tragödie *Orestie* eröffnet. **1925** *Der Zauberberg*, nach den *Buddenbrooks* (1901) Thomas Manns zweiter großer Roman über die Dekadenz der großbürgerlichen Gesellschaft, erscheint im Berliner Fischer-Verlag.

23.11.–21.12.
Frederik, Fritz, Jolanda, Jutta, Kerstin

Jacques Chirac

Josip Tito

Erfahrungen sind Maßarbeit. Sie passen nur dem, der sie macht.

Carlo Levi

29 November

1912
Unabhängiges Albanien
Im seit dem 15. Jahrhundert unter türkischer Herrschaft stehenden Albanien wird die Unabhängigkeit ausgerufen und eine provisorische Regierung gewählt.

1945
Tito an der Macht
Jugoslawien ist kein Königreich mehr: Der Staat wird zur Föderativen Volksrepublik nach sowjetischem Muster deklariert. Ministerpräsident wird Josip Tito, der im Zweiten Weltkrieg in Jugoslawien eine kommunistische Partisanenbewegung organisiert hatte.

1947
Palästina wird geteilt
Die UNO-Vollversammlung beschließt die Teilung des von Israeliten und Palästinensern umkämpften Gebiets. Es soll ein jüdischer und ein arabischer Staat geschaffen werden. Doch die Konflikte um das „Gelobte Land" werden dadurch nicht gelöst, vielmehr erweitern sie sich zu militärischen Auseinandersetzungen, die schließlich im ersten Israelisch-Arabischen Krieg münden.

UNO-Debatte um die Teilung Palästinas

1983
Erste Anklagen in Flick-Affäre
Die Staatsanwaltschaft wirft den Beschuldigten, darunter der Vorstandsvorsitzende der Firma Flick, vor, hohe Geldsummen an Parteien überwiesen zu haben, ohne dafür Steuern beim Finanzamt abzuführen. Die Angeklagten werden zu hohen Geldstrafen verurteilt.

Auch das geschah an diesem Tag
1223 Der Papst erkennt den Bettelorden der Franziskanermönche an. 1847 Die Eidgenössischen besiegen als letzte Aufständische die Walliser. Damit ist die Grundlage für die Umwandlung der Schweiz in einen Bundesstaat gegeben. 1888 Heinrich Rudolf Hertz beweist die Existenz elektromagnetischer Wellen und schafft somit die Grundlage für die kabellose Telegrafie.

Am 29. November geboren:

Gottfried Semper (1803 in Hamburg), deutscher Baumeister. Der in der Stilepoche des Historismus tätige Architekt verwendet in den meisten seiner Bauten die Formensprache der italienischen Renaissance und löst damit den antikisierenden Klassizismus ab. Wichtige Bauwerke des Architekten sind die sog. Semperoper

Die Semperoper in Dresden

(Zweites Dresdner Hoftheater, 1871–78), die Dresdner Gemäldegalerie (1847–54) und das Wiener Hofburgtheater (1874–88). († 15.5.1879 in Rom)

Carlo Levi (1902 in Turin), italienischer Schriftsteller. Der Künstler und ausgebildete Mediziner schildert in seinen Werken die Armut der Bevölkerung Süditaliens. Am bekanntesten wird sein 1945 erschienener Roman *Christus kam nur bis Eboli*. († 4.1.1975 in Rom)

Jacques Chirac (1932 in Paris), französischer Politiker. Chirac ist 1974–76 und 1986–88 Premierminister, 1977–95 Bürgermeister von Paris und seit 1995 französischer Staatspräsident.

Petra Kelly (1947 in Günzburg), deutsche Politikerin. Das Gründungsmitglied der Partei „Die Grünen", Anfang der 80er-Jahre, ist 1983–90 Mitglied des Bundestags. Sie erhält 1982 aufgrund ihres Engagements für Frieden und Umwelt den alternativen Nobelpreis. 1992 werden sie und ihr Lebensgefährte, der ehemalige General und Grünen-Politiker Gert Bastian, erschossen aufgefunden. († 19.10. 1992 in Bonn)

30 November

Fast jedes Genie verursacht augenblicklich eine Allianz der Mittelmäßigkeit.

Jonathan Swift

Winston Churchill

Ludwig Erhard

23.11.–21.12.
Andreas, Folkard, Gerwald

Am 30. November geboren:

Andrea Palladio (1508 in Padua), italienischer Baumeister. Der Renaissancearchitekt entwickelt seine Paläste, Kirchen und Villen aus der Formensprache der klassischen Antike. († 19.8.1580 in Padua)

Jonathan Swift (1667 in Dublin), irischer Schriftsteller. In seinen satirischen Texten hinterfragt er die gesellschaftlichen Verhältnisse. *Gullivers sämtliche Reisen* (1726) ist Swifts bekanntestes Werk. († 19.10.1745 in Dublin)

Winston Churchill (1874 in Blenheim Palace), britischer Politiker. Churchill ist von 1940–55 konservativer Parteiführer und leitet während des Zweiten Weltkriegs als Premierminister zusammen mit den übrigen Vertretern der Westmächte die militärische und politische Kriegsführung. Seine Ansichten und Erfahrungen publiziert er in zahlreichen Schriften, 1953 erhält der Politiker den Literaturnobelpreis. († 24.1.1965 in London)

Carl Loewe (1796 in Löbejün), deutscher Komponist. Loewe erschafft eine neue Form der Musikballade und vertont Goethes *Erlkönig*. († 20.4.1869 in Kiel);

Theodor Mommsen (1817 in Garding), deutscher Historiker. Als erster Deutscher erhält er

Mark Twain

1902 den Literaturnobelpreis. († 1.11.1903 in Charlottenburg);

Mark Twain (1835 in Florida), US-amerikanischer Schriftsteller. Verfasser der Abenteuerromane *Tom Sawyer* (1876) und *Huckleberry Finn* (1885). († 21.4.1910 in Redding).

1215
Laterankonzil tagt
Zum vierten Mal tagen die Vertreter der Kirchen unter dem Vorsitz des Papstes im Lateranpalast. Bei der Versammlung beschließen die Kirchenmänner die Pflicht der jährlichen Beichte und der Osterkommunion. Die Reformen des vierten Konzils werden für Jahrhunderte maßgeblich.

1920
Preußen wird Republik
In Berlin verabschiedet die verfassungsgebende Versammlung ein Gesetz, durch welches das ehemalige Königreich und spätere Land des Deutschen Reiches den Status eines Freistaats mit demokratisch-parlamentarischer Verfassung erhält. Bei den anschließenden ersten Wahlen sind Bürger ab 20 Jahren dazu aufgerufen, den Landtag für vier Jahre zu wählen.

1939
Winterkrieg in Finnland
Der Angriff der Roten Armee auf Helsinki markiert den Beginn des sog. Winterkriegs zwischen Finnland und der UdSSR. Der Krieg währt bis 1940. Finnland verliert Teile seines Territoriums an die Sowjetunion.

Winterkrieg in Finnland

1948
Berlin wird geteilt
Die endgültige Teilung Berlins wird durch die SED verursacht. Sie erklärt den Magistrat von Groß-Berlin für abgesetzt und wählt einen eigenen Oberbürgermeister. Daraufhin zieht die ursprüngliche Stadtverwaltung in den Westteil der Stadt.

1966
Rücktritt Erhards
Der deutsche Bundeskanzler Ludwig Erhard (1897–1977) tritt von seinem Amt zurück. Ausschlaggebend für das Aufgeben des CDU-Politikers ist der Rücktritt von vier FDP-Ministern und damit die Auflösung der Koalition.

Auch das geschah an diesem Tag

1989 Alfred Herrhausen, der Vorstandsvorsitzende der Deutschen Bank, wird von Angehörigen der Roten Armee Fraktion (RAF) bei einem Bombenattentat ermordet.

21.3.–20.4.

Blanka, Edmund,
Eligius, Natalie

Woody Allen

Bette Midler

Das Geheimnis des Erfolges? Anders sein als die anderen.
Woody Allen

1 Dezember

1955
Rosa Parks beansprucht Platz für Schwarze in Bussen
Die schwarze Bürgerrechtlerin Rosa Parks weigert sich, im Bus Ihren Sitzplatz im vorderen Teil eines Busses für einen Weißen freizugeben und verstößt damit gegen das zu dieser Zeit noch geltende Recht in Montgomery. Ihr Protest löst einen 382 Tage dauernden Boykott der öffentlichen Verkehrsmittel durch Schwarze aus. Danach dürfen sie ihre Plätze frei wählen.

Auch das geschah an diesem Tag
1953 In Chicago erscheint die erste Ausgabe des neuen Männermagazins *Playboy* von Hugh Hefner und präsentiert Marilyn Monroe als Covergirl. **1966** CDU/CSU und SPD bilden gemeinsam die Große Koalition. **1978** In Österreich wird der 14 km lange Arlbergtunnel eröffnet, der Vorarlberg und Tirol miteinander verbindet. **1984** ZDF, ORF und der Schweizer Sender SRG starten das Kulturprogramm 3sat, an das sich am 1.12.1993 die ARD anschließt. **1986** In Paris eröffnet das Musée d'Orsay für impressionistische Kunst. **1988** Die Weltgesundheitsorganisation (WHO) ruft erstmals einen Welt-Aids-Tag aus. **1989** Der sowjetische Staats- und Parteichef Michail Gorbatschow trifft als erster Regierungschef der UdSSR das Oberhaupt der Katholischen Kirche, Papst Johannes Paul II., im Vatikan.

Musee d'Orsay

Antarktis

1959
Antarktisvertrag
In Washington wird der Antarktisvertrag unterzeichnet, der am 23.6.1961 in Kraft tritt. Darin verpflichten sich zwölf Staaten zu ausschließlich friedlicher Nutzung der Antarktis. Auf Kriegswaffentests soll verzichtet werden. Die Antarktis erhält damit einen neutralen Status. Bis 2041 soll es außerdem keinen Abbau von Bodenschätzen mehr geben.

1990
Verbindung zwischen England und Frankreich
Beim Bau des Kanaltunnels, der England und Frankreich miteinander verbinden soll, gelingt den Bohrmannschaften 40 Meter unter dem Meeresgrund der Durchbruch.

Am 1. Dezember geboren:
Carl Legien (1861 in Marienburg/Westpreußen), deutscher Gewerkschafter und Politiker. Im März 1920 organisiert er den Generalstreik der Gewerkschaften, der zum Scheitern des Kapp-Putsches beiträgt. († 26.12.1920 in Berlin)
Karl Schmidt-Rottluff (1884 in Chemnitz-Rottluff), deutscher Maler und Grafiker des Expressionismus. Der als Karl Schmitt geborene Maler begründet 1905 in Dresden zusammen mit Ernst Ludwig Kirchner und Ernst Heckel die Künstlergemeinschaft „Brücke". Sein Stil ist gekennzeichnet durch Farbigkeit, holzschnittartige breite Konturen und vereinfachte Formen. († 10.8.1976 in Berlin)
Woody Allen (1935 in Flatbush/New York), eigentlich Allen Stewart Konigsberg, US-amerikanischer Schauspieler, Regisseur und Autor. Seine intellektuell anmutenden und oft absurd komischen Filme haben häufig die ganz alltäglichen Neurosen des modernen Großstadtmenschen zum Thema, wie in *Mach's noch einmal, Sam* (1971), *Der Stadtneurotiker* (1977) oder *Celebrity* (1998).
Bette Midler (1945 in Pearl Harbour/Hawaii), US-amerikanische Schauspielerin, Sängerin und Entertainerin; **Detlev Buck** (1962 in Bad Segeberg), deutscher Regisseur und Schauspieler.

2 Dezember

Vom Erhabenen zum Lächerlichen ist es nur ein kleiner Schritt.

Napoleon I.

Maria Callas

Marion Gräfin Dönhoff

23.11.–21.12.
Bibiana, Luzius

Am 2. Dezember geboren:

Georges Seurat (1859 in Paris), französischer Maler. Neben Paul Signac ist er der bedeutendste Maler des französischen Neoimpressionismus oder Pointilismus. Mit seinem geometrischen Bildaufbau beeinflusst er unter anderem den Kubismus. († 29.3.1891 in Paris)

Georges Seurat: *Ein Sonntagnachmittag an der Ile de la Grande Jatte*

Otto Dix (1891 in Gera), deutscher Maler und Grafiker der Neuen Sachlichkeit und des Expressionismus. Er verbindet in seinen Bildern den realistischen Stil der Alten Meister, den er zur sozialkritischen Charakterisierung seiner Figuren einsetzt, mit modernen ausdrucksstarken Formen des Expressionismus und Kubismus. Bekannt sind vor allem die Triptychen *Großstadt* (1927/28), *Der Krieg* (1929/30) und *Die 7 Todsünden* (1933). († 15.7.1969 in Singen)

Marion Gräfin Dönhoff (1909 in Ostpreußen, Schloss Friedrichstein), deutsche Publizistin. Sie ist von 1968 bis 1972 Chefredakteurin der Wochenzeitung *Die Zeit* und seit 1973 Mitherausgeberin. Sie macht sich um ein lebendiges Bild Ostpreußens im öffentlichen Bewusstsein verdient. Zu ihren bekanntesten Büchern gehören *Namen die keiner mehr nennt* (1962), *Kindheit in Ostpreußen* (1988) sowie *Macht und Moral* (2000). 1971 erhält sie den Friedenspreis des Deutschen Buchhandels. († 11.3.2002 in Schloss Crottorf in Friesenhagen)

Maria Callas (1923 in New York), griechisch-italienische Sopranistin und eine der bedeutendsten Opernsängerinnen. († 16.9.1977 in Paris); **Botho Strauss** (1944 in Naumburg), deutscher Schriftsteller, Theaterkritiker und Dramatiker.

1804
Napoleon I. krönt sich zum Kaiser der Franzosen

In der Kathedrale Notre-Dame de Paris setzt sich Napoleon I. selbst die französische Kaiserkrone auf, nachdem er sich durch ein Plebiszit die Zustimmung des Volkes zur Errichtung eines Kaiserreichs und die Position eines Konsuls auf Lebenszeit gesichert hatte. Im Anschluss daran erhält er die Weihe durch den Papst.

Auch das geschah an diesem Tag

1805 Napoleon siegt in der Dreikaiserschlacht bei Austerlitz über die Truppen des russischen Zaren Alexanders II. und des Österreichers Franz II. **1823** In der sog. Monroe-Doktrin erklärt der amerikanische Präsident James Monroe vor dem Kongress, dass die USA auf Einmischung in europäische Angelegenheiten verzichten und erwarten, dass auch die Europäer nicht in die Belange Lateinamerikas eingreifen. **1901** Der Erfinder King Camp Gillette meldet in Boston den Nassrasierer mit auswechselbarer Klinge zum Patent an. **1908** In Peking wird der dreijährige Pu Yi letzter Kaiser von China.

Napoleon I.

1971
Gründung der Vereinigten Arabischen Emirate

Nach dem Ende der britischen Schutzherrschaft schließen sich zunächst sechs der sieben Golf-Scheichtümer zur Föderation der Vereinigten Arabischen Emirate zusammen. 1972 kommt Ras Al Khaymah als siebtes Scheichtum dazu. Staatsoberhaupt der Förderation ist Scheich Said Ibn Sultan Al Najahan, der Emir von Abu Dhabi, der 2001 für weitere fünf Jahre in seinem Amt bestätigt wurde.

1974
Die Raumsonde „Pioneer 11" fliegt am Jupiter vorbei

Die unbemannte Raumsonde „Pioneer 11", die am 6.4.1973 gestartet wurde, übermittelt aus einem Abstand von nur 42.000 km zum Jupiter viele tausend Farbbilder und Daten an die Forschungsstationen.

23.11.–21.12.
Emma, Franz Xaver, Gerlinde

Joseph Conrad

Jean-Luc Godard

Film ist Wahrheit. 24 Mal in der Sekunde.
Jean-Luc Godard

3 Dezember

1967
Erste erfolgreiche Herztransplantation

Der südafrikanische Chirurg Christiaan Neethling Barnard nimmt mit seinem Operationsteam aus 31 Mitarbeitern im Kapstadter Groote-Schuur-Krankenhaus zum ersten Mal eine Herztransplantation am Menschen vor. Der 55-jährige Louis Washkansky bekommt das Herz der 24-jährigen Denise Ann Darvall eingepflanzt und lebt damit 18 Tage lang. Am 21.12.1967 stirbt Washkansky an den Folgen einer Lungenentzündung.

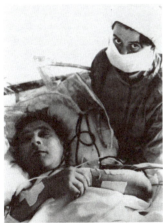

Der erste Mensch mit einem transplantierten Herzen

1989
Bush und Gorbatschow beenden den Kalten Krieg

Auf der Pressekonferenz zeigten sich US-Präsident George Bush und der sowjetische Staats- und

George Bush

Parteichef Michail Gorbatschow sehr zufrieden mit den Ergebnissen ihres Gipfeltreffens, zu dem sie sich tags zuvor auf einem sowjetischen Kreuzfahrtschiff vor der Insel Malta getroffen hatten.

Am 3. Dezember geboren:

Joseph Conrad (1857 in Berditschew, Ukraine), eigentlich Theodor Jósef Konrad Korzeniowski, englisch-polnischer Erzähler. Merkmale seiner Erzählkunst sind psychologische Tiefe und genaue Beobachtung. Er schreibt

Auch das geschah an diesem Tag

1818 Illinois wird der 21. Mitgliedsstaat der USA. **1910** Im Londoner Covent Garden Theatre hat die Oper *Salome* von Richard Strauss Premiere. **1947** In New York wird das Stück *A Streetcar Named Desire* von Tenessee Williams uraufgeführt und weltweit mit Begeisterung aufgenommen. **1997** In Ottawa unterzeichnen die Vertreter von 121 Staaten einen Vertrag, in dem sie sich zum Verbot von Landminen verpflichten.

u. a. *Almayers Wahn* (1895), *Lord Jim* (1900) oder *Herz der Dunkelheit* (1899), aus dem Elemente in Francis Ford Coppolas Film *Apocalypse now* eingegangen sind. († 3.8.1924 in Bishopsbourne, Kent)

Bernhard Lichtenberg (1875 in Ohlau, Polen), katholischer Priester, seit 1932 Dompfarrer an St. Hedwig in Berlin und seit 1938 Domprobst für Berlin. Er setzt sich für Juden und KZ-Häftlinge ein und wird 1941 von den Nazis verhaftet. 1943 stirbt er auf dem Weg in das Konzentrationslager Dachau. 1996 wird er selig gesprochen. († 5.11.1943 in Hof)

Anna Freud (1895 in Wien), Kinderpsychoanalytikerin. Durch die Arbeit mit kriegstraumatisierten Kindern entwickelt sie die Theorien ihres Vaters, Sigmund Freud, weiter. Seit 1922 ist sie Mitglied der „Wiener Psychoanalytischen Vereinigung". 1938 emigriert sie nach England, wo sie 1947 das kinderanalytische Ausbildungs- und Behandlungszentrum „The Hampstead Child Therapy Course and Clinic" gründet. Ihr bekanntestes Buch *Das Ich und die Abwehrmechanismen* erscheint 1936. († 9.10.1982 in Berlin)

Jean-Luc Godard (1930 in Paris), französischer Filmregisseur, Vertreter der französischen Neuen Welle (Nouvelle Vague), einer seit den späten 1950er-Jahren entwickelten Form des Experimentalkinos; **Alice Schwarzer** (1942 in Wuppertal), deutsche Journalistin, Verlegerin und Feministin, seit 1976 Herausgeberin der feministischen Zeitschrift *Emma*; **Sissi Perlinger** (1963), deutsche Schauspielerin und Kabarettistin.

341

4. Dezember

Die Form ist der äußere Ausdruck des inneren Inhaltes.

 Wassily Kandinsky

 Rainer Maria Rilke

 Horst Buchholz

23.11.–21.12.

Adolf, Barbara, Johannes

Am 4. Dezember geboren:

Wassily Kandinsky (1866 in Moskau), russischer Maler und Grafiker. Er gründet 1909 in München die „Neue Künstlervereinigung", aus der sich 1911 die Gruppe „Blauer Reiter" entwickelt. Kandinsky ist der bedeutendste Pionier der ungegenständlichen Malerei, die bei ihm rhythmisches Experiment und Spiel mit der für ihn zentralen Freiheit des Geistes ist. Er verfasst auch theoretische Schriften. († 13.12.1944 in Neuilly-sur-Seine bei Paris)

Rainer Maria Rilke (1875 in Prag), eigentlich René M. Rilke, österreichischer Dichter. Rilkes wichtigste Gedichtsammlungen sind *Das Stundenbuch* (1905), die *Duniser Elegien* (1923) und die aus dem gleichen Jahr stammenden *Sonette an Orpheus*. Zu seinen Prosawerken gehören *Liebe und Tod des Cornets Christoph Rilke* (1906) und *Die Aufzeichnungen des Malte Laurids Brigge* (1910). († 29.12.1926 in Valmont bei Montreux)

Horst Buchholz (1933 in Berlin), deutscher Schauspieler. Buchholz wird durch Filme wie *Die Halbstarken* (1956) und *Bekenntnisse des Hochstaplers Felix Krull* (1957), der ihm den Bambi einbringt, bekannt. Er spielt außerdem die Hauptrolle in Billy Wilders *Eins – zwei – drei* (1961) und wirkt in dem Western *Die glorreichen Sieben* (1960) mit. Da er fünf Sprachen beherrscht, nimmt er häufig auch Rollen in ausländischen Produktionen an. († 3.3.2003 in Berlin)

771
Karl der Große wird Herrscher des Frankenreichs

Karl der Große regiert von 768 an zusammen mit seinem Bruder Karlmann das Frankenreich. Als Karlmann 771 stirbt, wird Karl der Große mit 27 Jahren alleiniger Herrscher über das Fränkische Reich, das unter ihm eine kulturelle Blütezeit und eine gewaltige Ausdehnung der Grenzen erfährt.

Reiterstatuette Karls des Großen

1924
Erste Funkausstellung in Berlin

Auf dem Messegelände am Berliner Kaiserdamm wird in einer dafür neu errichteten Halle die erste deutsche Funkausstellung von Reichspräsident Friedrich Ebert eröffnet. Sie dauert zehn Tage lang und zieht 115.000 Besucher an. Besondere Neuerungen sind der 1,5-kW-Sender, der eine Reichweite von mehr als 200 km hat und der Trichterlautsprecher für das Radio. Zuvor war Radiohören nur mit Kopfhörern möglich gewesen.

1967
Gezeitenkraftwerk in St. Malo

An der Mündung der Rance, im französischen St. Malo, einem Ort an der nördlichen Atlantikküste, nimmt das erste Gezeitenkraftwerk der Welt den Betrieb auf. Darin werden 2410 Megawatt Strom aus der Gezeitenströmung gewonnen, indem man das Wasser durch Schleusenturbinen fließen lässt.

Auch das geschah an diesem Tag

1871 Die Mark zu 100 Pfennig wird per Reichsgesetz zur einheitlichen Währung in sämtlichen Gebieten des Deutschen Reiches erklärt. **1926** Die von Walter Gropius gegründete Hochschule für Gestaltung zieht von Weimar nach Dessau um und wird in „Hochschule für Bau und Gestaltung" umbenannt. **1962** Auf dem von Papst Johannes XXIII. einberufenen II. Vatikanischen Konzil wird beschlossen, dass katholische Messen statt nur in Latein auch in der jeweiligen Landessprache gehalten werden dürfen. **1975** Das südamerikanische Surinam wird 144. Mitglied der Vereinten Nationen.

Johannes XXIII.

23.11.–21.12.

Anno, Reinhard, Gerald

Julius II.

Walt Disney

Denkt immer daran: Mit einer Maus fing alles an.

Walt Disney

5 Dezember

Otto von Lilienthal mit seinem Gleitfluggerät (1893)

1889
Lilienthal erklärt die Flugtechnik
In seiner Schrift *Der Vogelflug als Grundlage der Fliegekunst* erklärt Otto Lilienthal die aerodynamischen Grundlagen des Fliegens, wie er sie aus seinen langjährigen Beobachtungen an Vögeln und eigenen Experimenten erschlossen hat. Er hebt besonders die Bedeutung der Tragflächen hervor, die, indem sie den Gegenwind ausnutzen, Auftrieb erzeugen. Die Abhandlung wird zu einem Klassiker der modernen Flugtechnik.

1933
Alkoholverbot aufgehoben
Nach 14 Jahren wird in den USA mit dem 21. Verfassungszusatz das Alkoholverbot aufgehoben. Es hatte sich herausgestellt, dass die Prohibition, das Verbot, Alkohol herzustellen, zu transportieren oder zu verkaufen, entschieden zur Entstehung des organisierten Verbrechens beigetragen hatte.

1978
Europäisches Währungssystem beschlossen
Auf der EG-Gipfelkonferenz in Brüssel einigen sich sechs Staaten auf ein gemeinsames europäisches Währungssystem. Großbritannien beteiligt sich nicht daran.

Am 5. Dezember geboren:

Julius II., eigentlich Giuliano della Rovere (1443 in Albisola bei Savona), Papst seit 1503. Der Begründer des neuzeitlichen Kirchenstaates beauftragt bedeutende Künstler der Hochrenaissance, wie Donato Bramante, Raffael und Michelangelo, mit Bau und Gestaltung von Petersdom und Sixtinischer Kapelle. († 21.2.1513 in Rom)

Fritz Lang (1890 in Wien), österreichischer Filmregisseur. Seine expressionistischen Stummfilme wurden zu Meilensteinen der Filmgeschichte, so z. B. *Dr. Mabuse* (1922), *Metropolis* (1926) und *M* (1931). 1933 emigriert er in die USA. 1963 erhält Lang den Bundesfilmpreis, 1966 das Große Bundesverdienstkreuz. († 2.8.1976 in Beverly Hills)

Werner Karl Heisenberg

Werner Heisenberg
(1901 in Würzburg), deutscher Kernphysiker. Er begründet mit seinen Arbeiten die moderne Atomtheorie. 1932 erhält er den Physiknobelpreis für die Mitbegründung der Quantenmechanik. Er entwickelt die Unschärfenrelation zur gleichzeitigen Messung zweier Größen eines physikalischen Systems (1927). Seine Feldgleichung zum Verhalten der Elementarteilchen ist als Heisenberg'sche Formel bekannt. († 1.2.1976 in München)

Walt Disney (1901 in Chicago), US-amerikanischer Trickfilmzeichner und Filmproduzent. († 15.12.1966 in Burbank/Kalifornien); **Johannes Heesters** (1903 in Amersfoort), österreichischer Sänger und Schauspieler niederländischer Herkunft. **José Carreras** (1946 in Barcelona), spanischer Tenor. Zur Fußballweltmeisterschaft 1990 bildet er gemeinsam mit Luciano Pavarotti und Placido Domingo das Trio „Die drei Tenöre".

Auch das geschah an diesem Tag

1985 Die Generalversammlung der Vereinten Nationen führt den „Tag des Ehrenamtes" ein. 1993 In Oslo erringen die deutschen Handballerinnen den Weltmeistertitel. 1997 Das Disney-Musical *Die Schöne und das Biest* hat in Stuttgart Premiere.

6 Dezember

Je populärer einer ist, desto feiger wird er.

M. Müller-Westernhagen — Peter Handke — M. Müller-Westernhagen

23.11.–21.12. Nikolaus

Am 6. Dezember geboren:

Alfred Eisenstaedt (1898 in Dirschau, Westpreußen), US-amerikanischer Fotograf. Eisenstaedt ist einer der ersten und weltweit am meisten publizierten Fotojournalisten. Sein berühmtestes Foto ist *V-Day* (1945), der Schnappschuss vom Kuss eines Matrosen und einer Krankenschwester während der Siegesfeier auf dem Times Square am Tag der Kapitulation Japans. († 23.8.1995 in Martha's Vineyard, Massachusetts)

Nikolaus Harnoncourt, eigentlich Nikolaus de la Fontaine und d'Harnoncourt-Unverzagt (1929 in Berlin), österreichischer Dirigent, Cellist und Musikwissenschaftler. Er gründet 1952 gemeinsam mit seiner Frau Alice, einer Violinistin, das Ensemble „Concentus musicus", das Musik des Mittelalters, der Renaissance, des Barock und der Klassik auf historischen Instrumenten interpretiert.

Peter Handke (1942 in Griffen, Kärnten), österreichischer Schriftsteller. Der Kritiker des deutschen Literaturbetriebs schreibt mit äußerst sensibler Beobachtungsgabe und in präziser Sprache. Wichtige Romane sind u. a. *Die Angst des Tormanns beim Elfmeter* (1970), *Die linkshändige Frau* (1976) sowie *Das Gewicht der Welt* (1977). Von seinen Bühnenwerken haben vor allem die *Publikumsbeschimpfungen* (1966), *Kaspar* (1968) oder *Die Stunde da wir nichts voneinander wussten* (1992) Literaturgeschichte geschrieben.

Marius Müller-Westernhagen (1948 in Düsseldorf), deutscher Rockmusiker und Schauspieler.

Auch das geschah an diesem Tag

1492 Christoph Kolumbus entdeckt bei seiner Suche nach dem westlichen Seeweg nach Indien die Insel Haiti. **1917** Der Landtag in Helsinki erklärt die Unabhängigkeit von Russland (Finnischer Nationalfeiertag). **1971** Indien erkennt Bangladesh als souveränen Staat an.

1904
Präsident Roosevelt ergänzt die Monroe-Doktrin
Der amerikanische Präsident Theodore Roosevelt erklärt angesichts europäischer Übergriffe in Venezuela, die USA werde künftig in Lateinamerika die Polizeigewalt ausüben, um gegen europäische Interventionen vorzugehen.

1983
***Evangeliar Heinrichs des Löwen* für Wolfenbüttel ersteigert**
Gemeinsam ersteigern die Bundesrepublik, die Länder Niedersachsen und Bayern und die Stiftung Preußischer Kulturbesitz für die Rekordsumme von 32,5 Mio. DM im Londoner Auktionshaus Sotheby's das *Evangeliar Heinrichs des Löwen* aus dem 12. Jh. Das verschwunden geglaubte, kostbare Zeugnis mittelalterlicher Kultur war überraschend im Auktionskatalog angeboten worden. Es wird heute in der Herzog August Bibliothek in Wolfenbüttel aufbewahrt.

1998
Astronauten verbinden erste Teile der Raumstation ISS
In einer zwölf Tage dauernden Mission bauen Astronauten der Raumfähre Endeavour die ersten beiden Module der Internationalen Raumstation ISS zusammen. Zu den am Bau der bisher größten Raumstation Beteiligten gehören neben der NASA und der ESA auch Russland (seit 1994), Japan, Kanada und Brasilien sowie zahlreiche weitere Staaten. Damit handelt es sich um eines der größten zivilen Großprojekte der Geschichte mit internationaler Beteiligung und damit um ein Symbol staatenverbindender friedlicher Zusammenarbeit.

Das *Evangeliar Heinrichs des Löwen* in Wolfenbüttel

Das erste Bauteil der ISS

23.11.–21.12.

Ambrosius, Gerald, Gerhard, Josefa

Gian Lorenzo Bernini

Gabriel Marcel

Es gibt immer ein Stückchen Welt, das man verbessern kann – sich selbst.

Gabriel Marcel

Dezember

1835
Eisenbahnlinie zwischen Nürnberg und Fürth eröffnet
Die erste deutsche Eisenbahnstrecke wird zwischen Nürnberg und Fürth eröffnet. Die Nürnberg-Fürth-Ludwig-Eisenbahngesellschaft schickt die Lokomotive „Adler" aus der Lokomotivenfabrik des britischen Eisenbahnbauers Stephenson auf die Schienen. Die Strecke ist 6,05 km lang und die Fahrt dauert etwa neun Minuten.

1941
Japanischer Angriff auf Pearl Harbor
Japanische Luftstreitkräfte eines Flugzeugträgers greifen überraschend den US-Flottenhafen Pearl Harbor auf der Insel Oahu (Hawaii) an. Dabei wird der größte Teil der amerikanischen Pazifikflotte zerstört. Die amerikanische Bevölkerung stellt sich daraufhin hinter Präsident Roosevelts Entscheidung, in den Zweiten Weltkrieg einzutreten.

Pearl Harbour

1970
Warschauer Vertrag
In Warschau schließen die Bundesrepublik Deutschland und die Volksrepublik Polen einen Vertrag über die „Grundlagen der Normalisierung" des Verhältnisses zwischen beiden Staaten. Darin wird die seit dem Potsdamer Vertrag von 1945 in der Bundesrepublik umstrittene Oder-Neiße-Grenze als polnische Westgrenze anerkannt und der Verzicht auf Gewaltanwendung und Gebietsansprüche vereinbart.

Am 7. Dezember geboren:

Gian Lorenzo Bernini (1598 in Neapel), italienischer Bildhauer, Architekt und Maler. Ausgebildet in der Bildhauerwerkstatt seines Vaters Pietro Bernini ist er ab 1629 leitender Architekt an St. Peter in Rom. Er gestaltet den Petersplatz maßgeblich mit und schafft mit der Marmorgruppe *Apollo und Daphne* (um 1622–24), dem Vierströmebrunnen mit Obelisk auf der Piazza Navona (1648–51) oder den Kolonnaden auf dem Petersplatz (1656–67) Hauptwerke der barocken Bau- und Bildhauerkunst.
(† 28.11.1680 in Rom)

Gabriel Honoré Marcel (1889 in Paris), französischer Philosoph und Dramatiker. Er konvertiert zum Katholizismus und entwickelt eine christliche Existenzphilosophie. 1964 erhält er den Friedenspreis des deutschen Buchhandels. († 9.10.1973 in Paris)

Erika Fuchs (1906 in Rostock), deutsche Übersetzerin. Sie wird bekannt durch ihre Übertragungen von Disney-Comics. Ab 1951 ist sie Chefredakteurin der deutschen *Micky Maus,* bis sie 1988 in den Ruhestand geht. Ihr Kennzeichen ist ihr kreativer Sprachgebrauch, etwa beim Einsatz von Verbstämmen zur Wiedergabe von Geräuschen („knarr", „schepper", „raschel").

Auch das geschah an diesem Tag

1912 Der deutsche Archäologe Ludwig Borchardt findet bei Ausgrabungen in der altägyptischen Stadt El-Amarna die mehr als 3000 Jahre alte Büste Nofretetes, der Hauptgemahlin des Königs Echnaton. **1923** Edwin Powell Hubble entdeckt durch Berechnungen, dass der Andromedanebel, anders als angenommen, weit außerhalb der Milchstraße liegt. **1988** Der sowjetische Staats- und Parteichef Michail Gorbatschow bietet vor der UNO-Generalversammlung in New York an, die sowjetischen Streitkräfte einseitig um 500.000 Mann zu reduzieren. **1995** Die 24 größten Industriestaaten beschließen in Wien, bis zum Jahr 2010 ein Verbot des ozonschädigenden Fluorchlorkohlenwasserstoffs (FCKW) durchzusetzen.

Nofretete

8 Dezember

Frisch begonnen ist schon halb getan.

Horaz

Jean Sibelius

Ludwig van Beethoven

23.11.–21.12.
Elfriede, Konstantin, Sabina

Am 8. Dezember geboren:

Horaz, eigentlich Quintus Horatius Flaccus (65 v. Chr. in Venosa, Apulien), römischer Dichter. Er schreibt zunächst Spottverse und Sinnsprüche, die *Epoden,* und wird dann mit seinen Oden, den *Carmina,* zu politischen und moralischen Fragen seiner Zeit berühmt. Seine Theorie der Dichtkunst, *Ars poetica,* erscheint in *Ad pisones.* († 8 v. Chr. in Rom)

Adolph Kolping (1813 in Kerpen bei Köln), deutscher Priester und Sozialpolitiker. Der „Gesellenvater" gründet 1846 den Katholischen Gesellenverein als Orientierungshilfe und Anlaufstelle für junge Arbeiter und Handwerker. Das daraus entstandene Kolpingwerk zählt heute weltweit 450.000 Mitglieder. Ab 1854 gibt er zudem die *Rheinischen Volksblätter* heraus. Sein Engagement beeinflusst Seelsorge und Sozialpolitik. Am 27.10.1991 wird Adolph Kolping seliggesprochen. († 4.12.1865 in Köln)

Camille Claudel

Camille Claudel (1864 in Fère-en Tardenois), französische Bildhauerin. Claudel zeigt schon früh eine außerordentliche Begabung für plastische Gestaltung, die von ihren Eltern gefördert wird. Sie ist Schülerin Auguste Rodins und wird seine Mitarbeiterin und Geliebte. 1898 trennt sie sich von Rodin, dessen Egozentrik die Zusammenarbeit sehr belastet und dem sie als Schülerin längst entwachsen ist. 1913 wird sie von ihrem Bruder Paul in eine Irrenanstalt eingewiesen, wo sie 30 Jahre später stirbt. Zu ihren wichtigsten Werken gehören *Sakuntala* (1888) und *Perseus* (1898). († 19.10.1943 in Avignon)

Jean Sibelius, eigentlich Johan Julius Christian Sibelius (1865 in Hämeenlinna), Nationalkomponist Finnlands. In stimmungsvollen, lautmalerischen Kompositionen verarbeitet er Themen und Motive aus der Sagenwelt seiner Heimat. († 20.9.1957 in Järvenpää bei Helsinki)

1965
Das Zweite Vatikanische Konzil geht in Rom zu Ende

Das 1962 von Papst Johannes XXIII. eröffnete Zweite Vatikanische Konzil führt zu einer Erneuerung der katholischen Kirche. Unter anderem darf die Katholische Heilige Messe nun in der Landessprache gehalten werden, Ortskirchen und Bischofskonferenzen erhalten mehr Entscheidungsfreiheit und die Ökumene wird gefördert.

Eröffnungsgottesdienst des Zweiten Vatikanischen Konzils

Auch das geschah an diesem Tag

1813 Ludwig van Beethoven dirigiert in Wien die Uraufführung seiner Sinfonie Nr. 7, A-Dur, op. 92. **1933** Papst Pius XI. spricht Bernadette Soubirous heilig, die als 14-Jährige Marienerscheinungen nahe dem französischen Ort Lourdes hatte. **1991** Die Staatsoberhäupter von Russland, Weißrussland und der Ukraine einigen sich darauf, die Sowjetunion offiziell aufzuheben, und gründen die GUS (Gemeinschaft unabhängiger Staaten), zu der alle Nachfolgestaaten der UdSSR außer den baltischen Staaten gehören. **1994** Die neun Regionen Äthiopiens erhalten in einer neuen Verfassung ihre Unabhängigkeit.

1987
Gipfeltreffen in Washington

Der sowjetische Parteichef Michail Gorbatschow und US-Präsident Ronald Reagan unterzeichnen in Washington das INF-Abkommen (Intermediate Range Nuclear Forces), einen Vertrag zur Beseitigung aller landgestützten atomaren Mittelstreckenwaffen („Globale Null-Lösung"). Es ist das erste wichtige Abrüstungsabkommen der Großmächte.

23.11.–21.12.
Eucharius, Liborius

John Milton

Erhard Eppler

Wo der Hunger herrscht, kann Frieden nicht Bestand haben.
Willy Brandt

9 Dezember

1918
Manifest des Dadaismus veröffentlicht
Der Mitbegründer der Dada-Bewegung, Tristan Tzara, ein rumänisch-französischer Schriftsteller, veröffentlicht ein *Manifest des Dadaismus von 1918*. Die Freiheit des künstlerischen Ausdrucks wird darin als vorrangig vor sämtlichen literarischen Formen proklamiert, die Tzara radikal infrage stellt.

1977
Nord-Süd-Kommission konstituiert sich
Die aus 18 Politikern und Wissenschaftlern bestehende Nord-Süd-Kommission zur Verbesserung der Beziehungen und des Verständnisses zwischen Nord und Süd konstituiert sich in Schloss Gymrich bei Bonn unter der Leitung des SPD-Vorsitzenden Willy Brandt. Zu ihr gehören je neun Mitglieder aus Industrie- und aus Entwicklungsländern, die keine Regierungsmitglieder sein dürfen.

1990
Lech Walesa wird Staatspräsident von Polen
Der polnische Gewerkschaftsführer Lech Walesa wird in einer Stichwahl mit 74,25 % der Stimmen vor Stanislaw Tyminski zum polnischen Staatspräsidenten gewählt. Als Führer der Gewerkschaft Solidarnosc war Walesa 1981 von den kommunistischen Machthabern verhaftet worden. 1983 wurde sein Einsatz für die Demokratie in Polen mit dem Friedensnobelpreis gewürdigt.

1994
Alternativer Nobelpreis für Astrid Lindgren
Die schwedische Kinderbuchautorin Astrid Lindgren erhält für ihr Engagement für die Rechte der Kinder den Alternativen Nobelpreis der Londoner Stiftung für eine verantwortungsbewusste Lebensführung („The Right Livelihood Award Foundation").

Alternativer Nobelpreis für Astrid Lindgren

Am 9. Dezember geboren:

John Milton (1608 in London), englischer Dichter. Miltons bekanntestes Werk, *Paradise Lost*, erscheint 1667 und ist eine Deutung des christlichen Glaubens im Stil einer Geschichte der

Auch das geschah an diesem Tag
1905 In Dresden wird die Oper *Salome* nach dem Schauspiel von Oscar Wilde, mit der Musik von Richard Strauss, uraufgeführt. **1998** Ruth Dreifuss wird in Bern von der Vereinigten Bundesversammlung als erste Frau zur Bundespräsidentin der Schweiz gewählt.

Weltentstehung. Miltons Bildsprache beeinflusst die Dichtung noch lange nach ihm. († 8.11.1674 in London)

Johann Joachim Winckelmann (1717 in Stendal), deutscher Altertumsforscher. Winckelmann gilt als Begründer der klassischen Archäologie und der vergleichenden Kunstgeschichte. Er prägt maßgeblich das Schönheitsideal der deutschen Klassik, das sich an der Kunst der griechischen Antike orientiert. Sein Hauptwerk *Geschichte der Kunst des Altertums* erscheint 1764. († 8.6.1768 in Triest)

Winckelmann-Denkmal in Stendal

Erhard Eppler (1926 in Ulm), deutscher Politiker (SPD). Eppler ist zunächst Studienrat und ab 1961 Mitglied des Bundestages. Von 1968–74 ist Eppler Bundesminister für wirtschaftliche Zusammenarbeit. Als Landesvorsitzender der SPD (1973–81) engagiert er sich besonders in der Umwelt- und Sicherheitspolitik. Im Vorstand des Deutschen Evangelischen Kirchentages (1977–91) setzt er sich für die Ökologie- und Friedensbewegung ein.

10 Dezember

Wir werden nicht jeden Tag älter, sondern jeden Tag neu.

Emily Dickinson

Emily Dickinson

Nelly Sachs

23.11.–21.12.
Angelina, Eulalia, Bruno

Am 10. Dezember geboren:

Augusta Ada Countess of Lovelace (1815 in London), britische Mathematikerin und erste Informatikerin. Die Tochter des Dichters Lord Byron entwirft für die Rechenautomaten von Charles Babbage die ersten Computerprogramme und erläutert das Prinzip der Programmierung. († 27.11.1852 in London)

Emily Elizabeth Dickinson (1830 in Amherst/Massachusetts), US-amerikanische Lyrikerin. Experimentelle Form und Bildersprache ihrer Gedichte gehen weit über die dichterischen Konventionen ihrer Zeit hinaus und machen Emily Dickinson zur Wegbereiterin der modernen Lyrik. († 15.5.1886 in Amherst)

Nelly Sachs (1891 in Berlin), deutsch-schwedische Dichterin. Die Jüdin wird von Selma Lagerlöf 1940 vor der Deportation gerettet. Das Trauma der Judenverfolgung wird zum zentralen Thema ihres Werks. 1965 erhält sie den Friedenspreis des Deutschen Buchhandels und 1966, gemeinsam mit S. J. Agnon, den Literaturnobelpreis. († 12.5.1970 in Stockholm)

Oliver Messiaen

Olivier Messiaen (1908 in Avignon), französischer Komponist, Organist und Musikpädagoge. Er verarbeitet bei seinen Experimenten mit den Klangeigenschaften der Musik Einflüsse aus Katholizismus, Zahlenmystik, indischer und griechischer Rhythmik sowie Vogelstimmen und gregorianische Choräle. († 28.4.1992 in Paris)

Kenneth Charles Branagh (1960 in Belfast), britischer Regisseur und vielseitig begabter Bühnen- und Filmschauspieler. Er wird bekannt durch seine aktuellen, zum Teil unkonventionellen Shakespeare-Verfilmungen, in denen er Regie führt und auch schauspielt.

1520
Martin Luther verbrennt päpstliche Bulle
Vor dem Alstertor in Wittenberg verbrennt Martin Luther, zusammen mit Schriften der Scholastik und des Kanonischen Rechts, die Bulle *Exsurge Domine* von Papst Leo X., in der dieser die Schriften Luthers verurteilt und ihm den Ausschluss aus der Kirche androht. Luther bricht dadurch endgültig mit Rom und wird am 3.1.1521 mit der päpstlichen Bulle *Decem Romanum Pontificem* exkommuniziert.

1901
Erste Nobelpreise vergeben
Zum ersten Mal werden in Stockholm und Oslo am Todestag Alfred Nobels die von ihm gestifteten Preise zur Würdigung besonderer Verdienste um die Entwicklung der Menschheit auf den Gebieten der Physik, Chemie, Physiologie oder Medizin und des Völkerfriedens vergeben. Sie gehen an Henri Dunant, den Gründer des Deutschen Roten Kreuzes (Friedensnobelpreis), Emil von Behring (Nobelpreis für Medizin) und Wilhelm Conrad Röntgen (Nobelpreis für Physik).

1948
Internationale Deklaration der Menschenrechte
Auf der Generalversammlung der Vereinten Nationen in Paris wird die Allgemeine Erklärung der Menschenrechte verabschiedet, nachdem die Mehrheit der Staaten dafür gestimmt hatte.

Auch das geschah an diesem Tag

1910 Giacomo Puccinis Oper *Das Mädchen aus dem goldenen Westen* wird an der New Yorker Metropolitan Opera uraufgeführt und begeistert gefeiert. **1936** Der britische König Eduard VIII. dankt ab, um die bürgerliche, zweimal geschiedene Wallis Simpson zu heiraten.

Eduard VIII.

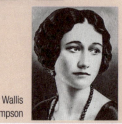
Wallis Simpson

23.11.–21.12.
Damasus, Arthur

Hector Berlioz

Robert Koch

Keiner, der für eine Lüge geschlagen wurde, hat dadurch die Wahrheit lieben gelernt.

Ellen Key

11 Dezember

1877
Feierliche Hofopernsoiree in Wien
Im Wiener Hoferngebäude findet die erste feierliche Hofopernsoiree statt, aus der sich später der Wiener Opernball entwickelt. In den elegant geschmückten Räumlichkeiten trifft sich die Prominenz der Wiener Gesellschaft. Eduard Strauß spielt zum Tanz auf.

1946
Das Kinderhilfswerk UNICEF wird gegründet
Um Kindern in China und in Europa helfen zu können, die durch die Folgen des Zweiten Weltkrieges in Not geraten sind, richten die Vereinten Nationen einen Fonds ein, aus dem Nahrung, Medikamente und Kleidung bezahlt werden. 1950 wird aus dem Fonds ein längerfristiges Programm, das besonders Kindern in Entwicklungsländern zugute kommen soll. Der Sitz der Organisation, die 1965 für ihre Arbeit mit dem Friedensnobelpreis ausgezeichnet wurde, ist in New York.

1973
Diplomatische Beziehungen zwischen der BR Dtl. und der CSSR
In Prag unterzeichnen Bundeskanzler Brandt, Bundesaußenmi-

UNICEF

Auch das geschah an diesem Tag
1926 Bertolt Brechts *Kleinbürgerhochzeit* wird in Frankfurt am Main uraufgeführt. **1967** In Toulouse wird der Prototyp des Überschallverkehrsflugzeugs *Concorde* vorgestellt. **1984** Sowjetische Forscher entdecken ein 105 Millionen Jahre altes Dinosaurier-Ei, das erste in Eurasien. **1999** Papst Johannes Paul II. weiht die Sixtinische Kapelle im Vatikan ein, die 20 Jahre lang restauriert wurde.

nister Scheel, der tschechische Ministerpräsident Strougal und Außenminister Chnoupek einen Vertrag über die Normalisierung der Beziehungen zwischen der Bundesrepublik Deutschland und der CSSR, der das Münchener Abkommen von 1938 aufhebt.

Am 11. Dezember geboren:

Hector Louis Berlioz (1803 in La Côte-Saint-André, Isère), französischer Komponist. Der Vertreter der französischen Romantik, schafft bedeutende Werke der Programm-Musik und erste moderne Orchesterinstrumentationen. Zu seinen bekanntesten Werken gehört die *Symphonie fantastique* (1829–30). († 8.3.1869 in Paris)

Robert Koch (1843 in Clausthal), deutscher Arzt und Begründer der modernen Bakteriologie. Er entdeckt 1882 den Tuberkelbazillus, gegen den er den ersten Impfstoff entwickelt, und 1883 den Choleraerreger. 1905 erhält Koch den Nobelpreis für Medizin oder Physiologie. († 27.5.1910 in Baden-Baden)

Ellen Karolina Sofia Key (1849 in Sundsholm), schwedische Pädagogin und Schriftstellerin. Im Jahr 1900 erscheint ihr Buch *Das Jahrhundert des Kindes*, das ein Welterfolg und Inbegriff eines pädagogischen Programms wird, das den Respekt vor der Würde des Kindes in den Mittelpunkt stellt. († 25.4.1926 auf Gut Strand, Vättersee)

Ellen Key

Alexandr Issajewitsch Solschenizyn (1918 in Kislowodsk), russischer Schriftsteller und Kritiker des Sowjetregimes. Er wird 1945–56 verbannt, 1957 rehabilitiert, doch 1974 aus der UdSSR ausgewiesen. Ab 1976 lebt er in den USA, bis er am 27.5.1994 in seine Heimat zurückkehren kann. Seine bekanntesten Romane sind u. a. *Krebsstation* (1968), *August vierzehn* (1971) sowie *Der Archipel GULAG* (1973–75). 1970 erhält Solschenizyn den Nobelpreis für Literatur.

Alexandr Solschenizyn und Heinrich Böll

12 Dezember

Der Erfolg ist eine Folgeerscheinung, niemals darf er zum Ziel werden.
Gustave Flaubert

Marie Louise

Gustave Flaubert

23.11.–21.12.
Johanna, Franziska, Hartmann

Am 12. Dezember geboren:

Marie Louise (1791 in Wien), französische Kaiserin. Die Tochter des österreichischen Kaisers Franz II. ist 1810–15 mit Napoleon I. verheiratet und Kaiserin der Franzosen. Nach der Trennung 1815 erhält Marie Louise die Herzogtümer Parma, Piacenza und Guastalla. († 17.12.1847 in Parma)

Gustave Flaubert (1821 in Rouen), französischer Schriftsteller. Flauberts Erzählungen und Romane zeichnen sich durch genaue Beobachtungsgabe und psychologische Stimmigkeit aus. Sein bekanntester Roman *Madame Bovary* (1857), der die verhängnisvolle Flucht einer Frau aus ihrer bürgerlichen Ehe in eine glamouröse Scheinwelt beschreibt, löst wegen des zentralen Themas „Ehebruch" einen Skandal aus. († 8.5.1880 Croisset bei Rouen)

Edvard Munch (1863 in Loten/Hedmark), norwegischer Maler und Grafiker. Munch wird mit seinen melancholischen, starke Gemütsbewegungen darstellenden, symbolischen Gemälden zu einem der Wegbereiter des Expressionismus. Sein bekanntestes Gemälde *Der Schrei* (1893) hängt heute in der Nationalgalerie in Oslo. († 23.1.1944 in Hof Ekely bei Oslo)

Liesl Karlstadt, eigentlich Elisabeth Wellano (1892 in München), bayerische Schauspielerin und Kabarettistin. Sie tritt ab 1911 gemeinsam mit dem Volksschauspieler Karl Valentin in zahlreichen Bühnenstücken und Filmen auf. Nach 1948 beginnt sie in München eine Solokarriere. († 27.7.1960 in Garmisch-Partenkirchen)

Frank Sinatra, eigentlich Francis Albert Sinatra (1915 in Hoboken/New Jersey), US-amerikanischer Sänger, Schauspieler und Entertainer. Seine Erfolge aus den 1940er- und 1950er-Jahren, wie *New York, New York*, *Strangers in the Night*, *Something Stupid* oder *My Way* werden zu Kultsongs. Für die Rolle in dem Antikriegsfilm *Verdammt in alle Ewigkeit* (1953) erhält Sinatra 1954 den Oscar als bester Nebendarsteller. († 14.5.1998 in Los Angeles)

1837
„Göttinger Sieben" von Ernst August II. entlassen
König Ernst August II. von Hannover entlässt die sieben Göttinger Professoren W. Albrecht, F.C. Dahlmann, J. Ewald, G.G. Gervinus, J. und W. Grimm und W. We-

Flaubert: *Madame Bovary* (Illustration)

Ernst August II.

ber, weil sie gegen die Aufhebung der Verfassung durch den König im Jahr 1833 protestiert hatten, und wirft ihnen Hochverrat vor.

1901
Marconi funkt über den Atlantik
Der Italiener Guglielmo Marconi, der seit Mitte der 1890er-Jahre mit der Funkentelegrafie experimentiert hatte, präsentiert 1901 eine Sensation, als es ihm gelingt, drahtlose Funksignale (das Morsezeichen „s") über den Atlantik zu schicken. 1909 erhält Marconi, zusammen mit dem deutschen Physiker Ferdinand Braun, den Nobelpreis für Physik.

Auch das geschah an diesem Tag

1955 Der britische Ingenieur Christopher Cockerell meldet sein Modell eines Luftkissenfahrzeugs (Hovercraft) zum Patent an. **1979** Der NATO-Rat der Außen- und Verteidigungsminister aller Mitgliedsstaaten verabschiedet den sog. Doppelbeschluss. **1985** In Hessen bilden die SPD und die ökologisch orientierte Partei Die Grünen gemeinsam die Landesregierung. Joschka Fischer wird erster Minister der Grünen.

23.11.–21.12.
Luzia, Odila

Heinrich Heine

Werner von Siemens

So ein bisschen Bildung ziert den ganzen Menschen.
Heinrich Heine

13 Dezember

1919
Arbeiterwohlfahrt gegründet
Die SPD-Reichstagsabgeordnete Marie Juchacz gründet den „Hauptausschuss der Arbeiterwohlfahrt in der SPD". Sie möchte damit Hilfe für die Opfer des Ersten Weltkrieges anbieten. Die Organisation wird unter Hitler verboten, jedoch illegal weitergeführt. 1946 wird die Arbeiterwohlfahrt (kurz AWO) in Hannover als unabhängige Organisation neu gegründet.

1948
Die Jungen Pioniere organisieren sich
In der DDR wird eine den Pfadfindern nachempfundene Organisation für Schulkinder zwischen 6 und 14 Jahren gegründet, die dazu beitragen soll, die Jugend im Geist der sozialistischen Revolution zu erziehen. Die Losung der Jungen Pioniere lautet „Seid bereit – Immer bereit".

1972
Annemarie Renger wird erste Präsidentin des Deutschen Bundestages
Mit der SPD-Abgeordneten Annemarie Renger wird erstmals eine Frau in das zweithöchste Amt der Bundesrepublik Deutschland gewählt. Annemarie Renger ist seit 1953 Mitglied des Bundestages und von 1969–73 Mitglied im Präsidium der SPD. Von 1976 bis 1990 ist sie gewählte Vizepräsidentin des Deutschen Bundestages.

Annemarie Renger

Am 13. Dezember geboren:

Heinrich IV. (1553 in Pau), französischer König. Der erste König aus dem Haus der Bourbonen, bemüht sich als Calvinist und Hugenotte um den Ausgleich zwischen den Konfessionen. Er wird 1594 zum König von Frankreich gekrönt, nachdem er zum Katholizismus übergetreten war. Im Edikt von Nantes (1598) gewährt er den Hugenotten Gleichberechtigung und Religionsfreiheit. Heinrich ist wegen seiner Volksnähe der beliebteste König Frankreichs. († 14.5.1610 in Paris)

Heinrich Heine (1797 in Düsseldorf), deutscher Dichter und Publizist. Heine greift in seiner Dichtung romantische Bilder auf, die er ironisch-witzig verwendet. Er lebt ab 1831 in Paris. 1835 werden seine Schriften in Deutschland verboten. Heines bekanntestes Werk ist das satirisch-zeitkritische Versepos *Deutschland. Ein Wintermärchen* (1843). († 17.2.1856 in Paris)

Werner von Siemens (1816 in Lenthe bei Hannover), deutscher Erfinder und Unternehmer. Er gründet 1847 zusammen mit dem Mechaniker Johann Georg Halske in Berlin die „Telegraphenanstalt von Siemens & Halske". Er entdeckte u. a. das dynamoelektrische Prinzip (1866), das den Weg für die Starkstromtechnik bereitet. († 6.12.1892 in Berlin)

Curd Jürgens (1915 in München), deutscher Theater- und Filmschauspieler. Jürgens spielt 1937–41 in Berlin Theater, seit 1941 am Wiener Burgtheater. 1973 übernimmt er die Rolle des *Jedermann* bei den Salzburger Festspielen. Von seinen Filmen sind vor allem *Des Teufels General* (1955), *Jakobowsky und der Oberst* (1957) und die *Schachnovelle* (1960) bekannt. († 18.6.1982 in Wien)

Auch das geschah an diesem Tag

1545 Papst Paul III. eröffnet in Trient das für die Kirchenreform wichtige Tridentinische Konzil. **1997** In Los Angeles wird das von Richard Meier für die Kunstsammlung John Paul Gettys erbaute Getty Center eröffnet.

Getty-Center in Los Angeles

14 Dezember

Wir brauchen einen verantwortungsvollen Konsum und eine Kultur der Genügsamkeit.

Leonardo Boff

Tycho Brahe

Leonardo Boff

23.11.–21.12.
Johannes, Franziska

Am 14. Dezember geboren:

Nostradamus, eigentlich Michel de Notredame (1503 in Saint-Rémy-de-Provence), französischer Arzt und Astrologe. Im Jahr 1550 beginnt er, Almanache mit Vorhersagen zu den Ereignissen des jeweiligen Jahres zu schreiben (*Centuries*). In seinen Prophezeiungen, die noch heute großes Interesse finden, macht Nostradamus keine genauen Zeitangaben und benutzt eine metaphorische Sprache. († 2.7.1566 zu Salon-de-Provence)

Tycho Brahe (1546 in Knudstrup), dänischer Astronom. Brahe arbeitet zunächst an den Sternwarten Uranienborg und Stjerneborg auf der Insel Ven vor Landskrona im Dienste des Königs Friedrich II., später in Prag unter Kaiser Rudolf II. Er stellt sehr exakte Beobachtungen der Sternen- und Planetenpositionen ohne Teleskop, aber mit einer Reihe sehr genauer Messgeräte an. 1572 entdeckt er einen „neuen Stern", der vermutlich eine Supernova unserer Milchstraße war. Brahes Assistent Kepler leitet aus dessen Beobachtungen die Gesetze der Planetenbewegungen ab. Brahe selbst hält am geozentrischen Weltbild fest. († 24.10.1601 in Prag)

Leonardo Boff (1938 in Concordia, Brasilien), brasilianischer Theologe, Mitglied des Franziskanerordens und katholischer Priester (bis 1992). Von 1970 bis 1991 ist Boff Professor für Systematische Theologie. Wegen seiner Schriften zur Theologie der Befreiung wird Boff 1984 von der römischen Kongregation für die Glaubenslehre verurteilt. Wiederholte Auseinandersetzungen mit dem Vatikan lassen Boff 1992 sein Priesteramt aufgeben. Er ist seit 1993 Professor für Ethik und Theologie in Rio de Janeiro. 2001 erhält er den Alternativen Nobelpreis.

1899
Emschergenossenschaft gegründet

Das Unternehmen, das Abwasserreinigung, Sicherung des Abflusses, Hochwasserschutz und Gewässerunterhaltung zu seinen Aufgaben gemacht hat, ist das erste Wasserwirtschaftsunternehmen dieser Art und zuständig für den 84 km langen Fluss im Ruhrgebiet, der zwischen Holzwickede und Dinslaken fließt. Es soll dazu beitragen, den natürlichen Zustand des durch die Industrialisierung immer stärker mit Abwasser belasteten Flusses zu erhalten bzw. wiederherzustellen.

1928
Skandal um *Lady Chatterley*

Der englische Romancier D.H. Lawrence veröffentlicht seinen Roman *Lady Chatterley*. Er erzählt darin mit der ihm eigenen, feinen psychologischen Beobachtung die Geschichte der adligen Lady Chatterley, die aus ihrer Ehe mit einem impotenten Mann ausbricht und ein neues Leben mit einem Wildhüter beginnt. In England und den USA ist der Roman noch bis in die 1950er-Jahre verboten.

D. H. Lawrence

Auch das geschah an diesem Tag

1900 Max Planck erklärt das Prinzip der Abgabe von Strahlungsenergie in Energiequanten und damit die Grundlagen der Quantentheorie. **1917** Im Berliner Haus des Generalstabs des Deutschen Reiches wird aus mehreren Firmen die Universum Film AG (Ufa) gegründet, die den Film als Mittel der politischen und militärischen Erziehung des Volkes einsetzen soll. **1987** Die Lübecker Altstadt wird zum Weltkulturgut der UNESCO erklärt.

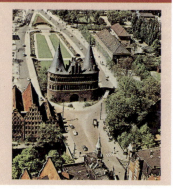
Lübeck: Holstentor

23.11.–21.12.

Carlo, Christiana

Vivien Leigh

F. Hundertwasser

Es gibt keine Missstände der Natur. Es gibt nur Missstände des Menschen.

F. Hundertwasser

15
Dezember

1911
Amundsen erreicht den Südpol
Als erster Mensch erreicht der Norweger Roald Amundsen mit seinen vier Begleitern den Südpol. Er kommt dem Engländer Robert Falcon Scott um etwa vier Wochen zuvor, der über eine andere Route zum Pol zieht und mit vielen Schwierigkeiten zu kämpfen hat. Amundsen war am 20. Oktober mit Hundeschlitten vom Stützpunkt „Little America" aus aufgebrochen.

Roald Amundsen am Südpol

1949
Die Bundesrepublik tritt dem Marschallplan bei
Der Hohe Kommissar der USA, John McCloy, und der Deutsche Bundeskanzler Konrad Adenauer unterzeichnen das Abkommen, in dem die USA den westlichen Besatzungszonen wirtschaftliche Unterstützung für den Wiederaufbau nach dem Zweiten Weltkrieg zusichern. Das Abkommen ist nach seinem Initiator, dem amerikanischen Außenminister George Marshall, benannt.

1939
Vom Winde verweht feiert Premiere
In Atlanta kommt der Hollywoodfilm *Vom Winde verweht* von Victor Fleming, nach dem Bestseller von Margaret Mitchell, in die Kinos. Er erzählt die Geschichte einer Südstaatenfamilie während des amerikanischen Bürgerkrieges. In den Hauptrollen sind Vivien Leigh als eigensinnige Südstaatenschönheit Scarlett O'Hara und Clark Gable als furchtloser Abenteurer Rhett Butler zu sehen, deren leidenschaftliche und dramatische Liebesgeschichte die Zuschauer über dreieinhalb Stunden lang in ihren Bann zieht.

Clark Gable und Vivian Leigh in *Vom Winde verweht*

Auch das geschah an diesem Tag
1900 In Dresden nimmt das erste Fernheiz-Kraftwerk Europas seinen Dienst auf. **1917** Der Waffenstillstand zwischen Deutschland und Russland beendet den Ersten Weltkrieg in Osteuropa. **1975** Das Ehepaar Guillaume wird wegen Landesverrats zu 13 und 8 Jahren Gefängnis verurteilt. **1979** Pink Floyd wird mit *Another Brick in the Wall* No. 1 der britischen Charts.

Am 15. Dezember geboren:

Albrecht IV., der Weise (1447 in München), Herzog von Bayern (1467–1508). Er trägt zur Vereinigung der bayerischen Fürstentümer bei und gilt als Förderer von Kunst und Wissenschaft. († 18.3.1508 in München)

Gustave Eiffel (1832 in Dijon), französischer Ingenieur. Eiffel konstruiert den über 300 m hohen Eiffelturm (1885–89) für die Pariser Weltausstellung sowie zahlreiche Brücken und Hallen. († 28.12.1923 in Paris)

Antoine Henri Becquerel (1852 in Paris), französischer Physiker. Er beobachtet zufällig die natürliche radioaktive Strahlung des Urans und bereitet damit die Forschungen des Ehepaars Curie vor. 1903 erhält er gemeinsam mit den Curies den Nobelpreis für Physik. († 25.8.1908 in Le Croisic)

Friedensreich Hundertwasser, eigentlich Friedrich Stowasser (1928 in Wien), österreichischer Maler, Grafiker und Architekt. Hundertwasser arbeitete mit ornamentalen leuchtend bunten Farbflächen. Vor allem das Hundertwasser-Haus in der Wiener Löwengasse ist Anziehungspunkt für Architekturinteressierte. († 19.2.2000 auf einer Schifffahrt von Neuseeland nach Europa).

Edna O'Brien (1932 in Tuamgraney), irische Schriftstellerin, beschreibt Land und Leute ihrer irischen Heimat in ihren Romanen, Erzählungen und Theaterstücken. Zu ihren Werken gehört u. a. der Roman *Die Fünfzehnjährigen* (*The Country Girls* 1960) und eine Einleitung zu den *Dubliners* von James Joyce.

16 Dezember

Mögen die Federn der Diplomaten nicht wieder verderben, was das Volk mit so großen Anstrengungen errungen.

Gebhard L. Blücher

Jane Austen

Liv Ullmann

23.11.–21.12.
Adelheid, Ado, Wunibald

Am 16. Dezember geboren:

Gebhard Leberecht Fürst Blücher von Wahlstatt (1742 in Rostock), von den Russen „General Vorwärts" genannt, preußischer Generalfeldmarschall. Blücher erringt mit seiner Armee wichtige Siege in den Befreiungskriegen gegen die französische Besatzung. Er überschreitet in der Neujahrsnacht 1813/14 mit seinen Truppen bei Kaub den Rhein, erobert 1814 Paris und siegt in der Schlacht bei Waterloo gemeinsam mit Arthur Herzog von Wellington über Napoleons Heer. († 12.9.1819 in Krieblowitz)

Jane Austen (1775 in Steventon/Hampshire), englische Schriftstellerin. Sie siedelt die Handlung ihrer Romane im englischen Landadel und Mittelstand ihrer Zeit an und beobachtet die zwischenmenschlichen Beziehungen und das Alltagsleben mit psychologischem Scharfblick, Witz und feiner Ironie. Zu ihren bekanntesten Romanen, die zu den Klassikern der englischen Literatur gehören, zählen *Gefühl und Verstand* (1811), *Mansfield Park* (1814), *Emma* (1816) oder *Anne Elliot* (1818), die fast alle seit Beginn der 1990er-Jahre erfolgreich verfilmt wurden. († 18.7.1817 in Winchester)

Liv Ullmann (1938 in Tokio), norwegische Schauspielerin. Sie wird vor allem durch ihre Rollen in Filmen des schwedischen Regisseurs Ingmar Bergmann berühmt, wie in *Persona* (1966), *Szenen einer Ehe* (1973) oder *Herbstsonate* (1978). Seit den 1990er-Jahren führt sie auch selbst Regie. Seit 1980 engagiert sie sich außerdem als Sonderbotschafterin des Kinderhilfswerks UNICEF.

1653
Englischer Armeerat verkündet Verfassung

Mit dem „Instrument of Government", das der englische Armeerat in London verkündet, erhält England die erste geschriebene Verfassung. Darin wird Oliver Cromwell zum Lordprotektor von England, Schottland und Irland bestimmt und hat damit faktisch allein die Staatsgewalt inne. Er regiert als Diktator und erringt wichtige Seesiege über die Niederlande und Spanien.

1773
Boston Tea Party

Im Hafen von Boston versenken als Indianer verkleidete Einwohner der Stadt 342 Kisten Tee der East India Company im Wasser. Sie protestieren damit gegen die von den Briten erhobene Teesteuer. Mit dieser Rebellion beginnt der Kampf der Kolonien gegen Großbritannien, der schließlich zur Unabhängigkeit der USA führt.

Boston Tea Party

1967
Wissenschaftler stellen künstliche DNS her

In den Labors der Stanford University in Kalifornien stellen Wissenschaftler unter der Leitung des Nobelpreisträgers Arthur Kronberg erstmals die genetische Grundsubstanz Desoxyribonukleinsäure künstlich her. Sie verwenden dazu eine aus einem Virus gewonnene Substanz, die sich vermehren lässt. Ziel ist es, eines Tages gezielt Gene zur Bekämpfung von Krankheiten herstellen zu können.

Auch das geschah an diesem Tag

1941 Der Film *Quax der Bruchpilot* mit Heinz Rühmann in der Hauptrolle wird in Hamburg mit großem Erfolg uraufgeführt. **1978** US-Präsident Jimmy Carter nimmt diplomatische Beziehungen zu China auf. **1988** Joachim Karl Meisner wird in einem zweiten Wahlgang zum Erzbischof von Köln gewählt.

Heinz Rühmann in *Quax der Bruchpilot*

23.11.–21.12.

Jolanda, Lazarus, Sturmius

Ludwig van Beethoven

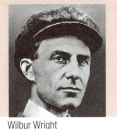
Wilbur Wright

Es ist unmöglich Staub aufzuwirbeln, ohne dass einige Leute husten.

Erwin Piscator

17 Dezember

1903
Die Gebrüder Wright starten zum ersten gesteuerten Motorflug
Den Gebrüdern Orville und Wilbur Wright gelingen in den Sanddünen bei Kitty Hawk in North Carolina, in denen ein starker, aber gleichmäßiger Wind herrscht, zum ersten Mal gesteuerte Motorflüge. Die Gebrüder Wright fliegen mit einem Doppeldecker, der von einem 12-PS-Benzinmotor angetrieben wird. Die Steuerung, die die Wrights bei ihrem Flug erstmals einsetzen, wird von einem Höhenruder und zwei an den 12,29 m langen Tragflächen angebrachten Seitenrudern übernommen.

Der erste Motorflug der Brüder Wright

1961
Die neu gebaute Gedächtniskirche wird in Berlin eingeweiht
In einem feierlichen Gottesdienst weiht der evangelische Bischof Otto Dibelius die neu gebaute Kaiser-Wilhelm-Gedächtniskirche ein. 18 Jahre nach der Zerstörung war das Gotteshaus nach einem Entwurf des Architekten Egon Eiermann unter Einbeziehung der Ruine der alten Gedächtniskirche neu erbaut worden. Die Ruine soll als Mahnmal neben dem freistehenden sechseckigen Glockenturm und dem achteckigen Hauptbau bestehen bleiben.

Gedächtniskirche in Berlin

1971
Transitabkommen zwischen DDR und BR Dtl. geschlossen
Michael Kohl (DDR) und Egon Bahr (BR Dtl.) schließen in Bonn ein Transitabkommen zur Regelung von Reisen zwischen West-Berlin und dem Bundesgebiet, das u. a. den Zugang von der Bundesrepublik nach West-Berlin und umgekehrt sichert. Es ist Bestandteil einer Reihe von deutsch-deutschen Vereinbarungen auf der Grundlage des sog. Berlin-Abkommens innerhalb des Viermächteabkommens. Es akzeptiert die Verbindung West-Berlins mit der Bundesrepublik, die jedoch nicht als staatliche Zugehörigkeit betrachtet wird.

Auch das geschah an diesem Tag
1777 Frankreich erkennt die Unabhängigkeit der USA an. **1865** Schuberts Symphonie *Die Unvollendete* wird uraufgeführt. **2001** Der erste Satz Euromünzen kann in deutschen Geldinstituten für DM 20,00 erworben werden.

Am 17. Dezember geboren:

Christine (1626 in Stockholm), Königin von Schweden (1632–54). Die hochgebildete Regentin fördert Kunst und Wissenschaft und steht mit vielen europäischen Gelehrten im Briefwechsel. 1654 gibt sie den Thron zugunsten ihres Vetters Karl Gustav von Pfalz-Zweibrücken auf. Sie selbst tritt 1655 zum katholischen Glauben über und lebt in Frankreich und zuletzt in Rom. Auch nach ihrer Amtszeit unternimmt sie weiterhin diplomatische Missionen. († 19.4.1689 in Rom)
Ludwig van Beethoven (1770 in Bonn), deutscher Komponist. Beethoven schafft Werke auf allen Gebieten der Musik. Er erweitert Technik und Ausdrucksmöglichkeiten erheblich und bringt ein ungeahntes Spektrum der Empfindungen zum Klingen, das hohe Anforderungen an zeitgenössische Musiker stellt. Zu seinen berühmtesten Werken gehören u. a. die Oper *Fidelio* und die 9. Sinfonie (d-Moll, op. 125, 1823), die im Schlusschor die Schiller-Ode *An die Freude* vertont. Ebenso komponiert er zahlreiche Klaviersonaten, Streichquartette und andere Stücke.
(† 26.3.1827 in Wien)
Erwin Piscator (1893 in Ulm), deutscher Regisseur. († 30.3.1966 in Starnberg); **Armin Mueller-Stahl** (1930 in Tilsit), deutscher Schauspieler.

18 Dezember

Die Kunst gibt nicht das Sichtbare wieder, sondern macht sichtbar.
Paul Klee

Paul Klee

Willy Brandt

23.11.–21.12.
Gratian, Philipp, Wunibald

Am 18. Dezember geboren:

Paul Klee (1879 in Münchenbuchsee bei Bern), deutsch-schweizerischer Maler und Grafiker. Durch seine Freundschaft mit Künstlern des „Blauen Reiters" entwickelt er seine abstrakt-symbolische Bildsprache. Klee lehrt von 1921–31 am Bauhaus in Weimar und Dessau und seit 1931 an der Akademie in Düsseldorf, bevor ihn die Nationalsozialisten als „entarteten Künstler" brandmarken. In Bern wird seit 2003 zu seinen Ehren das Zentrum Paul Klee gebaut. († 29.6.1940 in Muralto bei Locarno)

Christopher Fry, eigentlich Christopher Harris (1907 in Bristol), britischer Dramatiker. Er schreibt humorvoll-ironische Versdramen, in denen er das Wesen der menschlichen Natur beleuchtet. Fry wird mit der Komödie *The Lady's not for burning* (1948) berühmt. Weitere Stücke sind *Venus Observed* (1950) sowie *Yard of Sun* (1970).

Willy Brandt, eigentlich Herbert Karl Frahm (1913 in Lübeck), deutscher Politiker (SPD) und Bundeskanzler (1969–74). Als erster sozialdemokratischer Bundeskanzler führt er seit 1969 zahlreiche Reformen durch und entwickelt ein neues Konzept der Ostpolitik, das auf Entspannung und Annäherung zwischen Ost und West setzt. Sein Kniefall vor dem Ehrenmal des Warschauer Ghettos geht als Geste der Versöhnung in die Geschichte ein. 1971 erhält Brandt den Friedensnobelpreis. 1974 muss er als Bundeskanzler wegen der Spionageaffäre Guillaume zurücktreten. († 8.10.1992 in Unkel)

Keith Richards (1943 in Dartford), britischer Musiker und Bandmitglied der „Rolling Stones"; **Steven Spielberg** (1947 in Cincinnati/Ohio), US-amerikanischer Filmregisseur.

Steven Spielberg

1865
Verfassungszusatz verbietet Sklaverei in den USA

In den Vereinigten Staaten tritt der 13. Zusatzartikel zur Verfassung in Kraft, der am 1.2.1865 vom Kongress verabschiedet wurde und Sklaverei sowie Zwangsarbeit verbietet. Damit ist nach dem Ende des Bürgerkrieges zwischen den Nord- und Südstaaten der USA die Sklaverei offiziell abgeschafft worden. Dennoch werden die Schwarzen weiterhin als Rasse diskriminiert und haben noch lange keine soziale und politische Gleichberechtigung erlangt.

1911
Erste Ausstellung des „Blauen Reiters" in München

Die Moderne Galerie Heinrich Thanhauser in München zeigt die erste Ausstellung einer Redaktionsgemeinschaft expressionistischer Künstler, die von Wassily Kandinsky und Franz Marc gegründet wurde und nach einem Bild Kandinskys benannt ist. Die Künstlergruppe, zu der auch August Macke, Gabriele Münter, Marianne von Werefkin, Alexej von Jawlensky u. a. gehören, gibt einen gleichnamigen Almanach mit ihrem künstlerischen Programm heraus, in dessen Mittelpunkt das Bemühen um den wahrhaftigen Ausdruck innerer Erlebnisse in der Kunstform steht. Die Ausstellung, die vom Publikum sehr kritisch aufgenommen wird, wird richtungsweisend für die gesamte moderne Kunst des 20. Jahrhunderts.

Auch das geschah an diesem Tag

1979 Die Katholische Glaubenskongregation entzieht dem Tübinger Theologen Hans Küng die Lehrerlaubnis. **2000** Nach Diskussionen und Gerichtsverhandlungen um die Stimmenzählungen in den einzelnen Staaten nach der Wahl am 7. November wird durch eine Entscheidung des Obersten Gerichtshofs in Washington George W. Bush 43. Präsident der USA.

Willy Brandts Kniefall in Warschau

23.11.–21.12.
Thea, Konrad

Edith Piaf

Gustav II. Adolf

Ich möchte beschreiben können, in welcher Lebensform die Menschen am glücklichsten sind.

Elisabeth Noelle-Neumann

19 Dezember

1958
US-Nachrichtensatellit *Score* startet ins All
Nachdem die Sowjetunion den Satelliten Sputnik 3 gestartet hat, bringen die Amerikaner mit dem fast 4 t schweren Score (Signal communications Orbit Relay Experiment) einen doppelt so schweren Nachrichtensatelliten in die Erdumlaufbahn. In den USA wird der Start des Satelliten als großer nationaler Erfolg gefeiert.

1986
Andrej Sacharow aus der Verbannung entlassen
Der sowjetische Regimekritiker Andrej Sacharow darf nach fast siebenjähriger Verbannung gemeinsam mit seiner 1984 verhafteten Frau Jelena Bonner nach Moskau zurückkehren. Der Atomphysiker hatte u .a. den sowjetischen Einmarsch in Afghanistan kritisiert. 1975 war Sacharow für seinen Einsatz für die Menschenrechte mit dem Friedensnobelpreis ausgezeichnet worden. Aufgrund der weltweiten Aufmerksamkeit wurde Sacharow schließlich von der Sowjetregierung unter Staats- und Parteichef Gorbatschow rehabilitiert.

1989
Kohl und Modrow einigen sich auf Grenzöffnung am Brandenburger Tor
Nach ihren Gesprächen in Dresden unterzeichnen Bundeskanzler Helmut Kohl und der Ministerpräsident der DDR, Hans Modrow, eine Erklärung zur Öffnung des Brandenburger Tors als Grenzübergang für Fußgänger. Die Vereinbarung soll noch vor dem 24.12. in Kraft treten, sodass West- und Ostdeutsche das Brandenburger Tor ohne Auflagen passieren können. Noch vor Weihnachten sollen außerdem die politischen Gefangenen in die Freiheit entlassen werden.

Brandenburger Tor

Am 19. Dezember geboren:

Gustav II. Adolf (1594 in Stockholm), König von Schweden (seit 1611). Er führt umfangreiche Reformen in Verwaltung, Rechtsprechung und Heer durch, durch die sich das Land zur Großmacht entwickelt. Er unterstützt die deutschen Protestanten im Dreißigjährigen Krieg, fällt aber in der Schlacht gegen die Truppen Wallensteins. († 16.11.1632 bei Lützen)

Gisèle Freund (1912 in Berlin), französisch-deutsche Fotografin. Sie ist eine der ersten Mitarbeiterinnen des Magazins *Life* und Mitglied der anspruchsvollen Fotoagentur Magnum. Ihre Künstler- und Literatenporträts, u. a. von Virginia Woolf, Simone de Beauvoir oder James Joyce, sind weltbekannt. († 31.3.2000 in Paris)

Edith Piaf (1915 in Paris), französische Chansonsängerin. „Der Spatz von Paris" kommt als 15-Jährige an die Seine. Sie wird von Louis Leplée entdeckt und ins Kabarett geholt. Seit 1937 hat sie zahlreiche Auftritte als Chansonsängerin in Kabarett, Film und Theater. Chansons wie *La vie en rose* (1945) oder *Je ne regrette rien* (1960) machen sie weltberühmt. († 11.10.1963 in Paris)

Elisabeth Noelle-Neumann (1916 in Berlin), deutsche Meinungsforscherin. 1947 gründet sie das „Allensbacher Institut für Demoskopie", das Befragungen zu aktuellen Themen der Zeit durchführt.

Auch das geschah an diesem Tag
1998 Das amerikanische Repräsentantenhaus spricht sich mehrheitlich für eine Amtsenthebungsklage gegen US-Präsident Bill Clinton aus, dem man Meineid und Behinderung des Kongresses bei der Wahrheitsfindung in der Lewinsky-Affäre vorwirft. **1999** Macao fällt als letzte portugiesische Kolonie an China zurück.

20 Dezember

Erziehung ist nichts als eine leere Formel, wenn nicht Frieden ihr oberstes Ziel ist.

Ferdinand Buisson

Shibasaburo Kitasato

Ngo Dinh Diem

23.11.–21.12.
Julius, Holger, Regina

Am 20. Dezember geboren:

Ferdinand Édouard Buisson (1841 in Paris), französischer Pädagoge und Politiker. Der Professor an der Sorbonne ist Mitbegründer und Vorsitzender der französischen Liga für Menschenrechte und ein Vorkämpfer des Völkerbundgedankens. 1927 erhält Buisson zusammen mit Ludwig Quidde den Friedensnobelpreis. († 16.2.1932 in Thieuloy-Saint-Antoine)

Shibasaburo Kitasato (1852 in Oguni), japanischer Bakteriologe. Der Schüler Robert Kochs züchtet erstmals einen Tetanusbazillus in Reinkultur. Er entdeckt außerdem den Pestbazillus (zeitgleich mit A. Yersin) und den Erreger der Ruhr. († 13.6.1931 in Nakanojo)

Charlotte Bühler (1893 in Berlin), deutsche Psychologin. Die Wegbereiterin der Humanistischen Psychologie führt bedeutende Forschungen zur Kinder- und Jugendpsychologie durch und entwickelt die ersten Tests für Kleinkinder. († 3.2.1974 in Stuttgart)

1909
Ballspiel-Verein Borussia in Dortmund gegründet
Im Dortmunder Nordosten gründen 18 Mitglieder der Jugendgruppe aus der katholischen Dreifaltigkeitsgemeinde den Ballspiel-Verein Borussia 1909, um sich ungestört ihrem Hobby widmen zu können. Den Namen übernehmen die „Fußballrebellen" von der Borussia-Brauerei in der Dortmunder Steiger-Straße. Die Fußballer der Borussia werden im Mai 2002 zum sechsten Mal Deutscher Meister. Seit 2000 ist der Verein an der Börse notiert.

1960
Widerstand gegen vietnamesischen Diktator Diem
Verschiedene Widerstandsgruppen vereinigen sich unter kommunistischer Führung (Vietcong) zur „Nationalen Befreiungsfront Südvietnam". Sie kämpfen gegen das Regime des südvietnamesischen Diktators Diem und dessen Unterstützung durch US-Truppen. Ihr Ziel ist die Einheit von Nord- und Südvietnam sowie eine demokratische, nationale Regierung.

1971
„Ärzte ohne Grenzen" nehmen ihre Arbeit auf
Französische Ärzte gründen die „Médicins sans Frontières", eine internationale Organisation, die Nothilfe in Kriegs- und Krisengebieten leistet. Sie arbeitet in der Regel neutral, unparteiisch und unabhängig. 1999 wurde die Organisation mit dem Friedensnobelpreis ausgezeichnet. „Ärzte ohne Grenzen" ist die deutsche Sektion der Organisation.

1982
***E.T.* kommt in die deutschen Kinos**
In den deutschen Kinos läuft der Film *E.T. – Der Außerirdische* von Steven Spielberg an. Er erzählt die Geschichte eines Außerirdischen, der sich auf die Erde verirrt und Freundschaft mit einem kleinen Jungen schließt. Der mit zahlreichen technischen Effekten arbeitende Streifen wird zu einem der erfolgreichsten US-Filme der Kinogeschichte.

E. T.

Friedensnobelpreis an „Ärzte ohne Grenzen"

Auch das geschah an diesem Tag
1924 In Österreich löst der Schilling die Krone als Währung ab. **1935** Die deutsche Filmkomödie *Kirschen in Nachbars Garten* von Erich Engel hat mit Karl Valentin, Liesl Karlstadt und Adele Sandrock in den Hauptrollen Premiere. **1990** In Berlin findet die konstituierende Sitzung des gesamtdeutschen Bundestages statt.

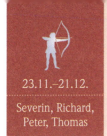
23.11.–21.12.
Severin, Richard, Peter, Thomas

Thomas Becket

Heinrich Böll

Wir sind macht- los, wir Autoren, aber ohnmächtig sind wir nicht.

Heinrich Böll

21 Dezember

1192
Richard Löwenherz wird gefangen genommen
Richard I. Löwenherz wird auf der Rückkehr vom dritten Kreuzzug nach England in der Nähe von Wien von Herzog Leopold V. von Österreich gefangen genommen und auf die Burg Dürnstein gebracht. 1193 liefert Leopold ihn an den englischen Kaiser Heinrich VI. aus, der Richard 1194 gegen eine hohe Summe Lösegeld und den Lehnseid wieder freilässt.

1972
BRD und DDR unterzeichnen den Grundlagenvertrag
Die BR. Dtl. und die DDR unterzeichnen einen Grundlagenvertrag zur Gestaltung des Verhältnisses der beiden deutschen Staaten. Darin wird u. a. die Verantwortung der Vier Mächte für Deutschland festgeschrieben, die gegenseitige Wahrung der Grenzen zugesichert, der Austausch „ständiger Vertreter" vereinbart und der innerdeutsche Handel geregelt. Die BR. Dtl. erkennt damit die Souveränität der DDR an, nicht jedoch eine DDR-Staatsbürgerschaft.

Am 21. Dezember geboren:

Thomas Becket (1118 in London), englischer Lordkanzler (1155–62), Erzbischof von Canterbury (1162–70) und Berater König Heinrichs II. von England. Becket verteidigt das Kirchenrecht und die Freiheit des Klerus gegenüber den Ansprüchen des Königs auf Mitsprache in kirchlichen Rechtsfragen. 1164 flieht Becket nach Frankreich, kehrt aber 1170 nach Canterbury zurück und wird in der dortigen Kathedrale ermordet. Papst Alexander III. spricht ihn am 21.2.1173 heilig. († 29.12.1170 in Canterbury)

Jean Racine

Jean Racine (1639 in La Ferté-Milon), französischer Dramatiker. Neben Corneille und Molière gilt er als Klassiker des französischen Dramas. Er schreibt u. a. *Andromache* (1667), *Berenice* (1670), *Iphigenie* (1674) sowie *Phädra* (1677), das einen Skandal auslöst. († 21.4.1699 in Paris)

Heinrich Böll (1917 in Köln), deutscher Schriftsteller. Er gilt als einer der bedeutendsten deutschen Autoren der Nachkriegszeit. Er engagiert sich aus seinem hohen moralischen und sozialen Anspruch heraus auch politisch, v. a. für Frieden, staatsbürgerliche Freiheit und Abrüstung. Zu seinen bekanntesten Romanen gehören *Ansichten eines Clowns* (1963) oder *Die verlorene Ehre der Katharina Blum* (1974). 1972 erhält Böll den Nobelpreis für Literatur. († 16.7.1985 in Langenbroich, Eifel)

Leopold von Ranke

Leopold von Ranke (1795 in Wiehe bei Halle), deutscher Historiker. († 23.5.1886 in Berlin); **Frank Zappa** (1940 in Baltimore), amerikanischer Rock- und Jazzmusiker. († 4.12.1993 in Los Angeles);

Frank Zappa

Reinhard Friedrich Michael Mey (1942 in Berlin), deutscher Liedermacher.

Auch das geschah an diesem Tag

1879 Das Stück *Nora oder ein Puppenheim* von Hendrik Ibsen hat im Königlichen Theater Kopenhagen Premiere. 1913 In der Wochenendausgabe der *New York World* erscheint das erste Kreuzworträtsel. 1925 Sergej Eisensteins Film *Panzerkreuzer Potemkin* wird im Moskauer Bolschoi-Theater uraufgeführt. 1959 Mohammad Resa Pahlawi, der Schah von Persien, heiratet in dritter Ehe die Studentin Farah Dibah.

22 Dezember

Ein tüchtiger Feind bringt uns weiter als ein Dutzend untüchtiger Freunde.

Gustav Gründgens

Giacomo Puccini

Gustav Gründgens

22.12.–20.1.

Jutta, Marian

Am 22. Dezember geboren:

Christian Rohlfs (1849 in Niendorf bei Seezen, Holstein), deutscher Maler und Grafiker. Rohlfs gehört zu den wichtigsten Malern des Expressionismus. Er benutzt die Farbe als wesentliches Ausdrucksmittel. Bekannt sind vor allem seine Landschafts- und Blumenbilder. († 8.1.1938 in Hagen, Westfalen)

Frank Billings Kellog (1856 in Potsdam, New York), US-amerikanischer Rechtsanwalt und Politiker. Er ist von 1925–29 Außenminister. Gemeinsam mit Aristide Briand erarbeitet er den Briand-Kellog-Pakt zur Kriegsächtung, der 1928 in Paris von neun Staaten unterzeichnet wird. 1929 erhält er den Friedensnobelpreis. († 21.12.1937 in St. Paul/Minnesota)

Giacomo Puccini (1858 in Lucca), italienischer Komponist. Neben Verdi ist er der bedeutendste Komponist italienischer Opern. Zu seinen Werken gehören z. B. *La Bohème* (1896), *Tosca* (1900) oder *Madame Butterfly* (1900/1904). († 29.11.1924 in Brüssel)

Gustaf Gründgens (1899 in Düsseldorf), deutscher Schauspieler und Regisseur. († 7.10.1963 in Manila);

Renate Welsh (1937 in Wien), österreichische Kinder- und Jugendbuchautorin.

69 n. Chr.
Vespasian wird Römischer Kaiser

Titus Flavius Vespasianus zieht in Rom ein und wird vom Senat als Römischer Kaiser – der vierte des Jahres 69 – anerkannt. Er ist der erste Kaiser aus der Dynastie der Flavier und gilt als volkstümlich und pragmatisch. Seine Steuer- und Finanzpolitik beseitigt die Schäden des Bürgerkrieges und verschafft dem Staat neue Stabilität. Er baut in Rom den Jupitertempel auf dem Kapitol wieder auf und lässt das Kolosseum errichten.

Kolosseum in Rom

1938
Erste Kernspaltung gelungen

Durch den Beschuss von Uran mit Neutronen gelingt Otto Hahn, dem Direktor des Berliner Kaiser-Wilhelm-Instituts für Chemie, zusammen mit Fritz Straßmann erstmals die Spaltung eines Atomkerns. Sie vermuten zunächst, dass durch ihr Experiment neue Elemente, so genannte Transurane entstanden seien. Erst Lise Meitner und ihr Neffe Otto Robert Frisch liefern 1939 die theoretische Erklärung für den Versuch, bei dem das Uran in mittelschwere Elemente gespalten wurde. 1944 erhält Otto Hahn den Nobelpreis für Chemie, 1949 die Max-Planck-Medaille.

1965
Doktor Schiwago kommt in die Kinos

In New York wird der Film *Doktor Schiwago* nach dem 1957 erschienenen Roman von Boris Pasternak uraufgeführt. Regie führte David Lean. Omar Sharif und Julie Christie spielen die Hauptrollen in dem romantischen Drama, das mit fünf Oscars ausgezeichnet wird.

Auch das geschah an diesem Tag

1968 Die Brenner-Autobahn zwischen Innsbruck und Brennersee wird für den Verkehr freigegeben. **1988** Mit einem Abkommen zum Abzug der kubanischen Truppen wird in Namibia der Unabhängigkeitsprozess eingeleitet, durch den das Land 1990 seine Souveränität erlangt. **1989** Das Brandenburger Tor wird 28 Jahre nach dem Mauerbau wieder geöffnet.

Brenner-Autobahn

22.12.–20.1.
Dagobert, Gaubald,
Ivo, Johannes

Johann Jakob Fugger

Alexander I.

Keine Begeisterung sollte größer sein als die nüchterne Leidenschaft zur praktischen Vernunft.

23 Dezember

Helmut Schmidt

1493
Schedelsche Weltchronik erscheint in Nürnberg

In Nürnberg erscheint die prachtvoll ausgestaltete *Weltchronik* des Arztes und Humanisten Hartmann Schedel in deutscher Fassung. Bereits im Juli hatte Schedel die lateinische Version des monumentalen historischen Werkes veröffentlicht, das das gesamte spätmittelalterliche Weltbild dokumentiert. Hartmann Schedels Texte werden von Holzschnitten und Zeichnungen ergänzt, die Michael Wolgemut und W. Pleydenwurff anfertigten. Das umfangreichste gedruckte Buch des 15. Jahrhunderts kommt aus der Druckerei Anton Kobergers.

Ansicht der Stadt München (*Schedelsche Weltchronik*)

1913
USA führen das Federal Reserve System ein

Der amerikanische Kongress beschließt, das Federal Reserve System, kurz Fed genannt, zu gründen. Darin sind die Aufgaben der Zentralbank (Ausgeben von Banknoten, Geld- und Kreditpolitik) auf ein System aus zwölf privaten Banken verteilt. Entscheidungsgremium ist der Board of Governors of the Federal Reserve System (Bundesbankrat) in Washington D.C. Vorsitzender des Federal Reserve System ist seit 1988 Alan Greenspan.

Auch das geschah an diesem Tag

Pius XII.

1876 Die „Jungtürken" erreichen die Einführung einer Verfassung für das Osmanische Reich.
1945 Papst Pius XII. ernennt 32 neue Kardinäle, zu denen Erzbischof Josef Frings (Köln), Bischof Konrad Graf von Preysing (Berlin) und Bischof Clemens August Graf von Galen (Münster) gehören.

Am 23. Dezember geboren:

Johann Jakob Fugger (1516 in Augsburg), deutscher Bankier. Der Neffe von Anton Fugger ist seit 1543 im Familienunternehmen. Von 1560–64 leitet er gemeinsam mit Antons Sohn Markus die Geschäfte. Seit 1549 ist der humanistisch gebildete Johann Jakob kaiserlicher Rat. Seine bedeutende Bibliothek wird 1571 Bestandteil der Münchener Hofbibliothek Herzog Albrechts V. (heute Bayerische Staatsbibliothek). König Ludwig von Bayern lässt ihm als einzigem Fugger ein Denkmal in Augsburg errichten. († 4.7.1575 in München)

Martin Opitz (1597 in Bunzlau), deutscher Dichter und Literaturtheoretiker. Er setzt sich für die Erneuerung der deutschen Sprache und Dichtung ein, schreibt selbst Gedichte und übersetzt antike Klassiker. († 20.8.1639 in Danzig)

Alexander I. Pawlowitsch (1777 in St. Petersburg), russischer Zar und Kaiser (1801–25). Er unterstützt die europäischen Länder bei ihrem Befreiungskampf gegen Napoleon und begründet die Heilige Allianz, in der sich die Regierenden Österreichs, Preußens und Russlands verpflichten, politische Entscheidungen auf der Grundlage christlicher Gebote zu treffen. († 1.12.1825 in Taganrog)

Helmut Schmidt

Helmut Schmidt (1918 in Hamburg), deutscher Politiker (SPD). Schmidt ist Bundeskanzler (1974–82), Verteidigungsminister (1969–72), Wirtschafts- und Finanzminister (1972–74). Nach dem Rücktritt Brandts als Bundeskanzler wird Schmidt dessen Nachfolger. 1982 muss er aufgrund eines konstruktiven Misstrauensvotums sein Amt aufgeben. Seit 1983 ist Schmidt, der als Politiker international großes Ansehen genießt, Mitherausgeber der Wochenzeitung *Die Zeit* und von 1985–90 auch deren Verleger.

24 Dezember

Nichtstun ist für mich wie auf warmem Wasser dahin zu treiben. Es fühlt sich herrlich an, einfach perfekt.

Ava Gardner

Sissi

Ava Gardner

22.12.–20.1.
Adam, Eva

Am 24. Dezember geboren:

James Prescott Joule (1818 in Salford bei Manchester), britischer Physiker. Er weist 1843 im Verhältnis von Wärme und Strom die Existenz einer Wärmeäquivalenz nach, die seitdem in Joule gemessen wird. Gemeinsam mit Sir William Thomson entdeckt er 1852 den Joule-Thomson-Effekt zum thermodynamischen Verhalten von Gas. († 11.10.1889 in Sale bei London)

Elisabeth, genannt Sissi (1837 in München), Kaiserin von Österreich und Königin von Ungarn. Am 24.4.1854 heiratet sie Kaiser Franz Joseph I. von Österreich. Sie setzt sich verstärkt für den Ausgleich mit Ungarn ein. Die Verfilmung ihres Lebens in den 1950er-Jahren von Ernst Marischka mit Romy Schneider in der Hauptrolle macht sie zu einer mythischen Figur. († 10.9.1898 in Genf)

Cosima Francesca Gaetana Wagner (1837 in Como), Tochter von Franz Liszt und Gräfin Marie d'Agoult. Sie ist in erster Ehe mit Hans von Bülow, in zweiter Ehe mit Richard Wagner verheiratet, den sie hingebungsvoll liebt. Als Leiterin der Bayreuther Festspiele baut sie diese zu einer Institution von Weltrang auf. († 1.4.1930 in Bayreuth)

Ava Lavinnia Gardner (1922 in Smithfield/ North Carolina), US-amerikanische Schauspielerin. Sie spielt in *Mississippi-Melodie* (1951), *Schnee am Kilimandscharo* (1952), *55 Tage in Peking* (1962) u. a. Von 1960 an lebt sie in Europa und tritt auch in TV-Serien, wie *Falcon Crest* auf. († 25.1.1990 in London).

1900
Reginald Aubrey Fessenden übermittelt Sprache über Radiowellen
Fessenden, dem Professor für Elektrotechnik an der Universität von Pennsylvania, gelingt es erstmals, Sprache über Radiowellen zu übermitteln. In zahlreichen Experimenten erfüllt er sich damit den Traum, das System Gugliemo Marconis weiterzuentwickeln, der Morsesignale telegrafisch in eine Richtung übermittelt hat. Fessenden kann nun nicht nur Signale, sondern den Klang der menschlichen Stimme übertragen.

1906
Fessenden strahlt die erste Rundfunksendung aus
Von seiner selbstgebauten Radiostation in Brand Rock, Massachusetts, aus übermittelt Fessenden die weltweit erste Rundfunksendung nach Plymouth. Fessendens Programm – er spielt das Weihnachtslied *O Holy Night* und liest einen Abschnitt aus der Bibel vor – ist noch in Schottland und Kuba zu hören und wird auch von Schiffen auf dem Atlantik empfangen. Erst etwa zehn Jahre später beginnt man sich für die Möglichkeiten seiner technischen Errungenschaft zu interessieren.

1959
Kerzen für die Einheit
Nach einem Aufruf des „Kuratoriums Unteilbares Deutschland" zünden die Menschen in der Bundesrepublik überall „Lichter der Hoffnung" für die Menschen in der Ostzone an. Sie drücken damit ihre Hoffnung auf die Wiedervereinigung Deutschlands aus.

Auch das geschah an diesem Tag

1814 Die USA und Großbritannien schließen den Frieden von Gent. **1871** In Kairo wird Guiseppe Verdis Oper *Aida* mit großem Erfolg aufgeführt. **1979** Erstmals startet eine von der europäischen Weltraumorganisation ESA (European Space Agency) entwickelte Rakete, die Trägerrakete „Ariane", ins All.

Aida

22.12.–20.1.

Anastasia, Eugenia, Josefina

Charlotte von Stein

Humphrey Bogart

Frauen, die ein Auge zudrücken, tun's am Ende nur noch, um zu zielen.

Humphrey Bogart

25 Dezember

800
Karl der Große wird zum Kaiser gekrönt
Während der Weihnachtsmesse krönt Papst Leo III. den König der Franken, Karl den Großen, der sich auf einer Romreise befindet, zum Kaiser des Römischen Reiches und salbt ihn anschließend zum christlichen Herrscher. Sein Herrschaftsgebiet ist damit das Imperium Romanum Christianum, das Heilige Römische Reich. Erstmals seit 476 gibt es damit wieder einen weströmischen Kaiser neben dem oströmischen (byzantinischen) Basileus, was Byzanz als Herausforderung auffasst. Karl führt umfangreiche Reformen in Verwaltung, Heer und Bildungswesen seines Reiches durch, das er zu einer kulturellen und politischen Blüte bringt.

Krönung Karls des Großen durch Leo III.

1818
Stille Nacht, heilige Nacht
In einem kleinen Dorf bei Salzburg wird in der Weihnachtsmesse erstmals das von Franz Xaver Gruber komponierte, weltbekannte Lied *Stille Nacht, heilige Nacht* gesungen.

1989
Umsturz in Rumänien
Mit der Verurteilung und Hinrichtung des rumänischen Diktators Ceausescu und seiner Ehefrau endet in Rumänien die 20-jährige Herrschaft Ceausescus. Seinem Ende waren Auseinandersetzungen zwischen den Aufständischen und der Sicherheitspolizei vorausgegangen.

Auch das geschah an diesem Tag
498 n. Chr. Der Frankenkönig Chlodwig und 3000 seiner Krieger werden nach dem Sieg über die Alemannen in Reims getauft. 1952 Der Nordwestdeutsche Rundfunk startet sein Fernsehprogramm.

Taufe Chlodwigs I.

Am 25. Dezember geboren:

Jesus von Nazareth, auch Christus („der Gesalbte", hebr. „der Messias") genannt (um 1 v. Chr. in Bethlehem). Er verkündet als Wanderprediger die Frohe Botschaft vom Reich Gottes und ruft das Volk zu Umkehr, zu Gottes- und Nächstenliebe sowie zu Glauben und Frieden auf. Dabei setzt er sich für die Armen und Entrechteten ein und heilt Menschen an Seele und Leib. Auf Betreiben des jüdischen Hohen Rates, der sich von seinem Auftreten provoziert fühlt, wird Jesus von Nazareth von der römischen Besatzungsmacht verurteilt und durch Kreuzigung hingerichtet. Seine Botschaft ist in den Evangelien der Bibel überliefert, die auch von seiner Auferstehung und seinem Auftrag, seine Lehre zu verkünden, berichten. († um 34 n. Chr. bei Jerusalem)

Charlotte von Stein, geb. von Schardt (1742 in Eisenach), Hofdame der Herzogin Anna Amalia von Sachsen-Weimar. Als Freundin Johann Wolfgang von Goethes nimmt sie großen Einfluss auf seine Dichtung († 6.1.1827 in Weimar).

Humphrey Bogart (1899 in New York), US-amerikanischer Schauspieler. Mit seinen Charakterdarstellungen in *Der Malteserfalke* (1941) oder *Casablanca* (1942) schreibt er Filmgeschichte. Für seine Rolle in *African Queen* erhält er 1951 den Oscar († 14.1.1954 in Los Angeles).

Mohammed Anwar as-Sadat (1918 in Mit Abul Kom), ägyptischer Politiker, 1970–81 Staatspräsident. († 6.10.1981 in Kairo); **Hanna Schygulla** (1943 in Kattowitz), deutsch-französische Schauspielerin und Sängerin.

26 Dezember

Je reicher man an Urteilen ist, desto ärmer wird man an Vorurteilen.
Henry Miller

Friedrich II.

Henry Miller

22.12.–20.1.
Stephanus, Senta

Am 26. Dezember geboren:

Friedrich II. (1194 in Jesi), römisch-deutscher Kaiser aus dem Geschlecht der Staufer, seit 1198 König von Sizilien und Süditalien. Sein Vormund Papst Innozenz unterstützt Friedrichs Wahl zum deutschen König (1212) und die Kaiserkrönung (1220). 1229 krönt sich Friedrich zum König von Jerusalem. Er baut das Königreich Sizilien zu einem zentralisierten Beamtenstaat aus, gibt in Deutschland aber wichtige Hoheitsrechte an die Fürsten ab. Friedrich erstaunt seine Zeitgenossen durch universale Bildung und Wissbegierde, Toleranz und Verhandlungsgeschick. Er fördert Kunst und Wissenschaft. Nach mehreren Auseinandersetzungen mit dem Papst wird Friedrich 1245 abgesetzt, bleibt aber unbesiegt. († 13.12.1250 in Fiorentino)

Ernst Moritz Arndt

Ernst Moritz Arndt (1769 in Groß Schoritz, Rügen), deutscher Dichter, Publizist und Historiker. Seine *Geschichte der Leibeigenschaft in Pommern und Rügen* von 1803 veranlasst den König von Schweden, die Leibeigenschaft in Schweden-Pommern aufzuheben. Er schreibt außerdem *Lieder für Teutsche* (1813), national orientierte Flugschriften, das vierbändige Werk *Geist der Zeit* (1806–18) sowie *Märchen und Jugenderinnerungen* (1818-43). († 29.1.1860 in Bonn)

Henry Miller (1891 in New York), US-amerikanischer Schriftsteller und Maler. In seinen Romanen, die in den USA wegen provozierender sexueller Darstellungen lange verboten waren, präsentiert er seine Gefühls- und Gedankenwelt. Er schreibt u. a. die Romane *Sexus* (1945), *Plexus* (1949) und *Nexus* (1957) und beeinflusst die Dichter der Beat- und Popgeneration. († 7.6.1980 in Pacific Palisades)

1805
Friede von Preßburg

Mit einem 24 Artikel umfassenden Friedensvertrag zwischen Frankreich und Österreich wird im Frieden von Preßburg der dritte Koalitionskrieg der europäischen Mächte gegen Frankreich beendet. Die Bedingungen des Friedensschlusses werden weitgehend von Napoleon I. diktiert. Österreich tritt Venetien an Frankreich ab. Frankreich behält die in Italien eroberten Gebiete. Das Königreich Bayern erhält von Österreich Tirol, Vorarlberg, Eichstätt, Brixen und Passau. Vorderösterreich geht an das Königreich Württemberg und das Großherzogtum Baden.

1952
Die erste *Tagesschau* wird ausgestrahlt

Der Nordwestdeutsche Rundfunk sendet in seinem Fernsehprogramm erstmals die *Tagesschau*. Sie beginnt um 20.00 Uhr und wird aus dem Restmaterial der Kino-Wochenschau-Ausgaben zusammenstellt. Themen der ersten Sendung sind die Rückkehr von US-Präsident Eisenhower aus Korea, die Grundsteinlegung des Rundfunkhauses in Lokstedt und der 3:2-Sieg Deutschlands über Jugoslawien.

Auch das geschah an diesem Tag

Molière

1662 Molières Komödie *Die Schule der Frauen* wird in Paris uraufgeführt.
1944 In Chicago hat das Schauspiel *Die Glasmenagerie* von Tennessee Williams im Civic Theatre Premiere.
1974 In Hamburg wird der 3325 m lange Elbtunnel in Betrieb genommen.

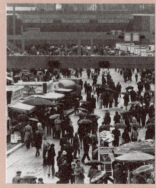
Tunnelfest zur Eröffnung des Elbtunnels

22.12.–20.1.
Fabiola, Johannes

Johannes Kepler

Louis Pasteur

Der Zufall begünstigt nur den vorbereiteten Geist.

27
Dezember

Louis Pasteur

1945
Internationaler Währungsfonds gegründet
Auf der Grundlage eines Abkommens, das im Juni 1944 in Bretton Woods, New Hampshire geschlossen wurde, wird neben der Weltbank der Internationale Währungsfonds (IWF) oder International Monetary Fund (IMF) mit Sitz in Washington D.C. gegründet. Die Mitglieder verpflichten sich zur Zusammenarbeit in der internationalen Währungspolitik und zur Gewährung von Krediten bei Defiziten in der Zahlungsbilanz. Das Stimmrecht der Mitglieder richtet sich nach ihrem Kapitalanteil.

1978
Neue Verfassung in Spanien verkündet
Die neue Verfassung macht Spanien zu einem sozialen und demokratischen Rechtsstaat und tritt an Stelle der Grundgesetze aus der Franco-Diktatur. Spanien wird damit eine parlamentarische Monarchie. Die Bevölkerung hatte sich in einer Volksabstimmung mit 87,8 zu 8 % dafür entschieden.

Auch das geschah an diesem Tag
1960 Die Beatles treten zum ersten Mal unter diesem Namen in Liverpool auf. **1982** Der Computer wird von dem US-Magazin *Time* zum „Mann des Jahres" gewählt, weil er großen Einfluss auf die Gestaltung des Alltagslebens hatte. **1984** Der erste künstliche Komet wird vor der Küste Perus gezündet.

The Beatles

Am 27. Dezember geboren:

Johannes Kepler (1571 in Weil der Stadt), deutscher Astrologe, Astronom und Mathematiker. Er ist zunächst Assistent, dann Nachfolger von Tyho Brahe als Hofastronom Kaiser Rudolfs II. Kepler formuliert die sog. drei Keplerschen Gesetze zur Planetenbewegung und deren Ellipsenform (*Astronomia Nova*, 1609) sowie zum Verhältnis der Planeten zur Sonne (*Harmonices mundi*, 1619). Seine 1627 veröffentlichten Tafeln der Planetenbewegung bleiben bis ins 18. Jh. bestimmend für die Astronomie. († 15.11.1630 in Regensburg)
Louis Pasteur (1822 in Dole), französischer Chemiker und Mikrobiologe. Er beobachtet das Verhalten von Mikroorganismen, u. a. bei der alkoholischen Gärung oder bei der Entstehung von Krankheiten und entwickelt Impfstoffe, z. B. gegen Tollwut. Pasteur begründet das nach ihm benannte Konservierungsverfahren (Pasteurisieren), bei dem Keime in Lebensmitteln durch Erhitzen abgetötet werden. († 28.9.1895 in Villeneuve l'Etang)
Carl Zuckmayer (1896 in Nackenheim), deutscher Schriftsteller. Er schreibt u. a. *Der fröhliche Weinberg* (1925), das Drehbuch zu dem Film *Der blaue Engel* nach dem Roman von Heinrich Mann sowie *Der Hauptmann von Köpenick* (1931) und die Autobiografie *Als wär's ein Stück von mir* (1966). Zusätzlich verfasst er Dossiers über Kunstschaffende der NS-Zeit für den amerikanischen Geheimdienst OSS. († 18.1.1977 in Visp)
Marlene Dietrich, eigentlich Maria Magdalena von Losch (1901 in Berlin), deutsch-amerikanische Schauspielerin und Sängerin. 1930 gelingt ihr der internationale Durchbruch mit der *Lola* in dem Film *Der blaue Engel*, danach geht sie in die USA. Während des Zweiten Weltkriegs engagiert sie sich in der Truppenbetreuung und als Anitfaschistin für Flüchtlinge und Emigranten. Nach dem Krieg ist *Die Zeugin der Anklage* (1957) ihr erfolgreichster Film. († 6.5.1992 in Paris)

Marlene Dietrich

28 Dezember

Die Geschichte der Freiheit ist die Geschichte des Widerspruchs.

Thomas Woodrow Wilson

Thomas Woodrow Wilson

Linus Torvalds

22.12.–20.1.

Franco, Herma, Hermine

Am 28. Dezember geboren:

Thomas Woodrow Wilson (1856 in Staunton/Virginia), US-amerikanischer Politiker. Der 28. Präsident der USA (1913–21) ist zunächst Professor für Rechtswissenschaft und Nationalökonomie. Als Präsident führt er bedeutende Reformen, wie den Abbau von Zöllen, die Kontrolle der Banken sowie die Gleichberechtigung im Wettbewerb. Er verbietet die Kinderarbeit und führt für Eisenbahner den Achtstundentag ein. Nachdem Wilson den Eintritt der USA in den Ersten Weltkrieg nicht verhindern konnte, legt er 1918 mit seinen „Vierzehn Punkten" den Grundstein für den Waffenstillstand. Bei der Konferenz zum Versailler Vertrag geht er zahlreiche Kompromisse ein, um die Schaffung des Völkerbundes zu ermöglichen, kann jedoch den Beitritt der USA nicht erreichen. 1919 erhält er den Friedensnobelpreis. († 3.2.1924 in Washington)

Hildegard Knef (1925 in Ulm), deutsche Schauspielerin, Chansonsängerin und Schriftstellerin. Knef wird als Ninotschka in dem Broadway-Musical *Silk Stockings* (1954–65) berühmt. Sie spielt in Filmen wie *Film ohne Titel* (1947), *Die Sünderin* (1950), *Schnee am Kilimandjaro* (1952) und schreibt u. a. *Der geschenkte Gaul* (1971). († 1.2.2002 in Berlin)

Linus Benedict Torvalds (1969 in Helsinki), finnischer Programmierer. Als Student erschafft er mit Linux ein kostenfreies, leistungsfähiges Computerbetriebssystem, das er am 17. September 1991 auf einem öffentlichen Server zum Download anbietet. Im März 1994 wird an der Universität Helsinki die internettaugliche Version (1.0) von Linux vorgestellt. Am 9. Juli 1996 veröffentlicht Torvalds den Linux-Kernel 2.0 und macht den Pinguin Tux zum Logo des inzwischen sehr populären Programms, das ständig weiterentwickelt wird.

1895
Gustav Kaiser macht erste Röntgen-Aufnahmen

An seinem 24. Geburtstag macht der Mediziner Gustav Kaiser im Wiener physikalischen Institut in der Türkenstraße erstmals Aufnahmen mit den am von Röntgen entdeckten X-Strahlen. Bei einer Belichtungszeit von jeweils eineinhalb bis zwei Stunden entstehen drei Aufnahmen, die eine Schussverletzung, eine Doppelzehe und eine schlecht geheilte Unterarmfraktur zeigen.

Auch das geschah an diesem Tag

1924 Gustav Eiffel, der durch die Konstruktion des Eiffelturms berühmt wurde, stirbt in Paris. Neben dem über 300 m hohen Riffelturm konstruierte er zahlreiche Brücken.

Eiffelturm in Paris

1895
Erste Filmvorführung in Paris

Die Brüder Auguste und Louis Jan Lumière führen im Indischen Salon des Pariser Grand Café des Capucines erstmals vor Publikum einen Film vor. Ihr Filmprojektor ähnelt dem bereits 1891 von Thomas Alva Edison hergestellten Guckkastenautomaten, mit dem der Film nur jeweils einem Zuschauer gezeigt werden konnte. Das Gerät der Lumières ist Aufnahmekamera, Kopiergerät und Projektor zugleich. Es vergrößert die Bilder, die so von mehreren Zuschauern gleichzeitig verfolgt werden können.

1989
Dubcek wird Parlamentsvorsitzender

In der Tschechoslowakei wird Alexander Dubcek zum Vorsitzenden des Bundesparlamentes gewählt. Dubcek war 1968 als Erster Sekretär der KPC Mitinitiator des Prager Frühlings und gilt als dessen Symbolfigur.

Alexander Dubcek

22.12.–20.1.

Thomas Becket, David, Lothar

Madame de Pompadour

Helmut Gollwitzer

Das Werk sollte immer ein wenig schlauer sein als der Autor.

Václav Havel

29
Dezember

1226
Weihefest des Braunschweiger Doms
Nach 53 Jahren ist die erste Bauphase des Braunschweiger Doms abgeschlossen. Bischof Conrad von Hildesheim weiht die Stiftskirche dem Hl. Bischof Blasius und Johannes dem Täufer, später kommt Thomas Becket, der Bischof von Canterbury, als weiterer Patron hinzu. Die dreischiffige Basilika mit Querhaus, Krypta und Westbau ist die bedeutendste Stiftung der Herrschaft Heinrichs des Löwen.

Braunschweiger Dom mit dem Denkmal Heinrichs des Löwen

1937
Irland wird souveräner Staat
In Irland tritt eine Verfassung in Kraft, nach der der neue Staat „Eire" nicht mehr zum Commonwealth gehört, sondern eine souveräne Republik darstellt. Irland war bis dahin Freistaat und Dominion innerhalb des britischen Empire gewesen. Nun versteht sich die gesamte Insel als Staatsgebiet, einschließlich des britischen Nordirlands. Dennoch gelten die Gesetze des neuen Staates nur in den 26 unabhängigen Grafschaften.

1989
Václav Havel wird tschechischer Präsident
Der Dramatiker und Bürgerrechtler Václav Havel wird zum Staatspräsidenten der CSFR gewählt. Er war seit 1969 mit einem Publikationsverbot belegt und bis 1989 immer wieder inhaftiert worden. 1989 wurde er Mitinitiator der „sanften Revolution" und der Demokratisierung der Tschechoslowakei. Mit seiner Wahl zum Staatspräsidenten hat die CSFR zum ersten Mal seit 41 Jahren ein nichtkommunistisches Staatsoberhaupt.

Demonstranten auf dem Wenzelsplatz in Prag unterstützen Václav Havel bei der Wahl zum Bundespräsidenten

Am 29. Dezember geboren:

Elisabeth Petrowna (1709 in Moskau), russische Zarin (1741–62). Die Tochter Peters I., des Großen und Katharinas I., setzt mithilfe eines Staatsstreichs ihren Thronanspruch durch. Sie verbündet sich im Österreichischen Erbfolgekrieg und im Siebenjährigen Krieg mit Österreich. 1755 gründet sie die Universität Moskau und 1758 die Akademie der Künste in St. Petersburg. († 5.1.1762 in St. Petersburg)

Madame de Pompadour, eigentlich Jeanne Antoinette Poisson (1721 in Paris), Marquise de Pompadour (seit 1745). Die Mätresse König Ludwig XV. hat großen Einfluss auf die französische Politik und fördert Kunst und Wissenschaft, wie u. a. die *Encyclopédie* Diderots, sowie Architektur. Auch an den Verhandlungen zum Bündnis Frankreichs mit Österreich gegen Preußen ist sie maßgeblich beteiligt. († 15.4.1764 in Versailles)

Charles Goodyear (1800 in New Haven, Connecticut), US-amerikanischer Chemiker. Er entwickelt die Kautschuk-Vulkanisation (1839) und den Hartgummi (1852), den er in die Zahnheilkunde einführt. († 1.7.1860 in New York)

Helmut Gollwitzer (1908 in Pappenheim), deutscher evangelischer Theologe und Schriftsteller. Als Pfarrer in Berlin-Dahlem wird er 1940 ausgewiesen und erhält Redeverbot. Ab 1950 ist Gollwitzer Professor für Systematische Theologie in Bonn und später (1957) in Berlin. Er gehört zu den Gründern der Friedensbewegung „Aktion Sühnezeichen/ Friedensdienst" (1958) und bemüht sich um eine Verständigung zwischen Christentum und Marxismus. († 18.10.1993 in Berlin)

30 Dezember

Ein guter Spruch ist die Wahrheit eines ganzen Buches in einem einzigen Satz.
Theodor Fontane

Theodor Fontane

Rudyard Kipling

22.12.–20.1.
Felix, Germar

Am 30. Dezember geboren:

Titus

Flavius Titus (39 n. Chr. in Rom), Sohn des Vespasian, römischer Kaiser (seit 79), von seinem Vater als Oberbefehlshaber im ersten jüdisch-römischen Krieg eingesetzt und dann zum Mitregenten gemacht. Titus lässt den Bau des Kolosseums vollenden und die nach ihm benannten Thermen erbauen. Er ist als milder, wohlwollender Herrscher bekannt und gilt als einer der besten Kaiser Roms. († 13.9.81 in Rieti)

Kolosseum in Rom

Otto von Kotzebue (1787 in Reval), Sohn des Dichters August von Kotzebue, russischer Marineoffizier und Entdecker. Er unternimmt drei Weltreisen, auf denen er als Leiter der Expedition zur Erforschung von Atlantik und Pazifik mehrere Inseln und eine Meeresbucht (Kotzebuesund) entdeckt und über 400 Inseln kartografiert. 1829 wird Kotzebue zum Kapitän zur See befördert. Sein Expeditionsbericht erscheint 1821. († 3.2.1846 in Reval)

Theodor Fontane (1819 in Neuruppin), deutscher Dichter des poetischen Realismus. Fontane war zunächst Apotheker, dann Journalist in England. Er schreibt Gedichte und Balladen und später Romane. Er übt durch seine Form der Darstellung und seine neue Dialogtechnik subtil Kritik an den gesellschaftlichen Zuständen und den erstarrten Konventionen in Adel und Bürgertum seiner Zeit. Zu seinen bekanntesten Romanen gehören *Irrungen und Wirrungen* (1888), *Frau Jenny Treibel* (1892) und *Effi Briest* (1895). († 20.9.1898 in Berlin)

Rudyard Kipling (1865 in Bombay), britischer Schriftsteller. Kipling schreibt Kurzgeschichten, Gedichte und Romane, von denen vor allem *Das Dschungelbuch* (1907) bekannt wird. 1907 erhält er den Nobelpreis für Literatur. († 18.1.1936 in London)

1853
Die USA erweitern ihr Territorium bis zum Pazifik

Mit dem Ankauf eines Landstriches von Mexiko (Arizona) und des gesamten New Mexico zum Ausbau einer Eisenbahnlinie nach Südkalifornien, erreichen die USA ihre heutige territoriale Ausdehnung. Zuvor hatten sie bereits Kalifornien und einen großen Teil Mexikos erobert.

1918
Die KPD wird gegründet

Auf dem Parteitag in Berlin (bis 1.1.1919) schließen sich der Spartakusbund unter der Leitung von Rosa Luxemburg, Karl Liebknecht und Leo Jogiches sowie kleinere linksradikale Parteien zu einer „Revolutionären Kommunistischen Arbeiterpartei" (später KPD) zusammen. In die Parteiführung werden Luxemburg, Liebknecht, Jogiches und Levi gewählt.

1948
Kiss me Kate hat in New York Premiere

Das Musical von Cole Porter nach William Shakespeares *Der Widerspenstigen Zähmung* wird vom Publikum begeistert aufgenommen. Porter wird mit diesem Stück berühmt.

Auch das geschah an diesem Tag

1925 Papst Pius XI. erhebt Danzig zum Bistum mit Oliva als Bischofsresidenz. **1989** Kanada erlässt als erster Staat auf allen Flügen ein Rauchverbot. **1993** Israel und der Vatikan unterzeichnen erstmals einen Vertrag zur Aufnahme diplomatischer Beziehungen. **1995** Das Röntgen-Teleskop „Rossi X-ray Timing Explorer" zur Beobachtung von Röntgenquellen wie Schwarzen Löchern und Neutronensternen wird ins All gebracht.

22.12.–20.1.
Silvester

Ben Kingsley

Donna Summer

Malen heißt nicht Formen färben, sondern Farben formen.

Henri Matisse

31 Dezember

1939
Erstes Neujahrskonzert der Wiener Philharmoniker
Zum ersten Mal findet am Silvestertag 1939 im Goldenen Saal des Wiener Musikvereins ein „Außerordentliches Konzert" der Wiener Philharmoniker mit Werken der Strauß-Dynastie statt. Das musikalische Bekenntnis der Philharmoniker zu Österreich entwickelt sich zu einer festen Institution und steht seit dem zweiten Konzert am 1.1.1941 jedes Jahr auf dem Spielplan.

1983
Pilotprojekt zum Kabelfernsehen wird gestartet
Das Pilotprojekt zur Übertragung von Fernseh- und Hörfunksignalen via Breitbandkabel wird in Ludwigshafen gestartet. Damit können zahlreiche neue Programme gesendet werden. Neben Programmen der öffentlich-rechtlichen Rundfunkanstalten sind auch Sendungen privater Anbieter zugelassen.

1999
Panamakanal an Panama übergeben
Der 1914 eröffnete Kanal durch die Landenge von Darién in Panama (Mittelamerika), der bisher von den USA kontrolliert wurde, wird gemäß einem 1977 geschlossenen Vertrag an den Staat Panama übergeben.

Panamakanal

Auch das geschah an diesem Tag
1600 Die von Londoner Kaufleuten gegründete East India Company erhält von der englischen Königin Elizabeth I. das Monopol im Ostindienhandel. **1968** Das sowjetische Überschallflugzeug Tupolew Tu-144 startet zum ersten Mal. **2001** Die Deutsche Mark ist zum letzten Mal gesetzliches Zahlungsmittel in Deutschland.

1999
Übergang ins Jahr 2000
Überall auf der Welt wird mit dem Übergang in das Jahr 2000 die Jahrtausendwende gefeiert, obwohl nach der mit dem Jahr 1 n. Chr. beginnenden Zeitrechnung erst am 1. Januar 2001 das neue Jahrtausend erreicht ist. Die von Computerexperten befürchteten Störungen durch die Datumsumstellung von 19 auf 20 (Y2K-Bug) bleiben aus.

Am 31. Dezember geboren:

Gottfried August Bürger (1747 in Molmerswende, Harz), deutscher Dichter und Professor für Ästhetik in Göttingen (seit 1789). Bürger will eine Dichtkunst für das Volk schaffen und beeinflusst dadurch maßgeblich die Entwicklung der Ballade. († 8.6.1794 in Göttingen)

Henri Matisse (1869 in Le Cateau), französischer Maler, Bildhauer und

Henri Matisse

Grafiker. Matisse ist 1905 einer der Mitbegründer der Künstlergruppe Fauves (wilde Tiere), die die Ausdruckskraft leuchtender Farben zur Grundlage ihrer Kunst macht. Matisse strebt in seinen unterschiedlichen Gemälden nach einem harmonischen Zusammenspiel von Farbe, Bewegung und immer abstrakter werdender Form. Sein Spätwerk bilden vor allem Scherenschnitte, bei denen wenige, starke Farben zum Einsatz kommen. († 3.11.1954 in Nizza)

Ben Kingsley, eigentlich Krishna Bhanji (1943 in Scarborough, Yorkshire), britischer Schauspieler indischer Herkunft. Von 1970–80 ist er Mitglied der „Royal Shakespeare Company". Er wird u. a. mit Filmen wie *Ghandi* (1982), *Schindlers Liste* (1993) oder *Was ihr wollt* (1995) als Charakterdarsteller bekannt.

Donna Summer, eigentlich LaDonna Andrea Gaines (1948 in Boston), US-amerikanische Sängerin und Songschreiberin. Donna Summer wird als Musicalsängerin und mit Disco-Stücken berühmt. Seit den 1980er-Jahren ist sie auch mit eigenen Stücken in den Charts erfolgreich.

Personenregister

A

Aalto, Alvar 37
Abbado, Claudio 181
Achard, Franz Karl 122
Achternbusch, Herbert 331
Adams, John 307
Adenauer, Konrad 8
Adjani, Isabelle 182
Adler, Alfred 41
Adler, Viktor 179
Adorf, Mario 255
Adorno, Theodor W. 258
Agnelli, Giovanni 75
Agricola, Georgius 87
Agrippina d. J. 314
Aichinger, Ilse 309
Albers, Hans 269
Alberti, Leon Battista 48
Albrecht II. 232
Albrecht IV. 353
Alder, Kurt 195
Alexander 154
Alexander I. 217
Alexander I. Pawlowitsch 361
Alfieri, Vittorio 19
Ali, Muhammad 20
Aljechin, Alexander Alexandrowitsch 309
Allen, Woody 339
Allende, Isabel 218
Almsick, Franziska von 224
Altman, Robert 54
Amado, Jorge 226
Amalia, Anna 301
Amery, Carl 103
Amundsen, Roald 201
Anastasia 173
Andersch, Alfred 38
Andersen, Hans Christian 96
Andersen-Nexø, Martin 181
Anderson, Carl David 250
Andreas-Salomé, Lou 46
Andric, Ivo 287
Annan, Kofi 102
Annunzio, Gabriele d` 75
Anouilh, Jean 178
Anquetil, Jacques 11
Anton II., der Gute 159
Arafat, Jasir 243
Aragon, Louis 280
Arendt, Hannah 291
Aretino, Pietro 114
Armstrong, Louis 220

Armstrong, Neil 221
Arndt, Ernst Moritz 364
Arnim, Bettina von 98
Aron, Raymond 77
Arp, Hans 263
Arrow, Kenneth Joseph 239
Asam, Egid Quirin 248
as-Sadat, Mohammed Anwar 363
Astaire, Fred 134
Asturias, Miguel Angel 296
Atatürk, Mustafa Kemal 75
Augstein, Rudolf 313
August der Starke 136
Augustinus, Aurelius 321
Aung San Suu Kyi 174
Ausländer, Rose 135
Austen, Jane 354
Aznavour, Charles 146

B

Babeuf, François Noël 331
Bach, Carl Philipp Emanuel 71
Bach, Johann Sebastian 84
Bachmann, Ingeborg 180
Bacon, Francis 25
Bacon, Francis 305
Baeck, Leo 147
Baedeker, Karl 311
Baeyer, Adolf von 308
Bahr, Egon Karl-Heinz 81
Baker, Joséphine 158
Bakunin, Michail 154
Baldwin, James 218
Baldwin, Stanley 219
Balfour, Arthur James 210
Balzac, Honoré de 144
Bandaranaike, Sirimavo 111
Bardot, Brigitte 275
Barlach, Ernst 5
Barras, Paul de 185
Barsani, Al Mullah Mustafa 138
Barschel, Uwe 137
Barth, Karl 134
Bartók, Béla 88
Barzel, Rainer 175
Basie, William „Count" 237
Baudelaire, Charles 103
Baur, Franz 48
Bayer, Friedrich 156
Bayer, Otto 312
Bea, Augustinus 152
Beatrix 34
Beauharnais, Joséphine de 178

Beauvoir, Simone de 12
Bebel, August 56
Becher, Johannes 146
Bechstein, Carl 156
Beckenbauer, Franz 258
Becker, Boris 330
Becket, Thomas 359
Beckett, Samuel 107
Beckham, David 126
Becquerel, Alexandre Edmond 87
Becquerel, Antoine Henry 353
Beecham, Sir Thomas 123
Beecher-Stowe, Harriet 169
Beethoven, Ludwig van 355
Begin, Menachim 232
Behrens, Peter 108
Behring, Emil Adolf von 78
Belafonte, Harry 64
Bell, Alexander Graham 66
Below, Saul 195
Benavente, Jacinto 228
Benedikt XV. 329
Benes, Eduard 152
Benjamin, Walter 200
Benn, Gottfried 126
Bentham, Jeremy 49
Benz, Carl 333
Berg, Alban 43
Berganza, Teresa 79
Bergius, Friedrich 288
Bergman, Ingmar 199
Bergman, Ingrid 245
Berija, Lawrenti Pawlowitsch 92
Berlioz, Hector Louis 349
Bernanos, Georges 54
Bernhardt, Sarah 299
Bernini, Gian Lorenzo 345
Bernstein, Eduard 9
Bernstein, Leonard 241
Bertolucci, Bernardo 79
Bertschneider, Karl Gottlieb 45
Beulst, Friedrich Ferdinand Graf von 16
Beuys, Joseph 136
Bhutto, Benazir 176
Bichsel, Peter 87
Biedenkopf, Kurt 31
Biermann, Wolf 323
Bismarck, Otto Fürst von 95
Bizet, George 302
Blair, Tony 130
Blake, William 336
Blakey, Art 288
Blixen, Tania 111
Bloch, Ernst 193

Personenregister

Bloch, Felix 300
Blüm, Norbert 206
Blum, Robert 318
Blyton, Enid 227
Boccioni, Umberto 296
Bocuse, Paul 45
Bodelschwingh, Friedrich von 69
Boff, Leonardo 352
Bogart, Humphrey 363
Böhm, Karl 244
Bohr, Niels 284
Bolívar, Simón 209
Böll, Heinrich 359
Boltzmann, Ludwig Eduard 54
Bonaparte, Lucien 145
Bonhoeffer, Dietrich 38
Bonsard, Pierre de 258
Bonsels, Waldemar 55
Borchert, Wolfgang 144
Borges, Jorge Luis 240
Borgia, Lucrezia 112
Börne, Ludwig 130
Borsig, August 178
Bosch, Carl 243
Bosch, Robert 270
Boss, Lewis 303
Boulez, Pierre 89
Bourbon, Louis Philippe von 283
Boutros Ghali, Boutros 322
Boyen, Herman von 208
Brahe, Tycho 352
Brahms, Johannes 131
Branagh, Kenneth Charles 348
Brancusi, Constantin 53
Brandauer, Klaus Maria 177
Brandenburg, Albrecht von 183
Brandenburg-Ansbach, Albrecht von 141
Brando, Marlon 97
Brandström, Elsa 89
Brandt, Willy 356
Brauchitsch, Walter von 281
Braudel, Fernand 240
Braun, Otto 31
Braun, Wernher Freiherr von 86
Brecht, Berthold 44
Brehm, Alfred Edmund 36
Brel, Jacques 102
Brentano, Clemens 255
Briand, Aristide 91
Broch, Hermann 309
Brockhaus, Friedrich Arnold 128
Brod, Max 151
Brontë, Charlotte 115

Brown, Charles 260
Brown, John 133
Bruch, Max 9
Bruckner, Josef Anton 251
Bruyn, Günter de 309
Buber, Martin 42
Buchheim, Lothar Günther 40
Buchholz, Horst 342
Büchner, Georg 294
Buck, Detlev 339
Buck, Pearl S. 181
Buckminster Fuller, Richard 197
Buff, Charlotte 14
Buffalo Bill 60
Bugatti, Ettore 262
Bühler, Charlotte 358
Buisson, Ferdinand Édouard 358
Bukowski, Charles 232
Bultmann, Rudolf Karl 236
Bunche, Ralph Johnson 223
Bunin, Iwan Alexejewitsch 299
Bunsen, Robert Wilhelm 93
Bunuel, Luis 56
Burckhardt, Jacob 149
Bürger, Gottfried August 369
Burroughs, Edgar Rice 248
Busch, Wilhelm 109
Byron, George Gordon Noël Lord 25

C

Caballé, Monserrat 108
Caesar, Gaius Julius 198
Caetano, Marcello José das Neves Alves 233
Cage, Nicolas 10
Cagliostro, Alessandro Graf 163
Caligula 247
Callas, Maria 340
Camus, Albert 315
Canetti, Elias 210
Canisius, Petrus 132
Cantor, Georg Ferdinand 66
Capa, Robert 299
Capone, Al 20
Capote, Truman 277
Caracalla 98
Caracci, Annibale 311
Caracciola, Rudolf 33
Cardin, Pierre 192
Carlos 162
Carreras, José 343
Carriera, Rosalba 284
Carson, Johnny 300

Carter Howard 133
Carter, James Earl 278
Carus, Carl Gustav 6
Casanova, Giacomo Girolamo 96
Cash, Jonny 60
Castlereagh, Henry Viscount 172
Castro, Fidel 229
Cavour, Camillo Benso Graf 226
Ceaușescu, Nicolae 29
Celan, Paul 331
Celsius, Anders 335
Ceram, C. W. 23
Cézanne, Paul 22
Chabrol, Claude 179
Chagall, Marc 192
Chaijam, Omar 142
Chamberlain, Arthur Neville 81
Chamberlain, Austen 293
Chandler, Raymond 208
Chanel, Coco 235
Chaplin, Sir Charles Spencer 110
Charles 322
Châteaubriand, François René Vicomte de 251
Chesterton, Gilbert 153
Chirac, Jacques 337
Chopin, Frédéric 64
Christie, Agatha 262
Christine 355
Chrutschow, Nikita Sergejewitsch 111
Churchill, John Earl of Marborough 150
Churchill, Winston 338
Cicero, Marcus Tullius 6
Clary, Eugénie Bernadine Désirée 316
Claudel, Camille 346
Claudel, Paul 222
Claudius 217
Claus, Carlfriedrich 220
Clausewitz, Carl Philipp von 156
Clausius, Rudolf 5
Clemenceau, Georges 275
Clinton, Bill 235
Cochran, Eddie 280
Cocker, Joe 144
Cocteau, Jean 190
Coetzee, John 43
Cohen, Leonard 268
Colbert, Jean-Baptiste 245
Cole, Nat „King" 80
Collodi, Carlo 332
Comenius, Johann Amos 91
Commodus, Lucius Aelius Aurelius 247
Compton, Arthur Holly 257
Conan Doyle, Arthur 146

Personenregister

Condé, Louis I. von 131
Condorcet, Antoine Caritat Marquis de 264
Conrad, Joseph 341
Cook, James 304
Coolidge, Calvin 189
Cooper, Gary 131
Cooper, James Fenimore 262
Corneille, Pierre 161
Costner, Kevin 21
Cotta von Cottendorf, Johann Friedrich Freiherr 121
Coubertin, Pierre Baron de 4
Courths-Mahler, Hedwig 52
Cousteau, Jacques-Yves 166
Cowley, Malcom 240
Croce, Benedetto 59
Cromwell, Oliver 119
Crosby, Bing 126
Curie, Marie 315
Curie, Pierre 139
Curtius, Ernst Robert 108
Curtius, Ernst 249
Cuvier, Georges Baron de 239
Czerny, Carl 54

D

Dahn, Felix 43
Daimler, Gottlieb Wilhelm 80
Dali, Salvador 135
Dalton, John 253
Dänicken, Erich von 108
Darwin, Charles 46
Dassler, Adolf 311
Davis, Jefferson 158
Dawes, Charles Gates 243
Dayan, Moshe 144
De Bakey, Michael Ellis 254
De Klerk, Frederik Willem 81
De Maizière, Lothar 65
De Niro, Robert 233
Dean, James 42
Debussy, Claude 238
Dedekind, Richard 283
Degas, Edgar 174
Delacroix, Eugène 120
Delannoy, Jean 15
Delaunay, Robert 106
Deledda, Grazia 274
Delius, Friedrich Christian 47
Delon, Alain 316
Deneuve, Cathérine 299
Derrida, Jacques 200

Descartes, Rene 94
Dhondrub, Lhamo 161
Dickens, Charles 41
Dickinson, Emily Elizabeth 348
Diderot, Denis 282
Diem, Carl 179
Diesel, Rudolf 81
Dietrich, Marlene 365
Dietz, Friedrich Christian 78
Dilthey, Wilhelm 327
Dior, Christian 24
Dirac, Paul 224
Disney, Walt 343
Dix, Otto 340
Döblin, Alfred 226
Dohnányi, Christoph von 255
Domingo, Placido 24
Domino, Antoine „Fats" 60
Don Carlos 193
Dönhoff, Marion Gräfin 340
Doolittle, Hilda 257
Dornier, Claudius 138
Dostojewski, Fjodor 319
Douglas, Michael 272
Drewermann, Eugen 175
Droste-Hülshoff, Anette Freiin von 13
Droysen, Johann Gustav 191
Dryden, John 225
Drygalski, Erich von 43
Dubarry, Marie Jeanne Bécu Gräfin 235
Duchamp, Marcel 213
Duden, Konrad 6
Duisberg, Friedrich Carl 273
Dulles, John Foster 59
Dumas, Alexandre 209
Dunant, Henri 132
Dunaway, Faye 17
Duncan, Isadora 150
Dunlop, John 39
Duras, Marguerite 98
Dürer, Albrecht 145
Dürrenmatt, Friedrich 8
Dutschke, Rudolf 70
Duvalier, Francois 108
Dvořák, Anton 255
Dyck, Anthonis van 85
Dylan, Bob 148

E

Eastwood, Clint 155
Ebert, Friedrich 38
Echegaray y Eizaguirre, José 113
Eckermann, Johann Peter 268

Eco, Umberto 8
Eden, Anthony 167
Edison, Thomas Alva 45
Edward der schwarze Prinz 170
Egmont, Lamoral Graf von 326
Ehrlich, Paul 77
Eibl-Eibesfeldt, Irenäus 170
Eichendorff, Joseph Freiherr von 73
Eichmann, Adolf 82
Eiffel, Gustave 353
Einstein, Albert 77
Eisenhower, Dwight David 291
Eisenstaedt, Alfred 344
Eisner, Kurt 138
Eisner, Lotte 68
Eliot, George 330
Eliot, T. S. 273
Elisabeth 362
Elisabeth I. 254
Elisabeth II. 115
Ellington, Duke 123
Emerson, Ralph Waldo 149
Ende, Michael 320
Engel, Erich 48
Engels, Friedrich 336
Ense, Rahel Varnhagen von 150
Ensor, James 107
Enver Pascha 220
Enzensberger, Hans Magnus 319
Eppler, Erhard 347
Erhardt, Heinz 54
Ernst, Max 96
Ernst, Richard 230
Erzberger, Matthias 267
Estrada, Joseph Marcelo Ejercito 113
Euler, Leonhard 109
Evasn, Arthur 163

F

Fahrenheit, Gabriel Daniel 148
Faisal I. 144
Falin, Valentin Michailowitsch 97
Falk, Peter 263
Falla, Manuel de 331
Fallaci, Oriana 184
Faraday, Michael 269
Farrow, Mia 43
Fassbinder, Rainer Werner 155
Faulhaber, Michael von 68
Faulkner, William 272
Faure, Edgar 234
Fechner, Gustav Theodor 113
Feininger, Lyonel 202

Personenregister

Fellini, Federico 23
Ferdinand II., Erzherzog von Österreich 169
Ferdinand II., Kaiser 194
Fermat, Pierre de 233
Fermi, Enrico 276
Ferrari, Enzo 54
Fetscher, Iring 67
Feuerbach, Anselm 259
Feuerbach, Ludwig 213
Fichte, Johann Gottlieb 143
Filbinger, Hans 223
Fischer, Hans 212
Fischer, Joschka 106
Fitzgerald, Ella 119
Fitzgerald, Francis Scott 271
Flaubert, Gustave 350
Flechtheim, Ossip Kurt 68
Fleming, Ian 152
Flotow, Freiherr Friedrich von 121
Flynn, Errol 175
Fo, Dario 87
Focke, Henrich 285
Fokker, Anthony Herman Gerard 100
Fonda, Henry 140
Fontane, Theodor 368
Fontenelle, Bernhard le Bovier de 45
Ford, Gerald Rudolph 199
Ford, Henry 215
Ford, Henry II. 251
Ford, John 35
Forel, Auguste Henri 248
Forman, Milos 52
Forßmann, Werner 245
Forster, Georg 335
Foucault, Jean Bernard Léon 265
Foucault, Michel 292
Fourier, Charles 101
Francke, August Hermann 85
Frank, Anne 167
Frank, Bruno 168
Franke, Egon 105
Frankenfeld, Peter 155
Franklin, Benjamin 20
Franklin, John 110
Franz Josef I. 234
Freiligrath, Ferdinand 172
Freud, Anna 341
Freud, Sigmund 130
Freund, Gisèle 357
Freytag, Gustav 198
Fried, Erich 130
Friedrich, Caspar David 252
Friedrich I. 196

Friedrich II. 364
Friedrich II., der Große 27
Friedrich Wilhelm III. 219
Friedrich Wilhelm IV. 292
Friedrichs, Hans-Joachim 78
Frisch, Max 139
Fröbe, Gerd 59
Fröbel, Friedrich 115
Fromm, Erich 86
Fry, Christopher 356
Fry, Elisabeth 145
Fuchs, Erika 345
Fuchs, Günther Bruno 188
Fuentes, Carlos 319
Fugger, Johann Jakob 361
Fuller, Samuel 228
Furtwängler, Wilhelm 28
Fussenegger, Gertrud 132

G

Gabelsberger, Franz Xaver 43
Gabin, Jean 141
Gable, Clark 35
Gagarin, Juri Alexejewitsch 72
Gainsborough, Thomas 138
Galen, Clemens August Graf von 79
Galilei, Galileo 49
Gallup, George Horace 326
Galvani, Luigi 256
Gandhi, Indira 327
Gandhi, Mahatma 279
Gandhi, Rajiv 236
Ganghofer, Ludwig 192
Ganz, Bruno 85
Garbo, Greta 265
García Lorca, Federico 160
García Márquez, Gabriel José 69
Gard, Roger Martin du 86
Gardiner, John Eliot 114
Gardner, Ava Lavinnia 362
Garibaldi, Giuseppe 189
Gaudi, Antonio 180
Gauguin, Paul 162
Gaulle, Charles de 330
Gaultier, Jean Paul 118
Gauß, Carl Friedrich 124
Gavarni, Paul 16
Gehlen, Reinhard 97
Geiger, Johannes 277
Geiler von Kayserberg, Johannes 79
Geißler, Heiner 66
Genscher, Hans-Dietrich 84
Georg I. 162

Georg III. 159
Georg V. 158
George, Stephan 197
Germanicus, Gajus Julius Caesar 148
Gerstäcker, Friedrich 134
Gesner, Conrad 89
Getz, Stan 36
Gibson, Mel 6
Giehse, Terese 69
Gierke, Otto von 14
Giordano, Ralph 83
Giraudoux, Jean 306
Gmeiner, Hermann 178
Godard, Jean-Luc 341
Goebbels, Joseph 306
Goebel, Henry 114
Goerdeler, Carl Friedrich 216
Goethe, Johann Wolfgang von 244
Goetz, Curt 325
Gogh, Vincent van 93
Gogol, Nikolaij Wassiljewitsch 95
Golding, William 266
Goldoni, Carlo 59
Goldstein, Joseph Leonhard 112
Goldwyn, Samuel 238
Gollwitzer, Helmut 367
Goodyear, Charles 367
Gorbatschow, Michail 65
Göring, Herrmann 15
Gorki, Maxim 91
Gottschalk, Thomas 142
Gould, Glenn 272
Goya y Lucientes, Francisco José de 93
Graf, Oskar Maria 207
Graf, Steffi 169
Grant, Cary 21
Grass, Günter 293
Greenspan, Alan 69
Grieg, Edvard 170
Griem, Helmut 100
Grieshaber, Helmut Andreas Paul 49
Grimm, Jakob 7
Grimm, Wilhelm 58
Grimmelshausen, Hans Jacob Christoffel von 80
Gromyko, Andrej Andrejewitsch 203
Gropius, Walter 142
Grotewohl, Otto 74
Grotius, Hugo 104
Gründgens, Gustaf 360
Gryphius, Andreas 279
Guardini, Romano 51
Guareschi, Giovanni 125
Guevara, Ernesto „Che" 169

Personenregister

Guillaume, Charles Edouard 49
Guimard, Hector 73
Gulbrandson, Olaf 150
Günderode, Karoline von 45
Günther, Johann Christian 102
Gurion, David Ben 293
Gustav I. Wasa 136
Gustav II. Adolf 357
Gustav IV. Adolf 309
Gustav V. 171

H

Habermas, Jürgen 173
Hackethal, Julius 314
Hackman, Gene 33
Haeckel, Ernst Heinrich Phillip August 50
Hagenbeck, Carl 165
Hagman, Larry 268
Hahn, Otto 71
Haile Selassie I. 208
Haley, Alex 227
Haley, Bill 191
Hallstein, Walter 325
Hammett, Dashiell 151
Hampton, Lionel 106
Hamsun, Knut 220
Händel, Georg Friedrich 57
Handke, Peter 344
Hannibal 218
Hardenberg, Friedrich Freiherr von 126
Hardenberg, Karl August Fürst von 155
Hardy, Oliver 21
Harkort, Friedrich 59
Harlow, Jean 66
Harnack, Adolf von 131
Harnack, Falk 65
Harnoncourt, Nikolaus 344
Harrer, Heinrich 191
Härtling, Peter 321
Hašek, Jaroslav 118
Hassel, Ulrich von 320
Hauptmann, Gerhard 323
Haushofer, Albrecht 10
Havel, Václav 282
Havemann, Robert 74
Havilland, Geoffrey de 212
Hawking, Stephen 11
Haydn, Joseph 94
Heath, Edward 194
Hebbel, Christian Friedrich 81
Hebel, Johann Peter 134
Heck, Ludwig 227

Heckel, Erich 216
Heesters, Johannes 343
Hegel, Georg Wilhelm Friedrich 243
Heidegger; Martin 273
Hein, Christoph 102
Heine, Heinrich 351
Heinemann, Gustav 208
Heinrich der Seefahrer 67
Heinrich II. 130
Heinrich III. 305
Heinrich IV. 351
Heinrich VIII. 183
Heisenberg, Werner Karl 343
Heller, Andrè 85
Helmholtz, Herman Ludwig Ferdinand von 247
Helvéticus, Claude Adrien 29
Hemingway, Ernest 206
Hendrix, Jimi 335
Hepburn, Audrey 128
Hepburn, Katherine 136
Herberger, Joseph „Sepp" 91
Herder, Johann Gottfried 241
Hertz, Gustav 207
Hertz, Heinrich 56
Herwegh, Georg 155
Herzfelde, Wieland 105
Herzl, Theodor 126
Herzog, Roman 99
Herzog, Werner 252
Heß, Rudolf 120
Hesse, Herman 187
Heston, Charlton 281
Heuss, Theodor 34
Heyerdahl, Thor 283
Heym, Stephan 104
Heyse, Paul von 78
Highsmith, Patricia 22
Hildebrandt, Dieter 147
Hillary, Sir Edmund 205
Hindemith, Paul 324
Hindenburg, Paul von 279
Hirohito 123
Hirschfeld, Magnus 138
Hitchcock, Alfred 229
Ho Chi Minh 143
Hobbes, Thomas 99
Höch, Hannah 309
Höcherl, Hermann 94
Hochhuth, Rolf 95
Hodler, Ferdinand 77
Hofer, Andreas 330
Hoffman, Dustin 224

Hoffmann von Fallersleben, August Heinrich 96
Hoffmann, Ernst Theodor Amadeus 27
Hoffmann, Jutta 66
Hoffmannsthal, Hugo von 35
Hölderlin, Johann Christian Friedrich 83
Hollerith, Herrmann 63
Holley, Charles Hardin 254
Honecker, Erich 241
Honecker, Margot 111
Honegger, Arthur 73
Hoover, Herbert Clark 226
Horaz 346
Horch, August 289
Horkheimer, Max 48
Horowitz, Wladimir Samojlowitsch 278
Horta, Victor 9
Horten, Helmut 11
Hounsfield, Godfrey Newbold 244
Houston, Whitney 225
Huchel, Peter 97
Hudson, Rock 325
Hudson, William Henry 220
Hugenberg, Alfred 174
Hugo, Victor 60
Humboldt, Alexander von 261
Humboldt, Wilhelm von 177
Hume, David 131
Hundertwasser, Friedensreich 353
Huntington, Samuel 112
Huppert, Isabelle 79
Hüsch, Hanns Dieter 130
Hussein, Saddam 122
Husserl, Edmund 102
Hutten, Ulrich von 115
Huxley, Aldous 211
Huygens, Christiaan 108
Huysmans, Joris-Karl 39

I

Ibn Saud, Abd-al Asis 332
Ibsen, Henrik 83
Iffland, August Wilhelm 113
Innozenz XI 143
Ionesco, Eugène 334
Irving, Washington 97
Isabella I. 116

J

Jackson, Andrew 78
Jackson, Jesse 285
Jackson, Michael 245

Personenregister

Jakob I. 174
Jarrett, Keith 132
Jaspers, Karl 57
Jefferson, Thomas 107
Jelzin, Boris Nikolajewitsch 35
Jenner, Edward 141
Jens, Walter 71
Jesus von Nazareth 363
Johann ohne Furcht 152
Johannes XXIII. 333
Johannes Paul I. 294
Johannes Paul II. 142
Johnson, Earvin „Magic" 230
Johnson, Lyndon Baines 243
Johnson, Samuel 265
Joliot-Curie, Irène 259
Jong, Erica 89
Jonson, Ben 166
Joplin, Janis 22
Joseph II. 76
Joule, James Prescott 362
Joyce, James 36
Juan Carlos I. 8
Juhnke, Harald 165
Juliana 124
Julius II. 343
Jünger, Ernst 92
Jürgens, Curd 351
Justinian I., der Große 135

K

Kafka, Franz 188
Kahlo, Frida 191
Kahn, Herman 49
Kahn, Oliver 170
Kainz, Joseph 5
Kaiser, Georg 333
Kandinsky, Wassily 342
Kant, Immanuel 116
Karajan, Herbert von 99
Karasek, Hellmuth 7
Karl I. 233
Karl I., der Große 96
Karl II. 153
Karl IV. 138
Karl V. 58
Karl VII. Albrecht 222
Karl IX. 182
Karl XII. 182
Karlstadt, Liesl 350
Karpow, Anatoli 147
Kasandsakis, Nikos 52
Kasparow, Gari Kimowitsch 107

Kästner, Erich 57
Katharina von Medici 107
Katharina II., die Große 126
Keaton, Buster 281
Keats, John 308
Keller, Gottfried 204
Keller, Helen 182
Kellog, Frank Billings 360
Kelly, Gene 239
Kelly, Grace 320
Kelly, Petra 337
Kelvin, William 181
Kempowski, Walter 123
Kennedy, John F. 153
Kennedy, Robert 328
Kepler, Johannes 365
Kessel, Martin 108
Key, Ellen Karolina Sofia 349
Khomeini, Ayathollah 141
Kierkegaard, Søren 129
Kiesinger, Kurt Georg 100
King, B. B. 263
King, Martin Luther 18
King, Stephen 268
Kingsley, Ben 369
Kinkel, Gottfried 227
Kinski, Klaus 295
Kipling, Rudyard 368
Kirchner, Ernst Ludwig 130
Kirsch, Sarah 110
Kisch, Egon Erwin 123
Kishon, Ephraim 239
Kissinger, Henry 151
Kitasato, Shibasaburo 358
Kitt, Eartha 29
Klabund 312
Klee, Paul 356
Klein, Felix Christian 119
Klein, Yves 122
Kleist, Heinrich von 295
Klenze, Franz Karl Leo von 63
Klinger, Friedrich Maximilian von 51
Klinger, Max 52
Klopstock, Friedrich Gottlieb 187
Klug, Aaron 227
Kluge, Alexander 48
Knef, Hildegard 366
Kneipp, Sebastian 141
Knigge, Adolph Freiherr von 293
Knobelsdorff, Georg Wenzeslaus von 51
Koch, Robert 349
Koch, Roland 87
Kohl, Helmut 97
Kokoschka, Oskar 64

Kolb, Anette 37
Koldewey, Robert 257
Kolff, Willem Johan 48
Kollontaj, Alexandra Michailnowa 94
Kolping, Adolph 346
Kolumbus, Christoph 219
Kondatjew, Nikolai, Dimitrijewitsch 67
Konradin von Schwaben 88
Konstantin I. 218
Konstantin I., der Große 61
Kopelew, Lew Sinowjewitsch 103
Kopernikus, Nikolaus 53
Korbut, Olga 140
Korda, Alexander 263
Körner, Hermine 154
Kotzebue, August von 127
Kotzebue, Otto von 368
Krenz, Egon 82
Krupp, Alfred 120
Krüss, James 155
Kubin, Alfred 104
Kubrick, Stanley 211
Kühn, Heinz 52
Küng, Hans 82
Kunze, Reiner 232
Kurosawa, Akira 86
Kussmaul, Adolf 56

L

La Salle, Jean Baptiste de 124
Lady Diana 186
Lafayette, Marie Joseph Motier Marquis de 253
Lafontaine, Oskar 263
Lagerfeld, Karl 257
Lagerlöf, Selma 328
Lamarck Jean Baptiste de Monet 217
Lamartine, Alphonse de 298
Lancaster, Burt 310
Landauer, Gustav 101
Landsteiner, Karl 169
Lang, Fritz 343
Lange, Helene 103
Langenscheidt, Gustav 298
Langmuir, Irving 34
Lanner, Joseph 106
Lasker-Schüler, Else 45
Lassalle, Ferdinand 105
Lattek, Udo 19
Lauda, Niki 56
Laurel, Stan 171
Laurens, Henri 52
Lavoisier, Antoine Laurent 242

Personenregister

Lawrence, Thomas Edward   231
Le Brun, Charles   58
Leander, Zara   78
Leber, Julius   324
Ledermann, Leon Max   200
Legien, Carl   339
Lehár, Franz   124
Lehmann, Karl   140
Leibl, Wilhelm   300
Leibniz, Gottfried Wilhelm   186
Lem, Stanislaw   259
Lemaître, Abbé Georges   202
Lembke, Robert   264
Lenin, Wladimir Iljitsch   116
Lennon, John   286
Lenz, Siegfried   80
Leonardo da Vinci   109
Leone, Sergio   6
Leopold I.   164
Lessino, Gotthold Ephraim   25
Levi, Carlo   337
Lévi-Strauss, Claude   336
Lewis, Carl   186
Lewis, Jerry Lee   276
Lichtenberg, Bernhard   341
Lichtenstein, Roy   304
Lie, Trygve   201
Liebermann, Max   205
Liebig, Justus von   136
Liebknecht, Karl   229
Liebknecht, Wilhelm   92
Liliencron, Detlev von   158
Lilienthal, Otto   147
Lincoln, Abraham   46
Lindbergh, Charles   38
Linde, Carl von   166
Lindenberg, Udo   141
Lindgren, Astrid   322
Lingen, Theo   165
Linné, Carl von   147
Lippisch, Alexander   310
Liselotte von der Pfalz   151
Lister, Joseph   99
Liszt, Franz   299
Lloyd, Harold   114
Locke, John   245
Loewe, Carl   338
Lollobridgida, Gina   189
London, Jack   15
Loren, Sophia   267
Loriot   320
Lortzing, Albert   300
Lovelace, Augusta Ada Countess of   348
Lubitsch, Ernst   63

Lübke, Heinrich   291
Ludendorff, Erich von   103
Ludwig, Peter   194
Ludwig I.   241
Ludwig II.   241
Ludwig XII.   182
Ludwig XIV.   252
Ludwig XVI.   239
Luise Königin von Preußen   73
Luitpold, Karl Joseph Wilhelm   75
Lumière, Auguste   296
Lumière, Louis   282
Luther, Martin   318
Lützow, Friedrich Freiherr von   142
Luxemburg, Rosa   68
Lynch, David   23

M

Maazel, Lorin   69
Macapagal Arroyo, Gloria   99
Mach, Ernst   52
Machiavelli, Niccolo   127
Macke, August   6
MacLaine, Shirley   118
Macleod, John   253
Macmillan, Harold   44
Madame de Staël   116
Maffay, Peter   246
Magnani, Anna   70
Magritte, René   329
Mahler, Gustav   192
Maier, Sepp   62
Major, John   92
Makeba, Miriam   67
Malaparte, Curzio   164
Malcolm X   143
Malinowski, Bronislaw Kaspar   101
Mandela, Nelson   203
Manet, Edouard   26
Mann, Golo   90
Mann, Heinrich   90
Mann, Klaus   326
Mann, Thomas   161
Mannesmann, Reinhard   137
Marat, Jean Paul   148
Marc, Franz   42
Marceau, Marcel   85
Marcel, Gabriel Honoré   345
Marconi, Guglielmo   119
Marcuse, Herbert   204
Margarethe von Navarra   105
Margarethe II.   110
Maria Theresia   137

Marie Louise   350
Mark Aurel   120
Mark Twin   338
Marley, Bob   39
Marx, Karl   129
Masaryk, Tomás   70
Mastroianni, Marcello   275
Masur, Kurt   203
Mata Hari   223
Matisse, Henri   369
Mattheuer, Wolfgang   101
Maugham, William Somerset   28
Maupassant, Guy de   221
Mauriac, François   288
Maurier, Daphne du   137
May, Karl   59
Maybach, Wilhelm   43
Mayer, Hans   82
Maynard Keynes, John   160
Mazarin, Jules   199
Mazowiecki, Tadeusz   112
Mc Enroe, John   50
Mc Kinley, William   32
McCarthy, Joseph Raymond   322
McCartney, Paul   173
McCullers, Carson   53
McLuhan, Herbert Marshall   206
Medawar, Peter Bryan   62
Medici, Cosimo I. de   166
Meir, Golda   127
Melanchthon, Phillip   50
Mende, Erich   305
Mendel, Gregor Johann   177
Mendelsohn, Erich   84
Mendelssohn, Moses   253
Mendelssohn Bartholdy, Felix   37
Menem, Carlos Saul   187
Menuhin, Sir Yehudi   116
Merbold, Ulf   175
Mercator, Gerhard   68
Merckx, Eddie   172
Mercury, Freddie   252
Meri, Lennart   92
Merian, Maria Sybille   96
Messerschmidt, Willy   181
Messiaen, Olivier   348
Messner, Reinhold   264
Metschnikow, Ilja Iljitsch   109
Metternich, Klemens Fürst von   139
Mey, Reinhard Friedrich Michael   359
Meyerbeer, Giacomo   252
Meyerhold, Wsewolod Emiljewitsch   43
Michelangelo   69
Midler, Bette   339

376

Personenregister

Miegel, Agnes 72
Miele, Carl 210
Mies van der Rohe, Ludwig 90
Mill, John Stuart 144
Miller, Arthur 294
Miller, Glenn 64
Miller, Henry 364
Miller, Oskar von 131
Milton, John 347
Miró, Joan 114
Mitscherlich, Eilhard 10
Mitterand, François 303
Mittermaier, Rosi 221
Mohn, Reinhard 184
Moliere 18
Molotow 72
Moltke, Helmuth Graf von 149
Moltke, Helmuth James Graf von 74
Mommsen, Theodor 338
Mondrian, Piet 70
Monet, Claude 322
Monroe, Marilyn 156
Montaigne, Michel Eyquem de 62
Montesquieu, Charles de 21
Montessori, Maria 247
Monteverdi, Claudio 139
Montgolfier, Michel-Joseph de 242
Montgomery, Bernard Law 325
Moore, George Edward 312
Moore, Henry 215
Moore, Thomas 152
Mordillo, Guillermo 220
Morgan, Michèle 63
Morgenstern, Christian 130
Morgenthau, Henry 135
Mörike, Eduard 255
Moro, Aldo 270
Morse, Samuel F.B. 121
Mountbatten, Philip 165
Mozart, Wolfgang Amadeus 30
Mrozek, Slawomir 181
Mueller-Stahl, Armin 355
Mühsam, Erich 100
Müller, Gerd 311
Müller, Johannes „Regiomontanus" 161
Müller-Westernhagen, Marius 344
Munch, Edvard 350
Münchhausen, Karl Friedrich Freiherr von 135
Münter, Gabriele 53
Musil, Robert 314
Mussolini, Benito 214
Mussorgski, Modest Petrowitsch 84
Mutter Teresa 243

N

Nagy, Imre 162
Nansen, Fridtjof 287
Napoleon I. 231
Nathans, Daniel 307
Navon, Yitzhak 113
Nelson, Horatio 276
Neruda, Pablo 197
Nervi, Pier Luigi 176
Nettesheim, Agrippa von 261
Neutra, Richard Josef 102
Newman, Paul 29
Newton, Helmut 308
Newton, Isaac 7
Nietzsche, Friedrich 292
Nightingale, Florence 136
Nikolaus II. 142
Nin, Anaïs 55
Niven, David 64
Nixon, Richard Milhous 12
Nobel, Alfred 298
Noelle-Neumann, Elisabeth 357
Nolte, Ernst 14
Nostradamus 352
Nurejew, Rudolf Hametowitsch 80
Nurmi, Paavo 168
Nüsslein-Volhard, Christiane 297

O

O'Brien, Edna 353
Oates, Joyce Carol 171
Offenbach, Jacques 175
Ohm, Georg Simon 79
Olivier, Laurence 146
Onassis, Aristoteles 18
Onassis, Jacqueline Lee 213
Onnes, Heike Kamerlingh 268
Opel, Adam 133
Opitz, Martin 361
Oppenheimer, Julius Robert 116
Orff, Carl 195
Orr, John Boyd 270
Ortega y Gasset, José 133
Orwell, Gorge 180
Ossietzky, Carl von 280
Oster, Hans 225
Ostrowski, Alexander Nikolajewitsch 106
Ostwald, Wilhelm 249
Otto, Nikolaus 169
Otto I. 121
Ovid 83

Owen, Robert 138
Owens, Jesse 259
Oxenstierna, Axel Graf 181
Oz, Amos 128

P

Paganini, Niccolò 304
Palladio, Andrea 338
Palme, Olof 33
Papen, Franz von 306
Pappenheim, Gottfried Heinrich Graf zu 153
Paracelsus 319
Parker, Charles Christopher „Charlie" 245
Parkinson, James 105
Pascal, Blaise 174
Pasolini, Pier Paolo 68
Pasternak, Boris Leonidowitsch 44
Pasteur, Louis 365
Patterson, Floyd 7
Paul, Jean 84
Paul, Wolfgang 226
Paul V. 264
Pauli, Wolfgang 119
Pauling, Linus 62
Pausewang, Gudrun 66
Pavarotti, Luciano 289
Paz, Octavio 94
Peel, John 246
Peirce, Charles Sanders 257
Pelé 300
Peres, Shimon 231
Perlinger, Sissi 341
Peron, Eva 131
Perón, Juan Domingo 285
Pessoa, Fernando 168
Pestalozzi, Johann Heinrich 15
Peter I., der Große 164
Peterson, Oscar 231
Petrarca, Francesco 205
Petrie, William Matthew Flinders 158
Petrowna, Elisabeth 367
Philipp II. 145
Philipp II. August 237
Philipp III., der Gute 216
Piaf, Edith 357
Piaget, Jean 225
Picasso, Pablo 302
Piscator, Erwin 355
Pitt, William d. J. 152
Pius VII. 230
Pius IX. 137

377

Personenregister

Pius X. 157
Pius XI. 155
Planck, Max 117
Platen, August Graf von 301
Poe, Edgar Allen 22
Poincaré, Jules Henri 123
Poincaré, Raymond 236
Poitier, Sidney 54
Polanski, Roman 234
Polke, Sigmar 47
Pompadour, Madame de 367
Pompidou, Georges 190
Pope, Alexander 145
Pöppelmann, Matthäus Daniel 127
Popper, Karl 213
Porsche, Ferdinand 250
Porten, Henny 10
Porter, Cole 164
Postman, Neil 71
Potemkin, Grigori 271
Pound, Ezra 307
Poussin, Nicolas 170
Powell, Colin 99
Praetorius, Michael 49
Presley, Elvis 11
Primor, Avi 102
Prinz Eugen von Savoyen 295
Prokofjev, Sergeij Sergeijewitsch 117
Prost, Alain 58
Proust, Marcel 195
Puccini, Giacomo 360
Pulitzer, Joseph 104
Pulver, Liselotte 288
Puschkin, Alexander 161
Puyi 41

Q

Quasimodo, Salvatore 236
Quinn, Freddy 274

R

Rabin, Yitzhak 64
Rachmaninow, Sergej Wassiliewitsch 95
Racine, Jean 359
Radetzky, Josef Wenzel Graf 310
Raffael 100
Raimund, Ferdinand 156
Ranke, Leopold von 359
Rasmussen, Knut Johann 162
Rathenau, Walther 276
Ratzinger, Joseph 110

Rau, Johannes 19
Rauch, Christian Daniel 5
Ravel, Maurice 70
Reagan, Ronald 40
Redford, Robert 234
Reed, Lou 65
Reger, Max 82
Reich, Jens 89
Reich, Wilhelm 87
Reich-Ranicki, Marcel 157
Remarque, Erich Maria 177
Reni, Guido 312
Renoir, Pierre Auguste 59
Reuter, Ernst 214
Reuter, Fritz 315
Reynolds, Burt 45
Rhodes, Cecil John 190
Ribbentrop, Joachim von 124
Ricardo, David 112
Richard Löwenherz 255
Richard II. 9
Richards, Keith 356
Richelieu, Armand Jean du Plessis 256
Richter, Hans 100
Richter, Horst Eberhard 122
Richthofen, Manfred von 126
Riefenstahl, Leni 238
Rilke, Rainer Maria 342
Rimbaud, Arthur 297
Ringelnatz, Joachim 223
Rinser, Luise 124
Ritter, Carl 223
Rivel, Charlie 122
Roberts, Richard J. 253
Robespierre, Maximilien de 130
Robinson, Robert 260
Rockefeller, John Davison 193
Rodin, Auguste 320
Rogers, Ginger 201
Rohlfs, Christian 360
Romains, Jules 242
Ronaldo 269
Röntgen, Wilhelm Conrad 90
Roosevelt, Eleanor 288
Roosevelt, Franklin Delano 33
Rosegger, Peter 216
Rosendahl, Heide 48
Rosselini, Roberto 132
Roth, Eugen 27
Rotterdam, Erasmus von 304
Rousseau, Jean-Jacques 183
Rowohlt, Ernst 178
Rubens, Peter Paul 183
Rubinstein, Arthur 31

Rückert, Friedrich 140
Rudolf I. von Habsburg 125
Rühmann, Heinrich Wilhelm „Heinz" 70
Rushdie, Salman 174
Russe, Bertrand 142
Rutherford, Ernest 246
Rutherford, Margaret 135
Ryle, Martin 274

S

Sabin, Albert Bruce 242
Sacharow, Andrej 145
Sacher, Anna 5
Sachs, Hans 313
Sachs, Nelly 348
Sade, Donatien Alphonse Francois Marquis de 157
Sagan, Francoise 176
Saint-Exupéry, Antoine de 184
Saint-Just, Louis Antoine Léon de 241
Saint-Laurent, Yves 217
Saint-Saëns, Charles Camille 286
Sales, Franz von 237
Salieri, Antonio 234
Salinger, Jerome David 4
Salomon, Alice 113
Salomon, Erich 122
Sampras, Pete 228
Sänger, Eugen 269
Santana, Carlos 175
Sartre, Jean-Paul 176
Saussure, Ferdinand de 334
Savigny, Friedrich Carl von 55
Sayers, Dorothy L. 168
Scarlatti, Domenico 303
Schadow, Johann Gottfried 144
Schamoni, Ulrich 317
Schaudinn, Fritz Richard 266
Schedel, Hartmann 47
Scheel, Walter 193
Scheidemann, Philipp 211
Scheler, Max 238
Schelling, Friedrich Wilhelm Joseph von 30
Schewardnadse, Eduard 28
Schiele, Egon 167
Schiller, Friedrich von 318
Schindler, Oskar 122
Schinkel, Karl Friedrich 76
Schlegel, Friedrich 73
Schleich, Carl-Ludwig 204
Schleiermacher, Friedrich 329
Schlöndorff, Volker 94

Personenregister

Schlüter, Andreas 144
Schmeling, Maximilian 275
Schmidt, Helmut 361
Schmidt-Rottluff, Karl 339
Schmitt, Carl 196
Schnitzler, Arthur 139
Scholl, Hans 269
Scholl, Sophie 133
Schönberg, Arnold 260
Schopenhauer, Arthur 56
Schorlemmer, Manfred 140
Schreiber-Krieger, Adele 123
Schröder, Gerhard 101
Schrödinger, Erwin 228
Schubert, Franz 34
Schulenburg, Friedrich Werner Graf von der 328
Schulz, Charles M. 334
Schulze-Boysen, Harro 249
Schumacher, Kurt 290
Schumacher, Michael 6
Schumann, Robert 163
Schwarzer, Alice 341
Schweitzer, Albert 17
Schwind, Moritz von 24
Schygulla, Hanna 363
Scott, Robert F. 161
Seehofer, Horst 189
Seeler, Uwe 313
Seghers, Anna 327
Segner, Johann Andreas von 286
Seipel, Ignaz 204
Semper, Gottfried 337
Serra, Richard 310
Seurat, Georges 340
Seuse, Heinrich 84
Seyß-Inquart, Arthur 207
Shakespeare, William 117
Shaw, George Bernhard 211
Shepard, Sam 313
Shore, Dinah 64
Sibelius, Jean 346
Sielmann, Heinz 157
Siemens, Werner von 351
Sienkiewicz, Henryk 129
Sigismund 49
Signac, Paul 319
Sillanpää, Frans E. 263
Sillitoe, Alan 67
Silva y Velázquez, Diego de 161
Simenon, Georges 47
Simmel, Johannes Mario 101
Sinatra, Frank 350
Sinclair, Upton 267

Sissi 362
Sloterdijk, Peter 181
Smetana, Bedrich (Friedrich) 65
Smith, Adam 160
Soddy, Frederick 249
Solschenizyn, Alexndr Issajewitsch 349
Sontheimer, Kurt 216
Sophia 310
Speer, Albert 82
Spencer, Herbert 121
Spengler, Oswald 153
Sperry, Roger Wolcott 236
Spielberg, Steven 356
Spinoza, Baruch 332
Spitteler, Carl 118
Spitz, Marc 44
Spitzweg, Carl 39
Springer, Axel 126
Spyri, Johanna 167
Stalin, Jossif Wissarionowitsch 223
Stanislawski, Konstantin Sergejewitsch 20
Stanley, Henry Morton 31
Stanwyck, Barbara 201
Stauffenberg, Claus Graf Schenk von 323
Stein, Charlotte von 363
Stein, Edith 289
Steinbeck, John 61
Steinberger, Emil 9
Steiner, Rudolf 61
Stendhal 26
Stephenson, George 164
Stern, Otto 51
Steuben, Friedrich Wilhelm von 264
Stevenson, Robert Louis 321
Stewart, James 144
Stewart, Rod 13
Stimmer, Tobias 111
Stolpe, Manfred 140
Stoppard, Tom 188
Storm, Theodor 261
Strauß jr., Johann 302
Strauss, Botho 340
Strauß, Franz Josef 253
Strauß, Johann 77
Strauss, Richard 166
Strawinsky, Igor 173
Streep, Meryl 177
Streisand, Barbra 118
Stresemann, Gustav 134
Stuck, Franz von 57
Suhrkampf, Peter 91
Sullivan, Ed 275

Sullivan, Louis Henry 250
Summer, Donna 369
Suppé, Franz von 112
Süskind, Patrick 89
Suttner, Bertha von 164
Swift, Jonathan 338

T

Tagore, Rabindranath 130
Talbot, Fox 45
Talleyrand, Charles Maurice de 36
Tange, Kenzo 251
Tarkowskij, Andreij Arsenjewitsch 98
Tasso, Torquato 74
Taut, Bruno 128
Taylor, Elisabeth 61
Taylor, Joseph Hooton 92
Teilhard de Chardin, Pierre 125
Telemann, Georg Philipp 77
Thälmann, Ernst 110
Thatcher, Margaret 290
Theodorakis, Mikis 214
Theodosius I. der Große 14
Theresia von Avila 91
Thiedemann, Fritz 66
Thoma, Ludwig 24
Thomalla, Georg 48
Thomasius, Christian 4
Thoreau, Henry David 197
Thorndike, Sybil 301
Thyssen, August 141
Thyssen, Fritz 317
Tiberius 324
Tieck, Ludwig 155
Tiepolo, Giovanni Battista 68
Timmermann, Jacobo 9
Tippett, Michael 5
Titus, Flavius 368
Tocquville, Alexis de 214
Tolkien, John Ronald Reuel 6
Tolstoj, Leo 256
Tönnies, Ferdinand 211
Torvalds, Linus Benedict 366
Toscanini, Arturo 88
Toulouse-Lautrec, Henri de 332
Toynbee, Arnold Joseph 108
Tracy, Spencer 99
Trott, Margarethe von 55
Trotzki, Leo Dawidowitsch 315
Truffaut, François 40
Truman, Harry S. 132
Tschaikowsky, Peter 131
Tschechow, Anton Pawlowitsch 32

379

Personenregister

Tschernomyrdin, Viktor Stepanowitsch 103
Tucholsky, Kurt 12
Turgenjew, Iwan 317
Turner, Joseph William 117
Tutu, Desmond 284

U

Uderzo, Albert 119
Uhland, Ludwig 120
Ulbricht, Walter 185
Ullmann, Liv 354
Ullstein, Leopold 253
Undset, Sigrid 144
Uris, Leon 219
Ustinov, Sir Peter 110

V

Valente, Caterina 17
Valentin, Karl 159
Vanderbilt, Cornelius 151
Vasarely, Victor 103
Vega Carpio, Lope Félix de 333
Veil, Simone 198
Ventura, Lino 199
Verdi, Giuseppe 287
Verhofstadt, Guy 105
Verlaine, Paul 93
Vermeer, Jan 308
Verne, Jules 42
Vernon, Konstanze 5
Vespucci, Amerigo 72
Victoria 148
Vignola, Giacomo da 278
Vilsmaier, Joseph 27
Virchow, Rudolf 290
Visconti, Luchino 310
Vivaldi, Antonio 67
Vogel, Hans-Jochen 37
Volta, Alessandro Graf 52
Voltaire 329
Vonnegut, Kurt 319
Voß, Johann Heinrich 54
Vulpius, Christiane 156

W

Wader, Hannes 178
Wagner, Adolph Heinrich Gotthilf 88
Wagner, Cosima Francesca Gaetana 362
Wagner, Richard 146
Wagner, Wolfgang 246
Wahlstatt, Gebhard Leberecht Fürst Blücher von 354
Walesa, Lech 276
Wallenstein, Albrecht Wenzel Eusebius von 271
Walser, Martin 87
Walser, Robert 109
Warhol, Andy 222
Washington, George 56
Watson, John B. 12
Watzlawick, Paul 212
Wayne, John 150
Webber, Andrew Lloyd 85
Weber, Alfred 215
Weber, Carl Maria von 326
Weber, Helene 80
Weber, Max 115
Wecker, Konstantin 156
Wehner, Herbert 196
Weigel, Helene 136
Weill, Kurt 65
Weiss, Peter 316
Weissmuller, Johnny 157
Weizmann, Chaim 335
Weizsäcker, Carl Friedrich von 183
Weizsäcker, Richard von 109
Welles, Orson 130
Wellesley, Arthur Duke of Weelington 125
Welsh, Renate 360
Wenders, Wim 230
Wesley, John 172
West, Mae 233
Weyprecht, Karl 255
Whitehead, Alfred North 49
Whitman, Walt 155
Wichern, Johann Hinrich 115
Wien, Wilhelm 16
Wiesel, Elie 277
Wilde, Oscar 293
Wilder, Billy 177
Wilder, Thornton 111
Wilhelm, Friedrich 50
Wilhelm I., Deutscher Kaiser 85
Wilhelm I., König der Niederlande 240
Wilhelm II. 30
Wilhelmina 247
Willberforce, William 240
Williams, Tennessee 89
Wilson, Thomas Woodrow 366
Winckelmann, Johann Joachim 347
Windsor, William von 176
Wischnewski, Hans-Jürgen 209
Wise, Robert 257
Witcher Astor, Nancy 143
Wittgenstein, Ludwig Joseph Johann 120
Wolf von Amerongen, Otto 222
Wolf, Christa 81
Wolf, Hugo 76
Wolfe, Tom 65
Wolkenstein, Oswald von 126
Wollstonecraft, Mary 121
Wondratschek, Wolf 230
Wood, Natalie 205
Woolf, Virginia 28
Wrangel, Friedrich Heinrich Ernst von 107
Wren, Christopher 297
Wright, Frank Lloyd 163
Wright, Orville 235
Wunderlich, Paul 73
Wundt, Wilhelm 232

X

Xiaoping, Deng 238

Y

Yavachev, Christo 168
Yeats, William Butler 168
Young, Neil 320

Z

Zahn, Peter von 32
Zanuck, Daryl Francis 252
Zapata, Emilio 224
Zappa, Frank 359
Zátopek, Emil 266
Zeiss, Carl 258
Zeppelin, Ferdinand Graf von 193
Ziegler, Karl Waldemar 334
Zille, Heinrich 13
Zimmer Bradley, Marion 158
Zimmermann, Dominikus 185
Zinzendorf, Nikolaus Graf von 150
Zuckmayer, Carl 365
Zuse, Konrad 177
Zweig, Stefan 336
Zwingli, Ulrich 4